本书获得湖北大学教育发展基金资助

编写组

组　　长　覃兆刿

成　　员　任　越 聂云霞 易　涛 李　颖 谭必勇

统稿编辑　胡　杰

英文编辑　张丽雯 鲁　莉

中文编辑　马继萍 谢恺璇

道德·价值·文化丛书

档案双元价值论谈

On the Dualistic Value of Archives

覃兆刿 等 / 编著

科学出版社
北京

图书在版编目（CIP）数据

档案双元价值论谈 / 覃兆刿等编著. —北京：科学出版社，2015
（道德·价值·文化丛书）
ISBN 978-7-03-044913-9

Ⅰ.①档…　Ⅱ.①覃…　Ⅲ.①档案学-研究-中国　Ⅳ.①G279.2

中国版本图书馆 CIP 数据核字（2015）第 126936 号

丛书策划：侯俊琳　樊　飞
责任编辑：侯俊琳　樊　飞 / 责任校对：张怡君
责任印制：徐晓晨 / 封面设计：无极书装
编辑部电话：010-6403 5853
E-mail：houjunlin@mail.sciencep.com

科学出版社 出版
北京东黄城根北街 16 号
邮政编码：100717
http://www.sciencep.com
北京厚诚则铭印刷科技有限公司 印刷
科学出版社发行　各地新华书店经销
*
2015 年 7 月第　一　版　开本：720 × 1000　1/16
2021 年 7 月第五次印刷　印张：29
字数：600 000
定价：199.00 元
（如有印装质量问题，我社负责调换）

“道德·价值·文化丛书”

编　委　会

自序

“档案双元价值观”的提出已有10年了。这本书，记录了我个人10年的守望，凝结着前辈学者的呵护和年轻学者的激情。我怀着感恩与欣慰的心情，梳理这10年来形成的后续成果和相关文献，以窥研究真相，以资查检之便，以利批判创新。

的确，我在2003年出版的《中国档案事业的传统与现代化》，全部的用意都在“档案双元价值观”。如果说还有一些其他发现，那不过是必需的过程或副产品。

还清楚地记得，就在那年9月，我受邀出席海峡两岸学术交流会，“档案双元价值观”第一次直面了台湾“中央研究院”近代史研究所和同行学者关于理论建构的质疑；也还清楚地记得，就在那本书出版不久，武汉市档案学会为此举行专场报告会，一位档案局副局长以档案的“开放和保密”给我出题，“档案双元价值观”第一次经受了管理实践的考问。惊喜的是，这本书在2004年被评为国家社科“优秀”结项成果。

从提出“档案双元价值观”到注意从西方经典理论中找寻支持，再着重于实践层面的研究，同行学者任越博士等发现了我的这一研究路向，并分析这种演变，将此说擢升为“档案双元价值论”。

“档案双元价值观”的雏形成于2001年北京大学访学期间。导师刘兹恒先生给予我亦师亦友的荣耀，那种充分的信任和自由，使我得以将时间大量花在国家图书馆、北京大学图书馆以及中国人民大学档案系那个已经极少有人光顾的老资料室。就是在这段时间里，我梳理了前期研究，搭起了论述的架子。圆明园的夜色，黄庄的午餐，五月的风沙和难得的冬雪，在自行车的陪伴下，我度过了特别充实而富有意义的一年。

“档案双元价值”是个什么东西呢？档案双元价值观试图对档案价值问题做哲学上的元价值追问。它从实物对象和精神现象共同构成的“档案事物”出发，将档案的价值简化为两个层面的理解，一是从行为方式上看，因其结构形式展现的功能而具备“工具价值”，二是从对象实体上看，因其记录性的内容负载而具备“信息价值”，进而在此基础上对中国古代档案传统进行了分析评估，对档案事业现代化观念要件进行了阐释。

能做这样的归纳和提炼得益于我所受的史学训练、哲学史修养和档案实践的近距离观察。我知道，这不是一件讨巧的事情，而是一个痛快的发现过程；它既是一个学科理论上的建构，又是一种事象观察归来的反思。

在后续的研究中，我以“椭圆现象”这种类似模型的方式解释了有关学者在“价值实现”和两者关系方面的询问；在网络“访谈”中，我又以“硬币”的两面来描述“档案双元价值”中寓意的形式合理性和实质合理性的不可或缺；在硕士生的课堂，我以唐君毅先生等的价值哲学观细心解释以助大家的理解；在企业，我以“模数整合系统”“档案管理平台”和干部档案管理系统软件的功能来加以解释。

最近的一次是，我对在美访学的一位博士微信回答，建议他以“太极图”来理解我的“双元”内涵：档案双元价值的思路，正合于我国先贤所谓“太极”的本体观。“工具价值”强调合理及时的控制、监督、安全、保密，寓意“收控”“积累”“秘藏”“蓄势”的行为，合于“阴”，以“抑”为特征；“信息价值”则强调适时充分的发掘、传播、展示、分享，寓意“释放”“公开”“发散”“效用”的思维和行动，合于“阳”，以“扬”为特征。双方互通，你中有我，我中有你，恰当配合，相互博弈，不能割裂和分开。档案事物的合理与系统均衡，档案封闭与开放的恰到好处，是档案事业的最佳“中和”形态。因此，从我的本意来说，“档案双元价值观”的提出是严肃认真的，我希望它既是西方价值哲学在档案问题上的一种应用分析，也是基于我国哲学传统的一种现实抽象。这种“双元”的旨趣，不是“二元”甚至“双重”所能替代的。

档案学作为新兴科学果然具有更多的包容性。从黑龙江大学到云南大学，从上海大学到四川大学，从机关到企业，东西南北，海内海外，“档案双元价值观”神交四方。认识的不认识的，站讲台的和坐档案馆（室）的，著名学者专家和青年才俊学子，不少同行开始接受甚至运用“档案双元价值观”，对于一个学者，这无疑是一种幸福；对于一个原创的理论，这无疑是一种幸运。

我至今珍藏着著名档案学家陈兆祦教授、著名图书馆学家周文骏教授、原国家档案局局长冯子直先生、中国档案学会名誉会长国家档案局副局长刘国能先生、著名档案史学家王金玉教授等前辈以及台湾同行因此与我的来往信函，他们毫不吝啬地给予一个青年学者最大的肯定、鼓励和支持，这成为我坚持求真创新的精神动力。中国档案学会老会长沈正乐先生，在我答辩台湾同行学者之后率先鼓掌并给予高度评价，情景至今犹在眼前。中国人民大学常务副校长冯惠玲教授、《档案学通讯》总编胡鸿杰教授、浙江大学何嘉荪教授、武汉大学陈传夫教授和张煜明教授、四川大学黄存勋教授和乔健教授、上海大学宗培岭教授和潘玉民教授、天津师范大学刘新安教授、黑龙江大学倪丽娟教授、南开大学伍振华教授、苏州大学张照余教授和蒋卫荣教授、广西民族大学黄夏基教授等都对《中国档案事业的传统与现代化》给予了肯定的评价。台湾的《档案与微缩》杂志，更是以“档案的哲学之道”点赞“档案双元价值观”在厘清档案工作思路方面的努力。

我很明白，这些肯定和评价难免藏有各位尊长的更多宽容、爱护和激励的心情。直到发现黑龙江大学任越博士以系统持续的研究获准“档案双元价值实证研究”立项为国家课题，云南大学杨毅教授将“档案双元价值观”运用于东巴文化研究，中国人民大学陈祖芬博士将此书纳入“常规科学时期的档案学论著”，河北大学李颖博士将此说运用于企业知识管理研究，上海师范大学张会超博士将此说与民族档案“结缘”，中国石油天然气集团公司尚真博士等将此说用于解释企业档案管理平台，湖北省委组织部信息处以此写入全省干部人事处长培训的书面学习文件，以及学界同行和具有实践背景的专业人士持续的关注、运用和拓展研究，这让我对“档案双元价值观”更加敝帚自珍了。

“档案双元价值观”没有离开过管理实践。这本书中收录有多位如丁耀琪先生这样深谙档案管理实践的同行文章，他们对“档案双元价值”的理解和高度认同，使我心里更有底气。我本人在中央企业和一些著名民企的专业讲座，都是以“双元”为主线的；在湖北省委党校和武汉市、区的多个党校，这种思想让身处领导岗位的管理者重新理解并审视档案管理；在档案管理行政部门，基于“档案双元价值”的档案“真”“善”“美”解读，让不少档案局（馆）领导更加看清我们的专业；在省委省政府有关档案问题的专家咨询会上，我用这种“双元”的思路让政府高级领导对档案事业建设的投入充满了信心。

本书自然不是我一人的成果，但这恰恰是我的理想。一种有价值的学说之所以提出，开始或许是个人的积累和冲动，然后是团队的参与和同行的关注，最好能激起一些讨论并得到有益的拓展和应用。“档案双元价值观”吸纳了学界前辈的智慧，汇聚了同行专家的思想，在不少有才华的中青年学者的志趣相投中，它已经变得更加丰富深刻了。当我收灯入梦的时候，在地球的另一端，还有两位在美访学的博士正为此伏案辛苦。身处加州大学洛杉矶分校的山东大学副教授谭必勇博士，将早已上岗工作或升学读博的硕士弟子通过网络召集起来，让他们将当年学术沙龙上的意见得以系统呈现，这让我看到新一代档案人鲜活的思维，也让我看到档案学术的前路宽广；同样身在美国的河北大学副教授李颖博士则对档案“双元”和“双重”的英译认真核查，她希望不要因为语词的翻译影响这一概念的理解和传播，这种审慎的态度让我看到了同行青年学者可贵的严谨。还有我的弟子，一个个事业精进，他们的工作表现和在文章中体现的思考让我刮目相看。

事实上，这本书从动意到出版时间很短。因为书的主旨关乎“价值”，本人又在哲学学院应用伦理学方向兼有博士导师一衔，于是我将出书的计划禀明院长戴茂堂教授，他告诉我“道德 · 价值 · 文化”系列丛书恰好启动，而丛书的主编——国际价值哲学学会会长、中国伦理学会副会长、长江学者江畅教授不仅欣然接受，还亲自向科学出版社樊飞编辑加以推荐，奖掖之情，自当铭记。

所以，就算只有这本书背后的故事和感动，它的出版也是极为值得的。

覃兆刿

2014年11月5日于武汉

目录

中　　篇

下　篇

Contents

Part II

Part Ⅲ

上　　篇

双元价值观：档案学研究的新思想*

——评《中国档案事业的传统与现代化》

最近看到覃兆刿所著的、今年6月由中国档案出版社出版的《中国档案事业的传统与现代化》一书，禁不住为年轻人的成长感到高兴。与刘国能同志《序》中的看法相似，我也觉得这是一本颇具新意和原创性的学术著作，很值得一读。

我对该书的第一印象是作者敢于在理论上创新并能真正建立起具有个性的研究问题的逻辑起点，他为我们贡献了档案学研究的一个新视角——“双元价值观”。这一点非常可贵，因为这种概括非有对档案问题的长期思考不能实现。事实上，研究档案学的同志都应该形成自己看待问题的逻辑起点，否则很难有理论上的突破。应该说，作者对此有清醒的认识，他不仅建立了这一起点，而且还有透彻的理解。书中所有问题的讨论，都没有游离“双元价值观”这一中心。

什么是“双元价值观”呢？作者在“绪论”中作了清楚的解释，他从档案的双元价值构成、档案的双重属性、看待档案问题的双重视角等入手分析，从而证明考察档案现象宜持双元价值观。在他眼里，档案一方面作为行为方式，人类的初衷在于借助它的结构形式所赋予的功能，谓之“工具价值”；另一方面作为记录的实体，其内容负载的价值，谓之“信息价值”。前面是一种普遍意义的价值，后者是一种个性价值；前者由档案的社会属性赋予，后者由档案的自然属性赋予。这里，作者或许受到谢伦伯格文件“双重价值学说”的启发，但这种“双元价值观”与“双重价值说”对问题的看法显然是不一样的。因为谢伦伯格强调的是文件实体在两个不同阶段的价值，而该书则强调了档案的实体和档案作为人类行为方式两个方面。

沿着这一逻辑起点，书中发现了不少新的见解。如关于档案的起源，从作者的具体见解上讲，档案的工具价值是先于信息价值的。所以，“档案”应理解为“人类对于凭证信息的合目的控制”，或者“人类合目的控制的凭证信息”。这些认识固然还值得商榷，但据此确能为我们统一档案起源、“实物档案”、档案真实性等问题的争议提供建设性的思路。

既然“档案是工具价值与信息价值的双元价值结合体”，那么在这种观念背景下如何把握档案传统和构思档案事业的现代化是读者希望看到的。至于今天的档

---

* 陈兆祦，我国著名档案学家。1931年出生于上海，曾任空军政治学院教授，中国人民大学教授、档案学系主任、档案学院副院长，《档案学通讯》总编辑等（见《中国大百科全书图书馆学情报学档案学》第29页，中国大百科全书出版社，1993年版）。本文发表于《中国档案报》2003年8月21日。

案工作应该以怎样的价值取向？作者认为，档案事业现代化应以体现“档案社会责任感”（工具价值的实现，强调工具的扩张）和“档案公众服务意识”（信息价值的实现，强调信息的有效）为观念要件，把档案双元价值的综合发挥作为档案事业现代化的价值目标。至此，我感到该书在全书理论上的建设是系统而颇具价值的。

我对该书的第二个印象是大气却能做得踏实。“传统与现代化”绝对是宏观性的，这样的题目弄不好极易变成花架子，言之无物。但于这本书，我不仅从全书的结构能够感受作者对问题全面清晰的把握，而且翔实的资料和严肃的论证还能显出一个青年学者多年厚实的积累，大气中藏着细密的功夫。书中关于古代档案词语的研究，关于近代档案事业专门化的原因分析，关于过渡期档案思想的疏理，尤其是附于书后的《近现代学者与档案资料长编》，不花时间查资料，不沉下心来读书，是绝不可能完成的。以前我也看过覃兆刿发表的文章，没有想到，那些或宏观或细致的文章竟能成为眼前如此有味的整体，可见作者属意已久，早有预谋了。搞研究有一点这样的远见或预谋，应该是青年学者所应当借鉴的。

《中国档案事业的传统与现代化》序*

2002年11月，在苏州大学的一次会议上，我与兆刿第一次相识，没想到他那样年轻、谦虚而富有朝气。在这以前，我读过他的一些文章。他对档案事物的敏锐、对历史与现实问题的深入研究以及文章的练达，给我留下了一个年长“学究”的印象。

当他与我谈起正在写作的这部书时，我觉得是一个非常有意义的题目，可以提醒人们从更宏观的角度就档案问题作些理性思考，于我国档案事业的现代化构思和档案学基础理论研究都是很有益处的。在新的技术环境下，有的同志不屑于再谈档案传统，不将档案事业的现代化构思建立在档案传统的全面总结和评估基础上，或者连档案学萌芽至今的历史都不愿弄清楚，就去谈电子文件时代档案学的重新构架问题，甚至罗列一大堆连自己都没有搞清楚的名词术语，把简单的问题复杂化。这就未免太失严谨。所以我很赞赏兆刿这样的年轻人，能够静下心，把档案传统与档案事业现代化问题结合起来思考，就档案学基础理论作较为深入的探讨。

近年来，兆刿对档案传统与档案事业现代化之间的关系进行了一系列研究，书中不少内容就是对原有成果的系统化。他以“双元价值”为思维轴心，在书里发表了不少独到的颇有价值的见解，并以深入的分析来支撑。他认为，“档案始终可以作两个层面的理解，一是它作为一种行为方式，人类的初衷在于它的结构形式所赋予的功能，我把它称为‘工具价值’；一是作为记录或者文献归属的实体，其内容负载的价值，人们都称之为‘信息价值’。前者是一种普遍意义的价值，后者是一种个性价值；前者由档案的社会属性赋予，后者由档案的自然属性赋予。”而“光有工具价值的档案是不存在的，光有信息价值的档案也是不存在的，档案是工具价值与信息价值的双元价值结合体。这是档案与图书、文件、文物的根本区别所在。”

在这些认识的基础上，他对档案的起源、定义、档案传统的评价和现代化构思建立起自己系统的看法。如：

“档案应视为一种具有普遍意义的社会现象，其发生并不以成形的文字和阶级国家的出现为前提。……档案是人类为了克服大脑记忆局限并作为诚信的控制依据而诞生的，是人类对于信用控制所选择的理想型模。从这个意义上讲，档案的

---

* 刘国能，我国著名档案学者，国家档案局原副局长，中国档案学会名誉理事长，研究馆员。本文是作者为覃兆刿著《双元价值观的视野：中国档案事业的传统与现代化——兼论过渡时期的档案思想》一书所作的“序”。

工具价值是先于信息价值的。”

“我国古代社会对档案的社会工具价值有透彻认识。档案传统中，档案更多的是作为一种方式或功能被理解的。虽然这种工具价值的实现以封闭的格局为代价，但其中仍有与现代性特征相合的地方，值得我们认真研究和吸收。”

“档案双元价值观的确立尤其是内在信息价值的突显是我国档案事业从古代‘档房’向近代‘档案馆’过渡的思想基础。”

“档案双元价值的综合发挥是档案事业现代化的价值目标。工具价值与信息价值如何完美结合，是现代档案工作体制创新的关键。因此，档案事业现代化应以体现‘档案社会责任感’（工具价值的实现）和‘档案公众服务意识’（信息价值的实现）为观念要件。”

“档案信息是档案文献所维系的自然真实的来源联系，即与社会实践的同构或对应关系。这种来源联系与‘来源原则’的‘来源’既有关系又有区别，可以作时间、空间、人物、事件和数据等多元的广义理解。”

……

这些认识虽然只是小覃的一家之言，但他提出的把档案传统与现代化结合研究的思路不愧为档案学研究的一个思想基础，而且其针砭时弊，有着重要的现实意义和学术价值。他把档案问题纳入双元价值观的视野，从而使我们对档案现象的解析多了一条新的思路，档案学基础理论中不少有争议的问题可以在这一框架中进行分析研究。兆列在书中显露出清晰的思路、深邃的思考、很好的理论修养和大气的架构能力。应该说，这本书是近年来我见到的一部颇见功力和原创性的档案学著作。

要特别提到的是书中的第二部分，他对近代档案思想的总结和分析以及书后所附的《资料长编》，可以说是全书的一个特色，最为系统深入。除了对于近代档案事业专门化和档案学萌芽颇为深入细致的原因分析外，还有一些开拓性的研究，譬如我国档案工作早期学欧美问题，就能使我们对档案学在中国的起步形成更清晰的印象。其中的人物评论，说明他翻阅了大量的原著和资料，如果将这部分内容再作一些充实，便可以形成一部较为系统的《近代档案思想史》，可以说这不仅是他讨论档案传统与现代化关系的需要，也是对中国档案史研究的一个贡献。

然而这本书并没有局限于写成一部新编的中国档案史，他的立意在于寻找一条从档案传统到档案事业现代化的思维路径，也就是书中所说的传统与现代化之间的“榫点”。所以书中除了对于传统的分析评估做借助与改造的思考，必然还要对档案事业现代化的价值目标、观念要件和宏观战略进行构思。这部分内容一改传统评估的凝重而充溢着鲜活的时代气息，很多我们正在关心的档案事业发展中的现实问题都进入了他的视线，诸如“现代档案事业的核心理念”“社会契约化与档案事业法制化”“档案信息化之化”“档案功能与诚信控制”“家庭档案”“民营企业档案工作”等，都能放到关于现代化问题的合适位置来讨论。这些话题使本书在理论性之外还注意到现实应用，表明作者对档案工作实际有相当深入的了解。

当然，档案传统和现代化问题是一个很大的题目，仅靠一个人、一本书是远远不够的。我希望兆刿能继续在这方面作深入的探讨，也希望档案界有更多人加入到这方面的研究中来。因为档案传统和现代化关系弄清楚了，档案学基础理论研究才能建立在一个更加统一的平台上，档案事业的发展才能有一个符合客观规律的科学思路。

对中国档案事业的全新双元审视*

——读覃兆刿著《双元价值观的视野：中国档案事业的传统与现代化——兼论过渡时期的档案思想》札记

近读覃兆刿先生的《双元价值观的视野：中国档案事业的传统与现代化——兼论过渡时期的档案思想》①（以下简称覃著），让人耳目一新。双元价值观是覃著的理论基点，探寻中国档案传统与档案事业现代化之间的最佳“榫点”是覃著的基本目标。覃著以全新的视角、大气的架构、独到的见解和透辟的分析，使读者受益良多。本文就是我们拜读覃著的体会。

一、从别具一格的双元价值观出发，对档案事业现代化进程的实质作了中肯分析

覃著认为：“档案是人类为了克服大脑记忆局限并作为诚信控制依据和契约关系的载体而诞生的，是人类对于信用控制所选择的理想模型。”从这个意义上讲，档案的工具价值是先于信息价值的。但是，“光有工具价值的档案是不存在的，光有信息价值的档案也是不存在的，档案是工具价值与信息价值的双元价值结合体，这是档案与图书、文件、文物的根本区别所在。”

“在档案传统中，档案的工具意义表现为对凭证信息证据力的有效控制，且通过文件的原生性和真实性维护来实现。”档案事业现代化则应以体现“档案社会责任感”和“服务社会公众”为观念要件。“也就是说，档案事业现代化是对档案作为方式的社会工具价值和档案作为记录实体的文献信息价值的综合发挥。”覃著所谓信息价值，准确地讲，也就是文化或文献价值，档案作为社会记忆大厦基石和历史原始记录的不可替代的核心信息资源的价值。

档案事业由传统而现代化的进程，实质上是一个从工具价值的偏重，经由信息价值即文化价值的发现，到双元价值并重的转化过程，是对“档案作为方式的社会工具价值和档案作为记录实体的文献信息价值的综合发挥”。

在这个过程中，首先是工具价值的扩张。因为具有对凭证信息的真实性维护

---

* 黄存勋，我国著名档案学者，四川大学公共管理学院教授；张丽，四川大学公共管理学院硕士。本文发表于《档案学研究》2004年第2期。

① 覃兆刿．双元价值观的视野：中国档案事业的传统与现代化——兼论过渡时期的档案思想．北京：中国档案出版社，2003

功能，档案事业才因此具有不可替代性，在档案事业现代化的进程中应该更充分地承担起这一社会秩序方面的“档案社会责任”。一方面使档案实体或档案记录信息的真实性得以确保：档案工作者不仅要注重现有档案资源内容的真实性，还要关注整个档案形成和运动的过程。另一方面，档案事业应充分发挥其维护的真实凭证信息，在社会规则和社会秩序控制中起重要的结构和平台作用。要“走出钳制意义的控制，走向科学管理意义的控制”。

第二，档案传统对档案内在的信息价值即文化价值的忽视要靠“服务社会公众”的意识来加以改造，使档案走向行业、走向社区、走向家庭，档案馆走向多元、走向开放。这样，“档案事业才能以其自觉的‘不可替代’的专门职能赢得广泛的社会认同”。档案是现实活动必不可少的工具，但它更是维护世界记忆、构筑人类文明大厦的信息和文化资源，共享应该是其存在的状态，这是实现档案信息、文化价值的必要前提。这里的“共享”不是单纯意义上的将档案信息公布。它一方面指将档案信息经过系统的加工组织使其“有效”，同时“档案资源组织的专业思路和符号系统也必须为公众所熟悉。这包括实体馆藏结构模式、数字档案馆或档案管理信息系统中的使用规范，否则人们将无心享用复杂检索和链接中的文件”。另一方面还要“使档案方式为公众所接受，于个人、家庭、私营企业中档案方式成为被借助的工具”，这是社会档案意识普化的表现形式之一。

覃著所倡导的档案工具价值与信息即文化价值并重的双元价值观具有重要的理论意义，它提示我们：档案事业既要贴近现实，为经济建设、公共管理和各方面的实际工作提供最犀利的工具；更要放眼未来，为建造世界记忆大厦添砖加瓦，为国家、民族、社会乃至人类文明积累历史文化财富。既要为政府、为机关效力，更要为公众、为企业服务。既要更新装备、更新硬件；更要创新理念、创新软件。在这里，任何形式的单打一、片面性都是要不得的。宏阔的胸襟、多元的视野、理性的思考、深邃的眼光，正是21世纪对我们档案工作者的要求。

二、在准确把握传统与现代化关系的基础上，对推进中国档案事业的现代化提出了若干建设性意见

传统与现代化，历来是一个众说纷纭、见仁见智的大问题。面对现代化的呼唤，摒弃传统者有之，固守祖宗家法者亦有之。然而更多的人们，从扬弃传统中开掘出现代化的地基，在现代化的奋进过程中时时享用着传统的滋养。传统与现代化，更是发展中国档案事业不容回避的前沿问题。因为档案与档案事业，既是最传统的，也是最新潮的，是传统与新潮碰撞冲突又融洽相处的交汇之地。说它传统，因为档案是历史文化的传承物，是世界记忆大厦的骨架，是再现传统的第一手史料。说它新潮，是因为现代信息技术的迅猛发展和市场化、全球化、信息

公开等社会进步的滚滚大潮，正日新月异地改变着档案与档案事业的内容、形式、载体、管理方式和社会功能。档案事业与档案学，正经历着前所未有的阵痛、裂变与新生。

正是基于对传统与现代化关系的准确把握，覃著针对中国档案事业的现代化，提出了不少很有见地的建设性意见。覃著认为，档案事业的现代化，即档案双元价值的实现从现实的档案工作来看可以将其更为具体地简单界定为档案事业的信息化、法制化，档案工作的社会化和档案工作者角色的转换等一系列的问题，而不仅仅指物理技能层次的现代化或者制度建设的完善。覃著指出："在电子计算机不断升级的今天，实现档案的自动化管理和档案资源的数字化，至多只是一个时间问题。"而档案制度的建设也能够从传统和现实的经验中逐步得到完善。所以"最重要的是观念层次的现代化，它的实现足以带动前两个层次"。由此出发，覃著对档案事业信息化法制化建设、信用档案、家庭档案、民营企业档案等新时期档案工作中出现的新问题进行了富有原创性的深入论述。

覃著还指出，新时期的档案工作者作为档案双元价值的实现者，既要为现实活动服务，实现其工具价值，同时又是人类记忆大厦的建筑者，历史文化的守护神，其责任之一就是要让社会公众享受到"档案关怀"。尤其在知情制度这一问题已引起社会广泛关注的今天，档案工作者在政务信息公开和为社会提供档案信息服务的活动中更承担起了不可推卸的责任。在电子环境中，"档案工作者的任务是想办法让机构的负责人认识电子文件的凭证价值或不进行很好的管理所必然具有的风险"，"档案工作者要在技术上积极介入和参与文件管理系统的设计，把我们对于档案功能的理解充分落实在文件形成之前，即实施好所谓'前端控制'"。档案工作者将从"档案实体的被动守候者，变为档案信息资源合理结构的策划者、档案信息安全的卫士和档案文化遗产的积极塑造者，'前端控制'的实施者"。基于这种趋势的发展，档案工作将由国家模式逐步走向社会模式，"档案机构将与其他社会机构共同管理档案，因而档案机构和档案工作者将会由单一的管理主体变为重要的专业参与合作伙伴，档案部门的主要职能也将由'管理'和'服务'共同构成"。

三、对档案起源、定义和本质等诸多问题做了新探索

在档案起源、定义和本质等诸多问题上，覃著都有自己的独到见解。这些见解在笔者看来虽仍有待完善和商榷之处，但覃先生勇于和善于探索的精神，却是值得钦佩的。

例如，覃著提出，"档案产生的初衷是作为实现管理和凭证信息控制的工具"。档案的起源应理解为"档案方式"的起源。"有了产生档案方式的人类心理，然后才可能有实态的档案"。档案方式是人类对诚信控制的心理需求的产物，并借助于

一定的记录手段而得以实现。所谓“大道衰而有书，利害萌而有契”，档案一开始就是“以作为诚信的凭证为主观目的的”。

档案的本质是“人类对凭证信息的合目的控制”，是“‘真’和对‘真’的维护”。“尚真的审美趣味使人们首先将档案作为心理依托”，将档案视为“具有广泛来源联系的社会‘原生信息系统（或连续体）’”。

总之，覃著新见迭出，耐人寻味，值得一读。

档案双元价值观的张力*

最早接触“档案双元价值观”是我在中国人民大学做博士论文的时候。当时，我借来了一本覃兆刿教授的国家社科基金成果《中国档案事业的传统与现代化——兼论过渡时期的档案思想》，由于一时在市面上买不到，我复印了全书。因为看了它的目录后，我断定这是一块“珍宝”：作者竟然能如此轻松地用一个“双元价值观”驾驭古今！此前我极少发现档案学的论著也可以写得如此有张力，于是决定好好读读全文。

后来，我的博士论文整理成《档案学范式的历史演进及未来发展》一书，我在书中表明了自己的立场。我认为，覃兆刿教授的那本专著可以与老一辈档案学家吴宝康先生的《档案学理论与历史初探》等书一起列入常规科学时期的中国档案“学论”的代表著作，在谈到它的主要贡献时，我写道：“独辟蹊径，以双元价值为核心对档案事业的传统与现代化问题作了论述，颇见功力。”当时因主题所限，只能短短数言，没有进一步品评。几年后，相关的研究越来越多，我的师弟任越竟然以“档案双元价值观”为研究对象申报国家社科基金项目，并获得立项。于是，“档案双元价值观”再次走进我的视野。美国档案学家谢伦伯格有个极为相似的“档案双重价值论”，影响了几代档案学者。这个“双元价值论”与它仅有一字之差，且又出自中国本土。它究竟有什么样的魔力让学者津津乐道？

由于档案学范式演进研究，我对“范式的转换”条件有着极为严格的理解。这种“洁癖”使我在对新理论进行定位时总会小心地把握着尺度与分寸。因此，在我的书中，列入常规科学时期的档案学论著并不多。当时的入选标准是比较主观的，全因自己的看法而定。挑选覃兆刿教授的《中国档案事业的传统与现代化——兼论过渡时期的档案思想》一书的主要原因就在于“档案双元价值观”的提出。现在想来，当时似乎是一种直觉，但其实也有理性的判断。这种理性的判断来源于“档案双元价值观”呈现出的“大道至简”。

档案双元价值观将档案的价值简化为两个层面的理解，一是从行为方式上看，因其结构形式展现的功能而具备了“工具价值”，二是从对象实体上看，因其记录性的内容负载而具备了“信息价值”。作者发现：在中国，传统的工具价值目标在近代慢慢走向了信息价值目标，而在档案事业现代化的进程中，诸多的新生事物被关注，而档案双元价值观也为档案事业现代化进程中的“档案社会责任感”和

---

* 陈祖芬，武汉大学信息管理学院硕士毕业，中国人民大学信息资源管理学院博士毕业，莆田学院文化与传播学院院长助理，教授。

"服务社会公众"提供了理论支撑。这个定位，显然为浮躁时代中寂寞的档案人注入了一剂"强心剂"。为了"维护"与"控制"，我们需要具有"社会责任"；为了"组织"与"共享"，我们需要"服务社会公众"。循着这个理论，我们可以去发现这个理论的普适性。我们可以一边回望过去，一边正视今天；我们可以一边关注中国，一边环顾国外。在这个过程中，也许就能有所发现。年轻的任越博士已经做出了这样的尝试。在我惴惴不安于自己当初的主观是否有依据时，这种尝试显然让我安心了许多，也体现了看似简单的档案双元价值观的张力。

如此而言，用档案双元价值观来指导档案工作就成为顺理成章的事了。"档案双元价值观"为档案界扫清了诸多疑虑。因为总有一些档案是因"工具价值"而生的，档案人不必为其久久地尘封于馆库而内疚；也总有一些档案是具有"信息价值"的，而且随着信息技术的进步，档案彰显这种"信息价值"的机会就更多了，档案人并不是"故纸堆"的守护者，而是档案信息传输流程中的服务者。可见，这个新理论为树立档案人的"职业自信"又立下一功！

新理论的形成是困难的，新理论在短时间内有应和的声音就更不容易了。当我们为"来源原则""档案双重价值论""职能鉴定论"和"全宗原则"等耳熟能详的专业理论欢呼时，是否想到过它们形成初期的样子？"来源原则"被质疑又被重新发现的历史已然告诉我们，一个具体理论要成为对档案学范式的形成起决定作用的共有理论需要不断地争鸣、研讨，只有达成共识它才可能成为档案学范式的核心层。我们欣喜地看到"档案双元价值观"正朝着这个共有理论的方向迈进。这说明覃兆刿教授和追随"档案双元价值观"的档案学者为中国档案学原创理论所做的努力是值得的。

The Tension of Dualistic Value Concept

Abstract: Archival Dualistic Value Concept, which seems so simple, highlights a scholarly tension, which is not only reflecting in the reasonable interpretation to the tradition and modernization of archives cause, but also reflecting in the guidance of current archival work. Resonance caused by the new theory has established a solid foundation for it to become a shared theory of archives paradigm.

民族档案与“档案双元价值观”的结缘之路*

表面上看，民族档案是由“档案”和“民族”两个词语组合而成的，而实际上绝对不是“档案”和“民族”的简单相加和组合，如同一加一等于二这个简单的命题给数学延伸出复杂知识一样，“民族档案”名称的提出意味着知识视野和操作理念的更新和超越，引发档案学界对民族档案研究的关注和深思。因为地处云南，多民族的文化为我们从事民族档案的教学和科研提供了广大的场域和丰富的事象，使我们的研究得以另辟蹊径，以当下的民族档案为视角持续性地开展探索性研究。由此与覃兆刿教授的“档案双元价值观”结缘相伴，想来也十年有余。

2003 年，为完成云南大学人文社科研究年度项目“纳西东巴档案的合理利用与纳西族地区旅游发展之关系探讨”研究，我带学生深入丽江纳西族居住地区做田野调查，遍访、观察东巴档案的留存利用情况。当时发现东巴档案的客观状况与学术界的东巴——东巴文——东巴档案的惯常思维多有不符，转换成东巴——东巴文化——东巴档案的发展理路反而更符合现实发展，更富有生机和活力。不过，随之带出的难题是如何把这一理路变成对东巴档案的界定呢？如果机械地套用以文件为逻辑起点的档案概念就难以理顺东巴、东巴文化、东巴档案的关系，更难以解答现实中东巴档案的诸多事象。困惑中，我们拜读了覃老师的大作《中国档案事业的传统与现代化——兼论过渡时期的档案思想》，在“档案双元价值”的逻辑引导下，我们大胆撇开了文件的束缚，对东巴档案进行了全新的阐释。我们提出“档案从本质上具有双重属性：一是作为人类记录的控制方式，二是作为控制中的凭证信息实体。剥离其中的任何一个方面，档案便不复存在。因此可以把档案看作人类对凭证信息的合目的的控制，也就是说，档案是处于人类合目的控制的凭证信息。从这个角度来看，围绕东巴文化形成的许多文献都可以说是档案了，即东巴档案。基于上述理论，我们认为那些反映东巴文化产生、发展的有保存价值并处于人们合目的控制的文献就是东巴档案”。①

沿着这一思路，我们于 2007 年获得了云南省教育厅科学研究基金项目“云南民族档案资源整合与云南旅游文化发展”项目的资助，开始探讨云南旅游发展背景下的民族档案资源的整合问题。研究中发现，“民族档案和民族文化始终处于相生相伴、绵延发展的过程中；民族档案作为记忆的载体和见证，只有与生生不息

---

* 杨毅，云南大学教授、社会科学处处长。

① 杨毅，张会超. 东巴文化之档案化探析. 学术探索，2006（1）

的民族文化联系在一起，才能成为连接历史与现实的桥梁。为此，从这一角度，我们认为少数民族文化可以进行档案范畴内的物化，即少数民族文化之档案化。换句话说，反映各少数民族文化产生、发展的有记忆价值并处于人们有目的有意识地管理中的各种载体的文献就是民族档案”。“这里所说的民族档案，其内涵是指围绕各少数民族文化的产生、发展而形成的具有保存价值的记录；其外延就更大了，凡是与少数民族文化相关的文字、符号和实物等载体，均属于此范畴”。①

然而，在项目研究过程中，我们逐渐认识到“档案应视为一种具有普遍意义的社会现象，其发生并不以成形的文字和阶级国家的出现为前提”。② 当下的民族档案观念过于局限在少数民族范围，已远不足以反映现在所遇到的档案事实与现实，需要重组知识资源，采用一种新的视角和叙事框架来对待。民族档案的认定要在“文化生态——民族档案——人——民族文化”的认知系统中进行，由认知对象到建构对象，最终实现现实生活与理论追寻的对话。于是，基于这些研究心得和前期成果，我们顺利获得了教育部人文社会科学研究项目、国家社会科学基金项目的资助。在较长一段时间的理论与实践的探索中，我们取得了一些阶段性研究共识：

（1）档案学已经赋予民族档案以基本的研究对象和学术范畴，如同父母给予的血缘因素，一诞生便决定了对民族档案的界定就存在着无可选择的文化“出身”，即民族档案学是档案学的分支学科，民族档案与档案存在着血缘承续关系。确认并维护这一关系，才能保证民族档案能严格按照自己的文化“出身”来确定自己的研究定位，以此彰显自身学科的发展特质和独立存在的价值。③

（2）要促成具有学科意义和知识创新能力的民族档案的重生，需要借助民族档案学学术范式的转换，从历史、文化、生态和空间四大维度来开展研究；在当下就是要匡正以往以书斋式思维为主导的研究方法，走进民族档案的田野——民族档案的文化存藏地，让现实生活中的民族档案样态回归到其所属的本土的学术文化背景之中，实现研究者与民族文化持有者在相互倾听中对话，“民族档案”和“田野”在现实生活与理论追寻中相交。哪里有民族文化生活，哪里就有民族档案研究的田野。④

（3）走向民族档案的田野不是以地域空间的距离或者城乡之间的差别来判断所属的场域，而是以考察研究对象本身来决定其场域所在和文化属性，是以民族档案本体为中心，由文化生态、人、民族档案事象、意义等方面组成的一个立体

① 杨毅，张会超．民族档案之旅游人类学建构与扩展研究．思想战线，2009（3）
② 覃兆刿．双元价值观与“档案”的定义．北京档案，2003（9）
③ 杨毅，张会超．论当下民族档案学科研究对象的塑造．档案学通讯，2012（3）
④ 杨毅，张会超．范式转换——民族档案学的学科建构之路．档案学通讯，2011（1）

的田野对象。田野对象的构成留给民族档案更多的视域和思考：这样的民族档案应该包含汉民族档案和少数民族档案。[①]

（4）共在田野，民族档案成为我们学者与各村民共同对话的平台。在对话的过程中，我们持有“档案”的概念和范式，村民则拥有培育、保存、传承档案的土壤。如果从“记录性”“载体性”“真实性”的标准来考察，那些被称为“档案”的遗留物只不过是村民日常生活中一种约定俗成的客观的记忆方式。它本身既是村民的一种社会记忆样态，同时也是参与村民不断建构记忆的重要媒介。它与现行机关的公务活动记录相比，其形成的过程、留存的空间、记载的内容、利用的方式都具有强烈的民间性、群体性和传承性，是村民日常生活的真实反映，是村民丰富的记忆资源。我们通过“探寻”“认定”“固化”“留存”和“利用”等档案式工作环节的探索，初步构建出具有序列感的工作知识谱系，并试图把这一知识谱系运用于村民的文化活动中，让村民的记忆资源在这一谱系中自然生成档案，并以档案的形式得到组织、运用和显现；也试图使以后民族文化活动的每一份遗留物都自然地拥有档案的元素，为当下实用，为后辈承继，并根据需要可以随时转化为档案，使之可查、可考、可证、可信，最终实现民族文化档案化的民间意识、民间行为在村寨中的约定俗成。[②]

也许上述的所思所想所为仅只是民族档案学术研究的一点点尝试，但已成为我们近几年来长久关注与思考、探寻与研究民族档案的基点。这期间，不得不说“档案双元价值观”以其对档案事业所进行的传统与现代、结构与功能、社会属性与自然属性的一体关照，给予我们很大的启示，帮助我们坚定探寻联结民族档案的过去、现在、未来之路。借助“档案双元价值观”，我们下一步还需进一步探索民族文化与民族档案价值体系的构建与培育实践问题。

当然，档案和民族档案作为既定社会、文化与历史条件下的产物，其生成只是为其过去所塑造、所静态化。在当今全球化多元文化共生的环境中，档案事业在发展，档案价值也呈现出新的特征，“档案双元价值观”的内涵和外延也需要不断地丰富和完善。今天我们对档案学认识有多深，明天我们携手站立的基点也就有多高，未来我们所追求的目标也就有多远。本质上讲，无论是研究档案的双元价值还是研究民族档案的价值体系，所显示的是一种文化的自觉和学科建设的使命感。我们大家别无选择，只有与时俱进，继续前行。

---

① 杨毅，张会超．记录田野——民族档案重构的实现与突破．思想战线，2012（6）

② 杨毅，张会超．民族档案在田野中生成的实践探索．思想战线，2013（5）

The Combination Road of Ethnic Archives and "Archival Dualistic Value Concept"

Abstract: The deepening of ethnic archives research needs to be combined with culture and its field, and the Archival Dualistic Value Concept opens the new thought and path, improves the new research on the ethnic archives, and we have made some achievement and have reached some consensus. The long-term company of ethnic archives and Archival Dualistic Value Concept reflects the interaction and effect between the theories. We expect common progress to promote the development of archival science.

传统与现代的对话*

——评《双元价值观的视野：中国档案事业的传统与现代化》

盛夏的上海，接到湖北大学覃兆刿教授寄来的大作——《双元价值观的视野：中国档案事业的传统与现代化——兼论过渡时期的档案思想》一书。读后顿感清风拂面，思潮涌动，档案事业的传统与现代两种理念一直萦绕在我的脑海之中，久久不能离去。打个比方说，这本学术专著就如同两个人在认真严肃地对话，一方是传统，一方是现代。两种理念在碰撞、交锋，进而整合、统一。

传统对现代说：我既千年不衰，岂是你轻易否定和抛弃得了的？我对档案工具价值的认识那样透彻，档案真正在社会秩序控制方面发挥了重要作用。你们整天强调技术，且不说技术并非我们的强项，更危险的是，你只谈技术和信息什么的，还有可能使自己迷失方向，违背档案事物的本然价值规律和档案工作的根柢。比如，看到社会上假文凭泛滥、假账目司空见惯的情况，我们不应该想想自己的社会责任吗？要知道，我们之所以存在，就是因为社会管理控制的需要啊！所以你在谈现代化的过程中一定不能忽视档案的社会工具价值，不能放弃档案的基本社会责任。

现代对传统说：那时工具价值是发挥得不错，可你是以档案的封闭格局为代价的。你过于强调保藏，从你的那些词语就能发现鲜明的政治依附性和"神秘"色彩，这恐怕是现代档案工作所必须抛弃的。要知道，档案除了作为人类行为方式，具有工具价值以外，它作为记录的实体，还有信息价值呢！我国近代一批学界巨匠发现了这种价值，强调人们重视这种价值，因此我们才实现了从"档房"向"档案馆"的过渡。所以，档案事业现代化首先需要确立一个价值目标，就是追求档案工具价值和信息价值的综合发挥。在其实现的过程中，档案工作者一方面要以高度的社会责任感去发挥档案对于社会的科学管理和控制约束作用，另一方面又要以开放的姿态面向社会公众，努力实现档案的信息价值。

该书由中国档案出版社于2003年6月出版。全书分"档案"的本质属性与档案传统的工具价值目标、信息价值的发现与过渡时期的档案思想、双元价值观与档案事业的现代化目标3篇，凡10章，280千字。总的看来，全书对中国档案事业传统与现代化重大学术前沿问题进行了系统的理论反思和创新。我认为以下几个方面是该书较为显著的特点：

---

* 潘玉民，著名档案学者、上海大学教授。本文撰写于2003年10月。

一、学术观点有创新

作者一反档案学界传统的既定思维，在“双元价值观”的引导下，创造性地提出“档案是处于人类合目的控制的凭证信息”这个命题，在此之下系统地阐明了档案学理论新观点。这些独创性的观点有：

“档案始终可以作两个层面的理解：一是它作为一种行为方式，人类的初衷在于借助它的结构形式所赋予的功能，我把它称为‘工具价值’；一是作为记录或者文献归属的实体，其内容负载的价值，人们都称之为‘信息价值’。前者是一种普遍意义的价值，后者是一种个性价值；前者由档案的社会属性赋予，后者由档案的自然属性赋予。”

“光有工具价值的档案是不存在的，光有信息价值的档案也是不存在的，档案是工具价值与信息价值的双元价值结合体。这是档案与图书、文件、文物的根本区别所在。”

“档案应视为一种具有普遍意义的社会现象，其发生并不以成形的文字和阶级国家的出现为前提。档案是人类为了克服大脑记忆局限并作为诚信的控制依据和契约关系的载体而诞生的，是人类对于信用控制所选择的理想型模。从这个意义上讲，档案的工具价值是先于信息价值的。”

“我国古代社会对档案的社会工具价值有透彻认识。档案传统中，档案更多的是作为一种方式或功能被理解的。虽然这种工具价值的偏重以封闭的格局为代价，但其中仍有与现代性特征相合的地方，值得我们认真研究和吸收。”

“档案双元价值观的确立尤其是内在信息价值的发现是我国档案事业从古代‘档房’向近代‘档案馆’过渡的思想基础。”

“档案双元价值的综合发挥是档案事业现代化的价值目标。工具价值与信息价值如何完美结合，是现代档案工作体制创新的关键。因此，档案事业现代化应以体现‘档案社会责任感（工具价值的实现）’和‘档案公众服务意识（信息价值的实现）’为观念要件。”

通过上面的引述，我们完全可以看到，作者以强烈的时代意识，有的放矢的深入研究，不是从已有的概念、结论和成说出发，而是针对社会信息化的新理论和新技术为档案事业带来的新变化，对档案传统进行深刻冷静的思考，既追究源流，又密切联系现实，独辟蹊径，与时俱进，积极提出了有创意的全新的档案学术观点。这些学术观点阐学人所未发，述学界所未见，对于启迪档案学术研究大有裨益。当然，对于书中的学术观点，仅是作者一家之言，见仁见智，各有异同，但作者勇于探索，积极钻研的精神是完全值得充分肯定的。

档案传统如何成为我们今天档案现代化建设的资源，这是需要认真进一步思考的重大问题。我们应当提倡这样一种精神：在深入理性的研究档案传统基础之上，积极探讨档案学优秀传统，为档案现代化奠定坚实的基础。这方面，王刚同志在《发展我国档案事业必须正确认识和处理的几个问题》中曾指出："档案的传统管理与现代化管理是辩证的关系。传统管理是基础，现代化管理是方向。长期以来形成的传统管理经验为实现档案管理现代化奠定了坚实的基础。没有良好的基础，实现档案管理现代化也只是一句空话。"（中国档案报 1995 年 12 月 25 日，第 1 版。）

特别需要指出的是，该书的学术观点创新不是为创新而创新，也不是学术泡沫。虚妄浅薄之作往往在提出之初，乍看起来挺新鲜，时间一长，泡沫消失，所剩无几。应该说，全书所提出的学术观点是能够经得起时间的检验和积淀的，具有极强的长效性。这与作者长时间的理论思考得出的结论有关，同时也显示作者较深厚的理论功底，以及积极进取的理论探索精神。

二、理论探索有突破

众所周知，中国的档案学一般认为产生于 20 世纪 30 年代，自 20 世纪 80 年代以来获得突飞猛进的发展，学术研究蒸蒸日上，欣欣向荣。但不无遗憾的是，在我们的教材、著作及论文中凡提及档案学理论，言必称外国的文件生命周期理论、档案价值鉴定理论、全宗理论等档案学理论。我并不是反对引进外国档案学理论，因为人类智慧成果是没有国界而言的。我一直不断地扪心自问：什么是中国档案学理论？我国档案学理论有些什么特色？是没有，还是没有系统总结？这真是值得我们档案学研究者作深层次思索的大课题。平时多是外国档案学理论的引进，对于引进的外国档案学理论我们大都耳熟能详，可我们是否注意到了中国档案学理论如何走向世界，我国档案学拿什么理论走向世界。曾经在一段时间我国档案学界有过这样一种认识，即我国档案学基础理论研究水平总体高于外国，而外国档案管理现代化技术方面先于中国，但档案学研究的事实果真能够证明如此吗？传承和发展具有中国特色的档案学理论，并使之走向世界，在世界档案学中占有应得的地位，这应当是当代档案学者伟大而光荣的历史使命。我以为本书的出版在这方面作出了很好的探索和努力。

全书在对档案学理论探索方面，建设了一个新的体系，即看待档案问题必须找到新的角度。书中提出了"双元价值观"的视角，为档案现象的解释拓展出一条新的思路。这样，档案学基础理论中不少有争议的问题都可以在这一框架中进行分析研究，如档案定义、档案价值、档案功能、档案真实性、实物档案等。与此同时，作者在"双元价值观"的引导下，评估了档案传统，策划了档案事业现代化，研究了过渡时期的档案思想和专门化原因。关于这些档案学理论的研究，作者在书中均作了有突破的探索。

目前，在科学技术迅猛发展的信息时代，档案信息化大潮浩浩荡荡，大势所趋。如何在档案传统基础上建设档案现代化，需要解决的是不能全盘否定中国的档案传统，那样的结果是必将为此付出难以补偿的历史代价。汲取一切优秀的档案思想遗产，在档案现代化的道路上走有中国特色的道路，这是我国档案事业现代化建设唯一正确的选择。

三、研究视角有开拓

据悉，作者自历史学专业毕业后便开始从事档案学的教学与研究工作，先后就“档案传统与现代化”论题，在档案学核心期刊上发表了一系列有分量的论文。为了增强知识储备的存量，作者曾在教学任务繁重的状态下，到北京大学进修情报学方面的理论。档案学、历史学、情报学等多学科交叉的知识背景，使得作者能在我国档案事业面临转型的重要时期，从档案学及相关学科的更宽广领域上，从理论与实际结合的更深层面上，来思考档案事业现代化建设发展的问题。

在对档案学理论与实际纵向的研究上，无论如何，我们今天站在什么样的角度来构架或策划档案现代化，都不能忘记档案工作建立发展的历史传统，更不应该否认档案传统对档案事业现代化发展的积极作用。从档房到档案馆，不仅奠定了我国过渡时期档案学思想的理论体系基础，也是今天档案现代化建设的基石。把档案事业现代化作为一个过程，从其发展的历史过程考察探寻它的客观轨迹及规律，构成了本书研究视角的一大特点。

全书研究视角的开拓又表现在：强调了档案工具价值和档案信息价值的综合发挥。这不仅有利于纠正社会信息化环境中实现档案信息化认识上的一边倒现象，而且对于现代档案工作体制的确立也颇有参考价值。档案信息化、社会化、法制化以及家庭档案、信用档案、民营企业档案等新领域档案问题的研究，使本书贴近于时代，且有一定的应用性。

此外，全书研究视角的开拓还表现在中外比较研究方面。作者大量阅读了近现代国内外档案学及相关的图书资料，仅就书后所附《主要参考文献》而言，著录涉及古今中外的档案学及相关图书资料 91 种，论文 73 篇，这些还不包括作者没有列出的参考文献。从书中论述可见，实际上写就此书使用的资料远不止书后目录所列的文献。

尤其值得称道的是，作者对近代档案思想进行了系统研究，从盈千累万、纷繁复杂的资料中整理出《近现代学者与档案资料长编》。对于近现代学术大家的档案思想，如龚自珍、罗振玉、蔡元培、孟森、梁启超、陈垣、鲁迅、沈兼士、李大钊、胡适、顾颉刚、刘复、郭沫若、姚从吾、蒋廷黻、袁同礼、傅斯年、徐中舒、郑天挺、向达、王重民、朱士嘉、单士魁、张德泽、傅振伦、单士元、吴晗、荣孟源、戴逸、蔡美彪、韦庆远等31位学者，从文集、年谱、回忆录以及实际采访中发掘，录其学者姓名及身份、有关档案的实践活动、关于档案的论述或主张、相关著述。广泛搜集，认真整理，谨慎选择，爬梳剔抉，实事求是，不牵强附会，尊重客观实际，所列所举皆与档案活动及档案论述有关。《近现代学者与档案资料长编》为我们勾画出一幅档案思想发展的历史长卷，从中我们既可以看出我国近现代档案思想演变的过程；又为继续研究提供了新的资料线索，大大有益于学术研究。真可谓功在当代，利在千秋。

综述全书，特色鲜明，逻辑严谨，结构合理，文风流畅。在档案学理论方面有独创的见解，自成体系，成一家之言。我认为这是一部有思想、有学术、有观点、有思考、有创见、有新意、有理论的好书，也是近年来出版的档案学术原创性精品专著之一。但愿此类档案学术著作越多越好，我想它对于推进档案学术发展无疑是大有裨益的。

数字时代档案双元价值观的生命力探讨*

谭必勇：湖北大学覃兆刿教授提出的“档案双元价值观”是中国档案界非常具有创新性的观点。他在其著作《双元价值观的视野：中国档案事业的传统与现代化——兼论过渡时期的档案思想》中对这一观点进行了详细论述。覃教授认为，档案应始终从两个面上进行理解：一是“工具价值”，二是“信息价值”，并进而提出一切对档案价值和档案现象的分析都可以从双元价值的视角来进行。作为颇具哲学深度的原创档案学理论，“档案双元价值观”可以用来解读档案的本质特征、内涵与外延等基本内容，也能对档案工作的社会价值作出很好的阐释。近年来，覃教授本人及其学术团队、相关的档案学理论研究者对“档案双元价值观”进行了持续、深入的研究，使其更为丰富并日趋体系化。而这些论述，为我们提供了一种全新的档案价值分析思路，我想就这一观点与大家进行讨论，希望各位同学畅所欲言。

一、对“档案双元价值观”的理解与认识

张莹：覃兆刿先生认为，“光有工具价值的档案是不存在的，光有信息价值的档案也是不存在的，档案是工具价值和信息价值的双元价值结合体”。从这句话中，我们可以看出档案的信息价值与工具价值是同时存在的，因而这个观点称之为“双元”，而不是“二元”或者“多元”。因为“双”不仅包含“两个”的意思，同时意味着事物的两个方面相辅相成，彼此关联，具有一定的哲学高度与深度。其中，工具价值是由档案的社会属性所赋予的，信息价值则是档案自然属性的必然存在，两者并行不悖。我认为这是双元价值观的精髓，是对传统的档案单值说的突破。

陈洁：经过一段时间的文献搜索与积累，我了解到“档案双元价值观”的提出引起了较为热烈的讨论，似乎开启了档案学界对于档案学基础问题认识的革新。

---

* 谭必勇，武汉大学信息资源管理学院博士毕业，现为山东大学历史文化学院副教授；张莹，山东大学历史文化学院2009级硕士生，现就职于山东师范大学档案馆；陈建，山东大学历史文化学院2009级硕士生，现为中国人民大学信息资源管理学院2012级博士生；陈洁，山东大学历史文化学院2011级硕士生，现就职于中国科学技术馆；闫静、高一弘、樊树娟，山东大学历史文化学院2012级硕士生；陈珍，山东大学历史文化学院2014级硕士生。本文内容出自2010年4月22日由谭必勇博士在山东大学历史文化学院主持的题为“档案学理论研究的多重视角及其比较”的学术沙龙，此后经过数次网络讨论，并由谭必勇博士于2014年11月在美国加州大学洛杉矶分校审读成稿。

作为半路出家的档案人，我对双元价值观的认识较为浅显，但该理论上升至哲学高度的特点引起了我的思考兴趣。“档案双元价值观”本身就包含着极为经典的哲学观点与方法。在“档案双元价值观”中，档案就是一类实体与形而上相统一的客观存在，既是人类在实践中总结经验的记录工具，又是人类在实践中对世界的认识。因此，“档案双元价值观”的提出，将档案提升乃至扩展到形而上领域，力证档案是客观与主观的双元统一的表现形式，为一些新兴档案的存在提供了合理依据。

陈建：我与张莹的看法大致相同。双元价值观指出，档案通过其结构与形式具有功能属性，即工具价值，同时档案作为记录实体，它的内容负载价值，也就是信息价值，工具价值和信息价值并列成为档案的双元价值。我认为创新之处在于，在档案信息价值的基础上加上了一个工具价值，这就使档案成为与图书、情报所区别的根本所在。也就是说档案不仅仅是信息，而且通过信息实现了一种功能，完成了一个使命，从这个意义上看，工具价值和信息价值其实是难以分离的。档案在发挥工具作用的过程中传递和表达信息，档案信息在传递和表达中实现了工具的作用。这是一个你中有我、我中有你的过程。

樊树娟：档案双元价值论认为档案是集工具价值和信息价值于一身的综合。它将档案的产生归根于一种行为方式，人们的初衷在于借助它的结构形式所赋予的功能来达到某种控制的目的，而这种行为方式所产生的记录实体是档案内容与文化价值的集中体现，无论是对于个人还是社会来说，都带有重要的信息价值。这一理论着重从行为方式和记录实体两个维度来阐释档案的本质属性问题，档案既是对凭证信息的合目的的控制，也是处于合目的的控制过程中的凭证信息，如一枚硬币的两个面，缺少任何一面都不构成档案。我认为这一理论的提出是对我国传统档案学理论的极大创新，突破了传统论述中文件与档案之间厘不清、道不明的复杂关系，真正以档案的方式认识理论和实践中的档案问题，并以前瞻性的视角为我国档案事业现代化开辟了一条可持续发展的道路。

高一弘：覃兆刿老师提出的“档案双元价值”理论，对档案价值进行了逻辑上的区分，在社会目前普遍将档案视为一种信息资源时，同时强调档案行为、档案工作这种人类活动层面下的档案工具价值。在这里，作为早期人类进行自我管理的一种工具，档案的工具价值理论解释了档案机构和档案工作之所以产生的原动力。对档案而言，从古至今，这两种价值都是你中有我，不可分割；随着社会进步和科学技术发展，人们对档案中信息、数据等的需求逐渐超越了简单的辅佐管理的需求，档案的信息价值逐渐得到越来越多的重视和凸显。覃老师的理论解释了我国古代档案工作从“档房”到“档案馆”的演变，并对现代档案工作提出了建议，使得双元价值理论成为一种有说服力和现实意义的独创。

闫静：我所理解的“档案双元价值观”的精髓在于以档案双重属性为基础对档案价值的双元表达，具体来讲就是，档案作为人类记录的控制方式、作为控制中的凭证信息实体决定了档案具有工具价值和信息价值；工具价值即为档案作为一种行为方式特有的结构形式所赋予的功能，而信息价值即为档案作为记录实体在内容上所承载的价值。从覃兆刿老师对“档案双元价值观”理论的阐述来看，这一理论是中国古代社会的档案一元价值观随时代发展而逐步演进的结果，到了近现代，整个社会文化氛围和整体环境发生改变，档案的工具价值和信息价值开始并行发展。因此，可以将“档案双元价值观”理解成为一种适应时代发展而产生的档案理论。

陈珍：覃兆刿教授的“档案双元价值观”是档案理论界的一朵奇葩，因其独特性和科学性而具有勃勃的生命力和发展前景。从双元价值的角度出发，他还进一步提出了椭圆模型，用真实客观的数据充分揭示了档案本体与价值实现的关系。由此可见，覃教授将档案价值问题进行哲学追问，提出了“档案双元价值观”，但是并没有止步于此，然后又通过数据模型证明了“档案双元价值观”。我认为这种哲学与数学的结合体现了覃教授追求本真的治学态度和严谨科学的论证方法。

二、数字时代“档案双元价值观”的适用性

谭必勇：通过各位同学的发言，可以看到大家对这一观点都有自己的见解。我们知道，档案双元价值观是覃兆刿教授对中国档案事业传统与现代化问题长期研究与思考的基础上提出来的，因此既有哲学的深度又有历史的厚度，并且理论提出之时，覃兆刿教授还据此对当时档案事业当中的“社会契约化与档案事业法制化”“信用档案”“民营企业档案”等新问题作了较为系统的论述。然而，当前信息技术的快速发展，“社交媒体”“大数据”“云计算”等眼花缭乱的新兴概念正在改变传统的档案生成及管理方式，大家认为这一理论在数字时代是否依然具有生命力呢?

闫静：我个人认为，数字时代背景下，“档案双元价值观”理论在数字档案本质属性的维护、数字档案管理方式的革新等方面仍具有很强的适用性及发展空间。

从数字档案本质属性的维护方面来看，无论档案的实存形态如何，原始记录性作为档案的本质属性，不仅是档案区别于其他事物的根本所在，而且还从根本上决定着档案管理方法的基本取向。数字档案载体与内容的可分离性、便于复制、便于修改的特点决定了其原始记录性的维护与纸质档案相比而言具有更大的难度，因此，数字档案原始记录性的维护就需要时刻保证其具备可靠、可读、完整等特性。“档案双元价值观”理论中认为档案“作为人类记录的控制方式”属性是档案的社会属性，该属性使档案本身作为记忆客观存在区别于其他的文献方式，而“作为控制中的凭证信息实体”属性则将档案视为有结构、背景和内容的具体存在方式，是档案自然属性的表现，并由此体现了不同的时代特征和文化差异，双重

属性的划分不仅反映了档案形成机构的属性与职能情况，而且也为保证档案内容的真实性与实用性提供了理论基础。从这点看，“档案双元价值观”理论与学界对档案本质属性认识的基本观念一脉相承，并将档案视为结构、背景与内容三元素的抽象存在，显然对于数字时代背景下的数字档案本质属性的维护具有积极意义。

从数字档案管理方式的革新角度来看，目前世界各国对数字档案的管理方式主要向数字档案馆建设方向发展，数字档案馆有别于传统档案馆的地方在于，它并非是一种物理存在的实体档案馆，数字档案馆旨在利用信息网络技术手段，将分布于不同档案保管机构的数字档案信息以网络化方式加以互相连接，以最终实现档案信息资源共享、方便社会的档案利用，数字档案馆可以为数字时代背景下的社会各界提供一种有序的信息空间和资源共享的信息环境。“档案双元价值观”理论强调“档案事业现代化应以体现档案社会责任感（工具价值的实现）和服务社会公众（信息价值的实现）为观念要件”，即在网络化、信息化、现代化时代背景下，档案的工具价值和信息价值二者要并行不悖，综合发展，工具价值为档案内容和文化价值的发挥提供了内在基础，而信息价值又是档案工具价值的继承与升华。数字时代下，数字档案的本质属性决定了其同样具有工具与信息的双元价值，“档案双元价值观”理论对工具价值和信息价值的划分与定位，以及其强调档案的价值转向与价值实现的观点均与基于“拥有”型功能定位的实体档案馆向基于“存取”型功能定位的数字档案馆转型相契合，尤其是双元价值观理论对信息价值内涵的揭示更为数字档案的逻辑归档等管理方式提供了理论依据，已故著名档案学家特里·库克就主张基于档案的信息价值将数字档案保存在机构内部、仅在国家档案馆层面进行逻辑归档的方法。

陈洁：我认为“档案双元价值观”的哲学基石使其在数字时代拥有强大生命力，同时也为电子文件存在及档案实体与数字化保管双轨制提供合理依据。一方面档案作为一种人类在实践中形成的客观记录实体，档案馆（室）进行收集保管大量实体档案的工作是极为基础与重要的；另一方面，大量复印复制的档案如缩微胶片、扫描件等数字化档案资源的存在主要突出了档案作为形而上的意识或信息的特性与价值，因此具有极强的合理性，其档案价值毋庸置疑。另外，“档案双元价值观”也有效避免了对于电子文件真实性、原生性的质疑，将焦点置于电子文件所承载的档案信息的保管与利用工作上。“档案双元价值观”的提出将档案定位成一种社会文化资源，借助数字化时代发展契机，利用数字媒体及社交网络，有利于实现档案信息资源的社会共享，延续档案的价值与生命，也借助档案信息资源传递档案文化，开创新文明。

高一弘：目前，数字文件的可靠性、原始性问题和数字档案的价值一直都是讨论的热点，如果以“双元价值理论”来考量数字档案的价值，首先，从数字档案和电子文件的产生来看，数字档案是顺应信息化时代背景下计算机管理普及的一种必然产物，当各行各业都开始使用计算机系统辅助工作，产生的各种电子文件作为一种管理工具，具有肯定的工具价值。如医疗机构的挂号系统、病例管理系统，政府机关的公文签发系统等，这些系统下产生的电子文件，是代替纸质文件的管理工具。其中所蕴涵的信息价值也是确定的，医疗机构通过系统数据记录关注患者的情况，研究治疗方案；公文签发系统内的公文，反映机构近期主要的工作内容。所以，我认为这一理论在信息时代依然具有现实意义。

樊树娟： 以工具价值和信息价值的结合来认定档案，这一观点既适用于传统纸质时代的档案也适用于数字信息时代的档案。进入数字信息时代后，人们记录信息和获取信息的方式都发生了翻天覆地的变化，信息技术的进步使档案的工具价值和信息价值更加凸显，人们乐于在网络社交平台上记录生活和分享信息，无形中形成了他们独有的社交媒体档案、音视频档案和数据档案等内容丰富和形式多样的档案信息。这些档案在每个人的日常实践活动中都伴随着不同目的的行为而产生，其内容对于个人和社会群体来说更是具有独特的信息价值和文化传播价值。在数字信息时代，“档案双元价值观”仍具有鲜活的生命力，档案的工具价值反映着人们在信息社会环境中实践活动的现实状况和日常行为方式的变化趋势，是保证档案内容真实性与准确性的重要基础，档案的信息价值则是档案内容和文化价值的集中体现，贯穿于档案存在的始终，具有长远的社会意义。在数字信息时代，我们应该顺应数字时代发展趋势，充分利用信息技术优势，促进社会档案信息资源的广泛收集，并推进档案数字化和数字档案馆建设进程，使档案的工具价值得到充分的发挥。同时，利用大数据挖掘和分析技术，促进社会档案信息资源的有效整合与深度挖掘，使档案在历史文化传播、社会记忆构建和提供公共服务等方面的信息价值得到最大程度的实现。

陈建： 数字档案虽然载体发生了变化，但是它仍然是档案，其作为档案的本质属性没有变。也就是说数字档案同样同时具有工具价值和信息价值的双元价值，而且这两种价值更加被强化了。工具价值的强化表现在数字档案的高效率收集、存储以及管理和开发使数字档案的利用率和社会效益大大提高，工具价值更加凸显；信息价值的强化表现在两个方面：一方面，数字档案是信息时代的典型产物，档案信息化、网络化大大提高了数字档案的数量以及传播效率，人们更加关注数字档案的管理以及效益，档案的信息价值受到了前所未有的重视；另一方面，数字档案信息除了包含传统的档案信息之外，还增加了数字档案的元数据信息，其目的在于保持档案的真实性、可靠性和完整性，数字档案信息的质量受到更大关注。可见，“档案双元价值观”对于数字时代数字档案的管理与开发的指导意义更为重大，值得学界进行更加全面、系统和深入的探讨和研究。

张莹： 我也认为“档案双元价值观”在当前仍然适用。因为这一理论强调：档案事业现代化应以体现档案社会责任感和服务社会公众为观念要件。社会责任感就是档案工具价值的体现，服务公众则是信息价值的明确表现。信息技术的发展只是改变了档案的外在载体，并没有改变档案的内在意义和作用，所以档案在数字时代仍然发挥着工具价值和信息价值。

闫静：从传统档案学基础理论的深入发展来看，数字时代背景下，档案的来源原则、文件生命周期理论及鉴定理论等档案学基础理论均有不同程度的重新定义及自我更新。例如，文件连续体理论是电子文件时代对文件生命周期理论的有效补充，宏观鉴定论是电子文件时代对传统鉴定理论的适应性发展。从这个意义上看，基于“档案双元价值观”的档案双重属性中所强调的档案对形成机构的属性与职能情况的反映，档案是结构、背景和内容的结合等观点，以及“档案双元价值观”对档案自然属性和社会属性（尤其可以体现不同的时代特征和文化差异）的划分，使得档案能够真实而准确地反映档案信息所指对象在当时信息环境下的状况，这均为以上传统档案学基础理论的深入发展提供了理论依据。

谭必勇：面对数字时代瞬息万变的技术变革，我们不应当因为一时看不清方向而迷茫，或由于一时无法适应新的管理方式而徘徊。看起来大家还是对数字时代“档案双元价值观”的深化发展有很大的信心。总之，我们应当看到，数字技术的发展，改变的只是档案价值（工具价值和信息价值）的外在表现形式及实现路径，在一定程度上会使工具价值与信息价值之间的关系变得更为复杂而难以清晰地判定。然而，在这些价值表现形式背后隐藏的档案群体及其行为方式，只是档案价值及文化传统的一种数字化延续，它依然能够运用“档案双元价值观”来分析和判断。而这，也正是档案学基础理论的魅力所在。

The Vitality of Archival Dualistic Value Concept in Digital Era

Abstract: “Archival Dualistic Value Concept” with the height of philosophy and the thickness of history, summarizes and sublimates the ways and routes to realize archival value of Chinese Archival Profession’s traditions and its modernization transformation from philosophical and historical perspectives. This paper discusses the development and applicability of “Archival Dualistic Value Concept” theoretical system in digital era.

创新，档案学发展的源泉*

——读覃兆刿《中国档案事业的传统与现代化》

覃兆刿是档案学研究领域有影响的一位年轻学者。近年来，他在《档案学研究》《近代史研究》《档案与建设》等刊物上发表了一系列的档案学研究论文。如《理论的意义与实践中的困惑》《档案功能与诚信控制》《我国档案工作早期学欧美及其意义》《傅振伦的档案观》等。这些充满着创新观念观点，具有鲜明个人风格的成果在档案界形成了一场不小的冲击波。近年来，他潜心钻研，孜孜以求，硕果累累。2003 年 6 月，中国档案出版社出版了他的个人专著《双元价值观的视野：中国档案事业的传统与现代化》(以下简称《传统与现代化》)。

阅读覃教授的这部凝聚着他诸多理论智慧和多年研究心血的代表作，给人留下最深印象与启发的内容有两方面：一是作者具有档案学界难得的文献梳理功夫，二是在此基础上进行多学科的综合研究与系统分析。在这两方面他都取得了令人耳目一新的富有原创性思想的理论成果。

《传统与现代化》第二章《“中”、“当”、“档” 及档案词源》一节，是目前档案学界有关档案概念词源讨论中最有说服力的一种阐释，当为不易之论。覃兆刿的名字，笔者也是通过其发表在《档案学研究》上的《“中”——“当”——“档”》一文而得知的。本人原本长期认为，作为档案名称的“当”“当子”“档子”源出满文，“档案”一词的出现是“满汉民族文化交流的结晶”；甚而还想当然地以为，与档案一词存在文化渊源及关联关系的“图”“文献”“文”“文物”“文牍”“文卷”“情报”及“案牍”“案卷”等语词不同，这些词大多在汉代前后诞生，至迟于唐宋时期均成为汉语的常用词汇，而唯独“档案”一词是个异数、例外，颇不可解。当然，笔者忝列中国档案事业史教职，知道“当”为“中”字之转，“档”字为“当”的增字足义，对《周礼注疏》中的“贰之者，写副当以授六官”及宋元时期的“勾当官”“守当官”等文献中“当”字含义也曾作过某种揣测。但是，囿于观念所限，未作进一步的全面思考。现在看来，这是一种读书不求甚解的臆断。覃兆刿对这一问题的梳理及文献考证令人信服。

《传统与现代化》中篇第五章《信息价值的发现与过渡时期的档案思想》，对近代自龚自珍以来包括梁启超、蔡元培、胡适、刘半农、傅振伦、朱士嘉、荣孟源等学者或官员在内的众多学人的档案思想，作了系统全面的文献梳理工作，正

---

* 蒋卫荣，苏州大学社会学院档案系副教授。本文发表于《档案与建设》2004 年第 5 期。

如刘国能先生所言俨然是一部《近世档案思想史》。因教学科研工作的要求，笔者也写过一些中国档案事业史方面的文章，但由于个人的兴趣及对文献掌握方向的前提差异，至今未写过近代档案事业史方面的文章。事实上，在覃兆刿的论著发表之前，中国档案事业史的研究状况，近代弱于古代是不争之论。在各类档案学刊物发表的为数不多的档案事业史的文章中，稍有影响的几乎都是古代部分的。笔者以为，针对中国档案事业史的学科发展状况，要在较短的时间内有较大突破，近代时期无疑可作为一个主攻方向。覃兆刿的论著如《我国档案工作早期学欧美及其意义》《傅振伦的档案观》及本章的相关内容等论述起到了极好的先导和示范作用。他认为，从传统的档案思想及在这种思想指导下的档案工作实践阶段到现代档案事业阶段，从"三百年来学士大夫不得一窥"的封锁、垄断阶段到档案的价值"为世人所共知"的共享阶段，从单纯的资政功能阶段到"关系政治学术盛衰"阶段，从收藏于神秘的"石室金匮"阶段到应"积极负起保存与整理档案之责任"的全民阶段，可以说这是一种革命性的转变，两者之间存在一个不可或缺的"过渡时期"。在这一"过渡时期"，以史学家为主体的学者首先树立起了全新的档案价值理念，以中西融通的眼光及亲历的档案整理实践，对传统的档案价值观实现了根本性的突破。尤其值得称道的是，他利用自己对近代文献掌握的优势，为我们编写了数万字的《近现代学者与档案》资料长编，将这些学者"有关档案的实践活动""关于档案的论述或主张""相关著述"等内容制成一览表，为我们读者提供了极大的方便。

笔者认为，中国档案事业史上第二次转折——由传统的、古典的档案工作向近代的、专门化的档案事业过渡，肇始于辛亥革命以后建立起来的南京临时政府时期，中继北洋政府统治时期及国民党统治时期，其标志是机关档案工作制度化的实践。档案工作的近代化，一方面随着中国近代社会的变革、变迁有其自身内生性的必然要求，另一方面，还与我国近代许多熟悉档案整理状况的学者主动学习、介绍欧美国家档案思想、观念及档案工作现状直接相关。正如本书作者所言，说起学习、借鉴国外的档案工作经验，言必称苏联档案专家米留申、谢列兹涅夫来华指导、讲学，将此看成是我国直接接触欧美国家档案思想的开端。事实上，早在20世纪三四十年代，蒋廷黻、傅振伦、滕固、朱士嘉、姚从吾等著名学者已对欧美国家档案工作状况作过悉心考察和专门介绍。本书第四章第二节《全方位的考察学习活动》一目，对1934年蒋廷黻对苏联和西欧主要国家档案馆的考察，1936年傅振伦对英法等国档案馆的考察及嗣后大量档案资料的翻译，王重民对法国国家档案馆和美国国家档案馆的考察，1946年朱士嘉在美国国家档案馆的系统学习以及姚从吾留德期间在德国档案馆的见识等内容，作了全面文献发掘与梳理，并将这些学者的考察、学习、介绍活动对于我国历史档案的整理实践，分类原则的确定与编目方法的改进，早期档案学的产生乃至专门化档案馆诞生的意义和影响，作了全面和恰如其分的评价，从而也在近代档案事业史研究领域填补了一项空白。进而言之，作为近代社会科学体系的一部分的档案学，其名称、概念及使用本土化与内容结构也是首先由这些学者设想并构建的。

覃兆刿教授的学术视野宽阔，涉猎甚广，一方面，善于将传统的管理制度赋予全新阐释，并作现代观照，另一方面，对有些问题的认识能充分运用多学科知识作多角度、多层次、全方位的综合分析。

中国近代档案学自 20 世纪 30 年代产生，至今已有 70 余年的历史了。从档案学学术发展史的角度看，档案学发展到今天，也面临一个转型问题。著名的科学哲学家库恩（Thomas S.Kuhm）在其名著《科学革命的结构》一书中指出：科学发展（学术发展）并不必然是直线积累的，相反地，它大体上是循着传统与突破的方式进行的。也就是我们常说的，从量变到质变。而所谓突变，则是指一种科学传统积之既久，内部发生困难，尤其是对于新的事物无法作出适当的处理与解释，这种困难积累到一定程度时，这一门科学便不可避免地要发生根本性的变化，这就是“科学的革命”。在这里，库恩还特别强调，一切科学革命都必然涉及所谓“典范”（Paradigm）的改变。何谓“典范”？简单地说，可以有广、狭两义，广义的“典范”指一门科学研究的全套信仰、价值和技术，因此又可称为“学科的范型”。狭义的“典范”则是指一门科学在常态情形下所共同遵奉的楷模。这个狭义的“典范”也是“学科的范型”中的一部分，但却是最重要、最核心的部分。

笔者以为，今天的档案学研究恰恰处于“典范”的转换与变革之中。因为传统的档案学研究，其“典范”已很难使档案学研究有根本性的突破。那么，如何实现档案学研究的“典范”的转换与变革呢？覃兆刿教授《传统与现代化》作了有益而又可贵的尝试、探索。《传统与现代化》下篇“双元价值与档案事业的现代化目标”提出的“档案事业现代化是档案作为方式的社会工具价值和档案作为记录实体的文献信息价值的综合发挥”；“现代档案工作者的角色：档案文化遗产的积极塑造者、档案功能的设计者与监督者、档案共管机构的合作者、档案管理技术专家与档案信息服务商”；“档案功能与诚信控制：真——诚信的本质与档案的本质，善——档案方式源于人类对诚信控制功能的需要，信用档案——诚信控制的物质基础、信用信息的核心资源”；“档案信息是档案文献所维系的自然真实的来源联系即与社会实践的同构或对应关系”；“档案宣传采取空间上的全方位战略、时间上的持久性战略与内容上的多层次战略”；“家庭档案和民营企业档案工作是社会档案意识的两个希望工程”等观点，对于传统的档案学研究来说，均有某种“典范”变革的意义。笔者读书有一偏好，拿到一本书，首先浏览一下它的目录和该书所引用的主要参考文献，前者借以了解该书的大致内容，后者借以了解作者阅读文献的广度和深度。本书开列的主要参考文献有近 270 条，从学科分属来看，涉及档案学、历史学、管理学、图书馆学、信息学、文字学、哲学、法学、社会学甚至还有经济学等学科，像传统档案学著作中一般很少涉猎的《古汉语词义答问》（陆宗达、王力）、《汉字字源系统研究》（尹黎百）、《七世纪至十九世纪中国的知识、思想与信仰》（葛兆光）、《现代社会的结构与过程》（帕森斯）、《公共领域的结构转型》（哈贝马斯）、《二十世纪前期西方史学输入中国的历程》（张广智）等著作，也能为我所用，借鉴并吸收这些学科和著作中的观点、理论以及分析问题的相关方法，来解决档案学的理论与现实问题。事实证明，覃兆刿的探索和尝试是有益的。当然，在档案界作如此学术研究尝试的也并非从覃兆刿教授开始，早在 20 世纪 80 年代冯惠玲、何嘉荪两教授发表的一组有关讨论全宗问题的文章以及把“老三论”（信息论、控制论、系统论）移植到档案管理的理论和实践中，也都具有某种程度的典范意义。一句话，这种研究方式以及在这种研究方式指导下取得的成果都是创新性甚至是原创性的理论成果。创新，同样是档案学研究发展的动力。

从观念到理论*

——档案双元价值论的演变轨迹研究

一、导论：一种情结、一个视角

在中国近现代档案学术研究的发展演进过程中，无数档案学人在建构中国档案学基础理论体系的同时，无不为提出和建立一种中国化的档案学基础理论而努力。从“档案运动规律”的提出，到“全宗理论”的声名鹊起，中国档案学人在不断地摸索与实践中找寻着属于“中国制造”的档案学理论。但是无论是“档案运动规律”还是“全宗理论”，其理论的内核始终带有国外档案学理论的影子。虽然处于不同地域和国度的档案学者在理论的阐释与演绎的细节问题上存在着不同，但是其理论内核却往往是趋同的，这是因为其着眼于档案的角度与视野的趋同性所引起的。甚至被我国学界所接受的档案学基础理论的两大支柱——“来源原则”和“文件生命周期理论”无外乎是从西方档案学理论体系中所引入而来的。我们不禁会问，是我国档案学者的理论层次和认知深度的差异，还是中国档案事业发展模式的制约，才使得中国档案学理论在国际档案学界如此被动？那么我国档案学界能否提出具有“中国血统”的理论？

理论的产生及其演进过程需要相当长的时间去取得其所在学科共同体的认知和接受，而目前对于档案及档案工作的基本概念与术语已取得了国内外档案学者的共识，根据胡鸿杰、陈祖芬、丁华东等学者对当代中国档案学范式演进过程的分析，当前档案学范式正处于“常规科学”阶段，因此要想提出并确立一套全新的档案学基础理论体系，继而引发学科内的科学革命已经不太可能，因此只有在现有理论框架内寻求新的理论增长点，我国档案学术研究才能取得创新性认识和成果。早在 2002 年加拿大档案学家 Terry Cook 就曾撰文指出档案的后保管时代（Post-Management Era）是一个理论思想不断迸发的时代，这不仅是因为档案管理实践发生着巨大的变化，还由于作为档案现象的认识主体在把握档案信息的认识视角和认识途径上长足的进步。

---

* 任越，中国人民大学信息资源管理学院博士，黑龙江大学副教授。本文是作者主持的国家社科基金“档案双元价值论及其实证研究”、黑龙江省社科研究规划项目“公共管理视阈下文档管理理论与实践范式研究”研究成果之一。文章发表于《档案学研究》2012 年第 1 期，并于 2014 年获黑龙江省第十六届社会科学优秀成果奖三等奖。

研究视角的转换，特别是针对现有档案学术研究成果而采取更为深刻与合理的研究视角，往往能够得出更具创新性的观念与认知。加拿大档案学家 Terry Eastwood 在其著作“Currents of Archival Thinking”中指出当前国际档案学界对于文件、档案的认识要逐渐突破“形”的认识，要从“意识”“有用”“知识”的角度重新诠释档案的社会价值；美国档案学家 Richard J. Cox 在其论文“Managing Records as Evidence and Information”中指出现代意义上的档案已经突破证据、凭证的传统价值含义，取而代之的是面向社会、面向公众的集凭证与知识于一体的综合价值体。由此拉开了国际对档案学基础问题再认识的序幕。

对档案及档案工作本质与价值构成的探讨一直都是我国档案学界的热点问题，但是能够脱离传统档案观念束缚的理论比较鲜见。2002 年湖北大学历史文化学院覃兆刿教授从档案功能与档案信息内容两个角度对档案的价值构成进行了深度划分，并在 2003 年出版的《中国档案事业的传统与现代化》一书中提出了“档案双元价值观”。该观点没有以档案价值量的多少对档案的价值进行描述，反而从行为方式和对象实体两个层面对档案的内涵与价值进行了重新的诠释。这种从档案工具价值与信息价值的视角去认识档案价值构成的思路，将我们传统上对档案的价值的理解扩大到对整个档案社会实践过程的理解。

“档案双元价值观”的提出是我国档案学者对档案价值认知的综合性阐释，是从哲学价值论、认识论与管理哲学的视角对档案工具价值与信息价值的探索与认定，其中蕴涵了较大的后续研究的空间，同时也是我国档案学者开始走向国际档案学术交流的“敲门砖”。

二、发源：档案双元价值的提出及其理论雏形

1. 对档案价值的重新认知

档案，这种被世人认为是社会历史记忆的信息产品，有史以来一直被其形成者及拥有者视为“珍品”与“宝藏”。档案的产生是人类为了弥补其自身在信息记忆方面的弱点而选择的，是人类社会实践活动需求的产物，其能满足人类在信息记忆方面需求的程度是评价档案价值与功用的直接依据。但是档案中所蕴涵的不仅仅是其载体上所记载的那些数字或字体符号，更蕴涵着由岁月流逝与社会演进赋予的历史价值与文化元素，而我们对这种潜在价值的评价却不能通过需求满足程度的大小来展开，这是因为档案在历史演进过程中被很多外在因素赋予了新的内涵，这种内涵是带有一定时效性的，而且极具主观性和针对性。

传统档案学观点认为档案的价值主要体现为情报价值与凭证价值，或者现实价值与长远价值，或者对形成者的价值与对社会的价值。这些价值的划分方式要么偏重档案客体的研究，要么偏重利用主体的研究，使学界对档案价值的认知难

以达成统一，而且上述几种价值划分方法只是将档案作为一种信息载体，文献记录的某一部分，或人类历史记忆的分支等固化形态去评价档案满足人类需求的量的大小，而没有从更深的层面阐释档案之所以被人们选择成为历史信息记录载体的根本原因，进而去描述档案与社会演进历史之间的关系。

多年来，国内外诸多档案学者围绕着档案价值体系的创新与价值实现规律的阐释做了大量的研究，但是笔者认为所取得的这些成果大部分仍囿于传统档案价值判断之中，对于档案价值的量的考察依然成为众多观点的理论根基。主要原因在于我们总会不由自主地将评价档案价值的方法与档案价值鉴定实践联系到一起，而这种联系主要是建立在对档案实体内容分析基础之上的。由此这种对实体内容的分析是对档案现实价值，或者称为外在价值的分析。而且这种档案价值的分析方法仅仅对现实的档案鉴定活动有所借鉴或帮助，对深入分析档案在社会实践活动中的功用，建构基于社会观的档案价值体系却显得力不从心。笔者认为仅仅凭借档案具有多大参考凭证作用对档案的社会价值下结论，实属以偏概全之思维。

那么，如何跨越档案实体价值的藩篱去阐释和评价广域的档案价值？笔者认为对档案价值的阐释应当回归到对档案产生本源意义的思考之中。从人类最初产生档案的目的，以及漫长的社会历史的变迁给档案赋予的新的价值内涵的角度出发，对当代社会背景下的档案价值的结构与实现规律进行重新认知。

2. 档案双元价值观的提出

早在 20 世纪 80 年代，时任美国档案工作者协会副主席的 Frank Burke 在美国档案工作者年会上对未来档案学术研究提出了四个问题，即“为什么人类社会会产生档案？”“是什么因素推动了人类对档案行为的普及？”“为什么档案会告诉我们历史事件的真实性？”“档案仅仅只作为人类社会实践的信息传递与记载工具吗？”这四个问题基本上涵盖了档案学基础理论所要研究的内容，同时它们也是支撑档案学学科的元问题。近 30 年来，我国和国外诸多学者都围绕着这四个问题而进行着思索与探讨。而档案双元价值观的提出正是出于对这些档案学元问题的深度思考与理解。

对于档案双元价值的考察是从对档案词源考察开始的。与以往从历史古籍中发现“档案”一词之由来的学者不同，覃兆刿教授选择了语言学和训诂学的切入点，从查考档案作为一种重要文字记录载体最早在我国出现时的名称由来入手，分析了古籍中所记载的最早被定性为具有档案作用的记录工具“中”与“当”“档”之间的关系。正是得益于对“档案”一词词源的探究，使其认识到档案在中国古代社会的工具价值属性，统治阶级以档案作为控制政权、治理社会和愚弄民众的主要工具，因此档案被统治阶级赋予了神圣的价值定位，并加以严密的保藏。也正是这种崇拜档案工具价值的管理理念，使社会公众始终对档案抱有一元价值观，而无法真正地发现、发挥档案的历史价值与文化价值。

通过对中国档案事业史的进一步梳理，覃教授发现从古代社会流传下来的档案一元价值观在中国古代社会已经成为档案管理者和社会公众普遍接受的档案价值观，越到封建社会的末期，这种一元价值观体现得越明显。这种极强的工具理性对于封建社会时期的发展确实起到了积极的作用，但是跨过封建社会时期的近现代社会无论是在政治领域，还是在经济与文化领域始终处于一种崇尚自由和民主的环境之中。而档案作为记录中国千年历史演进轨迹的信息记录，开始为世人彰显其独特的历史与文化内涵，它对人类历史的追溯与社会文化传承的功用要远远高于其自身所带有的工具价值，因而社会公众所秉持的档案一元价值观开始出现松动，并朝着双元价值，即注重档案工具价值与历史文化价值的方向发展。可以说档案一元价值观向双元价值观的转变，既是社会文化发展的必然结果，更是档案和档案事业被社会公众所接受，并开始独立发展的动力之源。

由此为进一步明确中国档案事业演进过程中的档案双元价值现象和其在现代社会的反映，覃教授提出了档案双元价值论在其理论萌芽期的内涵，即档案双元价值主要包括："一是它作为一种行为方式，人类的初衷在于借助它的结构形式所赋予的功能，称为'工具价值'；二是作为记录或者文献归属的实体（或结构对象实体），其内容负载的价值，称之为'信息价值'。前者是一种普遍意义的价值，后者是一种个性价值；前者由档案的社会属性赋予，后者由档案的自然属性赋予。在我看来一切对档案价值的分析都可以包括其中。"①

三、发现：档案双元价值观的理论转型

1. 档案双元价值论的理论内涵

档案双元价值理论从"观点"向"理论"的转型是以其理论内涵的完善为主要依据的。对于档案双元价值论的系统阐释主要集中在覃教授于2003年出版的《中国档案事业的传统与现代化》一书中。这部著作不但凝结了覃教授之前关于档案双元价值的研究成果，而且从更深的层面阐释了档案工具价值与信息价值之间的关系，同时他对中国档案事业发展史中所蕴涵的档案双元价值现象进行了梳理，并在最后一部分透过档案双元价值观的理论内涵对当时档案实践活动中的热点现象进行了评述。可以说这部著作从理论表述层面阐释了档案双元价值论的基本内涵，使之前对档案双元价值的研究通过对档案概念的"双元表述"和对中国档案事业发展史所表现出的双元价值观的叙述而稳定下来，这也正是档案双元价值观转型为档案双元价值论的重要基础。

覃教授将档案价值的范畴理解为："档案方式、档案资源性状、档案劳动以及

① 覃兆刿．中国档案事业的传统与现代化．北京：中国档案出版社，2003

档案作用社会效应之和[①]。”档案双元价值论不是讨论档案双元价值体系内价值此消彼长的关系的，而是倡导价值体系内各元素之间的关系平衡。这种价值定位方式摒弃了以“有用性”作为价值理论内涵的传统价值认知方式，反而从宏观层面分析与讨论了档案的工具内涵与社会意义，扩大了学界对档案价值认知的范围。覃教授指出档案是工具价值与信息价值的双元价值结合体，这是与图书、情报、文物相区别之处。作为社会实践伴生物的信息记录载体，档案必然具有参与社会实践的工具价值；作为文献信息的归宿，档案价值和档案事业的另一目标又体现为信息的含量和社会共享的理念。而档案双元价值观的内涵也恰恰来源于档案自身所具有的这两种价值属性。通过档案工具价值与信息价值在档案个体中的关系认知，将这种价值判断与评价映射到对档案群体、档案事业、档案实践活动评价之中，从而印证档案双元价值理论的实际应用价值，这是作为一种科学理论在发展过程中所表现出的成熟一面。

档案工具价值体现很强的社会属性，同时它也是保证档案内容真实性与效用性的主要价值源泉。而档案的信息价值则是档案内容与文化价值的集中体现，体现为档案源自文件的自然属性。可以说，档案工具价值是档案内容和文化价值的保障，内容与文化价值则是档案工具价值的根基。

由于档案是人类社会实践的产物，其表现出的最外在的价值应该是档案的使用价值，这种使用价值主要指档案作为一种信息记录的工具，是古代先民经过对其他信息记录形式比较之后，结合自身的社会实践习惯与需求而做出选择的结果。虽然古代大部分时期档案同图书、文献、资料等信息记录形式施行统一管理，但是档案的信息记录功能不同于图书与其他文字材料，这是因为档案所记录的内容信息是带有实践特征的，即全部是由人类在社会实践活动中形成或发生的事实，这种记录内容的实践性与真实性使档案能够被统治阶层所信任，并在其管理实践中广泛应用。也可以说人类通过档案将人类活动的轨迹以可供辨别的文字方式记录下来，用于对人类当时或日后的社会实践活动行为进行维护与控制。不论档案载体表现为何种方式，亘古不变的是其在人类社会实践活动中的控制作用。而随着档案所记录的事实在历史演进过程中的积累，档案逐渐成为人类历史发展的重要组成部分，并被人类认定为记录历史的真实凭证和文化象征而被后世所推崇与使用，这是由档案的信息内容以及升华而来的文化价值所决定的。人类社会实践的发展史就是人类文化的演进史，而人类绝大部分社会实践活动的轨迹均通过档案的方式记录并传承下来，档案成为了人类文化集中反映的主要平台。这是与档案使用价值相对应的档案价值之所在。档案中所记载的内容对档案形成之时具有实践意义，而档案中所蕴涵的文化价值则能全面地反映档案形成的那个时代的特征与其在历史演进过程中的文化积淀。

① 覃兆刿等. 椭圆现象：关于档案价值实现的一个发现. 档案学研究，2009（5）

2. 对档案双元价值论理论内涵与实践价值的深度研究

档案双元价值理论内涵的完善实质上是从理论阐释层面对档案双元价值论的内容进行补充与细化，而内涵的完善仅仅是理论走向真理所迈出的第一步，而后续从理论与实践两个层面对档案双元价值理论内涵的微观考察才是理论实现质变的主要推动力，而在此过程中我们必须要回答档案双元价值“来自何方，又情归何处”这样一个问题。

首先从理论层面，2009 年笔者曾撰文从理论信息学中信息的产生及其本质的角度对档案双元价值的发现进行了深入探讨。笔者首先从档案作为客观存在物的上层概念范畴——信息哲学的角度入手阐释了广义信息的存在形态、产生与传播的主要媒介和受众，单纯从档案作为信息的一种外在表现形式角度来讲，档案中的信息质应当暗含在档案载体中，并通过利用者的使用，付诸于实践或内化为知识的。而信息质在笔者提出的客观事物信息的分层模型中仅次于客观事物的外在信息，处于二级和三级。而这二、三级的信息内涵容易被人类所内化，并指导其从事社会实践，因此笔者认为信息的双元价值主要表现于此。档案作为信息记忆的主要载体，其中必会包含信息的双元价值。从理论上讲，档案的工具价值是档案作为信息承载体的本质价值，它反映了档案物质实体的价值，即档案之所以存在，如何存在的意义，这是一种直观的对档案工具属性的肯定。而覃教授提出的信息价值实质上是隐含在档案个体与群体之间的知识源价值，也可称之为文化价值，它是档案自身以及在其所属集群中所蕴含的知识信息的集合体，并且依据不同的价值主体，档案信息的知识源价值会呈现出不同的结构框架。因此，笔者认为档案双元价值是从信息的多层价值分级而来的，而工具价值和内容文化价值是其中最典型且最稳定的价值表现。从信息哲学的视角去探索档案双元价值的由来是对档案双元价值的深度思考，就是要回答档案双元价值来自何方问题的。

2009 年覃教授及其团队撰文提出了档案价值实现的一种规律，即档案双元价值的椭圆运动规律。文章指出：“由于利用主体以及时空条件的差异，价值取向及结合情形不同，导致其作用效应也不一样。由于档案价值本体在量的意义上是相对固定（潜在）的，而档案价值在不断实现（不断被利用）的过程中，每次实现的价值呈现量恰好分布在一个以‘双元价值’为两焦点的椭圆上，我们把关于档案价值实现的这一发现称为‘椭圆现象’。”[①]椭圆运动规律的提出是对档案双元价值观认知层面的深入，它使档案双元价值运动的轨迹在数理分析的层次完成了逻辑上的推理与验证。如果说覃教授在提出档案双元价值之时是从对行为方式与对象实体的层面为档案价值认知提供了新的途径和观点，那么档案双元价值椭圆运动规律的提出就是对档案工具价值与信息价值之间关系的一种规律性认知。它使

---

① 覃兆刿等．椭圆现象：关于档案价值实现的一个发现．档案学研究，2009（5）

档案学界对档案双元价值观的理解从一种创新性的理论表述，转向为一种阐释档案价值运动规律的原理。这种带有极具科学价值与创新性的认知结果从理论演进规律层面使档案双元价值观踏进了档案学理论的“殿堂”。

理论层面的深入研究主要解决档案双元价值论的由来问题，而实践层面的广度研究主要解决该理论“情归何处”的问题，即用档案双元价值论的观点评价档案管理实践行为。运用档案双元价值论特别强调要秉持工具价值和信息价值并重的观念去思考档案管理实践行为的合理性，即“与双元价值属性的认识相对应，档案事业现代化应以体现‘档案社会责任感’和‘服务社会公众’为观念要件。也就是说，档案事业现代化是对档案作为方式的社会工具价值和档案作为记录实体的文献信息价值的综合发挥。档案工作体系和运作模式的科学与否，就看它是否能够承载这两个方面”①。其实覃教授在《中国档案事业的传统与现代化》一书中已经运用档案双元价值观的观点对档案从业者的职业角色定位、档案法制建设、档案信息化建设、信用档案、家庭档案与民营企业档案建设等当时档案界的热点问题进行了评述。之后覃教授及学界一些学者继续或开始运用档案双元价值论阐释并反思当时的档案管理实践现象，如覃教授（2005）针对档案社会化服务功能与效能的价值目标与伦理重构问题进行了阐释；笔者（2006）针对档案双元价值论对中国档案事业建设与发展的影响进行了探讨；聂云霞（2010）剖析了档案双元价值论对我国档案事业社会和现代化发展的作用；黄艳敏（2009）从人事档案的管理与利用过程中的双元价值现象进行了描述与评价。此外，档案学界诸多学者，如倪丽娟、任汉中、王艳明等均在其发表的论文中间接引用或直接评价了档案双元价值的实践功用。

四、发展：档案双元价值论的未来憧憬

档案双元价值论今后发展的空间主要表现在以下几个方面。

1. 欧美档案事业史中的档案双元价值现象解析与评价

中国档案事业史是覃教授分析和诠释档案价值观由一元转向双元的主要参照对象，档案双元价值论的部分理论观点也是基于中国档案事业发展规律的考察而得出的。但是作为解释一种社会现象的原理性知识，其理论的涵盖面不能只停留在对国内档案现象与事业发展特征的解释上，更要放眼于国际去解释和评价欧美国家档案事业发展史中的档案双元价值现象。欧美档案事业发展历史与我国档案事业史存在着一定的差异，特别是对档案内容与文化价值的发现与普及方面要早于我国，发生于欧美国家的很多对档案事业发展来说具有标志意义的事件，均可

① 覃兆刿. 中国档案事业的传统与现代化. 北京：中国档案出版社，2003：194

以用档案双元价值论进行解析与评价。由此笔者认为对欧美国家，特别是法国、德国、荷兰、英国和美国等档案事业发展历史悠久，理论研究基础较为深厚的国家在档案事业史中的档案双元价值现象的综合性分析与评述是十分必要的，笔者认为研究可从以下几个问题展开：①欧美国家对档案双元价值的认知缘起于何时，这些国家对档案双元价值从发现到认定，再到普及的过程是否存在着时期划分？②欧美国家对档案双元价值的发现要早于我国的主要原因是什么？③分析档案学理论的两大支柱“来源原则”与“文件生命周期理论”与档案双元价值论之间的内在联系。

2. 档案双元价值模型的构建

对于科学理论来说，理论的表述只是对其所描述实践活动的一种主观性叙述，由于不同主体对实践活动的认知角度是不同的，因此科学理论必须要用科学的语言或形式来构建理论叙述模型。通过对一种社会现象规律性的科学化处理，人类才能在共识的背景下对自然和社会现象进行更为深入的探索。因此对于档案双元价值论的描述与阐释不仅需要档案学人用科学的语言去描述、概括并充实它，更需要用科学化的形式去证明、完善并评价它。谢伦伯格提出的档案双重价值论是一种直线型的价值模型而被国内外学者所接受的，而弗兰克·阿普沃德提出的文件连续体理论将档案价值的模型立体化、多元化，使之能全方位地揭示文件在不同运动阶段、不同职能环境下的价值形态而被当代学界所认可。笔者认为档案双元价值模型不能以一种直线型方式构建，因为档案工具价值和内容文化价值之间不存在前后的顺序关系，而是一种相互依存、共同作用的关系。但是也不能用文件连续体理论的元素多元化的模式构建方式，因为档案双元价值论的理论分支比较清晰，而且档案双元价值并不是随着档案在运动过程中不断增减的。所以笔者试图运用一种三维空间的可视化形式去解释档案工具价值、内容价值与文化价值之间的演化关系，同时描述文件、档案在三者制衡下的理想化形态和现实形态。

3. 一种价值评价的标准

档案双元价值观虽然是以“价值”的形式对理论的基干进行定位，但是对于档案工具价值或是信息价值来说，都只是一种宏观意义上的价值，即哲学视阈下的“价值”定位，而非档案双重价值论或一般意义上的对“价值”的经济意义定位。因此档案双元价值论可以作为一种价值观，或者一种评价的标准用于对当下或今后与档案相关社会现象的评价。档案双元价值论今后的发展目标是促使档案学界对档案双元价值论认知出现理论理解的转变，就像档案双重价值论一样，由最初解释文件中心的合理性问题，逐渐转变为解释文件运动规律的理论。当然档案双元价值论并不是以档案价值的此消彼长作为其理论内核的，它主要是描述档案工具价值与内容文化价值之间的和谐关系来促进档案社会价值实现的。因此这种理论内核对档案双元价值论成为一种评价型的理论开辟了广阔的发展空间。在覃教授之前的研究成果中，笔者发现他运用档案双元价值论的观点对当时我国档案事业发展的一些现象，如档案信息化、信用档案、人事档案、企业档案等进行了评价，而今后档案双元价值论的评价视角将放到当下档案事业发展过程中的某些现象，如后档案信息化时代的档案馆生存问题、涉及公众利益的档案利用问题、档案文化的认知与转型问题等，同时还应包括档案教育、档案学术研究活动等与档案事业发展息息相关的社会现象与实践活动。

五、结　　论

从国外档案学发展历史来看，档案学界的两个支柱理论——来源原则从德国档案学家冯·拉明根 1571 年的《综合报告——怎样才算一个完美的登记室》到 1898 年荷兰手册的出版；文件生命周期理论由美国档案学家菲利普·布鲁克斯在 1940 年提出的一种观念到 1987 年阿根廷档案学家巴斯克斯教授《文件生命周期研究》——无不经历了漫长的从观念到理论的发展演进期。档案双元价值论于 21 世纪初由我国档案学者提出，至今也只不过十余载，但却已经完成了由“观念”到“理论”的初期转型，而理论未来的发展还需要依靠对理论内容在深度和广度上的阐释与分析，并在变化的档案社会实践活动中不断地去验证档案双元价值论指导实践、评价实践的效用，以此来丰富与完善档案双元价值论的理论内涵，进而实现中国档案学原创理论走出国门的夙愿。

From Concept to Theory

—Research on the Evolution of Archival Dualistic Value in the Transformation

Abstract: Archival Dualistic Value, which was proposed by Qin Zhaogui from Hubei University, is used to illustrate the management function and social significance of archives and evaluate archival practice in China. This concept is the most innovative one in Chinese archival academic research field from the new century. With more and more researchers are beginning to pay attention to this concept and have already studied Archival Dualistic Value, the transformation from concept to theory of Archival Dualistic Value has been on its way. This paper will focus on analyzing the transformation process from the discovery of Archival Dualistic Value Concept to the discovery and development of Archival Dualistic Value Theory, explain and predict the development and research space of Archival Dualistic Value in the future research.

花有清香蝶自来*

——读覃兆刿著《双元价值观的视野：中国档案事业的传统与现代化——兼论过渡时期的档案思想》

关于档案的起源，已争论了多年，大体有两种学术观点，一是认为档案产生于阶级、国家、文字出现之后，档案是阶级社会的产物；二是认为在阶级、国家、文字出现之前的结绳、刻符、图画记事等原始的记事方法和原始的记录，就标志着档案的产生。档案是社会的产物。不论哪种观点，都表明档案产生和形成的历史很长。但把档案作为一门学问，专门进行研究，则是近代的事情。具体到我国档案研究工作的兴起，已到了19世纪末20世纪初。改革开放的20多年，也是中国档案研究工作蓬勃发展的重要时期。进入21世纪，随着国家现代化建设进程，档案工作也迈入信息化建设轨道，其现代化研究工作迅速铺开。那么，有了现代化，对传统的档案工作的价值如何看待，档案的传统与现代化之间有哪些必然联系？近读覃兆刿先生著《双元价值观的视野：中国档案事业的传统与现代化——兼论过渡时期的档案思想》（中国档案出版社2003年6月出版）一书，可喜地看到，覃兆刿先生立足双元价值观的视野，以哲学的、社会学的、史学的、科学的、文化学的眼光，对中国档案事业的传统与现代化的结合作了有益的探索，系统、严谨、客观地分析和阐述了档案传统与档案现代化的关系，双元价值观与档案的起源、定义，过渡时期的档案思想及档案现代化面对的诸多现实问题等，其中新意迭出，令人眼界、思路顿开。通读全书，笔者认为覃著给人的魅力和价值在于：

1. 以档案的“双元价值”为思维轴心和理论基础，对“档案”的本质属性与档案传统的工具价值目标，“档案”信息价值的发现与过渡期的档案思想，双元价值观与档案事业的现代化目标做了全面阐述

档案的“双元价值”的确是一种新颖、独到的思维方式，在这种思维取向下，把档案始终作两个层面的理解：一是档案的社会属性赋予它作为一种行为方式，或称为工具价值，是一种具有普遍意义的价值，它是人类为了克服大脑记忆局限并作为诚信的控制依据和契约关系的载体而诞生的，是人类对于信用控制所选择的理想型模；二是档案的自然属性赋予其作为记录或者文献信息归属的实体（或结构对象实体），其内容负载的价值，或称之为“信息价值”，这是一种个性价值。

---

* 吴连书，西安财经学院教授，中国高等教育学会档案工作分会副秘书长，陕西高教系统档案学会理事长。田惠琴，西安财经学院教授。本文发表于《陕西档案》2004年第4期。

在“双元价值”的启迪和引导下，困惑人们多年的，并仍在争论中的档案起源，档案是什么，实物档案是档案还是文物，档案到底应如何准确定义等问题有了合理解释的依据，众说纷纭的一些档案理论概念开始清晰且明白了，就以覃兆刿先生对“档案”的定义为例，他从归纳前人对档案的定义入手分析，得出此前的定义虽从不同的角度强调了档案的“本质”，但是没有离开“文件”的基础的结论，然后又从双元价值的角度，就档案本质上具有双重属性，即一方面作为人类记录的控制方式，另一方面作为控制中心凭证信息实体来论证，提出“档案”应定义为：“档案是人类对凭证信息的合目的的控制。”这里的“控制”，强调了档案从根本上是一种功能，人们可以借以维护凭证信息的证据力。其表现为有利于显示其凭证价值的资源组织、价值鉴定、保管和利用；“合目的”强调了人类借助档案功能的心理需求以及管理技术上的主观能动性，其表现出鲜明的时代特征；“凭证信息”则是对通常定义中“原始记录”或“原生性”的拓展。仅就“档案”定义过程可以说，档案“双元价值”的提出是档案研究领域的一大创新，应充分引起关注。

2. 对过渡时期档案思想的探究独具特色

覃兆刿先生考察的过渡时期，是指档案事业传统和现代化之间的“过渡期”。具体看，就是从中国古代向现代过渡时期承上启下的重要人物龚自珍（1792—1841年）起，至中国现代明清史专家、档案学家，1952年参与中国人民大学档案专业的创建工作，对中国档案高等教育有重要贡献的韦庆远（1928—）止，前后相距一百多年。其考察揭示的主要方面有：

（1）探讨了19世纪末20世纪初，中国思想重建、道德重塑、知识重构、传统资源重组的基础上形成的近代档案价值观，即只有档案才是历史的真实而权威的凭证；档案和图书文物同为公共资源；中国迫切需要建设一个专门保藏这些公共资源并以公众为服务对象的档案馆，“任人观览”“完全公开”。作者引用大量史实分析论证表明，这些重要思想的形成，是受到了科学、求真的精神与实证主义的影响，受益于近代公共心、爱国心的滋养和近代文化事业的拉动，受惠于近代史家和近代史学对档案信息价值的引导作用和欧美经验的启迪，在这样丰厚的土壤上，营造了档案思想形成的社会氛围，从而促进了我国档案事业的专门化和档案学的萌芽。

（2）进一步从档案事业传统和现代化之间的“过渡期”考察近代档案思想，揭示了档案自“三百年来学士大夫不得一窥”到档案的价值“为世人所共知”；从阁议“旧档无用”到“重视档案”；从单一的资料功能到“关系政治学术盛衰”；从神秘收贮于“禁中”“藏宝”到“积极负起保存与整理档案的责任”之间，所发生的革命性转变，其标志就是实现了对传统档案价值观（工具价值观）的超越，建立了合于时代的双元价值观（工具价值与信息价值，尤其是信息价值的凸现）。

（3）系统介绍了近现代一批思想界和学术界的巨子对档案价值观的形成，对档案事业从传统走向现代所作出的贡献。其中颇具代表性的有龚自珍、梁启超、蔡元培、陈垣、沈兼士、吴晗等20余位先生，他们以中西融通的眼光及亲历的档案整理实践，实现了对于传统档案价值观认识上的实质性突破，强化了社会档案意识，推动了档案事业的现代化进程。

3. 准确把握中国档案传统与档案事业现代化之间的最佳"榫点"，构思了档案现代化的价值目标、观念要件和宏观战略

面对现代化信息技术的迅猛发展，现代化正改变着档案与档案事业的内容、形式、载体、管理方式和社会功能的状况，如何适应这种转变，覃兆刿先生以"双元价值"的创新思维出发，就档案事业现代化提出应以体现"档案社会责任感"和"服务社会公众"为观念要件。也就是说，档案事业现代化是对档案作为方式的社会工具价值和档案作为记录实体的文献信息价值的综合发挥。还提出在档案事业现代化目标中，档案作为凭证信息的合目的控制，应该在社会契约化进程、维系社会规则、构筑社会信用和社会管理控制中发挥基础平台作用。因此要大力加强档案法制建设和对档案法学的深入研究，并对档案工作的社会化和档案工作者角色的转换等一系列问题，提出了很有见地的建设性意见，特别对现代档案管理中的"社会契约化与档案事业法制化""档案功能与诚信控制""档案宣传的战略性策划""家庭档案""民营企业档案工作"等新时期档案工作中出现的新问题进行了富有原创性的深入论述，非常有利于档案工作者开拓思路，做好新时期档案的保管利用和研究工作。

综上所述，笔者认为覃兆刿先生的著作是近年来中国档案学界颇具学术功底的一部好书。全书围绕"双元价值"的核心，采集资料丰富，框架结构合理，文字生动，有论有叙，可读性极强，正所谓花有清香蝶自来，好书自然会赢得读者的信任和支持。覃兆刿先生的著作的确值得中国的档案工作者摆在案头，反复赏读，从中受益。

鉴于档案现代化是一个全新的课题，有许多问题仍在探索之中，而我国的档案现代化又起步较晚，因此，也不能苛求这本书解决更多的问题。只望有更多的档案作者沿着双元价值的思路进一步深入探讨，为我国档案事业现代化的建设与发展作出更大贡献。

档案双元价值观的引领之功*

今年国庆之后，湖北大学覃兆刿教授联系告知，打算将“档案双元价值观”研究的相关文献结集出版，希望可以借此对该理论研究成果进行梳理与汇集，从而促进档案学基础理论研究的发展。因为我的论文曾引用过覃先生著作中的观点，所以他嘱咐我，如有系统想法可以写出来，以便纳入此集。感谢覃先生的厚爱，只是水平有限，加上这方面涉猎不够，所以谨此谈一点个人的见闻与感想，以期求教于大家。

一、“档案双元价值观”的紧密接触

对于档案双元价值观的了解，已是十年前的事了。2002 年开始在云南大学攻读档案学专业硕士学位，印象中翌年某次课堂上陈子丹老师带来了覃先生的大作《中国档案事业的传统与现代化——兼论过渡时期的档案思想》，随手翻阅，颇感兴趣，因为不知道去哪买此书，就斗胆给覃先生汇了书钱邮购此书，结果收到了邮寄来的两本书，没想到覃先生还馈赠一本，非常感动，也很感激。后来才知道王金玉老师生前曾向覃先生提及过我，所以覃先生就趁机惠赐了大作，冥冥之中自有缘分，学生当铭记王老师的绍介和提携之情！

当时阅读此书，主要是想学习涉及档案史的内容，同时也对其中的“双元价值观”理论有了接触。拜读之余，对此书内容及思想大为佩服，并不断向他人推荐。记得同学黄艳敏考虑硕士论文选题时，她想写人事档案，但一时找不到突破点，闲聊中自己就建议她参考并借用覃先生的档案双元价值观理论。后来她果真写出了毕业论文《人事档案的双元价值论》，并于 2007 年在《云南档案》上发表了《人事档案的价值构成与双元价值观研究》一文。

而那时自己对档案双元价值观却没有太深入的研究，只到京城读博士的时候曾屡屡有人询问“档案双元价值观”与“二元档案实践及其体系”的异同，自己才又对两种理论进行了系统的学习和深入的思考，并在一些文章里加以引用，特别是博士论文《民国时期明清档案整理研究》多处引用了覃先生的观点。此后自己不断参与硕导杨毅教授的多项科研课题，所以仍对“档案双元价值观”继续思索和运用。

在此阶段，学界对于“档案双元价值观”的理解、应用和研究更加广泛与深入。有多人将其与具体的档案管理结合起来思考，陆续发表了多篇研究成果。值

* 张会超，中国人民大学信息资源管理学院博士，现为上海师范大学人文与传播学院副教授。

得大书特书的是黑龙江大学任越博士在2011年以“档案双元价值论及其实证研究”为题申请到了国家社科基金项目，在此前后他发表了多篇相关的论文，从而将档案双元价值观的研究推向纵深。

在关注学界动态之际，因为涉足民族档案的研究，所以对档案价值有了新的了解。档案价值是档案学中的重要内容，一直受到学界重视和研究，根据简单的检索可以发现，从20世纪80年代开始，关于档案价值的文章不断出现，而中国人民大学张斌教授的博士论文《档案价值论》，以档案价值现象、本质及其运动规律为自己的研究对象，从本体论、认识论和实现论的角度进行了系统的阐释[①]，基于该文出版的同名著作也成为了档案学发展中的重要书籍。覃先生则在总结“档案双元价值观”的基础之上，又从韦伯的组织行为理论、“椭圆现象”等视角对档案价值进行了更加深入和面向实践的思考与总结，他将档案价值理解为档案方式、档案资源性状、档案劳动以及档案作用社会效应之和。[②]这些成果都为我们探讨民族档案提供了理论依据和智力支持。

从2003年开始，就与导师杨毅教授一起探讨民族档案的问题，将民族、档案和旅游结合起来，进行了学科交叉和理论升华，在此基础上，认为学界的观点和思路不足以解释当下的事实和现象，于是就进一步关注民族档案研究对象的建构。在这个过程中，档案双元价值观为我们提供了学术创新的思路，成为了学术研究的典范和榜样！感谢覃先生及其团队，为学界提供了新的理论，为学术创新开创了新的方向和范式。

二、“档案双元价值观”的启迪之功

档案双元价值观把档案作为行为方式和实体对象来认识，前者体现为凭证的结构和功能，后者则体现为凭证信息内容，前者赋予工具价值，后者赋予信息价值。这与文件双重价值学说即谢伦伯格所主张的文件第一价值、第二价值之说并不相同，谢伦伯格认识的是档案作为实体在不同阶段的价值。

覃先生在其大作中还认为，档案双元价值观的综合发挥是档案事业现代化的价值目标。工具价值与信息价值如何完美结合，是现代档案工作体制创新的关键。因此，档案事业现代化应以体现“档案社会责任感”（工具价值的实现）和“档案公众服务意识”（信息价值的实现）为观念要件。[③]

---

① 张斌．档案价值论．档案学通讯，2003（3）

② 覃兆刿等．椭圆现象：关于档案价值实现的一个发现．档案学研究，2009（5）

③ 覃兆刿．双元价值观的视野：中国档案事业的传统与现代化——兼论过渡时期的档案思想．北京：中国档案出版社，2003

正是由于对档案事业从传统到现代的过渡中发现了这一理论，所以受到了学界的关注和好评。任越博士在2012年发表文章，认为档案双元价值论不是在讨论档案双元价值体系内价值此消彼长的关系，而是在倡导价值体系内各元素之间的关系平衡。这种价值定位方式摒弃了以“有用性”作为价值理论内涵的传统价值认知方式，从宏观层面分析与讨论了档案的工具内涵与社会意义，扩大了学界对档案价值认知的范围。[①]

而后学界继续关注档案价值的问题，中国人民大学王英玮教授等联合撰文，突出了档案价值问题研究的复杂性、多元性和重要性，并从现实的档案业务角度出发，运用方法论知识，阐释了档案的相对价值，同时还基于对档案相对价值的认识，做出了一系列的理论探讨和方法归纳。[②] 2013年档案相对价值论的提出和论证，充分反映出档案价值问题研究的必要性和重要性，也说明了百花齐放百家争鸣的学术盛景。档案价值领域虽然已经有了很多成果，但不能停滞不前，仍然需要继续探讨。学术研究就是站在前人基础上，一步一步前行，通过否定之否定，来追寻学术真理。

通过对民族档案的关注和探讨，发现了它的多样性和多元性，而且产生了超出现有理论的归档范畴，所以需要采用一种新的视角和叙事框架来对待。我们认为民族档案的认定可以在“文化生态—民族档案—人—民族文化”的系统中，由认知对象发展到建构对象。[③] 而基于田野实践的考察，能凝练出民族档案的“探寻”“认定”“固化”“留存”和“利用”五大环节，以作为序列化的田野档案工作范畴，初步构建具有序列感的工作知识谱系，再把其运用于历史与现实的文化活动中，从而实现民族文化档案化的民间意识、民间行为在村寨中的约定俗成。[④]

由此可知，民族档案的重构是民族档案学科研究对象塑造的过程，同时也是对民族档案及其价值重新认识的过程。在探讨的过程中，无论是谢伦伯格的双重价值论，还是现在的档案双元价值观，用来解释民族档案的价值，都有其优势，但也多少存在着不足和局限。民族档案价值的认识需要从不同层面来探讨和诠释，因此需要一个崭新的视角和理论支点。

早在十多年前，傅荣校先生就认为，要把我国的档案价值定义进一步规范起来，使之更贴近实践，让档案工作部门更容易理解，让档案学界在理论研究中更妥帖地表述概念，在国际学术交流中更容易拥有一个共同的术语基础，就应该首先解决档案定义中忽视内在价值研究的问题，要把档案定义与其价值变化联系起来，使档案的实际定位脱离“归档”这种行为模式，这可能才是我们统一档案价值定义、明确价值形式内在关系的真正出路。[⑤]基于这种思路，档案价值的研究需

---

① 任越．从观念到理论——档案双元价值论的演变轨迹研究．档案学研究，2012（1）

② 王英玮，史习人．档案价值相对论．档案学研究，2013（2）

③ 杨毅，张会超．论当下民族档案学科研究对象的塑造．档案学通讯，2012（3）

④ 杨毅，张会超．民族档案在田野中生成的实践探索．思想战线，2013（5）

⑤ 傅荣校．关于档案价值研究．中国档案，1996（9）

要放宽视界，不能停留在某一两个层面或视角。

其实，学界已经有人注意到档案天生就蕴涵着多种价值，它经历了从“凭证价值—管理工具价值—历史文化价值”的演化过程，最终形成了一个具有多层次的档案价值体系。①暂且不论这种演化是否完全正确，但所提出的档案价值体系一说却让人眼前一亮，给我们打开了一扇窗户。

“横看成岭侧成峰，远近高低各不同”，苏轼这首诗中的话语告诉我们，从不同角度看待同一个事物会得到不同的看法与认识。档案价值的认识也不例外，从不同角度进行探讨就会提出不同的观点与看法，而各种档案价值的理论也都是作者基于自己的知识背景和研究方向而给出的系统认识，那么多多少少都会有一些时代局限。但是应该肯定这些理论曾经的先进性和适用性，至少都是学术界迈向真理的一小步。

所以如何全面认识民族档案，可以从档案价值体系的角度试着予以阐述和解释。而在档案价值体系中，则需要明确其核心价值。民族档案的核心价值是否可以定位为民族认同和文化传承，还需要继续论证和商榷。但是，无论是对于民族档案的研究，还是档案价值的探讨，从档案双元价值观走向档案价值体系，再确定其核心价值，我们认为是一条可以尝试的学术之路。

综上所述，“档案双元价值观”是覃兆刿先生基于历史和现实的过渡，而从功能与信息的角度对档案价值做出的分析和论述。该观点经由学界接受并进一步阐释，从而成为档案学基础理论中的重要内容，在理论探讨和实践应用方面都展现出了巨大的科学价值和现实作用。从十年前接触到这一内容，就不断学习，并逐渐应用，还引发了相关的思考，将其与民族档案的研究结合起来，虽然在一些内容和观点上存在着差异和区别，但和而不同，我等不仅要充分认可并尊重覃先生的学术贡献，而且还感谢他的这份启迪和引领之功。相信假以时日，无论是“档案双元价值观”，还是其他的学术理论，都会绽放出其蕴涵的魅力，得到应有的学术地位和荣耀。

The Enlightenment Contribution of Archival Dualistic Value Concept

Abstract: The author had contacted the Archival Dualistic Value Concept ten years ago, and was enlightened by the theory, so author combined the theory with the research of ethnic archives, then got a little achievement and consensus. In the future the archives science research needs to broaden visual field, inherit and discard on the basis of the works before, and get new knowledge and theory through negation of negation. But we should respect Mr. Qin Zhaogui and thank for his theory of Archival Dualistic Value Concept, especially for the enlightenment contribution of it.

---

① 王向女．档案价值体系演化规律的研究．档案学通讯，2009（2）

双重价值论与双元价值论：两个时代档案学基础理论的对话*

——双重价值论与双元价值论的比较研究

纵观世界档案学理论界的发展历史，以来源原则和文件生命周期理论为根基的理论发展体系经历了漫长的由诞生到发展，由发展到成熟的演进历程。这种理论发展体系是在对传统历史档案的整理和早期档案实践基础之上构建起来的，因此其具有广泛的历史性和适用性。其中美国档案学家谢伦伯格提出的双重价值论堪称是承接历史，展望未来的理论，该理论的提出被国际档案界认定为现代档案学理论研究的开端。但是随着档案学基础理论的不断演进，许多与双元价值论类似，专门研究文件与档案价值的理论不断被提出，这其中以我国湖北大学教授覃兆刿提出的双元价值论为代表。

双元价值论在21世纪初被我国学者提出以后，立刻引发了学界对双元价值论理论渊源及其理论价值探究的浪潮。当时我国档案学界一直对美国档案学家谢伦伯格提出的双重价值论在档案价值鉴定理论方面的巨大影响给予很大的肯定，双元价值论提出后，由于二者均把档案的价值存在与否、价值大小作为档案价值鉴定的标准，因此多数学者一直把双重价值论作为双元价值论的理论渊源之一加以肯定。由此，双元价值论就不能被认为是我国档案学的独创理论，而是谢伦伯格双重价值论在中国的继承品。笔者对这种断定持不同看法。这两种理论之间到底有何关系，二者之间是相互借鉴，还是互为因果？是彼此相承，还是相互独立？这些问题我们必须要弄清楚。

一、何谓双元价值论？何谓双重价值论？

“所谓双元价值论就是将档案分成作为行为方式的和实体对象的来认识，前者体现为凭证的结构和功能，而后者体现为凭证信息的内容。前者是工具价值，后者是信息价值。”

所谓双重价值论是“文件要能够成为档案，其产生和积累就必须是为了达到

* 任越，中国人民大学信息资源管理学院博士，现为黑龙江大学副教授。本文发表于《山西档案》2009年第2期。

某种特定的目的，并且除了达到此目的的价值之外尚有其他一些价值，也就是说，成为公共档案的文件有两种类型的价值：对于原机构的原始价值，对于其他机构和非政府机构使用者的从属价值”。“原始价值即第一价值，包括对文件形成机关的行政价值、法律价值、财务价值、科研价值；从属价值即对研究工作所具有的第二价值，包括证据价值和情报价值。”

二、双元价值论与双重价值论的联系

1. 二者采用价值大小作为判定档案是否重要的标准

双元价值论与双重价值论的中心思想都是依据档案价值的大小来鉴定档案是否有用，有多大用，谢伦伯格的双重价值论中提出，“成为公共档案的文件有两种类型的价值：对于原机构的原始价值，对于其他机构和非政府使用者的从属价值”。这种档案价值的确定使档案的社会使用目的和使用所取得的成果更加明确，谢伦伯格也是首次提出档案除了为机构提供信息支持外的其他价值。笔者认为双重价值论中将档案价值的大小看作一个恒量，第一价值和第二价值是这一个恒量的两极，而档案第二价值大小则根据第二价值在这一恒量中的比例而得出。双元价值论同样以价值的大小为衡量的标准，只不过双元价值论由工具价值和信息价值组成。“工具价值是作为一种行为方式，人类的初衷在于借助它的结构形式所赋予的功能；信息价值是作为记录或者文献归属的实体，其内容负载的价值。”这种档案价值的内容使档案产生的目的和形式更加明确，突出强调档案是外在功能与内在价值的根本统一。该理论主张文档是工具价值和信息价值的统一，而档案价值的大小同样根据工具价值与信息价值的比例而衡量。

2. 二者都以追求信息价值为档案保管最终目的

在谢伦伯格看来，具有第二价值是文件能够成为档案的直接原因。他指出在一个政府内，绝大多数文件之所以被保存，是为了完成政府本职工作（即实现第一价值），但是为了这种目的而保存的文件并不一定是档案，具有第二价值的文件才能称得上是档案，所以谢伦伯格将第二价值称作“文化价值”或“社会价值”。这一档案学思想将档案的利用上升到整个社会的层面，认为开放利用是扩大档案利用范围和提高档案利用率的基本手段。这种思想也最终形成了以北美档案学家为代表的“利用决定论”。双元价值强调工具价值和信息价值的统一。我们对双元价值论的观点是“在不放弃档案工具价值目标的同时，现代档案事业还要以追求信息价值的实现为主要使命”。纵观双元价值观在我国历史中的发展来看，工具价值占主导地位的时间较长，这种以工具价值为主导的档案事业，把档案作为封建特权的一部分，隔绝了档案的社会利用，使档案失去了其应有的社会价值。随着现代社会的发展，公众有了信息的知晓权和对信息利用的需要，这使档案在满足其形成机关的查找后，又有了新的利用方向，即社会的普遍利用。社会普遍利用的形式多样，范围宽泛，利用潜力巨大，因此得到了档案部门的高度重视。事实证明对档案社会价值的关注，也是对档案信息价值的高度重视，这给了档案部门持续发展，工作创新的契机。因此，不论是双重价值论，还是双元价值论都将档案的信息价值、社会价值作为档案之所以保存的原因，也是档案工作目的之所在。

3. 二者在文件与档案价值走向上存在着共性

双重价值论注重第一价值与第二价值之间的转化（如图 1），即以价值的守恒定律为其理论的根本，其变化的方向是呈现螺旋线变化轨迹，具有规律性。双元价值论同样强调价值定律（如图 2），但非守恒定律，其变化的方向也呈现曲线运动轨迹。二者相似之处在于文件形成之初至文件的使命结束，二者都向社会利用方向转变，共同体现出二者在社会利用方面的价值（见图黑粗线部分）。也就是说二者在判断档案价值走向上，具有较为明显的趋同性。这是由二者都关注档案的社会性所决定的。

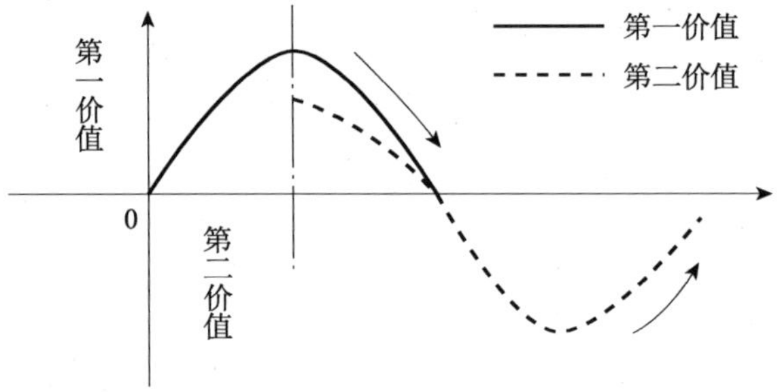

图1　双重价值论价值走向图

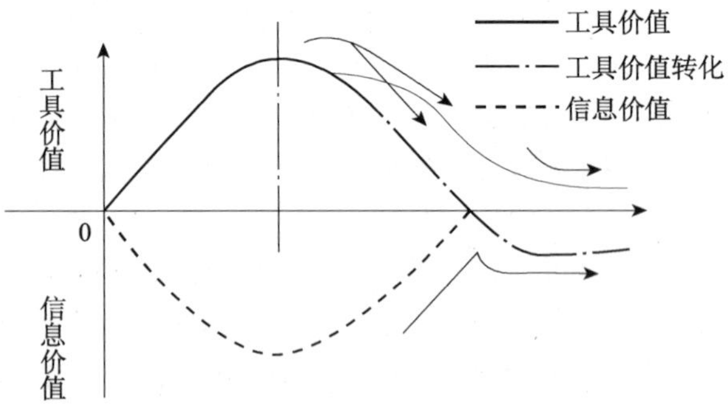

图2　双元价值论价值走向图

三、双元价值论与双重价值论的不同点

1. 二者的理论视野不同

双重价值论以档案的实体作为理论的研究对象，把文件与档案的价值放在文件生命周期这个视野中，其强调档案的实体的价值，只不过这种实体价值体现在文件运动的不同阶段，也就是说档案的价值永远都跳不出文件生命周期这个封闭的系统中，因此其理论的发展空间必然受到其研究视野的影响。双元价值论将档案价值的研究放在档案事业发展与档案社会效用的视野中，在肯定了档案对于其来源的价值基础上，将其升华为档案事业现代化和社会发展的必备物质。覃教授在其著作中指出，双元价值论“与文件双重价值学说，即谢伦伯格所主张的文件第一价值、文件第二价值之说并不相同，他认识的是档案作为实体在不同阶段的价值，而笔者则想把档案分成作为行为方式的和作为实体对象的来认识，前者体现为凭证的结构和功能，后者体现为凭证信息内容，前者赋予工具价值，后者赋予信息价值”。双元价值论较双重价值论，更加注重将档案作为一种行为方式，在其形成机构和社会实践中的价值，也就是说，双元价值论跳出文件生命周期的束缚，将文件的档案阶段放大到整个社会发展角度去衡量其价值意义。双元价值论比双重价值论的理论视野更广，因此其未来的发展空间更广。

2. 二者产生的立论基础不同

双重价值论与双元价值论提出的时代的差异，决定其理论基础的不同。双重价值论产生于现代社会前期，是对现代文件与管理的肯定和发展。可以说双重价值论产生在文档数量激增和社会科技充分发展的基础之上，它更是一种时代的应生物。这主要因为双重价值论没有比较坚实的理论基础，它是根据美国政府的工作实际经验，在理论上形成的总结，这主要体现在文件中心和文件生命周期理论的出现。就当时的情况而言，双重价值论的理论基础缺少必要的论证。文件生命周期理论当时不是很成熟，仅为当时的个人观点，而后在 20 世纪 80 年代才由阿根廷档案学家曼努埃尔·巴斯克斯阐释为系统的理论。而我国提出的双元价值论产生于 21 世纪初，正是我国社会由传统向现代转型的阶段，我国的档案事业也正由传统向现代，由管理向服务的方向转型。该理论的产生是借鉴了古今中外档案学理论的精华，更重要的是结合了我国档案事业发展史中档案作为社会实践记录的认识基础，升华而成。可以说支撑该理论的基础是得以证明并早有成就的理论，它的立论基础更加成熟和全面。

3. 二者的价值判定标准不同

双元价值论以工具价值和信息价值的合力来判定档案的社会价值，其价值判定标准比较抽象，而双重价值论以档案的第二价值的大小进行衡量，其判定标准

相对比较具体。双元价值论强调文档的双元属性，也就是说仅有工具价值或仅有信息价值的档案都是不符合档案工作实际的。档案是工具价值和信息价值的结合体。档案作为社会实践的伴生物，其产生的第一目的是充当记录社会实践的工具，而档案作为信息资源的载体，其产生的另一目的是信息的传递和社会的共享。因此在判定档案的保存价值时，既要重视档案作为社会实践记载工具的作用，还要重视档案作为信息载体的凭证性和查考性。因此说双元价值论是以工具价值和信息价值的合力来判定档案是否留存。相反，双重价值论更加注重档案信息价值的大小，这主要因为谢伦伯格将归档以备鉴定的档案定义为“经过鉴定值得永久保存以供查找和研究之用的文件”，他认为档案保留的根本目的是能够得到社会其他机构和非政府机构的使用，这使其他机构和非政府使用者的从属价值成为人们在鉴定工作中以档案是否具有第二价值和第二价值的多少为主要鉴定标准。可见双元价值论和双重价值论在鉴定标准的侧重点上有较大的差异，产生这种差异的原因是二者对于理论组成要素的理解不同。双元价值论将档案划分为实质和内在两种价值表现，而双重价值论仅仅停留在表面的信息表现形式。不论是其对第一价值的表述，还是对第二价值的重视，都表现出该理论对档案实质价值的关注。笔者认为双重价值论的第二价值决定论仅仅就文档的自身价值进行鉴定，也就是因为特别对文档的信息价值的侧重，而忽视了对文档的社会实践性的考虑，这种社会实践性即文档是社会实践的衍生物，是社会实践记录的性质。因此，双元价值论以工具价值和信息价值合力为立论基础，这是充分结合文档的工具价值属性和信息价值优点所产生的结果，它比双重价值论更加社会化、全面化，而且能够比较全面的显示档案从其产生到其消亡的轨迹，这其中包括显性和隐性两方面价值。

4. 二者的作用范围不同

双重价值论仅仅对档案鉴定工作有较大的指导作用，而双元价值论作为一种鉴定理论，它既强调档案作为社会记录工具的社会属性，又能够注重档案内容的信息属性，而作为一种宏观理论，它更能够从宏观的角度解释我国档案事业的发展历程，并勾画我国档案事业今后的发展蓝图。双重价值论产生于第二次世界大战后的美国，当时政府机构庞大，文档数量倍增，保管混乱，为了能够有效地保管对机构今后发展有重要作用的档案，谢伦伯格提出了双重价值论，其目的也仅仅在于档案的鉴定。而双元价值论初始的目标并非档案鉴定，而是以解释我国档案事业为起点。从一元价值论的古代社会到信息价值初露锋芒的近代中国，再到双元价值并重的今天，可以发现双元价值论的整个演变历程是以我国档案事业的沿革为基础的。覃教授将双元价值论与我国的档案事业结合而谈，目的在于使我国档案人能够清楚地认识到我国档案事业的发展历程，准确地把握我国档案事业现代化的目标。正如其在著作中所言，“档案事业现代化是对档案作为方式的社会工具价值和档案作为记录实体的文献信息价值的综合发挥”。

5. 二者的发展潜力和发展空间不同

双元价值论是新近提出的理论，是集多方理论的精华之作，并对我国档案事业有着较大的指导作用，因此双元价值论的发展空间和发展潜力比较大。反观双重价值论，虽然其理论的精髓经过半个世纪的积淀，已经深入档案管理工作的各个环节，但是该理论毕竟经历的时间较长，对于新事物，新形势的容纳性比较弱，特别是随着电子文件广泛代替纸制文件，档案部门社会角色转变等新趋势的出现，双重价值论中如价值划分明显，重视社会需求忽视社会实践等在该理论提出之时便存在的潜在弊端逐渐的显现在目前的档案管理工作中，这些不适应因素正随着社会实践和档案管理实践的不断深入而变得更加明显。有些学者曾像对待“来源原则”一样，力求在新时代、新技术的条件下对该理论进行重新论证，但这种重新发现有两点因素是难以逾越的：其一，双重价值论以现代纸制文档为研究对象，其研究对象的固定性限制了重新论证的对象范围；其二，双重价值论指出“情报价值的鉴定可以在单份文件的基础上进行，因为这种判断的根据仅仅是文件的内容，而不是它与同一机构产生的其他文件之间的联系”。这种单份文件在鉴定时的非联系性对于目前以电子文件为保管主体的档案管理工作是十分不利的。电子文件坚持新来源原则，即坚持在来源基础上的事由共同性，以档案所反映的一件事的完整程度作为判定档案是否有价值或价值大小的标准。由此可见，双重价值论已经不符合当前档案工作的实际，其发展空间与潜力不如双元价值论。

四、结　　论

据此，笔者分析了双重价值论与双元价值论的关系，从中我们发现双元价值论借鉴了双重价值论中的价值理念说，通过对价值双方能量对比关系演变的规律，阐释档案及档案事业所反映的社会现实。该理论冲破了传统理论与实践的对应关系，成为指导我国档案事业今后发展的核心理论。

双元价值论与双重价值论产生于两个不同的时代，一个产生于国外，一个源自国内，他们的价值不仅仅体现在其在鉴定理论方面对于档案管理的指导作用，而更大程度上体现在它们对于世界档案学的贡献。从档案学理论发展角度讲，它们是档案学理论不断演进、不断向纵深领域发展的产物，它们的关系不应是谁继承谁，谁替代谁的关系，而是两代档案学者在他们所在的年代对于档案学理论的不断反思、不断实践的结果。

Two Value Theory and Dualistic Value Theory

—The Conversation of Archival Basic Theories from Two Eras

Abstract: The Two Value Theory was issued by American archivist T. R. Schellenberg in the 1950s. This theory divides the movement of archives into three cohesive phases, and in each phase, the files and archives reflect different value tendency. As an original creation, the influence of Dualistic Value Theory is enormous, although it comes into being late. This theory is based on the evolution of Chinese archival cause and draws both Chinese and foreign archival theories essences, which makes an unprecedented impact on the development of domestic archival cause. This paper starts with the research foundation of the two theories and analyzes similarities and differences of the theoretical value and contribution between the two theories.

中　篇

档案双元价值观的信息哲学依据探寻*

——从理论信息学中信息产生和本质谈起

档案作为信息的一种重要的表现形式，多年来诸多学者围绕着如何发挥档案最大价值，如何深度开发档案信息资源展开了激烈的理论辩论。双元价值观可谓是诸多观点中的佼佼者。双元价值观是湖北大学覃兆刿教授所提出用来解释档案事业发展进程和档案本质的一则重要的档案学基础理论。覃教授对档案的认识分为两大层面，即“作为社会实践的伴生物的特征，档案必然具有参与社会实践的工具价值；作为文献信息的归宿，档案价值和档案事业的另一目标又体现为信息的含量和社会共享的理念”[①]。追本溯源，双元价值观的提出是建立在对我国档案事业的传统和现代化的理性认识基础上的，但这只是该理论构建的一个事实基础。本文将从信息哲学的角度去探寻双元价值观理论构建的理论基础，这对我们深入挖掘档案的工具价值和信息价值的合理性会有较大的帮助。

一、由信息的解释到对信息的分层

我们可以从两个方面对档案进行理解：其一，档案是一种信息记录的载体形式，是一种客观存在物；其二，档案是信息的一种外在存在形式，而信息是物质的一种内在表现方式，即档案是信息的承载体，是一种间接存在物。很显然如果从综合角度分析，档案是载体和信息的结合体，邬焜先生认为，“整个世界，以及世界上的存在物的这种双重存在性，意味着一切存在物都只能是直接存在和间接存在的统一体，都既是物质体，又是信息体”。[②] 而笔者更倾向于档案应当属于信息的一种表现形式，这是毋庸置疑的，不管档案的外形如何变化，其记载的信息内容始终具有档案的基本属性。所以业界一致认为档案是社会组织或个人在以往的社会实践活动中直接形成的具有清晰的、确定的原始记录作用的固化信息。[③] 鉴于此，为了探讨档案双元价值的存在，首先要从档案作为客观存在物的上层概念范畴——信息的哲学意义上的存在谈起。邬焜先生认为，“信息是标志间接存在的

---

* 任越，中国人民大学信息资源管理学院博士，黑龙江大学副教授。本文发表于《档案学研究》2009年第2期。

① 覃兆刿．中国档案事业的传统与现代化．北京：中国档案出版社，2003：9

② 邬焜．信息哲学．北京：商务印书馆，2005：55

③ 冯惠玲，张辑哲．档案学概论．北京：中国人民大学出版社，2001：6

哲学范畴，它是物质（直接存在）存在方式和状态的自身显示”。[①]张辑哲先生认为，“信息是一种抽象的概念，是相对于直接存在而言的一种非实在方式。信息的实现方式有两种：一是借托于实在的物质载体，以文字符号的形式进行传播，即信息的外化传播；二是生命体自身通过语言或肢体语言对信息的传播，称为内化传播”[②]。综合二位学者的观点，笔者认为：

首先，信息是一种虚在。信息是生命有机体主客观存在的一种反映，是间接存在的。信息是非物质的，它没有固定的外在表现形式和存在方式。信息之所以存在，是因为生命体对于物质所形成的信息场或自身意志反映的生理现象发生。而之所以将信息分为主观反映和客观反映，是因为信息的产生渠道不同。也就是说信息可以由主观产生，也可以由客观物质间接产生。比如，我们准备撰写一篇论文，在撰写前的框架结构首先应在头脑中形成，并落实到载体上，这种信息就是人脑主观形成的信息，这种主观的信息是建立在信息主体的生理结构和经验积累基础之上的。而我们从客观渠道，如书本、网络、实践中获得的信息，经过人处理，形成的内化或外化的信息，就是间接从客观实际中获得的信息。但无论是主观形成，还是客观间接形成，都是一种非物质、非实在的关系内容。

其次，信息产生需要借托某种载体才能实现。不论是信息的内化还是外化，都需要一定载体的承担，通过载体这个平台，将信息通过外化处理和内化处理，完成信息的传播过程。很显然，档案信息的传播属于信息的外化传播，它借助档案的外在载体，将载体中被人类赋予价值的符号传播出去，口头传播信息因为缺少可供参考的物质载体，不能称之为档案。因此，笔者认为档案只是一种信息的外在表现形式，档案信息需要档案载体进行传播，脱离载体传播的档案信息是不存在的。因为档案本质属性原始记录性就是由于档案载体的稳定性、安全性和可传承性，而得以被认可的，所以档案应属于信息的一种外化传播形式，真正属于信息范畴的是档案载体中记录或蕴藏的符号。

最后，信息的产生、传播和处理需要生命体的参与。由于信息是在生命体内部形成的反映，因此信息也必须在有生命体参与的情况下，才能产生并发挥作用。“无生命体世界，无信息”比较容易解释生命体在整个信息过程中的重要作用。

单纯从档案作为信息的一种外在表现形式角度来讲，档案中的信息质应当暗含在档案载体中，并通过利用者的使用，付诸于实践或内化为知识。邬焜先生认为“整个世界，以及世界上的存在物的这种双重存在性，意味着一切存在物都只能是直接存在和间接存在的统一体，都既是物质体，又是信息体”。[③]因此笔者认为档案正是这种物质体与信息体于一身的事物，我们使用档案记载东西，因为档

① 邬焜．信息哲学．北京：商务印书馆，2005：45

② 张辑哲．虚实间的精灵：关于信息本质的哲学思考．档案学通讯，2004（6）

③ 邬焜．信息哲学．北京：商务印书馆，2005：55

案是一种作为记载不易被更改的可靠信息的工具，具有稳定的载体和存储状态；而我们利用档案作为查考依据，因为档案中凝结着复杂的与利用主体相关的联系。但是对于物质的物质体而言，它也是一种信息的表达形式，只不过它是客观存在的，而信息体暗含在物质之中，需要生命体的理解和发掘。

对于信息概念的理论性解释是建立在对信息存在合理性解释基础上的，而只有通过对信息存在的合理性解释我们才能区分档案与其他信息存在载体之间的本质差别。

从信息哲学的角度讲，笔者认为物质所包含信息的存在应当分为四个层级：外层应当是以该物质外在表象特征为主的显示层，该层是真实存在的，并能够被生命体所感知；其次是该物质可以被生命体直接感知的信息，即该物质的工具意识层，这一层级信息内容是生命体在潜移默化的社会实践过程中形成的直接认识；再次是物质自身所蕴涵的具有除其工具性以外的信息，即该物质被人类深层感知和理解的信息，“人们对这一层级信息内容翻译和发掘的丰富性和深刻性，直接依赖着主体内先已建构起来的认识结构的状况，即对信源物本身凝结的信息的经验程度”①；最后是能够表现物质与物质相互作用和相互联系的信息，这种信息具有一定的主观意识，即由生命体自身的某些条件设定而产生的物质与其他信息的联系。通过图 1 比较清晰地显示信息存在的四层级之间的顺序关系。

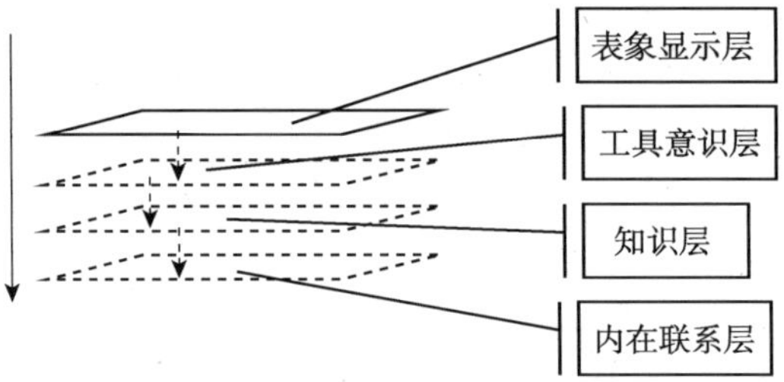

图1 信息存在的四层级

例如，邬焜先生曾举过“苹果熟了”的例子用来解释信息的层级，而对于笔者提出的信息存在的四层级的说法而言，苹果的外形、颜色应当作为苹果的第一显信息层，它能够被生命体直接看到或感知到；而苹果是一种食物、一种水果，这对于每个生命体来说是一种苹果工具价值属性的认识，这也是哺乳动物在长期进化和生活实践过程中形成的根深蒂固的认识；通过苹果的成色、味道，能够推测出这个苹果的普照程度、苹果类型和水分情况，这是具备一定农业知识和种植经验的技术人员所能了解的，这也是暗含苹果内在结构属性的知识源；最后，苹果熟了意味着秋天来了，这是一种联系，这种联系是由人为设定的一种信息连锁

① 邬焜．信息哲学．北京：商务印书馆，2005：62

条件，并非物质本身所产生出来的，但是物质必须具备与人设定的信息条件相吻合的信息线索。从总体上讲，物质存在的四层级：除物质外在显示层是属于客观直接存在外，其他均属于信息的范畴，属于客观的间接存在，都需要有生命体的参与才能证明它们的存在。

从信息存在四层级分析，我们比较容易地发现，对于物质信息体而言，其主要包括反映物质使用属性的工具信息层和反映物质深层结构和内涵的知识信息层。如果从档案双元价值观来看，档案的信息价值属于第三层级，因此说明信息价值的发现必须是价值主体具备较强的与档案内容相关的知识。而对于档案的工具价值来说，它属于第二层级，是一种直接的价值形式，其价值主体无须具备较深的专业知识，因为价值主体在使用档案之前，就已经知晓使用档案的功能和目的。

二、由对信息的解释到信息双元价值的发现

邬焜先生将整个世界分为直接存在和间接存在，信息作为精神层级的存在，被列为间接存在范畴。张辑哲先生同样认为信息概念的定义域应当限定在“虚实在及实虚在”这一领域。单纯从信息的角度综合各个学者的观点，笔者认为：

- 整个世界
  - 直接存在
  - 间接存在
    - 客观间接存在＝客观不实在＝实虚在＝工具价值
    - 主观间接存在＝主观不实在＝虚实在＝知识源价值

诚如前文所述，笔者将信息的存在分为四个层级，单纯从信息本体论的角度来讲，内质信息，即包含在物质载体内部的、能够反映物质真实和本质特性的价值体，只有信息的工具价值和知识源价值，也就是笔者所指信息分层的第二层和第三层。因为第一层是反映物质真实表象的，所以不含有任何的价值成分，如古董的原件和仿制品，从外貌特征上讲，几乎无法辨别其真伪，所以我们需要借助表象下的工具信息层和知识源信息层进行进一步分析。而信息存在的第四层需要人为的条件进行约束和控制，这其中虽然包含一定的知识性元素，但从本质上讲是信息为满足人类需要而体现出的一种倾向性的价值，而非信息真实或本质的反映。由对信息的解释和分级的分析，笔者能够确定信息价值的基本形态包括工具价值和知识源价值。

信息的工具价值是客观事物在生命体内产生的直接反映。例如，桌子给我们

的直接反映是为了摆放东西，椅子给我们的直接反映是为了坐。这种带有明确工具使用性的直接反映，就是客观不实在，即实虚在，在人脑中的第一印象。而信息工具价值的实现需要价值主体存在对于信息客体的规律性认识。

知识源价值不同于工具价值的直接性，它的产生和发现，需要具备两个基本条件：其一，生命体对于信息所指对象的目的性；其二，生命体必须具备一定的智力基础。生命体对于信息所指对象的目的性指的是，知识源价值较工具价值的直接性，具有较强的间接性，只有知识源价值主体对其具有一定的目的性，以及知识源价值客体具备与知识源价值主体目的性相匹配的利用性，知识源价值才被发掘，知识源价值主体与知识源价值客体之间是一种交互的关系。也就是说，不同的人对信息有不同的使用目的，但是归根结底都是信息深层次的属性，这是与信息的工具属性的外在性存在较大的区别的。因为工具价值具有较高的稳定性，这种属性不会因为信息价值主体的使用目的和其他因素的干扰而呈现出不同的形态。社会公众对档案的利用属于此类现象，不同的利用主体对档案信息内容有着不同的利用目的，这些主体的目的性与档案信息中的知识源价值呈现相互交叉的关系，即一对一、多对一、一对多和多对多的关系。而生命体必须具有一定的智力基础则强调信息的知识源价值隐藏在信息客体之中，如果不具备与信息自身价值相关的智力基础，是无法越过信息客体的外在表象，发掘其中信息价值的。档案事业机构对档案信息资源开发属于此类。

张辑哲先生曾经提出这样一则案例，“天空的月亮与水中的月亮”。我们对于月亮的直接反映不是月亮是什么颜色的，或者表面怎样，这些因素是月亮自身存在的直观表象，我们所关注的是“月亮是亮的”，使得晚上不至于一团漆黑。这就是月亮所传达信息的工具价值。如果具备一定知识的人，就会发现月亮是不会发光的，月亮发光是由于月亮挡住了太阳的光，其本身不具备发光能力，进而得出月亮是地球的卫星的结论。这就是知识源价值，即信息双元价值表现之一，要获得这种知识源价值需要价值主体具备较深厚的智力资本，而且要越过月亮是亮的这种外在表象。因此我们可以比较合理的解释“猴子捞月”的故事，表面上是猴子获得了月亮的工具价值，其实猴子认识的却是水的工具价值，即水能装进月亮，而没有获得这种现象的知识源价值，因为以猴子的智力水平是不可能知道水中的月亮只是水的一种反射现象的。

信息的工具价值和知识源价值虽然分属两种不同类别的价值取向，但是二者之间却存在着紧密的联系。既然信息的工具价值和知识源价值是信息价值的重要组成部分，那么笔者认为二者是同一性的，即同一于某一物质或信息所指。而之所以会产生对信息工具价值和知识源价值不同的认识，是由信息价值主体的认识能力、知识水平和使用目的不同而引起的。

如果从价值的表现形式上分析，笔者认为工具价值是反映物质自身价值的直接形式，而知识源价值是反映物质本质属性的方式。可以说对于信息的工具价值的直接认识是低一级[①]的信息活动，而对信息知识源价值的间接认识是高一级的信息活动。高一级信息活动是在低一级信息活动的基础上产生的，并且，又以低级信息活动为其展开的基础。这种对信息工具价值和知识源价值认识的级别之分是以价值主体对信息价值的认识和理解能力为基础的。之所以说对信息工具价值的认识活动是低一级别的，是因为信息的工具价值认识已经建立在信息价值主体的头脑之中，并已经被信息价值主体所接受。正如上文笔者所强调的，对于物质所包含信息的工具价值是人类在社会实践活动中潜移默化形成的固定的认识，所以对信息的工具价值的认识活动可以转变为直接存在的物质实体，加以实现，这其中人类不必要投入过多的知识元素和智力因素。而对信息知识源价值的认识活动所依赖的信息价值主体的智力和知识因素要远远大于对信息的工具价值认识活动中人类投入的智力和知识因素，在其过程中，需要信息价值主体有明确的认识目的和大量的前期的知识储备工作，而且往往要越过表面现象，抓住知识源价值的主干，所以对信息的知识源价值的认识是人类认识的发生和展开的一个高度综合的、复杂的信息活动过程。认识活动的这种高度的综合的复杂性，同时就使人自身的信息活动具有了多层级的高度复杂综合性的特征。但是需要强调的是对信息的知识源价值的认识是建立在信息的工具价值平台上的，也就是说是信息的工具价值促成了信息的知识源价值的存在。例如，档案作为信息传承的工具，其对信息的记载、控制和保护的工具价值决定了档案信息中大部分内容是真实可靠的，并可以被开发、利用。如果档案的工具价值不是保护和传承信息的，也就是说其他与档案类似不具备档案这种工具价值的信息承载体，如图书、网站消息和杂志八卦新闻等，其中所包含的内容未必是真实可靠的。

这与我们所掌握的感性认识与理性认识、表面现象和本质现象的理解是不同的。

感性认识与理性认识是一个循环往复的过程。感性认识是对物质表面特征和性质的最初判断和理解，理性认识是建立在感性认识基础上的，是感性认识的升华。理性认识是对物质本质特征更深层次的认识，但并非最高阶段，理性认识最终转化为高级阶段的感性认识，并期待更进一步的升华，因此从认识论的角度来讲，感性认识与理性认识是没有终点的，而对于信息工具价值和知识源价值的认识不存在认识上转化的关系，认识主体会根据自身不同的信息使用目的而认识到不同的信息价值层级，信息使用结束，整个信息价值认识的过程也结束。从量化的角度来讲，感性认识与理性认识没有量的要求，但存在感性认识量的积累，进而升华为理性认识的过程，但认识的量具有不确定性，而工具价值和知识源价值有一定量的要求，即价值主体不会超过价值客体所具备的价值量的要求。

表面现象与本质现象的关系比较贴近工具价值与信息价值的关系，但其二者在整个关系认定过程的比重不同。表面现象是物质本身所表现出来的信息，是物

① 这里强调的“低一级”，并不是指认识能力与水平的低级，而是相对于知识源属性的认识层次而言

质传达给认识主体最为直接的信息，但是有时候这些表面现象是虚假的，如表里不一的现象。本质现象是物质根本性质的表象，这是认识主体在对表面现象进行全面分析的基础上，归纳总结出的一种规律性的认识。但是有时候这种本质现象很难被认识主体所发现，其被隐藏在表面现象之后。表面现象与本质现象不存在对等关系，也没有任何的转化关系。而工具价值和知识源价值均属于信息的深层级的信息质，也就是说二者都是物质本质现象的组成部分，只不过信息的工具价值比较容易被发现，而知识源价值则需要大量的知识积累和目的要求才能发现。

与此同时，工具价值和知识源价值之间存在着包含和被包含的关系，认识工具价值过程中，同时也会包含一些知识源价值，可以说价值主体可以用认识工具价值直接发掘知识源价值。但是知识源价值却不能逆向产生或发现工具价值。信息的工具价值不会随着社会实践的发展而改变。因为信息在产生之初便被赋予了自然或社会作用，反而其所蕴涵的知识源价值却会随着时间和实践的发展而有所提升。例如，在考古挖掘中出土的古代器皿，这些器皿的工具价值就是为了盛装物体的，这点一直到现在也不会得到改变，除非这个器皿在当初制造时就赋予了其他目的，如观赏用器皿、陪葬器皿等，但是不管器皿制作目的有何不同，我们对它们的认识始终与其产生之初的目的相一致。而这些器皿信息价值会随着时间的流逝得以不断的提升，通过这些器皿我们可以推测当时的工业发展水平，还可以与后代出土的器皿进行比较等。

综上所述，针对档案的双元价值观而言，笔者根据信息的工具价值和知识源价值关系的分析，就可以发现档案的工具价值是档案作为信息承载体而被人类和社会实践所承认的，并且是天然赋予的，其承载着档案的原始作用，是区别于其他一切与档案相关事物的本质。档案的知识源价值是间接存在的，是由信息价值主体需求的驱动才得以被发现，它是人类在几千年的社会实践的经验积累和对档案实践活动高度认识的基础上得到的，是人类后天赋予的。

三、由信息双元价值的发现到档案双元价值的认识

“从信息的认知形态的分类中，我们可以看到，人的认识是一个信息的自为、再生的形态，是一种高级的信息活动过程。这种高级信息的形态是从自然界普遍存在的自在信息自身运动、进化的过程中产生和发展起来的。[①]”对于档案工具价值和信息价值的认识也是人类在对档案这一信息承载体的认识发展过程中不断成长起来的，可以说对于档案双元价值的认识是在社会实践过程中总结得出的。

覃兆刿先生认为，档案始终可以做两个方面的解释，一是它作为一种行为方式，人类的初衷在于借助它的结构形式所赋予的功能，称为“工具价值”；一是

① 邬焜. 信息哲学. 北京：商务印书馆，2005：110

作为记录或者文献归属的实体（或结构对象实体），其内容负载的价值，称之为“信息价值”。前者是一种普遍意义的价值，后者是一种个性价值；前者由档案的社会属性赋予，后者由档案的自然属性赋予。

从笔者上述的信息双元价值发现角度分析，覃先生提出的对档案的解释，实质上是对信息双元价值发现的肯定。从理论上讲，档案的工具价值是档案作为信息承载体的本质价值，它反映了档案物质实体的价值，即档案之所以存在，如何存在的意义，这是一种直观地对档案工具属性的肯定。而覃先生提出的信息价值实质上是隐含在档案个体与群体之间的知识源价值，它是档案自身以及在其所属集群所蕴涵的知识信息的集合体，并且依据不同的价值主体，档案信息的知识源价值会呈现出不同的结构框架，但是这种信息结构和组构方式的变化范围始终围绕着档案自身或其所属集群自身所蕴涵的知识源价值范围而展开。

既然信息的工具价值是信息所具有的直接的使用价值，那么档案的工具价值又是如何？覃兆刿先生提出，档案工具价值是一种控制方式，是一种维护手段。笔者十分赞同这一观点。档案产生之初虽然是辅助记忆的工具，但这是一种对信息的有效控制的手段。至今档案的作用仍是一种信息控制手段。档案最初的产生是由于人在记忆上能力的不足，而为了弥补这种不足，将有用的信息和重要的事件以符号或图形的方式记录在一定的载体上，这种记录方式实质上是一种提醒的方式，而这种对于信息的控制方式正是人类在形成档案之时赋予档案的最初的性质，因此这是档案工具价值的最早起源。而后经历了阶级的出现和文字的产生，档案作为诚信控制和信息维护的手段被广泛使用。档案工具价值的源起决定了档案应当作为一种信息控制和传播的方式，这是人类社会实践选择的结果，过去如此，现在依然如此。

而档案的信息价值是在档案的工具价值得以确认的基础上而产生的。档案的工具价值决定了档案所承载、保存的信息是原始的真实的历史记录。因此档案能够真实准确地反映信息所指对象在当时信息环境下的状况。而且随着与档案所载信息相互支撑的物质资料或信息资料不断消亡，档案中随时间流逝而积淀起来的额外价值不断增加，使档案具备了可供参考，可供研究的知识源价值，即所谓的信息价值。但是档案的知识源价值是与档案独特的信息控制工具价值分不开的。这也进一步印证了上文笔者所提出的信息的双元价值同一性的问题，也就是说光有工具价值的档案是不存在的，光有信息价值的档案也是不存在的，档案是工具价值和信息价值的双元价值结合体，这是档案与图书、文件、文物的根本区别所在。

根据笔者上文提出的信息分层理论，档案的工具价值和信息价值虽然同属于信息的深层次的价值，但是二者价值的实现方式却有所不同。我们在形成档案时，并不是要让公众发现并使用档案信息内容中的知识源价值，而是以档案的工具价值为依托，发挥档案记载信息、传达信息、保存信息的作用。正如覃兆刿先生所言，“档案是人类为了克服大脑记忆局限并作为诚信的控制依据和契约关系的载体而产生的，是人类对于信息控制所选择的理想型模。从这个意义上讲，档案的工具价值先于信息价值。”①

那么对于档案的信息价值的追求是否是档案工具价值的一种异化表现呢？

我们有理由怀疑档案信息价值是档案作为信息承载方式的价值异化表现，原因有三：

其一，因为对于档案信息价值的追求和发掘已经超出了档案最初形成时所赋予的价值承载范围；

其二，档案工具价值和信息价值同属于信息的深层次价值，二者的发现应当是同步的，不存在发现的先后顺序；

其三，对于信息价值的追求，人类的带有目的性的意识形态融入档案信息之中，使档案信息的质发生了改变。

依据上文所述，档案的工具价值有一个固定的边界，而它的信息价值虽然同样有一定的价值范围尺度，但在这个尺度中包含有我们能够从中直接得知的价值，有我们可以借助其他工具或信息而发掘的价值，还包含有我们目前尚不能知晓或由于时间或条件所限不能知晓的未知价值。这正如张辑哲先生将世界分为可知和不可知，又将可知部分分为已知、可知和未知一样②，档案的信息价值总体应当属于可知部分，毕竟档案作为信息的一种表现形式，总有它所承载能力的极限，而其中的未知部分则是由档案的信息所指对象与社会实践发展而催生的，是人类文明进步和社会实践发展下的产物，所以档案在形成时，价值主体不会像解释档案的工具价值那样清晰的描述档案的信息价值边界，因为档案的信息价值边界随时间和实践的发展而更加清晰，所以对于档案信息价值的追求和发掘已经超出了档案最初形成时所赋予的价值承载范围的说法是片面的。也正是由于档案的历史积淀性特征，不可能使档案在产生之初便具备较为丰富的知识源价值，我们认识最初的档案只是能够记载信息的工具，而工具中记载的内容需要时间的推移而得以印证，并被全面发掘。所以档案的双元价值是具有同一性的，但是不具备发现的统一性，这是由档案的工具价值所决定的。虽然信息知识源价值需要人具有目的性意识的参与，这并不代表能够影响信息质的变化。档案更是如此，不能因为利用档案的人的目的性不同，就判定档案所记载信息的内容不同。之所以需要人的目的意识参与到档案信息价值的追寻之中，是因为档案的信息价值需要价值主体从各个方面来实现，也就是说知识源价值的外在表现形式不同，作用不同，但归根结底这些知识源价值都来自于同一的信息内容。

从理论走向实践，我们会发现在中国传统档案事业发展过程中，档案更多被作为一种方式或工具被世人所认识。但是对于档案信息价值的追寻却始终未停止

---

① 覃兆刿．中国档案事业的传统与现代化．北京：中国档案出版社，2003：8

② 张辑哲．论“信息所指”“信息所指对象”和“信息能指”的认识论价值．档案学通讯，2005（6）

它的脚步。可以说社会实践的驱使以及档案信息价值的攀升使我们认识到档案事业的发展应当是工具价值与信息价值并重的。但是目前档案事业正处于比较尴尬的形势：首先，在我国封建社会时期，档案作为最高统治者的权力倚仗，其受重视程度可见一斑，这种重视不仅来自于政府高层，而且多数是来自于民间，可以说这是档案工具价值表现得最为完美的阶段。但是档案同样作为政府行政办公的工具，被政府所重用，而且加上档案在较大范围内的开放的时代背景，档案受关注、受重视的程度，特别是公众对于档案事业的评价往往处于较低的水平。其次，对档案信息价值的全面发现要追溯到20世纪初，而对当代档案信息价值的发掘却刚刚起步，所以，鉴于理论研究的结果和社会实践的真实面貌，当前对于档案的工具价值和信息价值的认识是：其一强化档案社会工具价值的实现，增强档案的社会责任感，充分地当好社会实践的记录工具的角色；其二，发挥档案信息价值的有效性，发掘档案作为记录实体的文献信息价值，回馈社会公众。①

双元价值观的提出是为了让我们更好地认识和把握我国档案事业发展的规律，同时双元价值观要求我们对档案理解和认识要一分为二：既把档案看作社会记忆的承载工具，这是祖先制作档案时即赋予档案的基本属性，还要把档案作为大量有用信息和知识的共同体，这是我们经过长时间的社会实践所发现的。工具价值和信息价值是档案作为信息带给人类最大的福祉。只要我们档案人作为新一代档案双元价值的守护者，不断增强档案社会责任感，深度挖掘暗藏在档案群体中的知识属性，满足公民对于档案信息价值的追求，我相信档案事业在双元价值观的指引下能够在信息大潮中乘风破浪，勇往直前。

The Information Philosophy Foundation Exploration of Archival Dualistic Value Concept

— From the Essence and Emergence of Information in Theoretical Information Science

Abstract: Analyzing the Archival Dualistic Value Concept from the angle of information philosophy is an important channel to grasp it, which is also the important clue to explain the deeper theoretical value of Archival Dualistic Value Concept. This paper is based on the emergence and classification of the information, and puts forward the reasonability of informational dualistic value. Besides, based on the discussion on the discovery of the reasonability of informational dualistic value, the author interprets the emergence, acknowledgement and development of Archival Dualistic Value in the information philosophy sense.

① 覃兆刿．中国档案事业的传统与现代化．北京：中国档案出版社，2003：108

档案价值新论：档案双元价值观的逻辑内涵与实践体认*

《双元价值观的视野：中国档案事业的传统与现代化》（以下简称“双”著）一书中对于档案的价值分析有独到见解。覃兆刿先生用“双元价值”来界定档案价值，认为档案始终可以作两个面上的理解：一是“工具价值”，即“它作为一种行为方式，人类的初衷在于它的结构形式所赋予的功能”；二是“信息价值”，即“作为记录或者文献归属的实体，其内容负载的价值”。进而提出：“一切对档案价值和档案现象的分析都可以从此所谓双元价值的视角来进行。”这些论述，为我们呈现了一种崭新的档案价值分析思路。

本文以“双元”二字切入，对双元价值观的逻辑内涵、实践体认、学术意义等相关问题略呈管见。

一、逻辑内涵：“双元价值”反映档案价值认识的终极追求

“‘双元价值’是笔者自以为合适的一个视角”①，一向治学严谨的覃兆刿先生如是说。这里，我们不妨从字面开始，层层剖析其中深意。

1. 双元不等于二元：“双”相对于“单”，具有对称、稳定、彼此关联等特征，体现出价值分析的复合判断。

双：“雙，会意字，篆文从雔（一对鸟）。从又（手），会手指二鸟之意”。《说文解字·雔部》：“雙，隹二枚也。从‘雔’，又持之。”②本义为禽鸟二只。引申义有“一对”、“成双的东西”；双，有“两个的、两种的（跟‘单’相对，多指对称或者相对的）”,“用于左右对称的东西”③；《辞海》中还将“双”解释 为“偶数”。

可见，“双”不能只从数量上理解为“二”，它通常与“单”对应，具有均衡、稳定、对称、彼此关联等特征。覃先生用“双元价值观的视野”来观照中国档案事业的传统与现代化，实质体现了作者试图实现档案价值认知上的终极追求：档案价值“舍双元其何”？由此，我们似乎首先应该将“双”著纳入档案价值研究

---

* 聂云霞，武汉大学信息管理学院博士毕业，南昌大学历史系副教授。本文发表于《档案与建设》2010年第6期。

① 覃兆刿．双元价值观与“档案”的定义．北京档案，2003（9）

② 谷衍奎．汉字源流字典．北京：华夏出版社，2003：93

③ 《汉语词典》（原名“国语词典”）．北京：商务印书馆，1991：1219

的范畴，而不能因为其丰富的史籍梳理而看不到所论宏旨。

“双元”与“二元”有着明显不同的内涵。由于“双”的约定，档案的价值分析就体现为“工具价值”与“信息价值”的一体观照，这种约定不只是表面上量的概括，更重要的是一种立体认识，一种辩证态度。由于“双元”最合于覃先生对于档案价值的界说需要，因而自然不会再有双元之外的“二元”“三元”“多元”之说。同时，“双”又与构成档案的两个基本元素——档案载体和档案信息相对应，从而避免了与“档案一元论”“档案单值说”的冲突。“双”字之推敲，可谓选词精准，寓意深刻。

2.“元”与本原：体现出档案价值认识的终极追求

“元与兀同源，甲骨文从兀（削去人头发）”[①]，《说文解字·一部》：“元，始也。从一，从兀。”“本义当为人头”，后来演变为“开始，第一”，[②]“主要的、基本的，如元气”、“要素、元素，如一元论、多元论”[③]。此外，《辞海》中还将“元”解释为“中国哲学概念，指天地万物的本原”，如《春秋繁露·重政》：“故元者为万物之本”，又《易·彖》以“乾元”“坤元”分别为万物所“资始”“资生”[④]。

可见，元即本原，是指世界万物来源和存在的根本。亚里士多德认为，一切存在物都由本原构成，一切存在物最初都从其中产生，最后又复归为它。[⑤]因此，正确理解“档案”（涉及一切档案现象的本原问题）的产生、定义，在档案学理论研究和档案工作实际中就成为首要的问题。

我们通常认为“档案是国家机构、社会组织或个人在社会活动中直接形成的有价值的各种形式的历史记录，”[⑥]故“原始记录性”是档案的本质属性。而覃兆刿先生却匠心独运地从“元”出发，对档案的起源、定义和本质进行了大胆设想和勇敢创新，提出了“档案产生的初衷是作为实现管理和凭证信息控制的工具”、档案的起源应理解为“档案方式”的起源、“有了产生档案方式的人类心理，然后才可能有实态的档案”、档案一开始就是“以作为诚信的凭证为主观目的的”、是“处于人类合目的控制的凭证信息”、档案的本质是“人类对凭证信息的合目的控制”，是“‘真’和对‘真’的维护”等诸多元（原）创性的观点。

此外，在我们的认知习惯中，“元”还是数学中“方程中含有的未知数”[⑦]，譬如我们说的一元二次方程。由于不满足于档案价值描述的有限罗列，覃兆刿先生站在哲学的高度，用“双元”来全新界定档案价值，充分显示出其对档案价值真

① 谷衍奎．汉字源流字典．北京：华夏出版社，2003：44
② 谷衍奎．汉字源流字典．北京：华夏出版社，2003：44
③ 李行健．现代汉语规范词典．北京：外语教学与研究出版社，2004：1608
④ 《辞海·词语分册》．上海：上海辞书出版社，1988：546
⑤ 王毓红，杜书瀛．刘勰与亚里士多德形而上文学本原理论之比较．江西社会科学，2004（4）
⑥ 参见中华人民共和国档案行业标准《档案工作基本术语》
⑦ 澹台全鹏．我对概念课教学的再认识．中学数学教学参考，2001（4）

谛的不懈追求和追根溯源的精神。

3. 系统观照："档案双元价值观"暗合档案的双重属性

通过上文的分析，我们可以看出档案双元价值观显然不同于档案双重价值学说，因为后者注重的是档案实体在不同阶段的价值，而前者注重的是档案作为人类行为和档案实体内容两个方面的价值。也不同于档案界普遍认为的"凭证价值"和"情报价值"之两分法，因为"凭证价值"是文物和其他可以为证的事物共有的价值属性，不唯档案所特有。但以"双元价值"界定档案价值却有一个理论构建上的高妙之处：它暗合于档案作为管理行为的双重属性，即社会属性和自然属性。而反过来，我们用档案的双重属性又完全可以解说双元价值观。

档案作为管理的子系统，其本身具有天然的双重属性。档案的社会属性即作为人类行为方式和作为社会实践伴生物的特征，决定了档案必然具有参与社会实践的工具价值；而作为文献信息的归宿，记录信息的含量决定了档案又必然具有信息价值。因此，档案固有的双重属性，决定了只有工具价值的档案实体是不存在的，只有信息价值的档案实体也是不存在的，档案必然是工具价值与信息价值的双元结合体。这也是档案与图书、档案与文件、档案与文物的根本区别所在。从档案的社会属性和自然属性的双重视角来分析档案概念，档案的双元价值——工具价值与信息价值无疑恰与其高度耦合。

二、两端并重：社会秩序控制与公众利益的实践体认

档案的工具价值和信息价值是关注社会实践的，甚至可以说，如果没有覃兆刿先生对于档案实践的深刻体认，就没有我们读到的档案双元价值说。档案工具价值强调对社会负责，档案信息价值强调为社会服务，两者的恰当结合是档案双元价值理论的阐释重心和终极诉求。这也正是当前讨论"档案双元价值观"的意义所在。

1. 工具价值：记录的建构与整体性、凭证性维护

"大道衰而有书，利害萌而有契"。"覃兆刿先生认为档案产生之初便是一种合目的的控制工具。作为记忆建构与整体性、凭证性维护的载体，档案工具价值成为人类实现记忆延伸的手段和忠诚的历史卫士。人类至今没有找到比档案更值得信赖的记忆工具。

联合国教科文组织（UNESCO）开展的"世界遗产记忆工程"，就是为明天记录昨天、留住今天，让未来记忆过去、再现现在。

目前，在我国开展得有声有色的家庭档案、社区档案工作，也日益显示出社会基层对于档案工具价值即档案作为一种管理方式的重视。如截至 2007 年 5 月，沈阳市已经有 12 万多户建立了家庭档案。可以预见，随着社会档案意识的不断增强，社会公众对档案工具价值的借助将会越来越普遍。

档案工具价值主要表现为两方面：一是作为记忆方式，表现为一种结构和功能；二是作为记录的连续体存在，负载着凭证性控制与维护的诉求。档案工作者不仅要重视现有档案信息资源的内容真实性，还要关注整个档案形成运动的全过程，以高度的社会责任感和良好的业务技能认真履行“维护”的使命。如对于电子文件的前段控制、中端控制和后端保管的流程管理就是这种控制和维护的要求。

档案工具价值决定了档案方式在刑事诉讼、人事管理、社会危机控制、社会信用监管等有关社会秩序方面必然受到重视。因此，强调档案社会工具价值的实现，就必然成为档案事业现代化目标中不可缺少的内容。在档案事业现代化建设中，如果忽视对档案“凭证”特征的维护，忽视档案对于社会秩序的意义，从而导致档案控制功能的弱化，档案的社会工具价值自然就无法实现。所以，对档案工具价值的认知和实现，实则体现了档案工作的社会责任。

2. 信息价值：服务社会与资源共享

档案信息在社会发展中具有不可替代的作用，其社会信息功能主要体现在人们利用其资治、求证、科研、教育、休闲等方面，而档案信息价值的目标实现则是以档案信息的有效性为标志，即档案作为信息被社会广泛认可并利用。

传统的档案工作重保存、轻利用；多封闭，少开放，造成了档案信息资源的极大浪费；加上档案馆本身的“衙门”色彩浓厚，社会公众对其知之甚少，以致于档案馆出现“门可罗雀”的悲凉景象。在知识经济、信息社会浪潮中，档案馆如果继续抱着坐等上门的心态“死守”着档案，那么在信息市场逐渐形成、信息竞争日益激烈、特别是 WTO 的“服务贸易”协定已经把档案馆服务纳入成员国之间的谈判范围①的今天，档案馆不以向社会提供档案信息服务作为档案馆的核心工作，那么从社会道义和社会责任角度来看，档案馆对于公众的意义及其合法性将受到质疑。

档案传统对档案信息价值的忽视，要靠服务社会公众的意识来加以补充、改造、完善。档案信息是一种社会公共资源，在社会民主化进程中，争取信息民主权、公民知情权正在成为人们努力的方向。档案信息价值的全面实现必然以档案信息资源的共享为前提。档案工作者有责任也有义务让社会公众都享受到“档案关怀”②，使他们可以借助档案信息获得根源感、身份感、归属感，借助档案信息实现自我发展的需要。

所以，档案信息价值决定了它在文化积淀、文献传播、科学研究、技术创新、管理决策等方面理应受到重视。档案信息价值广泛、持续、便利的实现，依赖于档案真正成为社会公众共同拥有的财富。因此明确档案馆的责任、权利和义务，

---

① 世界贸易组织秘书处. 乌拉圭回合协议导读. 索必成，胡盈之，译. 北京：法律出版社，2000：282

② 冯惠玲. 拓展职能——“夹缝时代”档案职业的生存之策. 见：中国首届档案学博士论坛论文集编委会编. 中国首届档案学博士论坛论文集. 北京：中国人民大学出版社，2001：109

明晰档案利用者的身份认证及责任、权利和义务，为档案馆资源优化、档案信息利用传播准备适宜的法律环境，是保障档案信息价值实现的必要条件。

一言以蔽之，档案的工具价值和信息价值的实现都是以服务社会为目标的，“档案双元价值观”是对社会秩序和公众利益的两端并重。

三、从传统中走来：中国档案事业现代化的目标要件

档案传统在覃兆刿先生看来，“应该被理解为一个积累的系统构成或连续体，是档案史中体现的共性和具有惯性的部分”，包括“档案器物技能、档案制度以及档案观念三个层次”。他具体指出档案器物技能包括档案的实态特征、结构形式和运动方式；档案制度是指档案特性控制、工作重心和社会功能发挥；档案观念则包括档案产生的社会心理根源、档案理念、档案思想以及电子文件概念确立以前的档案管理基本原则和基本理论。与档案传统相对应，档案事业现代化同样包括三个层次，“是指在新的技术和观念环境中，档案业从对象的物态特征到运行模式、社会功能、行业理念和价值目标的创造性、适应性变迁”。档案传统的系统性和连续体性，使得研究档案事业的现代化必然离不开档案传统问题。

1. 近代档案价值观的确立

由档案工作传统走向档案事业现代化必然经历一个转型期，如何在转型期正确把握未来档案事业发展的方向，关键就在于以何种价值观来思考档案的制度创新、观念创新，并实现对档案传统的借助。

古代档案工作向近代档案事业过渡的标志是近代档案价值观的确立，特别是信息价值的发现与强调。近代社会，实现了从古代“三百年来学士大夫不得一窥”到近代档案的价值“为世人所共知”，①从传统的“旧档无用”到近代“重视档案”②，从一元的资政功能到近代以信息价值的认识突破为特征的双元价值观的实质性飞跃，档案双元价值并重这一思想的形成和发展在档案事业传统和现代化之间铺设了桥梁。

2. 档案事业的专门化和现代化

近代社会，档案信息价值被发现并受到重视，档案专业技术因此被上升到行业理念和“学”的层面，进而推动了档案事业的专门化。但是如果对档案价值某一方面过分的强调，反过来又会使我们迷失档案事业的固有方向，迷失本然的档案价值追求。只重视工具价值或信息价值的一元价值主张，并不是科学的档案价值观。以单一的档案信息价值实现为目标去指导档案事业的现代化建设，必然具

---

① 顾颉刚．禹贡学会的清季档案．文献特刊．1935 年故宫博物院文献馆：72

② 顾颉刚．禹贡学会的清季档案．文献特刊．1935 年故宫博物院文献馆：72

有很大的局限性和片面性。无论“重藏轻用”“重保密轻开放”还是“以利用为纲”“无条件全面开放”，都是偏离档案价值目标的反映。所以，在档案事业现代化进程中，必须强调以双元并重和双元实现作为现代档案价值目标。

3. 档案观念层次现代化

在信息技术、网络技术发达的现代社会，档案事业现代化所包含的三个层次中的档案器物技能已经不是问题的关键因素，档案制度建设也能够从国内外传统与现实经验中逐渐完善，摆在我们面前最重要的是观念层次的现代化。因为它的实现足以带动档案器物层次和制度层次的顺利实现。

为解决观念层次的现代化问题，“双”著将“档案社会责任感”与“档案公众服务意识”的结合作为档案事业现代化的观念要件，并以此为思想基础，推动档案技能建设和档案制度建设。因为，“档案事业现代化是对档案作为方式的社会工具价值和档案作为记录实体的文献信息价值的双元职能的综合发挥”，只有这种双元并重，才能够真正实现档案工作体系和运作模式的现代转型。

“档案双元价值观”具有十足的学术张力，这不仅因为它对复合价值的分析与把握，还因为它从档案的传统中走来，研究者着力考察了档案事物的生发，虽不免有几分晦涩，但却带着历史的理性和厚重；因为它对档案实践的积极体认，对档案的不变情怀、对社会的价值追求、对公众的服务诉求能高屋建瓴；因为它并非简单的标新立异，反而体现出对经典价值理论的尊重和科学严谨的求证态度。总之，双元价值说以其对档案事物的传统与现代、方式与内容、结构与功能、社会属性与自然属性的一体观照，成为一种相对系统、稳定的思想。

一个严肃的、有生命力的、可持续发展的理论，必然是源于实践体认的、追求学术张力的、进行传统与现代考查的、着力解决矛盾和探索规律的学说。档案双元价值观，给档案学基础理论研究注入了一股活力，开辟了崭新的研究视野，有着不可低估的后发潜力，其学术价值必将为更多的研究者关注。

“双元价值”观照下的档案学逻辑起点问题*

——兼及档案学术史的基本轨迹

在中国档案事业和档案学基础理论研究中，覃兆刿教授提出了“双元价值观”，其主要思想集中在他的著作《双元价值观的视野：中国档案事业的传统与现代化》中，其后续撰述也对“双元价值”领域进行了广泛地延展。如《价值目标与伦理重构：关于档案馆社会化服务的功能与效能研究》《析经典管理理论中的“档案”要素——兼及档案作为管理要素的“双元价值”分析》《论韦伯组织理论建构中的“合理性”与“档案”——兼及韦伯档案观的双元价值分析》《论兰克史学的档案取向及其在欧美和中国的影响》《“文献交流理论”观照下的档案馆社会化服务》《椭圆现象：关于档案价值实现的一个发现》等。

选题的视角决定研究的思路。不论是“经验意义”的工作研究，还是“理论意义”的学术研究，其目标都在于揭示档案事业运动变化规律，通过把握档案学的理论形态，进而加深对档案实践科学性、专业性以及规范性的意识，最终指导档案实践。在梳理“档案学术史”这条红线时，笔者运用“双元价值观”的视角得出了“档案双元价值”作为档案学逻辑起点的结论。

一、档案学逻辑起点及其认识视角

档案学起点、档案事业起点与档案学逻辑起点，是既相关联又存在区别的三个概念。其中，档案学起点与档案事业起点都可以归结到“档案”这一物质实体上来，档案学的逻辑起点则更多是反映研究、工作等思维层面形成的指导思想。因此，前者在领域内具有世界的一般类同性，而后者促成特定国情下的研究和实践特殊性。

（一）档案学的逻辑起点

所谓逻辑起点是指人们在社会实践或认识活动中，对感官事物进行抽象，然后经过系统加工和具体还原后所呈现的一个环节。从科学上讲，它是一门学科的基本点，其所包含的学科和对象的本质特征将在各个环节和层次上进一步推衍。

---

* 范磊，湖北大学教师；龚敏，武汉市档案局编研处干部。本文是作者在范磊学士和硕士论文基础上修改而成的，以此为选题的学士学位论文曾获湖北省优秀学士学位论文奖。

1. 逻辑起点的一般性认识

历史表明，我国传统学术研究惯常从实践经验中的实体出发，缺乏对逻辑起点的重视，停留在经验世界的认识、概括与归纳。也就是说，学理意义上的科学并不系统，表现为"就事论事"的研究倾向，档案学研究也不例外。

转变这种倾向，关键在于揭示学科的逻辑起点。这是因为其作为理论体系的出发点，直接导引研究的结果；作为理论体系的生长点，分别展开研究的环节；作为理论体系的突破点，催生创新内容的重建；作为理论体系的联结点，勾勒研究的范畴与层次。档案学逻辑起点问题正是揭露我国档案学历史沿革和基本特点的一把钥匙。

2. 档案学逻辑起点的提出

档案学渊源时期的"载体"[①]逻辑起点对应学术研究方法的档案观，"概念"[②]逻辑起点对应行政管理类学问。关于近现代档案学基础理论研究，众多专家、学者开始把理论体系建构与学科问题引向了档案学的逻辑起点。在我看来，逻辑起点的根本之处在于指向性，即它回答着"学科之源""学科之质"的问题。

档案学理论体系，从动态来看，是一个认识过程，包括事实认知和价值评价两部分；从静态上讲，又是一个由描述、经验、理论、体系、逻辑起点组成的层次集合。其中，描述和经验属于事实认知范畴，理论、体系、逻辑起点属于价值评价范畴。档案学理论体系的建构，不仅需要在"真理"层面进行探索，例如，档案工作、档案事业体制等"对象性"的研究，而且在"价值"层面应当予以重视，即"档案学的自我设计"[③]。河南档案局刘东斌老师提出的"档案形成在前说"在某种意义上"颠覆"着实相领域的档案关系[④]，这恰好与笔者的粗浅看法不谋而合。

（二）作为认识视角的档案"双元价值观"

"双元价值观"是覃兆刿教授用来界定档案价值的一个"视角"[⑤]，他认为档案始终可以作两个面上的理解：一是"工具价值"，"它作为一种行为方式，人类的初衷在于它的结构形式所赋予的功能"；二是"信息价值"，"作为记录或者文献

---

① 在传统档案管理和历史研究中，一般从特定载体形式出发。如夏代的"典册"，周代的"中""法"，春秋战国时的"宝书""图书""典籍"，唐宋以后的"文卷""案卷"等

② 对史料及其他文献的认识，出现了以内在属性和差异性进行概括的方式。就档案方式与方法而言，已经超越了具体实体的规定，而从其结构、特点、环节等方面进行抽象。笔者认为，这正是对事物深化认识的体现，在某一门学问里，往往体现出一种超越与一种归约

③ 李财富. 中国档案学史论. 合肥：安徽大学出版社，2005：40-49，174

④ 见《论档案形成在前》一文，刘东斌老师主张的全新档案关系——"档案在前，文件在后"，尤其是档案之以在前。这一点，与我们提到的工具价值在前（于信息价值而言）有异曲同工之妙

⑤ 覃兆刿. 双元价值观与"档案"的定义. 北京档案，2003(9)

归属的实体，其内容负载的价值”[①]。

1.“双元价值观”的涵义

所谓“双元”系指“工具”与“信息”这一贯穿在档案现象和档案规律中的对立统一矛盾。“双”相对于“单”，具有对称、稳定、彼此关联等特征，体现出价值分析的复合判断。双：“雙，会意字，篆文从雔（一对鸟）。从又（手），会手指二鸟之意”。《说文解字・雔部》：“雙，隹二枚也。从‘雔’，又持之。”[②]本义指禽鸟二只，引申为“一对”、“成双的东西”[③]。“元”意旨“源”、“原”。“元与兀同源，甲骨文从兀（削去人头发）”，《说文解字・一部》：“元，始也。从一，从兀。”“本义当为人头”，后来演变为“开始，第一”[④]。此外，《易・象》以“乾元”、“坤元”分别为万物所“资始”、“资生”[⑤]。

从量上看，“工具”一元揭示档案形成运行的特质，即“原真”与“凭证”，“信息”一元指出实践意义中的“情报”“文化”“管理”“科研”“记忆”等功能所依赖的媒介。在质上，双与“二”“三”“多”等量词相比，能够更准确地反映档案价值之间的固有联系，即载体与内容、功能与价值的辩证统一。

2.“双元价值观”的方法意义

“一切对档案价值和档案现象的分析都可以从此所谓双元价值的视角来进行。”[⑥]笔者发现，以“双元价值观”为视角揭示出的档案学逻辑起点问题，恰好能在档案学术史中得到印证。而且，档案学研究的“双元价值”取向也是伴随近代档案社会实践变革与科学思潮催化得以不断萌芽、壮大的。确立这一研究视角，将有助于弥补基础理论研究中的迷惑、空缺与不足，理顺档案学理论体系的层次与关系。

在揭示档案学逻辑起点的具体过程中，能够激发从“档案观”到“档案论”的过渡，是本文论题的另一重要意义。所谓“档案观”，是指对“档案”的一种意识，或是一种取向，“上古结绳而治，后世圣人易之以书契”[⑦]就是关于档案意识的最早记述，这种行为意义上的“档案方式”是人类克服大脑记忆的首次自觉。然而，取向上的“档案”，即作为研究意义上的“凭证”，产生时间较晚。“档案论”是指将档案现象和规律作为一门学问进行研究，进而形成一套适用于档案事业实

---

① 覃兆刿．双元价值观的视野：中国档案事业的传统与现代化——兼论过渡时期的档案思想．北京：中国档案出版社，2003：22

② 谷衍奎．汉字源流字典．北京：华夏出版社，2003：93

③ 《汉语词典》（原名“国语词典”）．北京：商务印书馆，1991：1219

④ 谷衍奎．汉字源流字典．北京：华夏出版社，2003：44

⑤ 《辞海・词语分册》．上海：上海辞书出版社，1988：546

⑥ 覃兆刿．双元价值观的视野：中国档案事业的传统与现代化——兼论过渡时期的档案思想．中国档案出版社，2003：22

⑦ 《周易辞》

践的理论体系。之所以提出“从‘档案观’到‘档案论’过渡”的命题，是基于两方面的考虑：第一，档案学研究价值取向的过程，本身就是一个从不自觉到自觉的过程，也即“档案观”到“档案论”的运动过程；第二，“双元价值观”能为这一进程的揭示起到导向作用，并能更好地推动它的运行。

二、档案学术史与档案学的逻辑起点问题

中国档案学经历了三个阶段：第一阶段是无意识阶段，表现为档案方法；第二阶段为有自觉而无自省阶段，表现为分科研究；第三阶段是自省阶段，表现为对基础理论的探讨以及理论体系的追寻（见表1）。

表1　中国档案学的历史渊源

历史渊源		价值形态	明清之前	明清之际	清末民国
档案观	档案方式（档案管理）	工具价值	有工具之理念但无研究	有工具之理念但无研究	以工具为中心的档案管理
	档案方法（档案编纂）	信息价值	史学的文献方法	实证主义	对价值和本质的体认
自觉状况			无意识	科学化	独立化
所处阶段			蒙昧时期	过渡时期	
逻辑状态			由载体（实体）逻辑向概念（抽象）逻辑转化		

（一）从“一元”到“双元”的档案学术路线

档案学术史渊源于档案思想，以“双元价值观”来看，就是档案管理和档案编纂两类，档案管理思想作为资政经验，远不如史料意义上的编纂理论具有“学”的高度。所以，中国档案学术史的价值取向可以归结为“信息”研究到“工具”研究突起再到“双元”并重的过程。

1.“载体”逻辑起点下的档案观

“档案观”历时三千多年，经历了无意识和科学化两个研究状态，直至清末民国的档案学建立。总体上，“档案观”时期的逻辑起点体现在“载体”特征。

档案方法是“学”的意义上的唯一表现，从“述而不作，信而好古”的“尊档”情节到“比次之书欲其愚”的“见道之器”标注了其发展历程。明清之际，西学东渐，“科学”价值催发了“档案方法”由阐发到实证再到“虚实”并重。杨慎对理学“高远”的思辨情结甚为不满，认为其“学而无实”[①]，陈第则主张“读

① 《禅学俗学》，《升庵全集》卷七十五

经不读传”[①]。焦竑转向实证性研究，认为圣学应以小学功夫为基，即“文字之学也”[②]。可见，当时的知识分子注重“训诂”“考据”等研究方法，把注意力放在“元典”“古籍”等原本，呈现出历史主义情怀，重申了传统中国学术的“来源原则”。此外，采用逻辑推理上的虚会，如“东坡谓蔡琰二诗，东京无此格”[③]，以及将文字、语言、材料等与特定的历史背景相联系的实证之功大行其道，如“唐虞有唐虞之文，三代有三代之文，春秋有春秋之文，秦汉以迄魏晋，亦各有其文焉。非但文然，其行事亦多有不相类者”[④]。他们注意到：在考证档案文献真假和溯源达流时，要把考察对象与特定历史条件对应起来，强化载体与信息的逻辑关联。与西方档案管理领域的“来源原则”不同，它诞生在史学的襁褓。这种向原始起点上溯的旁证、引证之法避免了后世再传之文及引申之义的解读偏差。

档案方式，亦是档案学历史渊源之一，但离“学”之距较远。档案管理思想来源于行政管理实践，从一开始就打上浓厚的政治烙印，直接为中央集权和君主专制服务。如周王朝收贮档案的“金縢之匮”，汉代“藏入关所得秦之图籍”[⑤]的石渠阁。唐朝统治者将档案作为施政工具，在《唐六典》和《唐律疏议》中专门规定了“甲历档案”及甲库管理的办法。还有文书用印制度、问卷交结制度、档案副本制度、照刷磨勘问卷制度，都是针对“在京大小有印信衙门”的各种档案的“照刷卷宗”[⑥]。因此，中国古代政治格局下的档案管理拘泥在经验之“术”层面，并不具备一门独立学问的社会条件，属于典型的“官大学问大”。

2.“概念”逻辑起点下的档案论

发端于清末民初的档案论，与档案观的科学化，并不是两个明显分立的阶段，它们紧密相连、交织一体，具有“过渡”性质。其标志有二：一是“档案”称谓的出现，一是“档案学”概念的提出。以学科形式探索档案知识的研究反映了“概念”逻辑起点。

作为史学新方法的“档案”。龚自珍在学术研究中主张“尊史”，认为“史之外无有言语，史之外无有文字”“掌故不备，则无以储后史”[⑦]，他甚至把档案丰富之程度与“太平文致”联系起来，把身处档案之区“能见档册，能考档册”看作“其福甚大”[⑧]。罗振玉极力反击“旧档无用”，在抢救明清内阁大库档案时功在头等，编成《史料丛刊初编》十册。蔡元培在明清旧档的整理工作中，喊出“信史

---

① 《尚书疏衍·自序》
② 焦竑：焦氏笔乘．上海：上海古籍出版社，1986：334
③ 阎若璩《尚书古文疏证》，卷 5
④ 崔述，《考信路提要》卷下
⑤ 班固，《汉书》，卷一下，《高帝记》
⑥ 《明会典·照刷文卷》
⑦ 龚自珍．龚自珍全集．上海：上海人民出版社，1975：188
⑧ 龚自珍．龚自珍全集．上海：上海人民出版社，1975：305

是要从档案中考核出来的。"[①] 这都直接折射出档案具有至高无上的凭证价值。

档案方式在"学"上突起，拉开了档案学现代化序幕，是档案观过渡为档案论的重大突破口。"档案馆"的出现，以及一系列档案管理法律法规的颁布，如周连宽和程长源的《县政府档案管理法》、何鲁成的《档案管理与整理》，见证了档案学在管理实践上开始从感性经验飞跃至理性思考，并关注社会领域。但由此认定其作为"档案学最终形成的重要标志"[②]似乎有些武断。笔者以为：把民国看作档案学最终形成时期，甚至认识到"行政效率运动""明清档案整理运动""档案教育的创办""国外档案学的发展经验"是我国档案学产生的原因[③]，都是十分有益的见识。刘瑞华教授撰写的《二十世纪三四十年代我国档案学研究的主要成就》一文也从理论层面呼应了此种看法。

抛开实相领域，从学问源头的称谓上最能解答问题。杨滨在《柳边纪略》中"曰档案，曰档子"，《清太宗文皇帝实录》中记载"众人同谋盗金，故不记档案，俱应论死。"[④]而滕固在《档案整理处的任务及其初步工作》一文中认为："用科学方法处理档案，有叫做档案的学问。在欧洲也是近百年来发达的事。"[⑤]"档案""档案学"称谓的闪现不得不说是档案学科本体意识的觉醒，标志着档案学术界开始走向独立。因此，档案学的诞生不是档案管理实践与研究的简单催生，而是当档案方法与档案方式直面"档案定义、属性、本质"等本体追问时，零散分流在编纂、管理之解释必待合纵归一。或许，这才是档案学发展的内在动因。

3. 档案学术史与档案学逻辑起点之关系

厘清档案学术史的基本轨迹，并回答当前档案学的研究困境，根本在于揭示档案学逻辑起点。我国档案学术史逻辑起点长期处于模糊或混淆的状态，比如，在无意识阶段（档案观形成和发展时期），理论层面没有出现档案定义、价值基础探讨，更谈不上针对"档案"称谓的专门概述。然而，行为意义上，档案方式与档案方法的具体运用都透露对档案本体——"原真"与"凭证"的肯定与追求，尤其是将档案作为解读"经史"、控制社会的"鞘中之剑"，推进了档案思想的不断深入。在自觉性阶段（档案观向档案论过渡时期），档案管理从行政领域脱离，在分科层面具备了"学"上特征，形成诸多学理著作。这使逻辑起点模糊的档案学术焕发生机，开始把"档案"作为研究起点，主动思索"什么是档案"，进而对学科诉诸独立请求，实现了档案学研究的快速发展，是中国档案学发展的第一次"解放"。

---

① 《明清史料序》
② 赵越主编．档案学概论．沈阳：辽宁大学出版社，1987：14
③ 李财富著．中国档案学史论．合肥：安徽大学出版社，2005：40-49，174
④ 《清实录》第二册，《清太宗实录》第40卷，中华书局1986年影印：531
⑤ 滕固．档案整理处的任务及其初步工作．行政效率，民国二十四年五月，第三卷，第九、十期

近代档案学具有的自觉特性，在自省层面却显得比较薄弱。新中国成立后，特别是改革开放以来，现代信息社会所呈现出的网络、知识与交互等新变化，促使中国档案事业卷入“第三次工业革命”的世界潮流，进入“后保管时代”。随之而来的是，实体档案管理与电子档案管理在实践中的矛盾激化，拉大了如“定义”“价值”等档案学基础理论分歧。“档案学虽在实践经验方面‘孤军深入’，却对若干重要的理论问题无能为力。”[①]症结就在于混淆了档案学逻辑起点，即将逻辑起点等同于研究对象起点。如何在新的环境下“对传统和现代化进行架构，进而形成统一的理论体系”，成为档案学基础理论探究的热点问题。所以，这种重塑档案学逻辑起点，由实践而理论再到反思性建构的探索，成为档案学进入自省阶段的重要特征。（见表 2）

表 2　中国档案学研究之历程及表现

档案学形态	档案学研究阶段	逻辑起点特点	学术领域之地位	档案研究热点
档案观	不自觉	模糊	学术中的方法	档案方法
档案论	有自觉无自省	混淆	管理类独立学科	档案管理
档案理论体系	自省	确定	以管理和信息为中心的综合性学科	基础理论整合

（二）当代档案学逻辑起点之问题分析

国内对档案学逻辑起点探讨，大致有“档案”“文件的归属”[②]“文件运动”“档案物质实体的双重构成”“原始记录材料内容的有用性”五种观点。

1. 实体说

实体说，是将“档案”（或其载体）作为逻辑起点的主流观点。持此种观点的学者，是基于对档案本质——“原始记录性”的确认，他们把档案与文件看成不同性质的事物，进而提出档案学的研究对象是档案、档案工作的现象及其规律[③]。“档案说”与我国档案学历史渊源衔接最近，学科专业指向明确，因拘泥“物质”形态，也容易陷入逻辑起点与研究对象起点相混淆的“自我设限”[④]，无力解说现代档案管理技术与理念，难以跳出被动管理的实践困境。从逻辑学理上看，“档案”不是思维层面的逻辑起点，不能作为事物（档案自身）的开端，“开端既不是什么任意的和暂时承认的东西，也不是随便出现和姑且假定的东西，而是后来它本身

① 张辑哲．档案事业的困境．档案工作，1989(4)

② 胡鸿杰．论档案学的逻辑起点．档案学通讯，2001(3)

③ 冯惠玲，张辑哲．档案学概论．北京：中国人民大学出版社，2001：1

④ 傅荣校，靳颖．后保管时代与档案学理论逻辑起点的认识和概念重建——后保管时代档案学基础理论适应性问题研究之二．档案管理，2008(2)

表明了把它作为开端，是做得对的。”①

2. 运动说

运动说，是指以“大文件观”解读“档案”“档案管理”地位和作用的思维观点。何嘉荪、傅荣校两位教授着眼文件与档案之间的转化，将全宗理论、来源原则、鉴定理论“三位一体”②，指出“后保管”时代电子文件的模糊性，以及运动中的文件价值差异导致人们管理角色和行为变化。“档案化”③的运用，揭示“阶段”“流程”甚至“整体性”，解决了“文件生命周期”向“文件连续体”的模式转换，有助于强化“前端控制”和“全程管理”。可是，“档案绝不是一种文书或文件”④，档案学逻辑起点就不能从档案与文件的关联出发，而要以它们之间的差异为考虑基点。尽管“文件运动”这个“支点”能够撬开档案管理实践和理论体系的大门，但它是档案事物或管理的发端、“胚芽”吗？显然不是。

3. 结构说

结构说，是指以档案内在结构属性作为解释档案学所面临的时代困境和管理缺陷的理论。刘新安教授认为“档案物质双重构成”是“思维形成中导致具体的再现”⑤，分离为“文件实体集合”和“档案历史联系的记录”⑥，可以作为现代档案学理论的逻辑起点。它是对档案实体“完整的表象蒸发为抽象的规定”⑦，但不是开端，“开端不应该本身已经是一个最初的东西和一个他物，一个自身里面就有着一个最初的东西和一个他物那样的东西，便已经包含着一个已经发展了的东西”⑧。而且，“停留于对原有逻辑起点的质疑和批评，还没有形成一个以本身研究为起点的学说体系。”⑨

4. 价值说

价值说，是指以档案内在属性与社会需求之关系即有用性解答档案学产生时间与原因的一种观点。陈忠海教授与孟祥喜老师主张“原始记录材料内容有用性”⑩，认为经过鉴定后形成的档案价值既反映了档案客体的质量又突出了档案管

---

① 黑格尔．逻辑学（上卷）．杨一元，译．北京：商务印书馆，1977：57

② 傅荣校，靳颖．重新审视档案学基础理论与后保管时代的来临——后保管时代档案学基础理论适应性研究之一．档案管理，2008(1)

③ 傅荣校，靳颖．文件整体运动描述：是文件生命周期模式，还是用文件连续体模式？——后保管时代档案学基础理论适应性问题研究之三．档案管理，2008(3)

④ 张辑哲．档案定义匡谬与透视．档案工作，1993(1)

⑤ 《马克思恩格斯选集》第二卷，人民出版社，1972：103-122

⑥ 刘新安．档案物质实体的双重构成．档案学通讯，2003(5)

⑦ 《马克思恩格斯选集》第二卷，人民出版社，1972：103-122

⑧ 黑格尔．逻辑学（上卷）．杨一元，译．北京：商务印书馆，1977：61

⑨ 傅荣校，靳颖．后保管时代与档案学理论逻辑起点的认识和概念重建——后保管时代档案学基础理论适应性问题研究之二．档案管理，2008(2)

⑩ 陈忠海，孟祥喜．对档案学逻辑起点的认识——兼论档案本质属性．档案管理，2008(4)

理、利用服务中的有效。他在论说档案价值时引进了“有用性”的概念，把“结构说”中有关档案原始记录性“内容的集合与实体的集合”[①]与档案学产生的原因和时间联系起来，将档案本质的探讨从结构推进到属性和价值层面，再而形成客体档案属性与主体档案需求的逻辑关系，无非也是对“双重物质构成”做出“价值”意义上的思考。

三、档案学逻辑起点的重新确定

当代档案学回应“过去与将来之间的时间观”“馆室与广域之间的空间观”“传统与现代之间的价值观”“纸质与电子之间的技术观”[②]等四个矛盾，实现从“经验科学”到“理论科学”过渡，就要尝试用一种合适的逻辑起点（档案双元价值观）[③]去完成现有档案学理论体系的解构与建构（图 1）。

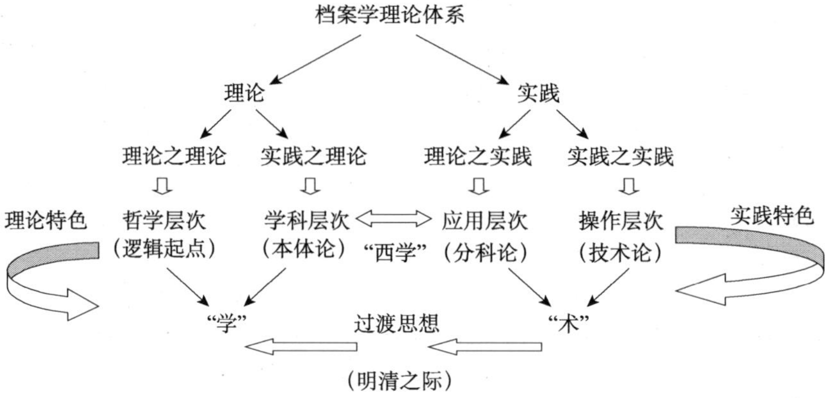

图1 档案学研究的两个向度

（一）“档案双元价值”的确认

“档案双元价值”在属性和认识周期上符合哲学理论对逻辑起点的描述和规定。

1. 作为思维运动和历史还原的“档案双元价值”

“档案双元价值”的发现和认识，即档案事业“双元价值观”的产生并不是自在的，经历了古代政治“工具性”、近代社会“工具性”以及“双元”合一等三个阶段。其中，档案事业价值观与档案学研究价值观存在“镜像”特征，但均向彼此缺陷的方位运动，最终由“偏狭”还原为本体——“档案双元价值”。这一概念

① 冯湘君，刘新安. 现代档案学理论的逻辑起点——档案物质实体的双重构成. 浙江档案，2005(7)

② 覃兆刿. 双元价值观的视野：中国档案事业的传统与现代化——兼论过渡时期的档案思想. 北京：中国档案出版社，2003：204-208

③ 任越. 双元价值观在我国档案事业发展中的轨迹探寻. 档案与社会，2007(1)

在档案事业与档案研究的对立统一中反复被提取，从具体的档案工作（档案事业）到档案学研究（“双元价值观”视野下的档案学术史），再还原为实践客体即档案特质（“双元价值”）的过程，实现了由感性具体到思维抽象再到理性具体的认识飞跃，达成了逻辑起点从出发点到落脚点的统一与回归。

2. 作为抽象、萌发、逻辑特征的“档案双元价值”

“档案双元价值”所内含的“工具性”和“信息性”，是与“实际深化相符合的”①“最一般的、最基本的抽象和规定”②。它孕育和揭示档案形成方式与作用方式，“以潜在的方式包含着一切事物的多样规定性”③，并作为档案工作及其形上研究的“胚芽”，具有对体系的抽象萌发特点。档案的“历史从哪里开始，思想进程也应当从哪里开始，而思想进程的进一步发展不过是历史过程在抽象的、理论上前后一贯的形式上的反映”。④作为一种理论，“档案双元价值”在档案与档案实践、档案实践与档案研究之间再现了档案事业史与档案学术史的演进过程，实现逻辑与历史统一，在本质上符合历史的发展。

（二）“档案双元价值”的实证

“档案双元价值”在档案实践中作为逻辑起点可以具体解读和指导档案工作与研究。

1.“档案双元价值”的逻辑辨析

“双元价值观”认为档案作为对象实体，表现为信息价值的存在物。“档案的本质就是信息”⑤，从这个角度看，档案话题可以视域转换为对档案信息本质的解读。那么，将档案的“双重物质构成”与“内容信息、背景信息和结构信息”⑥等三个基本要素对应起来的做法，一反往常“固着于物理特征的档案概念”⑦，体现了“新来源观”逻辑主义与历史主义相互贯通的理念。

国内有关“档案信息”的限定主要有三：一是档案中所记录的内容，二是档案内容与物质载体的结合，三是档案载体的原生信息及其加工点。三种观点依次对档案信息做了逻辑层面的推进，使档案信息的原始点和生长点有了时空转换，但也缺乏剖读档案作为“保存的社会实践”以及“档案为何产生”这一内在命题的心理根源和行为动机。

---

① 《列宁全集》第38卷，中文第1版：88

② 肖前，李秀林，汪永祥．辩证唯物主义原理（修订本）．北京：人民出版社，1991：29

③ 吴岱明．科学研究方法学．长沙：湖南人民出版社，1987：46

④ 《马克思恩格斯选集》第二卷，北京：人民出版社 1972：103-122

⑤ 周晓英著．档案信息论．北京：中国人民大学出版社，2000：48

⑥ 傅荣校，靳颖．后保管时代与档案学理论逻辑起点的认识和概念重建——后保管时代档案学基础理论适应性问题研究之二．档案管理，2008(2)

⑦ 覃兆刿．双元价值观的视野：中国档案事业的传统与现代化——兼论过渡时期的档案思想．北京：中国档案出版社，2003：8

“档案双元价值”揭示的价值哲学与档案本体的来源关系弥补了这一空白，给静态信息标注了实践来源，即与社会实践的同构或对应关系。所以，档案是自然生产①固化在一定载体或借助一定对象以信息方式进行横向人际与纵向时代传承的主客体关系，是载体“所维系的自然真实的来源联系”②。越高层次的档案信息越是体现为这种“来源联系”的把握，档案检索和档案加工品就是这种“来源联系”的某种局部或某个侧面的体现。③这种在一定技术条件下被合目的性控制的信息，“可以将学术上之‘档案’和实践之‘档案’对应起来，有利于在根本的问题上统一思想”④，是时空、人物、事件和数据等因素的广义集合，表现为内容信息、实体信息和社会系统隐含信息。因此，“双元价值观”可以看作“物质双重构成”的价值基础，它揭示了档案形成机制与存在形态，是工具价值对历史联系维护以及信息价值对实体记录整合的对称性分布。

2.“档案双元价值”的理论归约

“档案双元价值”回应了档案基础理论分歧。现代档案管理工作以文件生命周期理论和文件连续体理论为指导，强调阶段管理的规范性和全程管理的模糊性，前者基于平面管理的二维方式，将档案管理设置为“保管”特征的末端环节，后者提倡三维立体分析，主张维护意义下的前端控制。暂且不论“谁属宏观、谁属微观？谁是基础理论，谁是应用理论？”⑤在专业层面亦有冲突之处。以“双元价值观”来看，两种理论均强调“控制”目的，只是后者将前者的收集—鉴定—整理—保管—编研—利用服务的“专业”流程转化为输出—存储（处理）—输出以及穿插其中之反馈的“信息”流程，从而在系统设计中实现更多控制，增大了工具性价值。同时，这种管理模式的变更，引发信息价值的凸显。比如，传统纸质方式的档案信息要实现其价值，需经过历史的或依据历史的逻辑加工转入另一载体，而在电子方式中，由于载体容量剧增等因素，载体变更的视觉效果并不突出，容易导致人们把信息存储与传递误读为“虚拟”操作。因此，在文档管理实践中，生命周期是客观存在的，差别在于具体条件所体现的物质状态与管理方式不同。

“档案双元价值”呼应了“三位一体”理论框架。以“文件生命周期理论”“文件连续体理论”为基础、鉴定理论与来源原则相结合的“三位一体”框架，从文件周期和文件运动的角度深化了“双重价值”理论，在“文件管理系统”中强调

---

① 直接形成于人类实践，刻画对象客体，隐喻主体目的性的自然过程

② 覃兆刿，付正刚．与社会的同构和对应关系：广义的来源联系——论档案信息的本质．档案与建设，2002(2)

③ 覃兆刿．双元价值观的视野：中国档案事业的传统与现代化——兼论过渡时期的档案思想．北京：中国档案出版社，2003：242

④ 覃兆刿．双元价值观的视野：中国档案事业的传统与现代化——兼论过渡时期的档案思想．北京：中国档案出版社，2003：26

⑤ 邹吉辉，杨杰．文件生命周期理论与文件连续体理论关系研究．档案学研究，2006(1)

“文件价值变化是推动文件运动的内在动力”①。就“双重价值”学说而言，它以档案实体为研究对象，将价值变化放在文件生命周期内进行动态观察，在呈现不同特质的同时，也“捆绑”在文件生命周期的封闭系统中。比较之下，“双元价值观”从社会实践层面论述了行为意义上的档案形成机制与价值环境，将作为信息源的档案纳入整个社会运行中去考量，既强调社会记录的工具属性，又注重实体内容的信息属性，从宏观角度勾画我国档案事业的发展历程与蓝图②。

3.“档案双元价值”的管理实践

“档案双元价值”揭示了档案实践的两大规律③。档案来源于社会实践，由当时当事直接形成的文件（大文件）转换而来，其工具性赋予了档案实体从记忆需求到控制实践所具有的凭证性和结构性特征。发挥档案作用，传播“档案关怀”④，前提是档案信息有效和共享。提倡档案信息资源化、知识化、社会化，实现资治、求证、科研、教育、休闲等社会功能，就要突出机密递减规律，提升社会服务水平。比如，社会公众借助档案信息获得根源感、身份感、归属感，借助档案信息实现自我发展。

“档案双元价值”涵盖了档案实践的二元分布。档案实践经历了纸质之保管时代和电子之“后保管时代”，表现为从实体管理（一元实践）到实体与信息管理（二元实践）⑤并重，从消极控制到积极维护与服务，从末端保管到前端控制，从封闭化到开放化、信息化、知识化等四方面特征。一方面，要加强档案实体管理，从源头（形成者）到终端（利用者）对资源进行维护和控制，保存人类原始的社会记忆；另一方面，要强化档案利用服务，开发社会信息资源。在WTO“服务贸易”协定把档案工作纳入谈判范围⑥的背景下，档案价值要承载社会秩序和维护公众利益，转变传统社会重保存、轻利用、少开放的“衙门”色彩以及“门可罗雀”的悲凉景象，就要重树服务公众的新形象，适应时代需求和市场竞争。

“档案双元价值”反映了档案实践的两大原则。来源原则要求同一来源的档案不可分散，不同来源的档案不得混淆，从内容和结构上维护信息整体的原始“秩

---

① 傅荣校，靳颖．重新审视档案学基础理论与后保管时代的来临——后保管时代档案学基础理论适应性研究之一．档案管理，2008(1)

② 覃兆刿．双元价值观的视野：中国档案事业的传统与现代化——兼论过渡时期的档案思想．北京：中国档案出版社，2003：193-274

③ 档案形成规律和作用规律

④ 冯惠玲．拓展职能——“夹缝时代”档案职业的生存之策，中国首届档案学博士论坛论文集．中国人民大学出版社，2001：109

⑤ 朱玉媛，李海涛．档案学研究进展：近年来档案学基础理论研究述评．武汉：武汉大学出版社，2007：26

⑥ 世界贸易组织秘书处．索必成，胡盈之，译．乌拉圭回合协议导读．北京：法律出版社，2000：282

序”。工具价值以“合目的性”控制确保这种“联系”以可靠性和真实性，使“主客体关系”具有历史的原始的确定性，构成了档案行为与对象的永恒范畴。信息价值又促成其功能发挥，在不同主体、不同阶段之间展示特殊性，使“主客体关系”具有时代的技术的沟通性，从而构筑档案事业传统和现代化的范畴。开放原则经历了“档案馆开放”“历史档案”“开放档案”三个阶段①，从对主体开放职能的规定到对客体社会价值的界定，从信息价值的被发现到档案专业技术上升为行业理念，档案事业实现了专门化。

无论是“重藏轻用”“重保密轻开放”，还是“以利用为纲”“全面开放”，单一价值观都会偏离档案价值目标及其实现。所以，在档案事业现代化进程中，必须强调档案价值的双元并重和双元实现。

四、结　语

对档案学逻辑起点的思考，源于我国档案学研究的历史与现状分析。在档案学术史这本“旧账”里多少隐藏着档案经验与认识的基本轨迹，是“跟风”于信息技术变革下的档案技艺，还是“回头”解读档案传统与现代化，都需要学者耐下性子做出精心探索。

把握规律性。档案学作为揭示档案与档案工作现象及规律的一门学科，既要有业的规律，又要有学的规律。在谋划宏观事业、指导具体工作、设计理论体系的过程中，要将实用性和前瞻性结合起来，在爬疏学科内部以及与其他学科关系的基础之上，重视档案、档案事业、档案学三者之间的横向规律，从而把握档案价值在各个层次上的体现和应用，实现档案的作用规律。

体现时代性。档案学从“历史类”科学到“管理类”科学再到“综合类”科学的发展演变过程与时代息息相关。面对两个时代（纸质、电子）的交叉互动，建构统一协调的理论体系，离不开新环境、新技术、新方法。档案学科建设能否为档案事业与信息化建设提供必要的理论支撑，能否推进档案信息化和产业化，“后保管”这个时代特征始终都应作为我们思维的现实起点。

提升功能性。在档案实践中，要提升档案工具价值与信息价值的功能性。自觉运用“前端控制”和“全程管理”的流程和技术，在维护档案原生性的条件下，强化档案工作在行政管理与社会服务中的“控制”功能。促进档案信息资源化、社会化、知识化，改善档案工作者的地位和文化水平，使档案成为维系“文化统一性和整体性”②的见道之器。

---

① 转引自：王改娇．“档案开放”语词溯源．山西档案，2005(5)

② 张辑哲．档案·历史·文化：中国档案事业的发展与现状．中国档案，1996(8)

Discussion on the Logical Starting Point of Archival Science from the Perspective of "Dualistic Value"

— Also Involves the Basic Path of Archival Academic History

Abstract: Studies on archival science "studies", which is a copious work on ideology and words, have gone through the researches on subordinate subjects, archival science and metaphysical point. With the main subject of "Dualistic Value Concept", according to the ideology of dialectical materialism and historical materialism, the author makes rearrangement on the "logical starting point" and "theoretical foundation" of archival science and then discusses the characteristics and rules of development of archival science academic history in China.

The logical starting point of archival science will be introduced as the key point, which is going to be discussed in the following three parts. The first part introduces the methods of "problem" and analyzes the concept and logic connotation of "Dualistic Value Concept". The formed ideas and methods can be used to "observe" history and current situation of archival science. The second part elaborates the cause and performance of the "problem" (concept and logic connotation of "Dualistic Value Concept") and reveals the tropism of development of archival science, namely from "archives used for them" to "they are used by us", however, the logical starting point is always in vague. The third part firstly puts forward the the solutions of "problem" and forms the common and unified theoretical form of logical starting point on the philosophical level, and then confirms the status of "archival science value" as the starting point, from self-conscious to self-examination.

双元价值论对我国档案事业的指导作用*

纵观世界档案学理论的发展历史，以来源原则和文件生命周期理论为根基的理论发展体系经历了漫长的由诞生到发展、由发展到成熟的演进历程。这种理论发展体系是在对传统历史档案的整理和早期档案实践基础之上构建起来的，因此其具有广泛的历史性和适用性。但是拥有五千年文明史和先期档案管理经验的中国却未在这种理论体系中占有一席之地，而且我国大部分档案学理论也是以借鉴学习西方档案学理论为主的。这种理论与理论来源背景不相符的窘境成为鞭策我国档案人在探究具有中国特色的档案学基础理论的过程中不断进取和努力的动力。

21 世纪初期，以湖北大学覃兆刿先生为代表的档案学理论新学说——双元价值论登上了我国档案学理论的殿堂。覃教授的著作《双元价值观的视野：中国档案事业的传统与现代化》更是以双元价值论为其理论的基点，详细阐述了我国档案事业体系由形成到发展的过程是我国档案由工具价值向工具价值和信息价值并重的转变过程，而且再次强调双元价值论的核心理念——“合力说”（笔者概括）是我国档案事业今后发展的目标。双元价值论的提出是我国悠久的历史文化与现代技术相结合的产物，是对我国近四千年档案工作经验的归纳和总结，它不仅能够回顾历史，更能展望我国档案学发展的未来。进入 21 世纪，随着信息技术的发展和社会管理者角色的转变，传统档案学理论，特别是建立在历史档案和纸制档案基础之上的理论需要得到进一步修正和更新，这就使档案学界迫切需要一种新的、能够鉴古论今并能够对未来的理论进行高度预测的理论体系，而双元价值论恰恰做到了这点。因此，双元价值论是新时期我国档案学理论界的奇葩，更是档案事业进入后保管时代我国现代档案学思想的逻辑起点。

一、什么是双元价值论

“所谓双元价值论就是将档案分成作为行为方式的和实体对象的来认识，前者体现为凭证的结构和功能，而后者体现为凭证信息的内容。前者是工具价值，后者是信息价值。”①

---

* 任越，中国人民大学信息资源管理学院博士，黑龙江大学副教授。本文主要内容作者以《双元价值论对我国档案事业的指导作用》发表于《湖北档案》2007 年第 5 期，此处内容系作者提供的未刊完整原稿，作者原稿题为《新时期中国档案学思想的逻辑起点——谈双元价值观在我国档案事业中的发展》。

① 覃兆刿．双元价值观的视野——中国档案事业的传统与现代化．北京：中国档案出版社，2003：7

笔者认为，该定义主要具有如下的含义和意义：

首先，价值的转换是衡量档案事业及档案价值的标准。档案作为一种行为方式，其根本的功能是帮助人类记忆，用以弥补人类在记忆有效性上的不足，因此其体现的是一种工具价值，也是档案之所以产生的基本价值。但是作为记录或文献的实体，其内容负载了大量的信息，因此档案产生所引发的隐含价值，就是信息价值。

其次，双元价值论是一种密闭的循环认识过程。众所周知，完整的认识通常是由感性认识上升到理性认识，由现象到本质，由理性认识到高层次感性认识的过程。双元价值论恰恰遵从了这一科学的认识规律。人类最初产生档案是为了便于记忆，而当人类记忆已经模糊，当初仅以凭借记忆之用的档案，此时以其完整和真实的信息记录内容，再次被人类利用。这次利用人类已经将档案作为记忆工具的作用，上升到对档案的凭证性、查考性和证据性的追求，这种价值追求已经超出档案自身所反映的原始价值，而是暗含在档案内部和档案之间的从属价值和联系价值。这种认识档案价值的过程正是人类由直接向间接、由表及里的认识过程，所产生的结果是人类在社会不断变革，信息作为社会循环的因素不断向公开化、法治化发展的趋势中不断摸索、探究的基础上所形成的。

再次，由工具价值向以信息价值为主的双元价值迈进的认识过程是一种社会政治、经济和文化变迁在信息上的反映。可以说，双元价值论在我国档案理论界的提出适应了现阶段我国社会转型的需要，是时代的产物。所谓社会转型，即我国社会在政治上由封闭社会向开放、民主社会，经济上由计划、国家宏观调控经济向市场化、自主经营的经济形式，文化上由伦理社会向法治社会转变的过程。政治民主化强调政府办公透明、政务信息公开，人民普遍参与到国家的行政管理中，而一向是辅助政府办公的文档自然成为政治层面上信息公开的主体。经济市场化，强调市场对经济的调控作用，市场信息的占有在整个市场经营和管理过程中，显得十分的重要，这其中包括市场销售信息、行业报告、交易报告等公务文书与信息。文化上主张法治社会，主要强调以伦理、关系为基础的文化交往氛围逐渐被法律或具有法律同等效用的实体手段所取代。按章办事、兼顾公平、严守诚信是现今社会赋予新社会文化的重要表现。由此可见，文档作为社会历史记录工具对转型后的社会的价值已经趋于次要，而文档的凭证与参考的信息价值作为公民利用权力得以确定及利用需求多样化的产物已经越来越受到学者的重视，更是社会实践赋予新时期档案事业的基本背景。

二、双元价值观在我国档案事业史中的发展轨迹

通过对双元价值论在我国档案事业中的发展（图 1）进行重新审视，并做轨迹探寻，可以发现我国档案事业史是档案由辅助政治统一的工具转变为社会公众

共享共有的信息过程，是社会崇尚工具价值向工具价值和信息价值并重的过程。正如上文所述，这种转变过程是认识论中理性认识飞跃的过程，更是档案作为一种社会发展记录，由封闭走向开放，由传统走向现代化的标记。

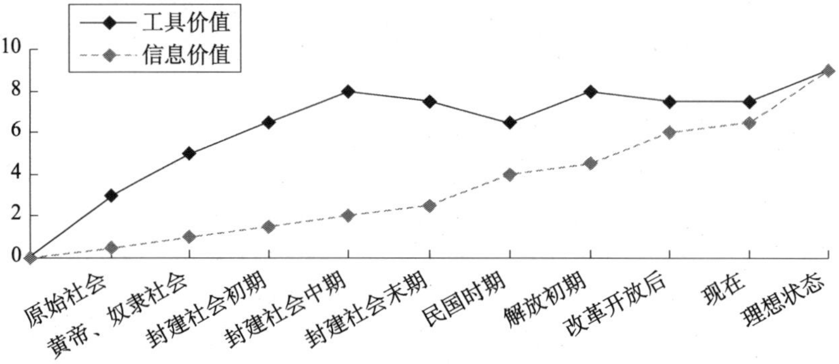

图 1　双元价值在我国档案事业史中的趋势图

我国档案起源于原始社会的结绳和刻契。原始档案形式产生的目的在于辅助人类记忆，以弥补人类在长时间内记忆力的缺失。可见，原始的档案只是一种工具，是人类社会生存状况和发展情况的实质反映物。因此原始社会时期档案多注重工具价值，其信息价值很少，只能反映在现阶段，且主要体现为文物价值和历史价值，这种价值是时间和人类自身所赋予的，并非档案自产生时所具有。若追溯工具价值和信息价值的起源，从原始社会档案所体现出的价值特征，笔者认为档案的工具价值是先于信息价值而出现的。

覃教授认为，"通过记录和文档来实现控制是社会进入文明的重要时期"。[①]笔者认为，这种重要的时期应当追溯到黄帝及奴隶社会前期。当时社会已经进入文明和带有阶级的时期，阶级的产生意味着在社会实践过程中，阶级间及阶级内部关系，如政令考核、禅让控制和治理民众等政治表现一一显现出来，文档对于政治的掌控和驾驭的能力越来越得到上层阶级的认可。当时权力阶级认为契文"言政教不言吉凶，则卦象非空文。八卦以象告，错综为六十四卦以尽情伪，而治民之具在于是以矣"[②]，"故知书契之兴，为百官治事而作"[③]，"书契，所以立公信也"[④]。以上文字可以说明相对于原始社会时期档案社会性，奴隶社会时期档案逐渐上升为政治统治的工具，特别是奴隶社会建立国家之后，作为治国治民之工具的文档的工具价值逐渐成为档案的主要价值。可以说这种价值的提升是档案由社会实践产物上升到国家政治统治层面，由个体所有上升到以国家为个体的整体所有，由人类记忆工具上升到政治统治工具的过程，档案工具价值在此过程中表现得更

① 覃兆刿．双元价值观的视野——中国档案事业的传统与现代化．北京：中国档案出版社，2003：8
② 许同莘．公牍学史．北京：档案出版社，1989：1
③ 许同莘．公牍学史．北京：档案出版社，1989：3
④ 许同莘．公牍学史．北京：档案出版社，1989：3

加明确和具体。与此同时，文档的信息价值形成了最初的形式——约剂。“以质剂结信而正讼”“凡卖椟者质剂焉。大市以质，小市以剂，掌稽市之书契”。[①] 这里所指的质、剂是当时使用的约剂的一种，约剂就是现在交易双方订立的合同或规定等带有法律效用的法律文书。在当时其记录了人们在买卖、租赁等经济关系中的相关活动，用于诉讼之用。而这种档案的记录价值在于其具有的凭证价值，相对于这种材料记载当时经济情况的历史价值而言，这种凭证价值显得不太重要，但在当时却是公众在经济关系中所依赖的规范材料。这种凭证价值正是文档信息价值的根本体现，是社会对于信息价值的一种认可。但当时这种信息价值仅仅出现在经济中，没有形成广泛的社会潮流，故整个文档价值的主流仍然以文档的纯工具价值为主。

进入漫长的封建社会，中央集权制的政治统治形式使春秋战国时期文化分散、百家争鸣的社会文化氛围彻底打乱，取而代之的是封闭的、大一统的集权统治。以最高统治阶级——皇帝为代表的政治团体以天子自居，对全国实行中央集权的政治统治，而此时期档案工作的发展也是紧紧围绕着王权而展开的，档案成为了统治阶级用以维持社会秩序的工具。笔者认为，封建社会时期双元价值论的发展可分为三个阶段。

第一阶段：封建社会前期（秦朝至隋唐五代）。该阶段中央集权制度严密，政治、经济、文化处于非常封闭的状态，统治阶级以文档作为整顿朝纲，维持社会秩序，处理政务的主要工具，负责保管文档的官员在朝中身兼数职，对文档的管理和利用十分严格，可以说这一时期我国文档纯粹是政治统治的工具，而文档的信息价值在该阶段只能体现在对于上层阶级的信息价值，即这一时期档案信息价值的实现范围较小，效果不佳。

第二阶段：封建社会中后期（宋朝至清中期）。从总体上讲，这一时期文档工作的整体状况改善不大，只是主管文档的官员的地位已经下降到历史的最低点，而统治者对于工具价值的崇拜更加的明显，甚至出现了如明朝黄册库、清朝内阁大库等文档只进不出的文档库。这种专制统治直接导致文档信息价值的被忽视。

第三阶段：封建社会末期（清朝末期）。这一时期是信息价值萌芽时期，但这种信息价值的萌芽只是出现在统治阶级内部，主要原因有二：其一，鸦片战争后，国外民主共和的政治思想渐入我国，我国传统封闭的政治体系出现了动摇；其二，清政府一系列的政治改革，在改革过程中大批文人学士进入宫廷，进行所谓的政务改革，这对封闭依旧的文档体系有较大的冲击。

综上所述，封建社会时期档案工作始终没有摆脱对于文档工具价值的全面崇拜，以文档统治人民，以文档整顿政事的一元价值观是封建社会对文档所得出的唯一结论。

进入近代中国档案事业史，突出的表现是实现了档案价值观的突破，即在重

① 许同莘．公牍学史．北京：档案出版社，1989：4

视“旧档”信息价值的基础上，确立起来的档案双元价值观，其中档案信息价值的全面发现是历史性的跨越。正是这种突破和档案价值观的建立，成为档案事业专门化的内在动力。清政府覆灭后，我国政治统治上出现了相当长的真空时期，政权的更替频繁，外国列强入主我国政治统治，这种局面使我国以崇尚文档工具价值的价值体系，瞬间瓦解。大量的清朝档案、文献不断被当时的政治家、思想家所发现，并由此展开了大规模的清朝史料的整理和研究工作，而且大量的学者也开始借助已有的史料对清朝历史进行研究。因此，古时“旧档无用”的思想观念已经由文档的历史价值和文化价值所取代，档案作为政治统治工具外的信息价值由此被发现。

国民政府建立后，其政府管理模式已经完全按照西方政府管理模式而构建，政治统治的形式已经由封建大一统向民主、共和转变，行政管理的方式代替封建的九品中正制，政府出现了现代化管理的标志。经历了一段时间的无主发展，档案的工具价值又再一次被重视，如“公文档案乃推进政务之工具”“机关行政之参考”等论述都是对工具价值的再次肯定。这其中包括两个原因：其一，三四十年代强调行政效率的政治大背景，需要肯定文档在政府管理中的重要的工具作用；其二，当时世界档案理论的中心在于行政官员决定论，这种以行政效用为主的档案鉴定理论，首肯了文档对于政府管理的工具作用。但是这种工具价值的再度被强调已经和古时的一元价值观有了明显的区别，其中有了科学管理工具的意义，所以其中含有档案双元价值综合发挥的成分。而随着当时文化事业的发展和对欧美文化事业的考察，档案事业在近代的理论研究和史学研究中的作用已经与博物馆、图书馆的作用相媲美，并在二者的带动下，档案馆终于在近代中国成立。档案馆的建立是我国近代时期一元价值观向双元价值论飞跃的一个重要的起点，这不仅体现在档案事业已经成为一项公共事业，更表明档案作为社会公共的信息资源，不再为一个人或一群人所独享，而成为公众在社会生产生活中不可或缺的一部分，这是档案信息价值在社会发展中的全面体现。

三、双元价值论与双重价值论的理论渊源之比较分析

双元价值论于20世纪末被我国学者提出以后，立刻引发了学界对双元价值论理论渊源探究的浪潮。当时我国档案学界一直对美国档案学家谢伦伯格提出的双重价值论在档案价值鉴定理论方面的巨大影响给予很大的肯定，双元价值论提出后，由于二者均把档案的价值存在与否、价值大小作为档案价值鉴定的标准，因此多数学者一直把双重价值论作为双元价值论的理论渊源之一加以肯定。那么，双元价值论也就不能成为我国档案学的独创理论，而是将其作为对谢伦伯格双重价值论在中国的继承品。笔者对这种断定持不同看法。这两种理论之间到底有何关系，二者之间是相互借鉴，还是互为因果呢？这个问题必须要首先弄清楚。

1. 双元价值论与双重价值论的联系

首先，二者均以价值的大小作为判定档案是否重要的标准。谢伦伯格的双重价值论中提出，“成为公共档案的文件有两种类型的价值：对于原机构的原始价值，对于其他机构和非政府使用者的从属价值”。① 这种档案价值的确定使档案的社会使用目的和使用所取得的成果更加明确，谢伦伯格也是首次提出档案除了为机构提供信息支持外的其他价值。他认为档案价值的大小是一个恒量，第一价值和第二价值是这一个恒量的两极，而档案第二价值的大小则根据第二价值在这一恒量中的比重而得出。双元价值论同样以价值的大小为衡量的标准，只不过双元价值论由工具价值和信息价值组成。“工具价值是作为一种行为方式，人类的初衷在于借助它的结构形式所赋予的功能；信息价值是作为记录或者文献归属的实体，其内容负载的价值。” ②这种档案价值的内容使档案产生的目的和形式更加明确，突出强调档案是外在功能与内在价值的根本统一。该理论主张文档是工具价值和信息价值的统一体，而档案价值的大小同样根据工具价值与信息价值的比重而衡量。

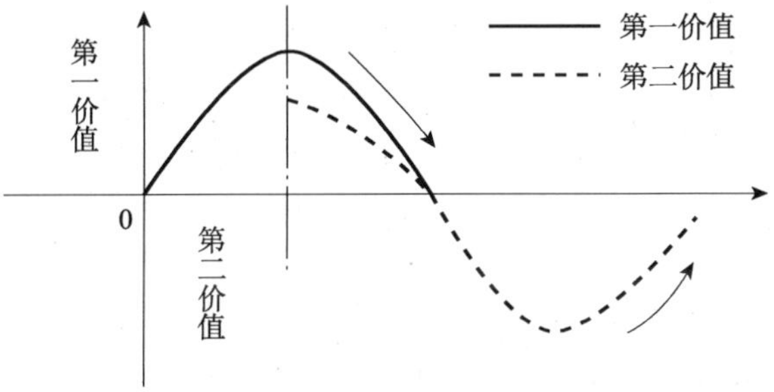

图2 双重价值论价值走向图

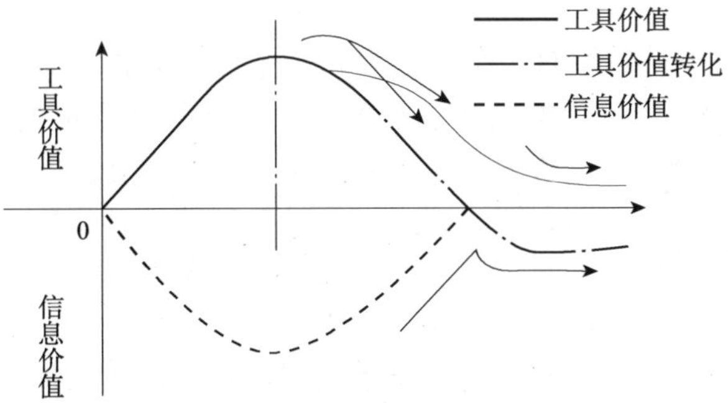

图3 双元价值论价值走向图

① ［美］T. R. 谢伦伯格．现代档案——原则与技术．北京：中国档案出版社，1983：22

② 覃兆刿．双元价值观的视野——中国档案事业的传统与现代化．北京：中国档案出版社，2003：8

其次，二者均以信息价值为档案保管最终目的。在谢伦伯格看来，具有第二价值是文件能够成为档案的直接原因。他指出在一个政府内，绝大多数文件之所以被保存，是为了完成政府本职工作（即实现第一价值），但是为了这种目的而保存的文件并不一定是档案，具有第二价值的文件才能称得上是档案，所以谢伦伯格将第二价值称作“文化价值”或“社会价值”。这一档案学思想将档案的利用上升到整个社会的层面，是扩大档案利用范围和提高档案利用率的基本手段。这种思想也最终形成了以北美档案学家为代表的“利用决定论”。而双元价值强调工具价值和信息价值的统一。我们对双元价值论的观点是“在不放弃档案工具价值目标的同时，现代档案事业还要以追求信息价值的实现为主要使命”。[①] 纵观双元价值观在我国历史中的发展来看，工具价值占主导地位的时间较长，这种以工具价值为主导的档案事业，把档案作为封建特权的一部分，隔绝了档案的社会利用，使档案失去了其应有的社会价值。随着现代社会的发展，公众有了信息的知晓权和对信息利用的需要，这使档案在满足其形成机关的查找后，又有了新的利用方向，即社会的普遍利用。社会普遍利用的形式多样，范围宽泛，利用潜力巨大，因此得到了档案部门的高度重视。事实证明对档案社会价值的关注，也是对档案信息价值的高度重视，这给了档案部门持续发展、工作创新的契机。

再次，二者在文件与档案价值走向上存在着共性（图 2、图 3）。双重价值论注重第一价值与第二价值之间的转化，即以价值的守恒定律为其理论的根本，其呈现螺旋线变化轨迹，具有规律性。双元价值论同样强调价值定律，但非守恒定律，其呈现曲线运动轨迹。其相似之处在于文件形成之初至文件的使命结束，二者都向社会利用方向转变，共同体现出二者在社会利用方面的价值（见图黑粗线部分）。

2. 双元价值论与双重价值论的不同点

首先，双元价值论以工具价值和信息价值的合力判定档案的社会价值，而双重价值论以档案的第二价值的大小进行衡量。双元价值论强调文档的双重属性，也就是说仅有工具价值或仅有信息价值的档案都是不符合档案工作实际的。档案是工具价值和信息价值的结合体。档案作为社会实践的伴生物，其产生的第一目的是充当记录社会实践的工具，而档案作为信息资源的载体，其产生的另一目的是信息的传递和社会的共享。因此在判定档案的保存价值时，既要重视档案作为社会实践记载工具的作用，还要重视档案作为信息载体的凭证性和查考性。因此双元价值论以工具价值和信息价值的合力来判定档案是否留存。相反，双重价值论更加注重档案信息价值的大小，这主要因为谢伦伯格将归档以备鉴定的档案定义为“经过鉴定值得永久保存以供查找和研究之用的文件”，[②] 他认为档案保留的根

① 覃兆刿．双元价值观的视野——中国档案事业的传统与现代化．北京：中国档案出版社，2003：9

② 谢伦伯格．现代档案——原则与技术．北京：中国档案出版社，1986：22

本目的是能够得到社会其他机构和非政府机构的使用，这使其他机构和非政府使用者的从属价值成为档案鉴定工作中的主要鉴定标准。可见双元价值论和双重价值论在鉴定标准的侧重点上有较大的差异，产生这种差异的原因是二者对于理论组成要素的理解不同。双元价值论将档案划分为实质和内在两种价值表现，而双重价值论仅仅停留在表面的信息表现形式。不论是其对第一价值的表述，还是对第二价值的重视，都表现出该理论对档案实质价值的阐述。笔者认为双重价值论的第二价值决定论仅仅就文档的自身价值进行鉴定，也就是因为特别对文档的信息价值的侧重，而忽视了对文档的社会实践性的考虑，这种社会性即文档是社会实践的衍生物，是社会实践记录的性质。因此，双元价值论以工具价值和信息价值合力为立论基础，这是充分结合文档的工具价值属性和信息价值优点所产生的结果，它比双重价值论更加社会化、全面化。

其次，双重价值论与双元价值论产生时代的差异，决定其立论基础的不同。双重价值论产生于现代社会前期，是对现代文件与管理的一种肯定和发展。可以说双重价值论产生在文档数量激增和社会科技充分发展的基础之上，它更是一种时代的衍生物。这主要因为双重价值论没有比较坚实的理论基础，它是根据美国政府的工作实际经验，在理论上形成的总结，这主要体现在文件中心和文件生命周期理论的出现。就当时的情况而言，双重价值论的理论基础缺少必要的论证。文件生命周期理论当时不是很成熟，仅为当时的个人观点，而后在 80 年代才由阿根廷档案学家曼努埃尔·巴斯克斯阐释为系统的理论。而我国提出的双元价值论产生于 20 世纪末，正是我国社会由传统向现代转型的阶段，我国的档案事业也正由手工向自动，由管理向服务的方向转型。该理论的产生借鉴了古今中外档案学理论的精华，更重要的是结合了我国档案事业发展史中档案作为社会实践记录的地位的转变，升华而成。可以说支撑该理论的基础是得以证明并早有成就的理论，它的立论基础更加成熟和全面。

再次，从两种理论的发展潜力和发展空间来看。双元价值论是新近提出的理论，是集多方理论的精华之作，并对我国档案事业有着较大的指导作用，因此双元价值论的发展空间和发展潜力比较大。反观双重价值论，虽然其理论的精髓经过半个世纪的积淀，已经深入档案管理工作的各个环节，但是该理论毕竟经历的时间较长，对于新事物，新形势的容纳性比较弱，特别是随着电子文件广泛代替纸制文件，档案部门社会角色转变等新趋势的出现，双重价值论中诸如价值划分明显，重视社会需求忽视社会实践等在该理论提出之时便存在的潜在弊端逐渐的显现在目前的档案管理工作中，这些不适应因素正随着社会实践和档案管理实践的不断深入而变得更加明显。有些学者曾像对待“来源原则”一样，力求在新时代、新技术的条件下对该理论进行重新论证，但这种重新发现有两点因素是难以逾越的：其一，双重价值论以现代纸制文档为研究对象，其研究对象的固定性限制了重新论证的对象范围；其二，双重价值论指出“情报价值的鉴定可以在单份文件的基础上进行，因为这种判断的根据仅仅是文件的内容，而不是它与同一机构产生的其他文件之间的联系”。[①] 这种单份文件在鉴定时的非联系性对于目前以电子文件为保管主体的档案管理工作是十分不利的。电子文件坚持新来源原则，即坚持在来源基础上的事由共同性，以档案所反映的一件事的完整程度作为判定档案是否有价值或价值大小的标准。由此可见，双重价值论已经不符合当前档案工作的实际，其发展空间与潜力不如双元价值论。

最后，从两种理论的作用范围来看。双重价值论仅仅在档案鉴定工作中有较大的指导作用，而双元价值论作为一种鉴定理论，它强调档案作为社会记录工具的社会属性，又能够注重档案内容的信息属性，而作为一种宏观理论，它更能够从宏观的角度解释我国档案事业的发展历程，并勾画我国档案事业今后的发展蓝图。双重价值论产生于第二次世界大战后的美国，当时政府机构庞大，文档数量倍增，保管混乱，为了能够有效地保管对机构今后发展有重要作用的档案，谢伦伯格提出了双重价值论，其目的也仅仅在于档案的鉴定。而双元价值论初始的目标并非档案鉴定，而是以解释我国档案事业为起点。从一元价值论的古代社会到信息价值初露锋芒的近代中国，再到双元价值并重的今天，可以发现双元价值论的整个演变历程是以我国档案事业的沿革为基础的。覃教授将双元价值论与我国的档案事业结合而谈，目的在于使我国档案人能够清楚地认识到我国档案事业的发展历程，准确地把握我国档案事业现代化的目标。正如其在著作中所言，“档案事业现代化是对档案作为方式的社会工具价值和档案作为记录实体的文献信息价值的综合发挥”。[②]

据此，笔者分析了双重价值论与双元价值论的关系，从中我们发现双元价值论借鉴了双重价值论中的价值理念说，通过对价值双方能量对比关系演变的规律，阐释档案及档案事业所反映的社会现实。该理论冲破了传统理论与实践的对应关系，成为指导我国档案事业今后发展的核心理论。

四、双元价值论在我国档案事业中的指导作用

在分析我国档案事业发展史的双元价值观时，我们看到了一元价值论对于我国整个社会文档观念及文档工作所产生的破坏性作用；在分析双元价值论和双重价值论时，我们看到了双元价值论优于双重价值论在我国档案事业中的指导作用，那么在现阶段，我们又如何坚持双元价值论呢？又如何正视其对我国档案事业的指导作用呢？

“我们说，与双元价值属性的认识相对应，档案事业现代化应以体现‘档案社

① 谢伦伯格．现代档案——原则与技术．北京：中国档案出版社，1986：160

② 覃兆刿．双元价值观的视野——中国档案事业的传统与现代化．北京：中国档案出版社，2003：154

会责任感’和‘服务社会公众’为观念要件，也就是说，档案事业现代化是档案作为方式的社会工具和档案作为记录实体的文献信息的综合发挥，档案工作体系和运作模式的科学与否，就看它是否能够承载这两方面。”①

以上是覃教授对于如何坚持双元价值论在我国档案事业发展中的指导作用所做出的精辟解答。笔者十分赞同覃教授的观点。

强调档案的社会责任感，目的在于唤醒档案作为社会实践真实记录的记忆，使档案能够真正达到真实记录的作用，充分发挥档案原始记录的属性。档案工作者在此观念的指引下，合理、有序、安全地维护文档产生与运作的过程，保证文档工作的安全性，保证文档的真实可靠，这不仅是档案工作人员的基本职责，更是档案事业作为社会分工一分子所应忠守的职责。

强调服务社会公众，这是在肯定文档工具价值的基础上，对档案信息价值在今后更好发挥给予的肯定。文档信息价值目标的实现，要以档案信息的“有效”为标志，这种有效当然不是指某些档案在现实生活中能发挥多大的作用，而是指档案作为一类信息或信息手段能够得到社会广泛的认可和利用。笔者认为这种“服务社会公众”理念需要社会给予两方面支撑，其一是档案信息价值必须被有效地开发，档案工作者对此应当给予充分的重视，服务社会公众的基础是有足够的文档能够提供给公众，档案工作者对于文档信息的掌控能力和对信息在社会需求中需求度的把握能力尤为重要；其二，“服务社会公众”理念的最终目标是公众，因此公众对档案部门的认可及对文档信息的需求能力应当得以保证和确认，因为公众的需求是文档工作系统开启的源动力，失去公众需求和支持，档案信息价值是难以发挥的。

综合以上观点，笔者认为以下三个方面是档案部门贯彻双元价值论所应开展和完善的工作。

首先，世界历史文化遗产，或文化记忆概念的确立和发扬。“世界记忆遗产，它是全人类以文献方式保存和收集的记忆，是世界文化遗产的重要构成，记载了人类社会的重大变革，人类重大发现和重大成果，是历史赋予全世界的、今人和后代的共同文化资产。”② 以上是联合国教科文组织对于世界文化遗产的定义，笔者认为档案在文献遗产中的历史文化价值是非常可观的。档案作为社会历史的原始记录，自古以来一直是统治阶级施政的工具，更是对当时社会政治、经济、文化发展现状的真实反映。由于其真实性和原始性的存在，使生活在现今的人类能够重温过去历史的辉煌时刻，这是档案作为记录社会实践工具的价值的完美体现。因此这种历史文化遗产的理念应当充分地贯彻到档案事业的整体理念中。

档案工作除了贯彻档案作为记载社会发展轨迹的工具价值外，还应当充分挖

---

① 覃兆刿．双元价值观的视野——中国档案事业的传统与现代化．北京：中国档案出版社，2003：193

② Edmondson R. General guideline to safeguard documentary heritage. Revised edition, 2002

掘文档资源，建立符合社会文化发展、城市化发展、公众化发展需求的“档案群”。众所周知，在我国各级各类档案馆群中，大部分城市都设有城建档案馆。国外档案学者对我国的城建档案馆给予了很高的评价，称赞我国档案事业分类的细致与专业，但很多国内学者却没有注意到国外学者对于我国城建档案馆的首肯，不单出于称赞我国档案工作的细致，而且也出于我国对城市发展轨迹的重视。这种对城市发展和城市文化高度集中管理的档案行为值得推广。可以说城建档案馆是一个城市发展的历史丰碑，其所藏档案的价值多数具有整体的历史价值和文化价值。这种行为的本身就是对于“世界文化遗产”这一突出主题的反映。而现阶段，城建档案馆由于资金、空间所限，发展处于瓶颈期，多数政府和投资方没有认识到城建档案馆对于维护城市历史文化，传承历史文化遗产这种工具价值的内涵。因此在今后工作中，文档部门、政府部门、文化部门应当充分地发扬这种保护文化遗产的理念，给予这种维护社会历史风貌的档案行为高度关注和重视，为维护城市文化，构建文明都市创造良好的文化氛围。

其次，档案利用模式多样化问题的解决。文档服务于公众，为公众制造良好的档案利用氛围是档案信息价值在我国档案事业发展的一个重要的表现。这一问题得以解决，关键在于转换文档部门在文档利用工作中的角色。笔者认为双元价值论虽强调工具价值和信息价值的合力，但对于信息价值的重视要略高于工具价值，笔者在前面也谈过。信息价值的实现程度直接决定以工具价值和信息价值为合力的档案事业的发展水平。因此，文档部门一定要在档案利用工作上花费心思，以期档案的广泛应用来实现档案信息价值。文档部门过往“等用户”“死模式”“服务途径窄”等现象将受到档案广泛利用的强烈挑战。就目前档案工作的发展趋势来看，文档部门将会成为社会有用信息的“服务器”，社会用户成为有权得以利用档案的“终端”，而通过档案利用手段为“中继器”，完成档案信息的“远程服务”。档案利用模式的多样化的根本目的在于扩大档案在社会中的影响范围，建立开放、灵活的档案利用平台，全方位、多渠道的实现档案的信息价值。近年来，我国在档案利用模式的探索方面做过多次的尝试，虽然对于档案寄存中心、档案技术服务中心、数字档案利用平台等服务方式给予充分的扶持和肯定，但是体制问题、市场问题、用户问题始终困扰着这些新兴的利用模式，因此政府和档案行政管理部门的调控作用应进一步加强。

再次，对于新型档案的认定和管理问题。近年来，在媒体和理论界讨论最多的就是信用档案的建立与维护的问题。正如覃教授所说，“信用档案是合目的控制的个人或组织信用状况的凭证信息，它以诚信控制为物质基础，以信用信息为核心”[①]，可以说信用档案是工具价值和信息价值的双元的体现，是我国档案事业发展时期一种较新的管理体验，更是贯彻双元价值论的体现。这主要表现在三个方面：

① 覃兆刿．双元价值观的视野——中国档案事业的传统与现代化．北京：中国档案出版社，2003：222

其一，信用档案作为学生的个人诚信资料用于学生的个人求职和工作中，这是对学生个人诚信控制的表现，更是学生在校期间或参加社会活动时诚信情况的真实记录；其二，用人单位对学生个人信用档案的利用是对信用档案信息的利用，其凭证性和查考性的维护是之所以建立信用档案管理工作的目的之一；其三，信用档案区别于其他文档的关键之处在于信用档案具有形成者、保管者和受益者三方的主体的变更，一个单位既是档案的形成主体，又是信用信息的受控客体，而内容既包括对应活动的自主记录，又包括社会信用管理部门对它的记录。据此，档案部门对信用档案应做的工作有以下几点：其一，对于信用档案这样具有工具价值和信息价值的档案形式给予充分的肯定和发扬；其二，在信用档案管理方面要责任明确，真实记载、保证信息本身的真实性、及时性与有效的控制；其三，要把信用档案工作做大做全，建立全社会公民的信用档案库，实现信用档案跨部门、跨行业、跨地域的共享，全面实现诚信社会。

The Dualistic Value Theory Offers Guidance to China's Archival Cause

Abstract: Archival Dualistic Value is a specific archival basic theory in China. Although this theory appears in modern society relatively late, its influence is huge. This theory regards the evolution of our national archival cause as the theoretical starting point, and integrates essences from both domestic and foreign archival theories, which brings an unprecedented impact for the future development of Chinese archival cause. Based on the analysis of the theoretical foundations of Archival Dualistic Value Theory, this paper seeks the trace of it in our archival cause development history, shows its advantages in comparison with foreign archival theories, and makes sure its guiding function and affirms its theoretical and practical value for our future archival cause.

关于档案馆社会化服务的理论探讨*

毛福民同志在全国档案馆扩展社会服务功能座谈会上提出："档案馆作为党和国家的科学文化事业机构，不仅具备收集、保管、利用档案资料这三项基本功能，而且还具备保存人类文化遗产、维护历史真实面貌、资政襄政、繁荣科研、发展经济、宣传教育等社会功能。要充分发挥档案馆的基本功能和社会功能，把档案馆真正建成档案安全保管基地、爱国主义教育基地、已公开现行文件集中向社会提供利用的中心和档案信息服务中心。"①这就为我们提出了档案馆社会化服务的目标，它应是档案馆的服务功能向社会公共领域逐步延伸和扩展，需要我们进行理论上的探索，实现理论上的重新架构。覃兆刿教授的档案"双元价值论"②是对档案的价值核心的深刻揭示，使我们对档案价值的讨论有了一个比较统一的向度和维度。"档案双元价值观的综合发挥是档案事业现代化的价值目标，工具价值与信息价值如何完美结合，是现代档案工作体制创新的关键。因此，档案事业现代化应以体现'档案社会责任感'（工具价值的实现）和'档案公众服务意识'（信息价值的实现）为观念要件"。③这使我们在讨论有关档案的问题时有了一个共同的平台和起点。

在此基础上，我们借鉴社会记忆、新公共管理，以及"以人为本"的科学发展观等相关理论，进行更加深入地探讨，从而构筑档案馆社会化服务的理论框架。

一、社会记忆：档案馆的工具价值

社会记忆这一概念首先出现在社会学家和文化学者的视野之内。美国学者保罗·康纳顿认为，记忆不仅属于人的个体官能，而且还存在叫做集体记忆或社会记忆的现象。社会记忆对于人类社会生活的意义是不言而喻的。④从纵向看，社会中的人并非与自己的生命活动直接同一，但却是记忆存在物。他虽然直接地生活在当下现实的时空中，却又分明意识到过去活动的延续，并积极展望一个属于未

---

* 任汉中，湖北大学历史文化学院教授。本文发表于《档案管理》2009年第3期，原题《论档案馆社会化服务的理论探讨》。

① 毛福民．在全国档案馆扩展社会服务功能座谈会上的讲话．http://www.saac.gov.cn/ldjh/txt/2006-03/08/content_78222.htm

② 覃兆刿．中国档案事业的传统与现代化．北京：中国档案出版社，2003

③ 覃兆刿．中国档案事业的传统与现代化．北京：中国档案出版社，2003

④ 保罗·康纳顿．社会如何记忆．上海：上海人民出版社，2000

来的理想。换言之，人的世界并不仅仅是一个直接的在场的世界（这个世界往往是十分有限的），它连接着一个间接的不在场的也是无穷无尽的世界，当下直接在场的世界只不过是这个无穷无尽的世界中凸显出来的一个点而已；从横向看，社会中的人不再是一个孤立的个体，而且个体的生活体验十分有限，需要积聚社会群体的记忆，来面对强大的外部世界，人就生活在社会的记忆场中。

社会记忆是指人们在生产实践和社会生活中所创造的一切物质财富和精神财富以信息的方式加以编码、储存和重新提取的过程的总称。其深层内涵在于，它是人类主体能力和本质力量对象化结果的凝结、积淀和破译、复活的双向活动，它是人作为实践主体对历史的形成和发展起来的主体能力和本质力量进行确证、保存、占有和延续的内在机制，体现了人类社会发展的自觉能动性和客观规律性、创造性和依赖性、历史阶段性与活动连续性的统一。档案是一种记忆本源性的载体，是人类社会活动的具体实现的条件和形式之一。

在现代社会，档案应是社会记忆的一种现实表现形式。档案的产生和形成是人类无限扩大自身记忆强度、容量和持久性的一种社会行为，也使人类记忆由零乱、个体的状态成为有序、群体的社会记忆，这是人类社会生活发展到一定程度的必然产物，档案构成了社会记忆统一的、现实的存在形式。这是一种不同于个人的自我复制、自我保存的方式，即在性质、特点、功能等方面均不同于个人记忆的社会记忆。在第十五届国际档案大会上，档案学者形成了这样的共识：档案在文化记忆、个人记忆和基因记忆的遗忘、构建、重构和恢复中具有重要的社会功能，是寻找遗忘记忆和发现过去记忆事实真相的重要载体、是知识的存储器，是知识咨询和转换的媒介，是保护过去、记录现在和联系未来的桥梁。①从这个意义上说，档案与社会记忆具有同一性。在现实中，人类需要借助自己创建的档案机制构成的记忆链条，对历史的连续性与间断性、社会形态的共同基础和民族特色、社会发展一般趋势和多元选择等重大问题做出解释。

作为一个社会组织，档案馆正是以其社会记忆的工具价值而存在的。以档案为物质基础和工作对象而建立的档案馆的工具价值就体现在其是人类自觉创建的社会记忆信息控制系统。其基本功能在于不断地积累人类认识自然和社会的知识成果，并以此为前提，不断构建，又不断丰富和更新人类控制自然、控制社会的信息系统。并将人类在与自然抗争中形成的认识和经验，通过档案这种载荷形式，经过进一步加工而形成科学知识，从而凝聚为人类控制自然物质世界的信息控制机制——技术信息系统；为防止社会成员破坏现实的权利意志结构，以保障物质社会关系的正常运转，需要对档案所记载的信息进行筛选和控制，并确立社会的行为规范，逐步建立起代替生物学结构的社会学结构，从而构成人类控制社会的信息控制系统。前者控制着生产力的发展，维护自然人的生命力，后者保障着社

① 第十五届国际档案大会及其学术动态，中国科学技术协会网．[2005-03-02]

会运动本身的稳态运转和不断进步。[①]因此，档案馆的工具价值不仅仅体现在某一阶层、某一学科、某一群体，而是体现在社会公众整体利益的高度之上。

当今高度发达的信息处理技术使社会记忆的容量空前增大、形式日益多样、层次越来越细，正在对人类生活发生巨大的影响。在全球化运动中，融入世界历史和守护民族特色、宗教的宽容情怀和原教旨主义、现代化的努力与本土化的追求等，都折射着社会记忆的开新冲动（即文化创新的欲望）和回归心态。也正因为如此，社会记忆在构筑国家认同、民族精神、共同记忆、民族的价值取向等关系国家与民族前途的重大问题上具有非同寻常的意义，构成“没有办法量化但却是很重要的‘社会资本’”[②]。作为社会记忆仓库的档案馆，被赋予十分艰巨的社会责任，社会化服务将是其不二选择。

二、以人为本：档案馆的服务宗旨

在马克思主义者看来，历史进步是社会发展和人的发展相统一的过程。“整个历史也无非是人类本性的不断改变而已。”唯物史观明确主张“从现实的、有生命的个人本身出发”，亦即把“从事实际活动的人”当作其理论的出发点。[③]信息时代的来临以及“数字化生存”方式要求政府对迅速变化着的经济作出反应，它打破了长期以来政府对公共信息的垄断，新通信技术以及接触政府信息的便利使公民和社会团体更容易参与公共管理活动。这要求对政府组织及其运作过程作出变革与调整。档案馆的社会化服务是政府民主化进程的重要表现形式之一，社会公众能否平等地享受档案服务也将是政府民主化的一个标志。信息对等，将是政治民主化、实现和谐社会的最基本的条件，因此，档案馆将面临着无限广阔的发展空间和技术条件，同样也需要肩负十分艰巨的社会责任。

毛福民同志说：“要以实现人的全面发展为目标，从人民群众的根本利益出发谋发展、促发展，不断满足人民群众日益增长的物质文化需要，切实保障人民群众的经济、政治和文化权益，让发展的成果惠及全体人民。各级国家档案馆把满足人民群众物质文化需求作为档案服务工作的重要内容，是档案馆工作的重大跨越，更是档案工作贯彻落实科学发展观的根本体现。”[④]如前所述，档案馆社会化服务不同于社会服务，既不表现为政府的施舍，也不是社会福利供给，而是真正地以人为本，还政于民，还档于民的具体实施，是档案由政治功能向文化功能的回归，表现为档案的理性价值的实现，其宗旨就是：以人为本。“就要坚持在全国人

---

① 蔡俊生，等. 文化论. 北京：人民文学出版社，2003

② 鲁勇，等译. 哈佛视点. 北京：北京出版社，2003

③ 中共中央宣传部理论局. 科学发展观读本. 北京：学习出版社，2006

④ 毛福民. 在全国档案馆扩展社会服务功能座谈会上的讲话. http://www.saac.gov.cn/ldjh/txt/2006-03/08/content_78222.htm

民根本利益一致的基础上关心每个人的利益要求，体现社会主义的人道主义和人文关怀，满足人们的发展愿望和多样性的需求，尊重和保障人权；就要关注人的价值、权益和自由，关注人的生活质量、发展潜能和幸福指数，最终实现人的全面发展。”①因此，以人为本，既是一种对最广大人民群众主体作用和地位的肯定，又是一种价值取向，还是一种思维方式。档案馆社会化服务要把“以人为本”这一宗旨贯彻到档案的理性价值的实现过程之中。

实现档案馆社会功能的准确定位。尽管早在1958年全国档案馆会议已决定档案馆属于国家文化事业机构，但由于各种原因，综合档案馆并没有迈出实质性的步伐，虽属事业机构，但都与档案局这样一个行政主体联为一体，并没有真正像图书馆、博物馆那样成为公众受益无穷的公共场馆。由于这种管理体制，《档案法》赋予公民的基本权利无法得到保证，要实现档案的社会化服务，关键在于使档案馆在内容和形式上都与其文化事业机构的社会定位相适应。实现档案馆文化事业机构的社会化的管理体制是档案馆社会化服务的现实内容。

档案馆的一切工作都面向社会，面向社会公众。无论是档案的收集和提供服务，还是馆内的各项业务的开展都必须以全社会的需要为目标，即档案馆档案的收集和提供利用服务不仅面向各党政机关、社会团体和企事业单位的档案室，同时也面向社会生活的各个层面，使档案馆真正成为社会文化的信息库，或者说国家和民族的文化基因库，而不仅仅是党政机关的资政馆或历史学家的资料馆，使之成为社会公众文化学习的最基本的信息库，从而延续民族文化并激发民族文化的原创力。

档案馆工作成效应以社会公众的满意度为衡量标准，建立起符合社会整体利益的指标体系，并以此作为政府拨款、社会赞助和个人收益的基本尺度。要将“顾客是上帝”的思想纳入管理活动之中，促使档案馆以贴近公众，以社会大众所喜闻乐见的形式开展档案服务工作。要开拓档案文化市场，以主动的方式服务大众；要传播档案知识，提高社会的档案意识，培养社会公众存档、管档和用档的基本能力，同时，要承担起社会信息库的职责，尽可能将记录社会实践的档案信息一网打尽，妥善管理馆藏档案，为子孙后代积累文化资源。

三、公共管理：档案馆的管理范式

新公共管理思想是西方社会特定的政治、经济、科学技术发展条件下的产物，体现了西方公共行政发展的趋势和方向。新公共管理思想以现代经济学和私营企业的管理理论与方法作为自己的理论基础，不强调利用集权、监督以及加强责任制的方法来改善行政绩效，而是主张在政府管理中采纳企业化的管理方法来提高

① 中共中央宣传部理论局．科学发展观读本．北京：学习出版社，2006

管理效率，在公共管理中引入竞争机制来提高服务的质量和水平，强调公共管理以市场或顾客为导向来改善行政绩效。经合组织（OECD）1995 年度公共管理发展报告《转变中的治理》把新公共管理的特征归纳为如下八个方面：①转移权威，提供灵活性；②保证绩效、控制和责任制；③发展竞争和选择；④提供灵活性；⑤改善人力资源管理；⑥优化信息技术；⑦改善管制质量；⑧加强中央指导职能。[①] 我国目前正处于由计划经济向市场经济转轨时期，市场经济发育还不成熟，法制还不完善，对于西方新公共管理的基本思想，只能从实际出发，有选择地借鉴和吸收，而不能全盘照搬。

在传统的管理模式下，档案馆是在纵向管理的指导下开展横向服务，管理工作的决策者与档案利用的具体实施者之间，没有正常的信息回路。这种管与用的脱节，使决策者往往存在着盲目性，档案馆只有盲从，而缺乏主动性和创新的动力。在提供服务的实际工作中，政府既是需求方又是供给方，一方面政府通过行政法规和预算拨款支配档案馆运作，政府需要给予回报；另一方面，档案馆为了生存和发展，唯上是必然选择。而作为社会化服务对象的社会民众则被置于档案馆的运行机制之外，对档案事务缺少话语权。显然，在档案馆，社会化服务所需要的需求与供给之间的正常关系还未理顺，陷入一种逻辑混乱的状态。在这种运行模式下去实现档案馆的社会化服务显然是南辕北辙。而在新公共管理理论指导下的档案馆管理范式，“与单纯的管理模式不同，管理范式更突出管理活动中的管理主体价值取向、管理理念与管理机构、管理方法、手段的有机统一和有效动作。”[②]

必须以实现公共服务使命为基础。档案是一种社会记忆，必然具有公共信息的属性和公共产品特征，应该是全民所有、社会共享。基于这一认识，以实现公共服务为使命将是档案馆社会化服务的基础，档案馆就要在保证档案资源的合理配置和社会公民平等获得档案的基本权利基础上建立公共管理范式。新的公共管理的档案馆范式，是要在管理过程中反映使用者的愿望、要求和利益，以使用者的声音而非顾客的退出作为反馈回路，强调公民权理念，满足顾客的需要，而不是官僚政治需要，以最大限度地满足社会公众的需求为追求目标，本着以人为本的基本理念提高服务质量。在实际操作中，档案馆改变照章办事的传统方式，实现从执行规则到实现既定目标的转移，减少行政干预，以市场为导向，借助市场力量实现服务目标和方式的变革。

加强对运作状况的评估，强调明确的责任制、产出导向和绩效评估，追求高质量和高标准的顾客服务。档案馆的社会化服务不是以一种政府施舍的态度来实现，也不是一种福利供给，而是真正以社会公众的满意度为服务质量和高产出率

① 陈振明．从公共行政学、新公共行政学到公共管理学．政治学研究，1999(1)

② 李珍．范式理论与档案管理探略．湖北档案，2004(10)

为衡量标准。档案馆长期奉行的“争取领导重视”的追求目标就显得不合时宜了，而是要改变程式化的评估标准，针对不同的社会群体的档案需求，突出各档案馆服务目标和运行状况的个性和特色，强化各档案馆“管理者”的色彩，实行透明的、积极的和个性化的领导方式，解除规制和放权，使管理过程如预算、人事、采购等合理化，以所针对的社会公众认可的、符合其愿望的方式设立评估指标（即明确的绩效标准与绩效评估、项目预算与战略管理）。以组织规划和评估的形式，把档案馆执行机构的运作与社会化服务目标更密切地联系起来。

加强档案馆之间和档案馆内部的竞争，把竞争机制注入到为社会公众提供服务中去。目前，我国以行政区划为基本框架的档案馆网络，是以保证党和政府组织系统档案的齐全完整为前提的，但更为广阔的社会领域的档案却无法获得制度上的保证，而且各管一段，互不相干，无法形成馆与馆之间的竞争机制。各档案馆的财政拨款和人员配置，不是由档案馆的工作业绩决定，而是以所在地区的财政经济状况，更多的还是档案馆与领导的关系亲疏或做工作程度来决定拨款的额度，这种不以档案馆的服务效果来决定投入拨款的模式，不仅使档案馆缺乏创新动力和个性特色，也养成了档案馆长期漠视利用者的利益和要求而向政府“等、靠、要”的传统习惯，缺乏从社会吸取能量和自身的造血功能。因此，档案馆建立与设置，不能由国家一手包办，应鼓励社会力量的积极参与，让一些民间建立的特色档案馆、中介机构与行政档案馆形成竞争的态势，也使社会的记忆更加全面完整，并具有立体感，使档案资源的流动出现多元化的趋势，在竞争中实现档案资源的合理配置，建立从计划到准市场的转变公共部门配置资源方式的机制。在档案馆内部，强调各部门或个人之间的公平竞争机制，为使个人利益最大化的追求目标得到合理的实现，对个人行为的收益成本进行精确的比较分析。在市场交换制度下，个人利益最大化的理性经济人在“看不见的手”的指引下不自觉地促进了公共利益，实现个人利益与公共利益兼容的制度。人力资源管理开始使用战略性的管理方式，组织发展不断地提出各种替代方案和更人性化的管理方式。

改变传统的组织文化，建立新的“心理契约”。传统的档案馆管理模式在行政管理和标准化的口号下，全国上下整齐划一，步调一致，从法律法规的制定，到档案馆的库房设计，事无巨细，全盘包办，明显沿用着计划经济时代组织文化。档案馆的公共管理范式则要从层级管理向合同管理转变，灵活运用松散的合同管理形式，实现小战略核心与大操作边缘的分离，市场检验和非战略职能的合同承包；加强对组织间的战略的日益重视，从标准化的服务向灵活多样的服务系统转变等。强调组织发展和组织学习，将组织文化看作一种组织发展的黏合剂，强调由结果判断绩效，主张分权和非中心化。在由上而下的形式中，努力促进组织文化的变迁，管理组织变迁项目；重视领导魅力的影响和示范作用；建立新型的档案馆文化，使其宗旨、口号、使命等，构成一种无形的但却十分有效的凝聚力，建立起一种明确的交往战略，一种更具战略性的人力资源管理职能。[①]

四、结 束 语

所谓档案馆社会化服务，不是在现有的管理模式下扩展服务范围，增加社会服务内容，而是要在观念、体制、机制、模式等各种客观条件下，将其全面地置于社会公共领域去重新构建，这是一项十分艰巨的任务。

在社会的转型时期，政治的民主化、市场的经济化和社会的信息化使档案馆面临着正在发生深刻变革的时代，这给产生和形成于计划体制的档案馆工作带来了全面的冲击，也带来了机遇和挑战。档案馆社会化服务是面对挑战的积极应对之举，同时也会改变当前模式下的利益分配格局，仅靠档案馆自身实施改革是不可能完成的，必须借助社会各方的力量促使其实现适应性的转变。

Theoretical Discussion on the Archives' Socialized Service

Abstract: The archives social service is more than the simple expansion of the archives functions. In the developing process of gradual extension and expansion to the public domain, we need to carry out the theoretical exploration and achieve the re-structure in theory. Therefore, in order to build the theoretical framework of the archival social service, this article refers to the theory of the social memory, the new public management and the scientific concept of development on "People- oriented" to get the deeper discussion.

---

① 陈振明．公共管理学：转轨时期我国政府管理的理论与实践．北京：中国人民大学出版社，1999

说说档案“合目的性控制”与“备以查考性说”*

覃兆刿先生提出的“档案双元价值观”由一系列的论述支撑，但我读得最认真的可能要算那篇《北京档案》发表的《双元价值观与“档案”的定义》。在我看来，这篇文章是他建构“档案双元价值”体系的基点，又是他释解“档案双元价值”的一种最为核心和简要的表述。从认识到这篇文章的价值到一次全国性会议上覃先生鲜明地坚持自己的观点，我越发佩服他显出的厚实功底和学术品格。我曾对他讲，档案双元价值观的核心主张，蕴涵在“档案是人类对凭证信息的合目的控制”这一特色鲜明的表述中，与自己关于“备以查考性是档案本质属性”（简称“备以查考性说”）的认识，异曲同工。在有关场合，我多次明确肯定指出，这种认识对于把握档案的本质属性具有极其重要的积极意义。在“档案界论坛”上，在不断阐述、探讨和论证“备以查考性说”的理解和内在逻辑，在这种论争过程中，我就多次引用覃先生有关“档案定义”的解析。我和覃先生都不赞同“档案的本质属性是原始记录性”之说（简称“原始记录性说”）。也许正因为如此，我们每次碰面都会多少聊一些相关的专业话题。

众所周知,“档案的本质属性是原始记录性”不仅是一种由来已久的常见提法，而且不断出现在档案学教科书之中，影响了一代代人。但是，这种认识存在的严重缺陷并没有引起学界应有的普遍高度重视。

覃先生将档案定义为**“人类对凭证信息的合目的控制”**，并说这里的“控制”，强调了档案从根本上是一种功能，人们可以借以维护凭证信息的证据力，其表现为有利于显示其凭证价值的资源组织、价值鉴定、保管和利用；“合目的”强调了人类借助档案功能的心理需求以及管理技术上的主观能动性，其体现出鲜明的时代特征；“凭证信息”则是对通常定义中“原始记录”或“原生性”的拓展。从中我们发现，覃先生不仅反对“原始记录性说”，而且非常有意地强调了人的尺度，强调了人的主观性。这种与传统档案本质把握的巨大差别或许是很多同行难以接受的。

在我看来，上述定义中“合目的控制”的实质是在强调：**具有实践意义的档案不仅仅是档案前身意义上的原始记录，而是一种“与人类主观上对信息控制的意向相一致”的、经“备”的和能够起到实际作用的“凭证信息”**。可以说，“合目的控制说”的实质，与“备以查考性说”高度一致。

“原始记录性”真的是档案的本质属性么?

覃先生进行了细致周密的论证，否定了档案的本质属性是原始记录性，而以

---

* 伍振华，中国人民大学信息资源管理学院博士，南开大学教授、国家教育部档案学科教学指导委员会委员。

“合目的控制的凭证信息”来概括。在他的论述中，关于“档案”与“文件”是个什么关系者比较多。他认为这是纠结和分歧的首要前提。如果说档案必须由文件转化而来，那么，在文字产生以前就不可能有档案行为，覃先生以“结绳而治”形象地否定了这一结论。不难理解，档案的需求和档案实践才是档案有效形成的前提。没有档案需求和档案实践，从根本上讲便没有真正具有实际意义的档案可言。覃先生还因此提出“档案方式”一词，认为“档案方式是因档案心理的催生，借助一定的凭证实体和信息满足人们记忆和记录控制的文化现象”，进而继续解释：“从实相领域看，档案的前身在于记录物；从功能上看，档案就是‘保存’‘维护’‘控制’‘开发’等对原始物的管理行为。档案文化正是在由内而外不断生发、不断显化的过程中形成，即档案意识—档案行为—档案实体的认识与实践辩证发展。”我总体上认同这些说法。

覃先生很明确的指出，“档案从根本上说来不是由文件被动转化而来的”，其“档案是人类对凭证信息的合目的控制”的论述揭示了在档案有效形成和存在过程中人的主观能动作用。

我觉得档案定义或本质属性的探讨应当坚持的理念之一是：在尊重事实和科学以及既有合理共识的基础之上不断探求，为档案事业进步提供尽可能高效的理论支撑服务。而离开实践的观点，抽象地研究档案的本质属性没有任何实际意义。事实上，我对这一看似抽象话题的重视的根本所在正是源于实践的思考。1983 年在初步涉猎档案专业知识的过程中，我发现有关档案的定义和档案本质属性论述上存在着一定的脱离实际和欠完善的问题。经过几年的档案工作实践和反复探讨以后，1987 年在成都市一次档案学术会议上，本人提交了《档案定义刍议》，首次将档案定义为“备以查考的文献”。后与人合作写成《档案定义新探》发表在《成都档案》1988 年第 2 期。文中指出，“区分原始文献是否转化为档案的标志应当是看其是不是为了日后的查考并按一定的形式保存起来了”，突出强调和阐述了“备”这一要素，提出“查考性是档案区别其他事物的特有属性”。1988 年成都市档案学会高校分会年会印发交流了我的拙著《档案的本质属性是什么》（详细摘要和全文分别发表在《档案文荟》1990 年第 1 期；《四川档案》1992 年第 6 期），文中指出：档案的本质属性是它的“备以查考性”。此后，我又发表多篇专论进一步探讨档案定义和本质属性等主题，其中《再论档案的本质属性》（2000）和《再论“备以查考性”是档案的本质属性》（2008）两篇拙文的发表，分别可看成是“备以查考性说”论证的发展和初步走向成熟的标志。自此，有关核心论点也引起了学界的高度关注，并得到了陈兆祦先生等越来越多专家学者和同仁的理解与认同。2008 年至今，我还一直在“档案界论坛”不断与广大网友共同探讨，对档案本质属性的认识与研究起到了一定的推动作用。

我认为，档案的本质属性宜用档案的“备以查考性”来表示，档案从特定的形成过程和形式以及能满足特定的需要等意义上根本区别于其他文献。事实上，大多数具有原始记录性的事物并没有专门作为档案进行保存使用的必要。档案前身只有经过有关方面的鉴定，纳入特定的体系（即经必要的“备”）才会转化为能够发挥实际作用的档案——没有经过这一过程的、不符合这一条件的或者说不是处在这种状态下的“档案”只是一种抽象的概念（档案前身类似尚未发现或开采的矿藏——仅属潜在资源，不同于直接可用意义上的实际资源）。换言之，只有具有“备以查考性”的文献才是科学、完备和具有实践意义的档案。我相信，覃先生的定义中“合目的性控制”一词与“备以查考性说”是完全相通的，都强调了人在档案问题上的主观能动性。

任何一份文献，不论其具体内容和存在形式如何，存在本身就蕴涵着能够作为一种证据或依据使用的属性。这种属性恰恰是建立在“原始记录性”基础之上的，只是不同的文献因其“原始记录性”不同，所能证明或反映的事实范畴有所不同而已。所以只说“原始记录性”不足以将档案文献与非档案文献区分开。《档案法》中“图书资料同时是档案的”之说，就是对“原始记录性”不是档案的本质属性的一个印证。其实，档案本来就是从部分非档案文献转化而来的。转化前后，“原始记录性”始终没有丝毫实质性的改变。例如，出版社印制的一批完全相同的某一种词典，绝大多数都只作为工具书使用，并未被称作档案，而作为样书的极少部分，由档案部门或作者收藏，则视之为档案。

“备以查考性”正是对档案形成、价值和形态特征的一种概括表述。也就是说，没有足够的备以查考价值，任何文献都不会或不应当转化为档案。同理，失去这种价值，曾经是档案的文献便不再是档案。档案前身，只有经过“备”，才能形成档案。在这一过程中，具有特色的鉴定、整理、登记著录，加以相对独立的专门管理和利用，对于档案的形成、认定以及得以妥善管理和发挥实际应有的作用，具有决定性的意义。否认“备”，意味着对档案形成工作和备以查考价值鉴定工作等的否定，就不可能有典型档案。“备”最基本的要义是：实践主体对文献客体是否具有或在什么意义上具有这种价值进行鉴定，将其中有必要作为档案管理和使用的部分纳入专门体系（范畴），并为其价值实现创造必要条件。

当然，有无备以查考价值都需要鉴定和确认。否则，即使客观上具有潜在备以查考价值也无法得到认可。未“备”状态下的档案前身经常处于文献之间形成背景不清、彼此历史联系不明和失控或管理不善状态，不仅谈不上发挥其查考作用，而且安全很可能都得不到保障。在很多情况下，若“备”不及时或不到位，原本可转化为档案的文献便难以或不能转化为档案，至少查考价值无法充分实现——档案的有效形成需要前端控制可以说明这一点（对于数字档案或者说电子文件、电子档案，这种控制更加重要）。而且，档案由非档案文献直接转化而来，两者之间有着广泛的密切联系；若档案无任何形态标志，我们也就失去了区分档案与其他文献的直观依据。例如，没有“备”赋予档案可识别的特征，对于一批完全相同的出版物，我们显然无法从外观上把已作为档案保存使用的样本与其余普通出版物加以区分。档案最初生成之后的整个有效存在期间，仍然必须处于“备”的状态（一种具有特色的受控状态，如对电子文件的全程管理）。一旦脱离可信赖的维护环境，档案的真实可靠性就可能受到怀疑；只有再次确认无实质性变化，才可能继续起到真凭实据的作用。

关于这个问题我还想谈一点关于档案“三性”的看法。

档案形态特性，表现为档案的组成、结构和形式三个方面的特性。由于档案是由各种其他文献按照特定的基本要求直接转化而成的，在整体上档案不仅包含着比其他任何一种文献更为丰富多彩的外观形态，还无不处于特定的备以查考状态（如已经被认识到其档案价值、归卷、存档或归档，可以直接作为档案使用）。从严谨、全面和完善的意义上讲，只有同时具备形成、价值和形态特性的文献，才能称之为相对严格的学理意义上的档案。不兼备这“三性”的文献是否能称之为“档案”，简单地只回答是或否很容易引起误解。例如，在特定合适的语境下，可简称为或特殊例外地规定为“档案”；而在要求表达必须足够准确和完整的情况下，则不宜简称为“档案”。

具有“备以查考性”的文献，都可视为档案——这是绝对的，不容置疑的。“三性”越显著，档案与其他文献区分的界线就越清晰。对处于档案与非档案文献之间过渡带（中间带）的文献，人们可以根据实际需要或从特定的价值取向来赋予其适当的文献类型名称。

即使是具备“三性”的文献，也并非在任何场合都只能称之为档案。这是由于档案与非档案文献存在着相互转化的关系，且许多文献本身就同时具有一定的作为档案和某种（或多种）其他文献使用的价值（犹如一个男性可能兼有军人、父亲、丈夫、儿子等角色）。

千万不要以为我们重视这个问题只是一个纯理论性的话题，事实上，这对档案实践有着重要的意义。覃先生的“合目的控制说”提出后，我注意到有不少具有实践背景的同行也开始思考“档案究竟是什么？”我于2007年底发表《案卷是档案的典型微观存在形态——档案整理理论框架重构初探》一文，其基本用意之一就在于表明，由于我们对档案的理解出现了偏差（偏离了“备以查考性说”或“合目的控制说”），所以才出现了实践中有悖于科学合理档案思想的种种主张、提法和行为。

覃先生不接受“原始记录性说”还反映在法定档案的表述中。他和聂云霞建议将《中华人民共和国档案法》第二条修改为：“本法所指的档案，指国家机构、社会组织以及个人在社会活动中直接形成并通过鉴定加以保存的历史记录”（《在〈中华人民共和国档案法〉修改征求意见座谈会上的发言摘要》，2009）。这一建议与“备以查考性说”是基本相通的。他在说明理由时将“保存”二字的位置加以调整和强化，是为了进一步说明“文件”与“档案”之间的区别，从而强化档案作为一种先进管理文化的“工具意义”，可以因此避免将一份原始文件的发现等同于档案的发现，而且可以提升档案工作在征集和促其资源转化方面的作为空间。

他认为以“通过鉴定”代替原文本关于“价值”的表述，既使价值层的要求得以实化，还可以强化“鉴定”在文件转化为档案中的关键作用，从而强化档案工作在资源优化方面的专业责任，揭示档案工作的社会属性和“合目的性”，而且可以因此避免“价值”表述的无法释解和在工作中无法把握的尴尬。

我们尤其不能将“备以查考性”的区分性绝对化，不能不加任何限定条件或必要的说明，笼统地讲只有档案才具有“备以查考性”——其实，任何一个具体表达的成立并能起到积极的应有作用，都有一定的前提——都离不开考虑、联系或结合特定的语境。对于部分具备“三性”的文献（如有些文件），从表达应尽量准确完整的角度讲，宜使用更贴切的表述，如“档案前身”（如指仅可能成为档案的对象、部分尚未处理完毕的文件）、“归档文件”（如指应归入但尚未正式归入档案体系的文件或还未形成符合底线整理基本要求的对象）、“失去继续保存利用价值的档案”（如指曾是档案却后因有关要素变化而应该但还未销毁的对象）、“伪档案”（如指纯属事后编造的假档案）。

有时，虽然出于某种具体需要（如为了表述方便），人们完全可以简称它们为“档案”（由于处在特定的语境中不会引起误解）；但是，不能因此完全无视，甚至否认这些“档案”与同时具有“三性”意义上的档案之间的重要区别，进而将它们名正言顺地纳入档案（概念）范畴。至少从形式逻辑角度一般地讲，不完全相同的概念，其本质属性不会毫无差别，不可或不宜完全等同视之——再换言之，“三性”兼具的文献与其他文献，在概念上不可混为一谈。档案独有的形成过程（由“可能是”、“尚不是”转化为“是”、“可视为是”的过程，如存档和归档），就是一个“备”的过程。档案独有形态特征的形成（如标记档号，归入专门的管理体系），就是一种“备”的结果。档案独有价值特性的有效存在、被认可并具有实际意义，离不开对档案前身是否具有潜在的档案保存利用价值的判定之意义上的“备”；离不开对档案真实性、可靠性、完整性和可用性的维护与保障意义上的“备”。档案要得到有关方面应有的认可和利用——发挥其应有的作用，也离不开相应的“备”（如编制必不可少的检索工具）。简言之，档案因“备”才成为一种科学、实用和完备意义上的存在；“备”的基本要义是：与档案有效形成、存在和独特价值作用实现的有关实践主体，对文献客体是否具有或在什么意义上具有这种价值进行鉴定，将其中有必要作为档案加以管理和使用的部分纳入相对独立的系统（档案范畴），并为其价值实现创造充分必要的支撑（条件）。

换言之，档案实践和理论范畴意义上的“备”，其实质是为科学合理有效满足档案的形成、存在和利用需求所做的各种应有准备，包括管理、控制和服务等，如对是否作为档案收集、管理和利用的鉴别，对电子文件进行必要和可行的底线意义上的前端控制及全程管理。

为了避免误解，有必要补充明确一下——存在着不同环节（或方面）和层次（程度）意义上的“备”。在论述档案本质属性时首先需要突出强调的，自然应属底线意义上的“备”（即必备而非“锦上添花”，如由档案前身转化为档案过程所涉及的、不可或缺的价值鉴别）。原始记录或具有原始记录性的对象（如刚刚签字的发文定稿），未经必要的“备”，不是档案。对于一份来源不明、真假难辨的“文件”（具有文件的形式），讲它是档案，显然不妥。这在国内外大量权威性文献中都有论述，例如，国际标准 ISO 14721—2003 和 15489-1—2001 将档案（archive）、文件（records）分别界定为：“因具有持续价值而被长期或永久保存起来的文件”，“机构或个人在履行其法定义务或业务事务活动过程中形成、收到并保管的作为证据及信息的记录（转引自安小米等 2008 年出版的一编著）。”吴宝康主编的《档案学概论》（中国人民大学出版社 1988 年版，第 41 页）指出：“档案的最后形成，即在文件材料向档案转化的时候，则是人们有目的地保存起来以备日后查考的。”

从古今中外档案的定义来考察，将档案与原始记录（或具有原始记录性的对象）完全等同起来的，极其少见。相反，至少绝大多数档案定义及其解释说明，都无不直接间接、或多或少地包含着“备以查考性”的成分；绝大多数原始记录（或具有原始记录性的对象）事实上都未被称之为档案，更没有作为档案加以管理和利用。这便是我始终不赞同“原始记录性说”的基本原因。用“文献”作档案的属概念，具有多方面的综合优势。档案与其他文献的主要联系与区别，可以从两者在一定条件下相互转化这一角度切入加以认识。

最后，让我再用一段话概括一下自己对“档案”认识的体会：

案归档档中案　文献备以查考为档案

悟自觉觉至悟　记录管用到位见觉悟

“备以查考性说”有着极其广泛久远和坚实的实践和认知根基，适用前景广阔。我国档案学家陈兆祦先生对“备以查考性是档案本质属性”观点“独到之处”“甚为欣赏”（参见《文件能包含档案吗》浙江档案，2007 年第 1 期）；Jiage 网友（2007）在拜读了陈先生相关论述后指出：“陈先生通过几十年的感悟，有所改变，恐怕当引起我们的学习与深思。一是积极探索这个问题，二是学习这种与时俱进的精神和方法”。陈兆祦和 Jiage 两位先生的话语所体现出的态度，以及我上面对“备以查考性说”的一些基本认知，我想，在很大程度上同样适用于“档案双元价值观”。

Discussion on the “Purposiveness Control” and “Ready for Verification” of the Archive

Abstract: The “purposiveness control” contained in the Archival Dualistic Value Concept of Qin Zhaogui is consistent with the author’s opinion, who persists in the view of “ready for verification”. It is of great importance to grasp the archival essential attributes from the practice to reveal the archival connotations.

从主体视角认识档案本质属性*

——基于“档案双元价值观”的启示

2003 年，覃兆刿先生在其著作《中国档案事业的传统与现代化——兼论过渡时期的档案思想》与相关论文中提出了颇具原创性的“档案双元价值观”理论。十余年来，这一理论受到了业界同行的广泛关注，在理论上与实践中都产生了不可忽视的影响。时至今日，其仍然生机盎然，显示出强大的理论张力，启迪着后续的研究与探索。

“档案是什么”一直是困扰我国档案学界的一个重大理论问题。自恢复正规的档案学学术建制以来，就没有停止过探讨与争论。特别是 20 世纪 90 年代，学界掀起了讨论“档案本质属性”的高潮，诸多学者都对这一问题进行过探讨，提出了很多有价值、有见地的观点。几经讨论，虽然有了“原始记录性”这一“权威”论断，但这绝不意味着这一问题得到了圆满解决。迄今为止，争论仍在继续。缘于事物本身的复杂性，人们认识事物的角度、思路的多样性，以及档案这一事物所处的社会实践环境的不断变化，要解决这一问题，并非易事。因而学术纷争是不可避免的，也是必要的。受覃兆刿先生“双元价值观”理论的启发，笔者基于主体视角，就档案本质属性问题进行了探讨，以期对解决这一“历史性”难题有所裨益。

一、从主体视角认识和把握档案本质属性的合理性

档案最初或根本上是一种符号记录，这一说法应该不会有太大的争议。众所周知，在社会实践活动中，档案最初往往不被称为或视为档案（人事档案除外），而只是一些如公私文书、照片、图纸、单据等普通记录物。其后，在特定的条件下，这些普通的记录物最后变成了一种冠之以“档案”之名的事物。在此过程中，记录实体本身的内容与形式都不发生变化，而其身份则发生了较大的改变——在原来的基础上增加了一种被称为“档案”的特殊身份。这一过程与以下事例相似：散落于大自然中大大小小、形态各异的陨石，有些被人类发现并收藏到博物馆或研究所，成为了陨石标本。相比那些没有被收藏的陨石，被收藏者形态并不发生变化，但却拥有了一种作为标本的新身份。那么，是何种因素促成了这种转变？换句话讲，后者与前者相比，究竟增加了什么样的特质呢？显而易见，档案与陨

---

* 蒋冠，中国人民大学信息资源管理学院博士，天津师范大学管理学院副教授。

石标本和它们的前身相比，只有主客体关系发生了变化，附加了主体赋予的特质：人们想用其作为凭证或者供研究与观赏之用的目的。亦即，档案与普通记录相比，增加了被人们作为凭证的特质；陨石标本与陨石相比，增加了被人们用于研究与观赏的特质。

在任何社会领域中，活动的形成、发展，以及作用过程和结果，都不可避免地渗透、融合和凝聚着主体的因素，打上主体的烙印，是人的主体性的对象化①。像档案、陨石标本这一类事物，其形成与存在具有特殊性：存在的客观性中有人的因素或主观能动性作用，与主体的意识和行动有极为密切的联系。因而不适于从客体本身具有的特征去界定，而应该从主体的角度来认识。法国著名文献学家布瑞特（Suzanne Briet）在1951年提出了“作为文献的实体证据（Physical evidence as document）”这一观念，其将文献定义为：“任何实体的或者象征的符号，被保存或者被记录，用来表达，重构，或者证明一个实体的或者概念的现象。”②巴克兰德（Michael Buckland）推论布瑞特文献观有四个要点：第一，物质性：即仅仅是实体对象或实体符号；第二，目的性：对象被有目的地视为证据；第三，对象必须经过处理；必须处理为文献；第四，具有现象学的立场；对象被认为是文献。③布瑞特揭示了文献作为保存和记录的查考对象的本质，而不管其实际形态如何。他将文献置入主客体关系中去考察的做法，使文献成为一种具有认识论意义上的存在物，是对主客两分世界观的破解④，对于我们认识和把握档案的本质属性，也有较大的启示意义。

二、基于主体视角的档案本质属性与定义表述

基于主体视角，笔者认为，档案的本质属性主要包括两个方面的内容。

1. 符号记录性

目前，国内档案界已经普遍接受在档案定义中不使用“文件”概念，而倾向于将“记录”或“文献”作为档案的属概念。按照丁海斌教授对信息的划分，信息可以分为有记录信息与无记录信息，而有记录信息又可以分为符号记录与实物记录⑤。普遍使用的“记录”一词，实际上多指“符号记录”，在档案定义中使用的“记录”这一表述，也是指符号记录。“记录”与国外的“Document”一词比较接

① 袁贵仁．主体性与人的主体性．河北学刊，1988(3)

② Briet S, Day R E, Martinet L. What Is Documentation? English Translation of the Classic French Text. Lanham, Maryland, Toronto, Ox-ford: The Scarecrow Press, Inc. 2006

③ Buckland M. The centenary of “Madame Documentation”: Suzanne Briet, 1894-1989. Journal of the American Society for Information Science. 46(3), 1995: 235- 237

④ 张锦．信息与传播：研究分野与交融．北京：知识产权出版社，2008：111

⑤ 丁海斌，李娟．从信息划分与定义规则出发再谈档案定义．档案，2011(6)

近，具体涵义为“可被视作一个单元的记录信息或者是信息实体[①]”或“不可分割的信息集合，即某一消息以稳定的句法方式固化于某一载体上。一份 document 应该具有固定的形式和稳定的内容[②]”。作为符号记录，其区别于一般信息或实物记录的特征就在于其是用符号的形式表达并记录下来的信息。这是符号记录的本质属性。符号记录是档案的属概念，它的这一本质属性自然会“遗传”给档案，成为档案本质属性的一个有机组成部分。换言之，作为档案，它必须首先满足“用符号的形式表达并记录下来的信息”这一条件。

2. 主体用以作为证据（凭证）的目的性

主体是相对于档案这一客体来讲的，是指对档案客体施加影响的个人或组织，例如，档案的创建主体与管理主体，其外延既包括国家、各类社会组织如政党、军队、政府机关、医院、学校、社会团体、家族、家庭等，也包括个人。严格意义上的证据（凭证）是一个法律术语，指在诉讼中能够证明案件真实情况的各种资料；而一般意义上的证据（凭据）则指能够证明或支持某一事实的材料。在此，证据（凭证）有特殊涵义，是指能够证明、反映或说明与自身生成背景相关联的事实的材料，具体包括三个层次：业务（事务）证据、法律证据与历史证据。因此，此处所提到的证据（凭证）并不等同于詹金逊提出的相对狭隘的“证据”。记录的生成是指记录从内容变化到内容固定，从无效到正式生效或对于主体来说从无到有的过程。每一份记录都是由特定的主体，基于特定的目的，在特定的时间与空间以及环境条件下，经由特定的过程产生的，因而这些生成背景必定会与特定的事实相关联。事实既包括事件或事务，也包括客观事物。例如，一张竣工图，与其生成背景相关联的事实是这份竣工图所对应的工程建筑这一事物；一份合同，与其生成背景相关联的事实是这份合同所对应的双（多）方达成合作或协议这一事实；一张某人在某景点拍摄的照片，与其生成背景相关联的事实就是某人到了某景点游玩这一事件。因此，从这个意义上来讲，任何记录，不论其具体内容和存在形式如何，本身就蕴涵着能够作为一种证据使用的属性，只不过证据价值存在大小的区别。但档案的本质与是否具有证据价值没有直接关系，档案之所以是一种特殊的记录，其特别之处就在于这种记录是基于主体要将其作为证据（凭证）这一目的而存在的。档案不会自然产生，没有主体的这一目的，就不可能有档案的存在。至于其有无证据价值，有多大的证据价值，与记录的真实性有关，但并不成为影响其能否成为档案的因素，而是另一个层面的问题。亦即，档案本质属性的第二个要点就是，主体用以作为证据（凭证）的目的性。

覃兆刿教授基于“双元价值观”，将档案理解为“是人类对凭证信息的合目的

---

① 中华人民共和国国家质量监督检验检疫总局．GB/T 26162.1—2010，信息与文献文件管理第 1 部分：通则．北京：中国标准出版社，2011

② 潘未梅．文件档案概念辨析——以 InterPARES 项目为例．档案学通讯，2013(4)

控制”①，其中的“控制”强调了档案从根本上是一种功能，“合目的性”则强调了人类借助档案功能的心理需求以及管理技术上的主观能动性。笔者的认识实际上与覃兆刿先生的观点是相通的。但值得一提的是，主体的目的并不等于主观目的，仍然是客观的。

以上两个方面，两位一体，共同构成档案本质属性的整体表达，不可以割裂或分开理解与使用。因此，档案可以定义为：档案是用以证明、反映或说明与其生成背景相关联的事实的记录（符号记录）。理论性的定义必须是抽象的，具有较大的涵盖力与包容性。这一定义可以在个人、组织与国家三个层面上使用，也适用于档案的创建与管理主体。当然，在实践工作中，这一定义还可以在本质把握的基础上增加更多的描述，以增强专指性，便于操作。比如，在探讨基于组织机构在规范的业务环境中生成和创建的档案的管理问题时，就可以将档案定义具体为“机构或个人在履行法定义务或处理业务事项的过程中作为证据（凭证）而生成、接收、保存和维护的任何形式的记录。”

笔者不认为“内容固化，不能修改”，“被保存或控制”以及“建立了历史联系，成为一个有机整体”等方面是构成档案的要件。因为，如果记录被主体用以作为证据，内容自然是固化的，不可修改的，也必定会伴随相应的被保存或控制的管理行为；反之也成立。在对档案采取相应控制措施之时，就意味着主体已经产生了以之作为证据（凭证）的目的和动机，即档案已经存在。至于“建立历史联系，成为一个有机整体”，这实际上是档案管理中一种为了维护档案真实性与证据价值的策略或方法，档案之间的联系可以反映档案的来源与背景，能够为人们对比、分析和鉴别档案的真实性进而确认其身份提供参考。

总之，不同时期对档案的认识都是在特定的历史与社会实践背景下产生的。但随着实践的变化，概念要发展，理论也要发展，这是学科发展的必然规律。从主体视角认识档案本质属性，将档案定义为“主体用以作为证据（凭证）的记录”，抽象而简约，更有涵盖力与包容性，能够更好地解释实践中出现的各种新的档案现象；可以在不同层面上（国家、组织与个人）使用，既适用于解释我国传统的实践，又适用于在电子环境下重新设计文件与档案管理工作体制，能够很好地将国内与国外、传统与现代档案理论统一起来，将理论与实践统一起来；同时强调了档案产生的主动性，有利于从横向（档案来源）与纵向（运动阶段）拓展档案的外延，充分体现了后保管范式的精神内核，便于在更广阔的社会文化与记忆背景下认识档案与档案工作；在逻辑上能够将档案来源、档案价值、档案真实性、档案管理等问题有机结合起来，凸显档案工作的专业性与独立性。

---

① 覃兆刿. 双元价值观的视野：中国档案事业的传统与现代化——兼论过渡时期的档案思想. 北京：中国档案出版社，2003：25

Study on the Essential Attributes of Archives from the Perspective of Subject

—Based on “Dualistic Value Concept”

Abstract: Inspired by Professor Qin’s “Dualistic Value Concept”, archives are defined as “records used as evidence by organizations or people”. It is rational to perceive the essential attributes of archives from the perspective of subject. This viewpoint is beneficial to improve the theoretical research and practice in archival area.

双元价值视阈下的档案价值认知转变探究*

档案本质和价值组成探究始终都为国内档案界研究的一个重点话题，但是，那些完全打破传统档案观念束缚的理论研究却是非常少见的。早在2002年，我国著名的档案学者覃兆刿指出，可以通过对档案功能和档案信息量两大方面来对档案价值构成予以深入研究，同时，还正式提出“档案双元价值”的观点。也就是说，要从档案工具价值和信息价值两个角度正确看待档案价值组成，并且由对档案价值传统片面的理解上升到对档案社会实践的全面认识与理解。在我国所提出的“档案双元价值”观点是档案研究学者全面认识档案价值的结果，并且从多个哲学角度对档案价值进行探索以及肯定，如哲学论、管理哲学论等①。另外，此观点还有更大研究空间，同时这又成为国内档案研究学者逐渐步入国际档案研究与交流行列的“敲门砖”。

一、档案价值特点分析

（1）客观性。档案价值客观性由档案和属性、主体和需要、在社会实践活动中档案价值客体与主体相连接的客观性最终决定。

（2）潜在性。当前，档案使用价值和现有文件当中指出的规定性有一定的差别。另外，它还具有一定的潜藏价值。

（3）多元性。多元性指的是档案所具有的作用体现在多个方面。换言之，每一种档案都是有多项功能的。因此，不仅可以将其应用到实际工作调查上，而且又可以将其作为重要的研究资料使用；另外，不只可以将其应用到此学术领域中，又可应用在其他学术领域。主要因为档案和多个方面有着紧密关联，因此，对档案整体以及单个特殊档案来说，都会具有价值的多元性特点。

（4）时效性。档案的价值还和时间有着紧密的关联。它始终处在不断的变化当中。其主要原因来自以下两个方面：第一，由于文件时效丧失以及档案载体逐渐老化，使得档案数量逐渐减少；第二，随时间推移，档案使用价值开始出现较大转变，由最初的历史价值转变为当前的社会价值。

（5）相对性。档案价值与实现程度常常会由于档案存在、环境以及条件不同

---

* 赵淑娜，牡丹江师范学院教师。本文发表于《兰台世界》2014年第5期。文章为黑龙江省教育厅人文社科项目“双元价值视阈下的档案价值认知转型研究”阶段成果，项目编号：12532261。

① 任越．从观念到理论——档案双元价值论的演变轨迹研究．档案学研究，2012（1）

而有很大的差别。例如，针对全宗来说，完整的独立档案价值是非常小的。相反，不完整的单份档案，其价值是非常大的；但是，对档案利用者来说，档案意识高低与需求差异，对档案价值发挥也会产生较大影响；而针对社会发展来说，政治、经济以及科学技术发展水平不同，对档案价值实现也会产生一定的影响，特别是科技档案，它的利用价值会随着科学水平的提高而逐渐降低。由此看来，档案价值具有一定的相对性，并且它的实现都有一定的前提条件。

（6）增值性。只有将档案利用后，它的价值才会被发挥出来，并且利用次数越多、应用范围越广，那么档案价值发挥也会越大；此外，在档案被利用阶段，极有可能在原有基础上派生出更多新价值。然而，档案价值在信息知识层面具有较大的扩充性，因此，档案被称之为宝贵的信息库与知识库。

二、档案双元价值观的提出和重新认识

（1）关于档案价值重新认识。档案的出现是为进一步弥补人类在信息记忆方面的不足，并且它是满足人类各种社会实践活动的一重要产物。因此，对档案价值和功用评价依据可以满足人类在信息记忆方面的需求。然而，档案价值不只体现在各个载体中记录的数字以及符号等，同时还应包含时间变迁以及社会演进时赋予的历史价值和文化元素。但是，针对档案所潜在的价值评价，不能只针对人们的需求满足程度展开，由于档案在社会演变和发展中，受到各种因素影响，再次被赋予新含义，而在此种新含义中表现出一定时效性。

长时间以来，无论是国内学者还是国外学者，对创新档案价值体系以及实现档案价值规律进行了深入分析。然而，在作者看来，其研究所取得的成果主要集中到对传统档案价值判断中，并且大多数力量观点的根基都是对档案价值量的考察。根本原因是：人们不会自主把档案价值评价方法和价值鉴定实践紧密结合到一起，但是，此种联系是建立在对档案实体分析基础上的。所以，档案实体内容分析即为档案现实价值的研究。在作者看来，通过对档案参考作用研究便得出档案社会价值大小，概括较为片面。因此，档案价值的研究，首先要回到对档案本源意义的思考中。由最初产生档案目的、在社会变迁和发展中赋予档案新价值内涵来考虑，从而更好地对现有社会背景下的档案价值结构和实现规律予以重新认识。

（2）档案双元价值观提出。最初对档案双元价值的研究是由档案词源考察所展开的。而这和传统古籍中的"档案"来源大不相同。但是，覃兆刿教授主要从语言学以及训诂学开始着手。正是对"档案"一词研究，人们充分认识到档案在我国古代社会发展中所占据的重要地位。在我国古代，统治者将档案作为控制政治、治理社会等的一种不可缺少的工具，所以，档案被统治者赋予较高的价值定

位，同时进行严密保管。由于对档案工具价值的崇尚，人们对档案抱有十分敬畏的心理，因此，这使得档案价值未能完全发挥出来①。

在对我国档案事业的发展进行梳理、分析之后，很多学者认识到档案的一元价值观是我国古代社会管理者所接受的档案价值观。特别是在封建社会末期，上述这种档案价值观体现得十分显著。正是由于档案的工具理性，对我国古代封建社会发展发挥了巨大积极作用。然而，在进入近现代社会后，社会发展始终处在一种自由、民主的环境当中，因此，档案所具有的历史和文化内涵逐渐显现出来。而在此时期，档案的文化传承和历史追溯价值远高于自身的工具价值，所以，档案的一元价值观出现了松动，同时朝着双元价值方向快速发展。此种转变既是社会发展的一个必然结果，而且逐渐开始被社会大众所认可，因此，当前档案事业发展有了巨大新动力。

（3）档案价值分析。①历史价值。档案是联系过去、现在以及未来的一种不可缺少的纽带。而大量实践证明，对历史发展进行研究不能只是借助大量间接资料，而是要以诸多可靠资料为依据，尤其是档案资料。只有这样，人们才能将各个历史事件的发展予以详细阐述，并且对历史发展规律进行总结和归纳。可见，档案历史价值是非常重要的。②文化价值。档案内容都是以符号、文字形式附着到甲骨、竹木、纸张以及磁性介质当中。同时档案资料涉及多方面的内容，将人们的社会生活直观地反映出来。因此，档案记录人类文明并将人类历史以及先进的科学技术长时间延续、发展下去。所以，档案是人类非常宝贵的财富，其所具有的文化价值是难以估量的。③经济价值。在档案资料中，涉及较为丰富的经济信息。如行业发展、企业存亡等资料，因此，对企业发展产生巨大的影响。档案资料的规范管理与利用可以将档案资料功能充分发挥出来，以便降低企业的投资成本②。然而，和企业发展相关的档案资料都为企业的无形资产，因此，企业必须对档案资料进行科学、合理的保管，使其充分发挥出应有的经济价值。④媒介价值。现如今，档案管理正朝着数字化方向发展，这样一来，能够最大限度实现档案传媒价值功能，将档案服务效率和价值充分体现出来。因此，必须将档案传媒价值充分显现出来，档案管理的保管与利用职能才可以逐渐向信息采集、管理等职能方向转变。

三、关于档案双元价值认知转变的探究

（1）档案双元价值理论内涵分析。档案信息价值为档案内容和文化价值的一个具体体现，因此有明显的自然属性；档案工具价值为档案社会属性，直观反映

---

① 王尹芹．“双元价值”视阈的企业档案工作．湖北档案，2011（9）

② 聂云霞．档案价值新论：档案双元价值观的逻辑内涵与实践体认．档案与建设，2010（6）

档案机构属性与职能，并且它又是确保档案内容真实性的一个价值源泉。因此，档案工具价值为档案内容与文化价值的主要根基，反过来，档案内容和文化价值又是档案工具价值一个重要延续。

尽管在古代各个时期，档案和图书、资料等信息的记载都是进行统一管理的，然而，档案信息记录功能和各种文字材料大不相同，主要由于档案中记录的信息具有较强的实践特性，换言之，都是人们在各种社会实践中发生过的具体事件，而此种信息记载可靠性与真实性得到各个阶层的高度信任，同时在管理当中应用十分广泛。也就是说，人们借助档案把人们在日常生活中的各种工作轨迹，利用文字的方式予以记录，从而便于对日后社会当中各种实践活动的控制。因此，至今为止，档案都被人们看作记录历史的一个重要凭证。

（2）档案双元价值理论内涵和实践价值分析。理论层面的研究，是对档案双元价值论来源进行研究，但是，实践层面的研究是借助档案双元价值论观点对档案管理实践行为予以评价的。从整体上来说，档案事业现代化指的是社会工具价值与文献信息价值的整体性发挥。因此，档案体系以及运作模式的科学性，主要取决于以上两个方面。覃兆刿教授早在《中国档案事业的传统与现代化》中，明确指出档案双元价值观对档案工作者职业的定位，并且针对当时档案界诸多热点话题加以详细阐述，例如，档案法制建设、档案信息化建设、企业档案建设等[①]。在此之后，大量学者对档案双元价值观进行了深入探究。

四、未来档案双元价值理论发展趋势

（1）建立完善的档案双元价值模型。从整体上分析，一种科学理论，必须借助科学语言、形式等构建理论模型。所以，档案双元价值论的阐述既需要利用科学语言来概括和充实，又需要合理化的形式来证明和完善。在作者看来，档案双元价值模型的建立，不能只采用直线型方式来建立，主要由于档案工具价值和文化价值不具有一定的顺序关系；另外，我们也不能只是借助文件连续体理论元素的多元化模式予以构建，主要由于档案双元价值理论分支相对清晰，再加上，档案双元价值不会因档案运作而减弱；因此，学者必须以三维立体、可视化的形式对档案工具价值、文化价值等的演变关系进行详细阐述。

（2）确定统一价值评价标准。在档案双元价值观中，都是以“价值”形式对档案理论予以准确定位的。然而，不管是档案工具价值还是信息价值分析，都将其看作宏观层面价值的体现，而并没有对“价值”的经济意义进行准确、合理的定位。所以，我们可以将档案双元价值理论看作价值观，或者将其作为一种评价标准，主要是对当前和未来与档案相关的一些社会现象予以合理化的评价。并且，

---

① 王小云．档案价值论嬗变下的档案信息资源市场化配置．浙江档案，2013（2）

今后档案双元价值理论的根本发展目标为进一步加快档案界对档案双元价值论认知转变。然而，此理论不可以只将档案价值作为核心内容进行研究，而要转变为以阐述档案工具价值、文化价值等的关系为重点，将档案的社会价值充分发挥出来。所以，理论核心对档案双元价值观发展成评价型理论开辟出一巨大发展空间。作者通过对覃兆刿教授成果的研究来看，借助档案双元价值观可以对我国档案事业发展中的信息化建设、人事档案建设、企业档案建设等予以评价。

总体来说，在进入 21 世纪后，档案双元价值理论最早是由我国档案研究学者所提出，到今天为止，也只有十几年的发展史，然而，却使档案管理由观念逐渐向理论的方向发展转变。档案双元价值理论在今后发展中，必须借助档案理论内容在深度与广度两个方面予以详细阐述和分析。同时，由于档案社会实践始终处在变化当中，因此，学者需要对档案双元价值观的指导与评价实践效用情况予以验证，进而逐渐将档案双元价值理论含义进行完善。

双元价值观视野下的档案信息资源二元配置研究*

档案价值理论历来是档案学界最为关注的焦点之一，最早可追溯到早期的来源原则和职能鉴定理论，正是因为对“来源”这一核心价值的发现以及对“职能”这一基本价值的评定，才形成了档案学最具影响力的两大理论支柱。档案信息资源配置是以“资源配置”的理念——“生产什么，如何生产，如何分配”来解决“建设怎样的档案信息资源，为谁建设档案信息资源，如何分配档案信息资源”这一看似简单、实则蕴涵着档案管理学、档案馆学、档案利用学、信息经济学等多门分支学科的复杂命题，而解答此命题的关键恰恰蕴涵在档案价值理论之中。

改革开放以来，社会实践活动的不断变化和档案事业的快速发展为档案价值理论的发展和创新提供了充实的土壤，从以“档案价值本体论、认识论和实现论”为主体，逐渐演变出诸多具有时代特色的价值理论，如档案相对价值论、档案价值商品论等，其中档案双元价值论尤为耀眼，其创始人覃兆刿教授提出的工具价值与信息价值理念，更是为档案信息资源配置指明了方向。

一、档案“工具价值”及其实现主体的选择

覃兆刿教授基于双元价值观，给予了档案一个全新的定义：档案是人类对凭证信息的合目的控制。笔者以为，“控制”一词最能体现工具价值的理论张力，作为一个政治意义上的和一个科学管理上的概念的综合体，“控制”恰恰是通过文件的原生性与真实性维护来实现的，如果我们的档案信息资源建设中忽视了“凭证”特征的维护从而削弱甚至丧失了档案的“控制”功能，那就意味着档案事业连起码的基本功能和社会责任都没尽到。所以，当前的现代化改革开放进程中，档案事业如何充分发挥其维护真实的凭证作用，在社会规则和社会秩序控制中发挥关键结构和平台支柱的作用呢？实现主体的选择最为关键，政府此时此刻理应担纲此项责任，理由如下所述。

1. 源于捍卫国家利益的政府控制

关于“国家利益”的认识，在不同的时期，不同的主体，不同的视角，有着不同的答案，军事专家意在领土完整和主权神圣不可侵犯，经济学家可能解析为国家经济稳定，社会学家可能旨在国家、社会、民族和谐团结，历史学家可能意

---

* 王运彬，中国人民大学信息资源管理学院博士毕业，福建师范大学副教授；王小云，中国人民大学信息资源管理学院在读博士，福建师范大学讲师。

指一国的现代化转型……，但看似不同的观点却有着共同的诉求，即各个领域的需求。如何捍卫国家利益，要明确两点，一是国家利益体现在哪些方面，即国家利益的内生变量，由社会生产方式和国家政体形态所含有的所有因素通过相互依赖、相互制约而形成了一种历史结果，因此必须历史地动态地看待源于内生变量的国家利益；二是国家利益受哪些因素影响，即国家利益的外生变量，是指一国外部环境因素所包含的各种相关成分，这是国家决定其主要利益时必须考虑的。

档案信息资源由政府建设，保证“工具价值”正是源于上述两种变量基础上的对国家利益的界定和捍卫，而搭建起国家利益与档案之间桥梁的恰是对档案工具价值的认同。冯惠玲教授分析档案信息资源在国家经济社会发展中的综合贡献力时，认为“捍卫国家利益最基本的两种形式是证明正义在握和打击敌方侵略，而档案信息正是兼具这两种特殊威力的武器，在某些场合可以有力地保护自己，击败敌方”。这是对“档案信息资源作为国家利益内生变量在历史发展和现实变化中的积淀，具有无可替代的历史证明力”的赞同。历史学家眼中的现代社会转型必须依据档案信息资源，社会学家眼中的国家、社会记忆传承必须依据档案信息资源，知识管理专家眼中的文化、科技、知识创新必须以档案信息资源为重要基础，甚至有学者直接指出“档案就是国家主权的重要组成部分，因而国家必须对档案实施强制管理”……这些内生变量能否朝着有利于国家利益的方向转变，档案信息资源起着关键作用。虽然国家利益在表现形式上是各种内生变量的综合体，仍由一国政府自身决定，但是全球化背景下国家利益的内涵早已不再纯粹是由于某种原因一国政府而定，处于一个相互依赖程度更高的国际社会，国家利益外生变量相较于内部因素的影响地位有了更为迅速的提高。数字时代的国家安全边界早已从自然形态扩大到信息形态，争夺的焦点从物质资源转向信息资源，而边界谈判、资源争夺的筹码在军事专家眼中，国家的核心信息资源——档案信息资源无疑是重要选择之一，而且在现代信息化战争形态下，档案信息资源中的自然资源信息、交通与通信信息、地理测绘信息、武器装备数据等都是军队作战系统的重要支撑，影响着外生变量。因此，出于捍卫国家利益的目的，由一国政府自己来控制档案信息资源，自然当仁不让。

2. 源于建构社会记忆的政府维护

“社会记忆”本属于社会学研究领域，但随着联合国教科文组织倡议的“世界记忆工程”项目的推广，也被档案学界逐渐引入并成为档案学者的焦点话题。例如，2001 年中国人民大学举办的“中国首届档案学博士论坛”便以“21 世纪的社会记忆”为主题；2004 年第十五届国际档案大会的主题之一也是“档案、记忆与知识”；潘连根教授根据“档案的记忆属性”论证了“档案记忆观”；覃兆刿教授鉴于档案记忆功能上的完善和文化使命的自觉，认为档案文化建设就是一项改善社会记忆功能的“社会健脑工程”。不能不说上述做法和观点适应了时代发展潮流和学术研究趋向，为档案学发展注入了新鲜活力，论证“源于延续社会记忆功能的政府管理”的充分条件，即政府建设档案信息资源以延续社会记忆的可能性。而丁华东教授的“档案对社会记忆控制的双向模式”则提供了“源于延续社会记忆功能的政府管理”的必要条件，即政府建设档案信息资源以延续社会记忆的必然性。

从可行性上分析，档案因其“原始凭证”的本质属性，理所当然具有记忆的属性，能作为承载和传递记忆的工具，至此还不足以证明建设配置档案信息资源以延续社会记忆的可能，还必须阐明社会记忆与个体记忆、档案信息资源与档案之间的关系。潘连根教授援引美国学者保罗·康纳顿著作《社会如何记忆》中对个体记忆的看法，超越了生理学和心理学意义上的局限，“把社会记忆强调为记忆过程中人的主体性、能动性的发挥，强调个人记忆的社会制约性”，很好地阐释了两者的关系，即对个体记忆的研究和社会记忆的研究视角都是来源于社会学，并且只有具有国家、民族、社会价值的个体记忆方可成为社会记忆，其“个体”的含义也不再局限于个人个体，还包括组织个体、城市个体等。档案信息资源之于档案的限定关系，如果撇开国有的权属分析，也就意味着单份档案如果来源于单个个人、单个组织、某个城市，不一定成为资源，而只是具有国家、民族、社会价值的个体档案方可成为档案信息资源，而恰恰这些重要资源以“国有”作为权属与权威的保证，以政府的强制力（即由政府配置的方式）实现了个体记忆向社会记忆转化的可能。从必然性上分析，单份的个体档案不足以构成社会记忆，不合主流意识的档案信息资源难以构成社会记忆。只有为统治阶级的上层建筑和经济基础提供意识形态掌控的社会机制形成并存储的档案才是社会记忆的主体，即档案信息资源，刚好成为以政府强制力实现有选择的控制社会记忆的必然措施，那么与主流相违背的档案，很可能因为某一历史时期的销毁、封锁或篡改而成为“社会忘却”，换句话说，“社会忘却”是政府建设档案信息资源的阴暗产物，也是必然产物。

二、政府单一配置存在的问题

政府作为档案信息资源建设的主体，为工具价值“控制”功能的实现作出了巨大贡献，不仅从资源建设规模上涵盖了国家档案信息资源的管理体系，而且从资源获取规则上建立了维护全社会公共利益的供应体系，但是这一主体却不是万能的，尤以“能力”和“意愿”问题最为明显。

1. 能力有限

政府所拥有的档案信息资源其数量之大、范围之广、种类之多，绝对可称之为一座巨大的资源宝库，如果一直围绕着原件从事着收集、整理、检索、编目、保存、编研等工作，政府的财力和精力尚还足以应付，但要将此类工作环节延伸到面向用户的增值产品及其服务的“事业”链时，档案机构则很难同时顾全链条的两端。集端是多年来政府配置档案信息资源的传统方式，这里强调的是规范化的文件归档和档案收集以保证原始数据的真实可靠，规范化、程序化的按部就班的工作以政府的规范化运作机制尚有能力完成，并确保档案质量。但是另一头用户端面临的却是多元化的用户需求，需求与资源本身存在一个互动的关系，资源决定需求，但是需求却能引领着资源，规范化的政府配置供应着规范化的资源，也促使了规范化需求的初始形成，但是需求是会随着满足程度的提高、用户环境的改善、业务能力的增强而不断发展的，因此这种互动关系决定了用户端需要的是发散型的思维和不断创新的精神。政府（主要指档案行政管理部门）职能定位于宏观调控和政策引导，面临社会上数量众多的用户及种类日益增加的档案业务需求，没有能力面面俱到。

据“档案中介机构理论与实践研究”课题组调研发现，这种能力问题在四个领域表现尤为突出：一是国家重点建设领域，例如，国家基础设施建设，众多大型基建项目建设过程中形成大量的文件、资料、档案，为实现其科学管理，开发商、建筑方、监理方等诸多建设单位需要专业的档案咨询、整理、保管等服务；二是新兴市场领域，伴随着大量民营企业、股份制企业诞生而出现的新的建档领域，例如，传统档案馆服务目前较少涉及的质量认证建档、企业及个人信用档案建档，以及相对应的档案技术服务、寄存服务、代理服务和建档指导服务等；三是面向社会的档案教育培训服务，市场经济体制下，企业大多出于成本考虑，聘请兼职档案人员，另外近年来在国家事业单位改革背景下一些划归公益部门或市场功能的事业单位出于编制限制，其档案管理人员大多实行人事代理或流动编制，这部分人群无论是数量还是占档案从业人员比例都是相当高的；四是机构改革、企业改制、产权流动领域，这些单位的档案面临重新鉴定、重新整理以及寄存服务的境况。

政府已经积累了相当数量级的档案信息资源，且遍及社会传统分工的各个领域，但却在一些重点领域、新兴领域、交叉领域等离用户应用需求还有较大距离。必须对包括档案在内的相关信息资源的组织、加工和开发利用进行大量投资，同时具备市场眼光、创新精神和风险承受能力，方可挖掘出具有市场潜力的档案增值产品或信息增值服务，完成从档案收集到最终为用户服务的全过程。面对如此全新的档案生命周期或服务链，政府不可能全额投资，也缺乏市场风险承担能力及市场开拓创新的经验。

2. 意愿不强

在政府供应档案信息资源方面，有完善的“法规制度条件”——档案法规体系、完整的“组织机构条件”——档案馆网体系和丰富的“资源对象条件”——

极其丰富的馆藏作保障，有“捍卫国家利益”和“延续社会记忆”为动力机制，“意愿”问题从理论上讲似乎是一个伪命题，但从实践中看，在某些领域确实是存在问题的，尤其是当政府利益和公共利益发生冲突时，政府供应档案信息资源的意愿则会大打折扣。政府建设档案信息资源，源于私人交易公共物品的成本过高而给予了公共权利的合法性。一方面，这种合法性保护了广大公众的个人权利，当然也产生了规模化的经济效益和社会效益；但另一方面，它又是公众个人权利的最大和最危险的潜在侵害者，因为行使公共权力的政府机构也具备扩张的本性，其扩张必然伴随个人权利的侵蚀或以个人权利的侵蚀为代价，这就是“诺思悖论”。例如，如何处理档案的保密与公开，如何行使政府职能下的公共档案机构的自由裁量权利，简单点说是当档案部门利益与用户公共利益发生冲突时，便是诺思悖论的情景再现，公共档案机构总是会源于自身利益的考虑，处理档案信息资源的“保密与公开”这座天秤时，肯定会在法律许可范围内向“保密”一方倾斜。正因为如此，关于现行文件公开、档案开放利用的用户权利才会被写入法条，但执行效果始终难以让公众满意，这必然会损害公众对于“公开与开放”的权利诉求。例如，某作家为了写一本“四清”时期的纪实作品，到档案馆查阅原始文献，当他从档案馆开放目录中选列出长长的清单后，竟然被接待者删掉近三分之一，理由是“四清”档案中许多涉事人依然健在，公开出版后容易产生官司纠纷，档案馆同时要承担连带责任，该作家则认为即使惹出官司，出版社和作者是主要责任人，档案馆的做法是杞人忧天。可做与可不做之间，我们看到的往往是以后者居多。

该意愿问题，源于两方面因素：一是法律法规之间缺乏协调性，无论是当前学界热议的《中华人民共和国档案法》与《政府信息公开条例》在档案公开期限上的协调问题，还是档案法律与专业部门规章之间的矛盾，甚至是上下级部门档案管理制度的不统一，都会极大影响政府供应档案信息资源的意愿。王改娇研究员援引“信息公开第一案”——上海市民董铭状告上海市徐汇区房管局和北京律师质疑房管局部门规章两件案例，发现建设部的规定“房地产权属档案管理部门应利用档案及时为房地产纠纷、交易等各项工作提供服务”与当地房管局内部规定“个人房产档案不宜向社会公开”，在服务途径、手续等方面规定不一。二是公民自身的档案权利意识淡薄，卫奕通过一项关于我国公众对档案认知度的调查发现，档案馆及其工作，在普通民众看来，是一项政治工作，是一项保密度极高的机要工作，主要为政治服务，即便是关乎个人发展的人事档案，也被认为是组织严格管理和不得随便接触的；此外，公民对于现行档案法律法规的认知停留在公民义务、惩罚不法行为等方面，而对于规定政府公开档案的义务和公民自由利用档案的权利较为忽略。如此一来，作为供应档案信息资源的义务主体，政府相应部门既没有客观明确的制衡和监督，也没有用户的权利主张，在没有主观的利益驱动情形下，自然而然就失去了积极主动供应档案信息资源的意愿。

覃兆刿教授认为，工具价值的目标是基本的、不能放弃的，要主动拓展工具职能，走出钳制意义的控制而走向科学管理意义的控制，使档案工作机制真正在社会管理与控制中发挥主动的干预功能和平台作用。而这恰恰是政府一元配置难以做到的。覃兆刿教授寻找的良方在档案事业由传统到现代化的转化中，他认为这一个转化过程的实质是一个从工具价值的偏重经由信息价值的发现到双元价值并重的转化过程，进而档案事业现代化应以体现档案社会责任感和档案公众服务意识为观念要件。

三、档案“信息价值”及其实现主体的选择

与“工具价值”目标同等重要的是档案的“信息价值”，覃兆刿教授认为这种“有效”为标志的价值，不仅是指某些档案在现实生活中能发挥作用，更重要的是作为一类信息或信息手段被社会广泛认可并利用，这迫切需要档案信息能“服务社会公众”，有效“组织”并较好地实现“共享”。笔者认为这一观点对于档案信息资源的价值挖掘及其资源配置有着极大的启示，因为源于但不局限于形成单位或“除形成机构之外的其他机构或其他资源”或形成于社会的档案价值，已通过“工具价值”方式由国家档案管理系统大多以免费开放的方式予以实现。但“档案信息”还远未被社会广泛认可和利用，且覃兆刿教授认为信息资源化不同于档案文献的自然状态，是从信息的角度对档案文献所做的合目的的逻辑化，笔者认为要实现档案信息资源最大程度的“合目的的逻辑化”就必然重视档案的“信息价值”，由此必然改变政府单一配置档案信息资源的方式，那么出路在哪里呢？以市场的方式挖掘档案的信息价值，由市场配置档案信息资源或许是一种不错的选择。

市场配置档案信息资源是基于对其市场价值和商品属性认同的前提，由于这一点在目前所见的资料中很少专门论述，或者备受争议，至少“档案信息作为生产要素还没有在理论上达成共识”，所以有必要给予市场价值或者商品属性准确的定位，从而实现档案信息资源的价值挖掘。覃兆刿教授在“档案信息产业化之辩”一文中明确指出，产业化并不是将档案事业整体产业化，而是将相当一部分剥离出来以产业化的方式发挥其价值，在重新优化组合档案馆组织机构、人员、信息资源的前提下，改变传统的档案管理和服务模式，把档案信息的收集、加工、存储、检索、利用、咨询以及信息系统和网络建设等零散工作，按产业发展的要求进行组织和调整，建立和完善集中的档案信息产业或档案文化产业的动态过程。

对于这一过程，需要说明两点：一是所有权对于“价值”的影响，鉴于档案信息资源的所有权性质以及《档案法》第 17 条“禁止出卖属于国家所有的档案”的相关规定，是否制止了交换行为的发生和交换价值的形成，王协舟认为“公共

档案馆利用馆藏，以一定的手段开发档案信息产品提供有偿服务，应该另当别论”，笔者也认为涉及国家政治、经济、国防和科技的绝密档案当然不能成为商品。但是档案信息资源不仅仅是这些，除此之外的，例如，企业进行资产重组、股份制改造过程的企业兼并、收购等，就包含了对档案特别是科技档案的转让。因此，所有权性质并没有因为“国有”而否定对“价值”的挖掘，相反，一个明晰的档案信息产权制度是极大提高服务效率、促使档案价值实现以及推动档案信息产业化发展的客观需要。二是档案信息资源供应主体没有直接为了获得交换价值而供应产品及服务，即不符合“商品是用来交换的产品”式的定义，从而否定档案信息资源成为商品的可能。笔者认为这没有必然联系，商品的价值只在第二价值交换的一瞬间发生，不因交换之前的生产目的如何，当然，档案信息资源所有者能够以市场为导向，为了交换而开发产品及服务类型，是可行的商品价值挖掘方式之一。

四、市场配置存在的问题

市场作为档案信息资源的建设主体，其“配置的有效”必须是以市场机制充分发挥作用来实现的，而现实中发挥作用的很多前提条件却经常得不到满足。档案信息资源的市场供给环境包括由档案行政管理部门观念、档案资源市场运作主体观念、普通用户的档案意识等组成的观念环境，由政策与相关法规组成的制度环境，以及市场发育必须的资源与技术环境、市场主体运作水平、信息用户培育程度、信息市场发育程度等。中共中央办公厅和国务院办公厅2004年颁发的34号文件明确提倡发展信息资源产业，这是对我国信息服务业在整体信息市场中所占份额和发展速度的极大肯定和鼓励。作为信息内容产业之核心的国有档案信息资源以社会化的资源进入这个产业并以市场方式供给是一种必然的趋势，可能会因为“档案的特点导致时间、范围、程度等方面的差异”，但恰恰是这种差异不能让人忽视，以档案信息资源为核心内容的档案信息（服务）业的内部结构并不均衡，服务的层次和范畴并无实质性的创新，高端服务产品例如问题解决模式的咨询服务、档案信息管理指导服务、用户体验模式的休闲服务、档案数据库产品等所占市场比例极小。

此外，市场机制本身就存在许多先天性缺陷——自发性、盲目性、滞后性等，“这只看不见的手几乎在任何国家或地区的任何时候都不存在绝对不失灵的情况”，如果放任市场机制配置档案信息资源，产出的社会经济效率水平偏离竞争市场均衡，就会面临着市场配置方式的失灵问题。

除了市场自身原因，档案信息资源产品或服务还具有很强的不同质性和消费体验性，因此对于此类产品和服务的研发、加工、销售等推向市场的过程却是较为漫长的，尤其是用户利用式的或问题解决式的服务项目，其不同性质使得该产品不像其他普通商品一样有着可以衡量的价格信号；其消费体验性使得该产品与服务的价格只有等完全消费之后才可以货币表现出现，无法通过原本“以消费前的价格信号等灵敏的市场机制来调节供给”的优势引导生产和流通，从而显现出市场机制对信息资源类产品与服务的配置的滞后性和盲目性，一旦这种滞后性给供应方企业带来经营风险或利润损失，就会对企业在档案信息资源市场继续发挥积极作用产生极大挫伤。

五、双元价值观视野下的档案信息资源综合配置方案

鉴于政府和市场在实现档案双元价值过程中各自的优势与缺点，至少初步应该做到二元主体的协调，打造档案信息资源配置的综合体。

1. 二元配置主体的功能定位

政府组织是档案信息资源二元配置的主导者，其档案行政管理工作的目的是要不断调节档案事业系统的内部关系和外部关系，促进档案事业的发展，为国民经济和社会发展服务。配置的主要内容包括依法行政，即完成政策制订、统一制度、行政监督、咨询服务、业务指导等，从宏观上加强对商业化运作的市场组织在法律政策上的监督和服务。其“主导者”地位的确立，一是源于“公平是配置的基本目标”的选择，只有代表全体人民利益的政府可以担当此任，而且市场失灵的情况需要政府去弥补，即必须担当主导者；二是源于“效率是配置的基本手段”的考虑，市场更适合于档案信息资源的供给，政府配置也有失灵的时候，即只担当主导者，生产、流通等供应环节让渡给市场。

市场组织作为档案信息资源配置的手段，是出于“兼顾公平与效率”的原则，从档案信息资源商业化运作、市场化配置的机制来看，供给机制、价格机制和竞争机制等市场的手段是一种自组织作用方式，其主体能够敏锐察觉到市场需求和利润空间的存在，并以创新的产品、服务和营销等手段在赚取经济效益的同时，也丰富了资源供给总量与结构。

2. 二元配置主体的角色定位

加强政府在档案信息资源配置中的宏观领导作用。对于国家整体档案信息资源的宏观调控，在信息资源产业的产业化经济运行中，微观层面涉及档案业务的商业化运作中经济实体之间的竞争，如果缺乏宏观层次的产业政策的监督和引导，就无法保证市场朝着产业预期目标健康发展。所以，各级档案行政管理部门，要通过科学规划、决策来控制档案信息资源的总体流向，协同政府其他相关部门制订和实施合理的财政、金融、税收、人才以及产业扶持等政策，实现档案信息资

源的合理配置和结构平衡。因此，明晰政府在二元配置中的职能非常重要。

完善企业在档案信息资源配置中的市场环境。市场环境主要包括宏观环境方面的市场经济体制改革和微观方面的市场机制建设。只有市场经济体制改革的不断深入，才能配置出成熟的信息资源市场，配套建设的市场机制才能发挥应有的作用，才能为档案信息资源的市场配置提供必须的经济基础和社会条件，才能吸引更多的档案信息服务机构参与到资源的供给中来，最终达到增加档案信息资源供给总量，完善供给结构和提高供给效率的目的。涉及档案信息资源市场化运作的机制建设，主要包括两点：一是市场准入退出制度，主要是解决档案信息资源市场参与主体的身份模糊的问题。目前业已介入的供给主体不仅包括完全商业化运作的私人信息公司，也包括半商业化运作的行业协会组织和中介服务机构，甚至来自体制内的事业单位。二是市场监管制度，主要是解决档案信息资源的安全、保密和质量问题，以及由于档案信息资源产品、服务的特性和信息技术发展所带来的信息资源产品内容违法、侵权等问题。

Archives Information Resources' Dualistic Allocation from Dualistic Value Concept

Abstract: For protecting national benefit and constructing social memory, the government, as the main body of the archives information resources' allocation, can develop the "instrumental value" the most. Based on the consideration of the"efficient allocation"by the market economy, the market, as the main role of the archives information resources' allocation, will do best in developing the "information value". But archives as the synthesis of instrumental value and information value, the flaw of single allocation body will be inevitable, so the combination of government and market will be more effective in the allocation of archives information resources.

档案工具价值观与专业思维转换*

——从“建档”谈起

首提档案双元价值观的湖北大学覃兆刿教授认为，“作为社会实践伴生物的特征，档案必然具有参与社会实践的工具价值”。① “档案产生的初衷是作为实现管理和凭证信息控制的工具。” ② 工具价值是档案双元价值观中的一元，可以认为是对生活常识一种回归性理解，但却遭人忽视。因为按照工具论的观点，工具即达到、完成或促进某一事物的手段。显然，档案具备工具属性。这种属性在现实生活中的一种表现即“建档”活动，如保存城市记忆中的“建档”、开展诚信管理中的“建档”等。“建档”一开始即把档案作为工具用于管理或控制，记录材料形成即为档案。这与传统认识——档案是办理完毕的文件③，形成一定反差。如何解释这一现象，关系到我们的专业思维转换。

一、档案必须历经凤凰涅槃式的洗礼吗

传统档案观点的一种认识为，“文书和档案只是表示一样东西的两个过程”。④ 或者说，“文件是档案的前身，档案是文件的归宿和精华” ⑤。从文件转化为档案，中间需历经一定的洗礼，仿佛凤凰涅槃，需要经过一段时间的磨炼才能重生乃至永生——转化为档案。在我国，这种“磨炼”表现为，“办理完毕的文件才能作为档案”，“对日后实际工作和科学研究等活动具有一定查考利用价值的文件，才有必要作为档案保存”，“按照一定的规律保存起来的文件，才能最后成为档案”。⑥ 概括起来，大约包括等待一段时间、鉴定、立卷等三个环节的洗礼。在国外，以谢伦伯格为代表，也认为档案的生成需要经过严格的鉴定并保存在档案机构的程序。⑦在经过层层磨炼洗礼后，“文件在其运动过程中被选择和淘汰，是不可避免的。

---

* 徐辛酉，中国人民大学信息资源管理学院 2013 级档案学博士研究生，广西民族大学档案馆副研究馆员。

① 覃兆刿．中国档案事业的传统与现代化．北京：中国档案出版社，2003：9

② 覃兆刿．中国档案事业的传统与现代化．北京：中国档案出版社，2003：45

③ 陈兆祦，和宝荣．档案管理学基础．北京：中国人民大学出版社，1996：12

④ 龙兆佛．档案管理法．北京：中国人民大学历史档案系翻印本，1958：7

⑤ 中国大百科全书编委．图书馆学，情报学，档案学．北京：中国大百科全书出版社，1993：44

⑥ 陈兆祦，和宝荣．档案管理学基础．北京：中国人民大学出版社，1996：12-14

⑦ T. R. 谢伦伯格．现代档案——原则与技术．北京：档案出版社，1983：22

档案馆只接收和保管具有永久价值的非现行文件，这类文件一般只占文件总数的5% ～ 15%”。①

反观“建档”活动，档案形成的过程却淡化了这种“磨炼”色彩。因为记录材料一经形成即为档案，既不需经历鉴定与立卷归档的环节，也不用区分档案是处于何种运动阶段的文件。例如，在城市建设日新月异的情况下，为留存旧城记忆，通过拍照、测量和文字描述等手段直接形成档案材料。这种不经凤凰涅槃式的洗礼即获得档案身份的现象，如何解释传统档案形成过程的种种限制条件？

笔者以为，差异的一种根源在于看问题的角度不同。从学术角度看档案，必然追求严谨和理想化，追求概念的统一与边界的稳定。所以在档案如何形成上，存在概念辨析的争论。如前所述，存在档案与现行、半现行、非现行文件关系的争论。由理论联系实际，对应档案管理的职业活动，自然通过规定由文件转化为档案过程的鉴定、立卷、归档等环节，以区分档案与一般现行文件。但从一般管理的视角看，管理行为首要关注的是效率与方便，而非学术严谨性或理想化的模型。为达到一定管理目的，管理活动会寻求一切可用的资源，在“有用即资源”的理念观照下②，档案被发现可以成为一种有效工具被使用，它不在于论证什么情况下的文件是档案，而较多关注其在管理或控制活动中的有效性。

二、“归档”环节的适用性

长期的工作习惯，形成了“归档”是判别档案形成标志的观念。“归档和保存，既是文件向档案转化的程序和条件，又是文件转化为档案的一般标志和界限。”③归档行为表现为，“各机关在工作活动中不断产生的文件材料，处理完毕以后，经由文书部门或文书工作人员整理立卷，定期移交给档案室集中保存，即通常所说的‘归档’”。④通过立卷、归档、赋予文件档案号等职业活动，至少从仪式上肯定了从文件转化为档案的进程。但问题在于，没有经过归档的文件就不是档案吗？“归档”行为本身在由文件转化为档案过程中的真正意义是什么？

从“建档”活动看，“建档”本身可以说是直接生成档案材料的过程，并不存在严格意义上的立卷和归档环节。只要生成了记录材料，就是档案，就可以当成一种工具来使用与管理。这种工具思维对“归档”的必要性提出了质疑。

但仔细分析会发现，“归档”行为的发生需要一定的环境前提。如有专职文书人员，有机关档案室，要定期移交文件材料等。从组织管理的视角分析，就是要

① 黄霄羽．外国档案事业史．北京：中国人民大学出版社，2004：279

② 胡鸿杰．管理资源分析．档案学通讯，2009(1)

③ 陈兆祦，和宝荣．档案管理学基础．北京：中国人民大学出版社，1996：14

④ 陈兆祦，和宝荣．档案管理学基础．北京：中国人民大学出版社，1996：72

有一套管理规范，并最终要落实到相应人员与机构。这属于一种典型的韦伯式官僚制机构管理的范式。因为在韦伯看来，官僚行政管理包括，“一种官职的持续的、受规则约束的运作。”[①]这里的官职相当于管理的职能。在组织管理中对档案行为的规范就是韦伯称为的“行政管理档案制度原则”[②]。设置文书人员和档案机构，设定归档环节，规定文件材料定期移交时间等，就是官僚制组织管理范畴的反映，它适用于大部分采用韦伯制的组织机构，包括当今绝大部分的企事业单位、政府部门，乃至各类大型实体组织。

反观“建档”行为，档案的形成纯粹源于一种业务需求，是为制造一种有效的管理工具。只要有效，不设置专职文书人员或档案机构，也可以生成档案并正常使用。如农业部2006年制定的《畜禽标识和养殖档案管理办法》规定，畜禽养殖场应当建立养殖档案，载明的内容包括：畜禽的品种、数量、繁殖记录、标识情况、来源和进出场日期等情况。这些记录一经生成就是档案，是作为一种管理工具用于食品安全的追溯式管理。其档案形成的过程并没有增设“归档”环节。

比较两者的差别，可以认为，“归档”适用官僚制机构管理活动，它是官僚制管理法则理性的产物。而在微观业务管理领域，档案仅仅是“处于人类合目的控制的凭证信息”[③]，是作为一种管理工具使用的，只要这一目的达成，可以不需要“归档”环节。也就是说，“归档”并非判断档案是否生成的实质标志，它仅仅是赋予了文件更明显的档案式标志。

三、档案身份的生活常识性回归

基于工具论的视角，档案被认为是一种管理或控制的手段，可以称为对生活常识的回归性理解。因为从社会行动的结构来看，为达到一定目的，必须采用一种或多种手段。在“建档”这种社会行动中，建档的终极目标不是为了档案而形成档案，而是为了某一业务或事情的更好开展，档案仅仅作为一种中介手段，发挥着工具价值。正是从社会行动“目的——手段”的结构关系看，档案的工具身份的确认是一种生活常识性回归。从这种常识出发，我们就可以抽象出档案的其他身份，如认为档案是人类社会文化的历史记忆，档案是一种文件的积累物，或者档案是社会活动过程中形成的一种副产品。[④]这些观点都有一定道理，但却存在致命缺陷，即无法穷尽所有类型，也不一定广泛适用。如随着时代发展，出现了档案权力观，认为档案体现一种权力。再如，从上述《畜禽标识和养殖档案管理

① 韦伯．经济与社会．北京：商务印书馆，1997：243

② 韦伯．经济与社会．北京：商务印书馆，1997：245

③ 覃兆刿．中国档案事业的传统与现代化．北京：中国档案出版社，2003：27

④ 冯惠玲，张辑哲．档案学概论．北京：中国人民大学出版社，2006：6

办法》看，档案形成时并非作为记忆，更多是为了方便对食品安全进行追溯式管理。

从生活常识把档案作为一种工具看待，可以适用多种环境，体现档案工具身份的张力与可塑性，也较贴近人们的思维习惯。

四、结　论

档案工具价值观引导我们从多角度观察档案现象，并得出别样的结论。这种工具价值观的背后是：如何用工具论的视角合理看待档案现象？档案工具在社会行为中的深层次价值可能还包括哪些？这些疑问可以继续与传统已有的档案认识相对应，以引出更多的思考，在思考中拓宽我们的专业范畴。

Archival Instrumental Value Concept and Professional Thinking Transformation

— From “Establishing Archives”

Abstract: The archives have an instrumental value that implements management and controls the credential information, which initiate a new understanding about the formation process of archives and archives’ identity. This article considers: the understanding of archives instrumental value is different from the traditional view of archives, and it needs to understand the archives from the other areas. Although it is a common-sense understanding, it is ignored.

档案双元价值视阈中家庭档案的价值及其文化功能探析*

家庭档案作为家庭社会生活轨迹的记录是在20世纪80年代末被学者提出的，家庭档案最早主要指家族档案或私人档案，其概念范畴主要指那些年代久远且有据可查的家族所形成的私人档案，而随着家庭从家族的范畴脱离出来并成为社会最小的单位被社会公众普遍接受后，家庭档案则泛指“由家庭成员在家庭活动中形成的，对家庭具有保存和使用价值的各种形式的原始历史记录”①。信息文化背景下，家庭档案被赋予了新的价值和功能，即它既是推动社会主体构建档案价值意识的主要工具，又是构建社会档案文化体系的重要推手，更是个体文化积累而影响社会整体文化的潜在动力。如何运用档案双元价值论去剖析当前家庭档案的价值，又如何通过对家庭档案文化功能的分析，去构建社会整体的家庭档案观和推动社会文化发展将是本文着力解决的主要问题。

一、档案双元价值与家庭档案关系辨析

档案双元价值论是由湖北大学覃兆刿教授提出用来解释档案社会存在价值和评价档案社会现象的理论，它的核心要义是档案包括两方面的价值：“一是它作为一种行为方式，人类的初衷在于借助它的结构形式所赋予的功能，称为‘工具价值’；一是作为记录或者文献归属的实体（或结构对象实体），其内容负载的价值，称之为‘信息价值’。前者是一种普遍意义的价值，后者是一种个性价值；前者由档案的社会属性赋予，后者由档案的自然属性赋予。”②那么用档案双元价值论来解释家庭档案存在的价值则相对比较简单。覃兆刿教授曾在其著作《中国档案事业的传统与现代化》中通过档案双元价值的观点对家庭档案的内涵及其存在的意义进行了剖析，并明确指出家庭档案是构筑现代社会档案意识的“希望工程”。笔者将以覃教授的观点为基础从家庭档案存在的社会文化意义入手，从工具价值层面和信息价值层面对家庭档案的内涵进行更进一步的分析，并论证家庭档案所凝结的文化因子对社会文化体系构建与完善的必要性。笔者认为，家庭档案的出现是人类对更高层次精神生活追求的结果，是主体在社会实践活动中主体地位的进一

---

* 任越，中国人民大学信息资源管理学院博士，黑龙江大学副教授。本文是国家社科基金“信息文化视阈下档案价值认知转型研究”（项目编号：13BTQ066），黑龙江大学杰出青年基金项目“档案文化模式研究”（项目编号：JC2013W3）的阶段性研究成果。

① 刘彤昕，李广都．家庭档案发展的现状及条件．兰台世界，2006（15）

② 覃兆刿．中国档案事业的传统与现代化．北京：中国档案出版社，2003：8

步印证。家庭档案的出现一方面凸显了档案在个体社会实践活动和家庭生活中的信息记录作用，使档案能够进一步被社会主体选择作为其参与社会实践活动的必要工具；另一方面彰显了家庭文化的个性与多元性，促进家庭文化在社会实践活动中的传播及与社会文化的融合。

档案自其产生以来一直被视为管理阶层用于政治统治和社会治理的工具，这种工具价值属性一直被沿用至今。档案自身所散发的政治性、私密性和权威性使社会公众始终持有这样一种价值认知误区，即档案是一种保密性极高的信息，只有政府机构有权制作并保存档案。虽然1789年法国大革命之后，国际档案界进入档案所有权由国家向社会转移的时期，但在我国真正意义的档案开放却是自20世纪80年代开始。档案作为一种信息记录载体早已被社会公众所接受，但作为公众社会实践活动的必要性信息工具的价值意识却很难在社会公众中扎根。随着档案称谓逐渐从政府机关走向社会实践生活，越来越多的档案称谓将档案慢慢地融入社会生活之中，“家庭档案”正是在这种背景下逐渐被社会公众选择并使用的。家庭档案是社会主体有意识记录和保留家庭成员参与社会实践活动的各种信息记录的集合，保存家庭档案的根本目的并不是像一般由社会机构形成的档案那样有备于历史查考与凭证，而是对家庭文化的积累与再现，其表现出强烈的文化归属感。当然笔者并不是否认家庭档案的参考凭证价值，而是指家庭档案更注重对家庭历史的回顾与感受，以此维护家庭成员的关系，促成家庭成员的社会成长，这是其一。

其二，家庭是社会的缩影，家庭档案所呈现出的个体文化特性是社会文化建构的重要因子。孟子道：“天下之本在于国，国之本在于家，家之本在于身。”此话之意为“天下是由许多国家构成，每个国家都是由不同家庭形成，而家庭则由其不同的家庭成员组成”。家庭是社会的根基，是国家兴旺之本，家庭与社会之间的关系如同细胞与生物体一般，你中有我，我中有你，彼此之间难以分割。家庭的稳定、和谐对社会的稳定与和谐具有极其重要的作用，重视家庭的平稳成长与和谐进步将是社会稳定与国家文化繁荣的基石。家庭档案是家庭文化要素中不可缺失的成分，也是家庭从创建、发展到繁荣的整个过程的原始记录，其蕴涵的家庭文化因子体现了家庭文化成长的个性，更揭示了家庭文化的底蕴。正如前文所述，社会是由不同的家庭共同支撑起来的，社会文化体系也是由若干个家庭文化分支共同搭建起来的，既然家庭档案借鉴和吸收了家族发展过程中优秀的文明成果，并对家庭文化的丰富和发展能起到积极作用，那么家庭档案对社会文化的记录与传播、对社会主体的文化教育以及社会各民族文化的继承同样具有积极的影响。

二、家庭档案的文化功能

1. 家庭档案的文化记录功能

档案是人们在社会生产实践过程中形成的原始记录，它真实、原本地反映了人类文明的发展过程，并详实、准确地记录着社会文化演进的全过程。家庭档案作为档案的一种类型，自然具备了档案所具有的共同功能——原始记录功能。与文书档案、科技档案、人事档案等具有较明显档案信息内容指向性的档案相比，家庭档案所记录的信息内容没有较为固定的格式，也没有较为严苛的要求，其记录的内容主要涉及家庭成员社会生活的方方面面，其记录内容的多样性、详实性和复杂性是其他特种档案所不具备的。而家庭生活往往是社会生活的基层折射，是社会生活的浓缩，更是社会生活的集中表现。也就是说家庭档案虽然记录的是一个家庭个体的生活轨迹，但其中却蕴涵了整个社会生活和文化变迁的过程。如山东济南的孟繁志老人，数十年来坚持收集和记录自家生活的点滴事件，包括家务收支、购物票据、缴费收据、各种奖状证书、照片、录像带、书信、日记、医疗处方等档案材料，并整理形成了 44 卷家庭档案。这 44 卷家庭档案如数家珍般地将孟老人一家人生活的轨迹准确地记录下来，同时也引发家族成员纷纷效仿，注意保留家庭生活的相关材料。特别是孟老人记录的他与老伴以及三个子女结婚的档案材料，真实地反映了五十年来我国家庭婚姻文化的发展与革新，同时通过婚礼上酒席宴会和婚礼后旅行所乘坐交通工具的凭据，再现了五十年来我国社会发展、经济繁荣的历程。由此，笔者认为与其说家庭档案记录的是家庭成员的生活点滴，不如说它记录的是一种家庭文化，一种家庭精华。家庭的成长离不开这种文化的氛围，更离不开这种文化积累。与此同时，家庭档案也记录着社会，是社会文化变迁、发展与革新过程的浓缩，它使得社会文化发展与建设实践在基层个体层面得到了全面的展现。

2. 家庭档案的文化教育功能

文治教化是中国传统的治国理念，也是传统社会教育功能在社会治理过程中的直接体现。在家庭成长与发展过程中，文治教化对家庭健康与和谐具有同样的作用。家庭教育主要以家长对子女心理与行为教育与干预为主，还包括家庭成员之间的文化熏陶与励志教育，其形式主要有口头和实物两种。家庭教育的关键在于为子女或家庭成员在接受社会文化培养与文明传承过程中建构一种文化基础，并为其塑造饱含家庭特色的文化气质。家庭档案作为实物家庭教育的一种方式，对家庭成员的品格塑造与文化熏陶具有积极的作用。如家庭档案中所包含的荣誉证书、职称证书、职务调转书等材料简单明了地反映了家庭成员突出的工作业绩，记录了家庭成员为其奋斗的过程，经常翻阅这些意义深刻的档案材料，既可以再次感受职业成功带来的喜悦，又是自我鼓励、自我调节的极好方式。对家庭中的后辈来说，长辈的成长记录和社会成功的业绩记录对其成长起到了潜移默化的引导和鼓励作用。同时，子女成长过程的记录与相关荣誉材料是父母辛苦付出的凭证，也是家庭教育的重要素材。通过家庭档案的文治教化功能不仅使家庭成员的整体文化修养与素质得以提高，而且其在参与社会实践活动中所表现出的文化修养与素质将会促进社会他人，乃至整体文化修养与素质的提升。此外，通过家庭档案的文化教育功能能够跨越家庭成员年龄代沟的困扰，加强家庭成员之间的彼此了解，在建立和谐家庭文化氛围的同时，进一步巩固社会文化风气，为我国建立文化社会、和谐社会与繁荣社会奠定坚实的精神基础。

3. 家庭档案的文化继承功能

在中国古代，家族文化的传承往往采用两种方式：一种是口述式，它通过口口相传的方式将家族的文化精髓进行代际相传；一种是留书式，它通过文本的形式将几代积累下来的文化精髓进行代际相传。家庭档案往往表现为留书式，当然，当下家庭档案的形式已经超过留书的范畴而呈现出多元化，但这并不能改变其对家庭文化继承的功能，即档案不仅记录了历史，反映了历史，还继承了历史中的传统精华与精神气质。家庭档案具有强大的文化凝聚力，它凝结了家庭成员工作、生活、生产等各种社会实践活动中取得的成绩，创造的成果及经验教训。社会个体参与社会实践而表现出的行为方式绝大多数是受到了家庭成员的影响，而家庭成员对社会个体行为方式的影响也恰恰通过家庭文化力而实现。这种家庭文化力不是由家族成员在特定的时间或地点而形成的文化力场，而是经过家庭几代成员共同努力而营造的一种潜移默化的文化氛围，进而通过社会个体的文化修养影响社会文化。家庭文化力场需要家庭群体的精神文化积累，更需要家庭数代成员形成的家庭档案的物质文化积累。家庭成员对家庭构成、成员往事与家族精神的认知大多来自于家庭档案传承的内容，其借助家庭档案了解家族的内在文化，修身养性，为进一步创造新的文化成果积累和铺垫。在实践活动中家庭成员受家庭文化的熏陶，表现出较好的社会修养与节操，使家庭文化逐渐走出家庭圈而成为社会文化的一个因子。家庭档案的文化继承功能使它成为连接整个家族文化的纽带，是家庭文化得以延续和外化的媒介。

4. 家庭档案的文化传播功能

家庭档案文化传播功能是社会主体在社会实践交往活动过程中形成的，与社区、社会群体以及任何社会主体之间的一种共存关系，是一种文化交流互动的行为与过程。一种个体文化需要与社会文化进行互动，并在互动过程中积累形成其文化价值属性与文化力场。家庭档案作为一种个体文化源，其承载了家庭内部成员的各种历史记忆，也承载着家庭所特有的文化属性。家庭档案文化作为社会文化体系的组成部分，需要通过文化传播的手段融入社会文化，并影响社会文化。同时家庭档案的多样性与差异性决定了家庭档案文化的多元性，不同的家庭具有不同的家庭文化因子，而这些文化因子也只有在社会多元文化平台之上才能实现文化的互动、互通与互融，才能实现社会文化的多元发展，引领社会文化的进步。通过家庭档案文化的传播功能，更多的社会公众能够通过丰富多彩的家庭档案内容了解家庭的魅力及其蕴涵的文化价值，进而提升其对家庭与家庭文化的理解与认同。如2002年沈阳市档案局开展了以“档案进家庭”为主题的宣传活动，将档案局征集的数十家家庭档案作为主题展览向社会公众开放，吸引了十余万社会公众的参观，家庭建档成为当时社会流行的“时髦词汇”。再如2008年12月18日，沈阳市档案局作为沈阳市政府代表团一员赴俄罗斯友好城市伊尔库茨克市，并在该市历史博物馆举办了沈阳家庭档案珍藏展览活动，不仅将我国家庭档案的精华部分传递到国外，更为国际社会了解中国传统家族文化、宣传中国文化提供了亲民的平台。

三、家庭档案文化功能的实现路径

1. 培养公众家庭建档意识——档案工具价值普及之道

意识是主体对客观世界的反映，也是主体建构世界、改造世界的基础。对于家庭档案来讲，社会公众的家庭建档意识是决定家庭档案能否成为档案事业未来发展的“希望工程”的重要因素。同时，从文化层面来看，档案文化的社会建构并不能通过由档案行政管理机构组织的档案展览或档案文化宣传活动而实现，这种文化推广活动只不过是对主体文化观念的一种表象化的影响力，而真正实现档案文化的社会建构则需要为社会主体建构一种档案价值意识，用这种价值意识来约束或影响主体的社会实践行为，使之常态化。由此，笔者认为档案文化的社会建构实质上是一种主体行为模式的建构，这种模式文化的建构需要从主体的价值意识培养入手，特别是从社会主体的微观社会实践活动出发来培养和建构社会主体的档案观念。家庭档案是社会主体在家庭活动和社会实践活动中形成的重要的历史记录，它能够在主体细微的心理感受与价值选择层面对主体产生极其重要的影响。因此，家庭档案完全可以作为档案社会文化建构的普及工具，而这需要从培养和建构社会主体的家庭档案意识着手。笔者认为主要包括两个方面：

其一，鼓励家庭建档，规范家庭建档行为。文化的建构在于主体社会实践行为模式的养成，而作为档案文化社会建构的“希望工程”，家庭档案不仅可以作为档案事业从国家走向社会的引路标，更可以成为档案社会文化体系建构的奠基石。家庭档案的社会推广关键在于社会公众对家庭建档文化意义的理解与把握，进而在家庭实践活动氛围下实现档案意识的培养与建构。作为档案事业发展的推动者，档案行政管理机构可以为家庭建档行为提供咨询与指导服务，一方面通过各种便民渠道，为社会公众提供家庭建档方面的咨询，并有条件地为其提供家庭建档的服务；另一方面，通过家庭档案的宣传活动鼓励社会公众的家庭建档行为，并对已建立家庭档案的社会公众提供科学化的指导，内容主要涉及家庭档案的整理、分类与保管等重要环节。

其二，宣传家庭档案功能，引导公众树立档案意识。虽然在主体价值意识的培养中其内在的价值选择起到决定作用，但外在的有效引导同样会对主体的价值选择产生影响。因此，适时、恰当的家庭建档引导有助于社会公众档案意识的建构。与社会组织的建档引导不同，家庭建档的引导不能依靠行政执法或监督的方式约束，而是需要以一种社会公众容易接受的方式展开。笔者认为主要包括以下三个方面：其一，家庭档案的展览与宣传。直观的家庭档案展览是宣传家庭档案功能的最直接的方式，也是最重要的方式，但家庭档案展览不能选择一般性的展览方式，而需要选择一种更“接地气”的方式进行，如哈尔滨市档案局协助家住阿城区的王先生建立了黑龙江省第一家家庭档案展示馆，并免费向市民开放，这种以家庭为单位的档案展览以其独特的展区设计和丰富的家庭档案资源受到市民的广泛关注。其二，借助互联网和手机终端技术。信息时代的档案文化宣传受益于现代信息技术而呈现出多元化的发展趋势，家庭档案的功能宣传与社会普及可以借助时下颇为流行的微信、微博、QQ 等即时聊天工具和信息共享平台实现宣传的即时性和多元性。同时可以扩大家庭档案宣传的受众面，融入社会公众的日常社会实践活动中。其三，建构社区基层家庭建档指导机制。社区是当前社会治理的基层组织，也是共同区域内各个家庭相互联接的纽带。通过社区指导来带动个体家庭建档可以有效地减轻档案行政管理机构的基层家庭建档指导工作量，同时也有助于社区内部个体家庭间的档案交流，易于社区内部个体家庭建档行为的普及。

2. 彰显家庭档案的社会文化张力——档案信息价值的普及之道

家庭档案社会观念的养成为家庭建档行为的社会化建构创造了观念的基础，使档案工具价值意识融入社会个体的价值观念之中，这是家庭档案文化功能实现的一个层面。从文化层次来讲，家庭档案文化功能的实现还需要通过档案自身的记录工具功能来彰显家庭档案的社会文化张力，通过家庭文化的凝聚与壮大进而影响、完善和丰富社会文化体系。家庭档案来自于个体家庭，它是家庭成员个体生活和社会生活的真实记录，家庭档案所具有的文化教育、继承与传播的功能，能够有效地维系家庭成员之间的联系，并有利于家庭成员文化观念的塑造和养成。主体文化品格的养成主要来自于两种渠道：一种来自于其所在的家庭，一种来自于其所生存的社会。家庭文化是一种封闭的内部文化，这种文化形式大多依靠家族成员代际间的传承，极难被社会其他形式干扰。因此，家庭文化对主体文化品格的养成具有直接性，而家庭档案作为家庭，乃至家族传承下来的文化遗产，其内嵌了厚重的家族文化底蕴。对家庭文化底蕴的理解与消化不仅需要熟知家庭档案所记录的内容，更要在长辈的指引下领会其中的文化内涵。从家庭档案内容上来讲，它们所表现出的社会文化张力是相对有限的，因为这些档案所承载的多是家庭内部或私人的记录，但从家庭档案产生的渠道来讲，它们却脱离不了与其所产生的时代和社会实践活动的关系。由此，笔者认为家庭文化源自于社会文化，并会随着社会文化的变迁而改变。这是因为社会文化是一种多元文化，其在发展演变过程中不断创造新的文化，同时也在同化着来自于社会各个渠道的文化。从文化价值理论的观点来看，主体社会化就是把群体的经验、知识、思想、意志、观念、规范等文化内化为个体价值意识的过程，也是个体按照群体文化建立参照系统的过程。因此，社会文化影响着家庭文化的塑造，决定着主体文化品格的时代性与社会性。家庭文化融入社会文化，彰显其内在的文化底蕴与社会文化特质，需要通过家庭档案文化功能的社会实现完成。笔者认为家庭档案文化功能的发挥不应只局限于家庭个体，而应从家庭个体走向社区群体，从社区群体走向社会群体，以此彰显其丰富的文化内涵。在此过程中作为家庭档案培育与指导的相关档案管理机构可以从两方面着手营造家庭档案的社会文化氛围：其一，通过基层档案管理机构对家庭档案的发现、发掘、指导与推广，进一步扩大家庭档案文化行为的社会影响力，如通过开展典型家庭档案的社会征集、建立典型家庭档案展示平台、开展家庭档案文化互动实践活动等方式能够带动社会公众对家庭档案文化社会推广的关注。其二，通过对家庭档案信息内容的整合与解析，再现其所承载社会文化的时代性和历史性。笔者认为大部分由档案管理机构举办的档案展览与文化推广活动都以档案馆自身保管的馆藏资源为基础，而这些资源与社会公众的社会文化选择存在一定差异，这就使得文化推广活动的受众群体相对较窄，文化推广效果不佳，而以与公众社会生活相关的家庭档案作为城市文化与区域文化推广的资源则使活动本身更贴近社会公众，容易引起公众的文化共鸣。

家庭档案的社会推广与普及是当前我国档案文化体系建设的一项重要的品牌工程，也是推动未来我国档案事业发展的希望工程。

Research on the Value and Cultural Function of Family Archives from the View of Archival Dualistic Value Concept

Abstract: Family archives, as an archival format which has the most closely relationship between the archives and social practice, is not only a higher level pursuit of social subjects in the spiritual and cultural life, but also a kind of individual cultural collection to maintain and promote social stability and development. With the Achival Dualistic Value Theory, the author interprets the cultural value of family archives, proposes the cultural record, education, inheritance and propagation function of family archives, and describes the way to achieve its cultural function.

档案馆伦理的理论与实践探讨[*]

——基于档案双元价值观的哲学思路

档案双元价值是档案学研究的哲学话题，但关乎档案事业的实践路向。档案价值观其实首先暗藏于“档案”概念之中。“档案是什么”是解读档案价值的最好脚本，也是建构“档案双元价值”体系的逻辑起点。[①]档案双元价值观认为“档案是人类对凭证信息的合目的控制”或者“档案是处于合目的控制的凭证信息”[②]，其核心要义还在于档案价值有档案价值本体和档案价值实现两个层面，但两个层面不是割裂的存在或者是此消彼长的关系，而是倡导档案双元价值体系内各元素之间的关系平衡，力求“档案双元价值高度紧密结合，呈现为椭圆向圆运动的态势”，即档案价值的充分实现。档案双元价值观自提出到现在已有十余年，多位学者对其进行了深入的研究和广泛的讨论，认为这一观念蕴涵了较大的持续研究空间，甚至也是我国档案学者走向国际档案学术交流的“敲门砖”[③]。从更为实际和初始的角度讲，档案双元价值观这一对于档案价值的哲学追问和基于实践关系的价值解读的哲学思路，也给我们一定的启示。笔者就试图顺着这一哲学思路，来探讨一下我国档案馆伦理的理论以及实践。巧合的是，在覃兆刿教授的《价值目标与伦理重构——关于档案馆社会化服务的功能与效能研究》一文中，笔者也看到了覃教授对档案馆伦理重构的呼吁和有益的理论探索：“以‘伦理重构’为核心的适应性变革，是档案馆谋求‘有效服务’必须进行的职业道德修炼和组织文化‘再造’”。

一、档案馆伦理的基本理论

档案馆具有内在的价值目标，“档案方式是人类进化和规范意识的产物，其中凝聚着道德（求真）和伦理（秩序）精神，体现为手段价值与目的价值的结合”。目前，档案馆面临着档案保密尺度准确把握的难题、档案保管和开放利用的矛盾，遭受着利用者知情权难以确保、制造信息污染及信息鸿沟的质疑，这种紧张关系日益加剧。这些现实需要档案馆做出合乎伦理的决策，也需要档案馆告诉人们什

---

* 张艳，湖北大学图书馆馆员。

① 覃兆刿等．椭圆现象：关于档案价值实现的一个发现．档案学研究，2009（5）

② 覃兆刿．中国档案事业的传统与现代化——兼论过渡时期的档案思想．北京：中国档案出版社，2003

③ 任越．从观念到理论——档案双元价值论的演变轨迹研究．档案学研究，2012（1）

么是合乎伦理的档案方式和行为。简言之，“档案价值目标的内驱与社会需求的外力作用”是档案馆结构震荡与伦理重构的两大主因[①]。

1. 档案馆伦理的涵义

档案馆伦理是思考在档案馆相关活动中什么是“应当”的行为，认识到什么是最有价值的，以构建档案馆伦理原则；并进一步制订实践中的行为细则和实施办法，即在档案馆相关活动中应当做最有价值的行为。笔者认为，档案馆伦理就是指处理档案馆事务中涉及档案意识、档案方式、档案行为的人与人、人与社会以及人与自然存在物之间关系时应遵循的道理和准则。档案馆伦理包括四个方面，即档案馆员职业道德、档案信息伦理、档案馆管理伦理、档案馆服务伦理。这四个方面可基于目的论、义务论、权利论等伦理学推理方法构建规范原则。可见，档案馆伦理是丰富而又彼此密切联系的综合体系。探索和研究档案馆为中心的伦理秩序，以期构建档案馆伦理规范，从理论层面形成一种指导行为的法则体系，即“我们应该怎样处理此类处境”“我们为什么、依据什么这样处理”。

2. 档案馆员职业道德及其原则

与其他社会职业一样，档案馆员承担着特定的社会功能，被社会赋予了特定的“名分”，即档案馆从业者必须恪守的伦理准则。档案馆员职业道德就是档案馆从业者在平时的工作或相关活动中形成和确立的基本行为规范，以及与之相适应的道德观念、情操和品质。大体包含档案馆领导者对普通档案馆员、档案馆领导者对社会、普通档案馆员对社会的行为规范和道德品质。档案馆员职业道德具有基础性、稳定性和开放性的特点。

康德认为，“一种出自义务的行为具有道德价值，这种价值不在其所达到的目的之中，而在决定该行为的准则之中”。职业道德必须基于某些义务，同时职业不能被手段化。运用义务论的核心理念，档案馆员职业道德的规范性原则有两个：①忠诚原则。档案馆员不仅要对档案馆和社会尽到一切义务，包括显见义务和潜在义务，还要对档案馆和档案忠诚，要有优秀的专业素养和执着的敬业思想；②一视同仁原则。档案职业伦理体现了档案馆领导者与普通档案馆员、档案馆员对档案来源机构、档案馆员对利用者、档案馆员对同行从业者的伦理关系。在这种面对面的活动中需要遵循一视同仁的原则，不能厚此薄彼。

3. 档案信息伦理及其原则

档案馆背景下，档案信息伦理就是文件形成者、档案来源机构、档案馆员和利用者在档案信息生成、管理、传播与利用活动中以及使用信息技术这一手段时应有的档案信息意识和对档案馆功能的认知，并在此基础上形成和确立的行为规

---

① 覃兆刿．价值目标与伦理重构——关于档案馆社会化服务的功能与效能研究．档案学研究，2005（5）

范。档案信息伦理具有贯穿性、客观性的特点。

探讨档案馆背景下的档案信息伦理，笔者将基点放在了档案馆权利之上。这是因为作为具有双元价值的档案的集散地，档案馆的功能和权利是人们重视和尊重它的唯一理由。保障档案馆的权利，即保障档案的双元价值实现，就对文件形成者、档案来源机构、档案馆员和利用者提出了一定的档案信息伦理要求。笔者认为档案信息伦理的规范性原则有三方面：①档案意识主导原则。有了合理的档案意识的主导，才会产生一系列合乎伦理的行为；②共同利益原则。要求文件形成者、档案来源机构、档案馆员和利用者树立共同利益原则，明晰档案馆是个人或组织的权利与义务相统一的最佳点；③自律原则。在档案馆活动中，要求档案信息行为主体要注重"慎独"为特征的道德自律，强化档案的双元价值意识，规范其信息行为。

4. 档案馆管理伦理及其原则

管理伦理的本质在于将伦理的作用和管理实践有机结合起来，同时管理伦理并非只考虑个体而不考虑整体，而是力图把两者很好地统一起来。[①]档案馆管理伦理就是档案行政机构、档案馆在档案管理工作中以及档案馆、档案来源机构在接受管理时形成和确立的行为规范。档案馆管理伦理具有全局性、导向性的特点。

探讨档案馆管理伦理，可以基于目的论的观点。目的论主张对"最大多数人的最大幸福"的追求。那么档案馆管理伦理是为了档案行政机构、档案馆、档案来源机构乃至全社会能用最小的成本投入产生最优化的结果，其有两个规范性原则：①授权原则。档案馆在创新发展的背景下，档案馆领导应善于授权，让组织内各部门发挥自己的智慧。当然这些授权都应在充分实现档案馆的社会功能的前提下，并且有一定的监控机制来防止授权误用和滥用；②效能原则。档案馆管理中应注重高效能。首先，应有完善的管理体制；其次，其管理主体应具有出色的专业素养和学习能力；再次，应注重合理配置有限的资源，实现高效能。

5. 档案馆服务伦理及其原则

档案馆服务作为档案馆的一种基础性活动、常规性活动是毋庸置疑的事实。然而，档案馆服务的伦理特性或伦理意义何在？笔者认为，档案馆服务伦理是指在档案馆员和普通利用者乃至社会公众在档案馆服务中形成和确立的行为规范。档案馆服务伦理还凸显了"附加服务"的价值，这里的"附加服务"可认为是在直接满足利用者需求之外对档案价值的一种宣扬和引导，体现着档案馆服务的伦理意义上的进步和档案馆服务伦理具有主观性、发展性的特点。

档案馆服务应是为达到正当目的和善的目的，并以正当手段和符合道德、符合法律的手段满足利用者需要乃至社会需要的行为或活动。因此，可以依据权利

① 周祖城．管理与伦理．北京：清华大学出版社，2000：58

论的理论提出档案馆服务伦理的两个规范性原则：①公正原则。体现为档案馆应以平等的服务政策、平等的服务态度、准确无偏见的方式来完成一切服务行为。②补偿原则。档案馆员需要根据实际情况，遵循补偿原则，做出合理的判断和合法的服务行为。如对于向档案馆移交、捐赠、寄存档案的单位和个人，档案馆可给予其优先利用权利。

需要指出的是，档案馆员职业道德、档案信息伦理、档案馆管理伦理、档案馆服务伦理四部分不是割裂的存在，而是复杂统一的存在于档案馆实践中，并具有层级性。其中，档案馆员职业道德作为最基础层级的伦理，是核心层，是底线伦理；档案信息伦理则是引入了档案信息要素的第二层级，是扩张层，是基于底线伦理之上的基本伦理；第三层级则是档案馆管理伦理和档案馆服务伦理，是外延层，是我们追求的最高伦理。

二、档案馆实践中的困境及伦理分析

档案馆是一个有机整体和完整系统。档案馆系统各元素自身优化、相互协调、共同作用的最佳结果是档案馆工作的正常展开和档案馆事业的健康发展。然而在档案馆实践中存在着诸多不足和困境，制约着档案馆事业的和谐可持续性发展。

1. 传统档案馆管理中的困境及伦理分析

档案馆管理中的困境主要体现在档案馆行政体制以及档案馆收集档案、鉴定档案、保管档案等方面。

我国“局馆合一”的现行档案行政管理体制在实践中达到了“精简机构”的目的，却直接造成了档案馆行政体制上的弊端，使其行政、执事职能纠缠，干预了档案馆的科学性、文化性，对其社会效能的发挥缺乏督促机制，造成档案馆活力下降，且这种温床机制不利于个体人才的发展。这一困境充分说明了档案馆在其“应当”行为上的迷失，其违背了档案馆伦理中的授权原则和效能原则，从而一定程度地弱化了忠诚原则。

实际工作中，档案馆档案收集范围狭窄，许多该收集的档案材料遭丢弃、遗失，个别人觉得文件材料珍贵而私藏等状况的存在造成馆藏贫乏、内容单一、种类不齐全。无论是私人占有还是档案不完整，都使得档案馆的收集工作处于被动状态。造成此类困境的根本原因在于社会对档案馆的认同与档案馆对自身的认同存在着巨大反差，文件形成者、档案来源机构、档案馆没有结成共同利益联盟。

档案馆鉴定档案是指根据一定的原则和标准，对档案区别真伪、判定保存价值的工作。如由档案馆的鉴定人员来进行的，这就不可避免地带有档案馆员主观预测性和个体随意性，也在很大程度上姑息了一些无价值或者价值不高的档案。这些困境或者行为说明了相关人员从事档案馆活动时的利己性，避免“档案一旦被销毁，便无法失而复得”的状况，但从伦理上讲，这又是另一种失职，即对信息泛滥甚至假信息的存在没有做出合理的控制。

档案馆保管档案泛指档案馆为便于档案管理、延长档案寿命而采取的一切措施和手段。① 最大的困境在于档案馆希望某些档案能永久的保存下去和物质损耗之间的矛盾；其次是人为因素，或玩忽职守、有意识破坏，或缺乏档案保护知识，造成档案的管理不善。造成此种困境的一个伦理因素就是没有遵从效能原则。

2. 传统档案馆服务中的困境及伦理分析

档案馆服务中的困境主要体现在档案馆提供档案利用方面。档案馆编研工作作为档案馆利用馆藏档案开展的一项业务，可视为一种特殊形式的档案馆服务，同样存在着一定的困境。

在实际档案馆服务中，许多档案不能及时开放，极大限制了档案的开发与利用；由于档案利用者处于被动的一方，导致其知情权难以确保。这就造成了档案馆提供档案利用面临的困境，即服务理想与操作方法的冲突。从伦理角度看，在没有经过详尽组织和谨慎论断的前提下，将大量档案置于保密状态，必将在很大程度上封闭档案的工具价值和信息价值，这种做法是不合乎伦理的。同时，档案馆员借助直接保护机密的目的来证明将档案设密的手段之正当性，是对档案工具价值的浅层理解，无益于档案价值的社会化推广。

档案馆编研工作是对馆藏档案的二次开发和深层次研究，是以满足社会需要为目的的一项工作。在实际工作中，档案馆编研工作存在着以下困境：编研初始目的与编研成果效用无法匹配；编研工作宗旨与编研工作内容有些矛盾；编研的理论要求和实际操作有一定的偏差。可见，档案馆提供档案利用时遭遇的困境在于利用范围、利用方式、定价标准有违公正原则、补偿原则，也在一定程度上违背了档案意识主导原则、共同利益原则。

3. 数字环境下的档案馆困境及伦理分析

信息技术与网络技术作为基础性核心技术，使档案馆的工作内涵发生了深刻的变化。然而在这种数字环境下，档案馆的发展面临着不少困境。

数字环境下，电子文件正在大量出现。档案馆员在传统工作中“保守派”的思想动态和工作作风难以推进实践的发展，出现了“电子文件归档、保管与利用等纯属技术问题”、“电子文件不具有与纸质文件同等的法律效力”等落后甚至是错误的想法和做法。这是对档案工具价值的漠视，违背了档案意识主导原则。

馆藏档案数字化是指利用数据库技术、数据压缩技术、高速扫描技术等技术手段，将纸质、声像等传统介质的档案和已归档保存的电子文件，系统组织成有序的档案信息库。这给档案馆和档案馆员带来了新的挑战：一方面是馆藏档案数

① 王向明．档案管理学原理．上海：上海大学出版社，2009：164

字化任务的紧迫性、长期性和规划的复杂性、艰难性的矛盾，一方面是信息技术发展快节奏、高效率与传统档案馆工作稳妥、慢节奏的鲜明对比。任何档案馆及档案馆员在应对挑战时的无力都是不合乎伦理的，有违忠诚原则及档案意识主导原则。

随着网络技术异化、网络“非人性化”及技术缺陷等特质的出现，数字时代档案信息的安全性难以保障，破坏数据、窃取信息、恶意攻击、非法入侵等成为威胁档案馆信息系统安全的主要问题。凡是由于人为破坏造成档案信息失窃、被篡改、泄露与恶意传播的当事人和行为都是不合乎伦理的。如果是档案馆员的过错，其违背了忠诚原则和自律原则；如果是利用者的过错，则是违背了自律原则和授权原则。采用不规范的载体以及不成熟的读写技术来形成电子文件或数字化档案信息，在一定程度上没有很好地遵循档案意识主导原则。

三、档案馆伦理的具体实践

在构建了档案馆伦理及其规范性原则、从伦理维度分析了档案馆实践中的困境之后，笔者试图进一步细化档案馆伦理的实践操作，以期将档案馆伦理规范性原则进一步内化、渗入档案馆活动及利害关系人的言行中。

1. 档案馆员职业道德规范细则

档案馆员职业道德规范细则是在规范原则基础上的实践细化，是每个档案馆员在实际工作中应做到的最基本准则。第一，不论是对档案馆还是档案，都努力实现其最高品质和价值。档案馆员应认识到品质低劣的档案及档案馆可能导致严重的负面后果，应致力于档案、档案编研产品、辅助管理系统和相关配套技术等的改进、完善乃至卓越。第二，获得和保持专业素养的能力。档案馆员应将获得和保持专业素养的能力当成分内之事，当成是个人进步与集体进步的一致要求；还要持续更新信息技术知识和法律知识，以适应信息时代的要求。第三，熟悉并遵守与业务有关的现有法规、各项规章制度以及专业标准。档案馆员必须遵守相关的法规、制度和标准，除非另有强制性的道德依据可以让他不这么做。档案馆员在服从之外，还应保留自我判别和责任承担的能力。第四，对每一个利害关系人表示出尊重。维护档案馆及档案的品质，要求档案馆员对相关利害关系人以平等尊重的态度、亲和的方式完成每一次沟通或合作。第五，接收和提供适当的专业化评价。只要时机合适，每个档案馆员应当寻求他人的专业化评价，利用评价做出自我改进。

2. 档案信息伦理细则

档案信息伦理细则是在档案信息伦理规范原则基础上演化出来的实践操作规则，是为了保障档案馆的权利，各利害关系人应采取的态度和行为。第一，保证档案信息的客观、真实和完整。档案作为工具价值和信息价值并存的共同体，是区别于其他类型信息的根本所在。一旦档案失去了这种与社会实践同构的特性，就失去了其应有的社会功能和存在价值。第二，尊重档案信息中的知识产权部分。很多档案都是由一定的知识内容和形式构成的，应被视为其形成者智力活动的结果，需要进行知识产权保护。第三，保护档案信息中的个人隐私部分。档案馆收集和保存的档案信息，特别是个人档案信息、利用类档案或寄存类档案，可能涉及个人隐私。这就要求档案来源机构、档案馆员要担负起保护档案信息中的个人隐私部分的道德责任。第四，采用合适的信息技术并保证正确使用。信息技术具有工具理性的特征，同时因为被人使用，也有了价值倾向性。当信息技术被当作自律和防止档案信息失范行为的手段时，其成为档案信息伦理实施的保障手段之一。第五，避免档案信息污染和信息鸿沟。在档案馆相关活动中，人为因素可能产生不良信息，载体因素可能造成不可读档案，档案馆员和利用者的差异容易形成信息鸿沟，从而影响公众的档案意识。档案馆利害关系人在档案馆活动中应尽力避免。

3. 档案馆管理伦理及服务伦理细则

档案馆管理伦理和档案馆服务伦理作为档案馆伦理的第三层级，其规范原则是指导档案馆管理伦理及服务伦理细则的依据和标准，是对档案馆活动的直接约束，各利害关系人应比照执行。第一，明确档案馆职能并确保实现。对档案馆的职能有清醒的认知、确保档案馆职能的全面实现是合乎法律且合乎伦理的首要表现。第二，优化馆藏，丰富资源。档案馆员、档案来源机构和文件形成者应从档案的质量、数量、结构、类型上全面把握馆藏，注意档案的多元化及有序保存，力求全面的反映社会历史面貌。第三，处理好档案保密和开放的关系。在效能原则和公正原则的指引下，档案馆应以档案开放为主，档案保密为辅；档案进馆鉴定为主，档案实时鉴定为辅，以支持开放档案的持续性增长和动态更新。第四，简化入馆手续。档案馆在对利用者的信息进行首次记载后，便允许该利用者在以后的利用过程中直接进馆，除非是要对该利用者的信息做出审核或者追加。第五，促进公众对档案馆的了解，自觉维护档案馆及其地位。档案馆应以贴近公众的自我宣传拉近档案馆与公众的距离，促进全社会档案意识的提高，自觉维护档案馆的价值和文化地位。这是档案双元价值的体现，更是档案馆文化内涵的延伸。

4. 档案馆伦理教育

档案馆伦理教育是一种价值观教育，通过教育内容、教育方法、教育支持系统等方面使档案馆利害关系人形成自主伦理，在档案馆相关活动中自觉选择合乎伦理的态度和行为。自主伦理是档案馆活动的理想伦理，良知在自主伦理中扮演着关键角色。良知并非人的天赋本能，而是在后天的教育过程中形成的。第一，档案学专业学习中的伦理教育课程。档案学教育者应认识到伦理与职业、伦理与团体、伦理与社会等关系的重要性，将伦理这一软性要素融入档案管理机构和活动的文化内涵中。档案学教育者有责任使学生认清档案馆实践中的困境和社会问题，引导其进行伦理分析并作出道德判断，选择更道德、更负责任的行为方式，进一步影响整个社会的自主伦理。第二，档案馆实践中的伦理教育。不能奢望档案学专业开设伦理教育课程就能解决档案馆实践中的伦理困境，我们要作出持续的努力，包括在档案馆实践中开展的伦理教育。档案馆实践中的伦理教育内容是随机的、细节性的，也是动态变化的；其教育方法多是情景式、潜移默化式的民主化讨论和交流；档案馆、档案来源机构、社会（媒体）构成了档案馆伦理教育的支持系统。

5. 档案馆伦理配套机制

档案馆伦理配套机制是一种他律机制或制度安排，其核心是法律的制订和完善，并以舆论监督氛围的形成以及评价机制的建立为补充。第一，法律法规控制机制。在档案馆伦理实践的道路上，需要将档案馆的管理和服务制度、道德自律上升到法制的高度，把法制化作为调控档案馆伦理的配套方式，形成法律法规控制机制，保障档案馆伦理细则的良性实现。第二，舆论监督机制。应对档案馆实践中的困境及问题，培育档案馆伦理，舆论监督氛围必不可少。健康的舆论氛围可与利害关系人的道德感相互作用和交融，体现出道义的力量，形成档案馆伦理的内在维系力。第三，伦理评价机制。档案馆伦理评价机制包括伦理评价的目的、标准、方式和过程等内容。伦理评价的目的是通过档案馆伦理评价来具体指导人们的行为。伦理评价的标准即上文所述的档案馆伦理的具体内容及其规范原则。伦理评价的方式主要有自我评价和他人评价两种，来达到赏善罚恶的目的。伦理评价的过程实际上是证明档案馆利害关系人的行为在伦理上的正当性的过程。这是个不断向上追溯的证明过程，即“行为结果或动机——行为规则——行为原则或法则——一定的伦理学体系”①。

四、结　　语

无论从理论层面还是实践层面出发，档案馆建设和发展不仅需要自上而下的制度保障，还需要由内而外的伦理精神、道德支撑。因为只有精神层面的认识和行动才能为档案馆建设和发展提供深层次的精神动力，为其创设良好的档案意识氛围和人文环境。这种精神层面的认识和行动就是一定的价值认知、判断以及由此产生的行为。这也是在文化层面上重塑档案馆的精神框架，强化实践内驱力，

① 张传有．伦理学引论．北京：人民出版社，2006：272

从而为档案馆效能的发挥提供理论支持和规范原则，为解决实践工作中的问题提供反思角度和分析思路。笔者基于档案双元价值观的哲学思路，选取档案馆这一典型的机构层面来考察和分析伦理现象及规则，试图在研究的过程中进行多学科的融合，期望在档案学、伦理学、信息学等方面架起沟通的桥梁。同时也期望这些不成熟的思考和分析能为解决实践中的困境提供一个分析思路，为档案馆的建设和发展提供一种人文动力。

Study on the Theory and Practice of Archives' Ethics

— Based on the Philosophical Thinking of Archival Dualistic Value Concept

Abstract: Archival Dualistic Value Concept, as the philosophical inquiry of archival value and the value interpretation based on the practice, this philosophical thinking can lead more extensive research on archives. Archives, as an organization which collects archives to provide using, bears various functions. However, the archives is facing more and more puzzles and doubts during the processes of management and service. These problems require archives to make ethical decisions, and to inform people what the ethical archival way and behavior are. This paper tries to discuss the theory and practice of archival ethics based on the philosophy thinking of Archival Dualistic Value Theory.

档案价值认识的通透与档案管理行动的高效*

档案管理活动是有价值指向的社会实践行动，档案价值理论是档案基础理论的重要组成部分。长期以来，档案的凭证价值和参考价值被广为关注，而实现这两个价值也在一定程度上成为档案工作实践的价值取向和行动指南。笔者作为一线的档案实践者，多年在档案宏观管理、档案业务指导、档案基础培训、档案法制宣传等领域践行档案价值理论，曾对档案价值的理解产生了许多困惑和思考。深感“凭证价值”与“参考价值”对于档案价值的描述单薄而肤浅，没有给我们档案工作者带来足够的思想辨析力，也没有产生足够的行动推动力。以谢伦伯格的文件双重价值理论为指导来认识和把握档案价值，也感觉只是有所交集，未能完美阐述。笔者曾写过“关于档案作用的再思考”（《上海档案》1999 年 03 期），努力在档案理论中挣扎前行，也提出了档案监督作用等对档案价值的思考。多年来，一直期盼档案基础理论的发展，能够给档案工作实践者提供更先进的理论平台。

21 世纪初，覃兆刿先生《双元价值观的视野：中国档案事业的传统与现代化》的出版，尤如一支寂静林中的响箭，给档案基础理论带来了新的突破，为档案学研究注入了新的血液，也为档案工作者带来了全新的思想理论武装。

一、双元价值论把档案价值理论阐述得通透而丰韵

双元价值论的阐述完全有别于以档案作用性质为标准划分的“凭证价值”与“参考价值”。其表述的档案价值具有双元性，“档案始终可以作两个面上的理解：一是作为一种行为方式，人类的初衷在于它的结构形式所赋予的功能，即所谓工具价值；一是作为记录或者文献归属的实体，其内容负载的价值，即人们所公认的信息价值。”以两个“面”来表述档案作用是一种独到的视角，档案两种价值不是二元结构，而是复合于一体的两个面，彼此关联，层级清晰，均衡稳定，同时一致指向于——“档案是人类对凭证信息的合目的性控制结构及对象”，既追溯到档案价值的源头，又简明易懂地用“工具价值”和“信息价值”来表述档案价值的双面。这是一种高超的哲学解释，是一种立体而通透的理论模型。全面超越了或是罗列档案作用的表现形式，或是二分档案作用性质的传统档案价值理论。双元价值理论揭示了档案价值表征到档案价值的本源，有理论纵深，且结构缜密

---

* 丁耀琪，江苏省常熟市档案学会秘书长；丁启能，伦敦瑞士信贷银行职员。

有力。

思想理论是实践的先导和动力，“双元价值”能使档案工作者轻易地进入其勾勒的理论逻辑体系中，认识到档案的本真，形成从宏观到微观档案工作全领域宽广的价值认识视野。在“双元价值”观照下，档案工作实践者对“历史记录”概念的认识变得清晰而丰满，对实现档案价值而开展的档案管理目标设计、流程规划、操作控制等系列实践活动的主观能动性带来跨跃式的提升，实现“合目的性”的行动效能得以提高。只有对实践有指导意义的理论才是先进的、有价值的。笔者通过对“双元价值”理论的认识与实践的两端进行观察，引发了对档案价值的源起与表现、产生路径与内含因素以及如何为实现档案价值而开展档案管理行动的多元思考。“双元价值”作为档案基础理论的突破性成果，为档案工作者带来了从思想理论到管理技能全面提升的无尽空间。

二、“双元价值”之信息价值的解读和思考

信息价值是档案价值的核心。从档案的生命历程来看，档案的前身主要是“文件材料”，文件材料承载的是“信息”，信息记录的是人类的“知识和思想”，知识和思想体现的是“道德、法律和先进的文化”。毛泽东的开国大典讲稿档案，马克思的《资本论》手稿档案，美国《独立宣言》《宪法》《人权法案》档案，其信息价值是以“宏”的形态呈现的，它们的信息量已超出文本记录的文字信息。参观这些珍贵档案，不用细读就能感触到人类先进文化的热辐射，令人心潮澎湃。以信息价值为主要价值的档案，大多是保管期限长久的档案，是人类思想文化的宝贵遗产。双元价值是一个“理论链”，引导我们在档案工作实践中，判定档案价值时要以“信息链”来考量。要沿着档案形成的路径追溯，感触到档案价值的源头是道德、法律和先进文化管理下的社会事务。以此进行价值鉴定时，我们很容易判断一份“全国劳动模范”表彰决定与一份民间赌博账单之间的价值差异。不仅是档案源头会影响档案的信息价值，档案的每一步流转也会影响其信息价值，如档案文本载体质量、信息记录格式、文件签署完备程度、文件材料印制质量、收文处理痕迹和移交手续等。档案内容与文本的生命历程都是以信息形式呈现的，这些信息价值“总和”才成为档案的全部信息价值。

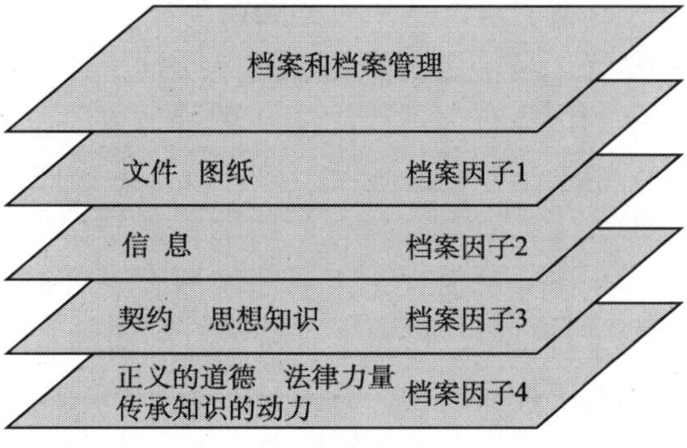

图 1

从档案信息价值入手，档案的

管理方法就有了支点。档案管理的工作对象是档案文本，形式各异的文本承载了有价值的人类记忆信息。虽然以“文本”为中心、文本至上是档案管理的基本准则，但是档案工作者必须以档案文本负载的价值为基准，进行“合目的性的控制”。档案工作者判断档案文本负载的价值，进行“文本解读”是必须的程序。而且，不能局限于文本事实，更要关注文本形成的背景、过程、内在动力和要求。文本的事实是表面文章，文本形成后的流转和程式也是文本生命的履历，也是文本的价值表现过程。如果只停留在文本的事实，就难以真正履行档案价值判断的使命。只有追溯到文本生成的源头，看清文本运动的过程，才能真正把握档案价值的“真”，也才是档案“文本中心论”应有的理性。法院的刑事判决案卷的繁复标准与严格要求，就是让档案的信息价值之和趋于最大，少一个案卷备考的签字，就是档案信息价值之和的消减。“双元价值”之信息价值的解释强调档案信息本质是“与社会实践的对应和同构”，提示档案工作者不能只把思维局限于档案馆库，或者将思维延伸到文件材料形成阶段进行前端控制。档案工作者的思维、视野应当更加开阔，将专业思想植根于整个社会。只有把思维关注到人类社会的道德、法律和先进文化等重大问题上，档案工作实践才能获得根本的思想动力。

认清档案的本质、来源和产生流程，厘清档案管理的机理、层级和管理脉络，才能感悟到档案工作的历史使命——不仅是满足社会对历史的需求，更是“引领”社会对历史的敬畏、对正义的坚守。在实践层面，档案管理部门要懂得高屋建瓴，引领档案功能的实现：一是构筑真实的历史，维护道德的正义和法律的尊严；二是通过挖掘、加工史料，实现思想文化的主动引领。这种“引领”是一种神圣的职责，是走在前面的服务。它要求档案人站得更高，看得更远。是档案人“心怀天下”的一种职业担当，也是档案“合目的性控制”的终极追求。

三、“双元价值”之工具价值的解读和思考

档案的价值是“人类的初衷在于它的结构形式所赋予的功能”。我们可以认为档案管理是特定人群为了促进或抗拒社会变迁有意识且有计划的改变或重建社会秩序的集体行为过程中的一种管理方法，不仅不是装订、搬运文件材料的机械运动，也不是控制温湿度、修补纸张的物理运动，而是社会运动中的一种方法手段。从形成文件材料到转化成档案，都是作为一种工具，工具性价值是文件材料和档案与生俱来的属性。古罗马统治者十分形象到位地以“插入鞘中的剑”来定性档案的工具价值。档案工具价值是档案的基本功能，国家主席与农夫都离不开档案。在档案工作实践中，有大量的档案都是以工具性价值的一面作为存在的主要价值。两国边界勘察、划定的档案，是一种国家管理的工具。城市数以万计的车辆管理档案，是城市车辆管理的必备工具。金融机构的货币发行，资金国内外流转，货币市

场头寸的交割，股票市场、期货市场数据分析与交易，都离不开金融档案的保障，金融档案与金融业务融汇一体。村、社区建立的“户情档案”，养殖户建立的“奶牛档案”等“草根档案”，都是以工具价值见长。工具价值是档案安身立命的价值。在档案管理实践中，大量保管期限为短期的档案，都以工具性价值为主要价值。

档案工具价值的赋予，一是来自档案前身文件材料的契约性。在社会实践中，当事主体认为契约关系重要时，都要用书面形式或其他载体来记录约定。文件材料一般都含有契约关系：法律、章程、决议，合同、协议、责任书，任命书、毕业证、招生简章、合格证、车票和有签字、盖章的文件、表格。办文者在文件材料上的签发、批阅、制表署名、审核等都是一种对契约的确认行为。虽然契约性为所有文件材料所具有，但是强弱程度不同，或在文件材料的价值中所占比重分有轻重。契约性越强的文件材料转化为档案的趋势越强。契约关系由各种形式的契约（公约、私约）来承载，由契约精神来维护。契约关系表现形式有单方、双方、多方和连带、交叉等多种。一个单位的发文是一种单向的契约形式，发文者向收文者表达思想观点、态度，可视作一种承诺，这种承诺发布后就形成一种契约。合同、协议是一种双方或多方的契约。绝大多数契约关系是相连相通或交叉的，形成一个契约体系或契约链。如用工合同签订的同时，主体双方都承诺了遵守单位的规章制度和国家的法律法规。契约最重要的支撑点和力量来源是法律、法规，其次是制度、规则、标准，还有道德、文化习俗等。当事主体双方或多方社会性越强，产生的文件材料的契约关系就越强。契约广泛存在于社会实践中，社会需要档案来维护契约平衡，这也决定了档案管理的普世意义。

档案工具价值的赋予，另一个原因是档案的二次固化历史功能。人们在社会活动中要把思想认识、行动规则、契约关系等内容作为历史记述下来时，把历史信息化作文字、图表、图片、影像甚至实物记载下来。这种第一次固化历史的形式可靠性不强，存在因利益驱动被改写的可能，还存在保管不善以致损坏、遗失的可能。文件材料是一种承载信息的工具，档案工作者将之转化为档案，就是对人类思想知识和契约的再次固化。档案成为比文件材料固化历史作用更强的一种工具。文件材料加上档号后归档，从文件材料形成者移交到档案管理者，从形式到保管主体的变化是一种不可逆的刚性措施，加强了历史记录的稳定性。在档案工作领域，涉及社会稳定、公共安全的还需通过政府机构、公正机构作为第三方归档，使契约关系更加稳固。婚姻登记档案、工商登记档案、向上级备案等都是由公正的第三方对契约进行制衡的一种方式。无论是当事主体进行归档，还是同时由第三方进行归档，都是对契约历史记录的一种强力锁定，使契约行为上升到规范、稳固的高度，从而产生强劲的威慑力。档案的监督作用就来自于此，这种监督成为一种社会管理的工具，以维护社会秩序，约束社会人的行为。

档案工具价值的特性，还体现在对档案形成过程的控制和维护。国际档案界有各种档案工作的理论、标准，各国都有档案的法律法规、工作规范，形形色色的约定都是对档案作为管理社会历史信息工具的一种控制。从宏观来看，我国档案管理领域，制订档案事业规划，开展档案依法行政，档案行政部门建立“档案行政监管系统”，组织业务指导，教育培训等，这都是一种大尺度的控制和管理，目的是使档案的工具价值更高。档案提供的历史信息“准”而“真”，社会才有公信力基础。如果档案管理失去控制，档案受到篡改、损毁，档案的可信度下降，工具价值崩塌，社会公信力也会随之严重受损。从微观来看，建立档案管理体制，实行集中统一管理，制订归档制度，制定整理质量标准和案卷质量标准，库房采取“八防”措施，以及档案数字化，建立数字档案容灾系统等，凡此种种都是一种控制，是实现“合目的性控制”的具体表现和必需措施。

四、双元价值对档案管理行为的辩证启迪

先进的理论对实践具有指导意义，档案工作实践者自觉运用理论指导，能将管理实践带入别有洞天的境界。“档案是工具价值与信息价值的双元结合体”“如果我们能从档案作为方式的社会属性和它作为实态的自然属性出发，就能对其作为控制工具和内在记录信息两方面的价值属性加以考察。”档案管理是人类综合采用行政的、技术的、经济的、法律的和人文的方法和手段对凭证信息流进行控制，以提高历史信息利用效率，最大限度地实现历史信息效用价值为目的的一种活动。“档案是管理社会的必备工具”，任何一个国家管理社会信息必然要把档案管理放在核心地位。现在与未来的人类行为，都需要历史的基础，历史储存的最佳方式就是档案，其容量大，精度高，具有公信力。这种记忆是现实生活的保障，是未来社会的基础。从“档案双元价值”的视角，我们很容易理解档案规范化建设的几个模块——“组织管理”“基础业务”“信息化建设”“开发利用”，恰是体现双元价值的“合目的性”的复式控制。立档单位的三份档案管理核心技术文件——“归档范围与档案保管期限表”“档案整理方案”“全宗指南”，其逻辑框架如果能与“双元价值”的主旨贯通，就能真正达到档案管理效能的最大化。

覃先生认为，“档案事业现代化应以体现‘档案社会责任感（工具价值的实现）’和‘档案公众服务意识（信息价值的实现）’为观念要件”，这是档案双元价值在实践层面的诉求。档案源头的错综复杂，使得社会各种力量在档案管理全过程中作用于档案。有正义力量维护档案的真实性，也有邪恶的力量伺机渗入，企图篡改历史或窃取不该获得的信息。从档案管理的技术层面看，双元价值始终交织在一起，影响着我们的实践行动。比如，归档不仅是对历史信息进行机械式的固定，而是对历史信息的一种鉴别、优化过程。档案工作者要关注档案的源头，以便认识档案记录的信息内容，预测未来利用的可能；以便判断、鉴定档案文本的生命历程，预见历史信息可用性的衰变规律。要充分发挥档案记忆工程的效用，

选取有意义的历史信息进行归档，通过确定档案保管期限，为信息的科学管理预留机制，避免陷入“泛历史”的泥潭。档案作为一种工具，通过控制信息文本的凭证性从而控制社会真实。人、事、物是档案记录的对象，归档时要“一事一卷”“一人一档”，一个项目为一组档案，要求分年度，按时间排列归档，这都是借以保持历史维度的管理诉求；档案又作为一种信息实体，档案工作者应当运用信息管理的思维，采用信息管理方法，对历史信息进行科学组合，从而提高历史信息有序有机程度，增强信息的可用性。这种工具和信息的双元取向，使我们很好地理解了档案管理中的“安全保管”和“开放利用”。

档案管理的终极指向是固化历史，并构筑历史的隧道，让后人能自由地往返，从这个意义上说，档案工作者是历史工程师。“档案双元价值”有助于我们认识档案工作的社会义务。我们要从宏观的档案法律法规制订到微观的“八防”措施，与邪恶的力量抗争，努力维系真实记忆；我们要掌控好保密与开放利用的尺度，促使全社会重视档案信息的利用和档案资源的共建；我们要在法治的高度上管控档案，为维护宪法原则规定的公平和正义贡献力量，这是档案工作者的神圣使命。

The Penetrating Understanding of Archival Value and the Efficient Action of Archival Management Practices

Abstract: Professor Zhaogui Qin's “Archival Dualistic Value Concept” provides the archive workers with new theoretical driving power. The Archival Dualistic Value Theory ignites the archive worker's thought process and transforms the archival management fundamentals into practices. From the penetration of Archival dualistic Value Theory and extensive level of practical work experiences, the close combination of the theory and practice, the analysis is based on three different perspectives, which are the information value, instrumental value and dualistic value to explore the beginning and the life course of the archives and then to pursue the true value of archives. Combined with the social background, this article explains the archives and the archival management practices, and makes a mutual reflection between the different levels of archives practice and the Dualistic Value Theory. It draws a conclusion that the archives work is a justice defense and civilization transmitting project.

论档案文化在传统文化传承中历史地位演变的规律*

——基于“档案双元价值”理论视角

同为文化的特殊形态，档案文化与传统文化之间有着千丝万缕的关系。档案文化不仅是传统文化的重要组成部分，更是传承传统文化的重要方式和保证，在传统文化传承中，档案文化占有重要的、不可替代的历史地位。

首先，档案文化是传统文化形成的养料，中国档案文化滋育和培养了中国传统文化。档案是传统文化的主要文字（或符号）汇集，档案管理者是传统文化的传播者甚至垄断者（奴隶社会时期），档案管理者和其他接触到档案材料的人是从档案中获取原始信息，并进行加工和传播，从而滋育和培养了中国传统文化。其次，档案文化也是对传统文化精华的积淀和凝缩。立足于某一历史节点来看，社会文化内容繁复，千头万绪，是档案工作者通过自身的努力对其进行选择、吸收、加工，并形成了系统档案，才使得传统文化得以记录、储存、传播。再从历史过程来看，在历史跌宕中，文化总是不断产生，又不断淘汰，只有那些具有重要价值和持久生命力的文化才能得以积淀、保存、传承，这些文化成为传统文化的重要组成部分，而在这其中发挥重要鉴定与批判作用的，正是档案文化。再次，档案文化忠实于记录、反映了传统文化的变迁，档案文化的绵延维系了传统文化的历史性与整体性，推动了传统文化的可持续发展。最后，档案文化以凭证、传播、宣传、教育等多种作用方式实现对传统文化的传承，并随着历史演变日益多元化、复杂化。

简言之，档案文化既凝结了“过去”，又促生了“未来”，这种继往开来的连续性与档案文化自身的固有特性决定了档案文化在传统文化传承中的历史地位，而这一历史地位归根到底落脚于档案文化忠实于“现在”的本质特性。

在历史进程中，这种重要的历史地位在不同阶段呈现出不同的个性，并有一定的规律可循。这些规律从不同角度考察会有不同的结论。本文试图以价值观演变为切入口，引入档案双元价值理论作为研究主线和支撑，对档案文化在传统文化传承中的历史地位演变规律进行探索。

---

* 谢诗艺，安徽大学档案学硕士，中国人民大学信息资源管理学院 2014 级档案学博士研究生；马仁杰，安徽大学教授，博士生导师，校档案馆馆长；李小刚，安徽大学管理学硕士，现为中国船舶重工集团第七二四研究所助理工程师。本文系中国人民大学科学研究基金（中央高校基本科研业务费专项资助）项目成果，项目编号：15XNH115，发表于《档案学研究》2014 年第 6 期，收录时经作者略作修改。

一、“档案双元价值”理论及其历史视角

“档案双元价值”理论是由湖北大学覃兆刿教授于2002年提出的，关于档案价值认识的理论。该理论认为档案的价值是双元的：一是档案作为一种行为方式，由其结构形式所体现出的“工具价值”；二是档案作为记录或者文献归属的实体（或结构对象实体），其内容负载的“信息价值”[①]。前者是档案的社会属性，是档案之所以为档案，与其他文献方式相区别的根本原因，它反映了档案形成机构的属性与职能情况，同时，它也是保证档案内容真实性与凭证性的主要价值源泉；后者是档案的自然属性，是档案内容与文化价值的集中体现。可以说，档案的工具价值是档案内容和文化价值的内在根基，而档案的内容与文化价值是档案工具价值的转向或延续[②]。

档案的双元价值是从档案产生就固有的，并相互依存，不可分割的，这与“双重价值理论”（谢伦伯格提出）有根本的不同。但在历史发展中，双元价值本体的实现总是有所偏倚。在奴隶社会与封建社会，档案作为统治者的私有物品，是用于“资政”与“教化”的政治工具，其价值体现主要集中在档案的“工具价值”；进入近代，档案作为“文献”“史料”被重新重视，档案中包含的“信息价值”一跃成为价值主体；直至20世纪30～40年代，国民政府开展的行政效率运动使得档案的“工具价值”被重新强调[③]。

秉持历史主义的档案双元价值理论不是在讨论体系内双元价值的此消彼长，而是在倡导价值体系内各元素之间的关系平衡[④]。在历史发展的过程中，某一价值的凸显并不代表另一价值的消失，只是社会价值观的不同影响了档案价值本体的价值实现。而这种基于历史视角的价值观的转变正是其与本文研究的最佳契合点。

二、档案价值观决定了档案文化的历史地位，档案文化的历史地位又对档案价值观具有反作用

正是档案价值观对档案价值实现的影响，决定了档案文化在传统文化传承中历史地位的高低和不同。简单地说，如果整个社会十分重视档案，那么，档案文化的价值就会明显凸显，档案文化就能充分发挥其自身的作用，实现档案文化对传统文化的传承。反之，如果档案文化的作用受限，那么，它的传承地位就会受

---

① 任越．从观念到理论——档案双元价值论的演变轨迹研究．档案学研究，2012（1）
② 任越．从观念到理论——档案双元价值论的演变轨迹研究．档案学研究，2012（1）
③ 覃兆刿．从一元价值观到双元价值观——近代档案价值观的形成及其影响．档案学研究，2003（2）
④ 任越．从观念到理论——档案双元价值论的演变轨迹研究．档案学研究，2012（1）

到影响。此外，如果整个社会只重视档案的工具价值，忽视档案的信息价值，那么，基于工具价值实现的传承作用（参考凭证）就能得到充分发挥，与之相对，基于信息价值实现的传承作用（传播、教育等）则会受到限制。

档案文化在传统文化传承中历史地位的演变对社会档案价值观的改变又具有反作用。近代档案信息价值的凸显，正是档案文化传承作用彰显的结果。以梁启超、胡适、蔡元培、陈垣、沈兼士为代表的一大批著名学者，对档案文献的信息价值及其品质给予了空前的关注和深入的分析①，档案信息中所包含的独特的历史与文化内涵引起了世人的关注。自此，在世人心目中根深蒂固了几千年的档案一元价值观开始松动，并朝着双元价值，即档案的工具价值与信息价值并重的方向发展。

三、在档案双元价值观的影响下，档案文化在传统文化传承中的历史作用呈现出一定的规律性

1. 档案文化对传统文化的传承由无意识地被动实现逐渐转为有意识地主动承担

在一元价值观为主导的历史阶段，档案是统治者的私有财产，档案工作主要是为统治者维护统治、治理国家服务的。因此，档案文化带有强烈的政治色彩。这一时期，档案中所包含的文化价值被社会所忽略，即使是为修史、编纂而搜寻的档案，也免不了“史书成、档案毁”的噩运。无论是档案工作者还是档案的使用者都未曾想过主动利用档案去传承民族的传统文化。该时期档案文化的传承作用仅仅是统治者在政治活动中衍生出的无意识结果。

近代发生的“八千麻袋”事件，促使我国一大批史学名家开始关注档案中承载的传统文化，主张保存档案、利用档案，为后世存史，并提出一系列整理档案、管理档案的主张和方法。20 世纪 30 年代，中国档案学应运而生，有效地推动了我国近代档案事业的发展。在科学理论的指导下，档案文化的传承功能被挖掘、细化，档案文化主动承担起传承传统文化的责任。

2. 档案文化在传统文化传承中的作用方式随着历史进程的推进日益呈现出多元化特征

在奴隶社会与封建社会中，处于封闭状态的档案，被人们视为神秘之物。档案神秘地产生，悄悄地消失。其朝代近者被严严地封存于“石室金匮”，而“远年案卷，总不出焚毁之一途”。直至清代，仍是“三百年来，除舍人、省吏循例编目外，学士、大夫罕有窥其美富者”②。这种严密的控制，严重地阻碍了档案的价值实

① 覃兆刿. 从一元价值观到双元价值观——近代档案价值观的形成及其影响 . 档案学研究，2003（2）

② 覃兆刿. 从一元价值观到双元价值观——近代档案价值观的形成及其影响. 档案学研究，2003（2）

现。而统治者之所以如此严密地控制档案，主要是因为档案的原始记录性为其实行有效统治提供了最有效的参考和凭证。这也成为该时期档案文化对传统文化传承的唯一作用方式——通过对传统文化的记录、积累，在传承中发挥参考、凭证作用。也就是说，如果把传统文化比成一个人，档案文化就是他的“DNA”。

到了近代，档案的“信息价值”逐渐凸显，同时，档案的开放为档案信息价值的传播和增值提供了条件。档案文化作为社会文化的重要组成部分，开始发挥其媒介与传播作用，大批学者通过档案去了解传统文化，并利用档案从事学术研究，进一步传承传统文化。

新时期以来，对于档案密级的划分和档案开放年限的设定，使得档案双元价值的实现有了较为充分的保障。档案工作者积极开发能够开放的档案信息资源，大力开展档案编研工作，探索出展览、出版、上网、讲座等多种传播、宣传方式，充分挖掘档案的信息价值。党的十七届六中全会通过的《中共中央关于深化文化体制改革 推动社会主义文化大发展大繁荣若干重大问题的决定》更为档案文化建设带来了新的生机。由此可见，新时期档案文化在传统文化传承中的作用方式更加多元化，在原有参考与凭证作用、媒介与传播作用的基础上，新时期的档案文化衍生出了宣传与教育作用，不仅将档案文化作为文化媒介，更作为鲜活教材，在交流传播中宣传中华传统文化，发挥档案的教育作用。这些更主动、更灵活、更有效的作用方式，进一步拓宽了档案文化的传播范围，为传统文化的发展增添了新的动力。

四、在档案价值观的影响下，档案文化在传统文化传承中的历史地位演变轨迹呈现出明显的趋向性

三代时期，档案文化在传统文化传承中占有十分重要的历史地位，这与当时档案和档案管理人员的社会地位和作用是分不开的。神权政治下，作为神权代言人的史官是文化的垄断者，奉为“神物”的档案是早期文字和其他书面语言符号的主要载体，是三代文明的主要传播工具，在此基础上建立起来的档案文化具有无可取代的传承作用。春秋战国时期，神权下降，封建君权逐步确立，档案工作逐渐从传统史官职责中分离出来。秦始皇统一中国后，直接改“太史”为“太史令”执笔记事，并设侍御史记注言行，御史中丞典守图籍秘书，这实际上剥夺了传统史官的“记注”和“典守”职责①。档案工作这种由高级执政官员主管转变为专职官员主管的演变，不仅是封建社会官员职责分工的结果，更是封建社会统治者对档案工作重视程度降低的直接体现，这就使得封建社会中带有政治附庸性的档案文化不可避免地走向衰落。另一方面，社会文化的多样化发展也使得档案文

① 窦晓光．论汉唐的史官和档案工作．档案学通讯，1987（6）

化失去了最初的优势地位。在多重因素影响下，档案文化在传统文化传承中的历史地位开始呈现出明显的下降趋势。

及至唐朝，甲库建立，档案工作开始与图书馆工作分离，独立发展。至宋朝，架阁库与架阁库制度的普遍建立，推动了档案工作进入一个新的发展阶段。明清时期，文书档案制度得到了进一步的发展和完善。

档案工作独立发展固然是一件好事，也是历史发展的必然结果，但这种职能细化的结果，使得档案工作逐渐脱离统治中心，三代初期举足轻重的历史地位不复存在。事实上，由于档案工作在封建国家机器中的从属性和服务性地位，使得档案工作常常为社会所轻视，从事文书、档案工作的令史更是不被看成士人[①]。

由此可见，在一元价值观为主导的奴隶社会和封建社会时期，社会对档案“工具价值”片面重视，使得档案文化对传统文化的传承只能依靠统治阶级对档案与档案工作的重视去实现。但在政治与文化的发展过程中，档案与档案工作受到来自诸多方面的冲击，由此，便导致了档案文化传承传统文化历史地位的日趋下降。

近代发生的“八千麻袋”事件是档案地位下降到谷底的代表性事件。无论是清政府的置之不问，还是北洋政府的大肆变卖，大批珍贵档案遭此劫难，不得不发人深省。但另一方面，一直深藏于皇家深宫大院，不容外人窥伺的绝密档案突然公开流转，又恰好处在我国政治与文化大变革的历史节点，引起了当时众多目光迅速聚焦，这种高度的关注最终引发了档案领域的历史性变革——被雪藏于档案之中数千年的“信息价值”终于得以示人，并赢得学界的高度认可，档案文化的传承地位也由此出现了戏剧性的触底反弹。

双元价值观形成以后，档案文化对传统文化的传承作用便不再依附于政治力量来实现。新时期以来，历史档案的开放，《档案法》对档案利用和公布的明确规定有力地促进了档案信息资源的开发和利用。与此同时，我国档案事业的蓬勃发展、档案高等教育的深化改革与档案学术研究的日益繁荣也为档案文化的健康发展提供了多重保证。在如此良好的环境下，我们坚信档案文化在传统文化传承中的历史地位必将进一步上升，并将得到全国文化界、学术界的进一步肯定。

五、结　　语

在本文探索的规律体系中，档案文化在传统文化传承中的历史地位的演变轨迹是现象，也是表层规律；档案文化的历史作用规律则是引发表层现象的直接原因，是中层规律；在二者的背后，决定档案文化传承地位演变的根本原因是档案价值观的转变和发展，二者相互作用的规律构成了影响整个规律体系的深层规律。

---

① 窦晓光．论汉唐的史官和档案工作（续完）．档案学通讯，1988（1）

这三层规律构成了一个同心圆的完整规律体系，各层内均有自己的客观规律，同时，处于核心位置的深层规律能够向外环辐射，影响中层和表层规律，我们可以通过对表层和中层规律的探究去挖掘和发现深层规律。

档案文化在传统文化传承中的历史地位演变是一个复杂并具有深远学术意义的档案学理论研究方向。其内容宏博，牵涉繁多，笔者仅仅是基于档案双元价值理论的视角窥见了“冰山一角”，期待这一尝试能够在全国档案学界和文化学界起到“抛砖引玉”的作用。

Discussion on the Law of Evolution of the Archival Culture's Historical Status in the Traditional Cultural Heritage

—Based on the Archival Dualistic Value Perspective

Abstract: The archival culture's historical status in the traditional cultural heritage in different historical stages exhibit different characteristics, which from the perspective of archival dualistic value, showing a certain regularity. Under the auspices of unitary value, the archival culture's heritage status was declining, while the mode of inheritance was lack of diversification and the inheritance had to be attached to the role of political force to achieve. However, the situation reversed under the auspices of binary value.It is the interaction between the changing archival value and the status of archival cultural heritage that formed the law. Various laws caused by the interaction, consist of the laws of changing role and status, and constitute the law system of evolution of the archival culture's historical status in the traditional cultural heritage.

对档案双元价值论的理性思考*

一、何谓档案双元价值论

以档案双元价值论为基点，可以很明晰地解决中国档案事业发展过程中很多有争议的档案实践与理论问题。那么什么是档案双元价值论呢？覃兆刿教授指出："档案双元价值论就是将档案分成作为行为方式的和实体对象的来认识，前者体现为凭证的结构和功能，而后者体现为凭证信息的内容。前者赋予工具价值，后者赋予信息价值。"其中，当我们把档案理解为人类完成特定任务的一种标记性行为方式，它的初衷在于借助档案的结构形式完成社会交往时，档案所呈现的价值即为"工具价值"；当我们把档案理解为作为记录文献归属实体（或结构对象实体）时，其内容所负载的价值即为"信息价值"。前者是一种功用于社会意义上的价值，后者是一种功用于个案的价值；前者由档案的社会属性赋予，后者由档案的自然属性赋予。

档案的双元价值论是从档案价值观的角度找到了研究档案传统以及作为与档案现代性之间比较的一个新视角。以档案的"双元价值"为思维轴心和理论基础，覃教授对"档案"的本质属性与档案传统的工具价值目标、"档案"信息价值的发现与过渡期的档案思想、双元价值观与档案事业的现代化目标做了全面阐述。

二、档案双元价值论带来的理论成果

1. 从新视角——档案双元价值论出发，对档案的起源、定义、档案传统的评价和现代化构思建立起系统的看法，进行了新的探索，形成了独到见解

（1）关于档案的起源问题。基于档案的双元价值论，覃教授认为："档案应视为一种具有普遍意义的社会现象，其发生并不以成行的文字和阶级国家的出现为前提。档案是人类为了克服大脑记忆局限并作为诚信的控制依据和契约关系的载体而诞生的，是人类对于信用控制所选择的理想型模"。因而，档案的起源可以理解为"档案方式"的起源，而这种"档案方式"的起源很明显起源于一种特定管

---

* 邱家琴，黑龙江大学档案馆馆员。本文发表于《云南档案》2012 年第 10 期。

理方式的需要。《周易·系辞下传》记载“上古结绳而治，后世圣人易之以书契，百官以治，万民以察”。由此可见，合理衍生了覃教授档案双元价值论——工具价值和信息价值，档案起源于管理需要的立定，的确具有解释的合理性、实务的操作性、思维的突破性。管理本身就具有形式要求和内容要求的双重属性，而覃教授把档案的起源定位于管理的需要，实际上是为档案穿梭于形式（也就是工具价值）和内容（也就是信息价值）的双重世界找到了一个非常易于理解的话语中介。

（2）关于档案的定义问题。基于档案双元价值论的理解，覃教授指出：“档案是人类对凭证信息的合目的控制。”围绕这一定义，覃教授又进一步解释说：“从对象实体的角度来看，档案也可以理解为：出于人类合目的控制的凭证信息。”“合乎目的，凭证信息”，这就是信息价值、工具价值的形象阐释。通过“合乎目的，凭证信息”这样一个阐释过程之后，档案的双元价值论不仅为自己保留了理论探讨的可伸缩性空间，而且还为自己畅行于现实社会提供了确定的角色定位，既利于学术探讨，也利于档案知识的普及使用。

2. 从独具特点的档案双元价值论来阐释中国档案事业现代化进程的实质，准确把握了中国档案事业传统与现代化之间的最佳“榫点”，构建了档案事业现代化的价值目标，提出了档案事业现代化的观念要件和宏观规划与战略

网络化、信息化、现代化信息技术排山倒海式的发展，给中国档案事业的发展带来了巨大的改变，它们正改变着档案与档案事业的内容、形式、载体、管理方式和社会功能的状况。如何适应这种转变呢？可以以双元价值论为基点出发，提出全新的见解。与档案双元价值认识相对应的，档案事业现代化是以体现“档案社会责任感”（工具价值的实现）和“档案公众服务意识”（信息价值的实现）为基点的，即档案事业现代化是对档案作为行为方式的社会工具价值和档案作为记录实体的文献信息价值的综合体现。书中还提出了在档案事业现代化发展的目标中，档案作为凭证信息的合目的控制，它的工具价值的实现重新引起了社会的重视，应该从社会契约化进程、维系社会规则、构筑社会信用体系和社会管理控制中发挥基础平台作用。在档案双元价值论的启迪和指引下，作者对现代档案管理事业当中的“社会契约化与档案事业法制化”“信用档案”“民生档案”“民营企业档案”等信息化下档案工作中出现的新问题进行了合理性的论述，特别有利于档案工作者开拓档案工作实践与理论研究的思路，进一步做好信息化下档案的保管利用与研究工作，更好地实现为全社会提供服务的宗旨。

三、档案双元价值论的理性思考

思考一：对档案工具价值和信息价值平衡问题的思考

在档案双元价值论的视角下，中国档案事业的现代化是对档案作为行为方式

的社会工具价值和档案作为记录实体的文献信息价值的综合体现。然而，事物发展的方向只能唯一，档案工具价值和信息价值相互影响到何种程度，并能够在何种程度上成为引领档案发展的标尺，则必将成为一个虽然有待观望，却不可不加以探讨的课题。

基于价值观对于现实应有的指导作用，覃教授认为中国档案事业的发展方向必然为工具价值和信息价值的综合发挥。这种发展方向在我看来确有理论的合理性，却未必有事实的必然性。

档案的工具价值和信息价值其实始终都是相互渗透、相互影响的两极，不可能毫不相干。以往是档案的工具价值占主导地位，随着时代发展，档案的发展方向将向信息价值倾斜。

思考二：对双元价值论下档案定义合理性界限的思考

在档案双元价值论的指导下，档案被视为一种社会服务的工具："人类合目的控制的凭证信息"。

这和传统的从档案的实体去定义档案，即"过去和现在的国家机构、社会组织以及个人从事政治、军事、经济、科学、技术、文化、宗教等活动直接形成的对国家和社会有保存价值的各种文字、图表、声像等不同形式的历史记录"，存在着区别。在档案双元价值论的指导下，覃教授对档案的理解超出了单纯的控制涵义，试图从多角度来看待档案存在的价值。这个定义突破了档案工具价值的局限，引导档案进入其信息价值领域，为档案满足多元化、个性化的需求奠定了指导思想。但上述的一切，都是以对档案这一特定形式的"文件实体"理解为前提的，否则，档案，在对自身特点没有充分理解的时候，谈论对自身的突破，则必然为一种表面的繁荣，实质的空虚；一种档案自身实质内容的被冲淡，档案领域的被殖民化。在何种前提下，档案双元价值论对档案事业有推进作用，是值得我们深思的。档案定义的推进，必然建立在对档案作为实体文件理解的基础上，否则，在基础未稳的时候，谈论档案价值的突破，不仅不会推动档案事业的发展，反而容易成为有害档案发展的诱因。

覃教授对于档案定义的理解，实质上是基于对档案事业有很深理解的基础上的一种跳出事外的远观式理解，而这种置身事外的理解是作为档案定义本身适当还是作为档案评论更适当，则必然会引起意义深远的讨论。对于有坚实档案理解基础的人来说，覃教授是一个将档案事业引向更为广阔领域的启蒙者，引之探讨档案社会化过程中档案事业将会面临的各种问题；而对于档案尚未有坚定、深入理解的人来说，这种理解，则足以成为将其从一个空虚引向另外一个更大空虚的导引者。总之，我们只有将档案双元价值论的提出理解为档案事业承进者、拓进者，而不是档案定义最终判定者的意义上才能充分理解覃教授对档案定义的合理引申界限。

档案双元价值论视野下高校档案工作发展研究*

一、高校档案工作发展研究的档案双元价值论视角

档案双元价值论由覃兆刿先生提出并逐步丰富完善，旨在从档案价值的角度探寻各种档案现象的内在根源和发展策略，是21世纪以来国内较有影响力的档案学原创理论之一。覃先生从档案的词源和档案产生的初衷出发，经过对中国档案事业史的细致考察，认为近现代以来在民主和自由思想萌发的背景下，延续千年的以工具为重的一元价值观开始向社会秩序控制与公众档案信息诉求兼顾的双元价值观转变。在此基础上，覃先生系统地提出了有关档案价值认识的双元价值观，认为“档案始终可以作两个层面的理解，一是它作为一种行为方式，人类的初衷在于借助它的结构形式所赋予的功能，可称为‘工具价值’；二是作为记录或者文献归属的实体（或结构对象实体），其内容负载的价值，称之为‘信息价值’”①。同时，覃先生还对档案概念做了一种全新的定义：从工具价值来说，档案是人类对凭证信息的合目的控制；从信息价值来说，档案是人类合目的控制的凭证信息②。

提出双元价值观后，覃先生进一步从管理学理论入手，详细探寻了埃默森、法约尔、马克思·韦伯、G. E. 梅奥、吉登斯等的管理学思想，发现“档案”作为一种“管理要素”，以不同的方式融入他们的管理理论之中③。特别是在马克思·韦伯以官僚管理体制为主的理论体系中，覃先生发现“档案”这一要素是作为纯粹理性主义的“工具——目的”的一种“知识”（信息）与“技术”（工具）的结合而被嵌入，是“作为行为方式（工具）和作为对象实体（信息）的双元价值结合体”④。在分析经典管理理论的过程中，双元价值观得到了来自管理学的理论映照和内容充实。同时，在研究档案价值实现的过程中，覃先生巧妙利用“椭圆现象”来形象揭示了“档案价值在不断实现（不断被利用）的过程中，每次实现的价值呈现量恰好分布在一个以‘双元价值’为两焦点的椭圆上”⑤这一规律用数理模型

---

* 易涛，浙江师范大学档案馆副馆长。

① 覃兆刿．双元价值观的视野：中国档案事业的传统与现代化．北京：中国档案出版社，2003：8

② 覃兆刿．双元价值观的视野：中国档案事业的传统与现代化．北京：中国档案出版社，2003：25-27

③ 覃兆刿．析经典管理理论中的“档案”要素——兼及档案作为管理要素的“双元价值”分析．档案管理，2006（2）

④ 覃兆刿．论韦伯组织理论建构中的“合理性”与“档案”——兼及韦伯档案观的双元价值分析．档案学研究，2006（2）

⑤ 覃兆刿，范磊，付正刚，等．椭圆现象：关于档案价值实现的一个发现．档案学研究，2009（5）

的方式实现了对档案双元价值观的理论丰富。

作为国内原生性的档案观点，档案双元价值观一经提出便受到了学界的高度关注，认为它是“对中国档案事业的全新双元审视”①。同时，有学者开始从信息哲学、信息文明、与双重价值理论对比等方面对双元价值观进行研究和分析，为理解和认识这一理论提供了更多的维度和视角；以双元价值观为理论指导，尝试对人事档案、企业档案等实际档案工作进行问题分析和对策思考的成果也开始不断增加，进一步检验了双元价值观的实践指导能力和理论张力。至此，随着越来越多的学者开始关注并投入对档案双元价值的研究中，档案双元价值论也开启了由学术观点向学术理论转型的进程②。

《高等教育法》认为高校是指“大学、独立设置的学院和高等专科学校，其中包括高等职业学校和成人高等学校”。新中国成立后，高等教育受到高度重视并实现迅速发展，特别是在1999年实行扩招以后，高校更是迎来了发展历史上的黄金时期。教育部网站发布的数据显示，截止2014年7月，不包括民办独立学院在内，我国“高校”的数量已经达到2542所，在校生人数突破2400万。然而与高校整体迅猛发展的情形相悖的是，高校档案工作却暴露出人员素质不高、信息化水平不够、档案信息开发能力不强等诸多问题，呈现出“与高等教育事业的整体发展不同步、不协调的局面”③。

面对高校档案工作中的种种问题，如何解析这些表象背后所隐藏的深层原因，如何找寻切合实际的解决途径最为人所关注。人们对某种事物的价值认识，即某种事物对主体是否有价值以及价值大小的判断，从根本上决定了人们对这些事物是否重视，以及重视的程度如何。高校档案工作的各种具体表象，无不受制于背后档案价值理念的影响。因此，“我们可以将档案双元价值理论作为一种价值观，或者评价的标准，将之同档案学的其他内容进行融合，这既是对该理论的检验和完善，更是推动档案学学科发展的良性举措”④，这也是本文选择档案双元价值论作为理论支柱和研究视角的原因。

二、从档案双元价值论看高校档案工作的价值目标

高校档案工作的价值目标反映了高校和高校教职工对自身档案工作价值的认识，这是高校档案工作发展的根源，直接决定了高校档案工作的组织架构、人员配备、物质支持等外在行为。档案双元价值论认为，人们对档案和档案工作价值

① 黄存勋，张丽．对中国档案事业的全新双元审视．档案学研究，2004（2）

② 任越．从观念到理论——档案双元价值论的演变轨迹研究．档案学研究，2012（1）

③ 蔺海波．关于高校档案工作的调查与思考．中国教育报 [2008-6-18]

④ 谢诗艺．档案文化在传统文化传承中的历史地位研究——基于档案双元价值理论视角．合肥：安徽大学，2014：17

的认识经历了由一元工具价值向工具价值与信息价值兼顾的发展过程，这种价值理念外在表现为古代“档房”向近代“档案馆”的转型，伴随着档案价值观的变化，人们对档案工作的价值目标和效益评价标准也会随之发生变化。我国高校发展历史不过一百多年，很多高校更是新中国成立以后才逐步建立发展起来的。虽然时间节点上，高校已经远离“档房”时代，产生与发展在近代“档案馆”形成时期，但是梳理高校档案工作的发展历史，可以发现高校档案工作的价值认识也遵循着从“一元”向“双元”逐步转变的规律。

新中国成立以后，高校档案工作整体而言呈现自理分散期→分管初创期→集中管理期→深化发展期的发展过程①。在经历了新中国成立初期百废待兴的困难后，20 世纪 50 年代末期高校结束了“既没有档案管理的专门机构，又没有专门档案库房”的局面，开始设立文书档案室。这一时期的档案工作价值目标非常明确，主要是对“红头文件”、会议记录等管控性档案的重视，旨在发挥档案的管理工具价值，单项强调文书档案的重要，体现出很强的工具“一元”倾向。“1986 年，一些历史较长、规模较大的学校建立了首批高校档案馆”，“文书档案室”向“高校档案馆”的转变，不仅体现在管理机构名称的改变上，更表现为馆藏内容由单一的“红头文件”扩展到基建工程、科研项目、教学管理等多种内容，在注重高校档案工具价值的同时，注意观照档案的信息价值。1999 年高校扩招以后，出现“有的学校档案馆（室）与党史、校史研究室、校史馆合署办公”的情况，高校档案馆的功能与视野开始超越“档案”，向基于档案信息整合的综合性机构转变，高校档案工作的价值目标开始真正朝着工具价值与信息价值双元并重的方向发展。

不仅高校档案工作的发展历史暗合了档案双元价值的演变规律，高校档案工作的现状和对未来的展望同样可以得到档案双元价值论的观照。高校档案管理机构是高校档案工作的具体执行者，从中最能映射高校档案工作的价值目标和评价体系。现实的高校档案管理机构，根据机构独立性和规模大小来划分，主要分为以学校某机构内部科室性质存在的学校档案室和具有独立性的高校档案室或档案馆。

现实中这种多样的高校档案管理机构与其文书档案室→独立综合档案室→综合档案馆的高校档案工作整体历史演变历程有着相通之处。不同的高校档案管理机构反映了高校档案工作价值目标的差异，也体现了一个高校对于档案工作的价值目标从单纯强调工具价值→认识和关注档案信息价值→档案工具价值与信息价值双元并重的价值认识发展过程。一般而言，不具独立性的高校档案管理机构，其价值目标和评价要求都会集中于高校发展历史材料的收集、整理与保管，强化档案的工具效用。例如，在现实中，档案机构不具独立性的高校，其档案工作往往面临“说起来重要、做起来次要、忙起来不要”的尴尬局面，也没有配备具有档案学科背景的工作人员，因为在这种基础的工具效用的价值目标指引下，高校档案

① 陈华新，顾建建．高校档案工作的历史回顾与现状思考．上海档案，2000（1）

工作往往被认为是任何人都可以胜任的工作，没有配备专业学科背景人员的必要。

高校档案工作价值目标的多元现状，有着办学历史、发展规模、组织体系等多种因素的影响。因此，在高校档案工作的发展上，虽然“档案双元价值的综合发挥是档案事业现代化的价值目标”，但是在发展路径上，“要有一点‘无为而治’的思想，要有‘时机’意识，要讲引导策略”①，避免口号式、运动式、行政命令式的情况出现，实现高校档案工作价值目标与高校发展现状有机结合。

三、从档案双元价值论看高校档案的内容构成

教育部27号令颁布的《高等学校档案管理办法》，将高校档案分为党群、行政、学生、教学、科研、基建、设备、产品、出版、外事、财会共11个大类。从内容构成上看，高校档案的党群、行政、基建、设备等类别与其他企事业单位有着相同之处，为了体现高校档案资源的特色，在尝试对高校档案内容构成进行双元价值分析时，笔者选取有代表性的学生档案、教学档案和科研档案来进行分析。

学生档案是大学生在校期间学习、生活及社会实践的真实记录，属于人事档案的一种特殊类型。高校学生档案在内容上主要包括高校培养的学历教育学生的高中档案、入学登记表、体检表、学籍档案、奖惩记录、党团组织档案、毕业生登记表等。这些内容详细、真实地反映了学生在高校的学习经历和德才表现，成为高校在日常管理中用来约束和规范学生行为习惯的一种“管理工具”。同时，这种“工具价值”还延续到学生毕业，成为就业以及用人单位安置岗位、发展考核的重要参考依据。基于学生档案中包含大量有关学生喜好、特长、奖惩等方面的基本信息，学生档案作为考察学生状况的重要“知识监视体系”，可以发挥其“信息价值”，成为高校和用人单位发现人才、使用人才、激励人才的重要依据和基础。尽管学生档案的工具效用更为明显，但是却并不能否认其价值构成的双元特性。

教学档案是高校师生在教学管理、教学实践和教学研究等活动中形成的真实记录，是高校重要的业务性档案材料。无论规模大小，培养和教育学生都是高校的首要职责。因此，教学档案不仅是高校档案的主要内容，而且其特色资源也显著区别于地方综合性档案馆。根据教育部颁布的《高等学校教学文件材料归档范围》，教学档案主要包括招生录取、学籍管理、考试成绩、学生奖惩、学位授予等17个方面的内容。教学档案几乎囊括了高校教学环节所产生的所有相关材料，因此具有丰富的“信息价值”。例如，湖南师范大学通过分析每年的教学改革、招生、毕业分配等档案材料，综合制订下一年度的教学改革计划、招生人数②，就

① 覃兆刿，张斌．“自觉”、“自主”与“自我完善”——民营企业档案管理究竟应该选择怎样的模式？．档案管理，2008（6）

② 张韩．教学档案的开发利用．湖南档案，2001（2）

是教学档案“信息价值”展现的生动案例。通过教学档案来检查教师课堂教学质量，掌握教学计划实现程度，考察教育实习的实际效果等方式则是利用教学档案来“管理”“控制”教学质量的典型方法，是教学档案“工具价值”的发挥形式。在教育部组织的本科教学评估检查活动中，教学档案“支撑着高等学校教学评估指标体系和评估观测点的自我评述和评价”①，成为重要的检查和评价依据。

科研档案是高校在科学研究中形成的文件材料，是高校另一种特色业务资源。科研与教学已经成为高校发展的重要两环，而随着科研工作日益受到重视，高校科研档案也经历了一个从无到有的发展过程。高校科研档案包含了科研项目从立项准备、实验研究、总结鉴定、成果奖励到推广应用全过程的信息内容，其“信息价值”表现为对已有科研内容的掌握和未来科研工作开展的借鉴和参考作用。高校科研档案成为对高校科研经费使用、项目进展和质量掌控的重要“管理工具”，甚至成为一种监察监督的有效手段。面对频繁见诸报端的高校科研腐败案例，有学者提出“加强科研档案监管，预防高校学术腐败②”。教育部则要求“建立高校教师科研诚信档案”③，并将其纳入高校教师年度考核中，实现对高校科研活动的管理和引导。

高校档案虽然内容繁杂，但是具体考察某个档案类型的价值表现，都可以清晰地找到其中“工具”与“信息”的双元价值构成。这也从高校档案的内容构成和实际价值表现的角度契合了档案双元价值论关于“光有工具价值的档案是不存在的，光有信息价值的档案也是不存在的，档案是工具价值与信息价值的双元价值结合体”的观点。

四、从档案双元价值论看高校档案的馆藏结构

对于档案馆、图书馆与博物馆等收藏机构来说，藏品就是资源，藏品的质量、种类以及规模决定着收藏机构的社会竞争力，藏品的质量高、种类多、规模大，对公众的吸引力和社会影响力就会越大④。对于高校档案机构而言，不仅需要注重馆藏规模的扩大和馆藏资源的丰富，同时也亟需关注馆藏资源的结构问题。馆藏结构反映了高校档案馆藏体系中各种类型、载体档案的数量和质量相互结合的构成形式。馆藏结构直接影响高校档案工作的整体效益水平和工作质量，它既是档案收集、整理、鉴定、保管工作的结果，又是档案信息资源开发利用的基础。

---

① 张予宏．本科教学评估与高校教学档案建设．郑州大学学报，2006（4）

② 程娅．加强科研档案监管，预防高校学术腐败．浙江档案，2010（3）

③ 周逸梅．高校教师科研建诚信档案．京华时报 [2012-3-15]

④ 李志君．从档案的角度看家书．山西档案，2005（3）

高校档案馆藏结构，借用信息经济学的概念，整体上而言“在质量上存在着亏负差，而在数量上存在着盈余差”①，即高校档案馆藏数量相对一定时期的用户需求有所剩余而质量却存在不足。这种质量不足在馆藏结构上具体表现为馆藏范围不广、内容重复、种类单一、载体单一等问题。从档案业务的角度而言，收集和鉴定环节直接影响了高校档案的馆藏结构。档案收集是高校档案工作的源头，决定了后续档案工作的行为对象，是决定馆藏结构的首要环节。档案鉴定是档案对于社会的有用性判断，它决定了高校档案的保管期限和到期档案的存毁。

无论是档案收集还是档案鉴定，背后都涉及档案价值认识问题，即哪些档案有价值应该优先收集，哪些档案具有永久保存价值而不被销毁，这些都客观影响了高校档案的馆藏结构。双元价值论认为“工具价值先于信息价值产生”，档案价值认识存在“从一元价值观到双元价值观”的发展过程，因此，“工具价值”更为凸显的文书档案在收集和鉴定环节就更容易受到关注。高校最初的档案机构就是“文书档案室”，此时档案收集目标自然集中于“文书”类档案，强调档案的“工具价值”，希望通过对“红头文件”等管控性材料的掌握来实现高校的稳定发展。这种对文书档案优先收集的“偏爱”一直延续下来，也就形成了现在高校一般文书档案最为规范、完整，结构比例却相对失衡，甚至类型单一的局面。在载体结构上，纸质材料凭借“白纸黑字”的认同优势，“工具价值”明显优于光盘、磁盘、胶片等其他载体的档案材料，也就在收集和鉴定时具有更高的价值判断，高校档案馆藏结构在载体形式上出现纸质档案独大的局面也就不难理解。

在1994年《高等学校档案实体分类法》明确规定高校档案11个大类之前，非文书档案的收集处于一种自发的状态。科研、基建等类型的档案在很多高校早期并不存在，而教学档案也仅仅只是保留证明学籍的核心材料。随着高校的不断发展，高校在教学、科研、基本建设等方面开始产生对这些类型档案的需求，非文书档案的工具价值和信息价值得到彰显，它们在馆藏结构中实现从无到有、从小到大的发展。高校非文书档案的发展过程，印证了双元价值论关于档案价值认识“从一元价值观到双元价值观”的客观规律，也反映了高校馆藏结构要兼顾档案工具价值和信息价值的发展趋势。在尊重高校发展实际的前提下，高校档案工作者要“从詹金逊式的形成者遗留下来的文献残存的被动保管者，转变为档案遗产的积极构建者”②，“主动跟踪社会实践，变被动接收为主动收集，改变馆藏文本和内容单一的局面，是‘工具’意义在优化馆藏和丰富文献资源方面的作用”③。同时，转变馆藏资源建设方式，丰富馆藏资源的种类与形式，逐步实现馆藏结构的优化和管理效益的提升。

---

① 蒋楠．从信息资源配置看档案馆馆藏结构．档案学通讯，2002（1）

② 特里·库克．四个范式：欧洲档案学的观念和战略的变化．档案学研究，2011（3）

③ 覃兆刿．“文献交流理论”观照下的档案馆社会化服务．国家图书馆学刊，2007（1）

五、从档案双元价值论看高校档案的服务利用

档案利用是高校档案工作的核心，是展现高校档案和高校档案工作价值的有效途径。随着高校办学规模的扩大和教职工人数的增加，档案的“工具价值”和“信息价值”不断为人们所认知，高校档案的服务利用工作被时代赋予了更高的期望和要求。但是，与“我国的档案开放利用率不足5%，而欧美一些国家的档案开放利用率超过60%”[①]的情况相类似，在高校档案服务领域，由于“档案文献的质与量之间关系的不平衡性”，形成了高校档案利用程序与结果之间的“倒立金字塔”[②]现象。整体而言，近些年，高校档案馆在服务意识和服务水平方面已经有了长足的进步，但是离人们的需求还有一定的差距。

纵观中国的档案事业史，在封建社会的官僚体制下，档案一直都被作为稳定社会的有力工具，具有很强的依附性、御用性和工具性。档案服务对象仅限于统治阶级，甚至“九卿翰林部员，有终身不得窥见一字者”，档案服务民众只能是一种奢望。因此，长期以来就形成了档案“重藏轻用、秘而不宣”的传统。虽然近代社会民主思想得到了广泛的传播，但是对档案“工具价值”过分强调的传统惯性还是让档案开放服务之路举步维艰。在高校实际档案工作中，对档案工具价值维系不当所产生的后果明显比档案信息开放不力更为严重。在《保密法》中，对于各种密级档案的解密期限有着明确的规定，但是现实生活中“我国解密的数量只占定密总数量的2%左右”[③]，从中可见一斑。因此，人们在处理档案是否开放服务的问题时，总是会抱着能拖则拖的态度，害怕因为档案开放不当而导致泄秘事件的发生，或引起利益方追究相关责任。在探寻高校档案开放服务的深层原因时，高校档案工作人员服务意识不够、服务态度不好，服务水平有限都只是一种表象，高校档案管理中流淌着“保密”“封闭”的血液，对于档案工具价值的过分强调才是其内在根源。

高校档案信息开放之路虽然崎岖坎坷，但是在这种时代大势之下，仍有一些可为之处。首先，要不断强化档案工具价值与信息价值双元并重并高度结合的理念，为高校档案开放赢得价值层面的社会认同。从档案价值实现的“椭圆现象”中我们发现，偏颇工具价值与信息价值中的任何一方，都会拉大档案价值实现与档案价值本体之间的距离，导致档案价值实现程度变小[④]。过分强调信息价值导致“失控”与过度关注工具价值形成“封闭”，都是档案价值不能实现的极端状况。其次，要注重高校档案服务的双向性。高校档案作为高校内部产生的信息资源，

---

① 周林兴，苏君华. 被异化的谨慎——对我国档案开放利用现状之评述. 中国档案，2005（3）

② 徐亮. 档案利用过程的“倒金字塔”现象的发生和克服——以高校档案馆为例. 档案学研究，2009（2）

③ 马素萍. 影响档案开放的因素分析. 档案学通讯，2003（2）

④ 覃兆刿，范磊，付正刚，等. 椭圆现象：关于档案价值实现的一个发现. 档案学研究，2009（5）

首先满足于高校自身发展是其应有之义。但是，也要看到随着高校的不断发展，社会对高校档案价值的需求开始不断增强，高校档案社会化服务成为时代发展的必然要求。这一点在教育部 27 号令上得到了体现，相对于教育部 6 号令，新颁布的教育部 27 号令在规定高校档案服务利用工作时没有再区分高校档案馆与综合档案室，而是直接将“开展档案的开放和利用工作”确定为高校档案机构的管理职责之一，并规定“高校档案机构应当按照国家有关规定公布档案”。

再者，在明确服务重点的基础上，提高高校档案服务的主动性和服务手段的现代化。明确服务重点，可以让服务工作做到有的放矢、提高效率。随着高校规模的扩大，学籍性档案材料的查考成为高校档案服务的重点领域，学籍证明和证书补办促使这部分内容实现快速增长。这也就形成了高校档案的主要服务对象由校内开始向校外，特别是毕业校友的转变；服务内容从党政材料向教学档案等业务性材料转移。网络信息技术的普及正在重构人们的工作方式与生活方式，同样也可以用来改变高校档案服务的手段和效率。档案“工具价值”作为一种价值形式，往往利用载体的存在即可彰显自身价值。而档案“信息价值”虽然也是一种客观存在，但是其价值实现往往需要借助外力的整合、优化等方式来直观展现，实现“信息价值”的扩展。因此，在档案服务利用上，高校档案工作要改变“应答式”服务模式，主动出击做好档案信息资源的整合开发，同时借助现代化的信息技术提高服务水平。例如，有的高校将学籍档案和照片档案数字化后放置在校史馆中供校友查阅点击，这种形象的档案信息可以有效地勾起校友对过往学习经历的回忆，档案经过信息化的处理其价值也得到了体现和升华。

Research on the Development of University Archives Work from the View of Archival Dualistic Value Theory

Abstract: Archival values determine how people understand the concrete archives things. It is also the intrinsic root for the formation of all kinds of archives image. The Archival Dualistic Value Concept, an illuminating domestic theory, examines all kinds of problems occurring in the practice of archives from “instrumental value” and “information value”. Therefore, in search of value goal, content, collection structure and service such problems about university archives work, the author attempts to use Archival Dualistic Value Concept to analyze the deep reasons and seek the solutions to future development, in order to get the theoretical guidance for the university archives work practice.

内容、价值、矛盾、模型、途径

——再谈干部档案与干部档案工作*

一、干部档案的内容体系

干部档案是干部工作的源头和结束。每一项具体的干部工作开始之时，一般首先要看看干部档案，了解干部情况，摘取有用的干部信息；每一件具体的干部工作结束之时，往往也体现在这项工作中形成的材料是否办理完毕和归入档案。所以，干部档案是每一次具体干部工作的材料集合，是针对每名干部进行管理服务的材料集合。一本完整的干部档案，不仅可以准确反映干部本人的人生历程，也可以很好地折射出我党干部工作的发展历程和干部人事制度改革的进程。正因为干部档案是各个不同历史阶段干部工作的具体体现，所以我们能够从干部档案的视角去窥探干部管理工作，使之不断继承、创新和发展，从而更加有效地实施干部人事管理工作。干部档案的内容主要体现在以下九个方面。

（1）自述成长。档案中有两类材料完全是由干部本人写就，经组织审核同意，然后归入干部档案的。一是履历材料。它由组织人事部门布置干部本人填写，由本人粗线条地描述个人基本情况和人生历程。改革开放以来，全国从上至下组织填写了三次履历表，分别为 1979 年版、1988 年版、1999 年版。组织上定期或者不定期布置填写干部履历表，是组织适时了解和有效掌握干部基本情况发展变化的主要途径，也是清查审核干部档案的主要线索。现在，有些富有经验的人事干部，单位每接收一个军转干部和新录用一个公务员，都会布置填写干部履历表，以全面了解“新人”的基本情况，供日常管理时参考和运用。二是自传或自传性质的材料。原来的名称叫“历史思想自传”。目前已经退休的六七十岁以上的干部，其档案中存在着大量的自传材料。这类材料详细地记载了干部个人人生历程的点点滴滴、个人思想发展成熟的关键时期和关键事件、对自己每段人生历程影响较大的人或事等，读来饶有趣味，也很有价值。现在有些后代给前辈立传、修家史，利用价值最大的就是这类材料。这类材料有组织要求写的，也有自己主动

---

* 此文系湖北省委组织部信息管理处在 2009 年 8 月省直机关新任干部（人事）处长培训班上印发的书面学习材料，稿件执笔人：湖北省委组织部信息处副处长向红欣。文中第二部分引用和运用“档案双元价值观”对干部人事档案的价值和作用进行了阐述。

写的。这些老同志在那样的年代经常反思自己，经常向组织汇报自己的思想发展状况，对组织襟怀坦荡，体现了对组织的无限忠诚。我认为，组织上布置写自传材料，是组织对干部加强自我教育的一种有效手段。如今，这种良好的管理手段仅在入党时有所要求，并且很多材料都是照搬照抄，草草写就，价值无从体现。因此，有没有必要在干部成长成熟的关键时期，让其书写自传材料，归入干部本人档案，值得思考和研究。

（2）组织评价。主要体现在考核、考察、鉴定材料中，是组织上审定或直接形成的，是对干部德、能、勤、绩、廉等现实表现进行综合评价的材料的集合。只要是反映了干部德、能、勤、绩、廉等综合情况的，都属此类。如提职考察材料、现实表现材料、年度考核材料、经济责任审计、挂职或下派锻炼考察材料等。这些都是对干部在不同职位不同时期的政治、学习、工作等各方面的表现进行综合评价的材料。我们现在所要建立的干部考核评价体系和办法，主要是解决如何有效了解和评价干部现实表现的问题。

（3）文化根基。主要包括学历学位材料或专业技术职务材料，这有自我提升和组织培养的双重因素。干部通过自我努力不断提高自己的文化素质，所以会形成各种学历学位材料；干部立足工作岗位不断提升自己的专业特长，所以会形成专业技术职称、各种执业资格材料；组织上也不断采取措施，加强对干部的培训，所以会形成各种培训材料。这次全省公开选拔副厅级领导干部，强调了全日制本科学历，也反映了组织上对文化根基的重视。在平时的干部工作中，组织上也比较留意全日制学习和在职学习的区别。所以，《干部任免审批表》专门把学历学位划分为全日制教育和在职教育。

（4）家庭背景。主要体现为政审材料。这类材料反映了干部本人和家庭成员等“核心关系”在特定历史时期或历史事件中的政治表现。过去入党、参军、入学、录干、提职等涉及个人比较重要的事项都要进行政审。如今入党、招飞、读研仍然需要进行政审。这类材料专属于特殊历史事件，是对干部及其“核心关系”在特定历史事件中表现的审查，有利于了解干部及其家人在大是大非面前、特殊的历史关头的政治立场、政治鉴别力。

（5）政治信仰。这包括加入中国共产党、共青团的材料，加入民主党派的材料。政治信仰反映干部本人的政治态度和政治追求，也是执政党在用人时非常注重的因素。

（6）组织激励。表彰和惩戒一直以来都是管理的有效手段，反映在干部档案中，就是表彰奖励材料和违纪违法材料。《干部任免审批表》中也有专门的“奖惩”栏，但组织人事部门很多时候不填写。显然，获得过很重要的奖励或获得过很多荣誉的干部，是应该纳入组织视野的。在使用犯过错误、记录在案的干部时，也应该慎重。

（7）经济待遇。主要包括工资材料和个人财产申报材料。

（8）履职轨迹。主要包括任免材料、军警衔材料、法官检察官等级、各类代表登记表，反映干部参加工作之日起直至退休，组织给予或免除的一切职务、头衔。

（9）健康状况。主要包括录用体检表，反映严重慢性病、身体残疾的体检表，工伤致残诊断书，确定致残等级的材料。还有生平、非正常死亡调查报告。

从上述九个方面，我们可以得出这样一个结论：这就是我们组织上历史以来形成的一套完整的干部管理评价体系。并且，我们再推演开来，现在的干部人事制度改革的多种措施，都不能脱离这个体系和框架。循着这个体系和框架，我们做好干部人事工作的思路便清晰地显现出来。一是要主动适时地掌握干部情况，了解最新信息。主要方式有布置填写干部履历表或补充表等。二是加强干部的自我反省和总结。如布置撰写自传，对干部年度考核表的填写作出更具体的规定。三是要加强对干部的考察和考核。改进干部考察考核方式，实行定期考核和提职考察相结合。四是要重视了解干部实际的理论功底、文化水平和专业特长。五是要对干部的家庭和核心关系圈进行必要的了解。如配偶和子女是否国外定居或留学，以及从业状况。六是重视培养优秀干部加入党组织。七是要开展经常性的表彰奖励，激励干部干事创业，奖勤罚懒，奖优罚劣，真正体现“干好干坏，干多干少”就是不一样。八是要适当提高干部的经济待遇。九是要注重从政治上关心干部的成长，提拔是最好的“鼓励”。十是要关心干部的身心健康。

稍微熟悉干部档案的同志就会发现，上述内容，正是干部档案的分类标准和十大类别。这个20多年以前确立的“分类思想”，恰好就是我们干部人事管理的思想，历经20余年，仍然历久弥新，闪耀着科学、智慧的光芒。第一类是履历或履历性质的材料。第二类是自传材料，这是自述成长的范畴。第三类是考察、考核、鉴定材料，这是组织考核，对其德才表现进行的综合评价。第四类学历学位和专业技术职务等材料，是对其文化根基和才学识专长的评价。第五类政审材料，是对其核心关系的评价。第六类党团材料，是对其政治信仰的区分。第七类表彰材料，第八类违纪违法材料，是组织从正反两方面进行激励的材料。第九类政治经济待遇材料，反映国家给定的工资水平，以及组织和人民赋予的职务和权力。第十类其他材料，主要是反映干部健康状况的材料。我们在干部人事工作中形成的所有材料，都会在这“十大类”档案中“各得其所”。“十大类”材料中，第一类“履历材料”是整本档案的“纲”，其他各类材料都是干部本人在这类材料中所填内容的原始依据，都是对本人所填信息的印证。如干部本人所填获得何种学历学位，以及何年何月参加何种培训，获得何种职称，必须在第四类中找到相关材料；干部本人所填政治面貌是中共党员或民主党派，那么必须在第六类中找到相关材料；干部本人所填何年何月获得何种奖励，那么在第七类中应有相关奖励材料；干部本人所填何年何月任何职务，何年何月当选人大代表、党代表、团代表等，必须在第九类中找到相关材料。所以，我们查阅利用干部档案，不仅仅要看本人所填履历表，更要看相关类别的材料以核实；不仅要看最新的履历材料，还要看以往的履历材料；不仅要看本人填写的材料，还要看组织上形成的材料。

二、干部档案的“双元价值”

从干部档案的内容体系可以看出，干部档案是记述和反映干部基本信息、个人经历、专业学识、德才表现、政治经济待遇等情况的历史记录。它是我们组织人事部门管理的最重要的资源，是我们做好干部人事工作的基石。其作用和价值体现在很多方面，但目前还缺乏一个比较简洁明了的概括。在全国档案学研究领域享有较高知名度的湖北大学档案学教授覃兆刿老师，提出了一个颇具影响力的“双元价值观”，他认为，“档案始终可以作两个层面的理解，一是它作为一种行为方式，人类的初衷在于借助它的结构形式所赋予的功能，我把它称为‘工具价值’；二是作为记录或者文献归属的实体，其内容负载的价值，人们都称之为‘信息价值’”。我个人以为，干部档案的价值也集中体现在这两个层面，即作为行为方式的“工具价值”和作为记录实体的“信息价值”。

1. 干部档案首先作为“工具价值”而存在

各式各样干部档案材料在形成之初，是作为管理和控制的工具使用的。如学历学位材料，有入学登记表或报考登记表（怎么入学）、学业成绩表或学年鉴定表（在校期间成绩表现怎么样）、毕业生登记表（是否完成了学业），这几份材料缺一不可，这是我们学籍管理的工具。再如考察材料和任免审批表，也是我们在开展具体干部工作时的工具和要件。再如，入党申请书、入党转正申请书、入党志愿书、入党时所需的自传等材料，是党组织在发展党员工作中的凭借，一环套一环，缺少哪一环，这项工作便不能够顺利开展。各级组织人事部门在检查干部人事工作时，干部档案也是重要的查验内容。如组织部门检查各地各单位贯彻执行《干部任用条例》的情况时，查阅干部档案是主要程序和内容之一。

2. 干部档案“信息价值”日益突显

我们的干部或许多年前还是学生身份，在填写各类表格、材料时，所没有想到的是，他们当初填写的有些信息如出生年月、参加工作情况等，在几十年后成为了认定其出生年月、参加工作时间的主要依据。这就是干部档案的“信息价值”。一方面，干部档案是干部信息的主要来源和可靠依据。目前我们常用的干部信息包括基本信息、职级信息、职务信息、年度考核信息、学历学位信息、培训信息、奖惩信息、简历信息、家庭信息等九大项、数十个小项，这些信息在我们干部任免、工资调整、出国政审、干部统计、解决历史问题等工作中经常用到，是我们各干部人事处从事本单位干部人事管理的最基本的信息。这些基本信息的采集必须以我们保管的干部人事档案为最基本的依据，原则上讲，档案中有相关材料，我们的信息库或信息表中才能有相关信息，任何时候都不能凭记忆或印象，填写任何干部信息，必须做到“有档可依”“无档不依”。另一方面，干部档案可作为维护个人权益和福利的信证。在遗产继承、编史修志、人物传记等社会事务中，越来越多地利用到干部档案。随着社会保障制度的建立与完善，在养老保险、医疗保险、生育保险、工伤保险、人身财产保险及退休后保险金的发放问题上，个人档案所记录的工龄、工资、待遇、职务、受保时间等都成为最主要的依据，没有档案或档案材料缺失，社会保障与本人福利将受影响。

三、干部档案工作的三对矛盾

1. 干部档案集中管理和干部档案材料分散形成的矛盾

现行干部档案管理体制，与干部管理体制基本对应，实行集中统一、分级管理。省直单位干部档案基本上都是按干部管理权限集中在干部人事部门保管，极少数单位和系统把系统内的所有干部档案集中统一在干部人事处管理。无论是大集中还是小集中，干部档案工作始终面临着集中管理与分散形成的矛盾。学历学位材料由高等院校形成，教育培训材料由培训机构形成，职称评定材料由人事部门形成，表彰奖励材料条条块块都有，违纪违法材料由纪检监察部门形成，审计材料由审计部门形成，个人履历表、年度考核材料等都由干部本人分散形成。即使在干部人事部门内部，由于工作分工不同，材料形成也呈分散状态，负责工资的形成工资材料，负责任免的形成任免材料。管理档案的工作人员，很少直接形成干部档案材料。要把这些由不同部门不同人员不同时间形成的材料收集归档，难度可想而知。此外，我国实行“一人一档”“档随人走”的管档制度，干部档案随着干部本人的调动和干部管理权限的变动在单位、部门、地区之间不停地变动，档案材料也容易出现“断档”，档案转走了，但还有些材料正在办理之中，没有来得及归入档案，在后来的工作中又可能将之遗忘。所以，干部档案中材料不齐全不完整的问题普遍存在。2008 年 8 月至 12 月各单位报送的 67 卷档案中，有 20 卷档案缺少考察材料、任免审批表、公务员登记表、学历学位等关键材料，并且这些材料都是近几年形成的。

2. 干部档案材料横向纵向不能互相印证的矛盾

从横向来看，干部档案记载的信息与干部户籍档案、身份证及其他部门信息管理系统所记载的信息较多地存在不一致。从干部档案中纵向形成的材料来看，不同时期形成的干部档案材料记载的有关信息也较多地出现了前后矛盾。主要体现在干部出生年月、参加工作时间、加入组织时间、学历学位、工作经历、民族，甚至是姓名用字上。各级组织人事部门的领导和同志在干部人事管理中经常会遇到这个问题，解决起来也比较棘手。在干部出生年月这个问题上，大致有这么几种类型，一是转业干部向组织反映，自己入伍时把年龄改大了，回到地方后，要求改小。二是部分干部反映，自己当初填写的是阴历（旧历），现在应该按阳历计算。三是有的干部反映，自己身份证和户籍上的出生年月才是对的。出生年月问题反映在档案中，就表现为干部本人填写的各类材料上前后不一致，组织人事部门在工资表、任免表等材料前后也不一致。为了解决出生年月不一致的问题，中组部、人事部、公安部2006年联合发文——《关于认真做好干部出生日期管理工作的通知》规定，对个别干部的出生日期，档案记载与户籍登记不一致的，应当以干部档案和户籍档案中最先记载的出生日期为依据，今后凡干部本人要求确定或更改出生日期的，均不再办理"。这个文件对我们解决干部出生年月不一致的问题发挥了积极作用，但在实际工作中仍有一些问题需要具体分析。

3. 干部档案工作量大与干部人事部门人少事多的矛盾

中组部《干部档案条例》规定："每管理一千人的档案需配备一名专职干部，有业务指导任务的单位，要配备相应的业务指导人员。不需要建立机构的单位，必须配备专职或以干部档案工作为主的兼职档案工作人员。"省直单位应该属于"不需要建立机构的单位"，按照规定，必须配备专职或以干部档案工作为主的兼职人员。从实际来看，各单位从事干部档案工作的专职干部几乎没有，就是以干部档案工作为主的兼职人员也没听说。干部档案工作存在着清理、收集、审核、归档、整理、保管、查借阅、信息管理等诸多环节，整理里面又有分类、鉴别、技术加工、编号、编目、装订等步骤，其工作任务和工作量是可想而知的，是需要有专门人员来做的。然而各单位干部人事部门也存在着人少事多且杂的实际困难。很多单位都采取了权宜之计，集中时间集中人员搞集中整理，要么聘请外人审核整理，要么抽调系统或单位的干部审核整理。这种集中的方式虽然解决了一些问题，但不能从根本上使这项工作规范发展，往往是"整了又乱，乱了再整"，历史欠账越来越多。规范的干部档案工作不是集中整出来的，而是平时一点一滴做出来的。

四、干部档案工作的理想模型

1. 干部档案评价模型

评价一个单位或部门的干部档案工作的好坏，根本还是要从干部档案本身的质量着手。领导是否重视，内部管理是否严密，干部工作是否规范，档案人员是否认真，都从干部档案中一目了然。评价干部档案质量，有四个标准：

（1）材料齐全完整。各大类别中必须归档的材料，必须齐全。成套成系列的材料必须完整。这是干部档案工作最难做到的一个标准。

（2）材料办理完毕。各类材料、表格的对象明确、文字清楚、填写规范、手续完备。材料和表格的项目要填写完整。要求个人签字的必须有个人签名或私人印章。凡需要组织审定的材料，都必须有审定意见和落款时间以及组织印章。《干部任免审批表》还须有文号，经过选举产生的还须注明选举时间和选举结果。

（3）信息客观真实。各类材料所反映的干部信息要前后一致，发生变更的，要有变更依据和相关材料。档案材料不容许出现涂改、删减等痕迹。如果经过审核，确有需要更改的，也必须由组织在更改处盖章。

（4）案卷整理规范。一本档案多则上百份材料，少则四五十份，如果不经整理，便显得杂乱无章，利用非常不便。因此必须统一标准，对材料进行分类、鉴别、排序、加工、目录打印和装订成卷。在以前的干部档案整理工作中，还强调“美观”“四边整齐”，现在不作要求，左边下边整齐即可。

2. 干部信息管理模型

随着社会转型期“单位人”向“社会人”的过渡，干部信息不对称的问题已经越来越突出，干部档案材料“实物”的传统送交、催收方式实际上已经远远不适应干部管理工作的需要，靠传统的方式方法已经不能够及时、全面地掌握干部的许多情况。转型期内，干部由原来的单位管理为主逐步转向由“单位”与“社会”共同管理，过去许多由“单位”管理的事项逐步让渡给“社会”管理，单位不再参与，从这方面来讲，干部正在逐步摆脱单位的“束缚”，变得越来越“自由”。如结婚、离婚变化，如居住地变化，如子女受教育以及从业情况。这许多信息，过去单位都要经手，都能够掌握得很清楚，而现今如果本人不报告，“单位”也无从知道，“社会”更不会自动地把信息传送到单位。所以，在填写干部信息时，经常会因情况掌握不准不及时出现错漏，有时甚至会很离谱。要根本解决这一问题，可能还是要向美国等发达国家学习借鉴，运用先进的信息化手段，以户籍档案和干部档案为基础，建立起全社会统一的、共享的基础信息库，公共系统、私人系统根据各自的需要再建立起自己的应用信息库，各应用信息库之间按法律、按权限实现共享，使包括干部信息在内的人员信息的管理由传统的“物流”（干部人事档案材料的流转）向现代的“信息流”（干部人事信息的共享）转变，有效克服重复建设和“信息孤岛”。当然这是个庞大的课题和系统工程，远远超越了干部人事档案的运用范围。当前我们可以尝试去做而且做得到的是，建立起单位自己的干部信息库。

（1）个人固定信息不变。由单位从干部档案中采集，确保准确无误，并且一经采集，不得随意变更。

（2）个人可变信息申报。如需要干部本人填报的家庭信息变化、重大财产变化等信息，要建立明确的制度，严格执行，定期组织填写，并要建立起对信息的真实性、完整性进行审核的制度，然后录入系统。

（3）其他可变信息维护。如职级信息、职务信息、年度考核信息、学历学位信息、培训信息、奖惩信息、简历信息、举报信息等，由组织上形成的信息，都由组织进行审核并负责维护。

五、干部档案工作的实现途径

1. 档案意识与档案习惯

自觉的意识产生自觉的行为，自觉的行为促使习惯养成。干部档案工作严格来讲并不能作为一项独立的工作或专业而存在，它始终与干部工作紧紧联系在一起。所以要做好这项工作，并非成立一个专门的档案管理机构和配备一个专门的档案人员，就能解决。它需要我们干部人事工作者全员的“档案意识”和“档案习惯”，这种意识和习惯的核心就是“从档案中来”“到档案中去”“查档了没有”“归档了没有”。作为干部人事处长，要努力促成这种全员“意识”和“习惯”的养成。一是材料制作要规范。无论做干部任免工作，还是工资管理工作，或是教育培训工作，所形成的材料都是要进入档案的，都是要成为信证的，所以必须从归档的角度和要求来形成材料。干部档案不规范的源头主要在于干部人事工作不规范。如有的部门和单位干部任用前没有很好地利用干部档案，干部信息填写不准确、不完整，客观上造成了干部档案材料的前后不一致。有的单位和部门自己制作应归档材料时不能够按照规格和要求，例如，应该用16K纸张的却用B5和A4，材料左边应该留出足够的空白以便装订的却没有留够，这给干部档案管理造成不便。二是形成的材料要归类。要按照工作分工和档案分类的思想，对自己经手或形成的材料进行分类，有些要归干部档案，有些要归文书档案，有些要留给自己作工作资料，分门别类予以集中保管，忌零散杂乱，混在一起。三是保管的材料要及时送交归档。对应该归入干部档案的材料，要按照干部档案管理的要求，及时送交档案管理部门或档案管理人员，不能累积拖延。干部档案工作每天做一点，经常做一点，大家都来做，就会事半功倍，翻箱倒柜找材料、匆匆忙忙补材料的情况就会大大减少。其实，良好的“档案意识”和“档案习惯”对个人事务的管理也大有帮助。现在各种各样的卡、证、票太多，稍不留神，就四处找卡、找证、找票，如果有点“档案意识”，进行分类管理，也会减少许多个人事务带来的烦恼。

2. 原则性与责任心

2008年8月至12月各单位报送的67卷档案中，8个单位报送的8卷档案中出生年月无理由变更或填写不准确。4个单位报送的6卷档案中参加工作时间无理由变更或填写错乱。2个单位报送的2卷档案中填写了不予认可的研究生学历。

2个单位报送的2卷档案中填写的学历没有相应的材料。有的问题是我们做干部人事工作的同志原则性不强造成的。有的干部以前的所有材料填写的都是同样的出生年月，突然于某一个时间把出生年月变更了，他自己填的变了，组织上填的也变了，并且以后也一直是变了的出生年月，我把这称之为“无理由变更”，这肯定是与当时做干部人事工作的同志有关联的。有的干部档案中组织形成的材料上面填写的基本信息一下是“6月”，一下又是“7月”，随后又变成了“6月”，反反复复，填写比较随意，有的还对填写错了的信息用铅笔删划，有的档案完全没有整理，材料散乱，该归的不该归的都在一起，谁看谁头疼。这显然是责任心的问题。所以，我们干部人事部门要挑选原则性和责任心强的同志从事干部档案工作。要在干部档案工作中坚持以档案中记载的“白纸黑字”为基本依据，无档不依。要增强做好干部档案工作的责任感，切实对干部负责，为将来着想。

3. 目标管理与档案审核

为了努力克服干部档案“说起来重要，排起来次要，用起来需要，忙起来忘掉”的现象，干部人事部门应该把干部档案工作列入本部门年度工作要点，设定年度工作目标，与其他干部人事工作一起研究、一起布置、一起检查。干部档案工作基础差、历史欠账多的，可以采取集中时间集中力量的办法来解决。自2002年以来，我们在全省范围内组织开展干部人事档案目标管理活动。各级组织人事部门采取集中的办法，认真收集整理档案、加强硬件建设、选好配齐管档人员、抓好业务培训、推进信息化管理，取得了突出成效。全省已有近1000家管档单位达到中组部一、二、三级标准，其中400余家达到中组部一级标准。省直单位先后有近30家达到中组部一级或省一级标准，很多单位虽然没有申请达标等级，但也组织开展了集中整档工作，干部档案质量得到很大提高。但从各单位报送的档案中发现，存在的问题仍然较多。为此，我们今年将开展领导干部档案审核工作，省直单位重点审核内设机构和直属单位处级干部的档案，我们将列出具体的时间表来，列出每年应该完成的具体单位名单，初步设想是没通过达标验收的省直单位都在2010年内完成领导干部档案审核工作，经过我部检查验收合格的，直接向中组部申报一级标准。检查验收的标准就是上面提到的干部档案质量的“四条”标准。省纪委、省法院、省科技厅已经提前行动起来，今年10月以前可以接受检查验收。希望各单位能够尽早行动起来，以领导干部档案审核为契机，以规范化管理为手段，争取使本单位干部人事档案工作质量伴随着干部人事工作水平的提高而提高！

人事档案的价值构成与双元价值观研究*

整个档案学研究和档案工作实践就是为了科学地管理档案，为人类主体利用档案服务，充分实现档案的价值。人事档案管理工作同其他众多的档案管理工作一样，其根本目的就是实现档案这一客体对主体的意义——档案价值。在当今社会，面对人事档案的封闭管理和现代化进程缓慢与人才信息资源需求迫切这一突出矛盾，人事档案管理改革迫在眉睫。怎样有效发挥人事档案的作用？怎样提升社会大众的人事档案意识？怎样迎合社会的发展，实现人才资源的优化配置等这一系列的问题，不得不让我们回过头来重新思考人事档案的价值问题。

一、人事档案的价值构成

任何档案的管理皆以价值的实现为最终目的，人事档案的管理也不例外。因此，对人事档案的价值进行全面、正确、合理、符合实际的理解和掌握是实现人事档案有效或高效管理的关键。

1. 什么是人事档案的价值

"人事档案的价值，是指人事档案客体对于主体（人）的各种有用程度，即人事档案这一客观事物的存在和属性，具有满足主体需要的功能。档案客体满足主体需要程度和利益的多少，是衡量其价值大小的尺度。因此，档案客体本身的属性和主体及其需要是构成价值的因素"（邓绍兴《人事档案学》）。

2. 人事档案价值的构成因素

由人事档案的价值论述可以看出，决定人事档案价值的两大因素分别为：客体因素和主体因素。谈到人事档案价值的构成，还得立足于这两大因素。在此提到人事档案价值的构成问题，是试图对人事档案双元价值观的确立进行一些可行性论证。

首先，人事档案价值的客体因素。人事档案的价值及其大小，是由本身所具有的属性决定的，它如实记录和反映了员工个人经历和德才表现，无论从形式到内容都表现出原始性的特征，具有不可辩驳的历史的真实性。此外，人事档案记载的古往今来各种人物的生平事迹，是人类实践活动的再现，包含着大量的情报信息，是学术研究的珍贵材料。人事档案记录和反映了员工个人各时期的经历和

---

* 黄艳敏，云南大学教师。本文发表于《云南档案》2007 年第 1 期。

德才表现等个人材料，且呈现出现实性、动态性、连续性等特点，是用人单位知人善任的第一依据。不可否认，人事档案在一定的社会活动中具备相当大的信息价值。由于人事档案客体的属性与人们的需要相吻合时，能够发挥相应的作用，就构成了人事档案价值的关系。而其中最明显的就是人事档案的工具价值和信息价值这对基本价值关系。

其次，人事档案价值的主体因素。档案价值的客体因素只是产生价值关系的客观前提，离开了主体（人）的需求，还是非价值形态，构不成价值关系。人事档案也是如此，只有其价值的客体因素并不能构成价值关系，还必须与其主体因素相联系，人事档案才能是一种价值形态。随着古代人事制度的确立和选官用人的需要而形成的人事档案，其属性与人的需求建立了联系，人们开始对人事档案及其属性的需要及作用的大小进行客观的预测、评价和测量，人事档案进入价值化的过程，正式构成价值关系。由于人事档案从产生起就是为了满足政府机构用人的需要，相对应地，人事档案体现出的是其真实性、权威性、机密性等属性，二者的呼应构成了各级组织、人事、劳动部门等国家政府机构在人事活动中进行管理控制的工具和手段，因此各政府机构成为了人事档案利用主体中的主体，这决定了人事档案优先的工具价值。然而，随着信息时代的发展，人事档案作为一种人才信息资源，社会大众对它日益扩大化的需求让其信息价值越来越明显。因为，从决定人事档案价值的主体因素来看，人事档案的工具价值和信息价值这一对价值关系不失为最基本的价值关系。

二、人事档案的双元价值观

1. 构建新型的人事档案双元价值观的必要性

人事档案由于自身的属性，可以满足主体的多种需要，在价值形态上呈现出多维性的特点。要想对人事档案的价值进行全面认识，我们有必要对人事档案的价值形态从不同的角度加以区分。但是，要想对现代人事档案的价值问题作更全面、更准确的理解，要想推进人事档案管理由传统向现代化的转型，创建人事档案的高效管理机制，要想以原始的人事档案信息为基础资源，通过创新改革以及各项技术支持，实现人才资源的优化配置，以最大化实现人事档案的价值，笔者认为，结合人事档案双元价值观确立的可行性论证，可以借助覃兆刿先生在《中国档案事业的传统与现代化——兼论过渡时期的档案思想》一书中提到的“档案双元价值观”作为理论基点，以人事档案的价值构成因素为突破口，来构架确立人事档案的新型价值观。

2. 人事档案的双元价值观

首先，人事档案具有双重属性，也就是说光有工具价值的人事档案是不存在的，光有信息价值的人事档案也是不存在的。人事档案是工具价值和信息价值的双元结合体，即人事档案的控制功能所赋予的工具价值和其对象实体自在的信息价值是人事档案价值的集中体现。如果我们能从人事档案作为方式的社会属性和作为实态的自然属性出发，就能对其作为控制工具和内在记录信息两方面的价值属性加以考察。人事档案强效的管理控制功能决定了人事档案必然具有参与国家管理及社会实践的工具价值；作为一种文献信息的归宿，人事档案价值和人事档案事业的最终目标又体现为信息的含量和社会人力资源共享的理念。只有从这两方面入手，我们才能科学地评估人事档案的管理传统、测度人事档案方式的现实功能、设计人事档案管理的现代化目标。

其次，人事档案应首先视为一种具有普遍意义的社会现象。人事档案作为档案的一种，是人类为了克服大脑记忆局限并作为诚信的控制依据和契约关系载体而诞生的，是人类对于信用控制所选择的理想型模。从这个意义上讲，档案的工具价值是先于信息价值的。依此类推，人事档案的工具价值也可视为是先于信息价值的。以社会学家和管理学家的观点来看，通过记录和文档来实现控制是社会进入文明的重要标志。人事档案的出现，尤其被作为一种国际管理维护控制的工具而予以重视，无疑进一步推进了社会文明的进步，同时也体现出了强效的工具价值。因此，对人事档案的考察不能仅仅局限于实态的物质特征，更要将它视为一种行为方式，即首先考虑人事档案的工具价值。

再次，人事档案具有突显的信息价值。之所以人事档案具有突显的信息价值，是因为“从信息的角度看待档案，档案的本质就是信息”（周晓英《档案信息论》）。人事档案作为信息主要有两个最根本的特点：一是人事档案的本源性。人事档案的真实性、机密性、权威性等属性决定了人事档案作为信息具有本源性的特点。人事档案形成于人事管理活动中，经权威认可，并进行机密保管，无论是在国家人事管理中，还是在人才资源信息库的设计等一系列活动中，都是属于比较真实可靠的第一手材料，这充分证实了人事档案作为信息的本源性特点。二是人事档案的再生性。人事档案之所以作为档案保存是因为其记载的内容或者反映的内容为人们所需要，具有再使用的可能性，蕴涵着一定的使用价值。人事档案的保存源于它作为国家进行人事管理控制的有效工具外，还源于人事档案的再生性价值。可见，由以个人为单位的单份人事档案资源组合而成的整个社会人事档案信息资源无疑具有无穷的、潜在的、长远的信息特征，而且随着社会文明的进步、国家人事制度的改革，人事档案的这些信息特征将会越来越突显。

3. 双元价值观于人事档案的意义

引入覃兆刿先生提出的“档案双元价值观”来认识和理解人事档案及其管理具有较强的学术意义和现实指导意义：首先，档案双元价值观可以说是人事档案价值的一种新的理论基点，把它引入人事档案的管理研究中，无疑丰富了人事档案的研究理论；其次，运用档案双元价值观，并结合决定人事档案价值的因素及时代特征，使我们无论从理论还是现实的角度，都能更准确、有效地把握人事档案价值的构成；再次，顺应社会发展，在准确、有效地把握人事档案价值构成的基础上确立人事档案的双元价值观，有利于我们从一个崭新的、更贴近实际管理的角度，来重新认识和理解人事档案管理中存在的诸多问题。同时，可以有效总结传统人事档案管理中对价值认识的局限所在，为现代人事档案价值属性的分析提供一种新的思维方式；最后，把人事档案问题纳入双元价值观的视野，使我们对人事档案现象的解释，特别是对传统与现代化问题的认识拓展出一条新的思路。“档案的双元价值观”无疑为推进人事档案管理由传统向现代化的转型提供了较强的理论依据，为实现人事档案的高效管理提供了一条新的思路。

新时期人事档案工具价值的实现*

——兼论公民人事档案的知情权

目前，我国社会正处于由计划经济向市场经济转型的过程中，人才的流动已经成为一种客观的事实，而且随着社会民主化和信息化程度的不断提高，公民对知情权的要求越来越强烈。加上近年来因人事档案引起的纠纷、争议、诉讼频频发生，很大程度上是因为当事人对自己的人事档案无知情权。种种因素促发之下，人们对于披着神秘面纱的、传统的、终身不得一窥的人事档案也要求早日“掀起盖头”来，进而人事档案的公开及利用问题就成为人们关注的焦点。本文拟从双元价值观①的全新视角出发，探讨有关人事档案工具价值实现及公民对于人事档案知情权的相关问题，以求抛砖引玉。

1. 人事档案工具价值实现的社会背景

“档案是人类对凭证信息的合目的控制”②，也就是说档案产生的初衷是作为现实管理和凭证信息控制的工具。在此基础上，人事档案作为组织、人事部门或人力资源管理部门在人事管理活动中形成的，记录和反映人员社会经历及其德才能绩等方面数据和信息的，以个人为单位集中起来的，具有一定保存价值和有机联系的原始历史记录③。它的工具价值在我国社会转型期如何全面实现呢？

由于历史因素、制度因素、现有的有关人事档案的法律法规等因素，长期以来，我国人事档案工作一直在组织人事部门的领导与管理下进行，人事档案成为组织人事部门的专用附属物，人事档案当事人没有知情权。1990年颁发的《干部档案工作条例》中规定：“任何个人不得查阅或借用本人及其直系亲属的档案。”不仅普通公民见不到本人人事档案，而且管理人事档案的人员也无缘接触到本人的人事档案。无形中，我国已用法律、法规的形式规定了所有公民对本人的人事档案均无知情权。由此可见，人事档案的工具价值仅仅是各级组织发现、考察、培养、使用人的重要依据，个人知晓、利用自己的人事档案反而成

---

* 聂云霞，武汉大学信息管理学院博士，南昌大学历史系副教授。

① 我国档案学者覃兆刿先生用“双元价值”来界定档案价值，认为档案始终可以作两个面上的理解：一是“工具价值”，即“它作为一种行为方式，人类的初衷在于它的结构形式所赋予的功能”；一是“信息价值”，即“作为记录或者文献归属的实体，其内容负载的价值”。进而提出：“一切对档案价值和档案现象的分析都可以从此所谓双元价值的视角来进行。”

② 覃兆刿．双元价值观的视野——中国档案事业的传统与现代化．北京：中国档案出版社，2003

③ 王英玮，周艳．我国人事档案管理改革若干问题的思考．档案学通讯，2007（1）

了违规行为。

在这样一种封闭型的人事档案管理机制下，人事档案的工具价值难以全面实现，而改变这种局面的措施就是公开[①]人事档案，让公民对其人事档案有一定的知情权，以实现人事档案工具价值的潜在社会功能。

2. 人事档案工具价值发挥的社会意义

人事档案的工具价值即作为一种管理行为方式所产生的多样功能。人事档案除了供各级组织发现、考察、培养、使用人作参考外，公民的招生报考、工资调整、职称评定、转正定级、公务出国政审、党团关系调查等多个方面，都需要出具以人事档案为依据的各种证明。在缴纳社会养老保险金和退休后保险金的发放问题上，个人档案记录的工龄、工资、待遇、职务等也将成为参考依据。

而且随着社会信息化和民主化程度的不断提高，人事档案的工具价值还被赋予了更深层的社会意义——有助于建立社会信用体系。毋庸置疑，市场经济在给人们带来物质文明的同时，也对社会造成了一定的信用危机。为了种种个人利益，人们伪造学历、文凭、资质证明的现象屡见不鲜。又如日益普及的网上招聘在方便求职者的同时，却导致一些用人单位无法调阅应聘者的人事档案，对人才的信用认证成为人才利用中棘手的问题。面对此种困境，原始的、真实的人事档案就为用人单位的人才遴选提供了有力依据。随着社会信用体系的不断发展和完善，越来越多的个人信用资信服务公司也受有关部门和单位的委托，从一些不具备建立人事档案的单位所形成的个人人事记录材料中抽取相关的信息为个人信用评估体系服务，既满足了社会和用人单位对个人诚信的评定，也可以促进个人为获得良好的社会诚信记录和更好的工作职位而努力工作，进而也为全社会建立全面的社会信用体系打下了重要基础。

3. 人事档案工具价值的发挥呼唤公民知情权的最大实现

在现代民主国家，知情权是一种应然的基本人权，也是衡量一个国家民主政治水平的重要尺度。一般来说，公民的知情权主要是指个人或组织在法律规定的范围内，要求对方向己方公布各种情报的权利。公民知情权的完全享有对人事档案工具价值的发挥具有重要的推动作用。只有公民的知情权得到了满足，档案信息包括人事档案信息才能改变以往信息利用不对称的非公平局面，让人事档案的价值特别是工具价值得到全面发挥。

因此，笔者认为人事档案管理应坚持以人为本的原则，对于不属于保密范围的档案内容个人都应享有知情权，最大限度满足公民利用人事档案的合理要求，维护公民的合法权益。具体来讲，可以采取以下措施来逐步实现公民的知情权：

---

① 本文所讨论的公开是指打破长期以来我国人事档案管理制度采用的“人治型”“控制型”的管理模式和任何个人不得查阅或借用本人档案的传统原则，倡导对本人开放个人档案材料，在形成档案时采取对本人公开透明的管理模式

（1）加强宣传引导，消除人事档案神秘色彩。档案管理部门要通过报纸、广播、电视、网络等媒介，主动、全方位介绍人事档案向社会开放利用的相关事宜，在全社会树立人事档案可向本人有条件（只需履行相关手续就行）开放的理念，进一步消除人事档案的神秘感，实现档案与公民的亲密接触。

（2）完善法律法规，保障权利正确合理发挥。法律法规从来都不是一成不变的。随着社会的发展，鉴于人事档案的特殊性，人事档案管理制度也应与时俱进地做出修改与完善，在最大限度保障公民知情权的同时，确保无社会负面效应。例如，档案管理部门对公民使用本人人事档案材料的申请要认真审核、严格把关，对用档过程全面监督，同时还应依据人事档案材料本身的涉密程度和影响范围重新划定秘密等级、保密期限和使用范围。

（3）健全信息网络，实现人事档案信息共享。建立人事档案管理信息系统是信息时代人事档案信息存储和利用的必然要求，是实现人事档案信息资源共享的先决条件，也是对公民人事档案知情权的一种有效保障。如美国很早就建立了国家人事档案管理中心，对全国人事档案实行集中管理。个人档案中的“信用记录”“驾驶记录”“司法记录”等十分齐全，加上每个人都有一个专用的社会保险账号及高度完善的网络，有关部门查阅起来非常方便。美国现代人事档案管理成功的实践给我国现行的人事档案管理工作提供了学习和改进的经验。笔者认为，结合我国当前社会和经济发展实际情况，实行现代人事档案信息化管理有必要也有可能。实现人事档案信息化管理可以分步骤、有重点进行：第一步，建立地区性档案管理中心，集中管理本地区的人事档案；第二步，实行区域性管理中心全面联网；最后，实现全国人事档案资源网络化、信息化，使人事档案为全社会服务，最终实现人事档案信息共享。

The Instrumental Value Realization of Personnel Archives in the New Era

— And the Citizens' Right to Know Personnel Archives

Abstract: Our country is in the period of transformation from planned economy to market economy and in the global information era. The social democratic appeal is gradually strong and the voices of citizens to enjoy the right to know are higher and higher. Due to traditional closed personnel archives management mechanism, the loss and trouble to citizens are endless, so the opening of the personnel archives to the citizens is becoming a social focus. From the new vision of the Dualistic Value Concept, this paper explores the realization of citizens' right to know, and introduces the approaches to exert the instrumental value in the new situation.

“双元价值观”视阈的人事档案价值及其实现（节录）*

覃兆刿教授在其《中国档案事业的传统与现代化》一书中提出了“双元价值观”。笔者认为双元价值观站在哲学价值论、认识论与管理哲学的高度，结合档案本质属性来分析档案价值，抓住了档案价值的本质。这种从档案工具价值与信息价值的视角去认识档案价值构成的方式，将我们对档案价值的理解扩大到整个档案社会实践过程。

结合人事档案价值问题，要想对现代人事档案的价值问题作更全面、更准确的理解；要想推进人事档案管理由传统向现代化的转型，创建人事档案的高效管理机制；要想以原始的人事档案信息为基础资源，通过改革创新以及各项技术支持，实现人才资源的优化配置，以最大化实现人事档案的价值。笔者认为，可以借助覃教授的“档案双元价值观”作为理论基点，以人事档案的价值构成因素为突破口，从时空的二维角度分析人事档案双元价值的矛盾运动，来建构人事档案的新型价值观，并以此价值观来指导人事档案价值的实现。

一、“双元价值观”与人事档案价值概说

（一）双元价值观的提出与方法论意义

覃兆刿教授在《中国档案事业的传统与现代化》一书中提出了“档案双元价值观”。他认为档案双元价值主要包括：“一是它作为一种行为方式，人类的初衷在于借助它的结构形式所赋予的功能，称为‘工具价值’；二是作为记录或者文献归属的实体（或结构对象实体），其内容负载的价值，称为‘信息价值’。前者是一种普遍意义的价值，后者是一种个性价值；前者由档案的社会属性赋予，后者由档案的自然属性赋予。在我看来，一切对档案价值的分析都可以包括其中。”①

在《中国档案事业的传统与现代化》一书中，覃教授也关注到人事档案价值实现问题。他指出“人事档案应成为人事部门和被记录对象个人共同拥有的信息，个人和管理部门成为一种共建、互认的新模式中的契约关系。个人对记录自己信息的档案拥有知情权、纠错权、利用权、隐私权，个人应有的权利在人事档案的

---

* 段英求，湖北大学档案学专业和武汉大学经济学专业毕业，现为杭州宇泰环保科技有限公司经理。本文曾获湖北省优秀学士学位论文奖，收录时有删改。

① 覃兆刿．中国档案事业的传统与现代化．北京：中国档案出版社，2003：8

管理中应得到充分尊重”[①]。“档案双元价值观”的提出是覃教授对档案价值认知的综合性阐释，是从哲学价值论、认识论与管理哲学的视角对档案工具价值与信息价值的探索与认定，其中蕴涵了较大的后续研究空间。

第一、档案双元价值观站在哲学价值论、认识论与管理哲学的视角，结合档案的本质属性为档案价值下定义，抓住了档案价值的本质，也为认识档案事物本身提供了一个全新的视角。

第二、档案双元价值观广泛参照了主、客体及关系价值说，将档案价值理解为档案方式、档案资源性状、档案劳动以及档案作用的社会效应之和。

第三、双元价值观强调档案的双元属性，也就是说仅有工具价值或仅有信息价值的档案都是不符合档案工作实际的，档案是工具价值和信息价值的结合体。这种观点能够比较全面地显示档案双元价值的运动轨迹，也是本文选择档案双元价值观作为研究视角的重要原因。

（二）“双元价值观”视阈的人事档案价值概念

1. 人事档案的主体需要（行为方式）——工具价值

人事档案工具价值是由人事档案的社会属性赋予的一种普遍意义的价值。从主体需要而言，人事档案是人类为了克服大脑记忆局限并作为人事的控制依据和契约关系的载体而诞生的，是人类对于人事管理和控制所选择的理想型模，我们称之为人事档案工具价值。人事档案真实地记述了个人经历、德才表现及发展过程，是历史地、全面地考察人的重要依据。人事档案的出现首先是因为人们需要这样一种方式来对人事管理和人事信息进行外脑存储和凭证性维护，从而更好地对“人”进行优化管理。因此，人事档案产生的初衷是作为实现人事管理和人事信息控制的工具，而且其保管、整理和利用也体现着鲜明的工具目的。

2. 人事档案的客体属性（内容实质）——信息价值

人事档案信息价值是一种由人事档案自然属性赋予的个性价值。从客体能力而言，人事档案作为记录归属的实体（或者结构对象实体），记载了经组织查审或认可的反映人员经历和德才表现等原始信息的价值称之为“人事档案信息价值”。首先，从社会信息化发展角度而言，人事档案的完善及人事信息资源的开发与人力资源管理有着越来越密切的关系。再者，从人事档案本身特征来看，人事档案具有认可性、真实性、权威性等特征，无疑能够为单位和组织开发人才、使用人才、进行人才预测及制订人才计划提供重要且真实的信息来源，对个人调动、晋升也是相当重要的信息依据。

---

① 覃兆刿．中国档案事业的传统与现代化．北京：中国档案出版社，2003：202

3. 人事档案的社会实践活动——工具价值和信息价值双元的结合方式

所有社会实践活动本身，都蕴涵着人类自身已确定的想要达到的某种目的。同样地，人们之所以从事人事档案实践活动，是因为人们在社会活动中越来越能够清醒地意识到缺少一种能够真实、完整地记录人事管理活动的产生和发展过程的东西，而这种记录对于人类自身的发展和社会管理又是那样的重要。于是这种渴望真实、完整地记录整个人事活动产生和发展的原始动力，控制着人们进行人事档案实践活动，也决定着人事档案实践活动的方向，并最终成为人们从事人事档案实践活动的动力因素。也就是说，人类的人事档案管理活动由一种事实性的操作转化为一种价值性和事实性相统一、主体性价值和客体性价值相统一的实践性活动——即在人类进行人事档案实践活动的方式下，人事档案工具价值和信息价值实现双元结合。

二、双元价值矛盾运动及其在人事档案管理活动中的体现

（一）从“双元价值观”看人事档案价值的形态

1. 人事档案工具价值表现形态

人事档案的工具价值主要形态表现为凭证价值、管理手段和记忆工具。人事档案作为一种凭证依据，是澄清问题的可靠凭证。人事档案形成于不同的时期，是个人社会经历及其实践活动的真实记录。它记载着有关个人年龄、学历、参加工作时间、任职时间及政治历史等方面的情况。因此，人事档案可以为落实人事政策、平反冤假错案、评定职称学衔、调整工资级别、改变福利待遇以及解决个人历史遗留问题等提供可靠的线索或佐证，具有无可辩驳的凭证作用。

人事档案作为一种管理手段，是组织与干部之间联系的纽带。人事档案既强化了干部对组织人事部门的归属感和信任感，又增强了组织人事部门对干部的向心力和凝聚力。对人事档案的科学管理，不仅能增强人们的档案意识，调动广大干部关心和支持人事档案工作，还能对干部形成一种无形约束，时刻提醒自己注意对国家和社会的诚信状况和肩负的责任，使其忠于职守、廉洁奉公。

人事档案作为一种记忆工具，是以“记忆信息”和“交流信息”的功能为基础形成的。充分利用它，就可以克服人的记忆局限，扩展和延伸人的生理记忆器官的功能，提高办事效率。在当今的信息社会里，若能用现代化技术对人事档案中的信息进行存储和检索，查找时一索即得，就能使人事工作者从强行记忆的繁重脑力劳动中解放出来，把智慧集中到人本、人力资源管理上来，搞更多的创造性工作。

2. 人事档案信息价值表现形态

人事档案的信息价值主要形态表现为情报价值和参考价值。人事档案是组织、人事工作不可缺少的依据，为开发人才、使用人才、进行人才预测及制订人才计划提供准确的信息。作为人才信息缩影的人事档案，在开发和使用人才过程中占有重要的位置。这些信息有助于组织考察和了解人才，做到“因材施教”和“量才录用”，进而为领导决策人事工作以及作出准确的人才预测，制订长远的人才培养计划等方面提供丰富的信息和依据。

人事档案是进行科学研究，特别是编写人物传记和专业史的宝贵资料。人事档案范围宽广、数量巨大、内容丰富、有很高的史料价值。人事档案中的材料与当事人生活的历史时代有着极为密切的联系，带有很强的时代痕迹。它的独特的记载方式为研究党和国家人事工作，研究党史、军史、国家机关史、地方史、思想史、专业史和撰写名人传记提供了珍贵的第一手资料。由于人事档案中不少材料是当事人的自述，这些材料具有情节具体、事实真切、时间准确、内容翔实等特点，是印证历史的可靠资料。

（二）从“双元价值观”看人事档案价值的特性

1. 工具价值与人事档案价值的主体性

人事档案工具价值是由人事档案的社会属性赋予的一种普遍意义的价值，人事档案产生的初衷是人类为了克服大脑记忆局限并作为实现人事管理和人事信息控制的工具。也就是说人事档案产生的前提是人们为了对人事活动和信息进行合目的控制，人事档案价值具有主体性。

主体需要是人事档案产生的前提。先有人事档案产生的意欲，然后才有人事档案的实体。对人事档案的考察不能仅仅局限于实体的物质特征，更要将它视为一种人类主体进行合目的控制的行为方式。同时，人事档案价值将通过满足主体需要的形式表现出来，人事档案对主体需要的满足所产生出来的效应是衡量人事档案价值的依据。人事档案价值的实现离不开主体活动，主体的知识结构、自身能力在很大程度上影响了人事档案价值的实现以及实现的效果。

2. 信息价值与人事档案价值的客体性

人事档案信息价值来源于人事档案的自然属性所赋予的作为记录或者要求归属的实体，必然会体现人事档案价值的客观性。

人事档案价值是在人事档案价值评价主体之外自在存在的，不以人事档案价值评价主体为转移。人事档案利用主体及需要也具有客观性。需要是主观意志的一种表现，但这并不意味着需要是人主观臆想或任意编造的结果，它是由于环境因素和需要者内在素质的相互作用形成的。马克思主义认为主体需要是由社会实践活动决定的，受社会存在的规定与制约，因此它有着不依赖于人的主观意志的客观性和必然性。此外，主体利用人事档案、实现人事档案价值的能力也是客观的，是不以主体的意志为转移的。

3. 双元价值的结合方式与人事档案价值的社会性

根据马克思主义的观点，主体与客体之间的相互联系、相互作用的基础和根源就是社会实践活动，它是主体与客体之间价值关系得以形成和实现的现实基础。因此，人事档案双元价值的真正结合，是在于人事档案与时代条件、人事制度发展有机结合。所以，人事档案双元价值的结合方式体现了人事档案价值的社会性。

人事档案价值的社会性是指：人事档案价值是一种社会性的现象，其受到社会人事制度、人事管理方式以及经济、政治、文化制度的深刻影响和制约。一般而言，社会越发展就越需要人事档案；人才的作用越突出，人事档案的作用就越大。档案双元价值关系总是作为一定历史发展阶段上的具体的关系范畴而存在的，它任何时候都不能游离于现实的社会关系和条件之外。人事档案价值及其实现方式，随着整个人事制度的历史发展而变化着，也反过来体现着人事制度发展的水平。

（三）人事档案双元价值矛盾运动规律推动档案价值的实现

1. 人事档案双元价值的对立统一关系

毛泽东在《矛盾论》中说：“矛盾是普遍的、绝对的，存在于事物发展的一切过程中，又贯穿于一切过程的始终。”① “没有什么事物是不包含矛盾的，没有矛盾就没有世界。”②我们称之为矛盾的普遍性。因此，人事档案价值也是有矛盾的，也是一个矛盾的统一体；人事档案价值的实现也与其他任何事物一样，是在矛盾的斗争中成长和发展的。我们可以把人事档案工具价值和信息价值看作一对基本矛盾，他们之间是相互矛盾、相互排斥、相互斗争、相互对立的。例如，过于强调开放和流通，而对档案实体失去控制，就会影响档案工具价值的实现；反之，如果过于强调人事档案实体安全，又会在保管上表现为维护实体而缺乏人事档案的提供利用，导致信息价值无法实现。

同时，矛盾着的双方又是相互依赖、相互连接、相互贯通、相互渗透的，是统一的。矛盾的两个方面，各以和它对立的方面为自己存在的前提，双方共处于一个统一体中。“光有工具价值的档案是不存在的，光有信息价值的档案也是不存在的，档案是工具价值与信息价值的双元价值结合体，这是档案与图书、文件、文物的根本区别所在。”③如果人类没有档案产生的意欲，没有将档案作为管理控制工具的需要（工具价值），即不会有档案实体及其负载的信息存在；反之，如果没

① 毛泽东．毛泽东选集．第一卷．2 版．北京：人民出版社，2009：295

② 毛泽东．毛泽东选集．第一卷．2 版．北京：人民出版社，2009：293

③ 覃兆刿．双元价值观的视野——中国档案事业的传统与现代化．北京：中国档案出版社，2003：8-9

有档案实体及其负载的信息内容（信息价值），也就无法借助档案的结构形式来实现人类对于诚信的控制。

2. 人事档案价值实现特征——从单方面重视工具价值到双元价值并重

覃教授在《椭圆现象：关于档案价值实现的一个发现》一文中阐述了关于档案价值本体与档案价值实现关系的“椭圆现象”。在此，笔者借用该理论模型，探讨人事档案在价值实现上的变化规律。如图1所示，M点从A_2运动到B_2，一方面，随着MF_1变短和MF_2变长，两者逐渐趋向相等；另一方面，M的纵坐标逐渐变大，即人事档案价值实现量变大。

我们从时间和空间的二维角度来分析人事档案价值实现是否也呈现“椭圆现象”：从时间维度来看，即纵观人事档案事业史，结合信息技术的发展趋势，我们可以分析出人事档案价值同样也呈现了以上特征；相应地，从空间角度即从人事档案管理实践角度分析，人事档案经历了文书部门、档案室、档案馆三个阶段，考察这三个阶段的人事档案价值及其实现，我们发现人事档案价值在空间动态上依然呈现这一“椭圆特征”。

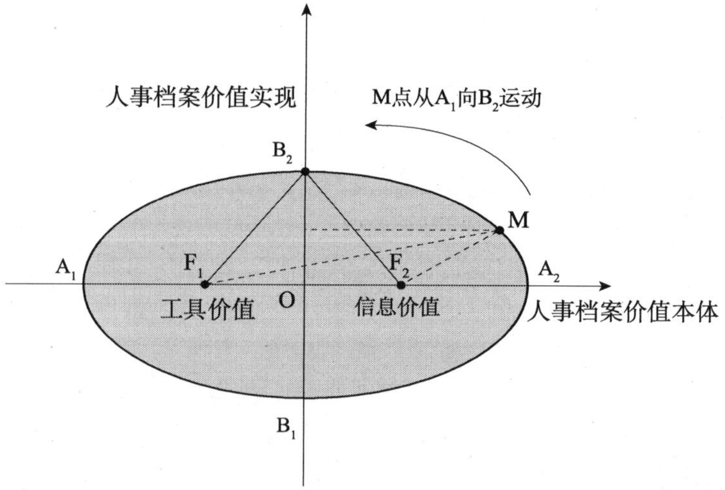

图1　人事档案价值具体实现

3. 从人事档案事业史分析人事档案双元价值矛盾运动

汉代是我国人事档案正式形成和发展的时期。汉代任用官吏十分重视政治审查，而审查又以档案材料为依据，人事档案的政治作用十分突出。魏晋南北朝是我国谱牒档案发展的鼎盛时期，谱牒档案在人事档案中始终占有一席之地。在阶级社会，谱牒档案总是与一定的政治紧密联系，是维护统治阶级利益的政治手段。《唐会要·甲库》（卷82）载：“铨选之司，国家重务，根本所系，在于薄书。”其中的“薄书”就是当时的人事档案——甲历。明代人事档案有严密的保管制度，建于皇宫内的古今通集库，保存着大量人事档案材料，且吏部、兵部架阁库及督抚、州、县衙保存的人事档案材料，均要做到"入呈册府，订封甚密"①。人事档案发展的历史表明，古代人事档案工作十分强调人事档案的社会参与控制功能，即人事档案作为一种政治控制和人事管理的工具所具有的价值，而对人事档案的信息价值关注甚微。

在强化人事档案工具价值的同时，人事档案的信息价值呈现一种缓慢的发展过程。唐朝时期，采取许多有效措施，尽可能做好提供利用工作。如"常日检寻，诸司取证，稍有差谬，所示非轻"②。明代人事档案工作在人事管理中的地位和作用都十分重要，且十分重视发挥人事档案的信息价值（依据、参考价值等）。例如，铨选的核心内容是勘察文状，考核官吏以档案为稽凭，人事档案是用人的依据。清朝对人事档案的利用，集中表现在以下几个方面：政府对官吏的铨选和考核工作，年年月月都在进行，因"稽查引据全以旧档为凭"，以致"历年随带翻阅，间有擦损"③，特规定了修复与缮写制度，保证档案更长时期的使用。另一方面，清代以人事档案为依据，通过出版《缙绅录》的方式，适当公布官员的情况。如今，随着计算机技术的发展和应用，人事档案信息化建设被纳入发展日程。从而能够提供优质、系统的档案信息综合服务，实现人事档案的信息价值。随着信息技术的发展和人事档案管理理念的更新，人事档案在作为人事管理和人员控制工具的同时，其信息价值也逐渐凸显，体现了人事档案价值从一元价值观发展到双元价值观的过程。

4. 从人事档案管理实践分析人事档案双元价值矛盾运动

人事档案与文书档案在形成时属于同宗同源。在文书部门阶段，人们利用相关人事文件是为了满足在人事管理活动中人们进行相互了解、记载个人社会活动和发展过程等的种种需求。此时文件的功能属性主要体现为它对现时人事活动进行有效管理的工具性。在档案室阶段，人事文件的这种对现时人事实践活动进行管理的工具性就极大地弱化直至完全丧失，但是它所记录的信息仍然可以为人事管理和实践活动提供重要的参考。这些人事信息对于人们考查以往、改变用人政策或作为后续人事工作的依据都起着不可替代的参考作用。在档案馆阶段时，因为档案所记录的信息反映了个人生产和生活的方方面面，囊括了人类社会实践活动及其成果的总和，是对人类历史过程的最为真实、客观、完整的记录，因而可以满足社会公众对多种社会信息的需求。同时，随着人事档案开放程度的加大，此时档案的信息价值得到了提升。

人事档案在三个不同阶段所呈现出的不同功能属性也体现了人事档案在这三

① 《神庙留中奏疏汇要·吏部疏》
② 转引自邓绍兴．人事档案教程．1版．北京：中国传媒大学出版社，2008：29
③ 《钦定大清会典事例》卷九十八

个不同阶段的不同价值形态：文书部门阶段的管理工具价值——档案室阶段的情报价值——档案馆阶段的信息价值的变化过程，是人事档案价值由工具价值逐步向信息价值偏移的过程。如图 2 所示。

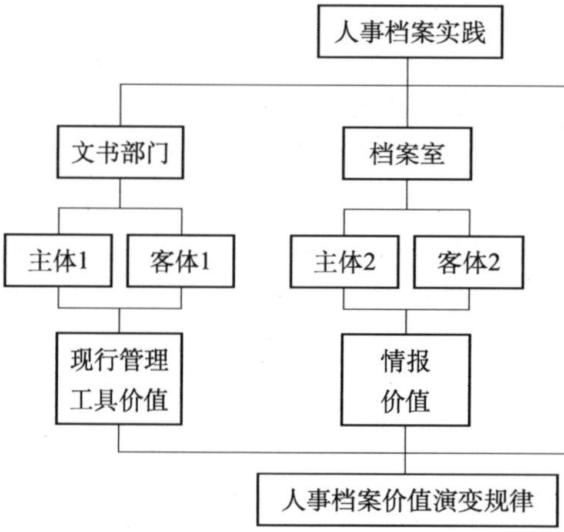

图2　人事档案价值演变规律

三、“双元价值观”与人事档案价值实现障碍分析

（一）主体性障碍淡化人事档案工具价值

从管理者角度看：在实际工作中，有的领导将创造经济效益作为头等大事来抓，对人事档案不重视，档案意识薄弱，他们未能充分认识到人事档案潜在的人才信息价值。而人事档案管理人员“看堆守摊”式等待利用者上门的被动服务状态也很普遍，文化素质与业务水平有待提高，队伍稳定性不强，而且有很多领导和人事档案管理人员仍坚守传统的“管人”与“管档”思维，不能适时把观念调整到“用人”与“用档”的新思路上来。

从当事人个人角度看：人事档案与社会管理职能的分离已经越来越明显，传统的“单位人”将越来越多地转变为“社会人”，伴随着人事档案功能的弱化，“弃档”现象越来越普遍。据有关媒体报道，目前在北京市人才服务中心存档的有 12 万人，但有 20% 即 2.4 万人放弃了档案；武汉市人才服务中心所代管的 5 万余档案中，有 1.5 万份被遗弃；成都市人才服务中心也有五分之一的档案成为没有人要的“死档”；四川全省人才“死档”已超过 20 万份。据新华网 2003 年 1 月 23 日报道：人事部全国人才流动中心的不完全统计，全国至少有 60 万“弃档族”，而且至今，“弃档”现象仍在大量增加。这个逐渐演变的过程如图 3 所示。

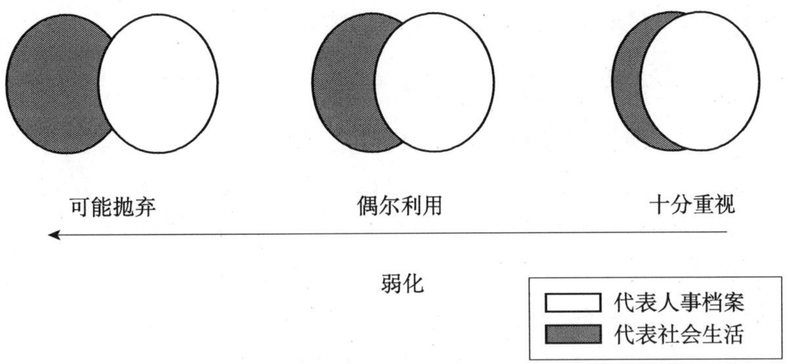

图3　弃档演变规律

（二）客体性障碍弱化人事档案信息价值

1. 人事档案造假严重

据济南档案信息网报道，从网上搜索人事档案造假，有 9400 条信息；搜索假人事档案，有 2800 条信息；搜索文凭打假，有 45 200 条信息；搜索人事档案打假，有 976 条信息。人事档案造假的新闻早已是见诸报端，例如，海南工商系统人事档案造假案、河北石家庄团市委副书记王亚丽档案造假案等都是影响较大、一般民众耳熟能详的档案造假案例，可见人事档案造假已经成为一种普遍现象。

2. 人事档案材料内容质量不高

人事档案是人的“说明书”，应能全面、详细地反映一个人各方面的情况，做到“阅卷如见人”或“档若其人”。而现实中的情况是，许多人的人事档案内容陈旧单一，信息量不足，缺乏个性，利用价值不高。许多符合时代要求的新内容未被记载，一些人事部门不注意及时补充新材料，所保管的档案多为“过去式”；在对人进行评价时，形式雷同，格调一致，空洞的语言比较多；在评价缺点时，则用“进取心不强”“表现一般”等词语一笔带过，详细、具体的评价则很少，缺乏定量与定性的综合性评价语句。另外，人事档案所填内容混乱、前后不一致的情况也时有发生。

3. 人事档案信息化程度低，未能发挥应有作用

人事档案信息资源的开发利用仍然是滞后的、被动的。人事档案利用工作大多是被动服务，只是等待领导及有关人员来查阅，缺乏主动精神，而且利用材料主要是党团材料、落实材料和工资调资方面，真正用于人才选拔、培养开发等方面的较少，没有发挥人事档案应有的作用。另外，人事档案检索工具单一、查找方式落后、案卷质量不高，严重限制了其信息服务和交流作用的发挥。

（三）中介性障碍制约人事档案双元价值实现

1. 人事档案管理体制导致分散多头管理

从本质上而言，现行人事档案管理制度的运作模式仍是继续沿用党政机关管理干部人事档案的传统模式，只是依据建档对象（即管理对象）的分类以及建档对象的群体特征，在具体操作层面上略显差异。我国长期以来实行集中统一和分级负责的人事档案管理体制，但存在明显而严重的分散性。

2. 人事档案管理机构的尴尬

中共中央组织部、人事部《流动人员人事档案管理暂行规定》明确指出：流动人员人事档案管理机构为县以上（含县）党委组织部门和政府人事行政部门所属的人才交流服务机构，其他任何单位不得擅自管理流动人员人事档案。然而，在实际工作中，人事档案代管机构有隶属于政府部门的人才交流服务中心，也有与政府无隶属关系的猎头公司、人才市场；有以履行政府职能、为社会提供服务为宗旨的事业性机构，也有如企业般市场化运作的商业性机构，其性质不一、管理混乱等问题有待进一步理顺。

3. 人事档案法制建设不健全

现有的人事档案法规，都是20世纪90年代初期或中期制订的，没有根据现实需要进行及时修改，严重滞后。由于长期受计划经济体制的影响，人事档案工作在法规方面实际执行的是一个条例《干部档案工作条例》、一个办法《干部档案整理工作细则》、一个考评标准《干部人事档案工作目标管理考评标准》。党政机关、企事业单位的所有人员都是按同一办法、标准进行管理和要求，只注意共性，忽视了个性，未能体现出分类管理的格局。学生档案、工人档案的法规建设力度不够，目前学生档案几乎无章可循。工人档案虽有《企业职工档案管理工作规定》，但它也只是《干部档案工作条例》的简本，未能体现出自身的特点。

四、“双元价值观”与人事档案价值实现

（一）模型分析

参照《椭圆现象：关于档案价值实现的一个发现》一文中建立的档案价值实现的“椭圆模型”，我们总结出增大档案价值实现程度的方法有两种：一是缩小C即工具价值与信息价值之间的距离，使其紧密结合；二是在一定现实条件下，让MF_1与MF_2趋向相等，即双元价值并重。

1. 人事档案双元价值结合

若短轴变长（见图4），则会增加椭圆覆盖区域的面积，这表明在一定条件下

（表现为工具价值与信息价值的紧密结合），人事档案价值实现的深度与广度加大了。此时焦点 F_1、F_2 向原点 O 移动，社会利用人事档案的能力提高导致人事档案价值实现的拓展范围扩大、程度加深，继而引起“椭圆现象”的增大效应，表现为人事档案资源增量、人事档案利用需求增强、人事档案价值实现机会增多和利用工作效益提高，人事档案工作的地位和在人事管理与社会生活中的作用提升。人事档案双元价值高度紧密结合，呈现为椭圆向圆运动的态势。此时，人事档案价值得到充分实现。

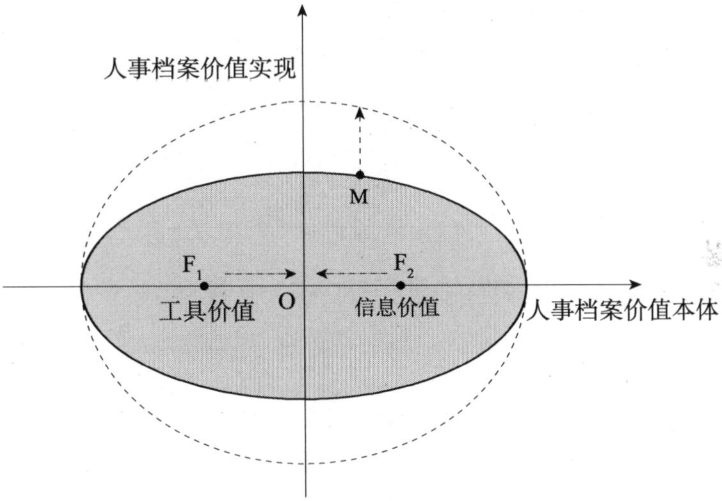

图4　人事档案价值实现程度的变大

2. 人事档案双元价值并重

在具体的利用环境中，“双元价值”集合的呈现量是不同的，其呈现的规律符合“椭圆现象”。在图 5 中，MF_1（M 呈动态表现为 M_1 到 M_2 的运动过程）表示档案工具价值取向的反映量大小，MF_2 表示档案信息价值取向的反映量大小，档案价值量等于 MF_1 与 MF_2 之总和。如图，当 M 点处于 M_1 位置时，在该次档案利用时，其工具价值的实现大于信息价值的实现（$M_1F_1 > M_1F_2$），就档案价值的本次利用总体实现程度来看，并没有达到最大（其所在“点”高度未及短轴端点）。很显然，当 $M_2F_1=M_2F_2$ 时（见图 5），档案在某次利用时价值实现程度达到最大化。这表明本次档案利用同时注重了工具价值与信息价值的实现。

人事档案价值在具体利用环境中的实现依然符合以上现象。具体说来，在人事档案利用时，如果只是注重人事档案管理和控制的工具价值，而忽视人事档案所承载的信息所具备的价值，只藏不用，就档案价值利用时实现的总体价值来看，并没有达到最大。同样，一味地重视人事档案信息价值的开放利用，而忽视了人事档案作为一种方式的工具价值，可能导致人事档案实体在安全性等方面出现问题，仍然无法最大化地实现人事档案价值。可见，在人事档案价值实现过程中，我们必须强调工具价值和信息价值双元并重，如果偏向任何一端都只能是走向“封闭”或“失控”的不正常局面，因为都违背了档案价值实现规律。

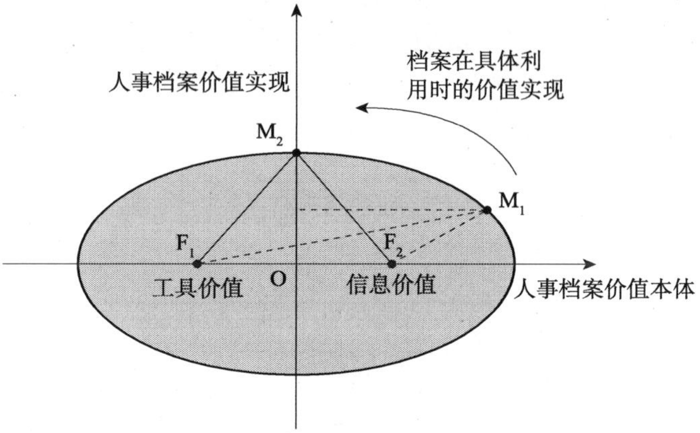

图5　人事档案价值具体实现

（二）实践指导

从马克思辩证唯物主义的观点来看，人事档案工具价值和信息价值双方构成了一对矛盾，它们之间的矛盾是人事档案价值实现的基本矛盾。档案价值的实现是指档案价值关系双方通过矛盾运动从而达到同一，是档案的潜在价值向现实价值转化的过程。具体同一实现的基本模式如图 6 所示。

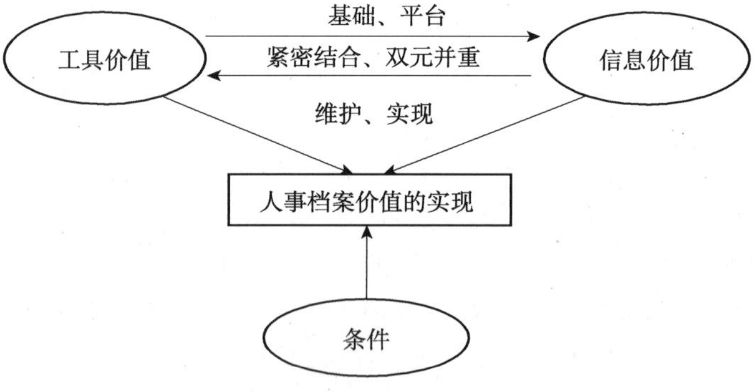

图6　人事档案价值实现的基本模式

1. 人事档案作为管理工具的强化

首先，需要提高社会公众的人事档案意识。培养和提高人们的人事档案意识，需要通过报刊、电视、广播等新闻媒体广造舆论，大力宣传什么是人事档案，人事档案收集归档的范围，人事档案的作用，人事档案与个人的关系以及如何利用人事档案等内容。使人们认识到，人事档案与个人密切相关，是维护个人权益、落实有关待遇、澄清问题事实的可靠凭证，也是组织上选人用人的可靠依据，从而激发人们关心人事档案、主动向组织人事部门移交人事档案归档材料的积极性，提高人们的人事档案意识。

其次，要提高档案工作人员的业务水平。人事档案工具价值的实现，要求人事档案工作者提高档案工作水平，深入开发人事档案信息，积极主动地提供利用，变“死”档案为“活”信息，把人事档案工作做细、做活。充分利用所管理的人事档案，对人才队伍的状况、年龄结构、知识结构、专业结构等做出分析，对人才队伍做出预测，为领导决策提供依据，从而引起领导的重视和关注。

2. 人事档案作为人事信息的服务

人事档案信息价值的实现，首先需要对人事档案的信息内容进行改革。在人事档案中增加反映人员个性内容的文档记录材料成为一种有效的改革实践。例如，对一般专业技术和管理人员，重点收集他们的学术和技术推广成果材料、企业经营者利税材料等；对社会流动人员，则着重收集那些能据此判断一个人素质优劣的材料；对在校学生，要突出学习能力和实践能力，只看学习成绩难免会比较片面。同时，也要及时收集补充新的人事档案内容。不仅应收集包含个人履历之类的记述性材料，还应当收集包含许多其他与当事人相关的材料，如能真实反映人才的能力、特长的内容，个人信用记录，涉及养老保险、医疗保险、失业保险的内容等。

人事档案信息价值的实现，还可以从人事档案信息化的方面着手努力。实现人事档案信息化，必须改变过去“重藏轻用”“坐店等客”的被动服务局面。人事档案与其他档案比较起来，其保密性更强，有些人事档案在相当长的时间内是不能公开利用的，但这并不等于说人事档案只能被动等待查阅，必须转变这种思想观念，正确对待人事档案的保密性，该保密的严加保密，可以提供利用的，应主动积极做好开发利用工作。

建立人事档案信息数据库，是人事档案信息化建设的基础工作，也是人事档案工作提供利用实现优质服务、主动服务的基础和前提。信息库的内容要准确、全面、详实，并且随时维护和更新。通过数据库，可以进行人员信息的查询、检索、统计、分析，生成各种名册和表格，大大提高人事档案利用工作的效率和质量，进一步挖掘人事档案的内在潜力。

在全文数据库建设的基础上，利用多媒体技术，增加个人图像、声音等资料，全方位扩充人事档案信息内容。加强局域网、广域网和互联网“三网”建设，建成内容齐全、功能完善、技术先进的人事信息服务网络。在人事档案信息网络的安全性方面，可借鉴美国的人事档案信息管理制度，将我国的人事档案信息分为三个等级：第一级是自由查阅的人事档案信息；第二级是申请查阅的人事档案信息；第三级是严格保密的人事档案信息。

3. 人事档案双元价值的实现

第一、建立健全科学、合理的人事档案管理制度。在人事档案管理工作中，对于不适应新形势、新情况、新任务的规章制度，必须进行改革，改掉旧的传统的人事档案管理制度，及时建立新的更为科学合理的人事档案管理制度，完善管理办法，加强规章制度的落实，不断完善人事档案管理措施，打破陈规，积极地做好新时期人事档案材料的收集、整理、归档工作。

第二、设立人事档案社会化管理机构。设立人事档案社会化管理机构是建立人事档案社会化开放式管理模式的重要组成部分，不但有助于推动各个单位人事改革，而且十分适合目前流动人员大幅增加的现状。保管人事档案的社会化机构可采用现代企业的运作方式，树立自己的“品牌意识、市场意识、质量意识、创新意识、营销意识”，利用先进的管理手段、细致周到的服务、丰富准确的信息资源，在职能允许的范围内开展业务。这种人事档案社会化管理机构的设置可以是某个行政区划内一个或几个独立的经济实体，也可以是跨区域的集团，规模与数量完全由市场决定，在优胜劣汰中接受市场选择。同时它们也要接受组织、人事、劳动、档案部门的监督与管理。

第三、完善人事档案法制建设。人事档案法规体系是组织人事法规体系的组成部分，也是档案法规体系的组成部分。建立健全人事档案法规体系是依法治档之本，是开展人事档案工作的依据，是搞好人事档案工作的根本保证，应花大力气做好这项工作。单位档案工作要真正做到依法治档，必须强化档案法治的宣传力度，必须从领导做起，增强单位整体的档案意识，使依法治档变为单位自觉的行动。同时进一步健全人事档案管理制度，严格按照《档案法》《干部档案整理条例》《干部人事档案的材料分类、排序、编目》等规章的要求办事；依法处理人事档案事务，以促进人事档案工作在法治的轨道上正常运作。

五、结　语

对于社会组织而言，人事档案价值的实现既是人事档案管理工作的基本出发点，又是人事档案管理工作的最终落脚点，它贯穿于人事档案活动的各个环节，是检验人事档案管理工作质量的根本标准。对于个人而言，人事档案作为人的身份符号成为组织管理工具的一部分，同时又作为社会人的记录，成为个人的一种精神寄托和生命遗产。因此，基于双元价值观视阈的人事档案价值及其实现，不论是对社会组织还是当事人都有着重要的指导意义和现实可操作性。在实际工作中，我们既要关注人事档案作为行为方式的工具价值的实现，又要争取在人事档案为社会组织提供制度控制的前提下开发其信息价值，实现当事人的知情权和利用权。最后，在注重人事档案双元价值并重的基础上，为人事档案价值创造良好的实现条件，让人事档案发挥应有的社会价值。

The Value and Its Realization of Personnel Archives in the Eyes of the "Dualistic Value Concept" (excerpt)

Abstract: At present, the strategy of reinvigorating talents has been put in agenda. Personnel archives is the epitome of information talents, and its value research and realization are related to the talent development and management directly. However, scholars lack in-depth and systematic studies about the value of personnel archives, so the value orientation of personnel archives is still dim. Personnel archives management in fact still can't meet the needs of the party and the national talent strategy and human resources development. Therefore, there is a contradiction between the low realization of personnel archival value and an urgent demand of information talents, so we need to build a new value theory of personnel archives. This paper draws on the professor Qin zhaogui's Dualistic Value Concept, and analyzes the value definition, value form, value characteristic and the value contradictory movement of personnel archives. Furthermore, the paper from the practice of personnel records management, summarizes the obstacles of the realization of the value of personnel archives, and finally puts forward some suggestions about the realization of the value of the personnel archives.

档案双元价值论在企业知识共享中的运用*

“档案双元价值论”由湖北大学历史文化学院覃兆刿教授首先提出，并在其《双元价值观的视野：中国档案事业的传统与现代化》一书中进行了深入系统的阐释。该理论在学术界和实践界得到了广泛的关注，引发了学者和档案工作者一系列的探讨，双元价值理论也随之日益丰满。此文中，笔者以“为我所用”的冒昧，以推动企业知识共享的实现为根本目的，探讨以双元价值理论为出发点的企业知识共享实现路径。

一、档案双元价值论与企业知识共享的关联

（一）企业文件与档案的双元价值分析

覃教授在《双元价值观的视野：中国档案事业的传统与现代化》一书中指出“档案始终可以作两个面上的理解，一是它作为一种行为方式，人类的初衷在于它的结构形式所赋予的功能，我把它称为工具价值；一是作为记录或者文献归属的实体，其内容负载的价值，人们都称之为信息价值。前者是一种普遍意义的价值，后者是一种个性价值；前者是档案的社会属性，后者是档案的自然属性。在我看来，一切对档案价值的分析都可以包括其中。”在认识档案双元价值的基础上，覃教授给出了档案的定义：“档案是人类对凭证信息的合目的性控制结构及对象。”

企业文件与档案，产生并形成于企业的各项活动之中，服从并服务于企业的管理与发展战略，记录的是企业的“过去和历史”，面向的是企业的“现在和未来”。在企业中，文件与档案的形成、管理以及开发利用，恰是对档案双元价值实现的具体阐释。

一方面，企业文件与档案的形成和运转，是企业对“凭证信息”进行“合目的性”控制和管理的过程，暗含的是对企业资源配置和管理流程的直接控制，是对企业管理合法合规的管理与控制。比如，文件载体的多样化有助于企业信息流更高效地运转；文件格式的规范化有助于管理内容更准确、生动鲜明地传递，有助于业务流程的规范化；文件结构的规律化有助于提高信息传播者和信息接受者沟通的效果，在各项活动中实现无障碍的信息交流；文件收发者的合法合理性提升了管理中职、责、权分配的科学性，文件处理的优化有助于业务活动的顺利推

* 李颖，中国人民大学信息资源管理学院博士、河北大学副教授。本文系作者于 2014 年在美国访学期间形成。

进、管理效率的提高。在现代企业管理中，越来越多的活动是在企业文件与档案的形成和运转中而实现的，结构形式所赋予的文件与档案的工具价值同步于企业目标的实现被不断彰显和外化。

另一方面，对企业文件与档案信息资源的开发与利用，是基于其所记录内容的信息价值的实现过程。信息的基本功能在于维持和强化世界的有序性，信息的社会功能表现为维系社会的生存，促进人类文明的进步和人自身的发展，是人类认识世界和改造世界的中介，是维系社会生产与发展的动因、智慧的源泉。文件与档案是最具真实性、可靠性的原生信息，它为企业的科学决策提供了元智力支持。现代企业的决策中，信息如泉，源源不断，很多企业在管理中往往出现过于关注外部信息的情结，这本无非议，但是，如果忽视企业文件与档案的信息价值，外部信息的价值表现为正抑或为负，便难以控制了。此外，企业文件与档案的信息价值还表现在它是企业软实力提升的支撑性资源。企业软实力的积淀来源于历史的发展，企业软实力的提升需要在传承中缔造，传承已有的优秀成果，缔造符合时代发展的新突破。而这种传承与缔造都要以记录企业发展的档案为支撑，企业的文件与档案恰在其中扮演着不可替代的角色。

（二）企业知识共享的实现

知识共享是指组织的员工或内外部团队在组织内部或跨组织之间，通过各种渠道和方式，进行知识的传递、交流和利用，充分发挥知识的作用，并扩大知识的价值和创造新知识，以高效地推动个人、团队、组织的发展与创新。作为一个过程，它揭示的是知识在主体与客体之间的传递与流动，是在一系列活动的作用下使知识的作用得以发挥；作为一种结果，它揭示的是知识价值的实现与扩大，以及创新的实现。IDC 的研究报告显示，组织中，员工做的 90% 的所谓“创新工作”都是重复工作，因为这些知识已经存在（存在于组织内部或组织外部）。知识存在不等于知识价值的体现，必须通过有效共享的实现，知识才能被充分利用。知识共享并不是简单的“给予”与“取得”的单方面动作，它需要通过互动、渗透，才能成功地将知识（包括隐性知识和显性知识）传递给他人，而知识接受者也是在已有知识结构的基础上，并受主观选择意愿的影响来吸收、利用新知识的。知识共享的实现是将知识贡献与知识接受进行有效的匹配，进而实现知识的价值、推动知识创新的外在表现过程。

日本管理学家野中郁次郎和竹内弘高 1995 年在《知识创造企业》一书中提出的 SECI 模型是知识管理的经典模型，生动地阐释了知识共享的过程，被认为是“知识共享过程方面最具影响力的模型”[①]。SECI 模型梳理了隐性知识和显性知识相互转化的过程，提出了社会化（或共同化）、外部化、组合化和内部化的四种

---

① 廖开际．知识管理原理与应用．北京：清华大学出版社，2007：178

模式①。这四种模式实现的知识转化的过程，恰恰是知识共享的直接或间接的表现，见图 1。

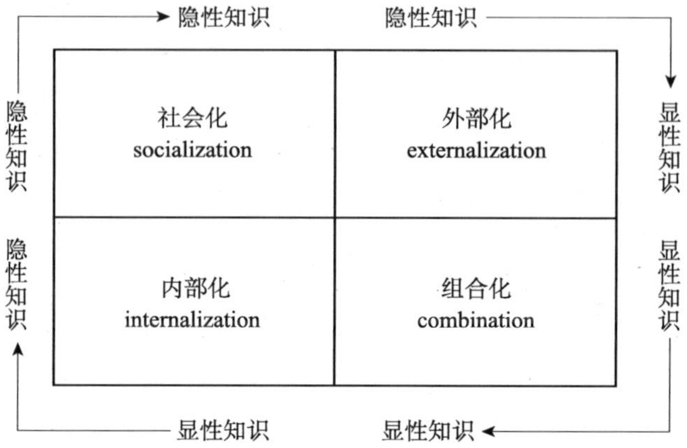

图1 知识共享的SECI模型

其中，外部化（externalization），是从隐性知识到显性知识的转化过程。通过隐喻、模拟、模型序列等方式的使用，形成显性概念，进行存储并分享给其他员工或团队，这实际上是一个实现隐性知识共享的过程，包含使隐性知识变得易于获取并传递给其他人两个方面的内容。组合化（combination），是从显性知识到显性知识的过程，这个过程产生系统知识，是在共享中升华知识的过程。知识共享不仅要"互通有无"，而且要提高知识的存量和质量，并创造新知识。结合化是对显性知识的充分共享和利用的过程。内部化（internalization），是从显性知识到隐性知识的转化过程。这一过程主要是将从其他员工、团队、组织中已获得的显性知识，转化成头脑中新的知识，这是一个显性知识共享的过程，包括接受并吸收显性知识，达到知识增量。社会化（socialization），也称共同化，是从隐性知识到隐性知识的过程。社会化是共享"经验"的过程，通过体验、潜移默化等方式，直接从他人那里获得隐性知识。共同化实现了隐性知识的有效传递和共享。

（三）企业档案双元价值在知识共享实现中的表现

文件与档案管理在企业知识共享的实现中发挥着重要的作用，而这种重要作用归根结底源于档案的双元价值。档案的双元价值对知识共享的实现是一种宏观的引导与观照，有助于推动知识共享的顺利实现，而企业知识共享的实现也生动地表现了企业档案的工具价值和信息价值。见图 2。

---

① Nonaka I, Takeuchi H.The Knowledge- creating Company:How Japanese Companies Create the Dynamics of Innovation. New York: Oxford University Press, 1995

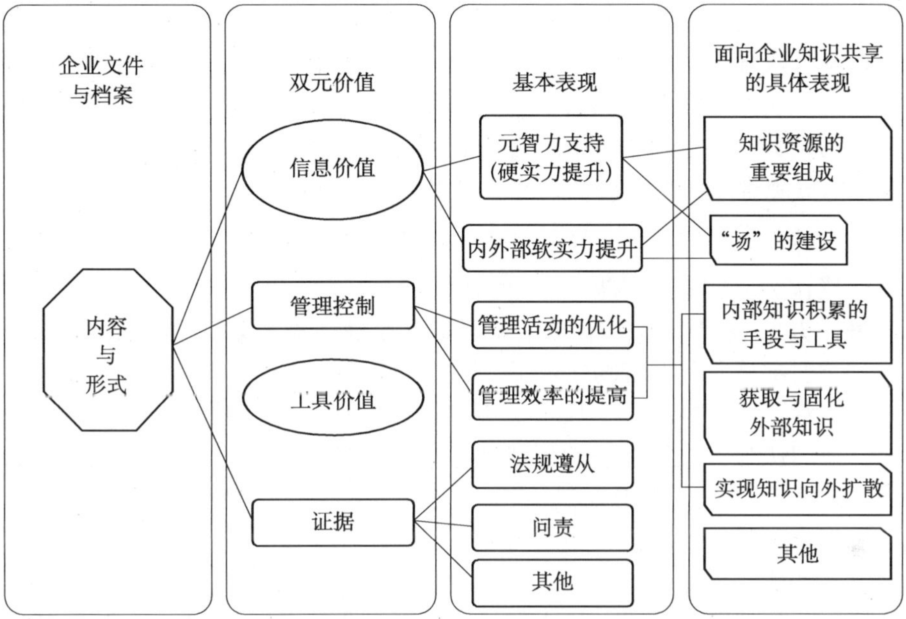

图2　企业档案双元价值与知识共享关联示意图

文件与档案的双元价值在推动企业知识共享的实现过程中，具体表现为以下几个方面。

1. 企业文件与档案是企业重要的知识资源，是知识共享中“知识”这一客体的重要组成部分，是文件与档案信息价值的直接反映

档案的信息价值是“作为记录或者文献归属的实体，其内容负载的价值”，企业档案是企业因对其凭证性信息合目的控制而形成的。因此，较之其他知识具有以下特征：首先，文件与档案作为知识资源更具全面性，因为其浓缩了企业全过程、全方位的活动，同时，形成主体的全面性增加了知识来源的全面性，且与知识共享主体具有一致性，这种一致性有助于提升知识共享中知识贡献与知识利用的匹配。其次，文件与档案作为知识资源更具基础性，原因在于：从内容上，它彰显企业发展个性与特点，最具适用性和可靠性；从获取途径上，相对于其他知识获取的渠道更为便捷，成本更为可控；此外，明确“有什么”知识“需要什么”知识，才能厘清“缺什么”，企业文件与档案清晰地展示了企业“有什么”“需要什么”，因此可称其为是“寻找企业知识缺口，获取其他类型知识的具有线索意义的基础性资源”。再次，企业文件与档案更具智慧性。档案是活动记录中的“精华”，文件转化为档案的过程，不是简单的若干文件的“聚集”，在全宗理论、来源原则、宏观职能鉴定论等理论的指导下，档案“承载”了更多的智慧，它遵循事物发展的规律，体现了活动之间的联系，将大量的描述性知识、程序性知识与

因果性知识、情境性知识和关系型知识有机结合起来，不仅增加了知识的独特性，更使知识具有较强的智慧性和更大的价值。最后，企业文件与档案是一种异质性知识资源。异质性资源表现为有价值性、稀缺性、难以模仿性和难以替代性，企业的文件与档案是本企业发展的产物，是企业智慧的结晶，是企业精华的沉淀，是其他任何资源难以代替的，是其他任何组织难以模仿的。

2. 在知识共享中，对于“场”的建设的贡献

覃教授认为，档案从本质上具有双重属性，即一方面作为人类的一种控制方式，另一方面表现为结构中的凭证信息。企业档案所表现出来的作为“行为方式”和“对象实体”的双重属性，或直接或间接作用于与企业知识共享中的“场”，影响着“场”的性质与状态。“场（Ba）”的概念，由野中郁次郎等于1998年提出，他们认为，员工知识的创造和共享是受环境影响的，员工必须在某种特定环境下才能有效地创造出知识。“场”是组织提供一些特定的场所，支持员工与员工之间，员工与环境之间进行知识的内化、外化、社会化和联结化[①]。“场”可以是物理场所，如办公室、会议室；也可以是虚拟场所，如电子邮件；还可以是精神场所，如共同的理想、信念等；还可以是人际关系网等。在SECI模型中，“场”是驱动SECI正常运转的媒介和催化剂，它不仅为知识分享提供了空间，还提供了一定的社会、文化以及历史内容，“为各项活动提供文化层面的保障和相互作用的环境”[②]，使知识能够准确地被传递，正确地被理解，有效地被接受，并创造出新思想。

企业文件与档案，种类多样、内容丰富，在“场”的建设中发挥着不可替代的作用。围绕服务于知识共享中“场”的形成开展文件与档案管理活动，通过文件与档案价值的发挥，形成有助于知识共享实现的最基本的平台，保持知识的“原汁原味”，可有效避免知识因孤立存在而倒退为信息、数据，失去自身的价值。实践证明，“场”的状态，是企业知识共享成败的深层影响因素。企业文件与档案对于“场”的建设的贡献，既是文件与档案在企业知识共享中信息价值的重要表现，又是其工具价值的演绎。

3. 控制与优化知识共享文件的形成，确保知识共享的有效性，这是文件与档案工具价值在企业知识共享中的具体表现

这一表现，针对的是知识共享过程本身，是在知识共享过程中对凭证信息的合目的性控制，通过对凭证信息的“控制”，以积累、沉淀并分享更多的知识，实现知识共享的目标，进而实现企业的发展目标。可以从以下几个角度理解：

第一，在企业内部，真正实现将个人知识、团队知识转化为组织知识，需要

① 顾基发．知识管理．北京：科学出版社，2009：48-49

② 野中郁次郎，绀野登．知识经营的魅力：知识管理与当今时代．赵群，译．北京：中信出版社，2012：139-140

以文件作为工具和手段。

文件，作为一种管理工具，直接影响着知识的流向和知识共享活动的效率，通过对其的管理和控制，有助于规范知识共享活动流程，提高所共享知识的质量，实现知识需求与知识利用的有效匹配；作为一种记录形式，它直接影响着知识的沉淀和知识共享的效果。合理的管理和控制，有助于知识的积累，有助于知识价值的提升，有助于知识共享在组织、部门或团队中有序地运转，形成知识共享的长效机制，推动企业的发展与创新。

其次，为将外部知识内部化，并在企业范围内实现更广泛、更深入的共享和利用，需要形成相应的文件，以固化知识，实现知识的反复利用，为外部知识内部化提供低成本、可操作的实现途径。

在获取外部知识的过程中，很多企业只注重当时问题的解决，即只注重问题的"答案"，而非知识本身，这种情况下，单个的具体问题虽然得到了解决，但企业的知识缺口并未弥补，当企业再次面临类似的问题，需再次付出成本以寻求问题的解决。因此，在共享外部知识的活动中，伴随着共享活动的开展，以文件的形式记录活动过程，记录的结果实际上包含了企业的知识缺口、获取知识的途径、所共享知识的内容、知识适用的情境等重要内容，既固化了外部知识，又便于知识的重复利用，即"一次投入，多次产出"。

再次，知识共享文件的形成是企业知识向外扩散的重要方式。

企业是一个开放的系统，作为社会组成的一份子，在知识共享中，既作为利用者从外部输入知识，同时也作为知识拥有者向外部输出知识。企业向外部输出知识，以供企业的竞争与合作伙伴、顾客、政府以及整个社会共享和利用，是企业创造价值、实现价值的需要，是企业存在意义的体现。比如，企业需要向顾客提供关于产品和技术的相关知识，以使顾客了解并选择本企业的产品；企业需要向供应商提供相关的知识，进行必要的培训，以满足其生产的需要等。在企业向外扩散知识的过程中，各种类型的文件打破了时空的界限，能够迅速、准确、稳定地将知识传递给接受方，是知识传递的重要途径。

二、"工具价值"观照下企业知识共享的实现

档案双元价值论认为，档案是工具价值与信息价值的双元结合体。其中，工具价值源于档案的结构形式所赋予的功能，它是一种普遍意义的价值。在知识共享中，通过对所形成的"凭证性信息"从源头上的"合目的"的控制，使之形成维护与揭示企业知识与知识共享活动等相关内容与联系的集合，以"合目的"的、"确定的"档案管理方式，减小和消除知识共享中的不确定与随意因素带来的不良影响，提升知识共享的效果。具体实现途径如下。

（一）对企业文件拟制的精细化管理

对企业文件拟制的精细化管理，是对知识共享中凭证信息的结构进行合目的性控制的重要方式。此过程中的“合目的性”主要表现为合乎企业知识共享的目标、合乎企业发展战略。

文件的拟制过程直接影响着文件的质量，文件的可读性、可用性，影响着企业的管理效率，影响着其所承载的信息内容能否被受文者准确地吸收和应用。从知识共享过程来看，文件是隐性知识与显性知识的相互转化中一种重要的实现方式，被共享的知识往往以文件的形式被存储固化，以实现知识积累基础上的螺旋上升。对文件拟制的精细化管理，是对文件作为共享工具在共享过程中具有可用性的控制。在文件处于可控阶段的“正在进行时”进行必要的管理，有助于形成高质量的文件，从源头上确保知识的质量和有效性。

规范企业文件的关键格式要素，是对企业文件拟制精细化管理的重要内容。格式不仅仅是文件规范、美观的外在表现形式，构成文件格式的诸要素直接影响着文件的功能、效用。在知识共享的过程中，能否迅速挖掘出企业中有独特价值的文件与档案资源，能否方便地再利用企业的文件与档案，也直接依赖于企业文件的格式要素是否齐全完整，是否规范。在知识共享实践中，不乏这样的案例：我们确定保存了在过去的某一活动中形成的有价值的文件，但需要共享利用时，却要花费大量的时间去查找，甚至最终查找不到。各职能部门对文件的命名、描述、分类和编码等完全按照自己的需要和习惯来进行，具有极强的随意性，这种随意性表面看来有助于减少工作的“冗余”，提高工作效率；实则埋下了有价值的文件与档案“石沉大海”的隐患。

企业文件格式灵活多样，不同行业、不同规模、不同类型的企业文件内容差异较大，格式也各不相同。本文仅对企业文件中具有普遍适用性的关键格式要素进行探讨。

1. 企业文件的标题

文件标题是对文件内容的高度概括与提炼。笔者认为，在企业文件中，标题应由发文部门、事由、文种共同组成。其中，发文部门揭示了文件的来源，事由反映了文件的主要内容，文种揭示了文件的作用。对应于知识共享中，此三种要素有助于利用者准确地了解该文件“是谁的知识”“是什么知识”；文件标题的三要素构成方式往往与员工利用知识时的需求表达是一致的，因此，标题的规范化与固定化便于知识发现，有利于提升知识检索的准确率。

2. 企业文件的命名

企业文件的命名，即确定文件的名称。传统纸质文件环境下，文件名称与文件标题一致，文件标题一旦确定，文件名称自然产生；然而，电子文件的出现，打破了文件名称与文件标题的一致性，文件命名变得复杂化。在数字环境下，文件名称独立于文件内容、文件标题之外，且先于二者被呈现。由于没有意识到文件名称的作用和意义，文件名称拟制随意性较大，文件名称与文件标题不符、与文件内容不相吻合的现象非常多见，给文件在现行阶段的办理和非现行阶段的价值判断、共享和利用带来了无限的隐患。比如，邮件系统，“电子邮件承担着企业内部指令和知识的传递、企业之间订单往来、企业与客户的交流等重要职责”①。电子邮件已成为企业业务沟通的重要工具，而邮件名称的不规范、不准确，将导致有价值的电子文件得不到及时处置，导致知识资产的流失。因此，文件名称应与文件标题、文件内容相一致，视传输与存储的具体情境，有选择地标注日期、形成者、事由。文件名称的拟与应该标准、简洁、准确，可由词或词组，并由连字符连接，文件名称亦应该能够揭示文件“是什么知识”“是谁的知识”。

3. 企业文件的形成者和收文者

文件形成者和收文者规定了需要处理文件所涉及事务或知晓文件内容的主体，它决定了文件的流向。文件形成者的缺失将使文件的真实性、凭证性、权威性受到质疑，在共享中难以判断其可用性。收文者的缺失直接导致文件得不到及时的处理，甚至因错误的流向影响工作效率，而在共享利用中，则难以判断其适用范围。此外，在知识共享中，“知识地图是通过揭示知识存储地和知识之间的关系，帮助人们快速准确地找到所需知识的技术和工具”②，而文件形成者和收文者反映了企业成员之间、部门之间的联系，暗含了企业成员、部门或团队与知识的关系，完整的文件形成者和收文者标识有助于丰富企业知识地图的素材。在企业文件的形成过程中，清晰、准确的文件形成者和收文者标识则有助于迅速建立起二者的联系，从而有效地解决因此而引起的知识共享效率低下问题。

（二）“工具价值”观照下显性知识共享的实现

在知识共享中，相对于隐性知识而言，显性知识更容易共享和利用，但这并不意味着在企业知识共享中显性知识共享已得到较好的实现。工具价值观照下的显性知识共享，在企业知识共享中相对成本较低且简单易行。

显性知识是可以用文字、数字、图形或其他象征物清楚地表达出来的知识，多存在于文件、资料库、图表、网页等之中，既包括来源于企业内部，如企业员工、各部门、项目团队的知识，也包括来源于企业外部，如政府、行业专家、科研机构等组织或个人的相关知识。相对于隐性知识而言，显性知识易记录、易传播、易共享。

根据显性知识的自身特性和来源特点，显性知识共享的任务集中体现在：使

---

① 刘家真．电子文件管理：电子文件与证据保留．北京：科学出版社，2009：263

② 靖继鹏．情报科学理论．北京：科学出版社，2009：327

分散凌乱、表现各异、质量良莠不齐的知识，更加便于传递、更具可用性，以满足知识利用者“即得即用”的需求，消除企业“信息膨胀而知识匮乏”的尴尬，实现企业知识共享和创新。对显性知识共享的实现过程中，可以以下几种类型的文件为主线，优化企业知识结构，提升企业知识质量。

一是企业环境知识类文件。企业环境知识类文件需呈现出企业环境中变与不变、可控与不可控的因素，它是企业在整个社会和市场中自身定位的指南，是各个部门直至员工在企业中寻找自己坐标的依据，通过企业环境知识类文件，提升企业环境知识的整体质量和对本企业的适用性，梳理现有环境信息中的优势和缺口，引导企业进行科学决策。

二是成果知识类文件。企业或其员工在完成个人目标和组织目标的过程中，必然伴随着一定的“产出”，这种产出可以是物质的、有形的，也可以是精神的、无形的，可视为企业活动的成果。反映企业活动成果的文件散见于企业经营生产管理、产品研发设计、项目建设、人力资源管理等各项活动之中。时间上的实时性、来源的广泛性带来的关于企业活动成果的记录的分散性，增加了企业内部知识定义的难度。成果知识类文件是对企业及其员工所取得成果的记录进行规范化、系统化、关联化等分析整理而形成的客观揭示企业活动成果的知识记录。成果知识类文件是企业文件与档案管理工作者在审视现有文件与档案种类的基础上，析出企业中具有结果性的文件与档案，然后打破来源限制，从企业发展战略的角度，与相关领域的人员共同分析而形成的系统反映企业某方面现状的知识类文件，它固化了企业已有的知识，反映了当前企业中拥有哪些知识（如已有哪些技术、专利和经验）、结构如何、在哪个团队、哪些员工拥有等。

三是作业层知识类文件。侧重于微观操作层面的业务活动过程，是对企业的业务流程、生产环节、质量控制、安全管理等其中的过程性文件的知识挖掘和分析的结果。企业业务活动中的技巧、工作方法、工作思路、经验教训伴随着企业活动的开展“无意识”的被记录在相关文件与档案之中，企业文件与档案是大颗粒度的知识单元，它包含了若干小颗粒度的知识因子，而业务活动中所需要的往往是其中的某个或者某几个知识因子。因此，企业文件与档案管理者应基于提高生产效率、节约成本、实现创新的出发点，与业务工作者共同发现不同文件与档案中具有关联的知识因子，并整合成新的知识单元，即形成作业层知识类文件。作业层知识类文件既有助于业务流程的优化，又可以提高知识的复用率。

四是“Web2.0”知识类文件。Web2.0的开放性丰富了知识共享的内容和途径，同时它也需要企业文件与档案管理者以“无形之手”将平台之中的知识资源固化、提升知识的纯洁性、提升知识的可查可用性。比如，在知识共享论坛中，关于企业某一业务活动的问题被不同的成员反复探讨，由于论坛发帖的更新、发帖者表达的随意性等因素，不同的讨论者之间很难迅速地、系统地共享已经讨论的关于该问题的相关成果。“Web2.0”知识类文件则是从知识共享者的需求出发，将类似散见于论坛、博客等平台上的知识进行系统化梳理，通过汇编、改写等形式，形成具有高价值的、便于发现、利用的知识性文件。

（三）“工具价值”观照下隐性知识共享的实现

知识共享的实现需要企业的全员参与。不同企业中，文件与档案管理者在知识共享中所扮演的角色也存在一定差异。文件与档案工作者应该以高度的责任感与使命感，主动拓展与挖掘企业文件与档案的工具价值，推动隐性知识共享的实现。工具价值通过“无形之手”的宏观引导与“有形之手”的直接维护与控制，确保隐性知识能够在恰当的时间以恰当的方式传递给恰当的人。

试析隐性知识共享过程中的关键要素，主要涉及：第一，知识主体和其所具有的知识；第二，知识传播途径；第三，知识利用者。试分析三个要素的特点，其中第一个要素内容具有模糊性、不确定性；第二个要素具有可控性、可选择性；第三个要素则较为清晰、明确。为了降低隐性知识共享的难度，提升隐性知识共享途径的可操作性，提高隐性知识共享的效用，笔者认为可以采用“结果倒推”模式来实现隐性知识共享，即从具有确定性的知识利用者出发，根据利用者工作的需求以及对知识主体知识优势的判断，形成知识需求并明确呈现，然后以此为线，引导知识主体隐性知识不同程度的外化。

隐性知识的特性增加了知识主体主动外化知识的难度，也增加了知识源与知识需求匹配过程中的风险，传统的隐性知识挖掘和共享主要是对“知识主体及其所具有的知识”直接用力；结果倒推模式则是通过杠杆原理，找到撬动地球（即隐性知识这一巨石）的支点，这一支点的重要表现形式则是文件与档案工具价值的实现，见图 3。

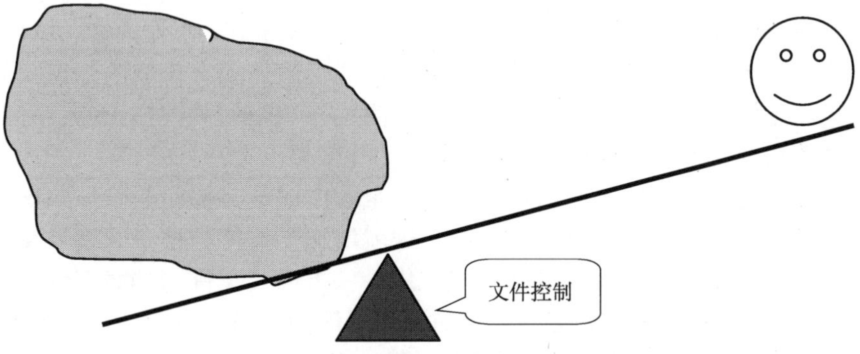

图3　文件控制的杠杆原理示意图

在隐性知识共享中，作为“支点”的文件控制主要体现在以下几个方面（图 4）。

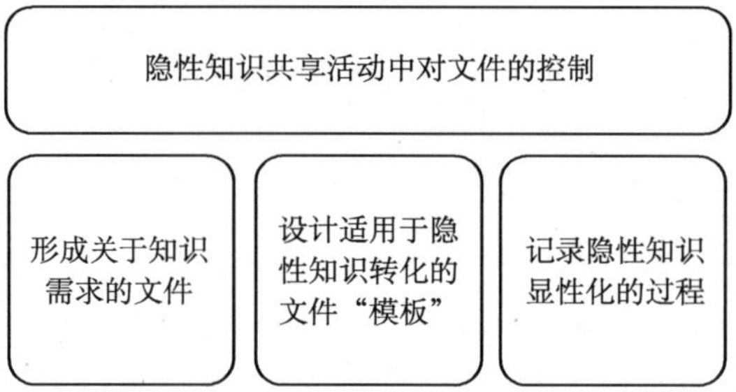

图4　隐性知识共享中的文件控制

首先，形成关于知识需求的文件。通过问卷调查、访谈、阅读文档等方法，全面了解企业、部门及员工的知识需求，并判断其中对隐性知识需求的内容和来源，通过清晰准确的表述形成关于知识需求的文件，作为隐性知识共享的指导性方案和挖掘隐性知识的依据。其次，设计适用于隐性知识转化的文件“模板”，模板的作用在于通过给定的格式要素，确保利用者的知识需求得到满足。“模板”是提升文件内容的价值性、可读性，使个性化隐性知识彰显其特点的助推器，也是规避“文不达意”的工具。从知识主体的角度看，文件格式要素有助于知识主体发现尚未意识到的知识、有助于知识主体对难以表达的知识进行梳理；从知识利用者的角度看，有助于实现知识的内化；从知识传播的角度来看，有助于实现知识的沉淀与积累。简而言之，文件格式有助于实现“知识”与“人”的匹配，同时揭示了“我想要知道的”和“你想要我知道的”。再次，记录隐性知识显性化的过程。隐性知识转化是一个复杂的过程，对隐性知识的共享可以表现为隐性知识的显性化，也可以表现为从隐性知识到隐性知识的共享，还可以表现为从隐性知识到半显性知识的共享等。对这一过程的记录属“有意而为”，是文件与档案工作者主动参与知识共享、沉淀知识的产物。比如，在师徒传承中，形成工作日志，日志中追踪记录师和徒的工作时间、工作地点、工作环节、工作内容、工作效果、工作得失等内容，在单条的、分散的记录中可能很难发现有价值的知识，但系统的记录成功地沉淀了隐性知识适用的情形、隐性知识中的关键知识等，有助于提升师父隐性知识的可呈现度和徒弟对知识的内化效果。

隐性知识与人、情境等因素密不可分，企业中成员、部门的隐性知识往往与其业务活动、工作任务紧密结合在一起，这就增加了文件与档案管理者文件控制工作的难度。在推动隐性知识共享的实现中，一方面，文件与档案工作者需“亲力亲为”，体现在及时追踪、主动记录知识共享活动；另一方面，以“无形之手”确保知识共享活动的有效性。现代信息社会，使我们处于一个“泛记录”的时代，企业的每一个员工、部门都是文件与档案的形成者，文件与档案工作者应该引导其能够在“正确的时间、以正确的形式、记录正确的内容”，净化企业信息环境、沉淀企业知识精华，为企业在大数据时代的竞争提供有价值的信息内容，减少不必要的信息污染，降低企业知识处理的负荷。

三、“信息价值”观照下企业知识共享的实现

在现代档案工作中，档案的“信息价值”被广泛提及，但是所讨论与涉及的层面和角度往往存在一定差异。档案双元价值论中提及“档案信息价值目标的实现要以档案信息的‘有效’为标志，这种有效当然不是指某些档案在现实生活中能发挥作用，而是指档案作为一类信息或信息手段被社会广泛认可并利用”。如此，信息价值观照下的企业知识共享所要解决的主要问题是如何让作为知识重要组成的档案从形式和内容上被企业及企业成员认可、接受并广泛利用，并在此基础上实现全面的知识共享。笔者认为，可以从以下两方面考虑。

（一）以企业文件与档案独具的优秀品质，推动知识共享中“场”的建设

1. 推进“创始场”建设的途径

通过文件与档案价值的发挥，形成有助于隐性知识到隐性知识转化的场。创始场构成了个人分享感觉、情感和经验的场所，在这个场所中，通过面对面互相学习，在发生共鸣、产生移情效应的基础上，彼此分享隐性知识。企业文件与档案是关于企业状况的客观记录，通过对企业文件与档案的利用，在不同员工的意识层面形成对企业完整、一致的认识，尽可能地减少员工对企业认识的差异性。因此，企业文件与档案应始终保持齐全完整，以定期与不定期相结合的形式，提供系统反映企业历史和现状的“产品”。同时，富含影响深远的隐性知识的个人、部门、团队等主体，应成为企业文件与档案管理活动的重点关注对象。虽然“创始场”对应的知识共享社会化的阶段强调面对面的交流与体验以及潜移默化，如师徒制等，文件与档案却是其基础之基础，其中所蕴涵的大量背景信息，有助于更深层次地了解隐性知识所有者行为的动机、依据等影响因素，进而提高交流与体验的效果，为其在“创始场”中“听得懂、看得懂”提供智力支持。

2. 推进“对话场”建设的途径

即通过文件与档案价值的发挥，形成有助于隐性知识到显性知识转化的场。在“对话场”中，知识主体通过将自己的观点和意向外化为词语、概念、形象等，以供共享。影响“对话场”建设的一个关键问题是，如何形成让知识主体愿意将知识贡献出来的环境。影响共享意愿的情形可以概括为以下两方面，第一，当知识主体确定共享知识后得到的共享补偿（包括物质的和精神的）大于其独享知识之时，员工共享知识的意愿会被诱发；第二，员工对企业强烈的认同感、归属感、信任感，部门之间、成员之间融洽的社会关系、人际关系，激发企业员工（或部门、团队）自觉自愿的将知识贡献给组织和其他员工。针对影响共享意愿的上述情形，可通过激励和企业文化建设两种途径提升知识主体知识共享意愿。

第一，文件与档案信息价值推动有效激励的实现。

员工和组织均呈动态化的发展趋势，而具有“原始记录性”的企业文件和档案则是员工与企业发展历程的最全面、最系统的见证，它以静态形式反映了员工及企业的动态变化过程，应成为企业实现有效激励的重要依据。首先，根据员工个人档案，判断员工的需求。对于员工档案的管理，应与企业人力资源管理、人的全面发展紧密结合，使其客观真实地反映员工的个人特点、工作经历、工作内容、工作成果等，真正成为员工个人成长的“过程＋结果”的真实记录，为企业针对知识主体制订个性化激励方案提供依据。其次，根据企业管理活动中形成的各类档案，分析本企业的特点，制订适合企业现阶段发展的激励制度。结合企业文件与档案分析知识主体的特点、企业自身的特点，是实施提升知识主体共享意愿的激励措施和方法中不容忽视的关键点。

第二，文件与档案推动企业文化建设的实现。

企业文化对于提升知识共享意愿是潜移默化的，没有与知识共享相适应的企业文化，必然导致知识共享活动的最终失败。在企业文化建设中，首先，通过对文件与档案的梳理，深层挖掘企业文化。其次，知识经济时代，现代企业需要塑造参与性文化和信任文化。企业文件与档案管理活动应该关注与企业成员相关的各类档案，构建覆盖企业员工的档案资源体系，开展有利于塑造企业参与性文化和信任文化的信息服务。文件与档案所蕴涵的独特素材，以及其丰富的活动方式，在塑造推动知识共享实现的企业文化中有广阔的创新空间。再次，推动企业知识共享文化建设。通过对知识管理活动档案的系统整理和分析，以各种形式的编研成果帮助员工了解企业为什么要实现知识共享，知识共享的实现对企业、对团队、对个人发展的积极影响等，促使员工真正形成知识共享的价值观和行为方式。

3. 推进“系统场”建设的途径

即通过文件与档案价值的发挥，形成有助于显性知识向更加系统化的显性知识转化的场。信息技术（如在线网络、群件、数据库等）广泛应用于“系统场”，为“系统场”的建设提供了必备的工具支持，虚拟平台为企业部门、成员的互动交流提供了广阔的空间，知识主体可以不受时间、空间的限制任意交流共同感兴趣的内容。无约束的条件下，不同主体的交流与讨论，有助于各抒己见、碰撞出创新的思维火花；然而，这样的自由交流平台也面临着劣质信息、无用信息的干扰，以及信息垃圾大量产生的风险。文件与档案管理服务于“系统场”建设的主要目的一是为“系统场”净化环境，排除知识转化过程中的干扰因素。二是通过对系统场的宏观审视，发现“场”中游离的知识与文件档案资源的关联，并将其“相”及时地输入系统场中，供“场”中知识主体参考利用，为新的显性知识的产生提供素材。

4. 推进“实践场”建设的途径

通过文件与档案价值的发挥，形成有助于显性知识向隐性知识内部化的场。内化的过程是将组织内形成的知识转化为个体自我知识的过程。塑造与知识相适应的“知识环境”以帮助知识内化过程实现，是“实践场”建设的重点内容。

在知识共享“实践场”的建设中，应该从所保存的文件与档案及其关联之中进行“知识环境”的还原与塑造。首先，根据文件与档案的来源判断过去知识环境中的主体，并分析主体的特点，供知识共享者体会知识“个性化”的特点，并为知识的内化做出适应性调整。其次，根据文件内容，通过析出“何时、何地、与何人、进行了何种活动”等基本要素，描绘知识环境的特点，为模拟场景的设置提供准确依据。文件与档案在长期的沉淀中，积累了丰富的关于人与情境的信息，这些信息具有真实、完整、准确的特点。因此，应通过对文件与档案深入系统的分析，形成关于知识内化情境分析的报告，在“实践场”的建设中，推动知识与情境匹配，为情境再现提供依据，进而从根本上推动完成显性知识到隐性知识的内化过程。

（二）提升档案信息服务，推动知识共享的多维实现

企业文件与档案信息服务是以独特的文件与档案资源为主要内容，满足用户知识需求的过程，是文件与档案价值实现以及被用户接受、认可、利用的直接平台。随着现代信息技术的发展和广泛应用，在企业中，为了满足对知识、对信息的渴求，企业内外部的各种类型的信息服务越来越呈现出多样化、丰富化的趋势。提升企业文件与档案信息服务的可感知性，有助于吸引用户，形成良好的服务体验，发掘和实现文件与档案的信息价值，为知识创新积累关键素材。面向知识共享的实现，“开发”是挖掘文件与档案信息价值，使利用者感受到文件与档案资源的可得性、有用性和易用性，并促使其最终选择和充分利用的过程。

第一，基于内涵的企业文件与档案信息价值的开发。

基于内涵的价值开发，是对文件与档案资源进行深度挖掘，通过分析、重组等加工过程，充分外化文件与档案的价值与作用。一般而言，企业文件与档案是一个信息集合，“是经过自然的进程逐渐汇合在一起，达到了最终的排列顺序，它是一种生长的结果”[①]，这种结果使档案成为一个有机体，维护了它的原始记录性和凭证价值，但同时，也隐藏了文件与档案中信息单元之间的其他关联。基于内涵的文件与档案开发过程，是将文件与档案进行解构，通过信息描述，多维地、多属性地揭示文件与档案的基本原始单位；再将这些基本原始单位按照新的关联重构，形成一个全新的结构体，并以可见的方式呈现。基于内涵的价值开发，通过对文件与档案的解构，有效地控制了信息颗粒的大小，而重构又是一个动态适应的过程，便于为利用者提供针对性强、可用性强的信息。

第二，基于外延的企业文件与档案信息价值开发。

基于外延的价值开发，是以文件与档案为核心，吸引企业内外部各类相关信

① ［美］T. R. 谢伦伯格．现代档案——原则与技术．北京：档案出版社，1983：25-26

息资源，通过加工整合，为利用者提供信息服务。大数据时代的到来，为基于外延的企业文件与档案信息价值的开发创造了机遇。在企业中“遍地是金子，又遍地是沙子”①，大数据分析则是一个“淘金”的过程，通过分析、挖掘，为企业提供有价值的数据和知识。事实上，许多专家都认为整套数据挖掘的过程中，有 80% 的时间和精力花费在数据预处理阶段，高质量的数据是高质量的数据分析、数据挖掘的保障，“数据如果能满足其应用要求，那么它就是高质量的。数据质量涉及许多因素，包括准确性、一致性、时效性、可信性和可解释性”②，很显然，企业文件档案与数据质量要求完全一致，在大数据分析中应充分发挥其优势，净化数据、清理数据，并结合自身的内容特点，与其他各种类型的数据共同形成对企业具有高价值的智力支持“产品”。

The Application of the Archival Dualistic Value Theory in the Enterprise Knowledge Sharing

Abstract: In the Archival Dualistic Value Theory, the archives are defined as the integration of the dualistic value including the instrumental value and the information value. The theory explains the deep meaning of the dualistic value and it also defines the archives as the structure and the object to control the credential information according to people's purpose. In modern enterprises, the theory of the Archival Dualistic Value provides a macroscopical and theoretical guidance for the knowledge sharing. The dualistic value, the instrumental value and the information value, will contribute to the enterprise knowledge sharing in the practice including the tacit knowledge and the explicit knowledge sharing and the construction of the “ba”. In this paper, we firstly analyze the interaction between the dualistic value of archives and the knowledge sharing, and then we discuss how to realize the enterprise knowledge sharing more effectively and lower-cost and easier to operate based on the instrumental value and the information value respectively.

---

① 左登基. 大数据：一场改变未来的信息革命 [EB/ON]. http://www.stdaily.com/kjrb/content/2013-01/04/content_558251.htm. [2013-01-08]

② 韩家炜，Micheline Kamber，裴健. 数据挖掘：概念与技术（原书第 3 版）. 范明，孟小峰，译. 北京：科学出版社，2009：83-85

试论“双元价值观”对水利档案信息化的启示*

目前，各行各业的档案信息化建设正在如火如荼地开展，水利行业也不例外。水利部办公厅于2013年印发了《水利档案工作规范化管理综合评估办法》，其中对水利档案信息化提出了明确的测评要求，为各大流域委的水利档案信息化工作提供了政策支持。尤其是中共中央办公厅、国务院办公厅于2014年印发的《关于加强和改进新形势下档案工作的意见》，更是为全国档案工作注入了新的活力，水利档案信息化建设也进入了空前的活跃期。

诚然，我国水利信息化建设已初具规模，推动了水利管理方式的转变和水利现代化进程，但是，水利档案信息化建设却相对薄弱。档案作为一项重要的信息资源，如果不在信息化建设方面同步前行，就极有可能成为行业信息化系统的短板，从而影响和制约水利信息化建设整体效益的发挥。笔者从覃兆刿先生《双元价值观的视野：中国档案事业的传统与现代化》一书中获得许多启示，兹不揣浅陋，谈些想法，以期有裨于我国水利档案信息化建设。

一、从“双元价值观”理解水利档案信息化的意义

“双元价值观”是覃兆刿先生解析档案价值的一个全新视角，他将档案作两个层面的理解，一是作为一种行为方式，人类的初衷在于借助它的结构形式所赋予的功能，称之为“工具价值”；二是作为记录或者文献归属的实体（或结构对象实体），其内容负载的价值，称之为“信息价值”。前者体现凭证的结构和功能，后者体现为凭证信息内容。这种从物质对象和精神现象共同构成“档案事物”出发的对档案价值的全新阐释，不仅在理论上符合价值哲学分析的原理，也十分有助于解答档案工作实践中一些看似矛盾或档案人心存的疑惑，可以帮助我们厘清模糊认识，增强工作中的辨识力、主动性和行动力。

水利档案信息化的关键在于“化”的理解和实现，它是指水利档案部门通过对信息技术的运用，加强水利档案信息资源的收集、整理、开发和利用工作，以实现档案信息资源的数字化、标准化、网络化，并相对于实体管理时代更加有效地服务于水利事业和社会公众的过程。也可理解为在不改变水利档案信息本质的前提下，水利档案结构和存在方式作符合信息原则的转变过程。

水利档案信息化建设的根本目的是最大限度地实现档案的“信息价值”，它

---

* 王丽慧，长江水利委员会网络与信息中心（长江档案馆）馆员。

可以拓宽档案利用的途径，开阔档案工作者的思路，克服囿于一处馆舍所藏的空间局限，实现跨区域档案信息资源的实体整合和逻辑整合，在档案信息的资源共建基础上谋求档案信息的增值和共享；同时可以摆脱对档案物质载体的“消极守候”，实现档案信息的可传播、可加工和可转换性，也才能改变只有原件才能代表档案信息的观点，便于档案工作者积极主动地开展档案信息开发工作，从而获得人们对档案“信息价值”以至档案管理工作的认同。当然，这种信息化的过程绝不是对档案本质属性的背离，档案作为管理方式的工具价值不应因“信息化”的技术运用和环境改变而削弱；相反，水利档案信息化过程中对存量档案的数字化转换和安全措施以及增量电子文件的档案化平台控制，恰恰可以视为档案工具价值的作用。而且，由于档案信息化带来的档案信息价值发挥能力的提升，一定会有效促进档案意识的改善，从而改善档案工作人文和专业技术环境。如此，档案作为管理方式的“工具价值”也可以同时得到更好的发挥。

二、从“双元价值观”看水利档案信息化实践

“档案双元价值观”对水利档案信息化建设实践有多方面的启示。

1. 警惕水利档案信息化建设的误区

通过了解我国水利档案信息化的建设情况，笔者发现在水利档案信息化的过程中，许多单位在不经意间进入了一些建设误区。一般易出现的情形有三种：一是重技术，轻管理。有的单位认为只要投入了足够的技术支持，就可以实现档案信息化，而忽略了档案信息化建设过程的管理，以致档案实体及信息安全受到威胁，档案信息化效果适得其反；二是重硬件、轻软件，重建设、轻维护。有的单位档案信息化投入的结构比例严重失衡，购买了高配置的硬件却缺少与之相适应的软件，也缺乏相应的运行与维护措施，造成资源浪费；三是认为信息化可解决一切问题。有的单位认为只要开展了信息化建设，就可以使现有档案工作中遇到的一切问题迎刃而解，进入“信息化神话论”的误区等。进入这些误区的原因大多是对水利档案信息化建设根本目的和价值取向的偏离。只有牢牢把握档案“信息价值”得以有效发挥而又兼顾档案“工具价值”的诉求这一原则，使信息化技术、软硬件配置等措施为档案利用服务，才能保证档案信息化建设的实施效果。

2. 明晰档案信息化建设实质

开展水利档案信息化建设，实则是逐步改变水利档案工作在现代信息技术条件下的不适应性，其建设目标是推进水利档案管理体制和管理模式的转变，从以档案实体保管为重点，转向以档案信息的数字化存储和提供服务为重心，是档案作为管理工具的“技术转型”和档案作为信息的“社会凸显”。在这一转变过程中，能够实现水利档案服务于行业管理和社会公众的目的，使档案作为方式的

“工具价值”和档案作为记录实体的“信息价值”得到综合发挥，从而极大地提高水利档案管理和利用的水平。在水利档案信息化建设中，档案部门要积极探索信息技术与档案业务工作的融合途径，发挥管理职能，最大限度地发挥信息技术对水利档案“工具价值”和“信息价值”的承载；要充分体现与水利行业部门实践的信息关联和技术融合，体现水利文化与社会公众的知识关联，从而抓住信息化重点，克服技术障碍，体现“档案信息”的本质——与“社会实践的对应与同构”，最大限度地实现档案的工具价值和信息价值。

3. 落实全过程管控思路

在水利档案信息化建设中，应当落实档案信息生命周期的全过程管理。档案信息的生命周期是指档案信息从生成、采集到提供利用的整个过程。全过程管理实质就是一种全面管理，它涉及档案信息的运转流程、管理原则与方法等，是集前端控制和过程管理于一体的管理思路。这一管理思路对于档案信息的真实性、完整性的控制显得更为有效，同时它也将传统理论对档案实体保管对象的关注，转变成对档案形成过程和档案实体的双重关注，更重视档案信息内容、形成者及其过程的有机联系。这一思路也印证了“档案是人类对凭证信息的合目的控制”的定义，强调了档案的凭证性价值和真实性的保障。如果忽视全过程管理，造成档案的“凭证”特征缺失，将直接导致档案作为“工具价值”的控制功能削弱甚至丧失，那档案“信息价值”的发挥就成为“无根之草”，显得苍白无力了。

4. 制订前端性标准规范

不以规矩不成方圆。水利档案信息化标准规范建设应当先于水利档案信息化建设，但从建设现状来看，标准规范建设明显落后，不能够满足水利档案信息化建设的实际需要。而标准规范建设的滞后会直接影响水利档案信息的采集、保管与利用，标准规范不到位也会导致水利档案信息整合困难，形成大量的“信息孤岛”。为保证水利档案信息化建设的有序开展，不走弯路，即便处于标准规范建设的“倒逼”形势，水利档案管理部门也必须认真研究制订系统科学的档案信息化标准，用于规范和约束水利档案信息化建设工作，使水利档案信息化工作真正成为一种“合目的”控制的档案工作内容。

5. 努力突破瓶颈问题

当前，我国水利档案信息化建设的法律政策环境、指导性标准环境、理论研究环境、技术支撑体系等方面并不十分完善，水利行业的档案信息化工作情况也比较复杂，在实际工作中不可避免地会遭遇许多瓶颈。一是信息化过程中电子文件管理的难题，由于电子文件的易更改性、非直读性、信息与载体的可分离性等导致其原始性认定困难，安全保密存在较大风险；二是水利行业内各单位现有的档案管理软件与数据库存在异构，使水利档案信息资源的共享难以实现；三是数字档案馆的架构与定位难题，如何最大限度地提升利用效率并产生效益值得认真思考；四是档案信息化人才的培养难题，要通过多种途径真正培养一批档案管理的行家、信息技术的里手，优化水利档案管理人员结构。此外，还有档案信息网站的交互、建设过程中的安全保密等难题需要解决。这些难题都是阻碍水利档案信息化建设的瓶颈，要做好水利档案信息化工作，必须积极探寻科学适用的解决办法，保证水利档案信息化建设的质量和成效。而覃兆刿先生的《双元价值观的视野：中国档案事业的传统与现代化》一书可为这些问题的解决提供不少启发，我们可以尝试利用书中的一些理论指导工作实践，逐步探索突破方法，为水利档案信息化建设的顺利开展厘清思路。

总之，水利档案信息化，是水利档案信息借助数字化手段和网络技术，实现与水利工作实践和社会人群相互关联的过程，这种关联的“和合效应”使档案信息得以更及时、更有效地发挥作用。水利档案信息化的良好效果，可以有效地拉动行为档案意识提升和理性自觉，从而带动行业档案管理水平再上台阶。因此，水利档案信息化建设实则也是档案工具价值和档案信息价值相互作用、相互推动的过程。在水利信息化建设中，水利档案信息化必须跟紧步伐，尽快确定建设目标与实施步骤，警惕档案信息化建设误区，明晰建设实质，落实全过程管理思路，确保标准规范先行，并努力突破建设中的各种瓶颈问题，进而利用水利档案信息化推动档案管理的深刻变革，开拓水利档案事业发展的新局面。

Discussion on the Enlightenment of “Dualistic Value Concept” on Water Conservancy Archives Informatization

Abstract: The article reviews the current water conservancy archives informatization construction work with “Dualistic Value Concept”. From avoiding entering archives informatization construction erroneous zones, clearing archives informatization construction essence, carrying out the whole process management ideas, setting front end standards, trying to break through some bottleneck problems, this article puts forward some enlightenments in order to make some contributions to the water conservancy archives informatization construction in our country.

“双元价值”视阈的企业档案工作*

覃兆刿的《双元价值观的视野：中国档案事业的传统与现代化》一书用“双元价值”来界定档案价值，认为档案始终可以作两个面上的理解：一是工具价值，即它作为一种行为方式，人类的初衷在于借助它的结构形式所赋予的功能；一是信息价值，即作为记录或者文献归属的实体，其内容负载的价值。进而提出：“一切对档案价值和档案现象的分析都可以从此所谓双元价值的视角来进行。”本文基于此理论，通过实地的企业档案工作调研，分析企业档案的双元价值构成，描述“双元价值观”在企业档案工作中的体现，并着意“双元价值观”在企业档案管理工作中的应用。

一、从“双元价值观”看“企业档案”定义

随着人们对企业类型、企业发展阶段以及企业管理的认识不断加深，他们对企业档案概念的理解也更加贴近其本质，这为我国企业档案工作的开展与实施提供了基本逻辑起点。积二十多年的经验，国家档案局于2009年11月2日发布的《企业档案工作规范》中指出：“企业档案是指企业在研发、生产、经营和管理活动中形成的有保存价值的各种形式的文件，更多地显现了企业作为经济活动组织的特征。”尽管其对企业档案的界定更趋明晰，但这种将结语归于“文件”的描述，却仍然不能完全揭示“企业档案”的本质。笔者借鉴“双元价值观”理论来定义企业档案，并试图以此为基础分析企业档案的“双元价值”。

1.“双元价值观”的基本涵义

在“双元价值观”理论中，档案被定义为“人类对凭证信息的合目的控制”。它在本质上具有双重属性，即一方面作为人类记录的控制方式，人类的初衷在于借助它的结构形式所赋予的功能，称为“工具价值”；另一方面作为控制中的凭证信息实体，其内容负载的价值，称为“信息价值”。其中，前者是一种普遍意义的价值，后者是一种个性价值；前者由档案的社会属性赋予，后者由档案的自然属性赋予。①

从理论上讲，档案的工具价值是档案作为信息承载体的价值，它反映了档案

---

* 王尹芹，湖北省档案局业务指导处干部。本文发表于《湖北档案》2011年第9期。

① 覃兆刿．双元价值观的视野：中国档案事业的传统与现代化——兼论过渡时期的档案思想．北京：中国档案出版社，2003

物质实体的价值，即档案之所以存在、如何存在的意义，这是一种直观的对档案工具属性的肯定。档案的信息价值实质上则是隐含在档案个体与群体之间的知识源价值，它是档案自身以及在其所属集群所蕴涵的知识信息的集合体，并且依据不同的价值主体，档案信息的知识源价值会呈现出不同的结构框架，但是这种信息结构和组构方式的变化范围，始终围绕着档案自身或其所属集群所蕴涵的知识源价值范围而展开。[①]而档案的知识源价值是与档案独特的工具价值分不开的。所以说档案是工具价值和信息价值的双元价值结合体，这是档案与图书、文件、文物的根本区别所在。

2.“企业档案”的定义与内涵

企业档案是企业档案工作的对象，具有档案的一般属性。受“双元价值”理论的启发，我认为企业档案也可被定义为“企业有意识控制的凭证信息”，其在本质上同样应作双重属性的理解，即企业档案的工具价值和信息价值。

企业档案的工具价值是企业档案区别于企业文件和企业图书资料之所在，首先体现为一种控制方式和维护手段，是对企业记录的合目的保存，是对档案信息凭证性的赋予和维系；企业档案的信息价值则是在企业档案的工具价值得以确认的同时产生的。企业档案的工具价值决定了企业档案所承载的信息是原始的、真实的记录，因而企业档案能够真实准确地反映企业发展的过程和细节；而且随着与企业档案所载信息相互支撑的其他物质资料或信息资料不断消亡，企业档案积淀、延续和保存起来的知识含量不断增加，使企业档案成为了可供参考、可供研究的信息源泉。

在企业管理的过程中，企业档案的工具价值强调对企业和社会负责，企业档案的信息价值强调为企业和社会服务。笔者认为企业档案工作的价值取向体现在档案的工具价值和信息价值两个层面，且是两者的结合体。只有结合两者综合考虑，一方面强化企业档案社会工具价值的实现，充分发挥企业档案作为企业实践的记录和控制工具角色；另一方面则注重发挥企业档案信息价值的现实效用性，适时发掘企业档案作为记录实体的信息价值。唯如此，才能最大限度地实现企业档案和档案工作的意义，成为企业内部控制和管理支持以及社会认知企业的主要抓手。

二、企业档案的“双元价值”构成

企业管理的关键在于企业对“人”“财”“物”三方面核心资源的管理，而对这些企业核心资源对象的管理，也恰好反映在企业档案资源重心的管理上，即企

① 覃兆刿．企业档案的价值与管理规范．上海：上海世界图书出版公司，2010

业人事档案、企业会计档案、企业科技档案（包括设备档案、产品档案等）。

1. 企业人事档案及其双元价值

企业的竞争，从根本上说是人才的竞争。在企业人事决策、人力资源开发中，人事档案无疑具有基础信息支持的意义。企业人事档案是企业员工信息的重要载体，全面地记载着员工的基本情况，反映着每一个员工个人经历、能力和德才的综合表现。准确、齐全、系统的员工人事档案是企业全面考察了解、正确评价和使用人才的重要依据，是促进人才合理流动、合理配置和合理使用并保证人才队伍素质的重要措施。

企业人事档案在本质上同样具有工具价值和信息价值的双重属性，一方面，它如实记录和反映了员工个人经历和德才表现，从形式到内容都表现出原始性的特征，具有不可辩驳的历史真实性，是企业知人善任的第一依据。正如英国著名社会学家吉登斯所认为的，企业人事档案为企业人事管理提供了“知识监视体系”。这是企业人事档案“工具价值”的体现；另一方面，在其工具价值的基础上，企业人事档案记载了员工生平、资历和业绩，包含大量的情报信息，成为企业发现人才、使用人才、激励人才和职工价值实现的重要依据和基础。

企业人事档案的工具价值先于信息价值。工具价值保证了企业员工信息的凭证性和真实性；信息价值则不仅为企业储备人才提供了信息资源，还可为企业建立“以人为本”的企业文化做支撑。因而，如何使企业人事档案的工具价值和信息价值完美结合，也是企业值得思考的问题。

2. 企业会计档案及其双元价值

企业对经济活动管理控制的实现必须依靠真实可信的会计档案。企业会计档案的成分主要是会计凭证、会计账簿、会计报表、财务会计报告等会计核算专业资料。会计档案在企业管理中的作用是多方面的，它是记录和反映经济业务的重要历史资料和证据；它是企业财务预算的权威数据资料，是企业经济决策的信息支撑，是企业成本控制的重要依据，是企业一切经济活动的过程控制和凭证呈现。

企业会计档案是企业财务活动的产物，是记录和反映经济活动的重要史料和证据。一方面，企业会计档案是总结经验、明确责任事故、打击经济犯罪、分析和判断事故原因的重要依据；利用会计档案资料，可以为解决经济纠纷，处理遗留的经济事务提供依据。原始凭证性和账目系统的连续性特征，使良好的企业会计档案管理成为企业内部控制实现的重中之重，在防控企业资产流失、预防腐败、应对企业风险中具有无与伦比的效力，是为工具价值的实现。另一方面，企业会计档案反映企业运营实际状况，据此可以发现企业资金流和成本利润信息。系统的企业经济活动史料，有助于企业进行经济前景的预测，进行经营决策，编制财务、成本计划；此外，会计档案在经济学的研究活动中，发挥着重要的史料价值，是为信息价值的发挥。

可见，企业会计档案也是工具价值和信息价值的结合体。会计档案的工具价值体现在财务管理的各个方面，包括数据资料的真实维护、会计报表的凭证性等；信息价值则体现在工具价值的基础之上，对之前的财务资料加以整合，做财务分析，得出对企业有利的财务信息，从而为企业决策作参考，有效控制企业的经济活动。

3. 企业科技档案及其双元价值

一个企业的核心竞争力就在于其科技创新。企业价值的创造离不开物的基础，创造的本身又表现为物的创新，这些物的因素包括厂房等基础设施、设备、产品，这些物的产生过程包括了设计开发和创新智慧，对其管理则离不开基建档案、设备档案、产品档案、科技档案。由于这些记录既代表着对企业基础的有序维持，包括了企业核心竞争力的基础、商业秘密和知识资产。对这些档案控制，为企业知识产权维护、防止知识资产流失具有决定性意义。因此可以说这些档案是企业最为重要的档案资源，对这些档案管理和开发利用得如何，直接影响企业的知识管理、知识产权维护和创新机制。

企业科技档案也具有双重属性，即“双元价值。”一方面，企业科技档案的工具价值主要体现于其凭证真实性，体现为对产品质量、知识固化和产权的维系，例如，比亚迪汽车有限公司的科技档案就运用于生产运营之中，包括设计图纸、修改方案等，都是先到事业部档案中心存档，再到各个生产部，以维护其真实性。另一方面，企业科技档案的信息价值，表现为知识的积累、整合、发现与现实经营的关联和创新实践。企业运用科技档案，可以做出企业历年科技产品图册、企业发展年鉴等，以提升企业文化、增强企业凝聚力。近几年，围绕着比亚迪汽车发展历程，比亚迪集团档案工作人员利用企业科技档案精心编纂了《比亚迪汽车2009年年鉴》《比亚迪汽车五周年画册》《比亚迪汽车新能源发展历程》等系列成果，为企业领导层提供决策参考，为建设企业文化、提升品牌形象、促进企业发展发挥了重要作用。企业科技档案不仅为企业的生产运营和风险控制提供了有力的依据凭证，其包含的丰富情报信息更是必须的知识储备和文化积淀，维系企业的可持续发展。

三、“双元价值观”在企业档案工作中的运用

企业档案工作的开展首先取决于企业档案工作的价值取向。企业档案工作价值取向是指企业档案工作主体基于自己的价值观在面对或处理档案工作中各种矛盾、冲突关系时所持的基本价值立场、价值态度以及所表现出来的基本价值倾向。它属于价值哲学的重要范畴，也是企业精神的基本组成部分。[①]笔者认为，将“双

① 任越．档案双元价值观的信息哲学依据探寻——从理论信息学中信息产生和本质谈起．档案学研究，2009（02）

元价值观”作为企业档案工作的价值取向，对企业档案工作从观念到业务的纠偏和重塑具有重要意义。

1. 有助于建立正确的企业档案观

理解了企业档案“双元价值”的涵义，有助于企业领导及档案人员建立正确的企业档案观，才能真正做到维护企业档案的真实性、有效控制企业内部管理。

按照“双元价值”理论体系的解释，企业档案工作的价值取向体现在档案的工具价值和信息价值两个层面，且是两者的结合体。因而，企业领导层及档案人员应强化自身的档案意识，正确理解企业档案的“双元价值”，强化企业档案的“双元价值”并重。比如，在信息平台建设中不可只强调一方面（只强调纸质或只强调电子文本），否则会因为错误的档案观而酿成祸端；又如，一些企业档案管理者认为现在有用的资料才需要留存归档，这就是典型的只看到了其工具价值而忽略了其信息价值的表现，很容易导致今后企业内部失控，严重影响企业档案的可持续性创新。

企业档案的工具价值和信息价值体现在企业管理的各个方面。在企业管理的过程中，企业档案工具价值强调对企业和社会负责，企业档案信息价值强调为企业和社会服务，两者的恰当结合是档案双元价值理论的阐释重心和终极诉求。理解了这个核心，便有助于强化企业领导层及员工的档案意识。

2. 有助于确保档案资源重心和安保重心

按照“双元价值”理论体系的解释，档案作为人类记录的控制方式，反映了档案的“工具价值,”即档案之所以存在、如何存在的意义，这是一种直观的对档案工具属性的肯定。理解了企业档案的工具价值，对企业档案的收集、保护有着重要作用。

一方面，有助于确保档案资源重心，即通过收集与部门归档，其制度化表现为归档范围施控，注重企业记录的及时档案化控制。企业档案信息资源的重心是与企业生产经营等经济活动密切相关的档案信息资料，这与行政事业单位注重文书政务类档案信息有着明显的区别。在企业档案收集和积累的过程中，要注重与企业经济活动相关的科学技术档案、生产经营档案、合同档案、设备档案等的收集；同时，企业以营利为目的实行独立核算，因此，与企业独立核算相关的所有数据信息的收集和整理也尤为重要，如会计档案的收集与整理，其后续的分析与利用工作也应受到重视。这些都是企业档案工作基本价值取向使然。

另一方面，有助于确保档案安保重心，即对档案凭证性的维护，表现为对档案实体或电子文件元数据及电子文件的载体控制，特别是可能在企业风险控制中发挥作用的档案的重点保管和安全防范。企业，尤其是技术密集型企业和知识密集型企业，其生存和发展的命脉是企业的科技创新资源、商业秘密文献与知识产权档案，对这些核心资源的安全保管和利用必须遵循严格的安全管理制度和使用范围。理解了企业档案“双元价值”的涵义，人们对企业档案安全保管的意义更明晰，也有助于提高企业档案安全系数。

3. 有助于强化档案信息的有效开发与利用

按照“双元价值”理论体系的解释，档案作为控制中的凭证信息实体，“信息价值”是其内容负载的价值，即档案所具备的可供参考、可供研究的知识源价值。深刻理解企业档案的“信息价值”，有助于强化档案信息的有效开发与利用。

在成本——效益观念极强的企业中，倘若档案部门不能为企业创造价值，那么它终将被边缘化。随着知识经济时代的来临，知识管理逐渐被引入档案工作实践，也给企业档案管理带来新的发展契机。英国知识管理大师安妮·布鲁金在他的著作《企业记忆——知识管理战略》中指出，档案资源在知识管理中处于核心地位，知识管理为档案管理实现跨越式发展提供了前所未有的空间。知识管理的主要目标是管理企业的显性知识，发掘企业的隐性知识，实现隐性知识向显性知识的转化，在企业内实现知识共享，鼓励知识创新，实现知识的增值，从而提高企业的竞争力。企业档案中蕴藏着大量显性知识，对企业的经营决策、生产管理等都有重要的作用。而且，企业档案中也蕴藏着大量可待开发挖掘的隐性知识。因此，企业档案工作面临的问题不仅仅是开发企业档案的信息内容，为各项工作服务，更为重要的是发掘企业档案中的隐性知识，将这一部分知识转换成显性知识，实现知识共享和知识创新，而这正是企业档案“信息价值”的实现。注重发挥企业档案信息价值的有效性，对企业档案信息价值有效运用，不断发掘企业档案作为记录实体的信息价值，有利于发挥档案的决策和创新支持作用。

通过分析企业档案“双元价值”构成，笔者发现将“档案双元价值”理论运用于企业档案工作研究，对企业档案工作从观念到业务的纠偏和重塑有着深远影响。不过，在“双元价值观”理论的指引下，如何使企业档案的工具价值和信息价值完美实现，确实是每个企业值得关注的新问题。

企业档案管理的“双元”应用*

在大学读书期间，就拜读过覃兆刿老师的《中国档案事业的传统与现代化》及一系列相关文章，当时只觉得覃老师的“双元价值”理论见解独到，颇具新意，但对“双元价值”的理解只能说是浮于表面。工作之后，当我们以企业档案人的身份重拾“档案双元价值”，方感受益匪浅。其“工具价值”“信息价值”的类划，相比传统的档案价值理论，对于效益优先的企业来讲有着更为实际的指导作用。

一、企业层面的“双元价值”解读

相比机关档案工作来讲，企业档案工作可以说更为灵活更具挑战，企业档案工作的目的性、务实性也更强——服务企业生产和提高效益。离开这个前提，企业档案工作便寸步难行。无论是《档案法》中“过去和现在的国家机构、社会组织以及个人从事政治、军事、经济、科学、技术、文化、宗教等活动直接形成的对国家和社会有保存价值的各种文字、图表、声像等不同形式的历史记录”，还是《企业档案工作规范》中“企业档案是企业在研发、生产、经营和管理活动中形成的有保存价值的各种形式的文件”，这两种档案的定义，都不约而同地强调档案的“保存价值”。而对于企业来讲，仅仅把“企业档案”定义为企业的“保管工具”是远远不够的，覃老师的“工具价值”与“信息价值”相结合的“双元价值”理论恰恰很好地平衡了企业档案的“藏”与“用”。所谓“工具价值”是将档案作为一种“行为方式”，人类的初衷在于借助它的结构形式所赋予的功能，它解释了档案之所以存在及如何存在的意义；所谓“信息价值”是指档案作为记录的实体，其内容负载的价值。覃老师把“信息价值”的实质归结为信息源价值，且“信息价值”的开发程度依据价值主体的不同而不同。关于“工具价值”与“信息价值”二者的逻辑关系，覃老师在其另一文章《椭圆现象：关于档案价值实现的一个发现》中早有论述，在此就不多谈了。

对于企业档案工作来讲，档案的“双元价值”具有极强的指导意义。

首先，“工具价值”强调了企业档案工作的重要性——是留存企业记忆最为重要的一种管理行为。企业最有价值的记录必须以档案的形式存在。同样，只有档案才能真实准确地记录企业发展与变革的点滴细节。

第二，企业档案的“信息价值”可以从两个层面理解：“个体信息价值”与

---

* 张璟瑜，山东核电设备制造有限公司职员；袁德家，国家核电工程有限公司职员。

"群信息价值"。所谓"个体信息价值"，是指企业档案中，单份档案记录的信息所蕴涵的价值，如设计图纸、信函文件等。其价值表现往往是显性的，易于掌握。这部分价值也是目前企业档案中利用率较高的。"群信息价值"可以理解为多份档案关联生发的价值，涉及较高层次的统计与数据分析等，对于一般企业来讲，"群信息价值"利用难度大，但产生效益高，档案工作今后发展的方向也是重视"群信息价值"。

第三，"工具价值"与"信息价值"不可偏废其一。企业档案的"工具价值"是其"信息价值"得以体现的基石，"信息价值"是"工具价值"在效能意义上的呈现。在企业档案工作实践中，既要充分理解档案的记录控制本质，踏实做好基础档案工作，又要明确档案的信息源属性，切实让档案服务于企业生产、管理和文化建设。

二、"双元价值"的企业应用

笔者就职于某国有核电设备制造公司，由于公司新成立，档案工作体系建设还不完善，当然这也意味着档案工作作为空间比较大，因此"档案双元价值"在我们企业应用还比较广泛。作为"双元价值"的践行者与受益者，这里简要介绍一下我公司"双元"特性最为显著的几项档案工作。

1. 企业档案分类"双元"化

正确合理地对企业档案进行组织和分类，对企业档案"信息价值"的发挥有着重要意义。目前，核电企业档案工作开展的主要依据为《国家重大建设项目文件归档要求与档案整理规范》DA/T28—2002和《企业文件材料归档范围和档案保管期限规定》(国家档案局10号令)。但是由于每个企业群体档案利用习惯千差万别，档案分类方案还应该因企制宜。

所谓档案分类"双元"化，即充分发挥档案的"信息价值"，利用档案相关的元数据修整公司档案分类结构，进而强化档案作为控制手段的"工具价值"的实现。

对一般企业来讲，档案借阅单与利用效果反馈表的唯一功能就是应付上级检查，侧重于档案的"个体信息价值"。而笔者所在的公司则侧重二者中的"群信息价值"，探寻档案借阅单与档案分类之间的联系，以改进企业档案的结构与功能，旨在做到"藏为所用，用以促藏"。具体实践为：查阅近年来的企业档案借阅单，整理企业员工的档案查询、借阅习惯，进而初步制订企业档案的分类方案，再结合国家相关规定，进一步优化(见表1)。当相关档案法规规定与企业实际相悖时，以国家法规为准，但是企业利用习惯以其他方式同样备注。以设备档案为例：企业的设备到厂时，采购部门会给每台设备一个统一的厂内编号，如HY1-001，这同样也是大家查阅档案的一个非常重要的检索条件，而设备档案的档号中不能体现设备编号，档案工作人员在文件的标题后统一加注设备编号。既符合档号分配原则，又兼顾员工的利用习惯。

表 1　某核电设备制造企业档案分类方案

档案类型	分类方案	备注
设备档案	部门、车间	案卷题名中同时著录设备编号
文书档案	年度	
基建档案	时间	按时间分为一期、二期、三期；每一期工程下又细分为厂区、生活区等
产品档案	名称	一个产品一个案卷
会计档案	凭证号、类型	
招投标档案	保管期限（中标、未中标）	招标文件、中标单位的投标文件为中标案卷；未中标的投标文件为未中标案卷
取证档案	类型	
工程档案	项目	
科研档案	类型	
实物档案（专利、证书）	名称	单独组卷，顺序排列

目前，我们还在根据利用反馈进一步优化公司的档案分类方案，企业档案的控制更为合理，优化后的档案分类结构使得档案的借阅率较之前大为增加，档案查阅时间明显缩短。以前因为查阅不便而无人问津的档案，现在的查阅数基本能稳定在 500 件 / 年左右。

2. 服务意识“双元化”

所谓服务意识“双元化”是指档案部门不仅可以提供档案信息实体以利用，也可以提供档案形式合规化服务，即为满足公司发展要求，为其他部门未归档或者重要的资料进行“预归档”，按照归档要求对这部分资料进行了合理化整理。随着档案工作的深入开展，档案工作者不再仅仅是“收纳箱”或“二传手”的扮演者，而是日渐成为企业重要的“智囊团”，在企业的重大活动中发挥企业档案的作用。这里所讲的发挥作用，不是盲目地、被动地接受参观检查，而是有目的、主动地将企业档案融入公司重大活动中，为企业良性发展锦上添花。服务意识“双元化”改变了档案工作刻板的旧面貌，档案工作者掌握了工作的主动权，不仅最大限度地发挥了企业档案的作用，企业档案工作方式在这一过程中也得以传播。

以我公司参加 ASME（美国机械工程师协会）取证为例。

美国机械工程师协会（ASME）授权证书是企业参与国际市场资格的通行证，国际社会一直把 ASME 认证作为提高质量控制水平、增强市场竞争力的重要手段。作为核电设备制造企业，公司多次参与 ASME 认证评审。ASME 认证评审涉及部门多，材料范围广。取证前期，文档部门的同事已经重新分类整理了库房涉及取证的文件材料。取证后期，为更好地服务取证工作，我们同事把办公桌搬到了取证相关部门，统一分类统一整理，协助各部门整理取证资料 147 卷。完成取证工作后，我们的档案工作不仅得到了公司同事的赞扬，同时也得到了 ASME 联检小组与公司领导的肯定。

3. 企业档案工作评价“双元化”

笔者在《企业档案工作的绩效评价体系》一文中曾经构建了一个由信息指标、工具指标、服务质量指标组成的三维的企业档案管理绩效评价体系，如图 1。这一体系的建立同样也是受覃老师的“双元价值观”的启发。

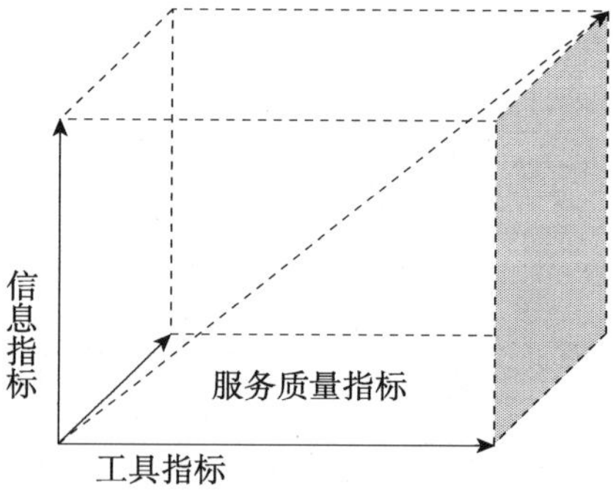

图1　企业档案管理绩效评价指标模型

在实际的企业管理活动中，服务质量指标已经弱化，基本表现为提供信息的质量，即档案的“工具价值”与“信息价值”。而且档案工作评价方式的复杂化反而不利于评价工作的开展，因此企业档案工作的评价从“工具指标”与“信息指标”着手即可。按照笔者之前构建的体系，工具指标大致可以分为九项内容：①企业文化建设；②凭证作用；③技术革新贡献度；④增加设计收入；⑤节约原材料与能源；⑥提前完工；⑦增加产量；⑧提高质量；⑨开拓市场。信息指标主要指档案内容的全、准、新。

“双元”企业档案管理绩效评价体系的建立，使企业档案工作的评价不再单一，可以从工具与信息的“双元”视角更加全面地评价档案工作，于内更加客观公正地肯定了档案工作，于外扩大了档案工作的影响力，为企业档案工作的顺利开展奠定了良好的基础。

“双元价值”作为企业档案工作的基本信条，不能仅仅停留在书本文字上，其极强的实际操作性对档案工作的顺利开展有极大的指导作用。企业档案工作者在今后的档案工作中必须要兼顾档案的“工具价值”与“信息价值”，“双元”并重，这对档案工作者工作效率与档案工作影响力的提高，企业管理的降本增效具有很强的促进作用。

“Dualistic” Application of Enterprise Archives Management

Abstract: As enterprise archives work is getting more and more attention today, a major subject for enterprise archives work is how to put archives into better service for enterprise management, production. This paper interprets the “instrumental value” and “information value” of enterprise archives work as well as the relations between the two, from the “dualistic value” perspective. Elaboration is also made on classified application of “dualistic value” in enterprise archives management and its application in service consciousness and appraisal system. To sum up, “dualistic value” should not only be studied by archival workers as theoretical knowledge but also be treated as a belief to guide enterprises in archival work.

企业档案在企业风险管理中的功能探析*

——基于档案双元价值观的视角

一、风险、企业风险与企业风险管理

风险是一个很常用的名词，我们在日常生活中随时随地都会遇到。风险无时不有，无处不在，它与人类的一切社会实践活动相生相伴，整个人类文明史也是一部人类与风险不断斗争的历史。到底何谓风险呢？“风险可以从两个方面加以定义，从易于定性分析的要求看，风险可描述为与不确定性相联系的损失的可能性。从易于定量分析的角度看，风险可描述为实际结果偏离预期结果而导致的损失的可能性。”① 风险具有客观性、不确定性和可测性特征。依风险可能导致的后果，我们可将风险划分为纯粹风险和投机风险，纯粹风险是指只有损失机会而无获利可能的风险；投机风险是指既有损失机会又有获利可能的风险。显然，纯粹风险才是人们日常生活中通常所理解的风险，也是本文所要讨论的风险。

企业作为最典型的经济生产组织，是人类财富高度集中之处，且往往是新技术和新思想的诞生地或试验地，加之现代企业必须参与到激烈的市场竞争之中，因此，与其他社会组织相比，企业所要面对的风险会更多、更复杂。简单地说，“企业风险就是指企业在实现其最大化目标的过程中，影响该目标实现的重大不确定性。”② 企业风险按其性质一般可分为财产风险、人力资产风险和责任风险。由于企业面临的风险更多更复杂，因此风险管理的思想最先诞生于企业当中，也最先被运用到企业当中。“企业风险管理就是通过一定的制度安排与技术手段发现风险、判断风险、控制风险、降低风险、转移风险进而为企业股东创造风险价值的过程。”③

二、档案双元价值观视野下企业档案在企业风险管理中的功能

1. 档案双元价值观

档案双元价值观是由湖北大学覃兆刿教授于2003年在其专著《双元价值观的

---

* 殷仕俊，江苏张家港市委组织部科员。本文曾获2012年中国档案工作者年会优秀论文奖。

① 卓志．风险管理理论研究．北京：中国金融出版社，2006：8-244

② 杜杰．风险管理智慧：企业风险管理实务．北京：机械工业出版社，2008：9

③ 卓志．风险管理理论研究．北京：中国金融出版社，2006：8-244

视野：中国档案事业的传统与现代化——兼论过渡时期的档案思想》中提出的，该思想一经提出，便在档案学界引起了强烈反响。覃教授认为："档案始终可以作两个层面的理解，一是它作为一种行为方式，人类的初衷在于借助它的结构形式所赋予的功能，可称为'工具价值'；一是作为记录或者文献归属的实体（或结构对象实体），其内容负载的价值，人们都称之为'信息价值'。前者是一种普遍意义的价值，后者是一种个性价值；前者由档案的社会属性赋予，后者由档案的自然属性赋予。"①并进一步分析道："档案是人类为了克服大脑记忆局限并作为诚信的控制依据和契约关系的载体而诞生的，是人类对于信用控制所选择的理想型模。从这个意义上讲，档案的工具价值是先于信息价值的。"②但是，"光有工具价值的档案是不存在的，光有信息价值的档案也是不存在的，档案是工具价值与信息价值的双元价值结合体，这是档案与图书、文件、文物的根本区别所在。"③并由此为档案下了一个全新的定义：从工具价值来说，档案是人类对凭证信息的合目的控制；从信息价值来说，档案是人类合目的控制的凭证信息。④以上说法及其所体现的思想内涵对笔者颇具启发意义。此思想虽然还不甚完善，但其的确有着重要的现实意义和学术价值，它合理恰当地解释了我们在理论和实践当中的许多困惑，为我们考查和理解档案及档案工作提供了全新的视角和更广阔的视野。笔者认为，从此角度来考查企业档案在企业风险管理中所发挥的功能与价值是较为合适的。

2. 企业档案作为一种行为方式具有预防和控制企业风险的管理工具价值

企业管理的最终目标是实现企业价值的最大化增值，但企业在实现这一最终目标之前，必须经历一个过程。因此，实现企业价值的最大化增值并非企业管理的直接目的。企业管理的直接目的是应对和解决企业在日常生产经营活动中所面临的各种或大或小的问题和风险，以保证企业正常的生存和发展。美国著名管理思想史家丹尼尔·A·雷恩在《管理思想的演变》中指出："管理或行政管理意味着在知识的基础上行使控制。"在企业中，档案作为一种具有控制意义的行为方式已经明显地被赋予了管理意义，也就是说，档案已经被企业管理者视为一种管理工具使用着。企业风险管理首先应体现为一种风险意识，即一种防患于未然的理念。显然，并不是每个企业都设置有健全的风险管理组织机构，也不是每个企业都会进行明确具体的风险管理活动。但作为现代企业而言，每个企业管理者都是具有风险意识的，只是在这种意识的强弱上会有所差异。在笔者看来，在企业中，

① 覃兆刿．双元价值观的视野：中国档案事业的传统与现代化——兼论过渡时期的档案思想．北京：中国档案出版社，2003：8-9

② 同①

③ 同①

④ 同①

档案作为一种企业管理者对企业凭证信息的合目的的控制方式，其本身就体现了企业管理者的一种风险意识，管理者选用档案这一管理工具的直接目的便是为了预防和控制企业风险。与行为方式相对应的档案实体一经形成，无论企业管理者是否意识到或是否承认，其已然发挥着预防和控制企业风险的功能了。因此，可以说无论企业是否设置有健全的风险管理机构或是否在有意识地进行具体明确的风险管理活动，档案都已经是一种风险管理工具了，或者说企业档案天生就具有控制企业风险的功能属性。在这里，企业档案对于企业风险管理而言，体现的是一种主动意义的管理工具价值。

最具典型意义的便是企业会计档案。会计档案应首先被理解为一种具有控制意义的行为方式，从其形成的那一刻起，便对企业的整个经营活动起到一种无形的控制作用，进而有着预防和规避风险的作用，特别是在预防资金运转危机和控制腐败方面，其作用表现得尤为突出。如今在许多企业中出现了一些新问题，如在企业内部生产经营中，产、供、销、财务等环节脱节，企业之间“扯不断，理还乱”的“三角债”等。笔者认为，不重视企业会计档案是出现这些问题和风险的重要原因之一，利用会计档案，这些问题和风险都可以迎刃而解，甚至根本就不会发生。企业会计档案的另一个重要功能就是预防和控制企业内部的腐败。通过会计凭证可以查明各项经济业务是否符合有关的政策、制度、计划和预算规定，有无铺张浪费和损害企业利益的行为，从而严肃财经纪律，防止违法乱纪的现象发生。此外，企业人事档案也具有此种风险控制功能。以下是一个由于没有妥善保管企业人事档案而酿成企业风险的典型案例。王先生原是北京市某建筑工程公司的正式职工，1985年1月被劳动教养，单位随之与他解除了劳动关系。2002年，王先生在办理求职证时，发现原工作单位并没有按规定把他的人事档案转移到他的户口所在地。王先生找到原单位，被告知他的人事档案找不到了。由于没有人事档案，2003年9月30日，社保部门停止了王先生社会养老保险的补交办理手续。眼看自己就业无门生活无望，王先生遂起诉至法院。日前，北京市第一中级人民法院对这起特殊纠纷案做出终审判决，判令王先生原来的工作单位一次性赔偿王先生各项损失6万元。[①]这个案例不正从反面活生生地说明人事档案的风险控制功能吗？对于一家建筑公司而言，因一名职工档案丢失就赔偿6万元也算是一项不小的开支，如果这家建筑公司按规定很好地保存了员工的档案，运用了人事档案这一具有风险控制作用的管理方式，也就不用破这6万元的财了。其实，企业中还有许多档案都是为了预防和控制风险而生的，如商标档案、知识产权档案、信用档案等，就不再一一赘述了。

3. 企业档案作为一种信息资源具有辅助企业进行风险管理的信息价值

管理与信息密不可分，组织管理的日常工作大部分与信息的收集、整理、归

① http://eakmrc.hubu.edu.cn/newscontent.aspx?articleid=207（湖北大学企业档案与知识管理研究中心网站）

纳和方案的提出论证相关，企业风险管理作为一种特殊的管理行为，当然也离不开信息的支撑。有效的风险管理依赖于在恰当的时间将恰当的信息报告给恰当的人员。因此，有效风险管理系统的运行要求非常重视数据来源、流程和时间的选择。企业档案作为企业合目的控制的一种具有凭证意义的信息资源具有辅助企业进行风险管理的信息价值，且此种辅助功能贯穿于企业的整个风险管理过程当中。

企业风险管理一般包括企业风险识别、企业风险衡量、企业风险管理决策及执行、企业风险管理绩效评价四个步骤，其中，企业风险识别和衡量是基础，决策是关键。

企业风险识别是指在企业风险事故发生之前，运用各种方法和工具找出企业所面临的各种潜在风险以及风险事故发生的原因。[①]企业风险识别是否全面、深刻，直接影响企业风险管理决策的质量，进而影响整个风险管理的最终结果，任何一种风险在识别阶段被忽略，尤其是重大风险被忽略，则可能导致整个企业风险管理的失败。实际工作中，企业必须利用企业档案对风险进行识别，企业以往的索赔记录、财务报告、现场勘查记录、核查表以及操作记录等都是进行风险识别的主要信息来源。企业利用真实、完备、准确的信息通常会使其在风险识别上得出更好的结论，更有利于后续的风险衡量和风险管理决策工作，如果信息不足，或不准确、不真实，可能会遗漏风险或做出错误的判断，决策效率将会大大降低。企业档案作为直接产生于企业的原始真实的信息记录，显然是最符合以上要求的信息种类之一，且无论是从所花成本，还是所产生的效益来说，企业档案都应成为企业风险识别所需信息的首选。

企业风险衡量又叫企业风险估计，是在识别企业风险的基础上，运用概率论和数理统计的方法，对企业风险进行的定量分析和描述，是对企业风险认识的深化。[②]从以上定义我们可知，企业要进行准确有效的风险衡量，除了数据分析员这一主体要素外，还必须具备两个基本要素，其一是概率论和数理统计这一工具，其二，工具只有有效地作用于客体时，方能显现其价值，也就是说，只有当企业员工运用概率论和数理统计这一工具作用于某对象时，才能完成风险衡量这一实践活动，显然，这一客体对象就是真实准确的数据信息。笔者留意到，大凡风险管理的著作或教材，当谈到企业风险衡量时，都会用专门的章节来介绍损失资料的收集整理与分析，其中也不乏一些经典著作，如在美国著名风险管理学家威廉姆斯的代表作《风险管理与保险》一书中，第三章谈到企业风险衡量时，有一小节题为“为什么我们需要各方面的信息”[③]；台湾著名风险管理学家宋明哲在其代表作《风险管理》一书中，更是用专门的一节解释了“损失资料库建立之必要”[④]，足

① 卓志．风险管理理论研究．北京：中国金融出版社，2006：8-244

② 同①

③ 小阿瑟·威廉姆斯．风险管理与保险．北京：中国商业出版社，1990：48

④ 宋明哲．风险管理．台北：五南图书公司，1984：124

见真实、充足、准确的数据信息对于企业风险衡量的重要意义。笔者认为，数据信息也好，损失资料也罢，其主要组成部分都应该而且必然是在企业中产生的各种档案，原因很简单，因为企业档案作为企业合目的控制的一种凭证信息，是企业生产经营等方方面面活动的直接反映，其真实性和准确性不容怀疑，具有其他信息资源种类无法比拟的优势。

企业风险管理决策和执行是企业根据风险管理的目标，在风险识别和风险衡量的基础上对各种风险管理方法进行合理选择、组合并制订出风险管理具体方案进而付诸实施的过程。企业风险管理决策是企业风险管理过程中的关键步骤，从此步骤始，企业风险管理才具有实质性意义，其要回答的是“如何解决企业风险”的问题。有学者指出，信息决定决策，虽然此话有失偏颇，但还是有一定道理的，至少说明充足准确的信息是进行科学决策的依据。科学的风险决策不是灵机一动拍板定案的结果，而是在掌握大量信息的基础上，经过系统分析、思考、判断后做出的。企业进行风险管理决策的依据是风险识别和风险衡量所得出的结果信息，企业档案虽然没有直接参与到决策当中，但在之前的两个环节中已经充分发挥了其价值，决策者只有系统研究这些源自企业档案的信息，才能实事求是地总结历史，冷静地、科学地分析现状，准确有效地预测未来，通过权衡轻重，从诸多方案中选取能获取最大效益的方案，因此，可以说企业档案为企业风险管理决策提供了依据。执行便是将企业制订的应对风险的方案付诸实践的过程。领导者只有依据风险决策依赖的档案才能对决策做出全面的解释，使风险决策为广大执行者充分接受和正确了解，以保证决策的正确执行。风险管理决策过程中依赖的档案是企业经济活动的规范，是进行有效控制的标准。所以，执行企业的风险管理决策也离不开企业档案所发挥的信息支持功能和协调功能。

企业风险管理绩效评价是指企业对风险管理技术适用性及其收益性情况的分析、检查、修正与评估，它是企业风险管理的最后一个步骤，也是不可或缺的一个步骤。一般而言，企业进行风险管理绩效评价主要有两个目的，其一是对该次或该阶段的企业风险管理活动进行评估和总结，其二是通过总结和评估刚刚结束或当前进行到某阶段的企业风险管理活动，为企业以后的风险管理提供可资借鉴的经验。因此，可以从两方面来看企业档案在企业风险管理绩效评价中的作用。一方面，企业风险管理绩效评价作为某次特定的风险管理活动的最后一个步骤，其评估的对象显然是该次企业风险管理活动的全过程。绩效评价主要是一种事后评估，而时光是无法倒流的。因此，笔者认为，企业风险管理绩效评价必然要借助企业档案。企业风险管理绩效评价实际上就是根据企业在整个风险管理活动过程中所形成的各种档案来进行的一种评估活动，因为档案可以真实准确地再现历史，再现风险管理活动的全过程，这是绩效评价得以进行的基础。另一方面，为了给企业以后的风险管理提供可资借鉴的经验，企业必须对某项特定风险管理活动的整个过程进行评价和总结，此过程同时也是对形成于整个风险管理活动过程中的全部档案进行资源重组的过程，这些被重新整合的企业档案资源又会在企业未来的风险管理中发挥作用。

三、结　　论

从双元价值观的视角，我们看到，企业档案在企业风险管理中发挥着双元功能。一方面，企业档案作为一种行为方式，它具有直接预防和控制企业风险的管理工具价值，这是一种主动意义的价值，所对应的是企业从战略上“防”风险，注重的是档案作为一种控制手段所具有的工具意义的长期发挥。另一方面，作为一种具有凭证意义的信息资源，它具有辅助企业进行风险管理的信息价值，这是一种被动意义的价值，所对应的是企业从战术上来“治”风险，注重的是为企业风险管理决策和关键时刻的举证提供保证和机制，工具价值和信息价值缺一不可，统一于企业风险管理的过程当中。因此，企业档案对于现代企业应对风险、进行风险管理具有重大意义。现代企业想要立足于风险丛生的市场当中，必须重视档案和档案工作。

Discussion on the Function of Enterprise Archives in the Risk Management of Enterprises

— Based on the Angle of the Archival Dualistic Value Concept

Abstract: Risk management is the core in the management of modern enterprises. The study of function and value concerning enterprise archives in the enterprises' risk management is a very meaningful theoretical exploration on the basis of Archival Dualistic Value Concept. On one hand, as a behavior, enterprise archives which are regarded as tools of management have the value of positive meaning which can prevent and control the enterprises' risk directly. On the other hand, as information resource with a certificate, enterprise archives which are viewed as information have the function which can help enterprises to take the risk management. Both are indispensable, which are unified in the process of enterprises' risk management.

引用文献辑要

……

第四场次由四川省图书馆特藏部副主任何先进先生以《开发西部公共图书馆缩微文献信息资源的思考》论文发表；湖北大学档案系主任覃兆刿教授以《双元价值观：档案传统的评估与现代构思》论文发表①。问题讨论时间中，台湾许顺兴编审向何先进先生提出有关档案应用服务问题及自己在立法院所作档案应用服务的经验；朱宏源教授提出数位化古籍缩微品之电子版目录；谢艾洁教授向覃兆刿教授提问美学观念及思维空间，除学术性外，功能性的探讨②。由四川大学公共管理学院副院长乔健教授担任评论人……覃兆刿教授文章是档案的哲学之道。……（第五场次）首先由内地成都飞机工业集团有限责任公司副研究馆员田亚仙女士以《模拟与数字的完美结合——介绍成都飞机工业集团有限责任公司档案数模整合管理系统》③论文发表；台湾由谢艾洁教授代替杨正宽先生发表《如何建构台湾文献之研究》……湖北大学档案系主任覃兆刿教授担任评论人。第六场次论文研讨会由四川省科技成果档案馆副馆长柴德玉先生以《浅析二十一世纪档案载体的选择》论文发表；四川省档案局（馆）保护技术部主任薛蓉女士以《论缩微工作的生命力》论文发表。问题讨论时间中，朱德兰教授提问柴德玉先生有关档案全文检索问题，而关于缩微等相关问题，内地张照余教授及王信功秘书长也代为解答。乔健教授也提出缩微技术是否能再突破等问题，双方讨论得非常热烈。最后请覃兆刿教授担任评论人，为这一天半共六场次的学术研讨会划下完美的句点。

——摘自中华档案与资讯微缩管理学会行政组主任吴财宝：《2003 年海峡两岸档案暨微缩学术交流会会议筹办报告》，《档案与微缩》（台北），第 71 期，2003 年冬季版

---

① 台湾“中央研究院”近代史研究所朱宏源教授等对“档案双元价值观”涉及的档案定义及“双元”的说法提出了质疑。覃兆刿现场以“成都飞机工业集团有限责任公司档案数模整合管理系统”为例进行的答辩，说明“档案双元价值”中工具价值和信息价值的内涵及相互关系，受到国家档案局副局长、中国档案学会会长沈正乐、苏州大学张照余教授、四川大学乔健教授的好评以及在场多数台湾学者的认同

② 谢艾洁教授在会上介绍的是关于音乐唱片的数字化转换及保真问题

③ 在点评《模拟与数字的完美结合——介绍成都飞机工业集团有限责任公司档案数模整合管理系统》一文时，覃兆刿以“档案双元价值观”切入，认为模拟与数字的完美结合，其实就是档案工具价值与信息价值的双元追求，二者不可偏废，共同构成了电子文件时代的档案管理模式

随着档案的信息化，对原始性和真实性应该有新的理解。有人提出，档案的“原始”意义应该从物理意义的“原始”走向逻辑意义的“原始”，只要真实的来源联系存在，档案的真实性就可以依赖（文尾引注覃兆刿，付正刚:《与社会的同构和对应关系：广义的来源联系——论“档案信息”的本质》，《档案与建设》2002 年第 2 期——本书编校）。笔者认为这种看法是符合档案信息化的实际情况的。如能在这一点上解放思想，那么许多图书、音像制品、电子文件、报刊杂志等形成过程中产生的原始信息，都应该属档案信息资源的范畴，从这一点来拓展开发档案信息资源的视野。

——摘自江苏省出版集团办公室 彭兰英:《档案信息化与图书原生信息源的开发》，《档案与建设》2003 年第 5 期

档案信息化是信息化在档案领域的具体实现，其基本内涵与信息化的内涵是一致的。覃兆刿将档案信息化界定为“档案在不改变实质内核的情况下，其结构与存在方式作符合信息原则的转变”，是很有道理的。档案信息化建设的目标就是为了促成这种转变，即实现档案信息化。因此档案信息化与档案信息建设的关系也是目标与手段的关系，两者并不是等同的。

——摘自总装备部档案馆黄志文、李昕岑《关于档案信息化建设实效性的思考》，《档案学研究》2003 年第 4 期

（覃兆刿）十分专注中国档案传统与档案事业现代化之间的关系和档案信息化问题研究，其专著《双元价值观的视野：中国档案事业的传统与现代化》因“颇具新意和原创性”、“学术视野开阔”，以及难得的资料贡献和体系建设，受到国内同行专家的普遍好评。

——摘自 2004 年第 3 期《武汉档案》“专稿”

覃兆刿教授以“双元价值观”为思维轴心，通过对我国档案传统进行分析评估，作借助与改造的思考，进而构思了档案事业现代化的价值目标、观念要素及宏观战略，旨在寻求一条从档案传统到档案事业现代化的路径。覃教授把这种探寻形象地比喻为：“希望能够从中找到传统与现代化之间的榫点”。覃教授的报告既有很强的理论性，又富于现实应用性，这不仅有利于我们从更宏观的角度就档案问题作一些理性的思考，而且对于我们构思档案事业的现代化和深入发展档案学基础理论，具有重要的现实意义和学术价值。

——摘自“武汉市档案学会举行《中国档案事业的传统与现代化》报告会”，《武汉档案》2004 年第 2 期“要闻”（应武汉市档案学会邀请，2004 年 4 月 15 日，

《双元价值观的视野：中国档案事业的传统与现代化》一书在武汉市档案馆举行首发式并进行报告会）

在《档案学》上收录的档案学基础理论研究的文章中，给我印象最为深刻的要数胡鸿杰的《论中国档案学的评价机制》、覃兆刿的《从“档房”到“档案馆”——关于中国档案事业近代化的反思》(《档案学》2004 年第 5 期收录、原刊《档案学研究》2004 年第 3 期——本书编校）……

《从“档房”到“档案馆”——关于中国档案事业近代化的反思》的作者娴熟地运用翔实的史料，阐述了近代档案思想的产生和中国档案事业的近代化，即从古代作为政治附庸的“档房”模式向近代公共文化性质的“档案馆”模式转变，以及早期的萌芽是“近代社会的科学求真精神与实证主义的影响，公共的爱国心的滋养和近代文化事业如图书馆、博物馆事业的拉动，传统史学的积淀与‘新史学’对档案信息价值的凸显，以及来自欧美的档案专业见识等，共同促成了我国档案事业的近代化。”……该文是其专著《双元价值观的视野：中国档案事业的传统与现代化——兼论过渡时期的档案思想》(下简称《双元》) 一书的重要阶段性成果之一。《双元》因其视角独到、体系建设及资料翔实而受到国内同行高度评价……

——摘自武汉大学信息管理学院 张煜明副教授:《2004 年档案学刊档案学基础理论研究佳作回眸》,《档案学研究》2005 年第 2 期

……对档案学科自身的认识长期以来是档案学研究中相对薄弱的环节，近五年来这方面研究有明显进展，比较有影响的成果主要有……覃兆刿的《中国档案事业的传统与现代化：兼论过渡时期的档案思想》……从档案传统与现代化结合的视角，研究了我国近代以来档案思想的发展，初步探索了档案学科发展兼顾历史传统和事业现代化的思维路径。

——摘自中国人民大学副校长冯惠玲教授、黄霄羽副教授，苏州大学周毅教授:《档案学科“十五”回顾与“十一五”展望》,《档案学通讯》2005 年第 4 期

传统的档案作用理论未能全部解释实际工作中档案作用发挥的失衡现象，如档案重要性与重视度的失衡、档案价值期望与价值实现的失衡、档案有用与效用的失衡以及档案意识与价值观的失衡等。

……

档案外脑原储作用决定了档案的工具作用，是工作的保障工具和推进工具。

由此联想到有人提出的档案新二元价值论[①]，即档案的工具价值和档案的信息价值，也就是说档案同时具有工具效用和信息效用。本人同意这种观点，但是这两种价值或效用都源于档案外脑原储作用。

——摘自郑州航空工业管理学院信息管理学院院长、教授刘永博士的《面向实际再探档案作用实质》，《档案学通讯》2005 年第 1 期

兆刿教授好：本会出版之《档案与微缩》[②]季刊第 73 期，刊登您之大作（指《关于中国档案事业近代化的文化反思》一文，其中特别强调，乾嘉以来，“实事求是”的科学求真精神、内阁大库档案的遭遇与整理实践、“公共心”的提倡和图书馆博物馆事业的拉动、传统史家的理想、西方实证方法与科学史观的传入与模仿、“新史学”对档案信息价值的深刻揭示和档案“双元价值观”的形成、外国专门档案馆事业的见识、行政效率提高的呼声等多种因素，共同营造了近代档案思想产生的社会土壤，促进了我国档案事业的近代化。——本书编校），获档案界读者广大之回响，希望您其他之文章，能继续分享台湾读者。

——摘自中华档案暨资讯微缩管理学会（台北）吴财宝先生[③] 2005 年 10 月 18 日致覃兆刿信

档案界以前对东巴档案的研究大都局限于东巴经的探讨，并且多是介绍性的探索。这不仅对学术理论探讨没有深化的促进作用，而且对于东巴经的抢救与整理开发也没有太大的实际意义。所以，现在我们要重新审视这方面的工作，放宽视界，以更加广阔的视角来看待东巴文化和档案学的关系，也就是说我们要研究档案学视野下的东巴文化，即东巴档案。把东巴到东巴文再到东巴经档案的思路拓展开来，改变成从东巴到东巴文化再到东巴档案。中间环节仅仅多了一个字——化，带来了东巴档案的外延和内涵的变化。另一方面，档案从本质上具有双重属性：一是作为人类记录的控制方式，二是作为控制中的凭证信息实体。剥离其中的任何一个方面，档案便不复存在。因此可以把档案看作是人类对凭证信息的合目的的控制，也就是说，档案是处于人类合目的控制的凭证信息（文尾引注覃兆刿：《中国档案事业的传统与现代化——兼论过渡时期的档案思想》——本书编校）。从这个角度来看，围绕东巴文化形成的许多文献都可以说是档案了，即

① 此处“二元”当是“双元”。覃兆刿：《双元价值观的视野：中国档案事业的传统与现代化》
② 中华档案与微缩暨档案资讯管理学会会刊（季刊）
③ 吴财宝先生系《档案与微缩》季刊执行总编

东巴档案。基于上述理论，我们认为那些反映东巴文化产生、发展的有保存价值并处于人们合目的控制的文献就是东巴档案。

——摘自云南大学教授、旅游文化学院院长杨毅，中国人民大学博士研究生张会超：《东巴文化之档案化探析》，《学术探索》2006 年第 1 期

……我国的档案学发源于 20 世纪 30 年代的一场“行政效率改革”运动，因此，不可避免地带有浓重的经验科学的色彩。因而，建构一个完善成熟的基础理论体系，追求理论的深刻一直是档案学学科建设的重点问题，虽然经过几代人的不懈努力，但当前档案学基础理论中仍然存在着诸多的问题需要解决，深刻性也远远没有达到成熟科学的标准。和其他学科相比，档案学还有大量的基础工作要做：包括基本的学科范式建设、学科独具的理论归纳和充满理性自觉的学科发展史认知等。（注引覃兆刿《8 学者视野中的中国档案学》，《档案管理》2005 年第 6 期——本书编校）

……

……基础理论是对学科基本问题的总结，是对学科研究对象最高层次的理论概括，需要不同的研究主体从不同的角度反复地探究与思考，才能够逐渐走向深刻，真正揭示事物的本质与规律。当前我国档案学理论框架还不完善，很多概念与理论都值得重新审视，倡导批评与反思精神，张扬学术个性，对于当前档案学基础理论研究来说，更为迫切。正如覃兆刿先生所言，“这一阶段的档案学呼唤深入的个性研究，需要更多的针对‘档案’这一事物的不同诠注，哪怕表现出众说纷纭，彼此批评，但我认为这种纷呈和这种也许不够平正的作品恰是贡献的本身。因为，只有丰富多彩的个性探索，才能促使档案学共同范式的形成，才能推进学科的成熟。同时，也只有内在学术个性的彰显，才能保持档案学总体上比肩于相关学科的独立个性。”（引自：覃兆刿《8 学者视野中的中国档案学》，《档案管理》2005 年第 6 期——本书编校）然而，长期以来，由于种种原因，档案学界学术争鸣的风气不够浓重，档案学者普遍缺乏批评与反思精神，习惯于固守思维定势与原有理论，从而使得档案学基础理论研究中鲜有开拓性、超越性的成果出现。因此，要使当前我国档案学基础理论研究获得实质性的突破，就必须大力倡导批评与反思精神，培养学派，鼓励学术争鸣。

——摘自中国人民大学 蒋冠：《对当前我国档案学理论研究的思考》，《档案学研究》2006 年第 4 期

湖北大学覃兆刿教授在参加有关验收会的发言中充分肯定了国防科工委将档

案管理纳入重大科研项目验收内容的做法①，认为这充分说明档案意识在涉及高新工程的科技部门已开始生根，规范的档案管理已成为知识创新部门的自主要求和自觉行为。这种将档案管理纳入科研项目验收的做法，因其在项目管理、信息组织与开发、知识产权维护方面的效益，必将为更多部门的类似活动所借鉴。

——摘自中国兵器工业档案馆馆长、教授级高级工程师连文平：《现代项目管理在行业档案馆科技档案管理中的应用》，《机电兵船档案》2006 年第 1 期

我觉得今天孟广均教授在报告中提到了一个很重要的现象，为什么美国这些国家培养的学生，当他选择了图书情报档案专业，他毕业出去之后还是选择相关专业的工作？我认为，这里面有一种精神在起作用。只有教师先有了一种职业精神，学生才会有这样一种职业精神。这种职业精神或者职业素养来源于什么？来源于对这个专业的热爱，也就是说，老师必须爱这个岗位。这可以从三方面去理解：缘分、热情、个性。你跟档案专业之间能够擦肩，这就是一种缘分。不能老是抱怨，觉得这个专业不时髦，总得有点使命感，才能让别人重视你。在你具有了这种遭遇性缘分之后，有了这种认识，你才可能有热情去投入，你才可能感觉你的工作的意义。而且老师的职业精神、专业意识不能是隔靴搔痒的，假装出来的，而是要透在骨子里，你才能感染你的学生，才能征服学生。作为老师，你必须站在更高的文化高度来理解你的职业，比如档案技术表象背后规律性的东西是什么？档案与图书、情报共同的价值观是什么？贯通的东西是什么？老师必须要清楚。我曾在我的一本书里提出了“双元价值观”。文件与档案只是一步之遥，档案在历史上一方面是一种很重要的管理工具，但我们不能光从实体上来认识它，

① 中船重工将档案管理务实纳入科技项目管理的做法大约从 10 年前开始，多年来坚持不懈并不断加强。时至今日，集团科技管理部门已确立起项目组科研人员，必须在评审活动中专门就科研项目档案管理情况提供书面专款和会议专项报告的管理机制。从 2005 年起，覃兆刿多次受邀出席中船重工的高科技项目成果验收评审，并从“档案双元价值观”出发，强调高科技创新项目和大额投资项目中务必做好档案管理的重要性。认为，实现企业内部控制规范的重要手段是有效的文档管理，档案管理是项目研发过程中不可缺少的环节，对固化知识创新成果、防止知识资本流失、强化企业创新基础有着不可替代的功能。中船重工科技管理部门视档案管理为科技项目过程管理和知识管理的硬功夫，这在我国科技型企业甚至包括大量的科研院所中都并不多见，所以极为难得，值得我国政府、企业和高校科研院所借鉴。覃兆刿参与评审的这些项目，有的项目组在前期论证阶段便已很好地利用技术档案开展创新，并通过预归档制度使与科技项目进程一致的重要技术文件、图纸和研究报告等得到系统妥善的控制，一些项目组技术文件档案化管理已经达到一定的规范化水平。覃兆刿也从档案作为管理方式的工具性、凭证性控制和档案富含信息价值两端出发提出一些建议，如针对预归档与归档移交的衔接、管理性文档与技术文档的区别、重视产品试制和实用过程的记录信息、多种载体信息的归档、规范化整理与分类著录的要求、纸质文件实体迁移过程中的安全、电子文件如软件的版本管理和著录要求、归档文件稿本的选择、信息利用与安全保密、合作研究机构档案的实体与联合目录管理等，这些基于“档案双元价值”主张的系统意见受到中船重工集团科技处处长王玮先生的高度认同。（本书编者注，参见杨春梅：《国防科工委项目验收会上的档案专家》，《中国档案报》2005 年 5 月 9 日；孙昊：《国家高技术项目评审会专项讨论档案管理情况——中船重工将档案管理务实纳入项目管理的做法获专家肯定》，《中国档案报》2014 年 9 月 15 日第一版）

它还是一种方式，一种结构，一种逻辑，一种行为选择。我们是一种文化方式的传播者，老师有了这样一种信念，才能觉得自己的职业比较高尚。

（关于档案学专业教学理念）我认为可以归纳为五个融合。首先，最重要的一点就是保持图书情报档案这三个学科里面任何一个不被“边缘化”，在理念上实现图书情报档案学科在战略上的联通、融合。其次，要有技术和理论的融合。现在这一点非常的对立，搞理论的老师认为技术应用性太强，他们不懂技术，于是在课堂上排斥技术，这是不对的。老师应该主动去接近技术，技术变了，理论也要变，不然理论就是干瘪的、僵化的、落后的。搞技术的老师要认识到技术和理论有很深的结合，技术对理论有促进作用。技术只是显性特征，其背后肯定有规律、特征和指导思想。第三，就是传统和现代化的融合。我非常反对有人总是提倡把《中国档案事业史》从档案核心课程中取消。这是对档案事业传统的一种蔑视。一个学科没有学科史，没有专业史，它怎么可能发展得更大更强？其他学科怎么认识你？你的成熟性从何谈起？没有对传统的认识，你的现代化的根基在哪里？现代化的参数在哪里？所以教师要认识到，讲现代化课程的时候，要注意传统，讲传统课程的时候要关注现代化。第四，就是要体现在校内的课堂教学和社会实践的融合。目前，我们往往只把实习基地作为一个教学环节，不注重这个教学质量，不注重其有机结合，针对性不够。实习要针对学生的个性，选择学生有专业兴趣的实习单位。第五，要体现中外的融合。教师要有国际化的眼光，用国际化的眼光找到中外之间的比较点，从而追溯时代，包括技术的变迁，理念的演进，更重要的一点是不能把档案当作一个纯粹中国化的，而应该是人类文化的一个共同现象。

（关于档案学教育传统的传承与创新）作为几千年的文化积淀下来的事物，一定有不能抛弃的东西。从档案学专业教育理念来讲，那种务实、踏实的求真务实精神一定是不能丢掉的。比如说，目前我们档案界有人写文章一个参考文献和注释都没有，这显然有违这种精神。档案学不能像哲学那样思辨，它应当是实证性的，所以档案学教育要回归实证主义精神，让其他行业的人感觉到我们档案专业的学生特别踏实。至于突破点，我认为应当是这种求真务实的职业风格和创新精神的结合。同时，传统和现代化这两翼、文化的理念和新技术都不能偏废。我认为档案学教育创新就是抓住教学中的结合点，这个结合点也包括我前面所讲的五个融合，如果把这些真正做好了，应该能够取得一些突破，至少是教育观念上会有一些突破。

——摘自2006年第二届中美数字时代图书馆学情报学教育国际研讨会访谈《展开历史与现代的双翼：数字时代档案学教育蠡测》中覃兆刿接受访谈部分，访谈主持人：武汉大学《图书情报知识》编辑李明杰博士

档案馆必须确立以实现公共服务为使命的组织目标，并因此引导一种以职业

伦理重构为核心的新的组织文化。必须重塑服务的价值观、营销观和社会观，以高度自觉的“社会关怀”为伦理突破，从而实现“双元价值”；必须培育与服务相适应的人文主义精神，体现以社会顾客为本的思想，给被服务者以人文关怀，并努力营造档案利用环境的人文氛围（包括档案馆和网络环境）；必须引导档案馆员工确立与档案馆组织目标一致的职业“愿景”，并真正树立主动服务于公众的职业道德，以服务为中心明确新的权利、义务和责任概念，以所谓“第六伦”来思考专业个体与社会公众的关系；最后，用效能发挥来检验伦理适应性，并不断地调整和修正。

……

……目前档案馆进行的档案信息开发工作，主要还是处在简单的开发层面上，“我们常常以档案的浩繁而自居，待到进行系统整理和开发时，却发现捉襟见肘，不齐不全。”依笔者来看，现有档案信息资源中确有一部分是我们进行产业化经营的优势所在，但我们真正的优势是档案这种方式。档案方式是人类进化和规范意识的产物，其中凝聚着道德（求真）和伦理（秩序）精神，体现为手段价值与目的价值的结合，其“工具价值”最具有普遍意义。（文尾引注覃兆刿：《价值目标与伦理重构——关于档案馆社会化服务的功能与效能研究》，《档案学研究》2005年第5期——本书编校）档案这种方式人类延用了几千年，无论时代如何变迁，科技如何进步，从未间断，这种方式已经在人类内心深处积淀下来，内化成为一种必需，每个组织，每个人都在有意无意的使用着。我们要真正看清这一卖点，利用社会对它的无比信任和依赖，通过产业化将档案方式推广至更为广泛的社会组织和公众。

——摘自湖北大学历史文化学院 朱建贞副教授等：《档案信息产业化建设构想》，《云南档案》2007年第5期。本文为国家档案局科技项目“档案信息产业化问题研究”（项目编号：2004—X—19）阶段性成果

工具价值理念构成档案价值观主体的古代社会，档案工作只可能局限于“档房”。而只有以信息价值理念为主体的档案价值观确立，才可能实现古代“档房”向近代“档案馆”的历史性跨越。近代档案思想的深刻意义正在于首先实现了档案价值观的突破，在重视“旧档”信息价值的基础上，确立起档案双元价值观。其中，档案信息价值的发现是一个历史性的跨越。在并不放弃档案工具价值目标的同时，现代档案事业还要以追求信息价值的实现为使命。（文尾引注覃兆刿：《中国档案事业的传统与现代化——兼论过渡时期的档案思想》——本书编校）近代档案信息价值观的出现正说明档案内容起到了无与伦比的作用。

——摘自中国人民大学信息资源管理学院博士、上海师范大学张会超：《档案内容管理引论》，《山西档案》2007年第1期

覃兆刿对档案传统重新进行了定位。他认为，档案传统不应单纯地等同于档案工作的历史，不应单纯地作时间上的界定（似乎古代的就是传统的），更不能将它作为“落后”的代名词。档案传统应该被理解为一个积累的系统构成或连续体，是档案史中体现的共性和具有惯性的部分，它包括档案器物技能、档案制度以及档案观念三个层次。从一定意义上讲，档案传统不仅具有永恒性还具有时代性。因此我们不用奢望完全离开档案传统去谈档案事业的现代化问题。基于这样的认识，他在整理近代档案思想的过程中，逐渐形成了对中国档案事业传统与现代化问题的系统看法。他认为，我国古代社会中“档案工具价值观”占主导地位，使得我国古代档案工作只能局限于“档房”模式，近代以来，科学求真精神与实证主义的影响，公共心、爱国心的滋养和近代文化事业如图书馆博物馆事业的拉动，传统史学精神的积淀与“新史学”对档案信息价值的凸现以及来自欧美档案专业的见识等，共同促成了我国档案事业的近代化。

覃兆刿进一步指出，档案双元价值（即档案的工具价值与信息价值）的综合发挥是档案事业现代化的价值目标，档案事业现代化应以体现“档案社会责任感”（工具价值的实现）和“档案公众服务意识”（信息价值的实现）为观念要件。在这些研究成果的基础上，覃兆刿将现代档案事业的核心理念、现代档案职业观、档案事业法制化、现代档案意识等问题都纳入了档案事业的传统与现代化问题的研究范围，从而为中国档案事业史研究提供了新的思路和视角，推动了中国档案事业史研究的深入拓展（以上引注覃兆刿相关论文11篇——本书编校）。

……

……覃兆刿则认为，由于社会制度和经济文化的限制，我国古代档案工作始终未能独立成为一项专门的科学文化事业，而只能作为少数统治阶级施政资治的控制工具。它没有独立规范的工作领域，而是和秘书、图书工作交织在一起，其原则、方法也散落于历史学、目录学等方面的著述中，始终没有形成自己的理论体系。这种局限于单一工具价值目标的政治上的依附性和业务上的不独立性的重要特点，决定了古代档案工作必然具有神秘、封禁的特征，从而不可能形成独立的工作体系和普遍意义上的工作规范，成为服务公众的科学文化事业。

——摘自武汉大学王新才教授、谭必勇博士《中外档案事业研究综述（1996-2006）》，载朱玉媛主编《档案学研究进展》（“十一五”国家重点图书，数字时代图书馆学情报学研究论丛），武汉大学出版社，2007年7月版66-68页

覃兆刿分析了“旧档无用”所代表的“档案工具价值观”和近代以档案“信息价值观”的建立为主要特征的档案“双元价值观”。认为“工具价值理念”构成档案价值观主体的古代社会，档案工作只可能局限于“档房”。而只有以“信息价值理念”为主体的档案价值观确立，才可能实现古代“档房”向近代“档案馆”

的历史性跨越。“双元价值并重”应成为现代档案事业的价值目标（注引覃兆刿：《从一元价值观到双元价值观——近代档案价值观的形成及其影响》,《档案学研究》2003 年第 2 期——本书编校）。

……

覃兆刿提出档案馆社会化服务的兴起是档案事业的发展方向，必须体现“工具价值”和“信息价值”的有机结合，“伦理重构”是档案馆社会化服务效能发挥的前提，高效能的档案馆社会化服务需要与之相宜的机制建设等观点（注引覃兆刿《价值目标与伦理重构——关于档案馆社会化服务的功能与效能研究》,《档案学研究》2005 年第 5 期——本书编校）。

——摘自武汉大学朱玉媛教授等《近年来档案学基础理论研究述评》，载朱玉媛主编《档案学研究进展》(“十一五”国家重点图书，数字时代图书馆学情报学研究论丛)，武汉大学出版社，2007 年 7 月版 6，11-12 页

范型共同体进一步把档案当作“研究当时语言”“研究经济、财政、社会、地理沿革”的“最好证据”，他们把档案看得如此重要，赋予其在史料中的魁首地位。早在 20 世纪 30 年代，徐中舒就说过：“史料来源，当然不限于档案，而档案却是一切史料当中最重要的史料”；档案“是当时构成史迹者自身的叙述。”……梁启超谈档案重要时，感叹“不治史学，不知文献之可贵。”

在近现代社会，如此异口同声地对档案史料价值给予高度的评价，正说明了档案史料价值被普遍关注和认同的程度，体现了人们的档案价值意识与价值取向，而这是与档案事业专门化、近现代档案工作实践以及档案学术研究共同体中业外群体的高度关注分不开的。(文尾注参阅覃兆刿：《从一元价值观到双元价值观——近代档案价值观的形成及其影响》,《档案学研究》2003 年第 2 期——本书编校）

……

近代学者黄彝仲认为：“档案管理为行政事务中重要之一环”，“档案之有历史之价值，故不容否认，但档案是否专为供后代之研讨，或编纂史籍之材料而作，尚属疑问。盖档案乃行政机构于其业务推进中所产生之文书资料，其所需要加以保存与管理，当是为供办理各种业务之根据与参考。此实系档案之主要功用。……供诸后代之研究及编纂史籍之材料，虽亦为档案用途之一，但决不是其主要用途，更非现阶段之主要用途”。傅振伦也提出：“公文档案乃推进政务之工具”、“机关行政之参考。”胡鸿杰在分析近代档案学产生的背景和目的时指出：中国档案学作为一门在“行政效率运动”背景中形成的学科，其基本理论都是围绕管理效率产生的，“‘行政效率运动’是为了提高政府的工作效率，‘文书档案连锁办法’是实现文书档案工作改革的主要方法，而中国档案学则是对这种‘运动’——‘改革’——‘方法’进行总结的结果”。“文件——档案作为一种重要的管理资源或

方式，首先是在政府管理的领域被发现和运用的；它所涉及的组织、人事及其管理的过程，都是在政府机构的框架内进行的；甚至我国最早的档案学出版物也是用‘行政手段’促成的。这就使中国档案学的理论模式（结构）具有较强的专指性——为政府管理服务。”覃兆刿从另一方面表达了类似的看法，认为在（20世纪）30、40年代强调行政效率的政治大背景下，档案作为一种方式的工具价值又在现代管理的层面上被重新强调。“文书档案连锁法”更是传达了以实现档案控制功能的工具价值理念。（注引覃兆刿：《从一元价值观到双元价值观——近代档案价值观的形成及其影响》，《档案学研究》2003年第2期——本书编校）

——摘自上海大学教授 丁华东博士论文：《范式转型与社会变迁——关于档案学理论发展的科学社会学分析》，上海大学，2008年4月

……从根本上讲，作为一种管理方式，电子文件所追求的是管理效率的提高和管理目标的实现。虽然电子文件也有保存的功能，但相对于传输、传递和效率而言，不过是一种连带功能。这种由现代技术所伴生的管理方式，与传统的管理手段相比，其真正的优势可能在于“传递——传输”而不是存储，其生命力和价值在于运动、传输和传递以提高管理效率。

……

（企业对利润最大化目标的追求，从电子文件管理角度看，可以分为内置和外包两种——本书编者注）如果选择内置，那么企业就应该充分利用电子文件的优点，根据企业的实际实施个性化管理。这里有两层涵义：其一，档案是人类为了克服大脑记忆局限并作为诚信的控制依据和契约关系的载体而诞生的，是人类对于信用控制所选择的理想模型，是人类对凭证信息的合目的控制的一种方式，人们的初衷在于借助它的结构形式所赋予的“作为控制方式的社会工具价值”的功能（文尾引注覃兆刿：《中国档案事业的传统与现代化——兼论过渡时期的档案思想》——本书编校）……在文件介质转换时期，纸质文件以其成本低、风险低、稳定可控优点可以主要执行控制功能，而电子文件以其传播迅速便捷、在线方式灵活的强大传递功能主要强调的是效率效果，从而使管理变得更加快捷。企业电子文件管理系统与信息管理和信息价值的发挥更为密切，可能更多地与动态、运用联系在一起，而不是一个备存的系统。故而将两者结合起来，扬长避短，才能最大限度地为提高企业效益服务。

——摘自中国民航机场建设集团公司总经理办公室朱丹彤：《企业电子文件管理走向研究》，《档案管理》，2009年第2期

档案服务社会化的内涵应该包括档案馆的社会化。覃兆刿提出档案馆社会化服务的兴起是档案事业的发展方向，必须体现“工具价值”和“信息价值”的有

机结合，“伦理重构”是档案馆社会化服务效能发挥的前提，高效能的档案馆社会化服务需要与之相宜的机制建设等观点。（文尾引注覃兆刿：《价值目标与伦理重构——关于档案馆社会化服务的功能与效能研究》，《档案学研究》2005 年第 5 期——本书编校）

……

在“小政府、大社会”的背景下，档案部门将档案工作的重心从高层、宏观转向基层、微观，从政治领域转向经济、科技、文化、生活领域，从党政机关转向企事业单位、社区、农村和家庭，从服务党和国家转向服务社会和老百姓，档案管理也从国家模式向社会模式转变。随着社会结构的转型，档案实践不断走向社会大众和生活的各层面，意味着档案价值不应该仅取决于行政官员或历史学家，而应取决于人民大众。“小政府、大社会”的社会背景使档案管理从国家模式向社会模式转变。

——摘自上海交通大学国际与公共事务学院硕士研究生 夏晓平：《区县档案管理的社会化服务网络研究》，上海交通大学，2009 年 5 月

2009 年 11 月 30 日至 12 月 1 日，由国家档案局经科司和中国档案学会企业委员会共同举办的全国企业档案信息化建设推进会在深圳召开，会议邀请覃兆刿作题为《目的与手段：企业档案信息化之“化”》的主题报告。覃教授从环境与机遇、信息化价值目标、制度和技术伦理、对象选择与扩散效应等方面进行了阐述。他在报告中强调档案信息化必须体现“双元并重”（即工具与信息），强调共享与安全、开放与控制的双向把握，强调重建企业日常管理和重大项目档案评估机制的重要性，强调技术商的档案专业意识和企业档案人的信息化技术能力构建。覃兆刿在报告中解读了“档案双元价值”的核心要义，认为企业档案部门和档案工作者要做企业凭证的维护者和知识信息的组织开发者，强调在信息化推进过程中绝不能放弃档案的工具性目标。来自全国各省市档案局、中央企业和大型民营企业的相关专业人士 160 余人听了报告。

——据 2009 年 12 月《中国航空报》、《中国档案报》和 EAKMRC 网站等有关媒体报道

关于档案工作者的活动空间的话题，不少学者已有精辟论述。……覃兆刿教授则在论述档案工作者的角色时指出，现代档案职业观要“以树立新的时间观、空间观、价值观和技术观为核心”，并且由对“档案资源的贮存空间”理解的变化引出“档案工作者活动空间”的拓展，提出“在档案信息化的过程中看到档案馆藏的‘物理空间’与‘逻辑空间’，自觉地注意档案‘实体的整合’与‘概念的整合’，自觉地将服务的目标由区域的局限转向广大的社会终极用户”（注引覃兆刿

等:《现代档案职业观与档案工作者的角色》,载《档案》2003 年第 5 期——本书编校)。

——摘自王协舟教授:《基于学术评价视域的中国档案学阐释与批判》,湘潭大学出版社 2009 年 7 月版,第 74-75 页

在档案学方面的影响因素主要是电子文件真实性确认因素 ,电子文件的法律效力因素和电子文件完整性保障因素。

……

取证关键——电子文件的法律效力因素。档案具有法律凭证作用,这是由档案的本质属性决定的。电子文件虽然形式和信息记录的方式与档案不一样,但是“只要是受控于档案方式而具有档案功能或凭证意义,无论是计算机系统中的文件还是传统的纸质文件甚至实物,都应视为档案。”(引自覃兆刿:《档案功能与诚信控制》,《档案学研究》2002 年第 4 期——本书编校)可是由于电子文件自身的特点,使得电子文件的可靠性深受影响,由此影响电子文件的法律效力。一是电子文件易更改,且被更改后不留痕迹,这虽然能给修改文件带来方便,但同时也使得文件的原始性变得脆弱;二是电子文件易复制,不但被复制后的文件能跟原件一样,而且很难防止别人恶意复制;三是信息可以在不同的载体间传递、复制,只要信息内容没有发生变化,人们可能对此毫无察觉;四是对环境的依赖性,即使电子文件内容和载体是可靠的,如果其依赖的系统或者软件不可靠,电子文件也会受到影响。正是因为影响电子文件可靠性因素的存在,使得电子文件的法律效力受到了很大的影响。

——摘自中国人民大学信息资源管理学院 唐跃进副教授等:《电子文件取证影响因素及其对策研究》,《档案学通讯》2009 年第 2 期

企业档案的工具价值体现为一种控制方式和维护手段,是对企业记录的合目的保存,是对档案信息凭证性的赋予和维系;企业档案的信息价值则是在企业档案的工具价值得以确认的同时产生的。企业档案的工具价值决定了企业档案所承载的信息是原始的、真实的记录,因而企业档案能够真实准确地反映企业发展原貌;而且随着与企业档案所载信息相互支撑的物质资料或信息资料不断消亡,企业档案中随时间流逝而积淀起来的额外价值不断增加,使企业档案具备了可供参考、可供研究的信息价值。

按照“双元价值”理论体系的解释,企业档案工作的价值取向应体现在档案的工具价值和信息价值两个层面,且是两者的结合体。然而,在企业档案工作实践中,企业档案工作主体却常常只注重其一,而偏废其一。具体分析如下:

在一些企业里,档案部门重工具价值,轻信息价值;企业管理部门重信息价

值，轻工具价值。一方面，企业档案部门只注重现有资源的管理与控制，而不注重资源的丰富性和现有资源的开发。在传统的理念中，企业档案工作就是一种保管工作。这种传统观念的存在，使得企业档案部门不能自觉地去了解档案用户的信息需求，并积极地参与到各项信息的收集中，只能“默默无闻”地从事文档接收、整理、保管和被动提供利用的简单工作。另外，企业档案部门由于只注重工具价值，就只会留存现在有用的资料，现在没用的资料就不归档，忽略了档案的信息价值，严重影响了其他部门有效、及时地利用企业档案资源，很容易导致今后企业内部失控及严重影响企业档案的可持续性管理。另一方面，企业管理部门只注重需要时能及时便利地获取信息，而不懂平时的信息档案化贮存之重要。企业管理部门是企业档案的主要利用者。由于缺乏对企业档案工作的重视，在平时的工作中疏忽了重要文档资料的留存。从而导致之前没有留存，需要的时候又没有的尴尬局面，严重影响了企业档案部门对文档资料的全面收集，进而影响了企业档案的有效利用。

还有一些企业的企业档案价值取向则正好相反，即企业管理部门重工具价值，轻信息价值；企业档案部门重信息价值，轻工具价值。企业管理部门更重视企业档案的凭证性，尤其在大多数档案利用时也只是将企业档案当作一种可参考的“证据”，常常用完就丢到一边，忽略了企业档案的信息价值。而企业档案部门随着档案现代化技术的提升，则更注重对企业档案的开发利用，在挖掘现有档案信息资源的同时，使企业档案的信息价值得以充分实现，但却看轻了企业档案的工具价值。然而这进一步说明，正是二者价值取向的不匹配产生了信息不对称，导致了企业档案管理工作的种种尴尬。

企业档案部门与企业管理部门的企业档案工作价值取向的差异，便导致了在企业档案工作中，想要的时候不知道哪儿有，想要的时候档案部门没有，有用的信息没有档案化，有用的档案信息不知道谁在什么时候需要……总之价值观念的不对称，导致了管理现状与管理后果的不对称。

……

企业档案工作中出现信息不对称现象的主要原因就在于员工企业档案价值取向的差异。只有全面考虑企业档案的“双元价值”，结合工具价值和信息价值两者综合考虑，一方面强化企业档案社会工具价值的实现，充分发挥企业档案作为企业实践的记录和控制工具角色；另一方面则注重发挥企业档案信息价值的现实效用性，适时发掘企业档案作为记录实体的信息价值。强化企业档案的“双元价值”并重，不可偏废其一，才能够最大限度地实现企业档案的工具价值和信息价值，成为企业内部控制和社会认知的主要抓手。理解了企业档案“双元价值”的涵义，有助于企业领导、员工及档案工作人员建立正确的企业档案观，真正做到维护企业档案的真实性、有效控制企业内部管理，从而改善企业档案工作中的信息不对称，积极促进档案信息资源的有效利用。

——摘自湖北大学历史文化学院档案学专业2009级硕士研究生 王尹芹：《企业档案工作中的信息不对称现象及其改善》，湖北大学，2012年5月。本文被评为“湖北省优秀硕士学位论文”。

……（覃兆刿）《中国档案事业的传统与现代化：兼论过渡时期的档案思想》（文中作者将此纳入“所界定常规科学时期的中国档案‘学论’”——本书编校）“独辟蹊径，以双元价值为核心对档案事业的传统与现代化问题作了论述，颇见功力。”

这一时期的研究主体数量很大，但是类型却比较单一，从他们从事的职业、学科背景看，研究主体多为“档案学”研究或与“档案学”研究密切相关的专业人员。从上文提到的国内外取得了档案学论成就的代表人物看，朗格鲁、缪勒、斐斯、福罗英、詹金逊、费尔尼埃、卡萨诺瓦、克雅捷夫、布伦内克、谢伦伯格、休·泰勒、多尔吉赫、鲁捷尔松、曼鲁埃尔·巴斯克斯、理查德·莱特、戴维·比尔曼、特里·库克、弗兰克·阿普沃德等都是著名的档案学家，陆晋遽、陈兆祦、吴宝康、陈永生、何嘉荪、傅荣校、覃兆刿、冯惠玲、倪宝坤、范金波、路守常、沈景鸿、靳元龙也大都是档案专业科班出身，虽然他们中的部分学者也有其他学科背景的，但最终都致力于档案学研究，并在档案学研究上有所成就。

……

由于档案学范式的作用方式是自上而下的，在档案学范式的各层次上，世界观层是最高层，只有树立了科学的现代性档案观才能有效地指导档案学共同体的其他研究活动。

现代性档案学观对“管理”的态度是：科学、务实、合理、高效。它要求档案学共同体在档案管理中充分考虑行为的有效性和合理性。例如：一个法规或标准的出台必须直接解决现实问题，否则不应施行；一个档案管理系统的建成一定能把人从繁重的工作中解放出来，同时，也要保证其他成本的节约，否则，仍不能算是高效的管理；当然，过度的管束也是不被提倡的，如果因为管束过死导致档案无法很好地发挥效用，就违背了合理的要求。

现代性档案学观对“技术”的态度是：技术应尽可能地为档案管理所用，先进的现代技术能给档案管理带来诸多好处。它要求档案学共同体在利用技术服务档案管理时充分考虑技术的优越性。例如：将计算机存储技术运用于浩如烟海的档案的海量存储，将扫描技术用于传统档案的数字化加工，将计算机网络及通信技术运用于文档一体化管理、档案的逻辑归档、开放与利用等方面。

“现代性”要求档案学研究客体在传统到现代演变中应当有怎样的档案学价值观？覃兆刿教授认为：“档案事业由传统而现代的过程，实质上是一个从工具价值的偏重经由信息价值的发现到双元价值并重的转化过程。”（引自覃兆刿：《中国档案事业的传统与现代化：兼论过渡时期的档案思想》，第208页——本书编校）这个观点就是一个具有现代意识的观点，它把档案事业作为发展的事物加以研究，尊重理性与逻辑，值得借鉴。

——摘自陈祖芬教授《档案学范式的历史演进及未来发展》，世界图书出版公司 2010 年版，第 146-147 页；参见陈祖芬：《界定与求证：档案学常规科学时期的范式论考察》，《江汉大学学报（社会科学版）》，2009 年第 3 期。

档案价值与档案鉴定长期以来是档案学研究中最富有挑战性的课题之一。“十一五”时期，在这一领域比较突出的研究成果有：傅荣校的《档案鉴定理论与实践透视——基于效益和效率思路的研究》（中国档案出版社 2007 年出版）、覃兆刿的《论韦伯组织理论构建中的“合理性”与“档案”——兼及韦伯档案观的双元价值分析》（《档案学研究》2006 年第 2 期）……主要思想观点是：①从对档案价值产生机制的分析入手，探究档案价值的客观存在与档案鉴定的主观色彩的冲突及其解决。②从韦伯组织理论的“合理性”与“档案”出发，论证“档案是作为行为方式（工具）和作为对象实体（信息）的双元价值结合体”。

——摘自中国档案学会档案学基础理论学术委员会：《后保管时代的中国档案学科发展及基础理论研究》，《回顾与展望——中国档案事业发展研究报告》2010 年

笔者由此推导，人们在接受了有形的、无形的文字符号（档案信息）之后，许多档案信息便可以长期保存在人的大脑里。科学家预言：人的智力经过科学技术开发和“云计算”之后，可以接受大于今天数十倍甚至更多的（档案）信息。如果此况出现，人们有目的地收存在大脑中的档案信息便成为生物形态的档案，即是对覃兆刿教授关于人脑对档案的主动保存价值与客观凭证价值“双元价值观”的新视角解读。……生物档案取代电子档案之后，档案就基本结束了有形存在。社会发展到生物档案阶段，生物科学技术不仅使得生物档案能为人们极其方便地利用，更大的意义在于：生物科学技术使得生物档案信息从人的大脑中“游离”出来，寄存到地球大气层的乙太颗粒上，弥散于大千世界，又可轻而易举地传达到宇宙之中。由此，轻而易举地回归为乙太档案。

——摘自中国铁路物资总公司李兆明《乙太档案论——档案本源研究》，《档案管理》2010 年第 4 期

关于档案的价值，我国档案学者过去主要是引进、借鉴美国档案学者谢伦伯格的观点，认为档案的价值主要是第一价值和第二价值，或者说凭证价值、情报（参考）价值。近年来出现了新的观点……覃兆刿等认为档案价值为档案方式、档案资源性状、档案劳动以及档案作用社会效应之和。他们从“档案双元价值观”入手，对档案价值进行本体与现实意义上的区分，揭示出关于档案价值本体与档

案价值实现关系的一个新发现——椭圆现象，即由于档案价值本体在量的意义上是相对固定（潜在）的，而档案价值在不断实现（不断被利用）的过程中，每次实现的价值呈现量恰好分布在一个以“双元价值”为两焦点的椭圆上（注引：覃兆刿、范磊、付正刚等：《椭圆现象：关于档案价值实现的一个发现》，《档案学研究》2009 年第 5 期——本书编校）。笔者认为，椭圆现象把数学定量的方法引入档案价值的研究，突破了档案价值研究以定性为主的局限，使我们能够更准确地去把握档案价值的变化规律。

——摘自朱玉媛教授等：《近五年来我国档案学基础理论研究述评——基于 2006-2010 年〈档案学研究〉与〈档案学通讯〉的论文分析》，载王新才教授主编：《档案学研究进展》，武汉大学出版社 2010 年 8 月版，第 80-81 页

关于价值，我倾向于这样一种观点：“价值不是被评价的客体的概念，而是一个客体与人之间关系的概念——它是这种关系客体的一个象征。换句话说，价值是客体与人之间的一种关系，正如一个客体的象征表明客体有其现象的存在一样，就像人的认识把现实存在性赋予客体那样，在人认识人与客体的关系这个事实时，客体和人的关系也是由人赋予的。所谓价值评价就意味着这种‘赋予’的活动”。正因为这样，我们对档案价值的认识也应体现为价值的终极关怀与现实关注两个向度，体现为档案与人的关系。……所谓“双元价值观”也是基于这样的思考。

从“双元价值”——工具价值与信息价值两个方面的结合出发，可以避免只以档案信息利用为其鹄来研究和衡量档案馆社会化服务的片面性。我们不能只以档案实体信息的提供利用作为档案馆社会化服务的全部内容，因为这是对档案工具价值的忽视。

——摘自河南荥阳档案局 王向娟：《基于多元价值的学校档案馆的管理机制分析》，《企业家天地（理论版）》，2010 年第 6 期

中国档案事业的近代化（也可以说是早期现代化）从根本上具有生发的历史必然性，完成由古代作为政治附庸的“档房”模式向近代作为公共文化事业机构的“档案馆”模式的转变，有其丰厚的社会土壤作基础。传统史家的理想、乾嘉以来“实事求是”的科学求真精神、五四前后西方实证方法与科学史观的传入与模仿、“新史学”对档案信息价值的深入分析和档案“双元价值观”的形成、内阁大库档案的遭遇与整理实践、“公共心”的提倡和图书馆博物馆事业的拉动、外国档案馆事业的专业见识、行政效率提高的呼声等多种因素，共同营造了近代档案思想形成的人文环境，促进了我国档案事业的专门化和档案学的萌芽。（文尾引注覃兆刿：《从“档房”到“档案馆”——关于中国档案事业近代化的文化反思》，《档案学研究》2004 年第 3 期——本书编校）

——摘自上海师范大学人文与传播学院档案学系副教授 张会超:《试论档案馆学研究的深化问题》,《档案学通讯》,2010年第3期

随着档案学的发展，关于档案学二元思维的讨论愈演愈烈，各种对档案学二元对立思维的不同理解的观点也被逐一提出来。一般学者认为信息时代的档案学二元思维产生于实体档案和数字档案之间、档案管理与档案信息之间、传统管理模式与虚拟管理模式之间。到底每个人提出的观点是否都合理，他们对“二元”的划分是否科学，需要进一步研究和商榷。

在档案二元思维中，档案管理、档案学理论研究、档案学三个方面，从研究内容，研究方法，到管理方式，都将产生对待档案实体和档案信息的不同研究方法。这样，才能使档案管理和研究变得更加科学。我国档案学期刊上关于档案二元思维的研究文章有20多篇，不少档案学理论著作和教科书上也有关于此问题的论述，归结起来主要有三种代表（性）观点：

……

第二种观点是覃兆刿提出的，认为“档案”在韦伯的理论中，是一种形式合理性与实质合理性相结合的管理要素，是“作为行为方式（工具）和作为对象实体（信息）的双元价值结合体”。

……

韦伯档案观的双重价值（应为“双元价值”——本书编校）分析是由湖北大学档案学者覃兆刿先生提出来的。他认为，档案的价值是由其行为方式和对象实体这两方面的作用组成的。什么是档案的形式理性？档案是历史的真实记录，是一种理性的工具和形式，符合人们判别历史真相的目的性。档案的实质或价值合理性的行为取决于人们先入为主的意识。这种实质和价值合理性从另一个角度来说也反应了人们的主观意识判断，不具有持续的合理性特征。结合这两方面来说，档案首先是由于人们对事实的客观性判断需要产生的，但同时，它的实质价值却也受到了人们的主观意识的影响。“档案”——作为客观事实的记录，它不仅具有鲜明的知识属性，还作为一种以信息为其用以工具（方式）为其体的产物。 我们完全可以说，“档案”在韦伯的理论中，是一种形式合理性与实质合理性相结合的管理要素，是“作为行为方式（工具）和作为对象实体（信息）的双元价值结合体”。

——摘自上海大学图书情报档案系 宋小晓:《现代档案学二元思维的分析和商榷》,《云南档案》2010年第4期

那么，中国文化传统的档案情结又是怎样形成并指导人们的档案行为呢？我们将其归结为三个方面：（1）行为层面蕴存档案社会生发。 信史最早记录档案产

生，更准确地说是私人档案或家庭档案产生的依据反映在《易系辞》与《周易注》中，“上古结绳而治，后世圣人易之以书契”“古者无文字，结绳为约，事大，大结其绳；事小，小结其绳。”正是最初的档案实体，使人类更容易超越物质表象，对档案作一公允的解读。覃兆刿教授的双元价值观更是对档案现象进行对称阐释，指出档案工具价值先于档案信息价值，即档案行为是形成档案实体的直接线索，打破了以往固着实态徘徊不前的处境。

……

……中国传统档案情结的形成过程，反衬着家庭档案的发展历史。我们大致可以标识出三个阶段的关系……。文字产生前，人们通过结绳刻契等方式用于传达信息、加强记忆，借助外在的存储物来实现记忆功能的扩展，使完整而清晰的记忆构成了人类社会对话与交流的基本信息材料。当时的社会生活局限在家庭范围，并且以血亲关系为基础拓展形成的社会交往形态。“家庭档案”以档案观念和行为方式作用于“家庭文件”的这种“合目的”行为，构成国家意义上的档案行为的直接源头。

——摘自湖北大学范磊、武汉市档案馆龚敏：《家庭档案：中国档案实践传统的社会意蕴与文化反思》，《中国档案》2011 年第 3 期

谢伦伯格在其《现代档案——原则与技术》一书中写道“档案馆是接受机构，而图书馆是搜集机构”，今天，虽然我们也以一定的方式主动收集各类档案，但其不同于图书馆，不管我们以何种方式“聚集”档案，档案都是有一定的来源限制的，“那就是他所服务的政府、机构、或者个人”。可见，相对于数字图书馆而言数字档案馆的资源来源是受限的……档案是伴随着人类社会实践活动产生的，“是人类对凭证信息的合目的性控制结构及对象”（引自覃兆刿：《双元价值观的视野：中国档案事业的传统与现代化——兼论过渡时期的档案思想》——本书编校）。可见，档案不是随意“制作”，其产生与形成都有一定的条件，其存在的最初目的也不是为了传播。相比之下的图书资源，任何个人、组织都可以形成，内容不受限，形成周期较短、条件较宽，其形成的根本目的就在于传播信息。从这个意义上来讲，二者的“自然属性”决定了数字档案馆的资源建设与数字图书馆的资源建设存在差距是必然的。

——摘自中国人民大学信息资源管理学院博士、河北大学副教授 李颖：《我国数字档案馆的理性发展之探析——基于数字档案馆与数字图书馆的比较研究》，《档案学通讯》2011 年第 6 期

正是新文化运动继续发展的时候，整理国故（1919 年 5 月《新潮》杂志针对国故、国粹提出的主张，后经胡适提到“新思潮的意义的高度”作为对待处理传

统学术思想的态度方针——本书编校注）开始兴起。而整理国故则带来了学术研究的新视角和新方法，在这个过程中对科研资料提出了进一步的要求。适逢内阁大库档案被教育部所出售。……而罗振玉两次救档于水火，不仅使内阁档案免遭厄运，更重要的是他以行动驳斥了处于优势的“旧档无用”的观点，直接引导了近世学者对档案价值的关注。（注引覃兆刿：《中国档案事业的传统与现代化——兼论过渡时期的档案思想》，中国档案出版社 2003 年版，第 110 页——本书编校）“八千麻袋事件”和档案文献弃之外邦的情况，激发了公共心和知识界的爱国良知，公共心、公德心、爱国心以及公共权利的呼声日渐高涨。（注引：同上，第 82 页——本书编校）

……档案价值依其主体的不同，可分为第一价值和第二价值，第一价值是文件对其形成机关的价值，系文件的原始价值，第二价值则是文件对其他机关和个人利用者的价值，又称从属价值或档案价值，包括证据价值和情报价值。档案价值的发挥从所属机关扩展到社会上，使档案的价值从原始价值扩充到第二价值，档案的作用得以充分的彰显。从某种程度上说，这一时期（20 世纪三十年代档案的史料价值开始得到重视——本书编校注）档案从一元的工具价值观扩展到工具与信息并重的双元价值观：

近代档案思想的深刻意义正在于首先实现了档案价值观的突破，即在重视“旧档”信息价值的基础上，确立起档案双元价值观。其中，档案信息价值的发现是一个历史性的跨越。我们发现，正是这种突破和档案价值观的建立，成为档案事业专门化的内在动力。此时，人们更多地把档案看成具有丰富的内容信息的“文献”来加以认识，并从“文献”的特征来界定档案的意义、特质、管理原则以及作为专门事业的档案馆职能。近代社会对档案价值的认识也经历了半个多世纪的历程。从档案双元价值观的萌生到凸现档案信息的“原料”特质，并把档案视为社会文化的可以共享的公共资源，迄于双元价值的并重，其认识是一个逐渐深化的过程。（注引覃兆刿：《中国档案事业的传统与现代化——兼论过渡时期的档案思想》，中国档案出版社 2003 年版，第 108 页——本书编校）

——摘自上海师范大学档案系副教授张会超著：《民国时期明清档案整理研究》，世界图书出版公司 2011 年 12 月版

关于档案价值的研究，在过去我国档案学者主要是引进、借鉴美国档案学者谢伦伯格的观点，认为档案的价值主要是文件对于其形成机关的第一价值和文件对于个人利用者和其他机关的第二价值，第一价值和第二价值又可以称为原始价值和从属价值。近年来，我国学者对档案价值的研究也有了一定的进展和自己的见解……覃兆刿分析了“旧档无用”所代表的“档案工具价值观”和近代以档案“信息价值观”的建立为主要特征的档案“双元价值观”。他认为“工具价值理

念”构成档案价值观主体的古代社会，档案工作只可能局限于“档房”。而只有以“信息价值理念”为主体）的档案价值观的确立，才可能实现古代“档房”向近代“档案馆”的历史性跨越。“双元价值并重”应成为现代档案事业的价值目标。（页脚引注覃兆刿：《从一元价值观到双元价值观——近代档案价值观的形成及其影响》，《档案学研究》2003年第2期——本书编校）

——摘自山西大学管理学院档案学专业硕士研究生 宋鸽：《数字档案馆知识服务模式研究》，山西大学，2011年6月

……湖北大学教授覃兆刿的《双元价值观的视野：中国档案事业的传统与现代化》，将中国档案传统与档案事业现代化结合研究，其著作《价值目标与伦理重构——关于档案馆社会化服务的功能与效能研究》将档案价值层面与操作层面统一起来，围绕功能与效能，将档案价值目标的内驱与社会需求的外力作用相结合，从中得出：为了增强档案服务与社会需求之间的耦合度，档案馆必须做出适应性的变革。

……

档案作为信息的一种重要的表现形式，多年来诸多学者围绕着如何发挥档案最大价值，如何深度开发档案信息资源展开了激烈的理论辩论。双元价值观可谓是诸多观点中的佼佼者。双元价值观是湖北大学覃兆刿教授所提出用来解释档案事业发展进程和档案本质的一则重要的档案学基础理论。双元价值理论分为两大层面，“作为社会实践的伴生物的特征，档案必然具有参与社会实践的工具价值；作为文献信息的归宿，档案价值和档案事业的另一目标又体现为信息的含量和社会共享的理念。”（引自覃兆刿：《双元价值观的视野：中国档案事业的传统与现代化——兼论过渡时期的档案思想》——本书编校）双元价值论认为，档案始终可以做两个方面的解释，一是它作为一种行为方式，人类的初衷在于借助它的结构形式所赋予的功能，称为“工具价值”；一是作为记录或者文献归属的实体（或结构对象实体），其内容负载的价值，称之为“信息价值”。前者是一种普遍意义的价值，后者是一种个性价值；前者由档案的社会属性赋予，后者由档案的自然属性赋予。

从理论上讲，档案的工具价值是档案作为信息承载体的本质价值，它反映了档案物质实体的价值，即档案之所以存在，如何存在的意义，这是一种直观的对档案工具属性的肯定。而覃先生提出的信息价值实质上是隐含在档案个体与群体之间的知识源价值，它是档案自身以及在其所属集群所蕴涵的知识信息的集合体，并且依据不同的价值主体，档案信息的知识源价值会呈现出不同的结构框架，但是这种信息结构和组构方式的变化范围始终围绕着档案自身或其所属集群自身所蕴涵的知识源价值范围而展开。

我国传统档案事业发展过程中，档案更多被作为一种方式或工具被世人所认

识，其工具价值表现的非常完美。在信息公开透明化这样一个时代背景下，社会实践的驱使以及档案信息价值的攀升使我们认识到档案事业的发展应当是工具价值与信息价值并重的。档案在充分地当好社会实践的记录工具的角色的同时还必须发挥其信息价值的有效性，满足公民对档案信息价值的追求。“档案生命力的根基，就在于其自身所特有的价值和作用”。档案价值即是档案对国家、社会组织或个人的有用性。档案公开是实现其价值的前提，档案如果被封存于库房中就会丧失其现实价值甚至失去其作为档案存在的意义。档案价值的扩展，正因档案利用主体的广泛而持续存在，档案信息资源的公开使有利用需求的主体得到及时满足，档案的信息价值得以充分发挥。

——摘自上海交通大学国际与公共事务学院硕士研究生 郑霞：《我国档案公开的管理研究》，上海交通大学，2011 年 4 月

（覃兆刿在《浙江档案》2011 年第 1 期撰文指出）档案现象的发生和演变，反映了人类文明的源起与进步。档案从总体上说是源于管理控制的需要，是个体之间和组织行为中对公信凭证依赖的结果。人类延伸记忆的需要推动了记录行为的发生，记录实体的真实性维护与寓意解读的需要催生了将记录集成保管的档案行为。档案方式的资源积累、先验知识的代际交流和社会传播等，刚好符合了文化的特质，因此档案工具有天然的文化属性。加强档案事业就是加强社会记忆功能，因而档案文化建设堪称一项改善社会记忆功能的“社会健脑工程”。档案文化建设者首先要增强“史官”意识，只有这样，档案馆才能在功能上增强主动记忆，更理性地架构资源。档案文化建设要有文化“多层”和文化“样本”意识，档案馆藏既要具有丰富多样和与社会真相对称的立体结构，又要起到保护文化样本的功能。档案文化建设要有“品牌意识”和“宣传意识”，只有形成了一定的档案文化品牌，档案宣传才能达到事半功倍的效果；档案宣传的效果，又可以反过来刺激社会的档案文化兴趣和支持。

——摘自 2011 年第 5 期《中国档案》之“视点”《档案文化建设是一项社会健脑工程》

档案信息公开不仅是为了满足来自各个层面现实要求的被动性举措，从本质上讲更是档案自身价值实现的主动需要。档案是人类对凭证信息的合目的控制（文尾引注覃兆刿：《双元价值观的视野：中国档案事业的传统与现代化》——本书编校），它作为一种行为方式所展现的凭证的结构和功能可以称之为“工具价值”，而作为一种实体对象所体现的凭证信息内容可以称之为“信息价值”。虽然档案产生的初衷是作为管理控制的工具，其工具价值的认同要先于信息价值产生，但是要想最大化实现档案自身价值，信息价值的展现同样不容忽视。从档案价值

实现的“椭圆现象”（文尾引注覃兆刿，范磊，付正刚，乐庆玲：《椭圆现象：关于档案价值实现的一个发现》，《档案学研究》2009年第5期——本书编校）中我们也发现，偏颇工具价值与信息价值中的任何一方，都会拉大档案价值实现与档案价值本体之间的距离，导致档案价值实现程度变小。过分强调信息价值导致“失控”与过度关注工具价值形成“封闭”都是档案价值实现不能的极端状况。纵观我国档案发展的历史，在档案价值的运行轨迹上，还是能够明显感受到统治者对档案工具价值的眷恋。我国的档案文化里还是深藏着控制工具的色彩，流淌着“保密”、“封闭”的血液。从总体上而言，我国档案的两种价值远没有达到均衡的和谐状态，档案信息价值一直有待提高重视。参与高校信息公开，不仅是档案开放在另一个层面的续写，是由被动规定到主动参与的转变，更是档案价值实现的本质呼唤。高校档案的内容中，除了极小比例的内容因为密级的原因不能直接服务于高校信息公开外，绝大多数的高校档案完全可以在高校信息公开中实现自身的价值。

——摘自现浙江师范大学档案馆副馆长易涛：《高校档案馆参与信息公开的理论基础研究》，《学理论》2012年第9期

……覃兆刿不仅以诸多高质量的学术论文赢得了尊重，更以“双元价值观”原创者的身份备受关注。在对档案事业的传统与现代化进行认真、反复思考之后，覃兆刿完成了自己的代表作《双元价值观的视野：中国档案事业的传统与现代化》。在这本著作里，覃兆刿用“双元价值观”作为主线，用“双元情”表达档案工作要体现对社会的两个关怀向度：社会管理工具与社会信息资源，也就是“档案双元价值观”。他认为，“工具价值”体现的是人类对文献的合目的控制和结构化手段，“信息价值”反映为文献记录的内容或数据。光有工具价值的档案是不存在的，光有信息价值的档案也是不存在的，档案是“工具价值”与“信息价值”的双元价值结合体（注引月光：《档案事业的“缘”与“情”——访湖北大学历史文化学院覃兆刿教授》，《档案管理》2009年第6期——本书编校）。他更强调，档案事业现代化应以体现档案社会责任感也就是工具价值的实现和档案公众服务意识也就是信息价值的实现为观念要件。历时三载，他的专著以其“原创性”、体系建设和资料贡献受到档案学界和档案管理实践部门的普遍关注和充分肯定，在实践中备受重视。……甚至关于人事档案、企业档案的研究和实践中也广泛应用了“双元价值”概念。

……覃兆刿强调档案学人重视理论与实践的融合，实看到了制约学科之关键，看到了档案教育之根柢。而他对档案事业的贡献，也贵在不唯学术，贵在倡导并践行学术与实践的结合，倡导“知识管理”理念在企业档案管理中的运用。他认为，档案学作为应用学科，脱离实践谈理论是意义不大的。通过对部分企业的调研，覃兆刿率先提出了“档案方式”概念。他认为，“档案方式”也可以叫做“档

案习惯”，是从人类行为和文明化生的，区别于记录与文献的消极产生和存在状态，可以理解为对文献的结构化和合目的控制。懂不懂得“档案方式”或者有没有“档案习惯”，其中的差别就是人类的优势。覃兆刿主张，在企业档案管理的推进过程中，就是要将该管的管起来（工具价值），将可用的用起来（信息价值）。2007 年，覃兆刿创建了国内首家专注于企业档案与知识管理的“企业档案与知识管理研究中心”，希望通过中心这个平台能够使研究和实践走得更近，希望将“档案方式”的一些想法落实到具体的实践中。

……（覃兆刿认为）如果有更多人懂得“档案方式”，具有档案意识，这种优势就能转化为一种社会文明的进步。而档案工作的价值实现和档案工作的社会地位首先取决于档案意识水平。他认为，由古代作为政治附庸的“档房”模式向近代作为公共文化事业机构的“档案馆”模式的转变，有其丰厚的社会土壤作基础（引自蒋卫荣：《创新，档案学发展的源泉——读覃兆刿 < 中国档案事业的传统与现代化 >》，《档案与建设》2004 年第 5 期——本书编校）；档案馆社会化服务的兴起是档案事业的发展方向（引自覃兆刿：《从“档房”到“档案馆”——关于中国档案事业近代化的文化反思》，《档案学研究》2004 年第 3 期——本书编校）；档案馆功能实现的最终途经有两条，即加强档案馆向文化事业机构的转型、强化档案馆的公共服务意识和能力（引自覃兆刿：《价值目标与伦理重构——关于档案馆社会化服务的功能与效能研究》，《档案学研究》2003 年第 5 期——本书编校）。所以，宣传档案工作的重要性也就在情理之中。覃兆刿认为，要改变社会对档案事业的刻板印象，促进档案意识提高，没有热情不行；投身档案社会实践，体察档案学理论与实践的落差，没有热情也不行。因而，他满怀热情地投入到档案宣传，致力于档案文化的传播。

——摘自同济大学 章华明：《“覃兆刿现象”对档案学人的启示》，《档案时空》2012 年第 12 期

在档案学研究中，哪些属于档案传统部分，哪些属于档案现代化部分，没有明确的界限，传统与现代是一对相对概念，在档案传统与档案事业现代化关系核心的提炼上，覃兆刿教授撰写的《双元价值观的视野》，张照余的《8 学者视野中的中国档案学》等研究专著及文章颇值得一读。

……

档案传统与档案事业现代化关系的把握，体现的是档案学人的研究态度，传统档案学积淀的坚持态度是现代档案事业值得学习的。比如档案的凭证性认识、档案鉴定思想、档案安全性、真实性的维护，无论在传统纸质档案研究体系中，还是现代所面临的电子文件的保管上，其研究思路和需要解决的思维方式是一致的，只是解决的方法有所差异而已。档案本质属性的研究，档案原真性的鉴定，需要传统档案的思想，也需要现代档案视野下的技术。

……

……在中国，档案学的诞生先从文书档案整理领域得以推开，逐步有档案学，进入档案专业教育阶段，档案学主要依赖借鉴其他学科的理论、引进国外的档案学理论，真正属于中国本土的档案学理论，特别是独创的、具有学术影响力的档案学理论少而又少，反思传统，结合现代，中国档案学要在传统中超越，那就是创新，提炼传统档案学中能在现代档案环境中适用的理论，在现代化进程中，不仅要从传统中寻找可继承点，同时还扬弃落后的成分。思想观念领域，档案的工具价值与信息价值是传统档案得以存在的理由，而这种理论成分的提炼又是现代档案研究思想的渗入以及档案文化价值的认同。

……

……档案传统与现代化的结合，资源化不仅仅是对档案学专业知识的驾驭，更是对档案专业性及档案人才操作能力的要求。另外档案学及档案工作对专业人及协同性的要求更为增强，正如覃兆刿教授所描述的那样："档案工作者将成为档案文化遗产的积极塑造者、档案功能的设计与监督者、档案共管机构的合作与参与者、档案管理技术专家与档案信息服务商。"

——摘自田慧:《档案传统与档案事业现代化关系探析》,《三峡大学学报（人文社会科学版）》, 2012 年增刊

覃兆刿对支撑和推动档案服务社会化理论较为关注，他借用我国图书馆学家周文骏提出的"文献交流理论"作为推进档案服务社会化的支撑理论，认为文献交流机构承载着"工具"和"信息"双元价值实现的职能，档案馆社会化服务完全可以理解为促进这种"交流"更广泛、更持久地实现的一个过程。据此，对"文献交流"视角下的档案馆价值目标、过程中的交互性和系统性、与图书情报服务的差异性以及相应的组织变革与效益评价做了系统阐述。

……

……档案馆服务社会化要围绕"功能"与"效用"，而观照档案价值目标的内驱与社会需求的外力作用所产生的结构震荡与伦理重构应该将其看成是档案服务社会化效能发挥的前提。（文尾引注覃兆刿:《价值目标与伦理重构——关于档案馆社会化服务的功能与效能研究》,《档案学研究》2005 年第 5 期——本书编校）

——摘自苏州大学社会学院张衍，中国人民大学信息资源管理学院丁子涵:《档案服务社会化研究述评》,《图书情报工作网刊》2012 年第 6 期

（关于档案的核心价值观和价值实现能力，编者注）首先，是谢伦伯格的档案价值思想。谢伦伯格的著作《现代档案——原则与技术》提出了著名的双重价值说，提出"公共文件具有两种价值，即对原机关的原始价值和对其他机关及非政

府方面使用者的从属价值”。他认为，公务文件具有第一价值和第二价值，也就是对原机关的原始价值和对其他机关及私人利用者的从属价值。其中第一价值主要体现在对公共文件形成者从事行政管理、法律财务和科学研究的有用性，而第二价值主要体现在对文件形成机关之外的其他利用者在证据和情报方面的有用性。

其次，是我国档案学术界认为档案第一价值主体既包括文件的制作形成者，也包括文件的法定收文者，然后，才具有其社会价值。

最后，是档案双元价值观。“档案双元价值观”是湖北大学覃兆刿教授提出的一种档案价值理念，认为工具价值和信息价值是档案的双元价值。作为一种行为方式，首先，是作为一种结构形式赋予档案的一种功能，因此，具有工具性；其次，才是作为记录的实体，具有内容承载的信息性。并且，认为工具价值是具有普遍意义的价值，而信息价值是具有个性的价值。只有这两种价值同时存在才具有档案本质，也就是说，档案是工具价值与信息价值的双元结合体。档案的双元价值是与其相邻事物，如图书、文物等的根本区别。

不论是谢伦伯格的档案价值思想，还是我国档案价值思想，其价值的有效实现与档案事业机构的服务能力密切相关。这种能力，可称为档案价值的实现能力。

——摘自郑州航空工业管理学院信息管理学院院长、教授刘永博士的《档案信息服务工程之服务科学》,《档案管理》2012 年第 1 期

国内档案界对“记忆”的研究萌芽于 20 世纪 90 年代，随着“世界记忆工程”和“城市记忆工程”的开展，档案与记忆的研究显得如火如荼。……在《档案文化建设是一项“社会健脑工程”——记忆、档案、文化研究的关系视角》一文中，覃兆刿认为从文化论，记忆与记录是一种“文化心理”与“写文化”的对应，档案则是一种涉及文化记忆建构与文化记忆载体的“管理文化”。

——摘自安徽大学档案学专业硕士研究生 汪俊:《档案在社会记忆建构过程中的作用研究》，安徽大学，2012 年 5 月

企业电子文件管理采用双套（轨）制是管理的普遍模式。企业渴望将电子文件信息价值最大化，却又担忧“工具价值”实现的不确定性因素。国家档案局杨东权局长说有千万条理由不赞成异质备份，却有一条根本理由赞成和坚持这样做：确保电子文件的绝对安全是档案工作者的首要职责和根本使命。“绝对安全”是唯一理由，也是对档案“信息价值”与“工具价值”并重的遵从。档案之“工具价值”是档案区别于其他信息最为本质的要素，保全“工具价值”就是确保档案能被信任，失去这一判断也就失却了档案管理之必要。

——摘自湖北大学历史文化学院副院长、副教授付正刚 2012 年国家社会科学基金青年项目“信任管理视阈的企业电子文件管理机理、模式与实践研究”申报

书（获立项，编号：12CTQ040）

后保管时代，信息技术和网络技术发达，档案形成者和利用者的角色相互交叉，档案第一价值和第二价值的界限也逐渐模糊，所以，强调档案信息价值和档案工具价值并重、具有极大张力的档案“双元价值”理论更适于指导档案内容管理的实现。此外，由于档案内容管理需要深入到文档内部挖掘出有用的信息，是一个典型的增值过程，所以，价值创新理论也理应成为档案内容管理的理论基础。

——摘自武汉大学信息管理学院在读博士聂云霞：《基于内容管理的档案信息服务》，《档案管理》2012年第6期

“档案”作为组织的记录，它不仅具有鲜明的知识属性，还作为一种以信息（知识）为其用以工具（方式）为其体（即所谓“档案双元价值”）的管理文明的产物，恰能很好地实现组织“在知识的基础上行使控制”的两相结合的管理目标。“档案”正是这种“信息”和“工具”的双元价值结合体。（文尾引注覃兆刿：《论韦伯组织理论建构中的“合理性”与“档案”——兼及韦伯档案观的双元价值分析》，《档案学研究》2006年第2期——本书编校）

双元价值注重的是档案作为人类行为和档案实体内容两个方面的价值。科技档案作为伴随科研生产活动形成的最真实的原始记录，其自然属性即为人类行为方式和作为社会实践即科技生产活动伴生物的特征，作为一种行为方式，决定了科技档案必然具有参与社会实践的科技工具价值；而科技档案作为科技信息的归宿，又包含着含量丰富的科技知识，科技信息的含量和社会共享性，决定了科技档案具有作为科技记录或者科技文献实体归属的科技信息价值。科技档案固有的双重属性——社会属性和自然属性，决定了只具有科技工具价值的科技档案实体是不存在的，只具有科技信息价值的科技档案实体也是不存在的，科技档案必然是科技工具价值与科技信息价值的双元结合体。由此可见，科技档案也是一种“科技信息”与“科技工具”的结合，是一种形式合理性与实质合理性相结合的管理要素，是作为行为方式（工具）和作为对象实体（信息）的双元价值结合体。

科技档案的科技工具价值，强调了科技档案对社会负责，科技档案的科技信息价值，强调了科技档案为社会服务，两者的恰当结合是科技档案双元价值论的阐释重心和终极诉求。科技档案的科技工具价值，体现在科技档案是科技记录的建构以及整体性、凭证性的维护载体：其作为一种科技信息的记忆方式所表现出的结构和功能，以及作为科技记录的连续体存在，负载着凭证性控制与维护的诉求。在科技生产活动的过程中，依据准确完整的科技档案，既可以节约人、物、财力，又能保证科技生产活动高效有序的进行；同时，科技档案又是知识产权纠纷等法律事务的最有力的凭证，可以为保护合法权益、追究事故责任等提供有效的法律依据。对科技档案科技工具价值的认知和实现，体现了科技档案工作的社

会责任。

科技档案的科技信息价值，体现在科技档案对社会的服务以及科技信息资源的共享：科技档案是社会的产物，科技档案是伴随着科学技术研究活动而产生的，是科研设计等技术活动的伴生物和客观资料，具有扩散性、共享性以及技术存储和交流功能。因此合理有效地对科技档案进行利用，不仅可以满足企业生产和安全的需要，更能够发挥社会效益，增加社会财富。而科技档案信息价值的全面实现必然以科技档案信息资源的共享为前提，科技档案工作者有责任也有义务让社会公众获取开放的科技档案信息，满足其科技信息需求实现其发展的需要。科技档案工作在发挥科技档案的科技工具价值的同时，更应该注重科技档案科技信息价值的发挥，促进科技档案对社会的服务。

——摘自吉林大学管理学院档案学专业2010级硕士研究生 张诗敏：《科技档案信息资源开发利用研究》，吉林大学，2012年5月

我国档案学者覃兆刿认为，档案是工具价值和信息价值的双元价值结合体，工具价值是一种普遍意义的价值，信息价值是一种个性价值，前者由档案的社会属性赋予，后者由档案的自然属性赋予。工具价值与信息价值的完美结合，是现代档案信息服务的观念要件。

档案信息服务只有面向社会，满足社会人际约束与控制的需要，才能突出档案对于凭证信息的真实性维护功能，档案事业才能担负起社会秩序方面的“档案社会责任”；在重视档案工具价值的同时，档案信息服务还要重视档案信息的“有效”，即实现档案的信息价值，而这种有效指的是档案作为一类信息或信息手段能被社会广泛共享、认可和利用。

——摘自武汉大学信息管理学院在读博士、南昌大学历史系聂云霞：《论面向社会的档案信息服务》，《浙江档案》2012年第9期。本文系江西省教育厅人文社科研究项目《面向公众需求的档案信息资源开放存取研究》、南昌大学社科研究基金项目《面向公众需求的档案信息服务体系构建研究》阶段性成果

无论是“大道衰而有书，利害萌而有契”，还是“上古结绳而治，后世圣人易之以书契”，都从侧面反映出档案产生的初衷是作为实现管理和凭证信息控制的工具。在人类文明发源的初期，氏族公社带有早期乡村的某些基本特征，结绳刻契之类的管理方式也反映了早期乡村治理中档案作为管理工具产生的时代要求。“档案是人类为了克服大脑记忆局限并作为诚信的控制依据和契约关系的载体而诞生的，是人类对于信用控制所选择的理想模型”（引自覃兆刿：《双元价值观的视野：中国档案事业的传统与现代化》——本书编校）。档案产生的初衷反映了档案工具价值的属性，以及人们对档案方式所保存的凭证信息的认可。但是，光有工具价

值的档案是不存在的，档案是工具价值与信息价值的双元价值结合体。乡村档案一方面在具有留存历史凭证信息作用的同时，另一方面其作为载体所负载的乡村历史信息，客观地记录了乡村在自然、风俗、礼制、特产等多个方面的文化信息，是反映乡村变迁、社会发展的重要文化资源。因此，乡村档案从总体上看，是在乡村社会生产实践过程中为了满足日常管理控制的需要而产生的一种管理方式和手段，是乡村组织和个人对凭证信息公信保存的依赖结果。简言之，乡村档案就是对乡村活动中产生的凭证信息的合目的控制。档案的双元价值属性在乡村档案中同样得到了充分体现。乡村财务会计文件材料，乡村集体土地征用、租赁合同文件，乡村土地、草原、山林、池塘等集体资源分配承包合同、方案、台账、表册等资料，都是在乡村建设发展过程中为保留其凭证信息而收集保存的，是乡村档案工具价值的具体展现。这些乡村档案不仅具有以之为凭的工具价值，在乡村档案不断收集留存的过程中，透过这些乡村档案也可以清晰地反映乡村发展变迁的历程，其信息价值同样不容忽视。

……

结合乡村档案的定义，笔者认为，乡村档案文化是指在对乡村活动中产生的凭证信息进行合目的控制过程中逐渐形成并得到共同遵循的档案精神文化以及与之关联的物质载体的总和。这一概念包含以下几个方面的内涵：首先，乡村档案文化因为发生在乡村这个特定的环境之中，乡村和乡村文化的特点会深深烙印在乡村档案文化的建设过程之中，这也是乡村档案文化区别于其他类型档案文化的重要原因。其次，乡村档案文化是在对乡村活动中所产生的凭证信息的合目的控制过程中形成的，其历史记录性和客观凭证价值得到了社会的广泛认可，而且对于乡村发展过程中凭证信息的公信力是其他类型的乡村文化难以具备的。最后，乡村档案文化是物质文化与精神文化的统一体，这既包括了在乡村档案文化建设中形成并得到共同遵循的档案观念、模式、体制等精神文化内容，同时也包含了在这种统一档案观念指导基础上形成的相关档案行为方式及其物化成果。

——摘自浙江师范大学档案馆 蒋国勇：《社会认同视野下的乡村档案文化建设类型与特点》，《浙江档案》2012 年第 8 期。本文系教育部人文社会科学基金项目《社会认同视野下的乡村档案文化建设研究——基于改革开放以来浙江实践的考察》（项目编号：12YJA870009）的阶段性成果

……湖北大学覃兆刿教授对档案价值提出了新的观点，（文尾引注覃兆刿：《论韦伯组织理论建构中的“合理性”与“档案”——兼及韦伯档案观的双元价值分析》，《档案学研究》2006 年第 2 期——本书编校）即“档案双元价值观”，“档案”具有鲜明的知识属性和技术倾向，存在着普遍意义的价值和个性化的价值，这是档案学研究中的关于档案价值分析与档案现象解说的重要理论创新。

——摘自山西大学管理学院 王晴:《大学科语境下档案学的研究现状及趋势预测——基于多维视角的统计分析》,《档案学研究》2013 年第 3 期

档案价值理论最早可以追溯到早期的来源原则和职能鉴定论;正是对“来源”这种核心价值的认同和“职能”这一基本价值的评定,才形成了档案学最具影响力的两大理论支柱。我国改革开放以来,社会实践活动的巨大变化和档案事业的快速发展,使档案价值理论不断得到发展创新,同时也嬗变出以下几种具有鲜明时代特征的档案价值理论。

一是档案双元价值观。覃兆刿教授基于中国档案事业的传统与现代化视角,对档案价值进行了全新梳理,归纳为“双元价值与档案作为‘行为方式’和‘对象实体’的双重属性”。档案信息资源的价值之源始于其工具价值,所以务必要注意维护档案信息内容的真实性,控制档案形成和运动的全部流程;档案作为“行为方式”,其价值实现要基于档案信息的有效组织与共享,所以要加强档案信息资源配置,使其具有反映社会实践活动来源和呈现活动目的性的逻辑结构。

——摘自福建师范大学社会历史学院 王小云:《档案价值论嬗变下的档案信息资源市场化配置》,《浙江档案》2013 年第 2 期。本文系福建省教育厅 A 类社科研究项目(JA12107S),以及福建师范大学青年骨干教师基金成果(fjsdjk2012021)之一

第一,封禅玉册的凭证价值——我国古代帝王封禅活动独特的记录形式和真实记录。

封禅玉册的凭证价值可以体现在形式凭证和内容凭证两个方面。

……

第二,封禅玉册档案的信息价值——弘扬中华民族历史文化和发展文化事业、文化产业的重要契机。

档案的信息价值形态主要侧重于档案信息的可开发性。“近代学者对档案信息品质的定位,赖以对档案发生的社会机理有了前所未有的认识”(引自覃兆刿:《从一元价值观到双元价值观——近代档案价值观的形成及其影响》,《档案学研究》2003 年第 2 期——本书编校)。历史总该被更多的知道,但知道的方式不止一种。

……

虽然封禅玉册档案没有直接参与文化产业的发展,但以其披上的神秘面纱吸引了大众对历史的猎奇心,在提供历史信息的同时,更是发展旅游文化产业的良好契机,为具有一定数量、规模、内容的档案的信息资源开发提供了一种新的思路。在这股泰山文化潮流中,以封禅玉册档案将历朝历代的封禅活动串联,是满足社会大众文化需求的要求,更是发挥档案信息价值,发展文化事业、文化产业

和弘扬中华民族灿烂文化的重要表现。

——摘自山东大学历史文化学院 刘佳慧，王云庆：《帝王封禅与玉册档案》，《山东档案》2013 年第 3 期

“基于传统”体现为档案在严格保管的基础上参与社会实践，实际上是强调在对人事档案和户籍进行改革的过程中要保持我国档案事业实时参与社会控制的功能，这恰恰是“工具价值”所说的作为一种“控制方式”；“以人为本”要做到档案利用更便捷，档案中记录的内容更有利于维护公民的合法权益，更有利于社会的公平公开公正，这正对应了“信息价值”。我们不应舍弃“双元”中的任何一面，注重社会工具和信息价值的综合效应才能让档案事业由传统向现代化走得更快更稳。

——摘自湖北大学历史文化学院 陈苗：《基于传统　以人为本——关于人事档案改革的思路》，《湖北档案》2013 年第 5 期

从档案的产生和形成过程看，对档案的价值与作用可以这样理解，“一是它作为一种行为方式，人类的初衷在于借助它的结构形式所赋予的功能，我把它称为工具价值；一是作为记录或者文献归属的实体，其内容负载的价值，人们都称之为信息价值。”（注引覃兆刿：《中国档案事业的传统与现代化》，中国档案出版社 2003 年版——本书编校）以“双元价值观”的视角来认识档案，扩宽了我们对档案价值的理解。“档案是人类对凭证信息的合目的性控制结构和对象”。（注引同上——本书编校）……

……在当前的企业档案管理中，人们往往更为关注的是将档案作为一种面向过去的记录，面向未来的信息资源，忽略了将其作为面向现在（产生文件的业务活动）的管理方式的价值与作用；忽略了其真实完整的记录和维护实践并参与社会实践的工具价值。由于脱离管理过程的视角，使得企业文件与档案管理自开展之日起便主动放弃了“半壁江山”，而“工具价值是档案内容和文化价值的内在根基，内容与文化价值是档案工具价值的转向和延续”（注引任越：《从观念到理论——档案双元价值论的演变轨迹研究》，《档案学研究》2012 年第 1 期——本书编校）。工具价值如果得不到正确的体现，信息价值不可避免的会出现偏差。在企业中，文件与档案的工具价值的“失语”，既带来了自身工作过程中的种种尴尬，又极易导致其信息价值的不完整。

……

档案不仅具有信息价值，其在形成过程中的工具价值所发挥的作用也是不容忽视的；文件不仅是一种信息资源，也是一种管理方式，对企业档案管理不仅仅是对“结果”的管理，也应是对“过程”的管理。

——摘自河北大学副教授、中国人民大学信息资源管理学院李颖博士的学位论文《面向知识共享的企业文件与档案管理体系研究：理念、框架和对策选择》，2013 年 5 月

“知识监视体系”是“监督控制说”的内涵，“监督控制说”是“知识监视体系”的价值理念和控制目标，而“知识监视体系”作为“监督控制说”的运动机制和作用发挥体系，则是其价值实现的载体。无论是唐代的甲历档案，宋、元、明、清时期的照刷磨勘文卷制度，社会主义时代的廉政档案，还是美国的“社会保障号”机制及法国的人事档案答辩制度，均体现了“知识监视体系”的旨趣。“知识监视体系”的核心理念是“监督控制”，包括对组织的监督控制和对成员的监督控制，而它作用的原理则是“知识监视体系”的建设和作用的发挥。档案作为组织监视中的核心资源，对于实现组织的监督控制具有不可替代的“工具价值”（注引覃兆刿：《中国档案事业的传统与现代化》，中国档案出版社 2003 年版——本书编校）。

……

“档案和档案方式的产生，是因为社会人际约束与控制的需要。也正因为对于凭证信息的真实性维护功能，档案事业才据此具有不可替代性。因此，档案的真实客观性是实现档案工具价值的最基本要求，即使在信息时代，也不会偏离这一目标。我国历史上对档案的真实客观性高度重视，各朝以刑法为后盾，对文档诈伪者予以严惩，尤其在《唐律疏义》《庆元条法事类》《元典章》《明律》《大清律例》和会典中都有相当系统的规定，而档案传统中的正副本双轨制、半印勘合制、文档连锁法等，也都是为了确保档案的真实客观性而产生。”（注引覃兆刿：《中国档案事业的传统与现代化》，中国档案出版社 2003 年版——本书编校）干部人事档案作为“档案”的属概念，具有“档案”所赋予的基本属性。“干部人事档案的功能并非提供随意性的‘组织意见’和作出主观化的‘思想考核’，而是充当干部个人信用信息的真实记录。它作为一项政策工具，应该是人性化和规范化并举的管理媒介，是促进政治文明、社会和谐和干部发展的信任替代物。”（注引：陈潭：《单位身份的松动——中国人事档案制度研究》，南京大学出版社，2007 年版第 388 页——本书编校）干部人事档案的管理是事关组织人事部门知人善任、选贤用能的重要工作，真实客观性是其生命力的重要保证，忽视干部人事档案的真实性特征，不仅会导致其控制功能的削弱和丧失，干部人事档案的工具价值实现也将受阻。因此，对干部人事档案的真实性和客观性控制尤为重要。

……

“撇开文件的局限从档案现象发生的机理来考查，档案具有的双重属性是不难发现的，即一方面作为人类记录的控制方式，另一方面作为控制中的凭证信息实体。”（注引：覃兆刿，范磊，付正刚，乐庆玲：《椭圆现象：关于档案价值实现的

一个发现》,《档案学研究》, 2009 年第 5 期——本书编校）

档案作为组织监视中的核心资源，对于实现组织的监督控制具有不可替代的工具价值，无论是档案的集中统一管理原则，还是档案严格的归档制度要求，抑或档案严密的保管和封闭期限规定，无不显示出官本位下档案的社会控制性取向。干部人事档案全面、系统、真实地反映了干部的政治思想、价值取向、人格特征、资历能力、成长变迁的信息全貌，并体现了梗概与细节、自述与旁证、思想与事业、背景与努力、纸质与非纸质的立体结构，从多维角度形成了组织和成员的“知识监视体系”，并为组织和成员的监督控制提供了重要的手段和依据。然而，档案并不是“知识监视体系”的全部，它只是“知识监视体系”中的基础环节，组织要想实现监督控制，依赖于“知识监视体系”的建设和内容的发挥，它涉及整个档案工作系统。我们通常所讨论的干部人事档案工作，包括了干部人事档案工作的制度建设、管理活动、队伍建设及业务指导与监督，而长期的、持续的和有效的干部监督机制，客观上要求干部人事档案工作前线的干部人事工作相互关联，并形成有活力的良性循环体系。

……

控制理念，在我国档案传统的各个方面均可体现。例如，“中国档案传统对于契约、律法、财务簿记、户籍、赋税、谱牒等关乎国家经济、秩序方面的档案给予了特别的重视，从档案的角度体现了社会在规则、经济、伦理方面控制的思路。此外，照刷磨勘文卷制度、文书档案连锁法等在社会监控、考核方面对档案方式的借助，使档案的社会规范和约束功能得到了充分的发挥。”（注引覃兆刿:《中国档案事业的传统与现代化》, 中国档案出版社 2003 年版——本书编校）

这些控制理念的实践，对我国当今社会干部人事档案管理和控制功能的发挥具有重要的参考意义。监督是组织实现控制的手段之一，监督往往需要依据一定的方式和载体，具体到干部人事工作中，干部人事档案就是组织实现对干部管控所依托的载体。干部人事档案作为组织的“知识监视体系”，对干部队伍具有无形的管控效力，它是提升干部人事管理效能、发挥人事档案价值及实现组织知识监控的重要干预平台，就像一个视频头的安设，我们既要保证足够的画幅宽度，尽可能拓宽观察的视野，同时也要保证相当清晰的画面。干部人事档案信息框架的记录，内容描述的深度和细致程度，将会直接影响到监督控制的力度和成效。

——摘自湖北大学档案学专业林天新硕士学位论文《从吉登斯的“监督控制说”谈干部人事档案工作改革》, 2014 年 6 月

蒋卫荣教授在给覃兆刿教授《中国档案事业的传统与现代化》一书作的书评中较早、较详细的介绍了范式（书评原文采用台湾译法，使用“典范”一词——本书编校）的含义，并提出“今天的档案学研究恰恰处于‘典范’的转换与变革

之中。因为传统的档案学研究，其‘典范’已很难使档案学研究有根本性的突破……覃兆刿教授《中国档案事业的传统与现代化》作了有益而又可贵的尝试、探索……均有某种‘典范’变革的意义。”其后，学界开始对档案学范式问题展开系统而深入的研究。

——摘自苏州大学社会学院刘言硕士学位论文《从证据到记忆——档案学之逻辑起点与学科范式嬗变》，2013 年 6 月

数字资源是国家重要的战略资源，是国家信息技术设施的重要组成部分，有着重要的政治、经济、文化、科技等诸方面的信息价值和工具价值（即档案双元价值），对促进我国经济和社会发展发挥了重要的推动作用。目前，数字资源已经成为社会信息资源的主流，联合国教科文组织在《数字遗产保存宪章》中指出，数字资源应理解为一种有利于子孙后代活动的资本或遗产。

然而，数字资源本身较为脆弱，受制于载体老化、技术过时等因素影响，数字资源生命周期比较短暂，如果缺乏有效的长期保存策略，势必造成数字资源的永久消逝，给民族记忆和人类文化传承带来重大损失。鉴于此，应改变现有数字资源长期保存自发、分散研究的现状，立足于国家顶层设计，对国家层面数字资源长期保存进行有规划的、相对集中的研究。

——摘自武汉大学信息管理学院博士、南昌大学历史系聂云霞副教授博士学位论文《国家层面数字资源长期保存策略研究》前言，2014

下　　篇

The Introduction of *The Tradition and Modernization of China's Archival Cause* *

1. Introduction

Since 1990s, the archival field has been deeply impacted from the electronic technology and information ideas, as result of which the archives science showed two completely different academic inclinations. On one hand, some scholars thought that they should give up the study of archival tradition; the course in the history of Chinese and foreign archives did not seem so important anymore and the existing archival administration principles and basic theories also lost their practical significance. Some scholars even advocated that archives work should be regarded as a pure information job. Therefore, the only important thing was to focus on the transplantation of the information technology. On the other hand, some scholars thought if we ignored the differences between archives and other documents in terms of social principle, essential characteristics and the way they act, only emphasized the changes of the archives work on the technical level under the circumstance of the electronic records, and abandoned understanding and grasping the archival tradition, the result would inevitably be a hazy cognition of the archival natural function and a loss of modernization goal. Moreover, the archives work was relatively dependent on and lagging behind hardware technology. Deviating from its regularity understanding and unilaterally emphasizing on the technology, the archival science study would have no choice but gradually lose its relatively independent field because of its anomie. In a word, the problem between archival tradition and archival modernization is highlighted because of the new technological circumstance. How to treat the relationship between the archival tradition and archival modernization, how to promote the transition of the archival cause from tradition to modernization, how to appraise the meanings of the archival tradition in the electronic records era and how to unify common academic concept in the new time, are indeed issues which should be paid great attention to in the basic theoretical researches of archival science at present.

About "tradition", I agree with this view: "the tradition is a continuous factor in the

* Qin Zhaogui composes. Nie Yunxia, Lu Li translate.

historical evolution", "it is the accumulation of history stored for a long time", "it is a fixed mode which is inherent in people's behavior, and it is the steady psychological structure hidden in people's behavior deeply." (Yang Shuzi 1999, 225-227)① In consequence, the so-called archival tradition should not be equated to the history of archives work briefly, should not be classified based on the period simply (it seems that the ancient is the tradition), and let alone it is regarded as the sign of "lagging behind". The archival tradition should be interpreted as an accumulated system or a continuous entity, which is the common and inertial part of archives history. It includes three levels: the technical skills of archival entities, the archival system and the archival concept. The technical skills of archival entities refer to the characteristics of archival entity, the structure form of archives, and the way to act of the archives; the system of the archives includes the control of archival attributes, the focus of archival work and the exertion of social functions; the archival concept includes the social psychological origin of the formation of archives, archival ideas, the thoughts of archives and the basic principles and theories of archival administration before the electronic records concept was established.

The so-called "modernization" is contrast to tradition. "Modernization involves a long-term cultural and social transition in logical and linguistical terms, and the transition is accepted by social members and regarded as beneficial, unavoidable or wanted." (R.E. Ward and D.A. Rustow 1964)② It is incomplete to regard "modernization" and "the western" as the correspondence of space, or show prejudice (thinking the modernization will certainly be better than the tradition), or understand in the technological level purely. The modernization of archival cause should be corresponding to the three levels mentioned above too. That is to say, under the new circumstance of technology and concept, the archival cause changes from the physical characters of entity to operational mode, social function, professional idea and value goal creatively and adaptively.

We can treat "the archival tradition and modernization of archival cause" with the dualistic concept that the sociologists have set up. In a sense, the tradition of archives possesses both eternity and contemporaneity. Therefore, we can not totally separate the archival tradition from the modernization, because the goal and content of the archival modernization will become a part of tradition in the future too. Since "abandoning tradition should be regarded as the cost of the new business, and retaining the tradition will be regarded as a kind of benefit" (Sears Edward 1991, 440)③, we should hold

① Yang Shuzi. Humanity Revelation of China's College. Wuhan: Huazhong University of Science and Technology Press, 1999: 225-227

② Ward R E, Rustow D A . Political Modernization in Japan and Turkey. Princeton University Press, 1964.

③ Sears Edward. Tradition. Shanghai: Shanghai People's Publishing House, 1991: 440

the same attitude to the relationship between the archival tradition and archival modernization, and interpret it as the mutual relationship of transforming while drawing support and drawing support while transforming.

To promote the transition of the archival cause from tradition to modernization, it is required to ponder over the problems of the archival phenomenon comprehensively instead of only staring at some technological superficial changes. I think the crux lies in how to grasp the modernity of archival tradition, and realize the innovation of the archival system and of the archival consciousness. The positive function of archival tradition promotes the modernization of the archival cause, but the negative function is a barrier to the modernization. Accordingly, the prerequisite for the conception of the modernization is to assess our archival tradition scientifically, and combine its beneficial part with the modernity of archival cause. Only in this way, can modern archival cause innovation realize on the basis of the social and professional traditions.

Of course, the modernization is not proposed today. Historians, sociologists, and cultural experts believe that China's modernization has commenced since the era of Wei Yuan. Hence, we should not regard the modernization of archival cause as the result of the emergence of electronic records absolutely. The thoughts of modern archives science in primordial period could be taken as the tradition of archival cause specialization as well as the "transition period" during which Chinese archival tradition transformed into the modernization, and we just continue this effort today. However, the era of electronic records aggravates the urgency to think this issue.

Meanwhile, the western archivists have been facing the modernization of archival cause as well. Their persistence to modernization and rationality to the tradition can be a beneficial reference to us.

Hilary Jenkinson, the main advocate of classical archival management, had faced the challenges of modernization. Though he took it as "evil" and "heterodoxy" to accept the modernized idea from T.R. Schellenberg's (1956) *Modern Archives- Principles and Techniques,* he stubbornly thought that the nature of the modern archives had not changed and emphasized that "archives workers should follow some fundamental theories that can not be changed forever and workers make decisions about what to do and what not to do according to these theories" (Frank.B. Evans 1992, 173)[①]. Facing ideological trend of modernization, Jenkinson had displayed excessive worries. Actually, Schellenberg was very rational to the archival tradition. While he was explaining the

① Evans F B. Modern Concepts of Archives Management and Documents Management: Modern Archives and Documents Management Required. Beijing: China Archives Press, 1992: 173

view of modern archival concept, he "formally announced that classical mode was its theoretical foundation". The offspring did not give up learning Jenkinson's (1922) *A Manual of Archive Administration*, though "he was sticking to neutrality and convention of integral preservation, which could not meet the modern requirement of archival administration". Instead, the offspring emphasized: "The archives workers in every country still need to read it while trained in order to fully understand their historical legacy and the professional archival thoughts."(David Bearman and Wangjian 2000, 232) ①

Nowadays, most famous archivists who are active in the global archival circle can rationally treat the relationship between the tradition and the modernization of archives. They have already noticed "the remarkable changes on the theory principles, management structure and tactics in the administration of the electronic records", acknowledged that "the management of the electronic records needs archivists to take corresponding measures", "recognizing the relationship between the files management and archival administration, establishing a new connection different from the tradition". Meanwhile, they don't forget to regard archives as a kind of social civilization phenomenon, emphasize the inherent regularity and the inseparability from general culture, acknowledge the epic meaning of the archival tradition and even consider that in the conception of the archival modernization, how to adapt to and draw support from the inherent archival tradition. Those experts of the modern electronic records do not seem to detest the tradition as imagined. They don't agree on "the simple extension from the traditional management theory to the electronic field". What's more, they also disagree on "the theoretical foundation and basic principles totally deviate from traditional archival administration". They point out: "The reaction that European archivists made to the electronic information revolution is apparently marked with the two traditional brands of the archival theories and the institutions in practical field (the paleography and bureaucratic apparatus with registry offices- noted by the author), and these two kinds of traditions are still quite authoritative so far." They even affirmed:

- "There are also many references from the European archival tradition, even the management tactics are based on the technology."(David Bearman and Wangjian 2000, 217)② "As the characteristics of records change, the tradition of the European paleography should be applied to local conditions in Europe and

① Written by David Bearman, translated by Wangjian. Electronic Evidence- Contemporary Agency Archives Management Strategy. Beijing: China Renmin University Press, 2000: 232

② Written by David Bearman, translated by Wangjian. Electronic Evidence- Contemporary Agency Archives Management Strategy. Beijing: China Renmin University Press, 2000: 217

America." (David Bearman and Wangjian 2000, 217)①

- "In the environment of the electronic records, the controlling over data will still follow the most basic principles. Adaption to environment does not mean negating the existent theory blindly." (David Bearman and Wangjian 2000, 9)②

The so-called basic principle refers to the "*Principle of Provenance*" which is the essential theory of the archives for a long time. Professor David Bearman, the expert of electronic records in the U.S.A., emphasized the reliance of electronic records on the *principle of provenance*, and safeguarded the key position of this principle in the modern archival administration. Tom Naismith and Terry Cook, the Canadian archival science scholars, accepted this view and proposed the "rediscovery" of the *Principle of Provenance* on the basis of this view, and endowed the theory of the traditional archival theories with time significance. Dr. Luciana · Durandti, the British Columbia University Professor in Canada, and the pre-president of the American Archivists Society, chose a research direction— she combined archival tradition with the archival modernization: the paleography and the electronic records and wrote a book: *The Paleography: the New Use of the Old Subject*.

These facts prove that the understanding of the archival tradition is helpful to conceive the modernization, which also can be proved from the knowledge background of experts of archivists circle. People may have already found that some generally acknowledged authoritative modern archivists often have the knowledge background about the tradition. For example, Dr. Durandti had strong interest in the paleography; Professor Michael Cook, the senior British expert of archives and the records management, obtained the degree of Bachelor of modern historiography in 1954; Professor David Bearman who "took the lead" in the electronic field, was the master of history and sociology in the University of Pennsylvania; in Japan, Professor Masahito Ando, an authority of archivists circle, was good at studying the modern history while studying modern archives. At least, the above can be concluded that possessing a traditional thinking background can not become an obstacle to the modernization conception, but even probably enable people to obtain superior judgment and ability to choose. In addition, what people appraise reveals something like this too. For example, the reason why the American archives managerialist Ernst Posner "offers the most influential planning for education and training of American archivists" is that he "has

---

① Written by David Bearman, translated by Wangjian. Electronic Evidence- Contemporary Agency Archives Management Strategy. Beijing: China Renmin University Press, 2000: 217

② Written by David Bearman, translated by Wangjian. Electronic Evidence- Contemporary Agency Archives Management Strategy. Beijing: China Renmin University Press, 2000: 9

synthesized the traditional concept and modern actual development" (Frank.B. Evans 1992, 177)[①].

2. The interpretation of Dualistic Value Concept and the archival tradition; the important conditions of modernization goal

It is essential to grasp the real significance of tradition during the transition of the modernization. We went without really facing our archival tradition in the past, which caused us unable to make the choice rationally.

Guided by "drawing support and transforming" or the interaction of tradition and modernization, above all, we should evaluate the archival tradition to find out the contents with modern characteristics and the inadaptability between archival tradition and modernization goal.

2.1 The cognitive method and the view of the Dualistic Value Concept

The evaluation of archival tradition can not be simply regarded as recompiling archival history. The archival tradition should be comprehended as Continuum; archival tradition should be associated with social culture to interpret; archival tradition should be compared with its modernization. So, we need to choose suitable ways to understand it. For example, we should treat the naissance and essence of the archives from the perspective of general sociology as much as possible; we should recognize the attributes of archival value from the perspective of philosophy; we should give overall appraisal on the "spirit" of archival tradition from the perspective of historiography; we should recognize the importance of forming the norm of archival science as soon as possible under the circumstance of electronic records from the perspective of science and we should divide traditional and modernization goal of the archives into layers from the perspective of the science of culture, and so on. Only in this way, can we make our cognition more reasonable and more consistent with the reality. Among them, what is the most important is that assessing the archival tradition and conceiving the modernization conception in terms of the archival value concept.

The author thinks the "dualistic value" is a suitable perspective. In the author's opinion, the archives can be understood from two aspects all the time. One is a kind of behavior mode. Human original intention lies in the function which is endowed by archival structure form. The author names it as the "instrumental value". The other is the "information value". Archives are regarded as the entity to which records and documents

---

① Evans F B . Modern Concepts of Archives Management and Documents Management: Modern Archives and Documents Management Required. Beijing: China Archives Press, 1992 :177

belong. The value of archive's content is called the "information value". The former value possesses universal significance and the latter value is individual; the former value is the social attributes of the archives and the latter value is the natural attributes of the archives. As far as I am concerned, all analysis on the archival value can be included in the Dualistic Value Concept. Taking the "dualistic value" of archives as the main line to assess tradition and conceive modernization just caters for my understanding on the traditional and modernized archives problem.

Firstly, the archives should be regarded as a kind of social phenomenon with universal significance, whose naissance is not on the premise of the formation of written language and the emerging of country, and some scholars also agree on this view (Zhang Jizhe 1995, 11)①. Archives emerge because the archives could be used as credit proof to overcome the memory limitations of the human brain; and it is also the ideal model chosen to control credit. In this sense, the instrumental value of the archives exists before the information value. Many sociologists and managerialist believe that achieving control by records and documents is a significant mark— human beings enter into the history of civilization. (Cloud Little George 1998, 12)②. That is, the archival intention is formed before archives entities. Therefore, the investigation of the archives can not only be confined to the material characteristics of entity, instead, we should regard archives as a way of behavior. Those carriers are just the products of the way of behavior, and the archival concept is perceived by people because of these concrete entities. Thus, we figure out that the archival concept is permanent only when defined as a way of behavior (namely emphasizing it as a kind of special function); in other words, any practice to define the archives by characteristics of entity will prove futile because it is unable to hit the essence of the archives.

Secondly, the archives possess the dual attributes at the same time. That is to say, archives with only instrumental value or information value will not exist. In other words, the archives are of dualistic value combination— instrumental value and information value, which is the fundamental difference distinguishing archives from books, documents, historical relics. Only if we take the dualistic attributes as starting point— the social attribute that the archives are taken as a way of behavior and the natural attribute that the archives are taken as the entity, can we investigate the two respects of value attributes— the tool to control and the inherent recorded information. As the by-

① Zhang Jizhe. Sustainable Way: Archives and Archives Administration. Beijing: China Archives Press, 1995: 11

② Cloud Little George. History of Management Thought. Beijing: The Commercial Press, 1998: 12

product of social practice, the archives inevitably have instrumental value to participate in social practice; as the destination of documentary information, another goal of the archival value and the archival cause is to reflect the content of information and the desire to share among the society. Only from these two respects, can we assess archival tradition, measure the realistic function of the archival way, set a modernization goal of the archival undertakings scientifically.

2.2 Drawing support and transformation

Now that the relationship between the archival tradition and the archival modernization is the dialectical unity of drawing support and transformation, what is the most important is our choice.

2.2.1 There is a thorough understanding of the social instrumental value of archives in ancient China

In the archival tradition, the archives are mostly understood as a manner or function. Though the realization of instrumental value is at the cost of being used in closed environments, there are still some aspects consistent with the modernistic features, which is worth studying and absorbing seriously.

- Establishment of the idea of original certificate value of archives.
- The archival way is well used as an instrument to maintain the social order.

In the goal of the archival modernization, it is also an indispensable part to strengthen the realization of the social archival instrumental value. In other words, if the instrumental value is lost, the archival basic function and archival responsibilities for the society disappear too. Accordingly, it is not proper to define the social function of archives as memory, because the basic social meaning of the archives should be interpreted as "controlling the records purposively", that is to say, controlling is the root of instrumental value as the archival way.

2.2.2 The establishment of Dualistic Value Concept, especially the discovery of inherent information value is the ideological foundation of the transition on archives in our country from ancient "repository" to modern "archives"

From giants of the academic circles such as Zhang Xuecheng, Gong Zizhen, Liang Qichao, Cai Yuanpei, Hu Shi, etc, they managed to rescue the archives and documentaries from the closed state of "can not be peeped over a long time" to be exploited by scholars. With their efforts, large quantities of precious archives and documentaries were conserved. They were also the pioneers who promoted opening archives and made archives become a specialized public service mode. In essence, those efforts were the result of the discovery of the inherent information value of the archives. It was their idea which drove the introduction of the modern concept of building Archives, which realized the transition from "repository" to "Archives". During the evolution, these elements functioned together which were as follows: the effects of the renaissance of the ancient China down-to-earth learning, the influence of the western scientific spirit (archives were considered as direct "raw materials" which were different from other documents), the advocating of "public heart", the practice of archives management and the introduction of the thoughts of western archives and so forth. The thoughts, from Zhang Xuecheng who "regarded archives as the bone of local chronicles", Gong zizhen (1938, 305)① who believed "it was fortune to see archives and to use archives", Hu Shi, Cai Yuanpei who emphasized "trustworthy historical records came from the checking of archives", "the documents in the boxes were the real history" (Hu Songping 1993, 168)② and expressed "the envy on each country for massive archives", and further proposed to identify the archives , "open the archives to the public and satisfy their needs", "circulation in the world is equated to preservation in the world" (Hu Songping 1993, 267)③, which could reflect the preliminary transition of the archival ideas in China intellectual circles from tradition to modernization. The thoughts of the archives became more and more comprehensive and systematic under the background of the whole social modernization of culture. The early theories of archival science are not only a part of the archival thoughts and academic tradition to investigate, but also the "transition period" which we should pay close attention to while investigating the relationship between tradition and modernization.

2.2.3 The comprehensive fulfillment of the dualistic value of the archives is the value goal of archival cause modernization.

The key of the innovation of the system in modern archives work is how to perfectly combine both the intrumental value and the information value. Therefore, the modernization of archival cause should reflect "social responsibility of archives" (realization of the instrumental value) and "public service consciousness of archives" as the important conception elements.

2.2.4 "Classics" consciousness and modernization appealing for archival academic unified common concept

Firstly, the "classics" is regarded as the traditional core reflected in the text meaning.

---

① Gong Zizhen. The Complete Works of Gong Dingan. HongKong: World Journal Bookstore, 1938: 305

② Hu Songping. Mr. Hu Shizhi Chiefly in His Later Years. Beijing: China Friendship Publishing Company, 1993: 168

③ Hu Songping. Mr. Hu Shizhi Chiefly in His Later Years. Beijing: China Friendship Publishing Company, 1993: 267

When we assess the archival tradition, we should be with a thought to look for classics. Western archivists circle confirmed the *Manual for the Arrangement and Description of Archives* as the "classics" of archival cause, which was extremely important to normalize the whole American-European archives. *Fonds* and the Principle of Provenance, the archival basic theories were even entitled as the "Holy Bible" of the archival cause, from which we could imagine how generally it was acknowledged. Are there any works or theoretical achievements with far-reaching influence on the archival practice in our archival tradition? Whether there exists or not, in our country's archival field, how many people know the "*Manual for the Arrangement and Description of Archives*"? Just like Buddhist culture and Chinese traditional culture, those principles which stemmed from other countries and have received high respect and already adjusted to the localization, are also the contents which are worth cherishing in the our archival tradition .

Secondly, it is the forming of the archival academic unified common concept. A discipline always should form some basic concepts and categories which are generally acknowledged. As a social application subject which will guide social practices, archival science should pay much more attention to forming unified common concept. The new circumstance of technology, which enable us to have changed so much on professional cognition of the archival science, which urges us to form the academic unified common concept as soon as possible, which is adaptable to the electronic records age on the basis of comprehensive investigation. If we are unable to decide what is right in theory, we will be at a loss as to what to do and how to do in practice. People eagerly expect this kind of contribution to the archival field during the conception of the archival modernization.

3. Conclusion

In conclusion, the author attempts to see through the presentation of technology to comprehensively investigate the problems between archival tradition and archival modernization, from the dual perspectives— the archival social attribute and archival natural attribute. Besides, it may contribute to re-establish the archival conception in the transition period and to choose the important elements of the archival modernization goal by virtue of the discussion which involves the dualistic value attributes of the archives, dualistic social function, drawing support from tradition and transformation, and the modernized goal of archival cause. In a word, the archival conception should not merely reflect the dualistic value attributes of the archives, but also the archival cause modernization should be interpreted as the way of archival social instrumental value and the record entity of the archival information value to function comprehensively.

We should pay close attention to the natural function of the archives and the archival tradition as continuum and treat the era meaning and inadaptability of the archival tradition rationally, and get out of the illiberality between tradition and modernization. Since Naismith and Cook, the Archives scholars, have both proposed the "re-discovery" of archives tradition, and Ian Mckellen, an Australian archivist, is considered to have built a bridge between tradition and modernization successfully (Frank. B. Evans 1992, 175)①, we also expect to find such a tenon between archives tradition and modernization of China.

① Evans F B. Modern Concepts of Archives Management and Documents Management: Modern Archives and Documents Management Required. Beijing: China Archives Press, 1992:175

双元价值观与“档案”的定义*

正确理解“档案”，是档案学研究和档案工作实际中首先遇到的问题。如果问什么是档案，我们也许例举一些熟识的种类就能轻松过关，如果问档案是什么，就有各自不同的见解了。从档案学初创时期到当前的档案学界，关于“档案”的理解一直存在很多争议。

一、档案定义述评

1. 早起档案学者对“档案”的理解

20 世纪二三十年代，一部分学者以不同的档案实践经验为背景开始了对档案定义的讨论，其中有历史档案整理经验者认为：凡属有关历史之文书，均为档案。档案是研究历史的直接史料，因为它是未经过改纂而仍保存一件事真相的文书。档案只是史料的一种，它的原意应是专指公家的文书簿牍。而以文档管理实践为背景的档案工作者和早期档案学者则认为：“文件由点收、核办至封发的过程止叫做文书，汇集已办结而又同属于一宗案情的文件，在保管的过程中便叫做档案。”①“所谓档案，系指处理完毕而存储备查之公文也。至于档案之内容，应包括公文及其附件与其他有关公务之一切图表簿书等。”②“档案者乃已办理完毕归后汇案编制留待参考之文书。”③……

由此可见，在档案学萌芽阶段，无论历史学者还是档案工作者，他们定义档案，无一例外地提到其“文书”的出身，注意到文书与档案或档案与其他文献性质上的差别。总之，只把档案看作文书的转化物。如果从价值认识来看，历史学家强调的是档案实体对象的内在品质，而档案工作者则强调了档案的合目的性、集合性和后保管特征。但这些有关档案的论述也有很多的局限甚至矛盾的地方。譬如，他们一方面将基点放在“文书”上，一方面又不得不针对变化了的情况将有声记录、电影、照相纳入档案的范畴，而电影、照相显然不能说是“文书”。还有，档案外延的不同理解导致了在“私人档案”上截然不同的看法。有人以为，

---

* 本文系覃兆刿发表于《北京档案》2003 年第 9 期。

① 龙兆佛．档案管理法 // 公文档案管理法．北京：档案出版社，1988：95

② 周连宽．公文处理法与档案管理法．北京：档案出版社，1987：80

③ 何鲁成．档案管理与整理．北京：档案出版社，1987：4

既然文书就是公文，故“私人交际之函件，商店往来之账目，不得作为档案。”①有人则恰恰相反，认为“档案非为官署所专有，凡为一个事业组织，如银行，如百货公司，如学术团体等，皆必有其档案，即为一私人亦有其档案。”②由于档案定义的这种迥异与纷争，致使档案学研究长期无法在一个相对公认的客体对象中深入。以公文实体为对象的注释，不仅在当时因局限性而陷入矛盾，今天的许多分歧也由此而生。

2. 现代档案学者对“档案”的理解

我国现代档案学者对“档案是什么”的问题也是意见纷呈。台湾档案学者倪宝坤、王征的看法代表了20世纪六七十年代“档案”定义的倾向，颇值得我们注意：“凡机关、团体、企业以及个人活动所产生之文件、图片、实物及一切文书资料等，不问其外形与特征，经过行政处理手续与立卷程序，保存于机关案卷室，以供政务稽凭者，谓之案卷。一俟其效用完毕，经鉴定有永久保存之价值，移转档案管理机构保管，备供国民研究参考者，谓之档案。”“所谓档案者，乃指政府机关、人民团体、公司行号及个人因处理公众事务而产生之文字记录或实物，经过种种科学管理程序，予以整理、分类、立卷、编目等手续，使成为有组织、有系统，既便保管，又利查检，妥存于合法之管理机构中，用供执行政务之稽考，史料采择与学术研究的对象之一。”

这两个定义在注意档案查考价值的同时，特别强调档案由原生态向保存态转化的特性，还在外延上于承认私人档案的基础上进一步扩大，把处于这一控制或转化过程的“实物”也纳入档案的范畴，但正是这一细微的变化表明：他们摆脱了囿于“文书”的局限，更加接近了档案的本质。还有，他们看起来是把今天档案室的档案与档案馆的档案不太恰当地区别为“案卷”和“档案”，实则是，他们看到了档案管理的不同格局及其价值实现的重心，在我看来，就是档案室以工具价值为重心，档案馆以信息价值为重心。当然，这些定义在语义辩证的界划、保存时间上“永久”的说法都是欠准确的。

1985年，国家标准局发布的《档案著录规则》中的“档案”，代表了20世纪80年代档案定义研究的成果：档案是“国家机构、社会组织和个人从事政治、经济、科学文化等社会实践活动直接形成的文字、图表、声像等形态的历史记录。”这一表述，不仅注意到档案的“原生性特征”（即直接形成），还列举了载体形式，承认了个人记录的档案意义，故最后的归总由二三十年代的“文书”变成了“历史记录”。很明显，这个定义在档案的外延上有了扩展，增强了定义的周延性、具体性。但是，该定义因为只注意到档案内容对象的原生而忽视了组织转化与受控

① 何鲁成．档案管理与整理．北京：档案出版社，1987：2

② 秦翰才．档案科学管理法．转引自刘国能著《体系论——中国档案事业体系》．北京：中国档案出版社，2001：108

状态的特性，反而在实质上模糊了文件或文书与档案的区别。令我们欣喜的是，20 世纪 90 年代至今，档案学界掀起了给“档案”下一个科学定义的热潮，这极有利于统一我们的研究对象，使档案学尽可能建立在一个公认的平台上然后深入。

在对我国传统的档案定义进行总结并吸纳西方档案定义的营养之后，目前颇具影响和代表性的观点有如：“档案是国家机构、社会组织或个人在社会活动中直接形成的有价值的各种形式的历史记录。”“档案是社会组织或个人在社会实践中直接形成的具有清晰、确定的原始记录作用的固化信息。”① “档案是人们有意识保存起来以备查考的书面记实性信息源。”② “文件和档案是同一事物在不同阶段的称谓。”“一切文件都是档案。”“档案不是文件。”“档案是人类社会实践活动中产生的，一定单位、团体和个人作为历史记录而留存的信息载体。”“档案是一个全集概念。”

我们必须承认，众多“档案”定义或支持档案定义的核心观点所以提出，既是档案社会实践的不同反映，又是档案学研究深入过程中必然的结果。这些定义或观点，对档案学归约与范畴的建设起了十分重要的启发、引导和推动作用。其中，体现了人们对档案对象特征的不同把握，或以“直接形成”“原始记录”“记实性”“历史记录”来标记其本质；或以“以备查考”“备以查考”“保存”来强调其价值属性和转化过程；或以“文献”“信息源”“信息载体”概括其实体形态。此外，我们也看到档案工作实践对档案外延加以扩展的需要，如“实物档案”“大档案观”“档案是一个集合概念”“一切文件都是档案”等提法，足以反映这种倾向。其中，周毅先生的“人们有意识保存起来以备查考”几个字给我印象最深。其看似与所谓“保存并具查考价值”无甚区别，实则暗示了档案作为“合目的性行为”的特征，在我看来，这对说明档案的本质属性极为重要。不敢苟同的是，这些定义仍然不能离开“文书”的局限，只是把档案当成处于后阶段的文书或文件的物理实体，因而，档案概念的外延拓展必然遇到阻碍，更具科学意义的档案定义也就难以形成，由此引起的概念和思想不一致是每一位档案界同仁所能感受到的。

二、“档案”究竟是什么？

我也想谈一点与上述观点不太一样的想法，绝不敢妄言就是科学的定义，权当参加关于“档案”定义的讨论。在我看来，对档案的定义老围着文件实体打转是没有出路的，不管是种概念还是属概念，关键是我们得先找到一个有利于解决问题的角度。

---

① 冯惠玲，张辑哲．档案学概论．北京：中国人民大学出版社，2001：5

② 周毅．定义档案之我见．档案，1989（3）。另见：傅华．档案定义十人谈．档案工作，1993（8）

1. 双元价值观与档案作为“行为方式”和“对象实体”的双重属性

“双元价值”是笔者自以为合适的一个视角。因为在笔者眼里，档案始终可以作两个面上的理解：一是它作为一种行为方式，人类的初衷在于它的结构形式所赋予的功能，我把它称为“工具价值”；一是作为记录或者文献归属的实体，其内容负载的价值，人们都称之为信息价值。前者是一种普遍意义的价值，后者是一种个性价值；前者是档案的社会属性，后者是档案的自然属性。在我看来，一切对档案价值的分析都可以包括其中，对档案的理解和定义，也应该从这两个方面入手。

首先，档案应被视为一种具有普遍意义的社会现象，其发生并不以成形的文字和阶级国家的出现为前提，有的学者也同意这种观点。①档案是人类为了克服大脑记忆局限并作为诚信的控制依据而诞生的，是人类对于信用控制所选择的理想型模。从这个意义上讲，档案的工具价值是先于信息价值的。不少社会学者和管理学家认为，通过记录和文档来实现控制是社会进入文明的重要标志。②先有档案产生的意欲，然后才有档案的实体，所以对“档案”的理解不能仅仅局限于实态的物质特征，更要将它视为一种行为方式，那些载体只是这种方式作用下的事物，档案的概念因为这些具体的事物而为人们感知。因而我们确信，只有作为方式意义的档案概念（即强调其作为一种特殊的功能）才是永恒的，任何以实相的物质特征来定义档案的做法都会因不能切中事物的本质而变得徒劳。

其次是档案的双重属性，也就是说光有工具价值的档案是不存在的，光有信息价值的档案也是不存在的，档案是工具价值与信息价值的双元价值结合体，这是档案与图书、档案与文件、档案与文物的根本区别所在。如果我们能从档案作为方式的社会属性和它作为实态的自然属性出发，就能对其作为控制工具和内在记录信息两方面的价值属性加以考察。作为社会实践伴生物的特征，档案必然具有参与社会实践的工具价值；作为文献信息的归宿，档案价值和档案事业的另一目标又体现为信息的含量和社会共享的理念。在笔者看来，一切对档案价值和档案现象的分析都可以从双元价值的视角来进行。档案的定义除符合科学定义的一般要求外，同时应该符合这种“双元价值观”。

2. 我给“档案”的定义

对于“档案”的表述，我们完全可以将科学定义的一般性要求和档案双元价值的特性综合起来。一般来说，一个定义要符合本质性要求，也就是说，要能揭示定义对象的本质属性；要符合周延性要求，即定义能够指向所有针对的事物；要符合具体性要求，指内容的确定和对象的可把握；要符合动态性要求，指定义要尽可能具有一定的前瞻性，符合事物发展的需要。其中，最主要的是本质性要

① 张辑哲．维系之道——档案与档案管理．北京：中国档案出版社，1995：11

② ［美］克劳德·小乔治．管理思想史．北京：商务印书馆，1998：12

求。上述关于档案的定义或关于档案定义的核心思想，无不以揭示档案的本质属性为出发点。问题在于，档案的本质属性究竟是什么呢？与上述定义或核心思想相对应，人们对档案本质的看法大致可分为三种：一是认为档案是文件在时间上的转化物，强调其内容信息的守衡，故文件的原始记录性就是档案的本质特征；一是认为档案是文件空间上的转化物，强调档案是文件的集中有序保存；还有一种则认为档案是文件功能的转移，强调档案是备以查考的文献。显然，这三者虽从不同的角度强调了档案的“本质”，但都没有离开“文件”的基础。

我注意到，有的学者曾提出过大胆的质疑，明确提出“档案不是文件”，还认为“原始记录也不是档案的属概念”。有的学者则从档案生存的角度解释其本质，认为档案的本质属性是“利用文件及其历史联系的排序记录历史”，这些颇具理论价值的见解，从概念上区别了档案与单份文件。但他们仍然不能脱离文件的局限，而且只是线性地思考了档案现象，故无法解释理论和实践中的一些困惑，诸如在理论上对原生性、原始记录性、真实性的理解，以及实践中的馆藏实物是文件吗？家庭档案中的一些资料是文件吗？公安司法部门里的指纹档案是文件吗？高校档案馆的教材和著作是文件吗？档案馆里的奖章、奖杯、样品是文件吗？显然都不是，因为它们并不符合“文件”的定义。

至于“原生性”，我认为张照余先生的《档案原生性评析》一文颇值得一读。他从档案原生性的三重含义、现代档案工作实践与原生性要求的矛盾入手，强调档案原生性在理论依据上的欠缺，并以口述材料、名人档案、科技档案的修改补进制为例对以原生性为档案本质属性的看法予以批判。[①]同样，尽管有人还在质疑“实物档案”的提法，但它们已经实实在在地被视作档案来保存——不是视作资料，不是视作文物，也不是视作档案的附件，而是从主观上就视作档案结构的对象主体。这说明，档案从根本上说并不是由文件被动转化而来，把档案看作文件实体转化物的观点在实践中遇到了挑战。

有效的方法是撇开文件的局限，从档案现象发生的机理来考察。我们发现，档案从本质上具有双重属性，即一方面作为人类记录的控制方式，另一方面作为控制中的凭证信息实体，剥离其中的任何一个方面，档案便不复存在。所谓“双元价值”也正是由这两方面的属性决定的，可见：档案是人类对凭证信息的合目的控制。这里的“控制”，强调了档案从根本上是一种功能，人们可以借以维护凭证信息的证据力，其表现为有利于显示其凭证价值的资源组织、价值鉴定、保管和利用；“合目的”强调了人类借助档案功能的心理需求以及管理技术上的主观能动性，其表现出鲜明的时代特征；“凭证信息”则是对通常定义中“原始记录”或“原生性”的拓展。虽然档案传统中的凭证价值完全可以由对象——文件实体的“原生性”或“原始记录性”来表征，而电子文件和实物档案成为事实的新环境

---

① 张照余．档案原生性评析．档案与建设，1995（7）

中，档案凭证性却已变由结构功能来体现，故“凭证信息”不仅照顾了现时代档案对象的物理特征，反映了内容价值的信息属性，也注意到“原始记录”或“原生性”与“凭证性”在本质上的相通，因此也并不影响我们从“原始记录性”或“原生性”的角度去评价档案传统。应该说，这是对档案双元价值认识的必然结果，因为档案的工具价值是由其控制功能所赋予的，信息价值是其对象实体自在的。这样定义“档案”，在档案学理论和档案工作实践中还有如下一些好处：

首先，这种约定更加符合现代档案工作发展的需要。前面列举了不少“档案”的定义，其中可以看到档案概念随着社会实践不断变化的情况，这说明定义的前瞻性是不够的。原因在于我们的认识建立在有限的经验归纳之上，而“这种替换式修正，并未改变由某一约定来规定档案工作，并以其作为整个档案学逻辑起点的做法。”而“将整个档案事业和档案学理论建筑在某一无法求证的经验性约定之上，不仅是错误的，而且是危险的。”[①]所以，换个角度来思考档案的本质，实在是档案事业和档案学发展的现实与长远需要。从双元属性和双元价值的角度来揭示档案的定义，符合扩大档案外延、“档案的范围、属性根本上取决于档案职业的社会使命”等有建设意义的思想。

二是据此可以将学术上之“档案”和实践中之“档案”对应起来，有利于在最根本的问题上统一思想。譬如，一方面争论有没有“实物档案”，一方面档案馆（室）已经收集保管了大量实物档案；一方面以“原始记录性”和“原生性”说明档案，一方面档案馆却保存着大量复印复制的档案（如缩微胶片，它们并非原生，但它们的档案意义则很少有人质疑）；一方面是电子文件在客观上对计算机和系统的依赖性，其真实性、原生性难以解释，一方面是电子文件在功能上向档案的转化以及档案馆（室）不得不保存纸质复制品和光盘软盘复制品；一方面是非现行性为基础的档案概念，一方面是文档一体化趋势、档案馆现行文件阅览室的兴起。如果只要是有意识地作为凭证性信息收集并组织管理起来的就被视作档案，上述的矛盾就不复存在了。

三是有利于澄清我们在档案“真实性问题”上的模糊认识。关于档案的“真实性”问题，引起了很多争议，我也和大学生在课堂上进行了热烈的讨论，意见分为几派，结果是谁也说服不了谁。问题的关键在于，我们长期对档案本质属性的认识，即固执地把档案的本质看成是文件的原始记录性，而不是一种控制方式。有了档案定义的重新认识，档案的真实性就好理解了。既然档案体现为一种控制功能，那么其对象的真实性是自在的。作为单份的文件可能从形成到内容都有“假”，但在控制系统中却是“真”；作为单份的文件可能是“真”，但在控制系统中却有可能显示出内容的“假”。总之，控制对象的意义在于它作为凭证信息。

四是有利于改变“后保管”意义的档案观，而将档案视作可以主动借助的社

---

① 张照余．档案原生性评析．档案与建设，1995（7）

会控制手段。由于受文件实体的局限，过去我们总有一种误解，即档案的形成总是滞后于与实体对应的实践过程。其实不然，档案作为凭证信息的合目的控制方式，它不仅可以在文件退出现行阶段后收集组织而成，也可以与实践相伴互动，是可以主动借助的社会工具，如信用档案的形成就体现出这一鲜明特点。我国西周时期“治中”“登中”的工作其实也是主动的档案行为。当然，这个定义更明显地强调了档案方式的工具意义，如果我们从对象实体的角度来看，也可以理解为：档案是处于人类合目的控制的凭证信息。

双元价值观：档案传统的评估与现代化构思*

电子技术和信息观念的冲击，使档案事业的传统与现代化问题得以凸现。如何看待档案传统与档案事业现代化之间的关系并促进档案事业由传统而现代化的转型，如何评价档案传统在电子文件时代的意义并促成新时期档案学术的归约，的确是当前档案学基础理论研究中应该引起高度重视的问题。

一、如何从概念上理解“档案传统”与“档案事业现代化”

关于“传统”（Tradition），我同意这样一种看法：“传统是历史发展过程中的连续因素”，“是历史久存的积淀”，“是内存于人们行为之中的固定模式，是深藏于人们行为之中的稳定的心理结构。”①因此，所谓档案传统，不应简单地等同于档案工作的历史，更不应简单地作时间上的界划（似乎古代的就是传统的），更不能将它作为“落后”的代名词。档案传统应该被理解为一个积累的系统构成或连续体，是档案史中体现的共性和具有惯性的部分，它包括档案器物技能、档案制度以及档案观念三个层次。档案器物技能指档案的实态特征、结构形式和运动方式；档案制度包括档案特性控制、工作重心和社会功能发挥；档案观念则包括档案产生的社会心理根源、档案理念、档案思想以及电子文件概念确立以前的档案管理基本原则和基本理论。

所谓“现代化”（Modernization）是相对于传统而言的。“逻辑与语言学上说，现代化指涉一长期的文化与社会的变迁，而这种变迁为社会的成员所接受，而视之为有益的，不可避免的或可欲的。”②看来，把“现代化”与“西方”作空间上的对应，或表示浓重的价值判断（以为现代一定比传统好），或者作纯技术层面的理解，都是不全面的。档案事业现代化同样对应于上述的三个层次，是指在新的技术和观念环境中，档案事业从对象的物态特征到运行模式、社会功能、行业理念和价值目标的创造性、适应性变迁。

---

* 本文是覃兆刿在2003年海峡两岸档案与微缩学术交流会上的发言（见《2003年海峡两岸档案暨缩微学术交流会论文集（大陆地区代表部分）》，2003年6月）。时作者与苏州大学张照余教授、四川大学乔健教授受国家档案局副局长、中国档案学会会长沈正乐和中国档案学会秘书长、《档案学研究》总编王信功先生邀请参会并担任学术评论人。

① 杨叔子．中国大学人文启思录．武汉：华中理工大学出版社，1999：225-227

② Ward R E, Rustow D A. Political Modernization in Japan and Turkey. New Jersey: Princeton University Press.1964. 转引自金耀基．从传统到现代．北京：中国人民大学出版社，1999：105

我们可以用一般社会学家所设的双元概念来看待“档案传统与档案事业现代化”。从一定意义上讲，档案传统不仅具有永恒性还具有时代性。因此，我们不要奢望完全离开档案传统去谈档案事业的现代化问题。如今被视为档案事业现代化的目标和内容，将来也必然成为传统的一部分。既然“抛弃传统应被看成新事业的一种代价，保留传统则应算作一种收益”①。那么，我们对档案传统与档案事业现代化之间的关系应持同样的心态，将它理解为借助中改造和改造中借助的关系。

推进档案事业由传统而现代的转型，需要我们从档案现象全方位综合思考问题，而不是只盯着技术上的一些表象。我认为关键在于如何把握档案传统的现代性和实现档案制度、档案意识的创新。档案传统的正面功能推进档案事业的现代化，而负面功能则对现代化进程形成阻力。因此，档案事业现代化构思的前提是科学评估我们的档案传统，并使其有益的部分与档案事业的现代性结合起来。如此，我们的现代档案事业才可能在社会与专业传统的基础上实现真正的创新。

当然，现代化问题也不是今天才提出来的。史学家、社会学家和文化学家认为，中国的现代化构思从魏源的那个时代就算开始了。所以，我们也不要把档案事业的现代化话题完全看成电子文件出现的结果。近代档案学产生时期的思想，我们就可以既看成档案事业专门化的传统，又看成中国档案传统向现代档案事业转变的“过渡期”，我们今天只是延续着这一时期的努力，而电子文件时代加剧了思考这一问题的紧迫性。

二、西方档案学家关于档案传统与现代化问题的态度

和我们一样，西方档案界一直也面对档案事业现代化的问题，他们对于现代化的执着以及对待档案传统的理性，可以作为我们有益的借鉴。

古典档案管理学派的主要倡导者希拉里·詹金逊就曾面对现代化问题的挑战。尽管他把接受谢伦伯格的《现代档案——原则与技术》并具有现代化的观点视为“异端”和“邪恶”②，执拗地认为现代档案性质并无变化，强调“档案工作者要坚定地遵循一些基本的不能改变的基础理论，并以此决定他们可以做什么，不可以做什么”③。面对现代化思潮，詹金逊表现出过分的忧虑心情。事实上，谢伦伯格对档案传统的态度是非常理智的，他在阐述现代档案观的同时，仍把分类的古典模式“正式宣布为是其理论基础”④。后人也并没有因为詹金逊“墨守中立和完整保管的陈规，因此几乎不可能满足现代文件管理的要求”而放弃学习他的《档案管理

① 希尔斯．论传统．上海：上海人民出版社，1991：440

② 谢伦伯格不仅要求各国档案工作者根据各国的特殊需要对档案进行重新认识，而且提出了对现代文件的鉴定和淘汰。

③ 彼德·瓦尔纳．现代档案与文件管理必读．孙钢，丁志民，等译．北京：档案出版社，1992：171

④ 彼德·瓦尔纳．现代档案与文件管理必读．孙钢，丁志民，等译．北京：档案出版社，1992：174

手册》，反而强调："各国档案工作者在培训时仍需要阅读，以便充分理解他们的历史遗产和档案专业思想。"①

如今活跃在全球档案界的知名档案学家，大多都能理性地看待档案传统与档案事业现代化之间的关系。他们既注意到"电子文件的管理在理论原则、管理结构和策略上的显著变化"②，承认"电子文件的管理需要档案馆采取相应的措施"，"重新认识文件管理与档案管理的关系，建立一种不同于传统的新联系"③，但同时又不忘把档案作为一种社会文明现象来认识，强调其内在的规律性，与总体文化的不可分性，承认档案传统的时代意义，甚至用心思考在档案事业现代化构思中，如何适应与借助固有的档案传统④。

那些最具档案现代派色彩的电子文件专家，似乎也没有想象中那样厌恶传统。他们在探讨电子文件管理模式的时候，虽然不同意"由传统的管理理论向电子领域的简单延伸"⑤，但更不同意"完全背离传统档案管理的理论基础和基本原则"⑥。指出："欧洲档案工作者面对电子信息革命所做出的反映"⑦，"也明显打上了档案理论与机构实践领域内两大传统的烙印（指古文书学和设有登记室的官僚机构——本文作者注），这两个传统至今仍然颇具权威"⑧。他们甚至断言："即使是基于以技术为核心的管理策略，欧洲档案传统也会有很多可资借鉴之处。"⑨强调："随着文件特征的变化，欧洲的古文书学传统在欧美均应因地制宜地得到应用。"⑩即使"在电子文件的环境中，对数据的管理仍将遵循最基本的原则"，因为"适应环境的变迁并不意味着对原有理论予以盲目的否定。"⑪

这里的所谓基本原则，主要是指长期作为档案业核心理念的"来源原则"。美国著名档案与电子文件管理专家戴维·比尔曼教授特别强调电子文件对来源原则

① 彼德·瓦尔纳．现代档案与文件管理必读．孙钢，丁志民，等译．北京：档案出版社，1992：173

② 戴维·比尔曼．电子证据——当代机构文件管理战略．王健，等译．北京：中国人民大学出版社，2000：232

③ 戴维·比尔曼．电子证据——当代机构文件管理战略．王健，等译．北京：中国人民大学出版社，2000：106

④ 彼德·瓦尔纳．现代档案与文件管理必读．孙钢，丁志民，等译．北京：档案出版社，1992：174

⑤ 戴维·比尔曼．电子证据——当代机构文件管理战略．王健，等译．北京：中国人民大学出版社，2000：224

⑥ 同⑤

⑦ 戴维·比尔曼．电子证据——当代机构文件管理战略．王健，等译．北京：中国人民大学出版社，2000：205

⑧ 戴维·比尔曼．电子证据——当代机构文件管理战略．王健，等译．北京：中国人民大学出版社，2000：203

⑨ 戴维·比尔曼．电子证据——当代机构文件管理战略．王健，等译．北京：中国人民大学出版社，2000：217

⑩ 同⑨

⑪ 戴维·比尔曼．电子证据——当代机构文件管理战略．王健，等译．北京：中国人民大学出版社，2000：9

的依赖，维护这一原则在现代档案管理中的核心地位。加拿大档案学者汤姆·奈史密斯和特里·库克接受这种看法并在此基础上提出了来源原则的“重新发现”，对传统的档案理论作时代意义的把握。加拿大英属哥伦比亚大学教授、前美国档案工作者协会主席露西亚娜·杜兰蒂博士则选择了一个将档案传统与档案事业现代化结合起来的研究方向：古文书学和电子文件，并著有《古文书学：老学科的新运用》一书[①]。

这些事实证明，对档案传统的认识是有益于现代化构思的。这一点，我们还可以从档案界人士的知识背景来加以辅证。细心的人可能已经发现，得到公认的一些现代档案学权威，往往具有关于传统的知识背景。譬如，杜兰蒂博士就对古代文书有浓厚的兴趣；英国档案与文件管理资深专家迈克尔·库克教授也曾在1954年获近代史学士学位；在电子文件领域有“独领风骚”之誉的戴维·比尔曼教授曾是宾夕法尼亚大学历史与社会学系的硕士；日本档案界权威人士安藤正人教授也在研究现代档案学的同时具有研究近现代史的专长[②]。这至少说明一个问题，具有传统的思维背景，不但没有成为现代化构思的思想障碍，或许正因此而使他们具有超群的判断和选择力。此外，人们的评价也透露出这样的信息。譬如，美国档案管理学家欧里斯特·波兹奈尔之所以能“为美国档案工作者的教育和培训提供最有影响的规划”，原因在于他“对传统的观念与现代的实际发展进行了综合”[③]。

三、“双元价值观”与档案传统的评估和现代化构思

在现代化转变中，传统的真正把握是至关重要的。由于我们过去并没有真正面对自己的档案传统，当然也就无法合理地取舍。

在“借助与改造”或者传统与现代性互动的思路指引下，我们首先需要对档案传统进行评估，找到其中具有现代性特征的内容以及它与现代化目标之间的不适应性所在。

（一）认识的方法与“双元价值观”的视野

评估档案传统不能简单地看成一部档案史的重新编纂，而应对其作连续统的认识，作与社会文化之间的捆绑式解读，作与现代性之间的比较。为此，我们需要选择合适的认识方法。譬如，我们要尽可能以一般社会学的眼光来看待档案的

---

① 中国首届档案学博士论坛论文集编委会．21世纪的社会记忆——中国首届档案学博士论坛论文集．北京：中国人民大学出版社，2001：319

② 中国首届档案学博士论坛论文集编委会．21世纪的社会记忆——中国首届档案学博士论坛论文集．北京：中国人民大学出版社，2001：318-320

③ 彼德·瓦尔纳．现代档案与文件管理必读．孙钢，丁志民，等译．北京：档案出版社，1992：177

产生和本质，要以哲学对事物属性分析的眼光来认识档案的价值属性，要以史学的眼光对档案传统的“精神”进行总体评价，要以科学学的眼光看待电子文件环境下尽快形成新的档案学术归约的重要性，要以文化学的眼光对档案的传统和现代化目标进行分层等，这样才可以使我们的认识显得更合于实际，更具有理性。其中，我认为最重要的是从档案价值观的角度去评估档案传统并作现代化构思。

“双元价值观”是笔者自以为合适的一个视角①。这是因为在笔者眼里，档案始终可以作两个层面的理解，一是它作为一种行为方式，人类的初衷在于借助其结构形式所赋予的功能，我把它称为“工具价值”；二是作为记录或者文献归属的实体，其内容负载的价值，人们都称之为“信息价值”。前者是一种普遍意义的价值，后者是一种个性价值；前者由档案的社会属性赋予，后者由档案的自然属性赋予。在我看来，一切对档案价值的分析都可以包括其中。以档案的“双元价值观”为评估传统和构思现代化的思维轴心，恰合于展开我对档案传统与现代化问题的认识：

首先，档案应视为一种具有普遍意义的社会现象，其发生并不以成形的文字和阶级国家的出现为前提，有的学者也同意这种观点②。档案是人类为了克服大脑记忆局限并作为诚信的控制依据和契约关系的载体而诞生的，是人类对于信用控制所选择的理想模型。从这个意义上讲，档案的工具价值是先于信息价值的。不少社会学者和管理学家认为，通过记录和文档来实现控制是社会进入文明的重要标志③。先有档案产生的意欲，然后才有档案的实体。所以对档案的考察不能仅仅局限于实态的物质特征，更要将它视为一种行为方式。那些载体，只是这种方式作用下的事物，档案的概念因为这些具体的事物而为人们感知。因而我们知道，只有作为方式意义的档案概念（即强调其作为一种特殊的功能）才是永恒的，任何以实相的物质特征来定义档案的做法都会因不能切中事物的本质而变得徒劳。

其次是档案价值的双重属性，也就是说光有工具价值的档案是不存在的，光有信息价值的档案也是不存在的，档案是工具价值与信息价值的双元价值结合体。这是档案与图书、文件、文物的根本区别所在。如果我们能从档案作为方式的社会属性和它作为实态的自然属性出发，就能对其作为控制工具和内在记录信息两方面的价值属性加以考察。作为社会实践伴生物的特征，档案必然具有参与社会实践的工具价值；作为文献信息的归宿，档案价值和档案事业的另一目标又体现为信息的含量和社会共享的理念。只有从这两个方面入手，我们才能科学地评估档案传统、测度档案方式的现实功能、设计档案事业的现代化目标。

---

① 这与文件双重价值学说即谢伦伯格所主张的第一价值、第二价值之说并不相同，他认识的是档案作为实体在不同阶段的价值，而笔者则想把档案分成作为行为方式的档案和作为实体对象的档案来认识，前者体现为凭证的结构和控制，后者体现为凭证信息本身，前者赋予工具价值，后者赋予信息价值

② 张辑哲．维系之道——档案与档案管理．北京：中国档案出版社，1995：11

③ ［美］克劳德·小乔治．管理思想史．北京：商务印书馆，1998：12

（二）借助与改造之间

既然档案传统和档案事业现代化之间是一种借助与改造的辩证统一，那么重要的是我们作何选择。

1. 我国古代社会对档案的工具价值有透彻认识

档案传统中，档案更多地是作为一种方式或功能被理解的。虽然这种工具价值的实现以封闭的格局为代价，但其中仍有与现代性特征相合的地方，值得我们认真研究和吸收。譬如：

①以严格的法律条款保证档案原始凭证性价值理念的确立；

②档案方式很好地借助为社会秩序建设的工具。

强化档案社会工具价值的实现，也是档案事业现代化目标中不可缺少的内容，丢掉它等于失去了档案的基本功能，也就丧失了档案的基本社会责任。

所以，将档案的社会功能定义为记忆仍然是有欠妥当的，其根本的社会意义应理解为“对于记录的合目的性控制”，也就是说，控制是作为档案方式工具价值的根本所在。

2. 档案双元价值观的确立尤其是内在信息价值的发现是我国档案事业从古代“档房”向近代“档案馆”过渡的思想基础

从章学诚、龚自珍到梁启超、蔡元培、胡适等学界巨子，档案文献终于从“三百年不得一窥”的封闭状态变得可以为学者所用，他们的努力不仅保住了一大批珍贵的档案文献，而且倡导了档案开放和作为专门化公共事业的模式。从本质上说，这是对档案内在信息价值发现的结果。正是这种思想推动了我国近代档案馆观念的引入，实现了从“档房”向“档案馆”的转变。在这一转变中，我国古代朴学思想的复兴、西方科学精神的影响（档案被视为一种有别于其他文献的直接“原料”）、“公共心”的提倡、档案整理的实践和西方档案专业思想的引入等因素共同发挥了作用。从章学诚以档案为方志之骨，龚自珍以“能见档册，能考档册”为“其福甚大”①，到胡适、蔡元培强调“信史是要从档案中考核出来”②、箱子里的“文件才是真历史”③，并表现出对“各国皆有大规模之档案馆”④的羡慕，进而提出对档案进行鉴定、将档案“公布于世，以副众望”⑤“流通于世界，等于保存于世界”⑥的思想，颇能反映中国知识界档案理念由传统而现代化的初步转变。整个文化的近代化背景下，档案思想趋于全面和系统。而且，档案学的早期理论，

---

① 龚自珍．龚定庵全集．上海：世界书局，1937：305

② 蔡元培．明清史料档案甲集（序）．明清史料档案甲集（第一本）．中央历史语言研究所，1930

③ 胡项平．胡适之先生晚年谈话录．北京：中国友谊出版公司，1993：168

④ 高平叔．蔡元培史学论集．长沙：湖南教育出版社，1987：282

⑤ 高平叔．蔡元培史学论集．长沙：湖南教育出版社，1987：169

⑥ 胡颂平．胡适之先生晚年谈话录．北京：中国友谊出版公司，1993：267

既是档案思想与档案学术传统的一部分，又是我们考察传统与现代化问题时应该高度重视的“过渡期”①。

3. 档案双元价值的综合发挥是档案事业现代化的价值目标

工具价值与信息价值如何完美结合，是现代档案工作体制创新的关键。因此，档案事业现代化应以体现“档案社会责任感”（工具价值的实现）和“档案公众服务意识”（信息价值的实现）为观念要件。

4.“经典”意识与现代化呼唤的档案学术归约

首先，“经典”是作为传统的核心在文本意义上的反映，我们对档案传统的评估，还要带着寻找经典的思想。西方档案学界确定了荷兰《档案整理与编目手册》在档案业作为“经典”的地位，这对整个欧美档案业的规范有着极为重要的意义。全宗理论和来源原则等档案学基本理论甚至被冠以档案业“圣经”的称誉，可以想见其得到公认的程度。我们的档案传统中有没有对档案实践具有深远影响的著述或理论成果呢？不管有与没有，在我国档案界，有多少人知道《档案整理与编目手册》？就像佛教文化之与中国的传统文化一样，这些源自异域并在我国档案实践中长期受到尊重且已本土化的原则，不也是我们档案传统中值得珍视的内容吗？

其次是档案学术归约的形成。一个学科总要形成一些基本的为业内人普遍公认的概念和范畴。作为对社会实践具有直接指导意义的应用学科，档案学更应该重视这一点。新的技术环境，使我们对专业的认识有了很大的变化，这要求我们在深入研究的基础上，尽快形成适合于电子文件时代的学术归约。理论上莫衷一是，实践中就会无所适从。在档案事业的现代化构思中，人们更是急切地期待着学界的这种贡献。

综上所述，我们试图透过技术的表象，从档案的社会属性和自然属性的双重视角，把档案事业的传统和现代化问题结合起来考察。通过档案双重价值属性、

① 乾嘉以来“朴学”的影响，使人们在考据的学风中培养起“求实”的精神，这对唤起档案内在价值的发现是有益的。19世纪末至20世纪二三十年代，一批对中国近代化有思想贡献的学界巨子（多具有“朴学”的功底，又具有西方的见识）如梁启超、胡适、蔡元培等，他们在近代化构思中也认识到档案对于学术和作为“公共”资源的意义，并开始有目的地学习考察西方的档案管理，积极吸收并向国人介绍西方的档案思想。加上“八千麻袋”一事导致的社会影响，于是有了大规模的档案整理实践。正是在传统的经验和西方档案思想的共同影响下产生了近代中国的档案学。这一时期的思想，颇能反映处在“过渡期”的现代化构思，对于今天的档案传统与现代化问题研究具有非常重要的启发。为了整理这一时期的档案思想，笔者通过研读原著，发表了《胡适档案文献观刍议》（《近代史研究》1998年2期）、《我国档案工作早期学欧美及其意义》（《档案学研究》1998年2期）、《刘半农与档案文化》（《档案与建设》1996年6期）、《〈敦煌掇琐〉与刘复的档案文献编纂思想》（《档案学通讯》1998年1期）、《浅谈龚自珍对档案的重视》（《浙江档案》1999年5期）、《蔡元培档案思想浅议》（《北京档案》1998年5期）、《梁启超的档案观》（《档案管理》1998年1期）、《学习和介绍西方档案学的先驱》（《档案管理》1997年1期）、《傅振伦的档案观》（《档案天地》2001年5期）、《从一元价值观到双元价值观——近代档案价值观的形成及影响》（《档案学研究》2003年第2期）等论文，对“过渡期”的档案思想有了较为系统的认识。

二元社会职能、档案传统的借助与改造、档案事业现代化目标的讨论，或许有助于转型时期档案概念的重新确立，有助于档案事业现代化目标要件的选择。总之，不仅档案概念应该体现档案的双重价值属性，档案事业现代化也应理解为对作为方式的档案社会工具价值和作为记录实体的档案信息价值的双元职能的综合发挥。我们应该关注档案的本然作用和作为连续体的档案传统，并理智地看待档案传统的时代意义和不适应性，走出在传统和现代化问题上各执一端的偏狭。档案学者奈史密斯和库克提出了对档案传统的“重新发现”，澳大利亚的档案学家伊恩·麦克来恩则被认为在档案的传统和现代之间成功地架起了一座桥梁①，我们也期盼着在中国的档案传统与现代化之间能找到这样的榫点。

① 彼德·瓦尔纳. 现代档案与文件管理必读. 孙钢，丁志民，等译. 北京：档案出版社，1992：175

从一元价值观到双元价值观*

——近代档案价值观的形成及其影响

一、“旧档无用”与工具理念

在古代社会，由于档案属于皇室的私有物，其价值主要被认为是作为方式的工具价值——权威的政治威慑力和对人的控制作用，故基本上处于封禁状态，在人们眼中实为神秘之物。正是在这种价值取向支配下，古代档案工作体现了浓重的以控制为理念的神秘色彩，这只需从“天府”“宗庙”“中”“禁中”“中秘”“秘书”“禁室”“藏室”“神谕阁”等古代档案词语就可略知一二。档案神秘地产生，悄悄地消失。其朝代近者被严严地封存于“石室金匮”，而“远年案卷，总不出焚毁之一途。”①直至清代，仍是“三百年来，除舍人、省吏循例编目外，学士、大夫罕有窥其美富者”②。

在李鸿章的一份奏折中，颇能让我们想见当时档案的命运。仅光绪二十五年，因他的奏陈，清廷就烧毁了四千五百余捆档案。他在奏书中说：

“查库内恭存朱批红本，历年存积，木格已满，及使再行添置，而限于地势，日久仍不敷用，……将所有经过多年潮湿霉烂之副本捡出，派员运往空闲之处，置炉焚化，以清库贮。”③

再看一则同年三月二十五日的堂谕：

“前因修理红本库，奏明将雨浸虫蚀者检出焚化。……除自光绪元年起至二十四年止正副各本，无论已未霉烂，概行分别存储，用备将来查考外；其远年新旧各本及新旧记事档簿，仍着原派各员等，将实在残缺，暨雨淋虫蚀者，一并运出焚化，以免堆积，而便开工”④。

其中,“历年存积”“潮湿霉烂”“雨淋虫蚀”“残缺”“堆积”和“焚化”几个词，足以勾勒出当时档案的命运三步曲，尤其是高龄档案（即“旧档”）受到蔑视的事实。那时“旧档”至多只是被消极地“存储”着，其意义仅止于偶作“查考”。所

---

* 本文系覃兆刿主持的国家哲学社会科学规划基金项目阶段性成果，项目批准号 01BTQ015。文章发表于《档案学研究》2003 年第 2 期。

① 徐中舒．内阁档案之由来及其整理．见：中国第一历史档案馆．明清档案论文选编．北京：档案出版社，1985：15

② 王国维：《观堂集林》，卷廿三，《库书楼记》

③ 转引李鹏年．内阁大库．故宫博物院院刊，1981（3）

④ 内阁北厅《清查光绪年红本档》，转引自《清内阁库贮旧档辑刊》（二）

以，即便到了销毁的时候，对其内容价值的鉴定也是非常有限的。档案至于如此的境地，无怪乎“旧档无用”[①]的思想成为主流。

“旧档无用”四个字看似平常却反映了问题的关键。因为“旧档无用”并不等于“档案无用”或者“近档无用。”

这绝不是望文生义或者施文字游戏的拙技，因为在我看来，这的确就是问题的所在。那时的人们以“远年案卷”“历年存积”这样的字眼注释了他们不感兴趣的对象——“旧档”。这至少说明，那时的臣僚对档案的价值并不完全陌生。一方面，他们对档案方式的资政功能以及“近档”（或称“新档”）的工具价值还是深有体验的。尤其是“卷阀”“胥吏”据档为害的现象，更加深了他们对档案工具价值的认识，甚至对其怀有一种略带恐惧的心理。另一方面，他们对处在收储阶段的所谓“旧档”或“远年案卷”却表示出听其损毁、毫不怜惜的心态。

为什么会产生与今所谓“高龄档案应该受到尊重”完全相反的心理倾向呢？

原因在于，古代档案工作机制只是强调了档案实时的社会参与控制功能，即档案作为一种方式的工具价值，所以那时文书工作和档案工作实不可分。而档案收储的年代越久，它与现实的脱离就越远，参与社会控制的机会和作用就会递减直至被认为完全丧失这种功能，它们在人们心目中的价值也就渐趋于零。按理，旧档的内容信息佐于修史的意义应是史官心知的，但古代据实著史的条件并不成熟。为了不让自己的“德政”留有反证，最放心的做法就是焚毁这些有碍控制和影响声名的档案。所以往往是，后人修史对前朝的档案只能努力搜求，而来之不易的这点档案原件也会在修书后被马上销毁。这样，档案内容中固有的信息价值就根本不可能有长远实现的机会。在工具价值之外，看不到“旧档”与日俱增的文化价值和内在信息价值，档案的信息价值观也就不可能真正建立，作为文献归属的以实现其长远信息价值为其鹄的专门收藏机构——档案馆，也就失去了诞生的基础。

因此，“旧档无用”四个字，实质上代表了我国古代居于主体地位的档案价值观，它从思想层面上决定了档案事业的传统与现代化之间的差别。我把这种档案价值观姑且称之为“工具价值论”或“一元价值观”。在工具价值理念居于主体的情况下，古代档案工作也只可能局限于“档房”模式。

二、“文献”的视角与档案双元价值观

近代档案思想的深刻意义正在于首先实现了档案价值观的突破，在重视“旧档”信息价值的基础上，确立起档案双元价值观。其中，档案信息价值观一跃而为主体，这是一个历史性的跨越。我们发现，正是这种突破和档案价值观的建立，成为档案事业专门化的强大动因。此时，人们更多地把档案看成具有丰富的内容

① 王国维：《观堂集林》，卷廿三，《库书楼记》

信息的“文献”来加以认识，并从“文献”的特征来界定档案的意义、特质、管理原则，从而打破了神秘、封闭的传统。只有建立起以信息价值理念为主体的档案价值观，“档房”才可能实现向“档案馆”的历史性跨越。

1. 龚自珍、张之洞和罗振玉的启蒙作用

龚自珍（1792～1841年）是中国古代向现代过渡时期承上启下的重要人物，而他作为近代启蒙思想家，或许对近人档案价值观的确立有重要的启发作用。捧读《龚定庵全集类编》，我惊喜地发现，他对档案的认识竟是那样明晰。

定庵先生的档案价值观率先表现出双元的倾向，即既重视档案方式的社会工具价值，又看到了作为文献实体归属的内容价值。他认为，“掌故不备，则无以储后史”[①]，故档案史料丰富，是“太平文致”、社会文明的标志。这里，我们隐约地看到档案被看作社会文化资源的意向。可以说，定庵先生已经注意到档案内容价值的问题。同时，他也强调了档案方式的社会功能或工具价值，认为掌管国家档案典籍，是执行褒贬人事职权的社会喉舌，应成为社会的忠实代言人。难怪他能超然于时代，以身处档案之区“能见档册，能考档册”[②]，为“其福甚大”[③]。离我们更近的是张之洞（1837～1909年），他在档案的保护中发挥作用也绝非纯粹的权力所便。他对档案价值的认识虽不如定庵先生那样积极，但其实践中的主张和善采他人的意见，不仅直接影响了内阁大库档案的命运，还暗示了他对档案双元价值趋于认同的心理。他的政治家身份或许使他偏重档案方式的社会控制功能或工具价值，而他的学者身份也使他对档案文献的内容价值有一些体验。一方面，他在政务活动中对文书档案持十分慎重的态度，设专人负责文档工作，体现了他对档案工具价值的注重。同时，他又能在政务中“博考载籍，参以志书档案”，如以“档案可据者”[④]来会勘中越边界。虽然他的认识囿于政治家的视野，但档案“文献”价值的认识，使他在档案“露积库垣”的时候，终能从“奏请焚毁”的态度转而“罢焚毁之举”[⑤]。

然而，如果没有罗振玉（1866～1940年）的提醒，张文襄公还是可能对内阁大库档案依“阁议”而作违心的决断，所以罗振玉的功劳远在他之上。罗振玉的慧眼和“两次保管内阁档案之伟绩”[⑥]，是他珍视档案内在信息价值最为实在的说明。他两次救档案于水火，以实际行动驳斥了处于优势的“旧档无用”的观点，直接引导了近世学者对档案价值的关注。

---

① 龚自珍．龚自珍全集．上海：上海人民出版社，1975：188

② 龚自珍．龚自珍全集．上海：上海人民出版社，1975：305

③ 同②

④ 张之洞：《辨认钦州老界绘图列证请旨饬办折》，光绪十二年九月初七日

⑤ 王国维：《观堂集林》，卷廿三，《库书楼记》

⑥ 徐中舒．内阁档案之由来及其整理．见：台湾“中央研究院”历史语言研究所．明清史料戊编．北京：中华书局，1987：9

2. 档案价值理论的建设和近代档案价值观的形成

如果说龚自珍、张之洞、罗振玉只是近代档案价值观的先导者，那么蔡元培、孟森、梁启超、沈兼士、胡适等则是近代早期档案价值理论的建设者，他们虽然对档案文献的信息价值及品质优势给予空前的关注和深入的分析，但也并不否定档案作为方式的社会参与功能或工具价值，这使近代档案价值理念日渐形成双元并重的趋势。

首先，他们从文献与史料的角度，特别注意到档案与其他文献的价值区别，强调档案作为史料的品质优势，进而得出档案“是一切史料当中最重要的史料”[①]的结论。梁启超谈档案重要时，感叹“不治史学，不知文献之可贵”[②]。可见，从史料的角度来认识档案的信息价值，除了档案与史学的天然联系外，还与中国学术的特征及学者的史学家身份不无关系。

他们基于文献的性质，把史料分为两种：或谓之“直接的史料”与“间接的史料”[③]；或谓之“原料”与“制造品”[④]；或谓之“原始资料”与“滋生资料”[⑤]；或谓之“上层史料”与“下层史料”[⑥]。而“史料越间接越不可靠”,“坚定的事实只能得之于最下层的史料中”。针对“旧档无用”的观点，为了让更多的人懂得档案的内容价值，他们不厌其烦地进行宣传。他们说，档案是历史研究中最应受到珍视的“一事之直接的记载”“最下层史料”“最初未经文人笔所点窜”[⑦]的资料、“未经过改篡而仍保存一件事真象的文书”[⑧]“未掺过水的史料”[⑨]未经“糟蹋过”的“原料”。它“或本躬历，或根考据，类能剔抉隐闷，道人未道”，可以“补正史之缺”[⑩]“可以报告事实的真象，可以决定历史界的流言”[⑪]。因此，只有档案才是“足以流传久远者”[⑫]，其“弥可宝贵”“重于文绮珍玩为倍万”[⑬]，理应视作“最为崇高”

---

① 徐中舒．内阁档案之由来及其整理．见：中国第一历史档案馆．明清档案论文选编．北京：档案出版社，1985：54

② 梁启超．中国历史研究法．北京：东方出版社，1996：45

③ 刘梦溪主编．傅斯年卷．石家庄：河北教育出版社，1996：241

④ 胡适．搜集史料重于修史．见：胡适演讲集（三）．台北：台北远流出版公司，1986：190

⑤ 傅振伦．公文档案管理法．北京：档案出版社，1988：73-76

⑥ 蔡元培．明清史料戊编（序）．见：台湾“中央研究院”历史语言研究所．明清史料戊编．北京：中华书局，1987：7

⑦ 孟森．史与史料．见：国立北平故宫博物院文献馆编辑会．文献特刊．北平：国立北平故宫博物院文献馆，1935

⑧ 单士元．我在故宫七十年．北京：北京师范大学出版社，1997：3

⑨ 沈兼士．文献馆整理档案报告．见：国立北平故宫博物院文献馆编辑会．文献特刊．北平：国立北平故宫博物院文献馆，1935

⑩ 鲍晶．刘半农研究资料．天津：天津人民出版社，1985：105-106

⑪ 姚从吾．档案馆与现代历史学的关系．见：国立北平故宫博物院文献馆编辑会．文献特刊．北平：国立北平故宫博物院文献馆，1935

⑫ 鲍晶．刘半农研究资料．天津：天津人民出版社，1985：105-106

⑬ 同上

的史料"瑰宝"[①]，成为史家"之所珍","应该把它放在研究历史的最高地位"[②]。此后，胡适、蔡元培、梁启超、徐中舒等更是明确地指出：档案柜里的"文件才是真历史"[③]，"一切档案，都可当史料看待""档案馆对历史学是供给原史料的大本营"[④]，因为"信史是要从档案中考核出来的"[⑤]，所以"善为史者，于此等资料，断不肯轻易放过"[⑥]。

在近代社会，如此异口同声地肯定同一事物应该说并不多见。而这恰好说明了档案信息价值在当时被普遍关注和认同的程度，这也正是档案事业专门化和近代档案馆诞生的重要条件。

近代学者对档案信息品质优势的定位，赖以对档案发生的社会机理有了前所未有的认识。档案的价值属性由何而生？因为它是"目击耳食"[⑦]之记录,"是当时构成史迹者自身的叙述。"[⑧]也就是说，档案是记录者亲历的记录,"带有时代背景"，因而"虽不免带些官家的夸奖，但毕竟还是第一等的史料"[⑨]。正是这种对档案与社会实践的同构和对应关系的认识，或者原生性及与社会实践的伴生性特点的把握，他们才能对档案作为文献的信息价值有如此深刻的认识。

近代档案价值观体现了鲜明的时代特征，在不同的环境体现出不同的侧重。在反对"旧档无用"论，突破档案封禁陈规的最初，学者分析档案作为文献"原料"的品质优势，把档案当作"研究当时语言""研究经济、财政、社会、地理沿革"的"最好证据"，因而"是我国宝贵的文化遗产和历史财富"，这都是从文献归属的视角强调档案的信息价值。在档案只体现为政治控制工具的一元价值观背景下，这种认识成为近代档案馆产生的重要而且必须的舆论准备。但是，到了三四十年代强调行政效率的政治大背景下，档案作为一种方式的工具价值又在现代管理的层面上被重新强调。傅振伦认为："公文档案乃推进政务之工具""机关行政之参考"[⑩]。黄彝仲认为："档案的主要功能"就是资于政务。"文书档案连锁法"

---

① 傅振伦．公文档案管理法．北京：档案出版社，1988：73-76

② 郑天挺．清史研究和档案．见：中国第一历史档案馆．明清档案论文选编．北京：档案出版社，1985：368

③ 胡颂平．胡适之先生晚年谈话录．北京：中国友谊出版公司，1993：168

④ 姚从吾．档案馆与现代历史学的关系．见：国立北平故宫博物院文献馆编辑会．文献特刊．北平：国立北平故宫博物院文献馆，1935

⑤ 蔡元培．明清史料戊编（序）．见：台湾"中央研究院"历史语言研究所．明清史料戊编．北京：中华书局，1987：6

⑥ 梁启超．中国历史研究法．北京：东方出版社，1996：58

⑦ 鲍晶．刘半农研究资料．天津：天津人民出版社，1985：105-106

⑧ 徐中舒．内阁档案之由来及其整理．见：台湾"中央研究院"历史语言研究所．明清史料戊编．北京：中华书局 1987：9-36

⑨ 蔡元培．明清史料戊编（序）．见：台湾"中央研究院"历史语言研究所．明清史料戊编．北京：中华书局，1987：6

⑩ 傅振伦．公文档案管理法．北京：档案出版社，1988：73-76

更是传达了实现档案控制功能的工具价值理念。当然，此时的档案工具价值理念，已有了科学管理之工具的意义，而且也不排斥其“文献”的属性。所以其中具有档案双元价值观综合作用的成分。

沈兼士、何鲁成、殷钟麒则表现出更明显的档案双元价值取向。何鲁成将档案的作用分为两方面：一是办理文书时参考，一是以备来年修史；殷钟麒则细分为三个方面：即便于行政，利于学术，贮以为国史。而作为中国近代第一位专门性档案馆（文献馆）馆长的沈兼士先生，他的归纳最为精当，一句“档案关系一代政治学术之盛衰者极大”①，很好地表达了双元价值并重的思想。此所谓“政治”，强调的是档案的资政干预即工具价值；其所谓“学术”，则是对档案作为文献归属的信息价值的概括。所以我说，沈兼士先生对档案价值的认识是卓然于时代之上的。

三、近代档案价值观的影响

近代档案价值观的形成和传递，不仅在当时产生了重要的社会影响，为档案事业的专门化营造了社会氛围，还为我国档案事业的长远发展准备了社会心理基础。

1. 档案价值观的建立首先影响到社会档案意识和档案事业的现代化进程

从一定意义上讲，近代档案价值观的形成过程，就是一次史无前例的社会档案意识的宣传强化过程。由于档案价值观部分发生于档案整理和档案工作的实践，它反过来又推动档案整理的实践和档案事业的现代化。正是在档案信息价值理念的引导下，“各处都认真加以整理，档案的价值也就为世人所共知了”②。有人甚至乐观地认为社会进入了一个“重视档案及积极负起保存与整理档案之责任的时期”③。以实现档案信息价值为目标的专门档案馆才得以提出并建成。也正是在档案信息价值观的引导下，他们才进一步注意到档案资源的合理组织、鉴定和开放利用等专业性问题，才以此为出发点确立起近代档案馆的文化性质和档案馆职能。当然，也正是档案工具价值理念和档案信息价值理念的综合作用，以提高行政效率为目标的“文书档案改革运动”才受到如此的重视。

2. 档案价值观还当然地影响到人们的史料价值观和历史观

由于对档案原始性优势的充分估价，档案在史料序列中日益占据显要的位置。一时，几乎所有关于史料的议论，无不将档案作为一个重要的话题。所谓“四大史料发现”，更是将档案视为“新史学”得以创新和史学科学化的关键。

---

① 沈兼士．文献馆整理档案报告．见：国立北平故宫博物院文献馆编辑会．文献特刊．北平：国立北平故宫博物院文献馆，1935

② 顾颉刚．禹贡学会的清季档案．见：国立北平故宫博物院文献馆编辑会．文献特刊．北平：国立北平故宫博物院文献馆，1935：71-72

③ 顾颉刚．禹贡学会的清季档案．见：国立北平故宫博物院文献馆编辑会．文献特刊．北平：国立北平故宫博物院文献馆，1935：71-72

与此有关的还表现在他们对史籍的评价和相关的价值取向。梁启超、胡适等最为明显。在评价《元史》的时候，梁任公虽“猥杂极矣”却仍以为是，“其中半录官牍，鄙俚一仍原文”，无疑是最重要的原因。受此影响，胡适也以保存原料的多寡为评价史书的标准。他不同意史学界贬低《宋史》《旧唐书》的说法，而恰以“《宋史》在二十四史中是价值最高的”①，而对原料的保存也正是《旧唐书》的好处。胡适甚至提出了“搜集史料重于修史”②的主张，并在文学上明确地表示出爱年谱、爱传记的倾向，其大原因，实由于档案价值观的影响。

3. 近代档案价值观的形成还引起了近世学术风气和治学方法的重大转变

其时，正是在这些学界巨子的影响下，不仅史学的原料之风得以牢固树立，更具普遍意义的是，受此影响，“其他考古学风俗学等实地调查之风同时并起，一洗以前文科徒托空言之弊”③。“国内学术对于这种档案都抱有一种新的兴趣”。那时，“学术界公私团体和个人”，对于档案“传抄利用不已”，纷纷借助档案做“各种有价值的研究”“很现出热闹的样子”。④ 所以，近代档案价值观所起的作用已经超出了档案与史学的领域，它不仅引起了社会各方面对档案的兴趣，还对建立科学求实的学风起了重要作用。顾颉刚认为，20 世纪初学术上最大的进步就是注意到档案的利用⑤。王国维则认为,“近世学术之盛，不得不归诸刊书者之功”⑥。我们知道这些刊书者正是这些档案的编纂公布者。

档案整理的实践和档案价值观还促使了中西史学和现代史学方法的探讨并影响一些学者的治学方法。姚从吾就曾在陈垣的支持下，赴德国专门学习西洋史学方法⑦，他正是在德国档案馆里感受到科学史学的意义。

胡适的治学方法更是因此受到巨大影响。他因参与档案整理的实践和学术上利用档案的收获，由研究中不重视材料，一变为强调材料的重要性尤其是材料的品质。他的著名的治学方法论“大胆的假设，小心的求证”，也因而成为一个变化的发展的公式，由始重于假设渐至于转向重视原料。

我们完全可以这样说，20 世纪上半叶史学的辉煌成就，一部分来源于近代档案价值观的滋养，因而研究近代档案思想不仅对于档案学基础理论研究有重要意义，对 21 世纪的史学建设也不无参考价值。

---

① 胡适．胡适演讲集（三）．台北：台北远流出版公司，1986：190

② 同①

③ 沈兼士．文献馆整理档案报告．见：国立北平故宫博物院文献馆编辑会．文献特刊．北平：国立北平故宫博物院文献馆，1935

④ 顾颉刚．禹贡学会的清季档案．见：国立北平故宫博物院文献馆编辑会．文献特刊．北平：国立北平故宫博物院文献馆，1935：71-72

⑤ 顾颉刚．禹贡学会的清季档案．见：国立北平故宫博物院文献馆编辑会．文献特刊．北平：国立北平故宫博物院文献馆，1935：71-72

⑥ 王国维．王国维遗书．(第四册)．上海：上海古籍书店，1983：20

⑦ 陈智超．陈垣来往书信．上海：上海古籍出版社，1990：766

双元价值观与现代档案事业的核心理念*

前面我们讲到，我国古代社会对档案和档案方式的工具价值给予了足够的重视，而且因此决定了我国古代档案工作的特点。还讲到，我国档案事业之所以走向专门化是因为档案信息价值在近代社会被发现并受到重视，档案专业技术被上升到“学”的层面。但我们也已经发现只重视工具价值或信息价值所必然具有的局限。把我国改革开放以前的档案工作和强调信息化背景的档案工作理念相比较，也不难看出一元价值观主张的弊端。可以说，不少社会问题源自档案价值目标的偏离。所以，在档案事业现代化过程中，最为重要的是首先确立现代档案事业的档案价值目标，而合于理性、切中档案现象的客观规律的目标，必须建立在双元价值观的认识基础上。

什么应该看成档案事业现代化的目标？物质技能层次的现代化并不是问题的关键。在电子计算机不断升级的今天，实现档案的自动化管理和档案资源的数字化，至多只是一个时间问题。它也基本上可以依照图书馆的技术路径来实现。档案制度的建设也能够从传统和现实的经验中逐步得到完善。所以最重要的是观念层次的现代化，它的实现足以带动前两个层次。

我们说，与双元价值属性的认识相对应，档案事业现代化应以体现“档案社会责任感”与“档案公众服务意识”为观念要件。也就是说，档案事业现代化是对档案作为方式的社会工具价值和档案作为记录实体的文献信息价值的双元职能的综合发挥。档案工作体系和运作模式的科学与否，就看它是否能够承载这两个方面。

一、工具的扩张：“档案社会责任”与“维护”“控制”

首先要考虑工具价值的实现。前面我专门讨论了档案和档案方式之所以产生，是因为社会人际约束与控制的需要。也正因为对于凭证信息的真实性维护功能，档案事业才因此具有不可替代性，所以工具价值的目标是基本的。即使在信息化的时代，我们也丝毫不应偏离这一目标。在档案事业现代化过程中，档案事业要充分担负起这一“档案社会责任”。当然，我们不能拘泥于古代档案工具理念的思维，而是要扩张这种工具的职能。如果要用两个词来表示这种工具意义，我选择“维护”与“控制”。

---

* 本文节选自覃兆刿著《双元价值观的视野：中国档案事业的传统与现代化——兼论过渡时期的档案思想》第六章。

（一）维护

维护是为了控制。维护是指档案实体或档案记录信息的真实性得以确保，它是实现档案控制功能的前提。

我国历史上对档案的原始性高度重视，各朝以刑法为后盾，对文档诈伪者予以严惩，尤其在《唐律疏义》《庆元条法事类》《元典章》《明律》《大清律例》和会典中都有相当系统的规定。这对我们建立文档责任与惩罚机制，具有十分重要的参考价值。此外，档案传统中的正副本双轨制、半印勘合制、文档连锁法等，都是为了确保档案的凭证性而产生的，它们对于我们理解现代档案工作中的所谓“前端控制”、虚拟环境中的“档案功能”、电子环境下的“双套制”都有非常现实的意义。在“维护”的观念指引下，档案工作者不仅要注重现有档案资源的内容真实性，还要关注整个档案形成运动的过程，以高度的社会责任感和足够的技能履行“维护”的使命。在我们谈论档案信息化的同时也有不少人提出信息的档案化，强调的就是对档案作为方式的工具职能的借助。

或许有人会以电子文件时代的技术特征来批判我的不合时宜。其实，就档案意义而言，电子文件与纸质文件，就像纸质档案和甲骨档案一样，只是借助于不同的介质而已。要知道传统图书中的目录之与电脑上的菜单，没有本质的区别。在电子文档系统中，我们最关心什么？我们最关心电子文件作为档案的先决条件，即档案作为控制工具的前提——凭证性价值和真实性。如果我们在档案事业现代化设计中忽视“凭证”特征的维护从而导致档案控制功能的削弱或丧失，档案的社会工具价值就无法实现，档案事业的基本社会责任就没有尽到。

（二）控制

控制体现了档案的结构功能。“控制”既是政治上的一个概念，又是一个科学管理中的概念。档案事业应充分发挥其维护的真实的凭证信息，在社会规则和社会秩序建设中起重要的结构与平台作用。

在我国档案传统中，“控制”的理念贯彻于各个方面，档案方式被很好地借助为社会秩序建设的工具，很值得我们借鉴：

首先，中国档案传统表现了非常突出一致的工作重心，对于契约、律法、财务簿记、户籍、赋税、谱牒等关乎国家经济、秩序方面的档案给予了特别的重视，从档案的角度体现了社会在规则、经济、伦理方面控制的思路。此外，照刷磨勘文卷制度、文书档案连锁法等在社会监控、考核方面对档案方式的借助，使档案的社会规范和约束功能得到了充分的发挥。这些内容，对于档案现代化过程中社会功能的总体设计，探讨档案在现代社会管理中的预先控制和事后控制功能，显然是非常有益的。

其实，由于我们一个时期来对档案工具价值的漠视，已经付出了惨重的代价，如假证件、假账簿、假报表泛滥等许多社会问题都源出于此。更有甚者，当国家实行户籍制度改革的时候，不少人竟误解为取消户籍（后经公安部特别声明，取消户籍的说法才得以纠正）。可见，档案事业现代化不能以放弃工具价值来树立开放的文化事业形象，反而要明明白白地强调档案的社会工具价值，告诫政府借助其控制职能。首先，档案实体的妥善保管、真实性维护与认证、适当的保密原则都是档案现象所必须具有的，不能强调开放就认为档案实体的保管和保密是多余的、保守的。此外，要主动拓展工具职能，使档案工作机制从组织系统、技术能力等各方面具有与社会决策、监控等职能部门的广泛的沟通能力，真正在社会管理与控制中发挥主动的干预功能和平台作用。当前国家在社会信用系统建设中对“信用档案”的重视，可以看作对档案工具价值的认识觉悟。

“维护”和“控制”理念的实现，有赖于档案法制环境的建设。

二、信息的有效：“服务社会公众”与“组织”“共享”

档案信息价值目标的实现要以档案信息的“有效”为标志，这种“有效”当然不是指某些档案在现实生活中能发挥作用，而是指档案作为一类信息或信息手段被社会广泛认可并利用。

档案传统对档案内在信息价值的忽视，要靠“档案公众服务意识”来加以改造。独享与封闭，是档案传统中最应该受到抛弃的内容。“档案公众服务意识”可以从根本上改变档案部门的行业理念，确立以服务为宗旨的新的价值目标和工作机制。“档案公众服务意识”首先可以使档案的概念走向行业、走向社区、走向家庭，从而发挥更具普化的社会功能；可以使我们因“公共心”的滋养而树立起公共信息资源的理念，使之从内容单一、馆藏局限，走向多元的动态结构和宽广的系统组成，且着眼于多极用户，实现真正的开放和共享；也只有这种服务意识和服务机制的建立，档案业才能以其自觉的“不可替代”的专门职能赢得广泛的社会认同。因此，符合现代化目标的档案工作机制，应该高扬起为公众服务的旗帜，而旗帜上写着“组织”与“共享”。

（一）组织

1. 作为名词的“组织”

先说作为名词的组织，即我们如何建设一个健康的档案专业组织系统。

客观地说，我国档案专业部门目前尚具有浓重的官衙特征，没有确定正确的通过努力才能达到的目标，而且因封闭的姿态彼此孤立、与外界隔绝，组织内的人员也多非专业考核录用，而是因人事安排这样或那样的考虑所定，因而人际之间的人格化进一步加剧了制度、指挥、协调、控制的难度。总之，目前的档案专业组织仍然不具有科学组织的特征，而这在档案事业现代化中是一个必须解决的问题。

在组织理论中，“人”是一个核心因素，无论马克斯·韦伯的官僚组织理论

（此“官僚”二字与我们今天所谓的官僚不同，指一种有合理结构的有效的组织模式），还是巴纳德的合作系统组织理论，都强调了人的因素。韦伯告诉我们，有效的组织，其内部人员必须以正规的选择获得，要“根据通过教育和训练所获得的技术资格或通过正式考试来挑选组织中的成员”[①]。此外，“非人格化”也是关于组织内“人”的重要规定。近些年，国家档案宏观管理部门意识到了档案局馆内的“非专业”和关系“人格化”现象，在人员录用、专业培训方面作了很大努力，使局馆人才结构发生了一些变化。但我们同时又得看到，档案专业组织对高校档案专业毕业生的需求表现出实习期间“热”而分配阶段“冷”的反差。当然，档案专业组织的人力资源结构调整也受到整个社会行政体制等方面的制约，随着我国行政体制改革的进一步深入和档案工作的进展，档案专业部门成为更具民主独立型组织的时候，这种情况才会得到改变。而在人的因素上，更具长远意义的是对档案工作职能和档案工作者角色的重新定位，最根本的是使档案工作者由“最擅长保管和看护实体的职业人员”[②]转变为“概念、知识的提供者”。[③]

组织理论还强调，组织的首要条件是确立共同的目标。我们不能说档案专业组织没有目标，而是过去的目标偏离了档案事物的价值规律。档案事业现代化要求档案专业组织以“档案双元价值的实现”为组织目标，即以有利于档案工具价值和档案信息价值的实现作为评价档案组织结构的科学与否。

健康的组织还必须是一个开放的、在内部和与周围环境进行沟通交流的系统。而长期以来，档案专业部门的封闭格局隔断了档案工作局域之间的联系、与社会的联系，既不能从社会中获得发展的资源，又不能主动向外部输出可供的信息。其结果是档案系统必然成为一个相对孤立的、缺乏活力的系统。因而，在档案事业现代化过程中，档案部门开放的形象和开放的机制是非常重要的。在网络化建设中，档案专业部门正在档案局域网和因特网的点击中谋求开放和联系的实现。

档案专业部门如果在目标上作清醒的“双元价值实现”的定位，在人才结构上作进一步优化，在组织功能上作进一步调整，树立起开放的形象并进行广泛的环境沟通与系统建设，档案部门就完全能够成为一个充满活力的专业组织。

组织理论告诉我们，正式组织之外还有非正式组织，指非官方规定的因共同的背景、利益、志趣结合在一起的人群组织，它虽没有完整的组织结构形态却能帮正式组织起重要的协调沟通作用。档案工作的社会化、产业化尤其要借助非正式组织的作用，譬如，建立档案行业协会、档案寄存服务中心、档案技术服务中心等中介组织，使档案工作以更为亲和专业的形象与社会发生直接联系。档案专业部门在其中起“服务器”的作用，社会用户是“终端”，而中介组织则起类似

① 刑以群．管理学．杭州：浙江大学出版社，1997：37

② ［加］特里·库克．电子文件与纸质文件观念：后保管及后现代社会里信息与档案管理中面临的一场革命．山西档案，1997（2）

③ 同②

“中继器”“网桥”“二传”的作用。

总之，档案组织要通过内部要素的优化以及外部环境关系的改善来实现档案机构结构和职能的转变，从而促进档案事业的现代化转型。

2. 作为动词的“组织”

档案双元价值的实现靠档案专业部门和档案工作者积极有效的组织。这可以从两个方面来理解：一是档案作为一种结构方式要在信息资源组织中发挥主动的记录功能，使档案信息体现丰富的来源（也可以理解为工具价值的社会责任）；二是使档案资源呈现合目的性的逻辑结构。

冯惠玲教授在一篇文章中指出：“今天的文件、档案工作者不仅担负保管已有记录的责任，还要追踪机构、社会记忆的形成与分布，确保重要活动记录的产生，防止有价值记录的丢失”①。如果从档案工具理念而言，这便是档案作为一种方式通过有意识的记录在整个档案文化中起组织作用，这与被动地保管档案完全相反，是档案工作者作为“档案文化的积极塑造者”所应有的态度。

馆室档案资源也要在重新组织中优化，从而成为合于信息价值目标的有效资源。近代一些著名学者如梁启超、胡适、蔡元培等都曾批判我国档案保管中只重政治文卷的现象，主张改变档案馆的收藏结构，使其内容更丰富。在现有档案馆藏结构改良过程中，我们要切实改变馆藏单一的局面，要以科学鉴定剔出重复的不具保存价值的部分，要在内容成分上多元化，政治、经济、文化的重要记录都要在档案馆里得到完整反映。只有将有限的馆藏空间用于保存丰富的对国家有意义和为社会公众感兴趣的档案，我们的工作才能最终获得社会的认可，档案信息才有可能成为真正有效的社会信息。

（二）共享

档案机构的有效组织和档案组织的是否有效，将在很大程度上由档案信息的“共享”程度来衡量。

“共享”二字究竟应作怎样的理解呢？我们往往只是把它看成档案信息惠及社会用户的程度，在我看来，“共享”却可以作更为丰富的理解。

1.“共享”是一种权力描述

在社会民主化进程中，信息民主必将成为人们关心的话题，“共享”是信息民主环境中社会公众对档案信息的利用权。同时“共享”还可以理解为档案方式为社会公众所接受，于个人、家庭、私营企业的管理中，档案方式都成为借助的工具。档案工作者有责任和义务让社会公众都享受到“档案关怀”②，这有赖于档案宣

---

① 冯惠玲．拓展职能——“夹缝时代”档案职业的生存之策．见：中国首届档案学博士论坛论文集编委会．中国首届档案学博士论坛论文集．北京：中国人民大学出版社，2001：109

② 冯惠玲．拓展职能——“夹缝时代”档案职业的生存之策．见：中国首届档案学博士论坛论文集编委会．中国首届档案学博士论坛论文集．北京：中国人民大学出版社，2001：111

传和社会档案意识的普化。

档案的存在也不能仅仅只是为了管理的需要，譬如涉及个人信息的人事档案，不应再只是约束人的凭据，还应成为激励人的机制①。人事档案应成为人事管理部门和被记录对象个人共同拥有的信息，个人和管理部门在一种共建、互认的新模式中运作，个人对记录自己信息的档案拥有知情权、纠错权、利用权、隐私权，在人事档案的管理中充分尊重个人应有的权利。当然这一切都必须在前述“维护”“控制”的原则下实现。

“共享”理念下的档案事业呈现民主开放的形象，档案真正成为社会公众共同拥有的财富，档案馆成为公共的文化机构和信息广场，人们可以在这里查阅现实需要的文件，可以在这里欣赏人类的掌故，可以在这里感受历史的气息。

2.“共享”是一种档案资源存在状态

在档案馆里有没有对公众有用的信息，这是能否实现档案信息资源共享的物质前提。前面所讲动词意义的“组织”，其中就强调了档案馆必须在馆藏结构上进行优化，在优化过程中，档案资源应体现更为广泛的来源联系和现实联系。通过档案馆功能改善，如现行文件阅览、接收档案的期限缩短等体现档案信息对现实生活的反映，使档案利用者不仅可以在档案馆利用年久的历史文件，还能找到解决现实问题的信息。

档案馆室的实体资源要尽可能多地转化为传输便捷的电子资源即数字副本，使人们足不出户便可以利用到档案。

3.“共享”是一种档案信息技术和相宜的法律环境

档案信息的“共享”依赖于渗透到千家万户的信道建设和编码识别系统。

档案馆室必须于信息化建设中建立与大众信息融合沟通的渠道，通过局域网、因特网最终面向社会用户，其中还必须有设置灵敏的信息反馈。在档案信息网的建设中，档案工作者要保证网上档案资源的安全真实，要让人们适时了解档案馆室的资源状况和管理流程，在功能模块的设计中，既反映档案工作运动原理，又能营造足够的亲和力、吸引力。

档案资源组织的专业思路和符号系统必须为公众所熟悉，这包括实体馆藏的结构模式和数字档案馆或档案管理信息系统中的使用规范，否则人们将无心享用这些复杂检索和链接中的文件。

为了实现档案信息的共享，相应的法律环境是必需的。档案馆的责任、权利和义务，利用者的身份认证及责任、权利和义务，档案涉及的证据力、著作、隐私、知情权等，都要有明确的规定。如果没有规则，档案信息的共享便会失去秩序的保障，档案信息价值就无法有效地实现。

---

① 覃兆刿．浅谈档案工作的新概念．光明日报（理论版），[2000-12-30]．第 A04 版

椭圆现象：关于档案价值实现的一个发现*

档案双元价值观是我们发现“椭圆现象”的学术基础。本文也可视作对“档案双元价值观”采用模型进行数理解析的一种尝试。

一、档案价值与档案双元价值

价值观决定人们对事物的取向，档案价值观是人们面对档案问题时进行判断和选择的内在逻辑。

（一）档案与档案价值

档案价值观其实首先暗藏于“档案”概念之中。“档案是什么”是解读档案价值的最好脚本，也是建构“档案双元价值”体系的逻辑起点。

以“社会实践活动中直接形成”“有价值”和“各种形式的历史记录”为主要限定语的“档案”界说，其实并未真正揭示文件与档案、记录与记录保存以及档案与其他文献的区别，未能揭示档案事物的本质，自然也不可能揭示事物的价值特性（虽然其中有“价值”一词）。覃兆刿在以前的论述中说明了只以文件作为档案出身的逻辑缺陷和实践抵触，重点思考了其作为概念的本质性与周延性，认为“档案是对凭证信息的合目的的控制”或者“档案是处于合目的控制的凭证信息”①，在本质观照的同时也暗示了档案的价值特性（如果当时能读到英国社会学家吉登斯关于档案事物的贡献在于提供了一个知识监视体系的论述，韦伯强调“档案原则”与强调形式合理性与实质合理性的关联，以及国内如胡鸿杰认为档案“‘记录’的不仅仅是‘信息点’，而是一种‘管理区间’，是管理程序的科学连接方式和整合模式”②等论述，关于“双元”的论证可能会做得更加深刻圆融些）。

有了概念，我们对价值的把握还只能是间接的。关于什么是档案价值，国内主要有三种观点：一是“客体价值说”或“内在价值说”，认为档案价值是档案本身所固有的、内在的，实质是将档案价值与档案属性等价看待；二是“主体价值说”或“利用决定论”，认为档案价值是由主体即档案利用者及其需求决定的，主体需求的程度和状况直接决定档案价值的大小；三是“关系价值说”，认为档案价

---

* 本文系覃兆刿，范磊，付正刚，乐庆玲发表于《档案学研究》2009 年第 5 期。

① 覃兆刿．双元价值观的视野：中国档案事业的传统与现代化——兼论过渡时期的档案思想．北京：中国档案出版社，2003：15-27

② 胡鸿杰．中国档案学的理念与模式．北京：中国人民大学出版社，2005：26

值是档案与主体之间的一种特定关系，是指档案的存在、属性及其变化是否满足主体需求及其程度。

其实三种表述都有其合理性，因为只要我们对价值本体与价值实现进行对称把握，其中的隔膜便可以消释。

本文就是将档案价值分成档案价值本体和档案价值实现两个层面来进行解析的。一方面，我们承认档案价值在本体意义上的自在性或客观性以及量的守衡；另一方面，我们又认同“主体价值说”和“关系价值说”在档案价值实现上的意义，因为它看到了主体的贡献力和主客体双方之间的逻辑关系，关注一种满足和实现的作用过程。可见，无论作为资源的记录实体，还是作为记录形成、选择、组织与保存的“档案劳动”，以及作为保存记录的档案作用过程，都是档案价值考察必须观照的范围。

因此，我们将档案价值理解为档案方式、档案资源性状、档案劳动以及档案作用社会效应之和。

（二）档案双元价值

上述关于档案价值的描述虽然具体，但并不具有哲学高度。我们只有将分析归于价值的元点，才能发现其中的规律。

对档案价值的归元，离不开对档案属性的认知。我们撇开文件的局限从档案现象发生的机理来考查，档案具有的双重属性是不难发现的，即一方面作为人类记录的控制方式（档案正是作为这一方式引起重视的。科技档案、会计档案……信用档案、民生档案等领域拓展或多方向的档案介入，是对档案作为行为方式和管理文化的最好诠释），另一方面作为控制中的凭证信息实体（是有结构、背景和内容的具体存在）。前者是“档案”的自然属性，使档案本身作为记忆的一种客观存在区别于其他文献方式；后者是“档案”的社会属性，体现为不同的时代特征和文化差异。

因而，对于这种可以视作“知识监视体系”的档案事物，我们认为其价值最终可以归于“双元”的表达：一是工具价值，二是信息价值（或表述为情报价值、内容价值）。前者是一种普遍意义的价值，后者是一种个性价值。工具价值源于档案作为行为方式，人类的初衷在于借助它的结构形式所赋予的功能；信息价值源于档案作为记录或文献归属的实体，在于其内容负载的意义。工具价值揭示了档案价值源泉及价值形成机制，信息价值揭示了档案价值的存在与实现方式，二者对立统一于档案价值本体中。可见，档案价值是本体与实现的统一，不应当割裂开来讨论。实际上，有关档案的探讨在价值层面上回答着“档案是什么”以及“档案有何用”的本质问题。“档案双元价值观”在统筹这一对矛盾（本体和实现）中具有基础性意义。

总之，“档案双元价值”是由档案作为“行为方式”和“对象实体”的双重属性决定的。工具价值代表了档案现象的形式合理性，信息价值代表了档案现象的实质合理性。前者赋予了档案作为方式存在的动机、形成机制及运行功能，构成档案作为普遍意义的行为逻辑范畴，成为区分与图书、文物的根本标志。后者赋予了档案作为存在的时代差异，构成了档案作为社会性存在的历史范畴。可以说，档案双重属性从本体意义上对称性决定了档案的双元价值构成，为我们找到了解读档案及档案工作现象的“基因”。譬如，有了“档案双元价值”的逻辑引导，我们再来理解档案管理为什么需要分为“实体管理”与“内容管理与开发”[①]，理解关于后保管模式为什么要以“来源”和“知识”两个方面为中心[②]，理解档案实践工作中为什么要强调“两个体系”的建设（资源与利用），以及正确理解“保密与开放”等，或许会有一点帮助。

需要特别说明的是，这里的“双元”不等于“二元”。“双元价值”揭示的是一种相互依存，彼此对称的价值属性。“双元价值”也不同于“双重价值”（著名档案学家谢伦伯格提出）。“双元价值观”的描述只针对档案行为和行为中的实体，它们本身不是“量”的反映，而是“量”所以形成的作用因素，并最终以“档案信息”的方式呈现给社会和利用者。双重价值事实上表达的并非对称和“双重”，而是“两种”，其中的值也是不同阶段的值。而且，它至少会面对“双重价值是‘文件之价值’，还是‘档案之价值’？”[③]的疑问。

二、档案价值实现与“椭圆现象”

关于档案双重属性和双元价值的分析告诉我们，档案应当作为观念（合目的性）与实在（凭证性）的集合物，其价值实现的充分与否取决于双元价值的综合作用程度。

（一）档案价值实现

关于档案价值实现的概念，我们认同“档案客体主体化”的看法，“档案价值实现是档案潜在价值（本体意义）向现实价值的转换”。[④]也就是说，档案价值实现是档案价值的外化或外在表现，是通过利用行为所达成的对档案价值本身的反映。因而，档案价值问题的存在（内在）和实现（外显）可以在同一个二维平面上进行分析。我们试图对档案价值内在的变动过程和规律进行把握，也是对国内

---

① 张辑哲．档案管理中的逻辑主义与历史主义——关于全宗原则理论根源与深刻理论意义的思考．档案工作，1992（6）

② 冯惠玲．电子文件时代新思维（《拥有新记忆——电子文件管理研究》摘要之六）．档案学通讯，1998（6）

③ 陈兆祦．关于“文件与档案双重价值论”的背景资料．档案管理，2008（3）

④ 张斌．档案价值论．北京：中央文献出版社，2000：137

研究者如任越博士等希望看到有关档案双元价值观的数理解析的一种响应。

（二）档案价值实现中的“椭圆现象”

档案价值在本体意义上，其量的大小相对稳定；在实现意义上，“双元价值”所对应的价值量与实现量之间理论上也可以划等号。但由于利用者、时空条件、利用目的不同，档案价值效应外在的表现通常是动态的、偶然的、部分的、累加的。“档案价值实现”与“档案利用”之间也有本质的不同，“实现”是指对档案价值“量”的客观呈现，而档案利用则是反映价值预期的主观性活动。所以，本文取“档案价值实现”，而放弃“档案利用价值”一词。当然，档案价值实现是离不开利用活动的。

档案的双元价值特性，决定了档案价值实现过程的双焦点必须共同作用。观察具体的档案利用过程我们发现：由于利用主体以及时空条件的差异，价值取向及结合情形不同，导致其作用效应也不一样。由于档案价值本体在量的意义上是相对固定（潜在）的，而档案价值在不断实现（不断被利用）的过程中，每次实现的价值呈现量恰好分布在一个以“双元价值”为两焦点的椭圆上（见图 1），我们把关于档案价值实现的这一发现称为“椭圆现象”。

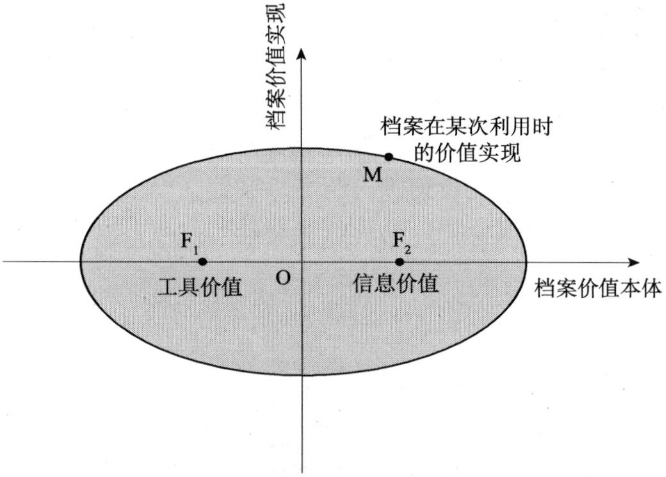

图1　档案价值实现的“椭圆现象”

三、“椭圆现象”解析

“椭圆现象”是以“双元价值”视角解析档案价值本体与档案价值实现之间关系的模型。之所以把档案价值实现的这种规律称作“椭圆现象”，是因为这种规律和椭圆图形之间具有主要关系意义上的暗合与对称。

（一）“椭圆现象”的椭圆特征

几何曲线中，存在着平面上到两点距离之和为定值的点的集合（该定值大于两点间距离），这就是椭圆曲线。[①] 在图 1 中，横轴、纵轴表示档案价值的二维分析方法，即将档案价值本体与档案价值实现分别作为轴上的意义。横轴表示档案价值的本体性存在，由工具价值和信息价值双元维系。为了更好地进行说明，我们也对本体进行“量”的表示即长轴 2a（一般情况下，a 稳定）。纵轴表示档案价值的总体实现，它以横向存在的档案价值本体为基础，其实现的深广度受制于档案价值存在的维度，我们也把它进行“量”的表示 2b（$b<a$，因为实现不可能超出本体之外）。双元价值（即双焦点）之间的距离我们用 2c 表示，是指“双元价值”的并存及实践上结合的程度。在一定时空条件下，c 是固定地维系档案价值的，并与 a 之间保持着稳定不变的关系。

我们在解读档案价值实现时，发现椭圆双焦点（F_1、F_2）与“双元价值”的作用之间具有相似性，而动点 M 到两定点（双焦点）的距离为定长（2a）。可表示某一次档案利用行为（M）无论处于哪一状态，其双元价值取向所反映的价值量都不会超过档案价值本体固有量 2a，即 M 永远只是椭圆边界上的“点”。在一定的社会历史条件下，档案价值的构成相对稳定，档案价值实现受制于社会历史条件和档案利用者本身的素质。因此，每一次档案价值实现（档案利用）的程度是不一样的，我们把档案价值充分实现的程度用短半轴来表示（b）。

通过分析我们发现，这种“椭圆现象”满足椭圆图形的以下基本特征：①双焦点并存，共同作用，作用的差异性取决于焦点间的距离；② $MF_1+MF_2=2a$，即某一档案利用行为（在任何状态下，即使在充分实现状态下）的档案价值呈现量不会超过 2a，MF_1 表示工具价值取向下档案价值量的呈现程度，MF_2 表示信息价值取向下档案价值量的呈现程度。③ $a^2=b^2+c^2$，即档案价值本体呈现量、档案双元价值呈现量、档案价值实现量三者之间保持动态平衡。

当然，关于“椭圆现象”的描述并不代表绝对的数量关系，而只是一种数理解析的模型。

（二）个别利用行为的“椭圆现象”

“椭圆现象”是基于个别利用行为所反映的档案价值本体与档案价值实现之间的关系，这是“椭圆现象”的微观基础。

在具体的利用环境中，“双元价值”集合的呈现量是不同的，其呈现的规律符合“椭圆现象”。在图 2 中，ILV 表示档案工具价值取向的反映量大小，INV 表示档案信息价值取向的反映量大小，档案价值量等于 ILV 与 INV 之总和。如图 2，在该次档案利用时，其工具价值的实现大于信息价值的实现（ILV>INV），

---

① 王家铧，沈文选．几何课程研究．北京：科学出版社，2006：83-84

就档案价值的本次利用总体实现程度来看，并没有达到最大（其所在“点”高度未及短轴端点）。很显然，当 ILV=INV 时（见图 3），档案在某次利用时价值实现程度达到最大化。这表明本次档案利用是同时注重了工具价值与信息价值的实现。

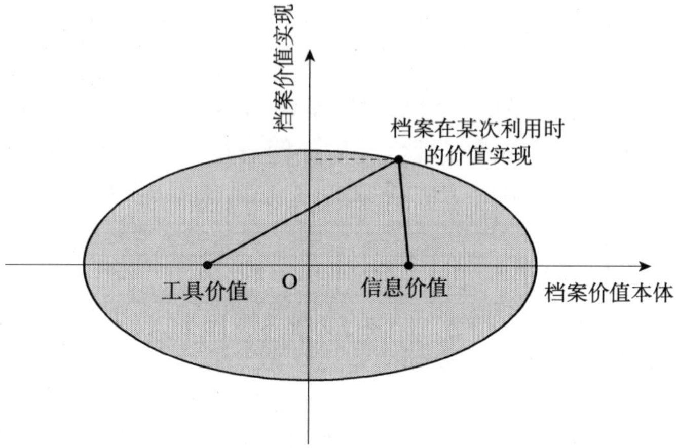

图2　档案价值具体实现时的特点

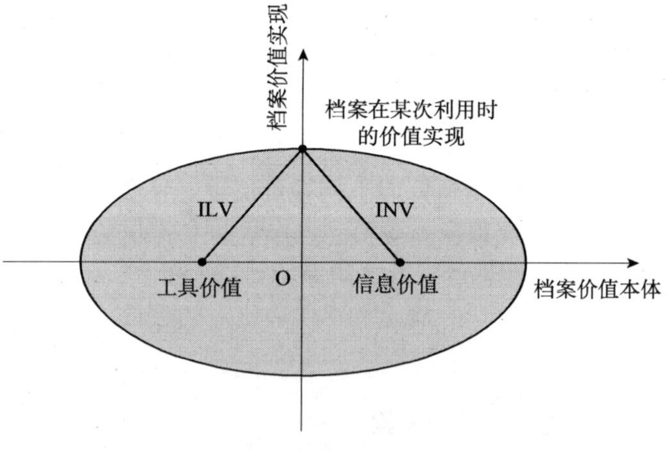

图3　档案价值某次实现程度最大化

可见，在档案价值实现（档案利用行为）过程中，我们必须强调工具价值和信息价值双元并重，如果走向任何一端都只能是走向“封闭”或“失控”的不正常局面，因为都是违背档案价值规律的。

（三）“椭圆现象”的动态观察

档案价值实现的“椭圆现象”动态呈现，构成一定时空档案价值实现的宏观表现。由于档案价值本体的“量”不变（即 a 不变）。此时，“椭圆现象”的演变就表现为 a 不变，b、c 变化时的档案价值实现情景。

1. 短轴在变长时的特征

若短轴变长（见图 4），则会增加椭圆覆盖区域的面积，这表明在一定条件下（表现为工具价值与信息价值的并重和更好结合），档案价值实现的深度与广度加大了。如信息技术的运用就能大幅提升档案价值的实现程度。

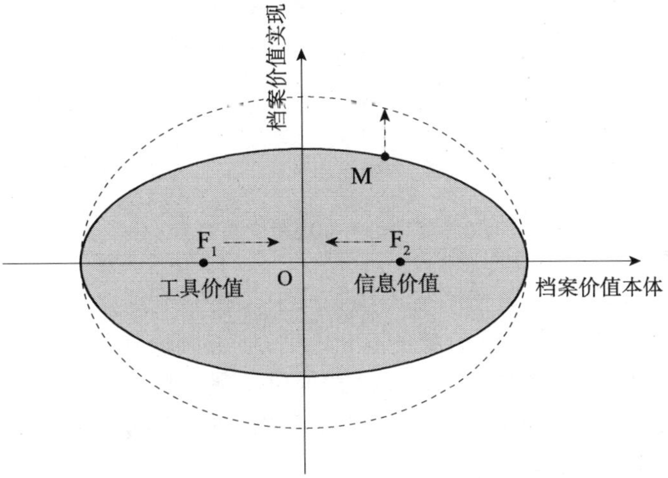

图4　档案价值实现程度的变大

或许，当我们对档案方式与档案资源的相互促进有了透彻的认识，档案工具价值和信息价值为什么要结合才能有益于档案价值实现就好理解多了。此时焦点 F_1、F_2 向原点 O 移动，社会利用档案的能力提高导致档案价值实现的范围拓展和程度加深，继而引起“椭圆现象”的增大效应，表现为档案资源增量、档案利用需求增强、档案价值实现机会增多和利用工作效益提高，档案事业的地位和在国家管理与社会生活中的作用提升。档案双元价值高度紧密结合，呈现为椭圆向圆运动的态势。这种情形，我们称之为档案价值的“充分实现”。

2. 短轴变得更短时的特征

若短轴变短（见图 5），档案价值实现范围逐渐缩小，椭圆覆盖区域的面积相应减小。当工具价值与信息价值无限分离时，或使档案信息资源的凭证性或诚信功能丧失，信息的真实性受到社会置疑；或使工具秘禁性成为极致，信息价值的社会性受损，最终导致档案的“社会无知”状态。这表明档案价值实现程度的深度与广度被削减，引起了“椭圆现象”的缩小效应。此时，双元价值（两个焦点）渐至远离，难以共同发挥作用，椭圆呈现为向直线运动的态势。

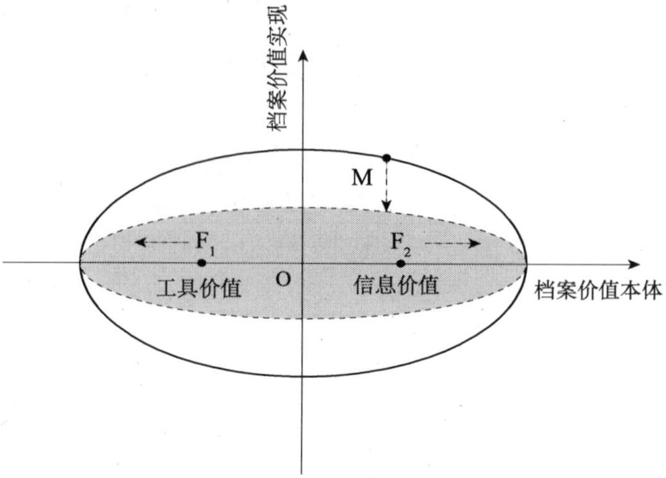

图5　档案价值实现程度的变小

可见，在档案事业规划和档案工作实践中，我们不仅要正视双元价值并存的档案生发机理，还要注重双元价值的有机结合。“椭圆现象”显示，双元价值结合程度越高，档案价值实现量就越大，档案价值实现就越接近档案价值本体（短轴无限趋向与长轴等长）。反之，无视档案双元价值的并存与结合，即焦点移向长轴两端时，此时档案价值实现量便会下降，直到不能被称之为对于“档案”的利用。

本文将档案价值与档案价值实现的问题统一在以“档案双元价值”为内在逻辑的椭圆二维模型中进行了分析。必须指出的是，我们的分析理论上只针对一定的社会历史时刻，档案价值本体不变的假设才会有效。事实上，在时空条件的变化中，档案价值本体并非稳定不变。有趣的是，即使在档案价值本体变化的情况下，“椭圆现象”依然适用于档案价值实现的解析，只是表现得更加复杂，以致构成了不同时期和不同地区的档案事业格局。我们期望作更进一步的探讨，并欢迎严肃的批评。

Elliptic Phenomenon: A Discovery about the Realization of Archival Value *

The Archival Dualistic Value Concept is the academic basis of discovering the "Elliptic Phenomenon". This paper is a trial in which the "Archival Dualistic Value Concept" is interpreted by mathematical model.

1. Archival Value and Archival Dualistic Value

Values determine people's orientation. Archival value concept is the inner logic by which people make their judgments and choices when they face archival problems.

1.1 Archive and Archival Value

As a matter of fact, the archival value concept is hidden in the notion of "archive" originally. "What is the archive" is the best script of understanding the archival value and is the logical starting point of constructing the "Archival Dualistic Value" system.

The definitions defined by "formed in the social practice directly", "having value", and "all kinds of historical records" do not really reveal the distinctions between the file and the archive, the record and the record conservation, the archive and other documents. Neither do they reveal the nature of archive, nor do they reveal characteristics of archival value (though the item includes the word of "value"). Qin Zhaogui stated logical shortcomings and practical inconsistence when the file is considered as the predecessor of archive. He thought that "Archives are the purposive control of credential information" or "Archives are credential information which is controlled purposefully" (Qin Zhaogui 2003, 15-27)①. When he gave the definition of archive, he put his emphasis on the essence and ductility of the concept, which not only showed the essence of archive but also indicated the characteristics of archival value. (Qin Zhaogui thought that if he had read the following statements, the demonstration of "Archival Dualistic Value" could be better. The statements are: Giddens, a British socialist, believed the contributions of archives were that they gave a statement of a monitoring system of knowledge; Weber stressed "principles of archives" and the relevance between the formal rationality and

---

* Qin Zhaogui, Fan Lei, Fu Zhenggang, Yue Qingling compose Nie Yunxia, Zhang Liwen translate.

① Qin Z G. The Vision of the Dualistic Value Concept: The Tradition and Modernization of China's Archival Cause— And Discussion on Archival Ideas of the Transition Period. Beijing: China Archives Press, 2003: 15-27

substantive rationality; and Hu Hongjie believed that "what archives 'record' was not only the 'information points', but also the 'administration interval'— the scientific connection method and integration mode of management procedure"(Hu Hongjie 2005, 26)[①])

However, it is indirect to grasp the value even if the concept of archival value has been defined. There are three viewpoints about the definition of the archival value in China: firstly, "the object value theory" or "the inner value theory", which takes the archival value as innative and inherent characteristics of archives. Virtually, the archival value and the attributes of archives are equated in this theory; secondly, "the subject value theory" or "value is determined by use", which thinks that the archival value is decided by the archives users and their demand, and the degree of value is determined by users' extent of demand and the situation; thirdly, "the relationship theory", which considers that archival value is a special relationship between the archives and their subject, indicating whether archives, their traits and changes can meet the subject's requirements or not and to what extent.

Actually the three expressions all have their rationalities. As long as we grasp the value noumenon and the realization of archival value symmetrically, the diaphragm will disappear.

This article analyses the archival value by dividing it into two levels: the archival value noumenon and the realization of archival value. On the one hand, we recognize that the archival value is uncontrolled, objective and conservative in the meaning of its noumenon; on the other hand, we also agree with the significance of "the subject value theory" and "the relationship theory" contributing to the realization of archival value, because these theories have paid attention to both the subjective initiative and the logical relationship between the subject and object and have focused on the process of fulfilling and realizing. From the above, it is clear that the investigation scope of archival value should include not only the record entity but also "archival labor" consisting of forming, selecting, organizing and conserving records, as well as the function of archives to conserve records.

Therefore, we should take the archival value as the sum of archival mode, traits of archival resources, archival labor and archival benefits for society.

---

① Hu H J. The Concept and Pattern of the Archival Science in China. Beijing: China Renmin University Press, 2005: 26

1.2 Archival Dualistic Value

Although the descriptions of the archival value above are concrete, they haven't reached to level of philosophy. Only when we attribute analysis to the meta-point of the value, can we find the law.

If we want to attribute the archival value to meta-point, we must understand the traits of archives. It is easy to discover the dual attributes when we ponder over the mechanism of the archival phenomenon by putting aside the limitations of files. For one thing, archives are used as ways to control human records (It is what that attracts people's attention. Archives are perfectly explained as ways to act and a kind of management culture when science and technology archives, accounting archives…credit archives and the people's livelihood archives step in our lives); for another, archives are credential information entities which are in control (the concrete objects having structure, background and content). The former is natural attribute of "archives" making them as memorial objective existence disparate from other documents, and the latter is the social attribute of "archives" manifesting different contemporary features and cultural differences.

Therefore, the value of archives which are taken as the "knowledge surveillance system" can be finally expressed to the "dualistic": one is the instrumental value (ILV) and the other is the information value (or intelligence value, content value, INV). The former is universal value, and the latter is individual value. The instrumental value stems from considering archives as behavior pattern, and people originally aim at archives' function given by their structure; the information value origins from the entities that archives are used as records or documents belonging to, and that is the significance of archives' content. Instrumental value reveals the source of archival value and mechanism of how archival value is formed, and the information value reveals the existence of and ways to realize archival value, both of which are unity of opposites in the noumenon of archival value. Therefore, it's clear that archival value is the unity of its noumenon and the realization of archival value instead of their separation. Actually, the discussion about the archives in level of value gives the answer to "what are the archives" and "what are the archives for". And the "Archival Dualistic Value Concept" plays a key role in resolving the conflict (the noumenon and its realization).

In a word, the "Archival Dualistic Value" is decided both by the dual attributes of archives: "the way they act" and their "objective entity". The instrumental value stands for the formal rationality of archival phenomenon, and the information value stands for substantive rationality. The instrumental value endows the archives with motivation, mechanism of formation and the function of operation which makes archives exist as the way to act. The instrumental value is the fundamental symbol to distinguish archives from books and cultural objects. The information value endows the archives with discrepancy of times, making archives exist as social beings in historical category. So to say, the dual attributes of archives in their noumenon level are symmetric and it determines the construction of Archival Dualistic Value, from which we find the "gene" to comprehend the archives and archival phenomenon. For example, under the logical guidance of Archival Dualistic Value, we find it easier to understand why the archival administration is divided into the "management of entity" and "management and exploitation of content" (Zhang Jizhe 1992, 32-35)①, understand why the post-preservation mode focuses on the "provenance" and the "knowledge" (Feng Huiling 1998, 45-49)②, understand why the archival practice emphasizes the construction of "two systems" (resources and the use), and understand "maintaining secrecy and opening" correctly and so on.

In particular, the "dualistic"(双 元) here is not equal to the "binary"(二 元). "Dualistic value" reveals that the properties are of interdependence and symmetry. And the "dualistic value" is different from "Two Value" proposed by Theodore Schellenberg. The description of "Dualistic Value Concept" is aimed at archival behavior and the entity, which is not the reflection of the "quantity", and moreover they are factors to let the "quantity" come into being. In the end, archival behavior and the entity will present to the society and users as the "archival information". As for the Two Value, actually they can't be interpreted as symmetrical and "dual", but the "two types" and they are realized in two stages. What is more, at least "Two Value" has to face the doubts that "Is the Two Value 'the value of files' or 'the value of archives'?" (Chen Zhaowu 2008, 31-32)③ .

2. The Realization of Archival Value and the "Elliptic Phenomenon"

According to the analysis about the dual attributes and the dualistic value of the archives, archives should be taken as the aggregation of the concept (purposive) and the entity (credential).Whether archival value can be fully realized is decided by to what extent the dualistic value can function synthetically.

---

① Zhang J Z. Logicism and Historicism of the Archives Management— Thought on the Theoretical Source and Deep Theoretical Significance of Fonds Principle. Archives Work, 1992(6): 32-35

② Feng H L. New Thoughts on the Era of Electronic Files. Archives Science Bulletion, 1998(6): 45-49

③ Chen Z W. The Background Materials of the "Two Value Theory of the Files and the Archives". Archives Management, 2008 (3): 31-32

2.1 The Realization of Archival Value

As for how archival value is realized, we agree with the view of "object-subjectrization of archives" and that is "the realization of archival value is a shift from the potential value (noumenon) to actual value." (Zhang Bin 2000, 137)[①]. In other words, the realization of archival value is the externalization or the external performance of it, which is the reflection of archival value noumenon through the behavior of use. Thus, the existence (inner) and the realization (explicit) of archival value could be analyzed in one two-dimensional plane. We attempt to grasp the internal changing process and the law of archival value, which is also the response to satisfy domestic researchers, such as Ph.D. Ren Yue, because they desire to see a mathematical analysis of the Archival Dualistic Value Concept.

2.2 The "Elliptic Phenomenon" During the Realization of Archival Value

The quantity of archival value is relatively steady in the level of noumenon; in the level of practice, the quantity of the "Archival Dualistic Value" is equal to that of archival value realization theoretically. However, users, time and space, users' purposes are different, so the external performance of archival value is often dynamic, accidental, partial, and accumulative. In addition, there is difference between the "realization of archival value" and the "utilization of archives". The "realization" refers to the "quantity" of the archival value which presents objectively, and the archival utilization reflects the expectation of the value in subjective activities. So, in this paper, the "realization of archival value" is selected instead of "utilization of archival value". Of course, the realization of archival value is not separate from utilization.

The characteristics of Archival Dualistic Value determine that the two focuses must work together during the realization of archival value. In the specific utilization of archives we find: owing to different users, space, time, the value orientation and the incorporation styles, effects of focuses are not the same. The quantity of archival value is comparatively fixed (potential) in the level of noumenon, but in the process of archival value realization (the process in which archives are used continuously), each time the quantity of realization of archival value distributes in ellipse focused by "dualistic value" (see Figure 1) and this discovery is named as the "Elliptic Phenomenon".

① Zhang B. Archival Value Theory. Beijing: Central Literature Press, 2000: 137

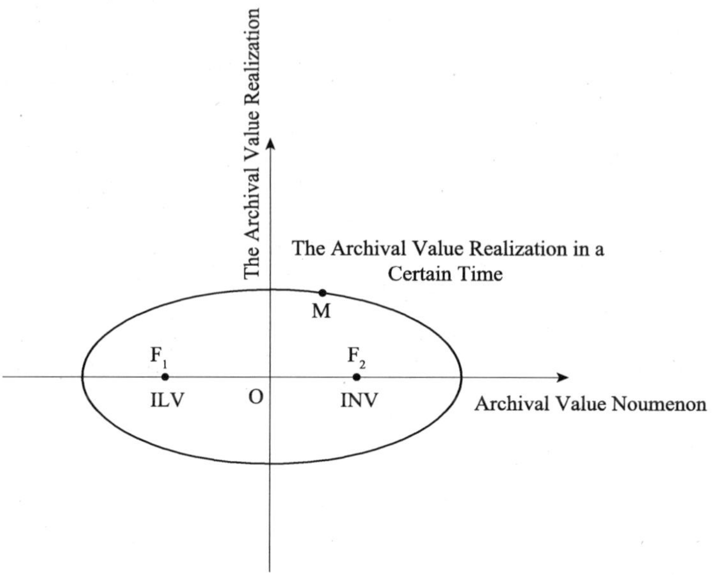

Figure 1 The "Elliptic Phenomenon" of the Realization of Archival Value

3. The Analysis on the "Elliptic Phenomenon"

The "Elliptic Phenomenon" is an analysis model of the relationship between the archival value noumenon and the realization of archival value from the perspective of "dualistic value". The law of the realization of archival value is called the "Elliptic Phenomenon" because it coincides with ellipse on the main relationships.

3.1 Elliptic Features of the "Elliptic Phenomenon"

On the geometrical curve, there is a group of points on the plane, and the distance from two points to them is constant (the constant distance is further than the distance between the two points), and ellipse is made up of this group of points. (Wang Jiahua and Shen Wenxuan 2006, 83-84)[①]. In figure 1, the horizontal axis and the vertical axis indicate the two-dimensional analysis of archival value. That's to say, we explain the archival value noumenon and the realization of archival value by the axes respectively. The horizontal axis shows the existence of the noumenon of archival value sustained by instrumental value and information value. To give a better explanation, we also show the noumenon as "quantity", which is expressed by the long axis 2a (usually, "a" is constant). The vertical axis shows the overall realization of archival value, which

① Wang J H, Shen W X. Geometric Curriculum Research— 21st-century Textbook Used in Colleges and Universities in China (educational). Beijing: Science Press, 2006: 83-84

is based on the archival value noumenon of the horizontal axis, and the depth and the width of realization are limited by the existence of archival value. We also show the realization of archival value as "quantity", and that is 2b ($b < a$, because the realization can not surpass the noumenon). We take 2c to show the distance between the dualistic value (namely two focuses), meaning the coexistence of dualistic value and the degree of their combination. In certain time and space conditions, c is fixed to sustain the value of archives, and the relationship between c and a is stable.

When we interpret the realization of archival value, we find there are similarities between the focuses (F_1 and F_2) of the ellipse and the function of "dualistic value", and the distance from the moving point M to the two fixed points (elliptic focuses) is a fixed length (2a). It means whatever the state of utilization behavior (M) is, the reflected quantity of dualistic value will not surpass the fixed quantity 2a of the inherent archive noumenon. That is to say, M is forever the "point" on the elliptic boundary. In certain social and historical conditions, the composition of the archival value is relatively stable, and the realization of archival value subjects to social historical conditions and archive users' quality. Therefore, each time the extent of realization (utilization) is different, and we show the full realization of archival value as the minor semi-axis (b).

After analysis, we find that this "Elliptic Phenomenon" is fit for the basic characteristics of the elliptic graphics: ① double focuses coexist, function together, and the differences of function depend on the distance between the focuses; ② $MF_1 + MF_2 = 2a$, the presenting archival value quantity of some archival utilization behavior can't surpass 2a (no matter what the state is, even though archival value is fully realized). MF1 means the presenting degree of archival value quantity oriented by the instrumental value, and MF^2 means the presenting degree of archival value quantity oriented by the information value. ③ $a^2 = b^2 + c^2$, namely the quantity of archival value noumenon, the Archival Dualistic Value, the realization of archival value, and the three quantities are in a dynamic equilibrium.

Certainly, the description of "Elliptic Phenomenon" doesn't mean the absolute quantitative relations, but only a mathematical analytical model.

3.2 The "Elliptic Phenomenon" of the Individual Utilization Behavior

The "Elliptic Phenomenon" is based on the individual utilization behavior which is micro basis of the "Elliptic Phenomenon", reflecting the relationship between the archival value noumenon and the realization of archival value.

In specific utilization environment, the quantities of the aggregative "dualistic value" are different, the presenting law of which is in accord with the "Elliptic

Phenomenon". In Figure 2, ILV shows the reflecting quantity degree of the archival value oriented in the instrumental value, and INV shows the reflecting quantity degree of the archival value oriented in the information value, and the quantity of the archival value is equivalent to the sum of ILV and INV. As is shown in Figure 2, the realization of the instrumental value is greater than that of the information value (ILV > INV) of this utilization, and as far as the total realization of archival value concerned, they are not fully achieved (the "point" doesn't arrive at the end of the minor axis). Obviously, when ILV = INV (see Figure 3), archival value is maximized. This suggests that the instrumental value and the information value are both emphasized this time.

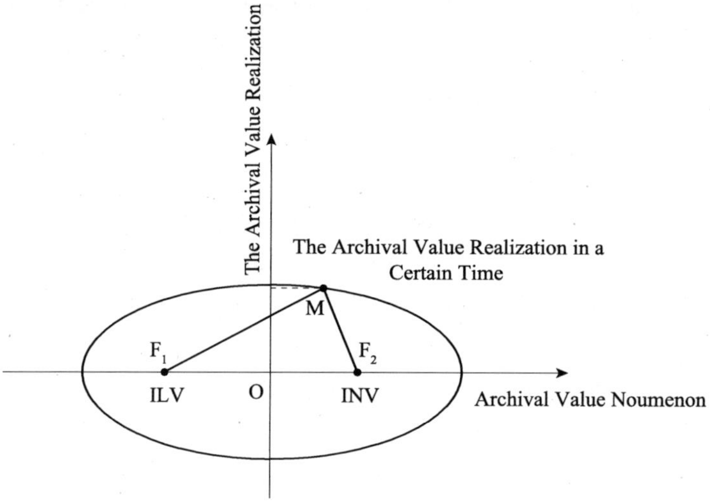

Figure 2 The Characteristics of the Archival Value Realization

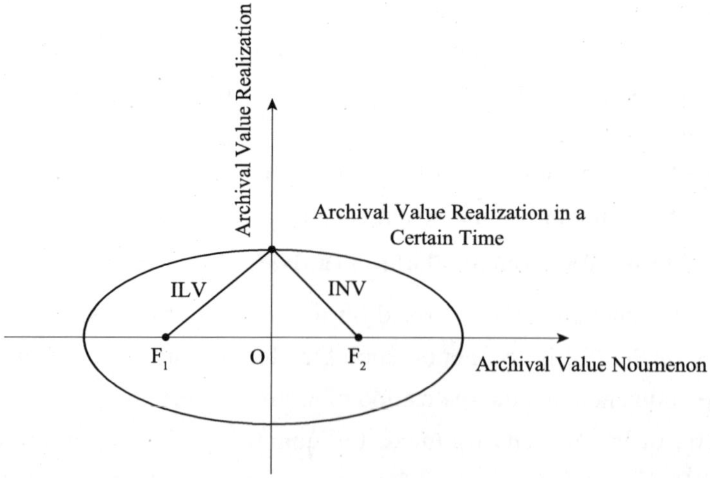

Figure 3 The Realization of Archival Value is Maximized in a Certain Time

Therefore, we must attach importance to the instrumental value and the information value equally in the process of the realization of archival value (the behavior of using archives). Any bias will lead to abnormal situations: "closed" or "out of control", which are against the law of archival value.

3.3 The Dynamic Observation of the "Elliptic Phenomenon"

The dramatic "Elliptic Phenomenon" of the realization of archival value constitutes the macroscopic realization of archival value in a certain space-time. Because the "quantity" of the archival value noumenon is fixed (i.e. a is constant). At this time, "Elliptic Phenomenon" is that in the situation of the realization of the archival value, a is constant, but b and c are variable

(1) The Characteristics When the Minor Axis Elongates

If the minor axis elongates (see Figure 4), the area of the elliptical coverage will increase, which indicates that the depth and breadth of the realization of archival value increase in a certain condition (the better combination of the instrumental value and information value). For example, the application of the information technology can improve the degree of the realization of archival value greatly.

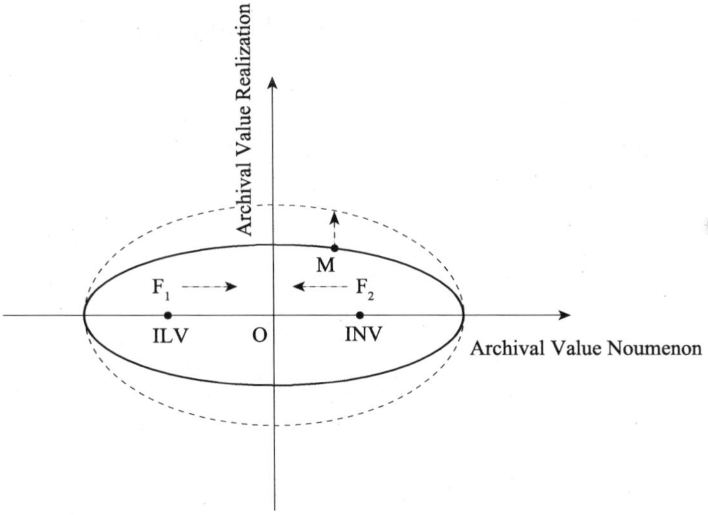

Figure 4 the Degree of the Realization of Archival Value Increases

Perhaps, if we comprehend thoroughly the mutual promotion of the ways archives act and the archival resources, we could understand easier why the instrumental value must be combined with the information value to benefit the realization of archival value. When they are combined, the focuses F_2 and F_1 move to the origin O, the increasing ability of the social utilization of archives extends the scope and deepens the degree of archival value realization, leading to magnifying the increase of the "Elliptic Phenomenon", which indicates the increasing of archival resources, the increasing need of archives, the increasing opportunities of archival value realization, the improving efficiency of utilization, and the elevating of the status of archival cause and the greater impact of the archives in the national management and society. When Archival Dualistic Value is highly combined, the trend of the ellipse is developing to a circle. We name this situation as the "fully realized" archival value.

(2) The Characteristics When the Minor Axis Shortens

If the minor axis shortens (see Figure 5), the extent of the scope of archival value realization reduces gradually, and the elliptic area decreases correspondingly. When the instrumental value departs from the information value infinitely, results will be: the credential and faithworthy functions of archives lose, and the authenticity of information would subject to social doubt; or when the instrumental value of keeping secret becomes acme, the sociality of the information value damages, which eventually lead to the "social ignorance" state of the archives. This suggests that if the depth and breadth of realization of archival value are cut, the effect of "Elliptic Phenomenon" will shrink. At this time, the dualistic value (the two focuses) will go away from each other gradually, and the focuses can't function together: the ellipse presents linear motion.

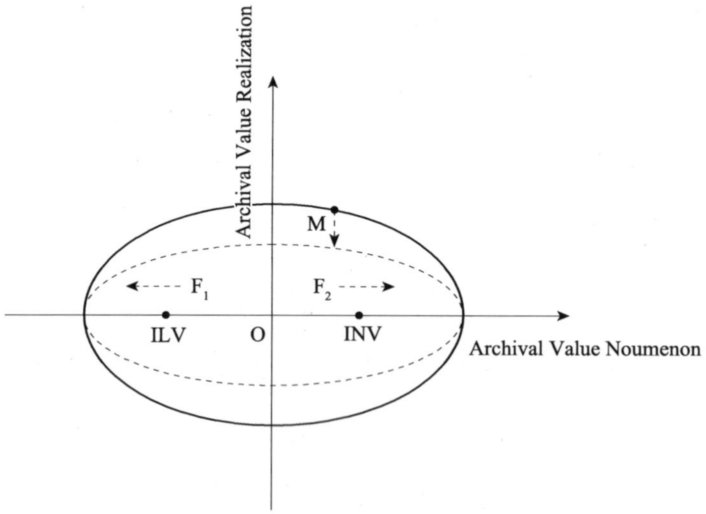

Figure 5 The Extent of Realization of Archival Value Reduces

In conclusion, we should not only face up to mechanism of the coexistence of dualistic value in the planning and practical work of archival cause, but also emphasize the organic combination of the dualistic value. The "Elliptic Phenomenon" shows that when the degree of the combination is higher, the quantity of archival value realization is bigger, and the realization of archival value approaches to the archive value noumenon (minor axis infinitely tends to be the similar length of the long axis). On the contrary, if we ignore the coexistence and combination of the archival dualistic value (the focuses moves to ends of the long axis), the quantity of archival value realization would decrease until it couldn't be called the utilization of the "archives" any more.

This paper analyses the problem of the archival value and its realization integrated in the two-dimension model taking the "Archival Dualistic Value" as the inner logic. It must be noted that our analysis theory is effective only on condition that the archival value noumenon is invariant at a certain historical moment. As a matter of fact, the archival value noumenon is not constant in variational space and time. It is interesting that even the archival value noumenon changes, the "Elliptic Phenomenon" is still suit for the analysis of the realization of archival value, but it will be more complex. Thus, various patterns of archival undertakings in different periods and regions are formed. Further discussion and serious criticism are welcomed.

双元价值，双重责任，双向拓展*

一、研究的目的和意义

随着契约精神、信息意识、公权意识、文化意识的提升，我国档案馆正处在从过去的政治附庸向科学文化事业机构转型的过渡时期。在这种背景下，档案馆和档案工作的现状与社会公众之间的期望显现出严重的不对称。社会公众呼唤档案馆能够走出封闭，重塑形象，改善功能，呈现社会化服务的行业理念和事业格局。

可以说，社会化服务功能的改善，是档案馆实现转型的推进剂和重要标志。但实现档案馆社会化服务的功能不是形象工程，而必须基于清晰的价值目标和相宜的伦理共识。档案馆需要构建起相应的内部结构和对外关系，使广泛的社会面向和服务成为一种文化，档案馆社会化服务才能成为自觉持久的组织功能。也只有生发于科学的价值观，档案馆专业人员才能养成符合组织和事业特征的使命感和职业操守，档案馆才有可能实现相应的服务效能。

目前，社会化服务开始成为档案馆相对稳定的组织理想。但由于这种话语和行动多出于自上而下的行业引导，远非档案馆自身的生存反应和价值诉求，因而当前的档案馆社会化服务更多地表现为一种“形式渲染”甚至“炒作性事件”。而实际上，服务过程的各自为阵和无序经营，现有组织机构与服务机制的不相融，档案职业观与服务文化的不和谐还普遍存在。服务深度与服务效益也十分有限，因此导致的职业困惑和信息安全隐患更是令人担忧。在学术界，多数相关文章的论述还局限于档案馆服务工作的经验性总结，鲜有从根本上触及档案馆社会化服务的价值目标定位、机制建设和系统的关联性。

“档案馆社会化服务”作为一种组织功能，是否与档案事业发展规律有必然的一致性（即哲学基础）？档案馆社会化服务依赖怎样的环境（含伦理和制度环境、

---

* 本文为2005年国家社科基金项目“价值目标与伦理重构：档案馆社会化服务的功能与效能研究”（编号：05BTQ016）结项报告（节选）。项目主持人：覃兆刿，核心成员：任汉中（湖北大学历史文化学院）、吕瑞花（北京理工大学图书馆）、雷春蓉（湖北大学历史文化学院）、聂云霞（南昌大学历史系）、王丽慧（长江档案馆）、张艳（湖北大学图书馆）、郎贤梅（武汉商学院）、张璟瑜（山东核电设备制造有限公司）、曾智（招商局集团档案馆）、易涛（浙江师范大学档案馆）、乐庆玲（湖北大学企业档案与知识管理研究中心）、李彩容（湖北大学企业档案与知识管理研究中心）、彭益民（湖北大学档案学科实验中心）、付登舟（湖北大学历史文化学院）等。

技术环境等）？为了增强这种服务与社会需求之间的耦合度，档案馆应作怎样的适应性变革？

本项目立足基础理论研究，围绕价值、伦理重构和功能与效能进行思考，逻辑上对应于档案馆服务的价值目标以及服务效能发挥所亟待解决的机制建设、业务流程重组和以职业伦理重构为重心的组织文化“再造”，有益于档案馆功能定位、社会化服务的方向定位、档案馆内外新秩序的建设和服务工作创新。

从价值目标的内驱力和社会期望两个方面、价值目标和伦理重构两个方面、功能定位和效能发挥两个方面来分析问题，希望对讨论档案馆社会化服务有所裨益。以“价值目标与伦理重构：档案馆社会化服务的功能与效能研究”为选题，旨在：①从档案事物的价值原理和档案馆组织特质出发，为“档案馆社会化服务”进行系统的哲学、管理学和文化学思考，从而为档案事业的这项伟大变革提供必要的理论引导；②通过着眼实践的研究，为国家档案部门在档案馆社会化服务的功能定位、机构改革、服务体系建设、资源建设、安全体系建设等方面提供决策参考；③关于档案馆功能和档案伦理的研究，为新的档案馆组织“愿景”和职业伦理原则与细则的形成提供理论参照，为档案行风建设和档案馆形象重塑提供借鉴；④试图为档案学理论体系建设贡献新的档案价值观、档案职业伦理、档案事业体系建设和档案馆组织文化方面的认识；⑤将信息前沿技术运用于档案馆社会服务过程，保证服务过程的档案信息安全。

二、成果研究内容及方法的创新程度、突出特色和主要建树

（一）成果研究内容

回顾研究过程，重点关注的话题主要有：档案馆社会化服务的价值目标，档案价值实现的潜在规律和档案馆社会化服务重心，档案伦理、档案馆伦理与档案馆社会化服务创新思路，档案馆社会化服务理论与档案馆功能拓展、档案馆社会化服务过程中的信息安全技术及应用以及其他相关研究（主要是社会档案意识的提升）。总结出“双元价值，双重责任，双向拓展”的档案馆社会化服务推进战略，并就上述话题的理论和实践部分进行了认真的讨论和设计。

1. 关于档案馆社会化服务的价值目标

只有正确的价值观引导或生发，才能有持久健康的档案馆社会化服务功能发挥。因此，项目研究基于社会学、管理学和史学经典进行了有关“档案价值”认识的深入考察。

核心观点：“档案双元价值”是档案事业和档案馆社会化服务的价值观核心（档案双元价值指：档案是作为行为方式（工具）和作为对象实体（信息）的双元

价值结合体）。

主要观点：在韦伯的理论中，“档案”被认为是一种形式合理性与实质合理性相结合的管理要素，暗合档案双元价值的理解；英国社会学家吉登斯则将档案理解为组织不可或缺的“知识监视体系”，也恰好符合“档案双元价值”的理解和意义；在泰罗、法约尔、埃默森等多个管理学大师潜在的档案价值观中，档案是同时作为知识信息和作为组织维系的工具意义存在并发挥作用的；“近代史学之父”兰克的成就一定意义上说是源于“档案”价值取向；因为档案方式的工具价值具有普遍意义，所以档案馆社会化服务首先可以看成是档案馆以其独特的专业优长进行社会渗透和技能推广的功能实现过程；只考虑到档案的信息价值是不完整的，必然引导相应的档案馆实践走向偏离档案本质的道路。

主要阶段性成果有：《椭圆现象：关于档案价值实现的一个发现》（覃兆刿等发表于《档案学研究》2009 年第 5 期，被列入档案学前沿，武汉大学朱玉媛教授等认为是关于档案价值研究的重要成果）。《档案学研究》2012 年第 1 期发表《从观念到理论——档案双元价值论的演变轨迹研究》（作者：任越，国家社科基金阶段性成果），专题研究相关内容，认为“椭圆运动规律的提出是对档案双元价值观认知层面的深入，它使档案双元价值运动的轨迹在数理分析的层次完成了逻辑上的推理与验证。如果说覃教授在提出档案双元价值之时是从对行为方式与对象实体的层面为档案价值认知提供了新的途径和观点，那么档案双元价值的椭圆运动规律的提出就是对档案工具价值与信息价值之间关系的一种规律性认知”。“它使档案学界对档案双元价值观的理解从一种创新性的理论表述，转向为一种阐释档案价值运动规律的原理。这种极具科学价值与创新性的认知结果从理论演进规律层面使档案双元价值观踏进了档案学理论的‘殿堂’。”（文章被《档案学研究》《山西档案》《湖南工程学院学报》《学理论》和《档案学研究进展》（武汉大学出版社）所发表的相关研究论文所引用）；《论韦伯组织理论建构中的“合理性”与“档案”——兼及韦伯档案观的双元价值分析》（覃兆刿发表于《档案学研究》2006 年第 2 期,《兰台世界》等发表的相关研究论文引用。）；《析经典管理理论中的“档案”要素——兼及档案作为管理要素的“双元价值”分析》（覃兆刿发表于《档案管理》2006 年第 2 期）；《论兰克史学的档案取向及其在欧美和中国的影响》（覃兆刿发表于《档案学通讯》2006 年第 6 期，中国人民大学复印资料《档案学》全文转载）；《档案价值新论：档案双元价值观的逻辑内涵与实践体认》（项目组成员聂云霞发表于《档案与建设》2010 年第 6 期）；《“双元价值”观照下的档案学逻辑起点问题》（范磊毕业论文，获评湖北省优秀学士论文，覃兆刿指导）。

1）基于社会学、管理学和史学经典的“档案价值”考察

对社会学理论的结合研究是以韦伯和吉登斯为范本的。研究发现：在韦伯的理论中，“档案”是作为工具理性的载体，是客观性和实证主义追求的必然选择。韦伯在组织理论中强调“档案”要素，是因为其组织的“合理性”体现为以知识

为依据的管理，而“档案”恰是组织特有的一种元知识。韦伯组织理论的“合理性”体现出“技术化倾向”，而“精通档案”已被视为一种重要的行政管理技术。韦伯重视档案的情结还源于他对历史经验的借鉴。故“档案”二字在韦伯的组织理论中被强调，实则是其组织理论建构的逻辑必然，也是其行政组织体系之所以被称为“理想”的一个重要表征。“档案”这一要素是作为组织管理“非人格化倾向”之体现、作为“客观化”或“实证主义”管理风格之载体、作为纯粹理性主义的“工具——目的”的一种“知识”（信息）与“技术”（工具）的结合而被嵌入这一理论的。“档案”在韦伯的理论中，可以认为是一种形式合理性与实质合理性相结合的管理要素，即“档案是作为行为方式（工具）和作为对象实体（信息）的双元价值结合体”。

而英国社会学家吉登斯则将档案理解为组织不可或缺的“知识监视体系”，知识的信息价值，监视的控制工具意义，恰好符合了“档案双元价值”题中之义。

对经典管理理论的结合研究是以泰罗、法约尔、埃默森等多个管理学大师为范本的。研究惊喜地发现，科学管理之父泰罗在他的实验和研究过程中，强调为工人建档，以便于经验和记录的参考利用。法国科学管理之父法约尔，他的“五职能论”具有广泛深刻的影响，而他在晚年强调的“管理机器”却完全有理由认为是对组织文档系统的高度重视。他认为一个正常健康的组织，应该具有系统完善、保管安全、利用方便的文档资料管理。另一个美国管理学大师是以“效率主义”闻名的埃默森，他提出了一个组织（企业）保证和提高效率的十二条原则，其中一条即强调系统完善的组织活动记录及其保存。在这些管理学大师潜在的档案价值观中，档案是同时作为知识信息和作为组织维系的工具意义存在并发挥作用的。

对相关史学经典的结合研究是以兰克为范本并来进行中外比较发现的。兰克被誉为“19 世纪世界史学界的泰斗”“近代史学之父”，研究发现：他的史学成就离不开他“如实直书”的治史主张和作为“第一个善于使用档案的人。”从一定意义上讲，是档案成就了兰克史学，是档案成就了世界近代史学，档案与史学的结合有力地推进了史学的近代化。同时，兰克史学也进一步强化了欧美各国对公共档案馆建设的重视，促进了欧美档案馆事业的近代转型和档案学作为独立学科的亮相。由于中国近代史学也深受兰克思想的影响，在一些认同兰克思想的学界巨子中，我们都能读到近代档案“双元价值观”的隐约发现以及内在的哲学根柢和审美取向。认识兰克史学中重视“档案”的特质及其意义，对于我们深入分析近代档案事业和档案学兴起以及档案馆公共文化功能会有帮助。

2）基于档案馆社会化服务的档案价值解读和分析

在本项目研究框架内，以档案馆社会化服务为旨归，项目组在《档案价值新论：档案双元价值观的逻辑内涵与实践体认》《“双元价值”观照下的档案学逻辑起点问题》等论述中确认并更加全面地总结阐释了档案双元价值取向的合理性。

研究进一步分析了“档案双元价值观”的逻辑内涵，认为双元价值观是对工具价值和信息价值的一体观照，对档案社会责任与档案服务公众的两端并重。认为“档案双元价值观”暗合档案的双重属性，工具价值体现为记录的建构与整体性、凭证性维护，信息价值依赖于社会化服务和经验知识的共享。“档案双元价值观”是档案传统走向现代化的价值内趋，是实现档案事业现代化目标的观念要件。档案馆社会化服务的功能与效能从根本上生发于档案双元价值观念的内植和外化。在这些讨论中，研究还对档案双元价值在理论与实践上的意义进一步系统和深化，认为：**“档案双元价值观”试图揭示档案形成规律和档案价值规律。**

首先，从档案形成的过程及结果来看，档案是社会实践活动直接形成的真实的历史记录，它随着社会实践活动的进程，根据社会实践活动的客观需要自然形成。因此，它是从当时当事直接使用的文件（大文件）转换而来，并非在现今使用之际临时编造的；它客观地记录了真实的历史情况，是令人信服的历史证据。“工具价值”取决于档案行为方式，反映了从记忆的需求到控制的实践，即档案意识——收集——整理——鉴定——保管等管理环节对档案形成所具有的凭证性和结构性意义。

档案馆社会化服务的开展首先依赖于朴素的民众档案意识。为此，我们针对不同阶层进行了“当您听到档案二字会在脑海出现什么情景”为题的档案社会意象调查。调查发现：不同文化层次、不同职业和不同年龄阶段的人，会对档案有着不同维度的理解。但在多数公众心目中，档案与“身份”“证件”“旧物”“神秘”“管控”“真实”“原始”“文件”等概念直接或间接相关，而这些概念首先是档案作为凭证控制行为即作为工具的意义植根于人心的。工具价值是档案价值解读中必须首先注重的。

发端于行政管理领域的档案管理多与文书、行政等行为交织，更多体现为制度和法律规章的建设，体现为政权的维护和秩序的维护。如周王朝立石室金匮制度，将一些重要的档案收储在“金縢之匮”中；汉代修建石渠阁，“藏入关所得秦之图籍”，并仍将“丹书铁契，金匮石室，藏之宗庙”。唐朝统治者将档案作为施政工具，并通过逐步完善的档案管理体制和相关的法律来弥补和加强。《唐六典》和《唐律疏议》中对文书档案管理的法律规定以及甲库对专门档案——甲历档案的保管。还有像文书用印制度、问卷交结制度、档案副本制度，尤其是明朝的照刷磨勘文卷制度，对“在京大小有印信衙门”的各种档案“照刷卷宗”。我们不难发现，在中国古代政治格局和体制基础上，档案管理总是随着政治发展和行政效率等问题变更而变化，档案工作的工具价值取向十分明显。

“档案”既然首先是一种人类行为方式，其工具意义是它以其独特的理念、结构和技能以及在人们心目中长期积淀所形成的信赖。因为档案方式的工具价值具有普遍意义，所以档案馆社会化服务首先可以看成档案馆以其独特的专业优长进行社会渗透和技能推广的功能社会化实现过程。档案寄存服务、追踪社会大事、记录城乡变迁、通过档案实现企业内部控制等，其实都是档案工具价值实现的过程。档案馆在社会化服务过程中必须借助现代高新信息技术，实则也是工具能力的扩张过程。一方面，只有社会更广泛的人群自觉地接受了“档案管理”这种行为文化或管理文化，才能更全面更及时更深入地记录和保存更多有价值的人类活动信息；另一方面，在这种模式推进中全社会的档案信息意识兴起，档案管理领域拓展，档案信息消费群体扩大，档案资源社会转化需求增长，从而档案信息价值的实现才有更加深厚的社会基础和机制保障。冯惠玲教授提出的给社会以“档案关怀”、胡鸿杰教授指出的“在社会领域中一种活动的模式有时候比它说明的概念更重要”，实质都是在强调档案的工具价值。

工具价值要求档案承载社会秩序控制与公众利益的凭证维护和实践体认：一是档案作为记忆方式，体现为一种结构和功能；二是作为记录的连续体存在，负载着凭证性控制与维护的诉求。档案工作者不仅要重视现有档案信息资源的内容真实性，更要关注整个档案形成运动过程的真实性，以高度的社会责任感和良好的业务技能认真履行“维护”的使命。

其次，从档案作用扩展规律来看，档案保存着真实的历史痕迹，反映了从记忆需求到利用服务的完整过程，以及从形成主体到利用主体之间价值扩展的规律。档案信息在社会发展中具有不可替代的作用，其社会信息功能主要体现在人们利用其资治、求证、科研、教育、休闲等方面，而档案信息价值的目标实现则是以档案信息的有效性为标志，即档案作为信息被社会广泛认可并利用。

档案社会化服务的实现与档案信息资源化、管理知识化和服务社会化紧密相关。档案传统对档案信息价值的忽视，要靠服务社会公众的意识来加以补充、改造、完善。实现档案馆社会化服务的前提是档案信息首先被视为一种社会公共资源。档案信息价值的全面实现必然以档案信息资源的共享为前提。档案馆有责任也有义务让社会公众享受“档案关怀”，使他们可以借助档案信息获得根源感、身份感、归属感，借助档案信息实现自我发展的需要。档案馆若不以向社会提供档案信息服务作为档案馆的核心工作，那么从社会道义和社会责任角度来看，档案馆对于公众的意义及其合法性将受到质疑。档案馆在其中的功能包括资源聚合和资源传播两个方面，即尽可能多地聚合高价值或与社会需求高度耦合的档案信息资源，同时尽可能使更广泛的社会组织和公众能够便利地从中获益。资源聚合包括资源选择、积累、揭示和优化。对原有资源的整合、鉴定、开发以及基于“公共”和“文化”特征并建立在科学的用户分析与研究基础上的后续资源结构规划（或资源计划）与业务流程重组，如档案寄存和代保管、资源数字化、综合性或专业性更强的档案数据库建设、馆际合作等，都是以服务带动的资源聚合形式；资源传播包括档案信息传播中服务方式的对称性选择、传输渠道、传输技术、服务深度、效益评估和安全因素等内容。档案馆社会化服务要求研究多样化、交互式的服务模式，既包括对档案展览等传统服务方式的深入研究，也包括网络环境下档案信息服务的理念、技术以及档案个性化服务等问题。档案信息服务方式的创新甚至档案信息是否可以产业化等，都是值得研究思考的话题。

“档案双元价值”试图搭建“两个时代”的档案意义。

档案管理实践经历了纸质之保管时代和电子之“后保管时代”，表现为从实体管理（一元实践）到实体与信息管理（二元实践）并重，从消极控制到积极维护与服务，从后端保管到前端控制，从封闭化到开放化、信息化、知识化等四个方面的特征。纸质文档管理实践重“藏”轻“用”的时代即将过去。

“档案双元价值”试图反映档案管理实践的两大原则。

“来源原则”指档案馆按照档案的形成来源进行整理和分类，要求保持同一来源的档案不可分散、不同来源的档案不得混淆的整理原则。从内容和结构上看，档案“来源”反映的是信息整体之间（包括内部的部分关系和内外部关系）具有的原始“秩序”，而这种“秩序”在历史形成中具有的凭证功能需要档案机构进行“合目的性”（合意志、合标准、合方法等）的“控制”与“维护”。所以，档案的工具价值赋予了“联系”以可靠性、凭证性、真实性，构成了档案行为与对象的永恒范畴，使“主客体关系”具有历史的原始的“确定性”特征；档案的信息价值又使其功能展开，在不同历史阶段、不同主体之间充斥差异性，从而构筑档案事业传统和现代化的范畴，使“主客体关系”具有时代的技术的“沟通性”特点。“档案开放原则”，是档案管理实践必须遵守的另一准则，经历了“档案馆开放”“历史档案”以及当今“开放档案”等三阶段。档案开放原则从对主体开放职能的规定到对档案客体性质与价值说明，充分反映了“档案实体”所承载的信息价值作用逐渐为社会公众所认可。近代社会，档案信息价值被发现并受到重视，档案专业技术因此被上升到行业理念和“学”的层面，进而推动了档案事业的专门化。但是如果对档案价值某一方面过分强调，反过来又会使我们迷失档案事业的固有方向，迷失本然的档案价值追求。

基于档案价值的深入分析告诉我们，档案馆事业的价值目标必须包括两个方面，即工具价值和信息价值，只重视工具价值或信息价值的一元价值主张，并不是科学的档案价值观。以单一的档案信息价值实现为目标去指导档案事业的现代化建设，也必然具有很大的局限性和片面性。无论“重藏轻用”“重保密轻开放”还是“以利用为纲”“无条件全面开放”，都是偏离档案价值目标的反映。

在档案事业现代化进程中，必须强调以双元并重和双元实现作为现代档案价值目标。档案馆社会化服务也必须体现双元价值的有机结合。

2. 关于档案价值实现的研究

研究发现，由于档案利用主体以及时空条件的差异，价值取向及结合情形不同，导致其作用效应也不一样。由于档案价值本体在量的意义上是相对固定（潜在）的，而档案价值在不断实现（不断被利用）的过程中，每次实现的价值呈现量恰好分布在一个以“双元价值”为两焦点的椭圆上。

核心观点：档案事业和档案馆社会化服务不能离开“两个核心”的价值取向。档案价值实现暗藏着一种规律，即档案双元价值的椭圆运动规律（“椭圆现象”），要想达到档案价值的充分实现就必须体现出对工具价值与信息价值的“双元并重”和高度结合。档案工具价值和档案信息价值不可偏废。

任何时候，档案馆只强调“一个中心”的工作思路都是错误的。

档案馆社会化服务实践要体现“双重责任”的担当和落实，即必须坚持维护社会记忆与凭证力、整合和开发利用信息这两个方面的社会角色和使命。

在对档案价值、档案馆价值目标和功能定位进行了有益的思考之后，档案价值从原理上如何更清晰地解读，价值实现有无潜在之规律？随着中国人民大学任越博士（今黑龙江大学档案专业教师）等在研究中产生的疑问，项目组开始对此进行深入的思考、讨论和证明，终于在 2009 年获得了惊喜的发现，并在《档案学研究》2009 年第 5 期发表了《椭圆现象：关于档案价值实现的一个发现》一文。

这一研究从“档案双元价值观”入手，将档案价值作本体与实现意义上的区分，由此揭示出关于档案价值本体与档案价值实现关系的一个全新发现——椭圆现象。

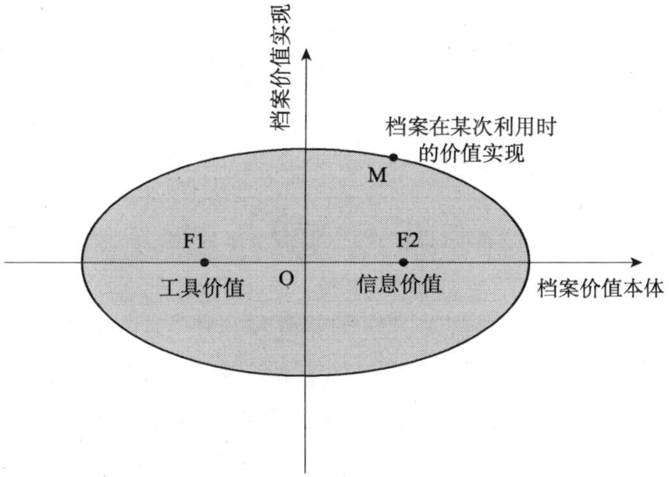

图1 档案价值实现的“椭圆现象”

档案价值在本体意义上，其量的大小相对稳定；在实现意义上，“双元价值”所对应的价值量与实现量之间理论上也可以划等号。但由于利用者、时空条件、利用目的不同，档案价值效应外在的表现通常是动态的、偶然的、部分的、累加的。“档案价值实现”与“档案利用”之间也有本质的不同，“实现”是指对档案价值“量”的客观呈现，而档案利用则是反映价值预期的主观性活动。档案的双元价值特性，决定了档案价值实现过程的双焦点必须共同作用。观察具体的档案利用过程我们发现：由于档案价值本体在量的意义上是相对固定（潜在）的，而档案价值在不断实现（不断被利用）的过程中，每次实现的价值呈现量恰好分布在一个以“双元价值”为两焦点的椭圆上（见图1），我们把关于档案价值实现的这一发现称为“椭圆现象”。这一现象显示：档案价值实现暗藏着一种规律，即档案双元价值的椭圆运动规律，我们要想充分实现档案价值就必须体现出对工具价值与信息价值的双元并重和高度结合。

我们可以将“椭圆现象”视作以“双元价值”视角解析档案价值本体与档案价值实现之间的关系模型。之所以把档案价值实现的这种规律性称作“椭圆现象”，是因为这种规律和椭圆图形之间具有主要关系意义上的暗合与对称。

3. 关于档案馆伦理与档案馆社会化服务创新

伦理重构是档案馆对服务文化和社会需求心理的必然回应，效能高低又受制于内部关系和机制的建设。围绕这一话题，项目组讨论了档案馆伦理结构、原则和细则。

核心观点：档案伦理的核心是维护凭证真实和公共利益。维护凭证真实是档案的工具价值诉求，维护公共信息利益是档案的信息价值诉求。

主要观点：档案馆伦理主要包括档案馆员职业道德、档案信息伦理、档案馆管理伦理及档案馆服务伦理。基于目的论、义务论、权利论等三种伦理学推理方法档案馆伦理分别对应于九个规范性原则，即忠诚、一视同仁；档案意识主导、共同利益、自律；授权、效能、公正、补偿。

研究还就档案信息服务创新、档案信息服务中的均等化和档案信息产业化等问题进行了辨析和讨论。

主要观点：档案信息服务正面临着多重转型，各种关系亟待理顺。档案信息服务需要清晰的定位与相适宜的制度建设，包括构建行业“双轨制”发展机制、完善社会服务制度、档案信息服务系统协同机制并建立和健全档案资源收集制度。创新与业务拓展方面则可以开展多样化的有偿服务、开创新的工作方法、构建全方位的档案资源、开展特色档案服务、建立多层次网络服务方式并开展多部门联动的主动服务。相当一部分档案事务可以从档案事业中剥离出来实现产业化、市场化经营。

阶段性主要成果有：《档案馆伦理学与档案馆伦理实践》（张艳硕士论文，覃兆刿指导）；《构建档案馆社会化服务的信息伦理机制》（张艳发表于《云南档案》2011年第2期）；吕瑞花等《科技名人档案知识管理实践研究——以老科学家学术成长资料管理为例》（《情报理论与实践》2011年第6期）、《基于公共档案馆视角的档案信息服务均等化探析》（聂云霞发表于《档案学研究》2011年第1期）；《档案信息服务转型及工作创新研究》（乐庆玲发表于《兰台世界》2008年10期，中国人民大学复印资料《档案学》全文转载）；*Research and Practical Progress on Information Service Transformation*（《国外信息服务转型研究及实践进展》）（乐庆玲等发表于 *International Conference on Services Science*, *Management and Engineering*，2009 年 8 月出版，IEEE Computer Society 出版社）；《信息公开环境中档案信息服务之对策思考》（聂云霞发表于《档案学通讯》2007 年第 6 期）；《档案信息产业化之辩》（覃兆刿等发表于《记忆 · 历史 · 文化》，2009 年版，湖北人民出版社出版，为《档案学研究》发表的同行研究论文所引用）以及《 档案伦理结构探析》（作者为项目组成员付登舟）。

1）档案伦理与档案馆伦理建设

伦理重构是档案馆社会化服务效能发挥的前提。面对社会化服务，档案馆必须进行职业心理的重新“修炼”。档案馆必须确立以实现公共服务为使命的组织目标，并因此引导一种以职业伦理重构为核心的新的组织文化；必须培育与服务相适应的人文主义精神，体现以社会顾客为本的思想，给被服务者以人文关怀，并努力营造档案利用环境的人文氛围（包括档案馆和网络环境）；必须引导档案馆员工确立与档案馆组织目标一致的职业“愿景”，并真正树立主动服务于公众的职业道德，以服务为中心明确新的权利、义务和责任概念。效能发挥是对伦理适应性的检验。

关于档案伦理和档案馆伦理的研究是从职业伦理、信息伦理和档案馆伦理学与档案馆伦理实践三个层面展开的，体现伦理学理论与应用研究的结合。

研究认为，档案管理伦理是一种关于权利、义务关系的规范体系，档案管理伦理是一种关于档案管理的价值体系，档案管理伦理是档案管理权力的一种内在约束机制，档案管理伦理是关于档案管理人员职业规范的范畴体系，档案管理伦理是一种特定的档案文化。

从职业伦理论，所谓档案伦理就是指档案管理主体在履行职责和义务过程中应遵守的伦理道德规范。研究中，首先针对档案伦理结构进行了分析，认为档案伦理结构由三大部分组成，一是档案伦理内容：涉及档案伦理价值取向、档案伦理范畴和档案伦理规范三方面。二是档案伦理关系：涉及内部档案伦理关系和外部档案伦理关系两方面。内部档案伦理关系又由三方面组成：即档案部门间呈现的竞争、冲突与合作的伦理关系，档案部门与档案人员间呈现的道德冲突与伦理救治关系，档案人员间呈现的等级与人格平等关系。外部档案伦理关系即档案部门与公民间呈现的权力、义务与价值关系。三是档案伦理功能即由规范功能、中介功能、评价功能和激励功能四方面构成。

研究中强调，档案伦理的核心是维护凭证真实和公共利益。维护凭证真实是档案的工具价值诉求，维护公共利益是档案的信息价值诉求。当然，把公共利益作为档案伦理的价值取向，也是法律的要求，是档案管理主体行为选择的要求。作为一种职业伦理，档案伦理范畴包括档案理想、档案人格、档案良心、档案态度、档案纪律、档案作风等。档案伦理规范是主客观的统一，是自律和他律的统一。

研究还对以“守护记忆、维护真实、传播信息、服务社会”为核心的档案伦理规范进行了解读。

在对作为职业的档案伦理认知之后，研究还从信息伦理的角度探讨了如何构建档案馆社会化服务的伦理机制，研究针对档案馆社会化服务中可能产生的伦理问题，如档案馆在面向社会公众提供服务的过程中涉及信息主体的道德观念紊乱、信息行为失范、信息权益难题；涉及信息环境的技术困境、信息法律规范缺失；涉及信息的信息污染、信息鸿沟等价值失落和伦理困境，从国家法律、档案管理者、档案利用者、社会舆论多方面，寻求应对档案馆社会化服务中信息伦理问题的解决办法，从而构建相应的信息伦理机制。论述中强调了必须的法规约束、职业操守、服务能力和社会环境营造。

之后，研究开始着眼于档案馆伦理如何重构，并将这些内容放入一个关于档案馆伦理学的体系建构中，为后期的“档案馆伦理学大纲”做准备。

从目前来看，国内学术界对档案馆员职业道德和档案信息伦理的研究较为关注，对档案管理伦理、档案馆服务中的伦理也有一定的触及，但均为针对具体问题的分析。国外学界已经开始注意和探讨机构层面（包括档案馆）的伦理问题，但主要集中在档案伦理和档案职业伦理两方面，尚未对档案馆伦理实践做出系统的分析和建构。

鉴于内容的复杂性，研究过程将内容置于档案馆伦理学体系构想，讨论档案馆伦理及其原则的构建，包括档案馆员职业道德、档案信息伦理、档案馆管理伦理及档案馆服务伦理。与此对应，还分别基于目的论、义务论、权利论等三种伦理学推理方法提出了九个规范性原则：忠诚、一视同仁；档案意识主导、共同利益、自律；授权、效能、公正、补偿。

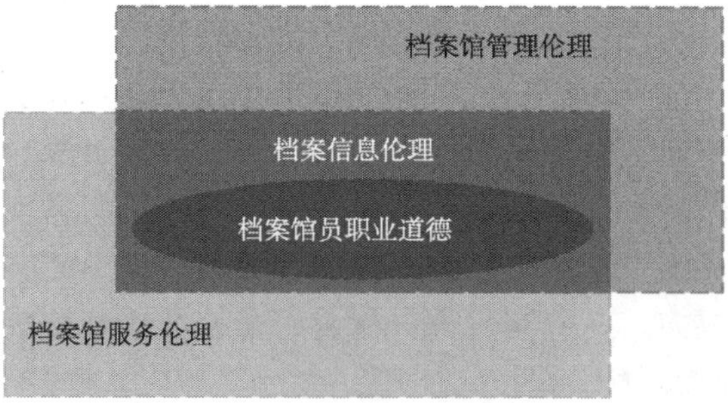

图2　档案馆伦理的三个层级

研究围绕档案馆实践中的困境，根据上述档案馆伦理规范性原则进行了伦理分析。

研究中特别关注了档案馆伦理实现的细则设计。通过文献研究和实地调研的现状分析，制订了档案馆实践中的行为细则和配套机制，并从档案馆员职业道德规范细则、档案信息伦理细则、档案馆管理伦理及服务伦理细则三个方面设计了档案馆伦理的结构和内容以及相互关系。

2）档案馆社会化服务与工作创新

档案馆社会化服务需要与之相宜的机制建设。服务所需要的正确理念和内外沟通机制、内部竞争机制，如何借助市场力量实现服务目标和方式的变革，以服务为中心的业务流程改造，建立档案馆工作创新运作及反馈、用户研究基础上的产出导向和绩效评估机制等，是这一部分的主要研究节点。

研究以档案馆社会化服务效能的提升为旨归，从分析档案信息服务所面临的挑战入手，发现档案信息服务中的均等化问题，探讨多样双轨的服务模式，并就档案信息产业化问题进行了辨析和讨论。

研究发现，档案信息服务正面临着多重转型，各种关系亟待理顺。包括从国家模式到社会模式的转变，从档案实体服务到知识服务的转变，从注重社会效益向社会效益与经济利益并重转变，从单一服务到综合性集成服务转变。针对这种情形，档案信息服务需要清晰的定位与相适宜的制度建设，包括构建行业“双轨制”发展机制，完善社会服务制度，档案信息服务系统协同机制，建立和健全档案资源收集制度。而档案信息服务工作的创新与业务拓展则可以在以下几个方面着力：开展多样化的有偿服务，开创新的工作方法，构建全方位的档案资源，开展特色档案服务，建立多层次网络服务方式，开展多部门联动的主动服务。

研究还及时关注到我国第一部信息公开方面的行政法规《中华人民共和国政府信息公开条例》（2008 年 5 月 1 日起施行）的出台，从信息公开的角度讨论档案馆信息服务的责任、义务。如何在信息公开新环境中进一步做好档案信息服务，关系到国家利益、社会利益和公民利益。从新发布的《中华人民共和国政府信息公开条例》出发，讨论关注到新环境中我国档案信息服务需要认识的一系列问题：明确档案信息服务是现代档案馆的核心职能；围绕政府信息公开，创新档案信息服务；开展网络政府信息公开，扩展档案馆服务空间；加强制度建设，维护利用者合法权益；积极主动争取，凸显档案信息优势服务；建立双向沟通机制，增强档案信息服务的交互性。

实现公共服务均等化，是现代政府追求的目标。研究认为，档案信息服务均等化是社会公共服务均等化的一个重要方面。档案信息服务均等化的实质是指档案信息的公平，主要表现为档案信息资源的公平配置和档案信息的公平获取，是对“建立覆盖人民群众的档案资源体系”和“建立方便人民群众的档案利用体系”之实践观照和逻辑体认。档案信息服务均等化，并非忽视我国档案事业非均衡发展的实际，而是在非均衡发展的客观状态下，找寻一条符合我国国情和我国档案事业发展现状的最佳途径，实现档案信息的“供”“需”平衡，逐渐缩小信息鸿沟、消除信息不对称现象，促进社会信息公平。档案信息资源的公平配置和档案信息的公平获取是档案信息服务均等化的两个主要内容。公共档案馆在推进档案信息服务均等化中具有一定优势。推进档案信息服务均等化策略包括：建立公共档案馆档案信息资源整合共享机制，确保档案信息资源配置公平；建立健全公民权利保障机制，确保公众档案信息资源获取公平；加强公共档案馆服务意识和服务能力的培训，树立档案信息服务以人为本的基本理念；制订公共档案馆权责相依的绩效管理机制，避免档案信息服务均等化过程中的“形式化”和“不作为”；建立稳定资金来源，多渠道筹措，确保档案信息服务均等化的优质高效、可持续发展；构筑公共档案馆档案信息服务宣传教育和公共关系平台，提升公民档案信息服务均等化意识。

针对市场经济、信息服务竞争和档案馆服务能力提升，研究还针对档案信息服务的形式和途径譬如是否可以产业化等问题进行了讨论。

所谓档案信息产业化是指：在重新优化组合档案馆组织机构、人员、信息资源的前提下，改变传统的档案管理和服务模式，把档案信息的收集、加工、传输、存储、检索、利用、咨询以及信息系统和网络建设等零散工作，按产业发展的要求进行组织和调整，建立和完善集中的档案信息产业或档案文化产业的动态过程。其核心内容是在档案信息资源开发的基础上，对信息产品、技术和服务实行产业化经营。

研究的结论是：不赞成发展“档案产业”并推进“档案产业化”，但相当一部分档案事务可以从档案事业中剥离出来实现产业化、市场化经营。针对三种最具代表性的反对意见进行剖析，认为档案信息产业化是不可逆转的趋势。认为，档案馆不能以“自利”为边界，以成法为“规律”，以封闭为“常态”，作为拒绝产业化要素的理由。而反产业化人士或以档案的特殊性、安全性为借口，或因对公益事业的片面理解，或对社会效益和经济效益认识的不清，并且轻视档案信息服务的质量。

由于档案馆必须通过社会化服务职能的拓展，从而在信息社会中承担起应尽的社会义务和责任，所以档案信息产业化的主张可谓应运而生。但很多人对此都抱着慎之又慎的态度。不少人关于社会化服务的理解止于网络环境带来的便利，以为如此社会化服务便已水到渠成。但是，这种止于技术表象的论述，忽视了发现最核心、最实质的动力机制，忽视了重要的成本和效益关系。

数字档案馆建设就存在投入与产出不协调的问题。研究过程中将数字档案馆与数字图书馆进行了比较，使问题看得很清楚。研究发现，数字档案馆建设投入的费用是巨大的，而且远远高于数字图书馆的建设费用……与其说数字档案馆是高新技术支撑起来的，不如更实际地说是由巨额资金支撑起来的，因为所有的高新技术和设备都将由资金来兑现。数字档案馆的建设与利用，不论对于档案部门还是利用者，都有很重的经济负担，经济问题可能是困扰数字档案馆建设的根本性难题之一。为什么数字档案馆的研究进入了这样一个尴尬的死胡同？如果一切论证都归宿于“需要国家政府加大资金投入”，我们简直不敢想象将要建造起一个怎样的“空中楼阁”！而只有产业化强调市场的意义，强调投入与效益。在当前国力条件下，数字档案馆建设要想真正受到认可并持续发展，必须借助内力的提升，必须接受市场的检验，而档案馆部分业务的产业化经营将是一种选择。

针对当前档案馆坐视信息供给力低下却又排斥市场的作用，服务品质定位偏低引发用户移情别恋的现象，研究认为，只有产业化，才能真正实现资源和市场的联结；只有产业化，才能充分尊重潜在的市场需求；只有产业化，才能汲取社会资本并整合资源优势。而这些问题，是档案馆目前的社会化服务策略所无力解决的。

市场需要更多凝结着档案工作者智慧和劳动的档案信息产品，那种满足于被动地提供显性信息的低层次档案馆服务，正在让我们失去越来越多的用户。因此，就档案馆而言，要想增强档案信息产品、技术和服务与社会公众需求之间的耦合度，要想获得经济效益与社会效益的双丰收从而实现档案信息服务的终极目标，产业化是一条目前能够找到的最佳途径。

或许，档案信息产业化正是档案馆在“夹缝时代”的求生良策。政府应该将大量可以产业化的档案事务交还给社会，运用市场机制，充分发挥服务的效能，以满足社会对档案信息产品、技术和服务多方面、多层次的需求。在此期间，项目负责人出席了中俄企业档案工作研讨会，俄罗斯国家档案事务在产业化方面的做法，特别是针对企业的档案服务，为档案信息产业化提供了来自域外的经验性支持。

研究认为，档案信息产业化建设必须做好相关心理准备，并从外部宏观环境改造和内部微观环境建设两个方面着手。在外部环境改造中，要注重档案管理体制改革、档案信息市场建设和相关法律法规环境改善的重要性，在内部环境建设方面，构建档案信息产业的产业价值链模型，并对该产业价值链的优劣环节进行了分析，最后据此提出了产业流程再造的思路和产业发展战略。

4. 关于档案馆社会化服务理论与档案馆功能

如何认识档案馆的主要社会担当，如何将分向的研究融会贯通，在图书情报档案一级学科范围内，有无重要的可以作为档案馆社会化服务参照的理论成果？项目组先后发表或形成了一些较为系统的论述。

核心观点：档案馆社会化服务功能要体现“双向拓展”的思路，一是社会管理功能的切实发挥（更全面更有效），一是作为信息和文化资源的积极建设与服务（更丰富更深入）。

主要观点：周文骏先生的《文献交流引论》，是以对文献机构的“价值”和“功能”认识为逻辑起点的，可以作为档案馆社会化服务的重要理论参照；档案馆社会化服务要注意档案价值目标内驱动力与社会需求外力作用所产生的结构震荡与伦理重构，并将这种档案馆伦理重构看成服务效能发挥的前提；档案馆社会化服务的运行机制取决于多种因素的相互作用与耦合关系，因而要关注其服务“社会化”的系统性和过程性；档案工具价值与信息价值的实现应成为新的档案馆组织“愿景”，以“伦理重构”为核心来表征档案馆必须面对的适应性变革，是为了体现档案馆谋求“有效服务”时必须进行的职业道德修炼和组织文化“再造”；档案馆要在社会管理和秩序维护中自觉发挥作用，要面向社会寻求档案资源，追求记忆的全面和深入，要寻求社会技术支持，实现层级管理向合同管理的转变。要以面向公众服务为使命，改变传统的组织文化以建立新的“心理契约”。

主要阶段性成果有：《“文献交流理论”观照下的档案馆社会化服务》（覃兆刿应邀在北京大学英杰学术报告厅宣读，并发表于《国家图书馆学刊》2007 年第 1 期，成为当时图书文献学领域“推荐阅读”文献。）；《价值目标与伦理重构——关于档案馆社会化服务的功能与效能研究》（覃兆刿发表于《档案学研究》2005 年第 5 期。被《档案学研究》《云南档案》《北京档案》《黑龙江档案》《经营管理者》《潍坊学院学报》发表的多篇同行研究论文和国内多篇硕士论文引用。受武汉市城市规划信息中心“大家讲坛”邀请讲座。）；《试论档案馆社会化服务与功能拓展》（任汉中发表于《档案学通讯》2011 年第 1 期）；《档案馆社会化服务的理论探讨》（任汉中发表于《档案管理》2009 年第 3 期）；《省级数字档案馆系统的信息服务方式》（雷春蓉发表于《云南档案》2010 年第 1 期）；《档案馆社会化服务的原理与策略探析》（范磊硕士论文，覃兆刿指导）等。

“档案馆社会化服务”虽是档案馆转型时期普遍兴起的一种理念和追求，但我们却并不能因为强调现代化就忽视档案馆发展的内在规律。项目研究开始之初，正值国家档案局开展“档案馆功能定位”和“全国档案馆拓展社会服务功能”方面的讨论，而多数档案馆只作形势跟进的理解。如何理解档案馆功能，如何为档案馆社会化服务找到基本的逻辑起点？

研究发现：著名图书馆学家周文骏先生的《文献交流引论》，其中学术观点及其论证，正是以对文献机构的“价值”和“功能”认识为逻辑起点的，可以作为档案馆社会化服务的重要理论参照。

《“文献交流理论”观照下的档案馆社会化服务》一文，系统整理出周文骏先生在该书中有关档案和档案事业的论述，并与档案馆社会化服务进行关联分析。《文献交流引论》是周文骏先生关于“文献交流”思想的系统化。其中认为“档案馆是一种与图书馆具有同样悠久历史的文献交流机构”，这是基于他对图书、情报和档案的深层共性——“交流”的认识。以“文献交流理论”观照档案馆社会化服务问题，作为文献交流机构的档案馆承载着“工具”和“信息”双元价值实现的职能，故档案馆社会化服务完全可以理解为促进这种“交流”更广泛更持久地实现的一个过程。这一研究，对“文献交流”视角下的档案馆价值目标、过程中的“交互性”、系统性、与图书情报服务的差异性和相应的组织变革与效益评价作了系统讨论。

关于档案馆社会化服务的综合理论研究，在《价值目标与伦理重构——关于档案馆社会化服务的功能与效能研究》《档案馆社会化服务的理论探讨》《试论档案馆社会化服务与功能拓展》和《档案馆社会化服务的原理与策略探析》中进行了阐述。

《价值目标与伦理重构——关于档案馆社会化服务的功能与效能研究》一文较为全面地说明了本项目研究选题的理解和研究思路，为研究团队在研究思路特别是重要概念理解上发挥了统一的作用。根据对文献和国内实践的了解，文章认为：档案馆在社会化服务中的活动要合于档案事物的内在规律，必须基于正确的档案事业价值观。围绕功能与效能思考档案馆社会化服务，可以避免只讲功能不讲效能，从而将价值层面与操作层面结合起来。要观照档案价值目标的内驱力与社会需求的外力作用所产生的结构震荡与伦理重构，并将这种档案馆伦理重构看成是服务效能发挥的前提。档案馆社会化服务的运行机制取决于多种因素的相互作用与耦合关系，因而要关注其服务“社会化”的系统性和过程性。档案工具价值与信息价值的实现应成为新的档案馆组织“愿景”，以“伦理重构”为核心来表征档案馆必须面对的适应性变革，是为了体现档案馆谋求“有效服务”时必须进行的职业道德修炼和组织文化“再造”。

《试论档案馆社会化服务与功能拓展》一文，从档案馆的社会职能定位入手，阐述了档案馆社会化服务的基本含义。论述档案馆功能定位的物质基础是档案，也是档案馆社会职能的逻辑起点。档案馆社会职能因其工作对象而确立，进入公共档案馆的档案不仅是政府的管理工具，更是一种社会的教化工具。认为以档案为信息媒介对社会成员进行教化是档案馆的基本职能。论述还强调档案馆社会化服务的目标是相对于现有服务模式提出来的。认为现有的档案馆服务是在政府的主导下完成的，社会公众始终处于被动接受或对档案事务失语的地位，档案馆服务的消费者与决策者之间缺乏信息回路，是一种单向的、线性的服务体系。政府的大量投入和档案馆少有观众而成为无人喝彩的“独角戏”，因此现有服务模式存在服务范围狭窄、服务手段单一、服务效率低下、与社会生活缺乏互动机制的特点。强调档案馆社会化服务是一种观念体系和实践体系的变革，是以多层次、多渠道、多形态和多方位为特征的服务体系的建构。因此，不能将档案馆社会化服务仅仅理解为在现有的管理体制下增设服务内容，扩大服务范围，也并不意味着档案馆因此可以将工作职能随意渗透到其他社会组织的职能范围内，而是始终以档案为基本工作对象深入地介入社会生活，施展其社会功能。关于档案馆社会功能如何拓展，论述提出：要面向社会寻求档案资源，追求记忆的全面和深入，档案馆功能拓展首先表现为档案资源来源渠道的拓展；面向社会寻求技术支持（如在档案数字化、档案信息传播、档案编研和知识成果开发、档案文化展等方面都可以借助社会力量），实现层级管理向合同管理的转变（再就档案信息开发和资源建设过程中的市场借助进行讨论）；以面向公众服务为使命；改变传统的组织文化以建立新的“心理契约”。

研究还认为：强调档案馆社会化服务不仅仅是档案馆功能的简单扩展，在向社会公共领域逐步延伸和扩展的发展过程中，需要实现理论上的重新架构。论述认为，档案“双元价值论”是对档案价值的揭示，可以使关于档案价值的讨论有一个比较统一的向度和维度，也使档案问题的讨论有了一个共同的平台和起点。研究还借鉴社会记忆、新公共管理，以及“以人为本”的科学发展观等相关理论，试图构筑档案馆社会化服务的理论框架。

《档案馆社会化服务的原理与策略探析》从分析我国档案事业格局在观念、价值、结构、功能、模式层面发生的强烈变化入手，认为档案馆作为“档案事业的主体和重点”，在社会功能震荡、技术环境变革、人文条件改善的大背景下，“社会化、服务化”是大势所趋。认为国家档案局、中央档案馆倡建的“五位一体”综合性档案馆思路（一方面档案馆作为档案安全保管基地、电子文件中心，另一方面档案馆又作为爱国主义教育基地、政府公开信息查阅中心、档案利用中心），事实上是从实践层面体现出对档案工具价值和档案信息价值并重的取向。论述分析广义档案、社会与社会化服务之间的关联，剖析我国档案现象发生、发展的史实与特点及其社会化特征，说明传统档案实践与档案观念中社会格局的“集体化”趋向，是社会客观发展的“异化”与必由阶段；再引入西方近现代档案事业的经验，以明确我国档案馆社会化服务的时代要求与功能走向。文章还从动力系统与静力系统、服务主体与服务客体、宏观层面与微观层面，讨论了档案馆社会化服务的原理与策略。

在项目深入推进过程中，团队成员还聚焦档案事业文化属性和档案馆文化功能展开了研究。发表的阶段性成果主要有：《“档案文化建设是一项社会健脑工程”——记忆·档案·文化研究的关系视角》（覃兆刿发表于《浙江档案》2011年第1期特约“年度聚焦”首发稿，《中国档案》2011年第5期“观点集锦”摘要）；《人本位——君本位——官本位——以人为本》（任汉中发表于《档案学研究》2006年第2期）；《从朦胧到清晰：档案文化结构的剖析》（任汉中发表于《浙江档案》2011年第4期）。

核心观点：档案文化建设堪称一项改善社会记忆功能的“社会健脑工程”。档案文化建设者要增强“史官”意识，要有文化“多层”“样本”“品牌”和“宣传”意识。

对策建议：着力建设和挖掘与人物相关的记录，形成不同时期、不同行业、不同阶层的人物档案史料体系架构；有意识地进行不同观测点的档案文化项目取样；注意体现档案文化多方面的社会贡献力；充分利用网络、计算机、多媒体等先进通信技术，以更多地占领文化空间甚至引导社会文化关注；加大与其他文化事业部门的定向合作。

作为《浙江档案》“年度聚焦”的特约首发稿和后续稿，《“档案文化建设是一项社会健脑工程”——记忆·档案·文化研究的关系视角》等就档案馆文化问题进行了系统专门的讨论。

研究认为：记忆的需要催生了记录行为，记录的控制选择了档案方式，档案方式保存了历史标本，文化的历史时空系于档案传承。如果从文化论，记忆是一种文化心理，记录是一种“写文化”，档案则是一种文化载体和文化建构的“管理文化”。鉴于档案记忆功能上的完善和文化使命上的自觉，加强档案文化建设堪称一项改善社会记忆功能的“社会健脑工程”。

研究认为：档案既是功能性概念，又是文化性行为，档案对应历史并参与构筑社会文化传统。从强化档案馆文化属性和公共文化服务功能的角度，强调了档案文化建设者首先要增强“史官”意识，档案文化建设要有文化“多层”和文化“样本”意识，档案文化建设要有“品牌意识”和“宣传意识”。

研究还针对具体的档案馆实践提出几点建议：一是充分发挥档案文化的人文资源优势，着力建设和挖掘与人物相关的记录，形成不同时期、不同行业、不同阶层的人物档案史料体系架构；二是要充分发挥档案资源的积累性、连续性、注重过程和细节的特征，有意识地进行不同观测点的档案文化项目取样，细化档案文化品牌，这需要制订长期的战略；三是注意与时俱进，在建设和开发中体现档案文化对经济建设、文化教育、社会教化等多方面的社会贡献力；四是在档案文化的建设与社会共享中，充分利用网络、计算机、多媒体等先进通信技术，以更多地占领文化空间甚至引导社会文化关注；五是加大与其他文化事业部门，如图书馆、博物馆、高校、研究院所、出版社的定向合作，在搭车战略中渐至实现档案文化品牌的社会认知和个性价值。

《从朦胧到清晰：档案文化结构的剖析》则从文化学的角度解构档案文化的“多环形结构”，是由内外结构系统共同作用构成的系统整体，除了内部结构系统各要素之间的相互作用外，内外两个部分之间还不断地相互作用，分析了这种多环结构的应用指导意义。另有《人本位——君本位——官本位——以人为本》等则从档案文化传统、档案文化功能和档案文化生态等立论，对档案文化相关概念进行梳理，强调要分析研究传统档案文化，着眼为档案事业发展营造良好的社会文化环境，注意社会功能定位，并注意加强与异质文化的交流。

5. 关于档案馆社会化服务过程中的现代信息技术

档案馆社会化服务的功能实现和效能提升，离不开信息时代的技术背景。项目组重点针对档案馆在社会服务过程中必然遇到的网络安全问题、数字档案信息秘密传递、数字档案馆安全平台建设等问题展开了研究。

核心观点：将网络信息欺骗技术与 IPS（Intrusion Prevention System）、遗传算法、入侵检测、防火墙等安全技术相结合，可以建立档案馆网络系统的信息安全保障体系，用很低的成本使原有系统的防护深度大大增加，从而有效增强档案网络系统在信息危机四伏的网络环境下的生存能力，保证档案馆社会化服务过程的安全性。

发表的主要阶段性成果有：《档案馆社会化服务中的网络信息安全》（李彩容发表于学术论文集《记忆·历史·文化》，2010 年湖北人民出版社出版）；吕瑞花等《科技人物档案数字化采集研究》（《科技导报》2012 年 35 期）；《信息隐藏技术在档案馆社会化服务中的应用》（李彩容发表于学术论文集《记忆·历史·文化》，湖北人民出版社 2007 年版）；《数字档案馆安全平台建设研究——以湖北省数字档案馆为例》（付正刚、王艳明发表于国家档案局 2010 年 5 月“档案安全保障体系建设”研讨会论文集）；《使用音频隐写技术传输私密档案》（李彩容发表于学术论文集《记忆·历史·文化》，湖北人民出版社 2008 年版）；*Steganalysis of Spread Spectrum Hiding Based on DWT and GMM*（《基于 DWT 和 GMM 的扩频隐写分析》）（李彩容发表于 2009 IEEE 网络安全、无线通信和可信计算国际会议论文集（NSWCTC 2009），由 IEEE 计算机协会出版社出版）；*Audio Watermarking Based on Statistical Moment in Wavelet Domain*（《基于小波域统计距的音频水印技术研究》）（李彩容发表于 2011 年 9 月 23 日至 9 月 25 日第七届无线通信、网络技术与移动计算（Wicom2011）国际会议论文集）。

研究认为，随着技术的进步和各种标准、规范的形成，档案资源信息通过计算机网络共享的功能和服务将越来越完善，必将发挥越来越大的社会效益和经济效益。但网络环境的复杂性、多变性，以及信息系统的脆弱性，档案数据的特殊性，决定了网络安全威胁的客观存在。在档案馆社会化服务中，加强信息网络安全监管和建立保护屏障不可或缺。我们必须把新型的和传统的安全技术相结合，才能建立不仅具有良好的防护能力而且开销有限的安全保障体系。

研究的重点是针对档案馆在社会服务过程中必然遇到的安全问题、数字档案信息传递、数字档案馆建设等问题展开的。

其中，《档案馆社会化服务中的网络信息安全》探讨了档案馆社会化服务过程中有关网络信息的安全问题，介绍了目前数字化档案信息网络安全常用的技术及面临的问题，重点论述了未来档案馆社会化服务中用于保障网络安全的新技术——IPS、遗传算法和信息欺骗技术。

入侵防护系统（Intrusion Prevention System）与只检测和报告已发生的攻击行为的 IDS（Intrusion Detection System）不同，它是一种主动的、积极的入侵防范、阻止系统。它部署在网络的进出口处，当检测到攻击企图时会自动地将攻击包丢掉或采取措施将攻击源阻断，将损失降低到最小，有效地实现了主动防御。IPS 采用嵌入式运行模式，具有完善的安全策略、高质量的入侵特征库、高效处理数据包的能力和强大的响应功能。

基于遗传算法匹配安全技术和系统漏洞的优点也主要有以下三点：首先面对相当复杂的问题其速度却非常快，当问题的复杂性和规模增加时，该算法执行时间随问题的规模呈线性增加，不会像 Brute Force 那样执行时间随问题的规模增大而呈指数级增加；第二，算法的规模不大，能让用户满意；第三，算法的精确度高。

防御性网络信息欺骗技术由信息隐藏、信息伪装、信息诱骗三个功能模块组成。信息隐藏用于隐藏受保护资源的真实信息，包括真实数据与拓扑结构、操作系统类型、网络服务种类及版本等。关键实现技术是：对真实系统的 IP 协议栈特征进行改变，以使攻击者无法通过网络正确判断其真实类型。信息伪装用于对某种系统的网络行为进行伪装，使其在攻击者看来是另一种类型的系统。信息诱骗使用单一计算机部件对多种计算机系统的网络特征、特定服务的网络行为、路由协议等网络活动进行模拟，以形成目标系统存在大量信息资源，甚至复杂拓扑结构的假象，诱使攻击者对虚假网络资源进行攻击活动，从而可以使用预先设定的检测策略在攻击活动无法对真实系统造成危害的条件下迅速捕获攻击者，避免系统遭受实质性攻击。其优点主要有四点：第一，防御性网络信息欺骗技术的防御对象不再是孤立的攻击活动，而是发动攻击的攻击者或攻击程序。信息欺骗技术可以通过预先设定的欺骗策略，隐藏系统的真实信息，故意暴露虚假信息，使攻击者获取大量关于目标系统的假情报，从而对攻击者所选择的攻击方法、攻击策略、具体攻击步骤进行诱导，引导攻击者进入防御方预先设定的圈套。信息欺骗技术能够在攻击开始之前就对攻击者的策略进行影响，而不只是在攻击活动开始之后再进行被动地对抗。第二，由于攻击活动具有平台相关性，对某种特定平台有效的攻击手段，对另一平台往往没有效果。防御性信息欺骗技术无需逐一对抗所有的安全威胁，而是阻止攻击者获取目标系统的真实情况，使攻击活动因丧失针对性而失效，因此对所有已知或未知的网络攻击具有普遍的防御效果。同样，信息欺骗技术可使扫描器、蠕虫等自动攻击程序的信息收集机制失效，使其无法发现并利用系统的真实缺陷进行破坏，从而使自动攻击手段失去实际攻击效能。第三，与“特异性”安全技术不同，防御性网络信息欺骗技术在防护机制上无需追踪攻击种类的发展，只需模拟 TCP/IP 协议栈有限的网络行为。因此，无须通过增加系统的复杂性来应对新出现的攻击手段，不会出现随着攻击种类增长，系统日益退化，激化攻防成本矛盾的情况。第四，防御性信息欺骗技术通过“隐藏真实信息，散布虚假信息”的方式对攻击者进行主动防御，使用了从“运算复杂性”与“社会工程学”的角度都很廉价的技术，自身不承担任何“数据分析”工作。但对于攻击者来说，设法从信息欺骗技术所提供的信息中分析、辨别出有价值的真实信息则非常复杂，成本很高。因此防御性信息欺骗技术可以使用最少的成本给攻击活动造成最大的困难，呈指数形式增加攻击者的攻击成本。防御性信息欺骗技术实际部署后可以有效改善当前信息攻防成本之间的“不对称”局面（如防火墙、IDS 防病毒技术，即使没有攻击活动时也要消耗大量资源检测正常数据），而信息欺骗技术不需对用户正常合法的活动进行监控与处理，不会在未发生攻击的条件下占用任何网络与计算资源。只在攻击活动发生时，欺骗系统才会工作，运行中所占用的资源极少，消耗的资源与攻击活动的活跃程度成正比。

研究认为：将网络信息欺骗技术与 IPS、遗传算法、入侵检测、防火墙等安全技术相结合，可以建立档案馆网络系统的信息安全保障体系，用很低的成本使原有系统的防护深度大大增加，从而有效增强档案网络系统在信息危机四伏的网络环境下的生存能力。

之后，《信息隐藏技术在档案馆社会化服务中的应用》、《使用音频隐写技术传输私密档案》、*Steganalysis of Spread Spectrum Hiding Based on DWT and GMM*（《基于 DWT 和 GMM 的扩频隐写分析》）、*Audio Watermarking Based on Statistical Moment in Wavelet Domain*（《基于小波域统计距的音频水印技术研究》）则针对技术特征和不同的档案信息介质进行了更为具体的应用研究，如信息隐藏技术在档案馆社会化服务过程中的应用、扩频隐写和音频水印技术等。信息隐藏技术是日趋成熟的信息安全技术之一，在许多领域已经得到有效的应用。研究讨论了在档案馆社会化服务中如何应用信息隐藏技术来保障档案信息安全。

显然，数字档案馆的兴起，有助于档案馆社会化服务的功能实现和效益提升。《数字档案馆安全平台建设研究》以湖北省数字档案馆为例，讨论了数字档案馆安全平台的建设实务。安全平台是数字档案馆建设中极为重要的一环，它为数字档案馆系统中的信息、网络、物理设施等提供安全保障。研究从数字档案馆安全风险分析切入，对数字档案馆安全平台设计原则、安全平台模型、层次体系、安全策略及管理技术体系进行系统研究，力求从管理和技术两个维度探求数字档案馆安全平台建设的一般方法。

6. 其他相关研究（主要是针对社会档案意识的提升）

档案馆社会化服务需要深厚而稳定的社会档案意识，需要与管理、风险、文化和人们的生活进行关联解读，从而为档案馆社会化服务营造良好的社会认知环境。

主要观点：档案馆宣传需要更多具有文化和专业内涵的文本。

企业档案是企业内部控制得以实现的一个抓手，企业档案馆（室）应当担负起相应的专业责任和社会义务。

项目组成员针对领导干部和管理人员的档案意识提升、企业管理层的档案意识提升进行了认真的策划和研究，发表了：《档案事业三字经》（覃兆刿发表于《档案管理》2009 年第 1 期）；《“双元价值”视阈的企业档案工作》（王尹芹发表于《湖北档案》2011 年第 10 期，覃兆刿指导）；《企业内部控制与企业档案管理的相关性分析》（覃兆刿、罗琴发表于《档案学研究》2012 年第 2 期）。其中，《档案事业三字经》是对档案事业发展历程和专业内涵的系统梳理，以“三字经”的形式，为档案宣传提供了一个具有文化和专业内涵的文本。《“双元价值”视阈的企业档案工作》是对“档案双元价值”在企业的应用研究，《企业内部控制与企业档案管理的相关性分析》则针对档案在企业内部控制实现中的作用，强调政府必须将档案管理写进政府企业管理规范，而企业档案馆应该担当起相应的专业责任。

（二）成果研究内容及方法的创新程度、突出特色和主要建树

1. 内容与方法的创新程度

研究团队就档案价值及实现、档案伦理建构、档案信息产业化、档案馆功能定位和服务转型以及档案信息安全进行了一系列具有原创性的理论研究，并就实践部分进行了认真的设计。“档案双元价值”“椭圆现象”等为档案学界独创的学术观点和理论。

从研究内容而言：①从工具价值和信息价值两个方面的结合出发，可以避免只以档案信息利用为内容来研究档案馆社会化服务的片面性。以价值认识为起点，意在实现基础理论研究中的内在逻辑与必要的系统性。档案馆社会化服务需要清晰的逻辑起点；②围绕功能与效能进行拓展与创新思考，可以避免只讲功能不讲效能的偏颇，从而将价值层面与操作层面结合起来；③将伦理重构看成服务效能发挥的前提，在研究中系统解读了档案伦理和档案馆伦理原则，并对细则进行了设计；④以关联式的结构表达研究意向，是因为档案馆社会化服务的运行机制取决于多种因素的相互作用与耦合关系，这样可以提示我们关注其服务“社会化”的系统性和过程性；⑤以“伦理重构”为核心来表征档案馆必须面对的适应性变革，是为了体现档案馆谋求“有效服务”时必须进行的职业道德修炼和组织文化“再造”。社会化服务要求档案馆由“行政文化”向“公共文化”过渡；⑥档案馆社会化服务过程的信息安全必须同时给予高度的重视。

从研究方法而言：①很好地将具有文理知识背景的成员进行了恰当结合；②注意了对前期相关成果和实践前沿的关注；③文献研究法与实地调研分析法的结合；④将研究话题放入宽广的人文与技术背景来讨论。

2. 突出特色

（1）跟进并深化了前期研究成果。《档案双元价值观的视野：中国档案事业的传统与现代化》，是本项目负责人此前主持完成的国家社科基金成果，2004 年被鉴定为“优秀”等级。以“档案双元价值”理论的认识深化和实践检测为出发点，这使本项目展开有一个清晰的逻辑起点和原创基础。

（2）研究视角的多学科结合。档案管理是一个文理交融多学科交叉应用的领域，为此，项目组在档案价值认知、档案价值实现、档案馆功能认识、档案馆伦理、档案信息产业化、档案信息安全技术和数字档案馆等重要阶段成果研究中，广泛运用了伦理学、档案学、文献学、社会学、历史学、数学、经济学和信息工程方面的知识，这种结合使有关模型的建构、系统的理解和技术的实现得以顺利完成，也弥补了文、理单边研究的不足，一定程度保证了研究方法的科学合理。

（3）理论与实践的紧密结合。作为一个理论与实践结合的话题，强有力的理论支持是极重要的。项目组为此深入研究有关文献，如国内外有关档案价值的理

论、信息伦理的理论、经典管理理论、“文献交流引论”、兰克的史学贡献等，进一步丰富了档案双元价值的观察背景，拓展了检测领域，坚定了“双元价值，双重责任，双向拓展”的总体研究路向。同时，关于档案馆功能与效能的研究，又是一项典型的实践应用研究。为此，项目组注意收集国家档案局有关档案馆功能评价的数据信息，多次深入档案馆实地调研，从社会的档案意象开始到档案馆（室）人员岗位角色的认知和档案价值实现，从综合档案馆到企业档案馆和高校档案馆，项目组注意理论发现的普适性和在特殊领域的应用，并将有关成果及时反馈于档案管理实践一线。

（4）传统智慧的总结与现代意识的结合。在研究展开过程中，项目组强调档案传统智慧的总结，特别是在档案价值认知、档案记忆功能实现、档案文化功能等方面，注意认真总结学术前史，从经典文献和经典理论中汲取营养，如史学之兰克，管理学之韦伯、法约尔、吉登斯，文献学之周文骏等。同时，研究中不忘现代理念的吸纳，如信息伦理、知识管理、信息产业、信息公开、信息安全等具有时代气息的理论引导和技术前沿也融入其中。

（5）理论与技术的结合。理论必须得到技术的解读和支持，这是本项目强化研究务实有效的关键。为此，在研究团队中，及时强化了相关技术研究的力量。如信息服务中的知识管理手段、信息安全保障和着眼于档案馆服务功能提升的数字档案馆建设等，具有技术研究特长的团队成员发挥了重要作用，也为档案价值实现的模型建构等进行了有效的数理知识支持。

（6）及时跟进学科前沿和实践前沿。在项目开展的过程中，政府和有关部门先后出台了《中华人民共和国政府信息公开条例》（2008 年 5 月 1 日起施行）、《企业内部控制基本规范》（2008 年 6 月 28 日发布，2009 年 7 月 1 日起实施），档案学界还出现了“档案信息产业化”、档案“两个体系”（后发展成三个体系：资源体系、服务体系和安全体系）建设等问题的讨论，项目组及时跟进这些专业前沿信息并结合到研究话题中，这使本项目研究既能保持稳定明确的研究方向，又能不断拓宽观察视野并与行业实践结合。

3. 主要建树

①进一步深化了关于“档案双元价值”的认识，并发现了档案价值实现的一般规律——“椭圆现象”，建构了档案价值实现过程的观察与改善模型；②第一次认真解读了中国文献学家周文骏关于档案的价值重在实现“交流”的思想。周文骏先生的“文献交流引论”是图书馆学界公认的经典理论，但其中对“档案”的认识却长期为图书馆学界忽视，更为档案学界所不知）；第一次解读了“近代史学之父”兰克的档案价值取向，以及作为其推动史学研究转型的关键和在中外产生的深远影响；③第一次从档案价值认识和档案事业科普的角度编著了《档案事业三字经》。此文经公开后获得大量读者好评，有关机构资助其图文扩展本出版，

有意将其出版为我国第一本档案科普式读物，以为社会档案意识提升和档案知识普及提供一个新颖而有趣味的读本；④在国内较早系统地开展了有关档案伦理、档案馆伦理的研究与实践策划。这一研究试图对档案馆与公众关系、档案馆人职业操守进行解读和重新设计；⑤就档案馆社会化服务功能和机制转型进行探讨。其中关于公共档案馆功能拓展和档案信息服务均等化、档案信息产业化问题、档案信息服务转型和工作创新、信息公开环境下的档案信息服务等方面的研究较为系统且受到关注；⑥将前沿信息网络技术运用于相关研究。如项目针对档案信息服务中的网络技术、数字档案馆建设、声像信息秘密传输及相关档案信息安全问题进行了认真研究。有的成果获国家档案局、有关国际会议关注和好评。

（三）成果的学术价值和应用价值，以及社会影响和效益

1. 学术价值

①丰富了档案价值解说，尤其发现了档案价值实现的一个规律——“椭圆现象”；②第一次在国内系统挖掘了经典管理学家关于“档案”的论说，为档案的管理属性和档案价值理解拓宽了观察视阈；③第一次系统整理了“近代史学之父”兰克的成就及其“档案”价值取向，从史学角度考察了西方档案思想的核心价值观及其影响，并进一步系统论述和强化了档案事业的文化性质和档案馆文化功能；④第一次系统梳理了图书馆学经典《文献交流引论》中关于“档案”价值和档案馆功能的论述，为图书馆学和档案学在“文献机构”的功能性认识上进行了学科关联；⑤在全国较早系统地论述了档案伦理结构和档案馆伦理实践；⑥综合论述了档案馆社会化服务的理论支持和实践路向，包括档案价值、社会化服务、档案馆功能与效能、档案馆伦理问题等；⑦关注到档案信息服务的创新思路和方法及其与信息公开、信息均等思想的关联；⑧结合前沿信息技术对档案馆社会化服务中的档案信息安全问题进行了讨论。

2. 应用价值

①关于双元价值理论及椭圆现象的解读，为档案馆社会化服务确立了清晰的价值目标，为档案馆信息平台 = 记忆与凭证中心 + 信息与知识中心的功能定位提供了理论支持；②关于档案伦理及档案馆伦理实践的研究，其中解读了相关原则并制订了实际细则，可以成为我国档案馆职业修养和行风建设的参考；③关于档案馆功能拓展、档案馆社会化服务、档案信息服务创新、档案信息产业化等问题的论述可以为我国档案馆社会化服务的渠道拓展和效益提升提供理论和方法参照；④《档案事业三字经》可以成为档案馆对外宣传和社会档案意识提升的重要文本，有益于为档案馆社会化服务营造良好环境；⑤有关成果可以从意识层面强化企业对档案管理重要性的认识，可以为国家企业档案工作评价标准制订提供参考；⑥有关档案信息安全技术的应用研究，可以为档案馆社会化服务过程的档案信息

安全解决方案提供技术路径选择参考。

3. 社会影响及效益

①学术观点“档案双元价值”成为国家社科基金跟踪研究话题。2011 年国家社科基金“档案双元价值论及其实证研究”获准立项，由黑龙江大学任越博士主持，专门针对本项目成果中的“档案双元价值论”进行进一步研究，并认为“椭圆现象”等是这一理论体系的深化发展和“立体化”；②项目负责人因研究成果应邀在北京大学学术报告厅宣读论文；③多篇文章分别为《中国档案》、中国人民大学复印资料《档案学》、EI 和国内档案网站转载；④有关“档案双元价值”的认识受到企业界重视，有关论述列入国务院国资委研究中心“国资要闻”。项目负责人成为国务院国资委研究中心特聘档案专家；⑤项目负责人应国家档案局邀请在全国企业档案信息化推进会上演讲获好评，其中介绍“椭圆现象”等研究成果，100 多家大型企业档案主管听了报告；⑥参与我国企业档案工作五年期发展报告的撰写并反映有关研究成果。另主持编写 21 世纪以来第一本关于企业档案管理的高校教材，其中反映相关研究成果；⑦ 项目负责人应邀在多个中央企业讲座，介绍研究成果如“椭圆现象”在企业的理解和应用；⑧项目负责人应邀为湖北省首届档案学术论坛“民生档案”进行首场学术报告；⑨成果为湖北省委组织部人事档案管理研讨班学习材料长篇引用，并受湖北省委组织部、省委党校邀请在讲座中介绍研究成果；⑩《档案事业三字经》受到业内外欢迎，成为湖北省档案论坛学习材料，受到档案局（馆）长欢迎，且成为武汉东西湖区档案人指定业务学习资料。发表后为全国多家网站或杂志转载，有《楚天都市报》等多家媒体报道。

（四）成果存在的不足或欠缺，尚需深入研究的问题等

档案馆社会化服务问题是我国当前档案事业发展中一个极为重要的话题，至今仍有几项国家社科基金选题专项资助这方面的研究。因为观察视野和学力受限，本项目还存在诸多不足或需要进一步深入研讨之处，诸如，对国外公共档案馆运作只是限于文献阅读和比较，缺少实地的考察和感受；虽较多关注了服务中的信息安全问题，但融入档案馆服务的流程结合设计偏少；关于档案馆社会化服务的实践研究、档案馆文化功能的实现研究、档案机构服务民生和企业、家庭的方式方法还有待进一步深化，以加强成果的实际指导意义。

谈《档案法》修订中的“双元价值”取向与复合责任诉求*

“法与时转则治，治与世宜则有功”。近年来档案事业发展中显露出的一些矛盾和问题，其大原因实由于档案法制还不健全。如《档案法》文本内部的相互矛盾，档案事业中各种关系的不顺畅，档案法对新形势、新技术的观照不周全，档案法与其他法之间的协调统一不到位等。这都需要通过新一轮的立法建设来统筹解决。党的“十八大”前后，依法治国更成全民共识，国家治理和社会文明需要更好的法制环境。因此，讨论和实现修订版《中华人民共和国档案法》（下简称《档案法》）的早日颁布，使之切实贡献于我国宏观法制环境，适应新时期档案事业发展需要，已成当务之急。2007 年前后，档案界和法律界人士开始积极推动《档案法》的再修订。从那时起，国家档案局有关部门在不同层次和范围听取修订意见，直到 2012 年下半年，政策法规司在此基础上形成了一个供专家再行讨论的“说明”和“修订草案初稿”，其中再次强调了《档案法》修订面临的倒逼形势，系统梳理了一些比较集中的意见，并在修订草案中作出不同程度的回应。但是，至今我们尚未看到正式公布的《档案法》修订本。这至少说明两个方面的情况：一是社会转型和技术转型时期档案管理面对的情况非常复杂，对于《档案法》修订文本的出台，政府和档案管理职能部门必须持严肃审慎的态度；二是在新时期的档案问题上人们很难形成高度一致的意见，在大的方向性问题上统一认识极为重要。依我们观察，其主要表现为对档案保密和开放尺度把握存在较大分歧，而价值取向和责任诉求上的差异性，才是问题背后的实质。

一、《档案法》的双元价值取向与传统立法原则相向

如果按“档案双元价值”的思路，问题也许就会简单很多。

档案这一事物作为一种存在，其根本的合理性在哪里？我们认为不外乎两点：一方面档案为记录和记录的保存提供了一种长远和整体的概念，其客观姿态和凭证性恰与人们“尚真”的心态相贴合，从而贡献于人类记忆力和社会秩序；另一方面，由于档案与社会实践同构，档案自身会记录有显性和潜藏的知识，无论我

---

* 本文依据覃兆刿在湖北省档案局《档案法》修订征求意见座谈会、湖北省纪念《档案法》颁布二十五周年座谈会以及湖北省委省政府档案问题专家咨询会上的发言进行补充修改，部分内容曾提交国家档案局法标处。相关意见受到湖北省省委常委傅德辉、副省长梁惠玲等省委省政府领导和专家重视。南昌大学聂云霞副教授和湖北大学档案学专业研究生张丽雯同学分别参与了本文资料的整理。

们当前是否能够发现，这种知识都是客观存在的。基于这样的看法，“档案双元价值观”得以提出，其核心内容是：档案最基本的价值（元价值）是工具价值和信息价值，档案是工具价值与信息价值的双元结合体，一切档案价值分析难出其外。双元价值的发现正好解释了我国档案事业近代化的历程，档案事业现代化目标要件也应体现“双元”价值的恰当结合。档案事业现代化的一个重要特征是高度法制化，《档案法》的修订应该体现出更加宏观的事业意识和清晰的价值理念。

按照孟德斯鸠的观点，原则不应从成见中来，而是要从事物性质的推演中得出[①]。《档案法》作为一种规范和指导档案事业的权威文本，同样建立在一种内含的原则基础之上。保护和安全性原则、开放和效益性原则作为档案法立法的重要原则立场是没有错的（也有其他表述的）。但是，由于这种原则在文本表述中的“潜存性”以及语义上的对立特征，使之不能很好地成为文本构架和表述的基本逻辑。

如果从档案价值认识来梳理，文本的逻辑架构和内在统一性理解则会更加清晰，也有助于问题分歧的削减。在我们看来，《档案法》应该从档案“双元价值”即工具价值和信息价值两个维度体现出法律对档案事业现代化的宏观引导。在文本构成中，应当充分考虑档案“双元价值”的实现，从而体现出档案法律对于“档案社会道义”（着眼于公共资源和用户的信息价值实现）和“档案社会责任”（作为记录和凭证以及秩序载体的工具价值实现）两个方面的解析和均衡，从而使《档案法》可以体现出复合的法律责任和价值诉求，档案法文本也因此可以在逻辑、事实和价值三个层面更具科学性。

二、工具价值与《档案法》在社会记录与秩序维护方面的法律责任构成

《周易》中有“上古结绳而治，后世圣人易之以书契。”为什么需要“结绳”及保存？因为执事需要客观依据，如果以雷恩、韦伯、吉登斯、福柯等现代管理家的说法，那是因为管理意味着在知识的基础上行使监视和控制。

所以说，档案是人类延伸记忆、积累知识和控制诚信的载体，其发明堪称人类文明的关键一步，标志着人类认知能力、理解力和理性的一次飞跃。人类之所以需要档案，是因为其实质是对客观的维护，是对证据的看重。由于尚真和诚信是一种同构心理，故档案必然成为人类的共同模式。档案首先应被看成一种工具，一种先进的管理文化，它有益于社会秩序，反映了人类对历史的尊重和对未来的责任。

从档案工具价值实现的角度看，《档案法》应该明确档案作为一种方式的特殊内涵和在社会管理、记录控制、文化积累方面的意义，明确档案工作的社会职责。基于此，《档案法》或可作如下的修改：

---

① 孟德斯鸠．论法的精神．北京：商务印书馆，1985，著者原序

条目：

《档案法》总则第二条有：“本法所称的档案，是指过去和现在的国家机构、社会组织以及个人从事政治、军事、经济、科学、技术、文化、宗教等活动直接形成的对国家和社会有保存价值的各种文字、图表、声像等不同形式的历史记录。”

修改建议：

改为“本法所指的档案，是指国家机构、社会组织以及个人在社会活动中直接形成并通过鉴定加以保存的历史记录。”

理由 1：

在时间表述上，“过去和现在”明显多余，难道我们现在能够保存未来才产生的东西吗？

理由 2：

对档案表现形式的表述只列举“文字、图表、声像”三种，使定义表现为一种有限罗列，致其周延性不够。实际上电子档案已经大量存在，如法律不对其覆盖，势必造成电子档案管理失控。

理由 3：

“政治、军事、经济、科学、技术、文化、宗教”的具体罗列，也限制了定义的延展性。

理由 4：

将“保存”二字的位置加以调整和强化，是为了进一步说明“文件”与“档案”之间的区别，强化档案作为一种先进管理文化的“工具意义”，可以因此彰显档案工作的专业属性，避免将一份原始文件的发现等同于档案的发现。事实上，这种概念上的泛化必然引起实践中的困惑。陈景润先生的数学手稿在归档前当然不能称为档案，而视为文物倒是合适的。这告诉我们：档案工作在征集和促其资源转化方面有作为空间，如果不主动地借助档案这种方式，一些本可以成为档案资源的信息将会移情别恋。

理由 5：

以“通过鉴定”代替原文本关于“价值”的表述，既使价值层面的要求得以实化，还可以强化“鉴定”在文件转化为档案中的关键作用，从而强化档案工作在资源优化方面的专业责任，揭示档案工作的社会属性和“合目的性”（如国家意志，以我为主等，要不怎么会有不准归档的记录？），而且可以因此避免“价值”表述在实践层面的无法把握（事实上，2000 年修改后的《档案法实施办法释解》在针对集体、个人所有档案的监管难度问题面前只好放弃了解释权）。

条目：

《档案法》第八条：“中央和县级以上地方各级各类档案馆，是集中管理档案的文化事业机构，负责接收、收集、整理、保管和提供利用各分管范围内的档案。”

修改建议：

建议改为“中央和县级以上地方各级各类档案馆，是集中管理档案的文化事业机构，负责接收、征集、整理、保管和提供利用各分管范围内的档案，专业和部门档案馆在业务上受所在区域综合档案馆指导。”

理由 1：

档案事业的宏观规划与协调发展决定了档案事业的总体面貌和效益发挥。目前的系统、专业部门和综合档案馆在资源、业务上的分割现象十分严重，形成资源垄断，区域性档案资源的集中优化苦无法律支撑。进行上述的修改可能会引起目前管理体制上的震荡，但从国家层面的档案工具价值出发，提升综合档案局（馆）的指导权威十分必要。

理由 2：

对综合档案馆在地区范围内各类档案馆的主体地位及关系的表述，有利于说明我国档案工作“统一领导，分级管理”的总体原则。

理由 3：

将“收集”改为“征集”，可以避免与“接收”在语义上的重复。可以明确表示为按例向固定对象接收以及向社会公众征集两个方面。

条目：

《档案法》第三章第十六条有：“集体所有的和个人所有的对国家和社会具有保存价值的或者应当保密的档案，档案所有者应当妥善保管。”

修改建议：

增加关于非国有企业档案、私人档案等方面的条款。

理由 1：

私人档案在国外成为档案资源中利用率极高的部分，法国等国家均有相关法律保障。

理由 2：

国家所有制结构的改变和明确的宪法保障、关于个人或私产的物权法表述，都要求《档案法》作相应跟进。

理由 3：

意在实现档案方式对社会记忆的工具价值，从而使问题采样多元化，文本形式多样化，一些非常有意义的社会文献因此得以受控、传承和开发。同时，也从一个角度体现档案事业的以人为本及其文化事业特征。

条目：

《档案法实施办法》第四章第二十一条有：“各级各类档案馆提供社会利用的档案，应当逐步实现以缩微品代替原件。档案缩微品和其他复制形式的档案载有档案收藏单位法定代表人的签名或者印章标记的，具有与档案原件同等的效力。”

修改建议：

可以将此条改为：“各级各类档案馆提供社会利用的档案，应当逐步实现以缩微品或数字化形式代替馆藏档案。档案缩微品和其他复制形式的档案载有档案收藏单位法定代表人的签名或者印章标记的，具有与馆藏档案同等的效力。”

理由 1：

从档案凭证性控制出发需要做这样的修改。这条规定的出发点主要是为了保护档案原件的完整与安全，并对提供社会利用档案应以缩微品和其他复制件等方式代替原件及其法律效力作出了规定。然而，这种与“原件”对应的释解，在电子文件时代却出现了问题。

电子档案已难有“原件”的概念，因为无论是物理归档还是逻辑归档，最后都要脱机进馆，也就是说档案馆所保存的电子档案不可能有所谓“原件”，而都是复制件。即使按照《电子签名法》的规定被视为满足法律法规规定的“原件”意义要求的电子档案，本身也是复制件，只不过是赋予了与原件同等的效力。既然没有了“原件”，“档案……其他复制形式”“具有与档案原件同等的效力”的规定对电子档案就没有了意义。

理由 2：

接收进馆的电子档案和馆藏档案的数字化备份，不论是从档案室脱机得到还是从档案馆计算机网络上得到的，实质上按传统档案概念都是复制件。如果要在其上加载档案收藏单位法定代表人的签名或者印章标记，按照《电子签名法》的要求，必须对其进行加密处理，加密与解密都是一个比较复杂的技术问题。如果不能针对电子档案的特性，在档案法规中做出相应的规定，就很难发挥电子档案“与档案原件同等的效力”。因而在现有条件下以“馆藏档案”代替“原件”概念是必需的。这里的馆藏当然包括了数字化馆藏部分。

三、信息价值与《档案法》在公共资源与用户权益方面的法律责任构成

如果说我们讨论档案工具价值是为了体现档案保护与安全控制原则，那么强调信息价值则是为了体现利用效益原则。根据“档案双元价值”中关于信息价值的理解，“组织”“共享”“服务”“利用”“权利”等，是其中要义。《档案法》有关条目或可做如下修改：

条目：

《档案法》第四章第十九条有：“国家档案馆保管的档案，一般应当自形成之日起满三十年向社会开放。经济、科学、技术、文化等类档案向社会开放的期限，可以少于三十年，涉及国家安全或者重大利益以及其他到期不宜开放的档案向社

会开放的期限，可以多于三十年，具体期限由国家档案行政管理部门制订，报国务院批准施行。档案馆应当定期公布开放档案的目录，并为档案的利用创造条件，简化手续，提供方便。中华人民共和国公民和组织持有合法证明，可以利用已经开放的档案。”

《档案法实施办法》第二十二条规定：“中华人民共和国公民和组织，持有介绍信或者工作证、身份证等合法证明，可以利用已经开放的档案，外国人或者外国组织利用中国已经开放的档案，须经中国有关主管部门介绍以及保存该档案的档案馆同意。”

修改建议 1

《档案法》可以考虑缩短一般封闭期时限至 20 年或 15 年，这是公众满怀期待的一个标志开放进程的指标。目前，国家开放与公民利用档案的权利不对称。很多目前满了 30 年期限的档案还没有开放利用，建议对“国家档案馆的失职”行为，也应做出相应的处罚规定，以充分保证档案法的权威性和公民的知情权。同时，也要在公布利用的规定中对涉及个人隐私的内容进行说明。

修改建议 2

档案开放利用中对中外档案利用者内外有别的规定要停止，应采取一致原则。同时可以对数字环境下档案利用的身份认证、访问审批和授权作相应规定。

理由 1：

国家档案机关对档案的开放，是国家赋予档案部门的权利，也是档案部门的义务，不能因为一些其他原因而不作为。

理由 2：

网络环境下数字档案馆的出现，对于开放档案的利用程序和相关规定提出了挑战。

理由 3：

在欧美一些档案馆就规定：档案馆的职责是收集资料加以保管以供世界各地学者研究之用。如在美国政府档案馆和许多私人档案馆中，外国利用者拥有和美国公民同样的利用权。体现一致性原则，有利于档案事业的国际接轨。

条目：

《档案法》第四章第二十二条有：“属于国家所有的档案，由国家授权的档案馆或者有关机关公布；未经档案馆或者有关机关同意，任何组织和个人无权公布。”

《中华人民共和国档案法实施办法释解》的解释规定，利用者只有利用权而无公布权，无权首次向社会公开。

修改建议：

对于档案的公布权主体的争论，在政府信息公开背景下，建议“在合理合法（即不对国家、社会、他人利益造成损害）的条件下，赋予档案利用者档案公布权”。

对于档案所有权和著作权应有明晰的界定和清楚的关系阐释，以消除《档案法》和《著作权法》在档案的开放、公布上的“发表”“利用”方面的冲突。

档案利用者利用的是非涉密档案，本身就是为了解决实践中的问题，他们对于档案是消化性的利用，具有较强的目的性。他们希望在公开发表的著述中使用这些信息，从而完成验证、创新的过程。如果他们没有权力在公开发表的著述中引用这些档案信息，那档案的使用对他们又有何意义？事实证明，在美国、法国等赋予档案利用者以档案公布权的国家，对于档案信息资源的开发利用、对于协调《档案法》与《著作权法》《知识产权法》均有良好的推动作用。

理由 1：

国有档案公布权是档案馆的专有权。但任何管理系统，都应将权责一致看作定律。有权必有责。《档案法》和《实施办法》只有授予档案馆公布国有档案的权利和公布档案途径的条款，而没有规定档案馆必须公布档案的职责条款，也没有关于国有档案公布的时间、范围、步骤及内容的要求，这意味着档案馆不公布档案也不必承担任何责任。这很容易造成档案馆对国有档案信息资源的垄断控制和不作为现象。

理由 2：

《著作权法》规定：发表权属于权利人，但《档案法》第二十二条第一款规定：属于国家所有的档案，由国家授权的档案馆或者有关机关公布；未经档案馆或者有关机关同意，任何组织和个人无权公布。那么，档案作品的发表权究竟是属于权利人，还是属于档案馆呢？

理由 3：

如果利用的是已经发表过的档案当然可以，如果利用的是未发表过的档案，按照《著作权法》的规定，这种利用应该受到权利人的控制，并非持有合法证明就可以利用。

《档案法》与《著作权法》的交叉与互不衔接的矛盾，需要研究解决，尤其是在数字档案馆环境下，数字档案的开放与公布很难区别，解决这个问题就显得更为迫切。

条目：

2008 年 5 月 1 日施行的《政府信息公开条例》已有关于档案馆提供现行文件服务的规定，《档案法》要作对称反应。从《档案法》第二条、第八条、《档案法实施办法》第十三条可见，现行文件服务中心设在档案馆与之相违背。

四、双元价值与《档案法》法律责任构成中的一体观照

新修订的《档案法》无疑是新时期档案事业的灯塔，它应当通过科学地解读

档案事业的本质，更加照亮档案工作的方向和前途。按照我们的理解，档案事业追求的是“档案工具价值”和“档案信息价值”即“档案双元价值”的综合实现。一方面档案作为理性工具，要求安全完整有效，也就是要“管好”。档案事业肩负社会凭证维系、秩序维护的社会信任管理功能。我们用良好的机制将凭证保存起来，将社会治理建立在事实的基础上，以形成有效的知识监视体系。因为《档案法》的颁布，社会契约精神和法治精神进一步深入人心，我国的政治文明和科学管理水平因而大大提高。另一方面，档案作为知识信息和文化资源，要持续积累、不断丰富并适时开放，也就是要“用活”。档案事业要成为社会文化资源集散机制和社会健脑工程。新修订《档案法》的颁布，将档案保管的范围扩大到社会的各个层面、各个领域，更好地保证档案样本的多样性与合理性，从而有效推进了我国的政治文明和文化资源建设。《档案法》在总体目标上应体现为对工具价值和信息价值的一体观照，即体现“档案双元价值”综合实现的追求。有关责任的诉求也应该是复合的，既针对档案部门和职业人员，也针对社会其他组织和有关人员，既针对档案工具价值维护方面的行为失当，也针对档案信息价值发挥方面的行为失当。这种均衡和纠偏，主要通过惩戒性内容和边界的明确来实现。据此，《档案法》或可作如下修改：

条目：

《档案法》第五章第二十四条有：“在利用档案馆的档案中，有前款第一项、第二项、第三项违法行为的，由县级以上人民政府档案行政管理部门给予警告，可以并处罚款；造成损失的，责令赔偿损失。”

修改建议 1：

建议将《档案法》第 24 条、《档案法实施办法》第 29 条中“责令赔偿损失”表述为“档案所有人有权要求造成损失的一方予以赔偿”。

理由 1：

“责令赔偿损失”表述不当。以“档案所有人有权要求造成损失的一方予以赔偿”代之，认知清晰，易于操作。

理由 2：

《档案法》对赔偿损失的规定其实是针对民事责任而言的，在这种法律关系中，国家、集体或个人，与利用者之间是平等的民事主体关系。《民法通则》第 6 章第 106 条、117 条有相关规定。在我国现行法律体系中，人民法院可以责令违法当事人具结悔过，行政执法机关可以责令行政相对人停产停业、限期改正，但一般都无“责令赔偿损失”的表述。档案作为一种财产，在使用时有损毁、丢失、擅自提供、抄录、公布、销毁、涂改、伪造等行为的，由县以上档案行政管理部门给予警告，可以并处罚款；造成损失的，应由造成损害的一方和被损害的一方按照承担民事责任的方式，根据档案价值和数量，给予经济赔偿。

修改建议 2：

建议在第五章将档案违法行为划分类别，各类都有哪些违法行为以及具体如何处罚则由国务院颁布的“条例”来规定。

理由：

档案违规行为有三种：一种是违纪行为，即行为本身不符合档案法的精神，如文件归档不全，拒绝将个别有价值的文件资料归档等；一种是违法行为，如盗窃、出卖国有档案资料、渎职原因造成的档案损毁等。其共同点是：行为责任应由个人承担。对于前者只能依据纪律来处理，对于后者虽然依据法律来处理，但往往不是依据档案法，而是依据刑法等法律。

档案违法行为还有一种是单位违法，如单位内没有档案工作、没有管理档案的人员、若干年也不将各部门形成和办理的文件立卷归档等。单位档案违法行为的认定比较困难。由于单位的性质不同，处理的难易程度也不同。不管是什么性质的单位，首先是违法行为具有隐蔽性，二是侵害对方的经济利益或其他实在利益的间接性。

最后，作为档案教育工作者，我们希望《档案法》在第九条能对档案工作人员的“专业知识”有所界定，可以表述为“具备档案及相关学科的专业知识”，从而体现出档案法在档案工作人才上的特定要求，为档案工作职业资格认证和档案教育人才补充提供必要的法律依据。

Discussion on the “Dualistic Value” Orientation and Composite Liability Appeal During the Revise of *Archives Law*

Abstract: The value pursuit should be more clearly during revising the Archives Law of the People’s Republic of China. The author believes that “Archives Law” should reflect the macro guidance to the modernization of archival undertaking from the two dimensions of the Archival Dualistic Value, and that are the instrumental value and the information value. In the form of the Archives Law text, the realization of the Archival Dualistic Value should be taken into full consideration in order to embody the aspects of the analysis and balance, for the “archives social moral” (focusing on the information value realization of public resources and the users’) and the “archival social responsibility” (focusing on the instrumental value realization as the records, documents, and the order carrier), so that the Archives Law could show the composite legal responsibility and the composite value pursuit, and the text of the Archives Law could be more scientific at the three levels: the logic, the fact and the value. According to this, this article puts forward some suggestions to revise the text of the Archives Law.

论韦伯组织理论建构中的"合理性"与"档案"*

——兼及韦伯档案观的双元价值分析

关于韦伯对"档案"的理解，有的学者曾讨论其所谓官僚体制给档案工作预置了怎样的环境[①]，我则希望探究"档案"之所以成为这种理想组织要素的必然性，即"档案"与其理想组织模型"合理性"之间的逻辑。

马克斯·韦伯（Max Weber，1864—1920），德国著名管理学家，现代最具生命力和影响力的思想家，公认的社会学三大"奠基人"之一。他的主要贡献是提出了"理想的行政组织体系"理论（又称理想的官僚组织模型理论），这种学说，集中反映在他的《社会组织与经济组织》一书中，里面的许多概念、范畴和分析成为现代西方政治学理论的源泉，韦伯因而被尊为"古典组织理论之父"。他设计了一种被认为合理的、高效率的组织形式，其特征是：高度结构化的、具有明确的劳动分工、清晰的等级关系、通过教育或培训选择成员、详尽的规章制度、固定的薪金制度、非人格化的相互关系。韦伯认为，只有这种高度结构化的、正式的、非人格化的组织体系才是一种合理的、高效率的形式，适用于各种管理工作。本文关注的是，在这种"合理性的"（或理想的）组织模型设计中，韦伯非常明确地强调了"档案"的重要性。

韦伯认为："根据全部经验，纯粹的官僚体制的行政管理，即官僚体制集权主义的、采用档案制度的行政管理，精确、稳定、有纪律、严肃紧张和可靠，也就是说，对于统治者和有关的人员来说，言而有信，……纯粹从技术上看可以达到最高的完善程度，在所有这些意义上是实施统治形式上最合理的形式。"[②]他进一步指出：只有"精确、迅速、明确、熟悉档案、持续、保密、统一、严格服从……（才能）达到最理想的状态。"[③]继而我们发现，其"合理性"建构中一个重要的原则便是——"建立行政管理档案原则"。[④]他认为，"行政管理档案制度原则，甚至在口头讨论实际上就是规则或规章的地方，也是适用的：至少是预备性讨论、动议和随后的决议以及形形色色的指示和法令，都用文字固定下来。档案和官员的持续运作结合在一起，就产生了办公机关作为任何现代团体

---

* 本文系覃兆刿发表于《档案学研究》2006年第2期，文章系2005年国家社会科学基金项目阶段性成果之一，项目名称：《价值目标与伦理重构：档案馆社会化服务的功能与效能研究》，项目编号：05BTQ016。

① 倪丽娟，陈辉．官僚体制下的文档工作审视．档案学通讯，2005（6）

② 马克斯·韦伯．经济与社会（上）．北京：商务印书馆，1997：248

③ 马克斯·韦伯．支配社会学．桂林：广西师范大学出版社，2004：45

④ 范靖宇．韦伯的政治理念及其启示．同济大学学报，2001，12（1）

行为的核心。”①

韦伯在其理想的官僚组织模型中为什么一定要特别强调“档案”的重要性呢？“档案”与其“合理性”之间有着怎样的逻辑关系呢？

从上面的引述中我们感到，“档案”对于韦伯的组织理论绝非无足轻重，而笔者在搜寻相关研究论文时却不无遗憾地发现，“档案”一词在分析和讨论的相关文章中竟只会出现一至二次，也就是说，除了引述韦伯原著的“档案”二字外，没有人着意分析他为什么要将“档案”这一因素加以强调。

这位凭借其《经济与社会》等著作被称为“影响过中国绝大部分知识分子”②的管理大师，他在组织理论中如此强调“档案”这一因素而大家为什么却视而不见呢？

是因为笔者身处档案之区便无端放大了“档案”在其理论建构中的意义吗？不是。通过研读我发现，“档案”二字在韦伯的组织理论中之所以被强调，完全是非常理性的逻辑必然，堪称其官僚组织体系之所以被称为“理想”的一个重要表征。

一、在韦伯的理论中，“档案”是作为工具理性的载体，是客观性和实证主义追求的必然选择

韦伯指出：“官僚体制是‘理性’性质的：规则、目的、手段和‘求实的’非人格性控制着它的行为。”③

这句话中有几个重要的概念要引起我们的注意：“理性”“求实”和“非人格性”。前述引文中还有诸如“经验”“精确”“可靠”“言而有信”“保密”“持续”“固定”等语词，其中最核心的就是“理性”。虽然这些概念并非只对应于“档案”或者不唯“档案”才出现，但我们却可以揣度到在韦伯的理论中“档案”与它们之间暗藏的联系。

熟悉韦伯理论的人都知道，他的组织结构理论其实源出他的社会秩序理论，他对权威的分析意在说明现代组织应该建设一种合理、公认的权威性。

“理性”——我们在此可以理解为“合理性”（rationality），是韦伯组织理论重要的学理预设。在他的理论中，合乎理想是通过“合理性”来体现的。在他看来，合理性并不表现为事实的好坏之分，而是在于是否被人们所认可。而档案正是这样一种事物，其意义不在于记录事实的好坏，而在于其记录行为本身的历史客观性。韦伯对管理问题的评价表现出明显的“实证主义”倾向，反对对于权威的盲从而倾向于通过契约、协议产生的法律条文、规章等命令形式。可见，“档案”的

① 世界著名管理学家管理法则全书（上）. 北京：中国致公出版社，1998：236

② 世界著名管理学家管理法则全书（上）. 北京：中国致公出版社，1998：2

③ 马克斯·韦伯. 经济与社会（下）. 北京：商务印书馆，1997：324

凭证性价值，应合了韦伯的“实证主义”追求。

尤其重要的是，在韦伯的理论中，“档案”首先是作为工具理性的载体。

关于“合理性”，韦伯曾使用“工具合理性”“形式合理性”“价值合理性”等概念来进行分析。他把社会行为分为“合理性行为”和“非合理性行为”两大类，其中合理性行为又分为“工具（目的）合理性行为”和“价值（实质）合理性行为”两类。在他看来，工具合理性和形式合理性基本一致，价值合理性和实质合理性基本一致。而技术的选择便是形式合理性或工具合理性的运用，且形式是理性的而价值是非理性的。因此，作为过程的理性化——实质上是形式（工具）合理性的扩展过程。这个过程主要表现为形式合理性与实质合理性的分离，以及形式合理性压倒实质合理性占据社会各领域主导地位的过程。

在韦伯的理论中，档案还是作为一种重要的“保密”因素被关注的。在他看来，档案与“职务机密”“专业化”有着密切的关系，是对组织“知识和意图的保密”，是权力优势的一种体现。

同时，在韦伯的理论中，“文书档案”和“官员的纪律”是对称的。由于档案记录的“言而有信”，使之成为组织纪律和秩序的基础，因此官员才会“倾向于精确的服从”①。他在论述中明确地将二者的关系放在一起：“行政管理的文书档案在实际上十分重要——纪律。”②而且他强调，档案作为秩序基础的意义远远高于因此可能导致的类似“卷阀”所产生的危害，所以他毫不客气地批判巴枯宁希望“通过销毁文书档案能够同时铲除‘赢得权利’的基础和消灭‘统治’”的想法纯属是“异想天开”③。

二、韦伯在组织理论中强调“档案”要素，是因为其组织的“合理性”体现为以知识为依据的管理，而档案恰是组织特有的一种元知识

1979 年，美国管理思想史家丹尼尔·A·雷恩在《管理思想的演变》中指出：“管理或行政管理意味着在知识的基础上行使控制。”④其实，多年前韦伯早已提出这一观点，并且是关乎“档案”并作为组织“合理性”的重要指标而提出的。

韦伯认为，“管理就是意味着以知识为依据来进行控制，领导者应在能力上胜任其工作，要依据事实来进行领导……”⑤，而且，“官僚体制的行政管理意味着根据知识进行统治，这是它所固有的特别合理的基本性质”⑥。他认为，“官僚体制化

① 世界著名管理学家管理法则全书（上）．北京：中国致公出版社，1998：273

② 同①

③ 同①

④ Daniel A. Wren.The Evolution of Management Thought. New York: John Wiley & Sons, 1979.

⑤ 郭咸纲．西方管理学说史．北京：中国经济出版社，2003：170

⑥ 马克斯·韦伯．经济与社会（上）．北京：商务印书馆，1997

的行政管理优越性的强大手段是专业知识”①，因为，理性化在一定程度上表现为：由于“这样的知识和信念，只要人们想知道，他任何时候都能知道。从原则上说，再也没有什么神秘莫测、无法计算的力量在起作用，人们可以计算掌握一切。……技术和计算在发挥着这样的功效，而这比任何其他事情更明确地意味着理智化”②。

在韦伯看来，知识又分为“专业知识和实践知识”，“官僚体制倾向于通过公务知识，进一步提高其权力：在公务交往中获得的或者‘熟谙档案的’实践知识”。③因为“档案”这一方式的运用便能积累和提供“经验”和原始数据，能为组织决策贡献统计分析的结果和事实依据，从而使决策变得“精确”，而这恰是韦伯“合理性”的追求。他的设想是，“组织内部的专家通过他们的专门知识再充分利用档案，使得组织有可能通过精确的计算对未来的事件进行可靠预测，从而将组织的行为建立在理性的基础上，使其具有合理性”④。

三、韦伯组织理论的“合理性”体现出“技术化倾向”，而“精通档案”被视为一种重要的行政管理技术

韦伯认为，现代官僚体制有所进展的关键在于“纯技术上的优势超过其他任何形式⑤”。并且，他还深入地观察到，组织的精确性、可计算和衡量性的优势实际上是建立在一种更加基础的技术优势——“档案”之上（如果上面的分析重在档案的知识和信息特征的话，那么此处的“档案”在韦伯的心中纯然是一种“方式”），所以在其设计的组织中，“职务执行建立的基础是档案保存和一个常设的管理班子”⑥。

因为组织管理的日常工作大部分与信息的收集、整理、归纳和方案的提出论证相关，也就是说，由于档案因素的介入，不仅组织行为技术化、合理化了，过程也技术化、合理化了。事实上，这种过程合理化的进程至今仍在延续，对“档案”因素的强调在管理主义模式或市场化模式时期已扩张为信息技术与电子化政府。由于掌握“档案”是一种“行政诀窍”（或称为专业实践知识），因此可以加强权力，故要“通过负责一个部门的工作获得有关的专业知识并获得档案资料”⑦从而实现“档案和官员的持续运作结合在一起”⑧。韦伯对这种“持续运作结合”的

① 世界著名管理学家管理法则全书（上）. 北京：中国致公出版社，1998：239
② 马克斯·韦伯. 学术与政治. 上海：三联出版社，1998
③ 世界著名管理学家管理法则全书（上）. 北京：中国致公出版社，1998：241
④ 宇红. 论韦伯科层制理论及其在当代管理实践中的运用. 社会科学辑刊，2005（3）
⑤ 世界著名管理学家管理法则全书（上）. 北京：中国致公出版社，1998：259
⑥ 世界著名管理学家管理法则全书（上）. 北京：中国致公出版社，1998：13
⑦ 世界著名管理学家管理法则全书（上）. 北京：中国致公出版社，1998：233
⑧ 世界著名管理学家管理法则全书（上）. 北京：中国致公出版社，1998：236

形制有非常清晰的描述，认为“现代职务的执行是建立在文件（案卷）之上——档案保存着原始文件和草案——和建立在一个各种各样的常设官员和文书班子的基础之上的。[①] 这种所谓“持续运作”和“结合”，其实是在揭示档案这一要素的“连续性”和“集合性”特征，从本质上说，是在强调档案与人类社会实践的“同构性”，强调档案与组织及社会活动之间高度的“对应关系”[②]。当然，这种“持续的结合”“为管理的连续性提供了基础”[③]。这种强调通过“档案”技术谋求组织系统构成的思想从一个侧面反映了韦伯的系统观。直到 20 世纪 80 年代初，一些组织还在尝试“通过电子技术将组织连结起来”以及通过“在电脑之间传送档案”[④] 来实现组织资讯系统功效的改良。

四、韦伯组织理论重视“档案”的历史借鉴

再对韦伯的著作进行更深入的研读我们便可以发现，他在组织理论中重视“档案”的思想其实离不开历史的启示。

证据之一：韦伯在对传统组织管理的合理性成分进行表述时，也是从“实证主义”的角度出发，他肯定了“古代地中海和近东地区以及中国和印度的簿记”是一种组织的“合理化形式”，大家知道，“簿记”是古代档案制度的重要形式。

证据之二：韦伯对古代埃及、古代罗马和古代中国的官僚体制有系统的分析，虽然他认为新王国时代的埃及、晚期的罗马第一帝国、自秦以来至当时的中国，或具有强烈的世袭制特征，或具有强烈的封建制特征，或具有强烈的俸禄制特征，但他认为，都“显示出官僚体制的很多典型的特征和影响”[⑤]。他在讨论的时候，不止一次地将古埃及的官僚机构描述为“书记员和官员”的机构[⑥]，强调了记录及其档案化对于提升组织权力的重要性。的确，在上述这些古代文明的地区，行政管理体制的一个重要特征是注意发挥档案的控制功能。在古代埃及，宰相便集“最高法官、档案大臣”[⑦] 等职于一身，不可谓档案不重要。13 世纪的意大利，已经有人注意到副本制的记账法，而这种以记录控制为目的的“账”就是中国古时所谓的“簿书”或“档案”。后来强调“备忘录、日记账和分类账要编上号码并注明日期、所有交易的文件都要详尽完备并永久存档”[⑧]。到 18 世纪，人们认识到文档

① 世界著名管理学家管理法则全书（上）. 北京：中国致公出版社，1998：244
② 覃兆刿，付正刚. 与社会的同构和对应关系——论档案信息的本质. 档案与建设，2002（2）
③ 世界著名管理学家管理法则全书（上）. 北京：中国致公出版社，1998：233
④ 彼德·圣吉.《第五项修炼》，第三部，《四项核心修炼》
⑤ 世界著名管理学家管理法则全书（上）. 北京：中国致公出版社，1998：250
⑥ 世界著名管理学家管理法则全书（上）. 北京：中国致公出版社，1998：257
⑦ 郭咸纲. 西方管理学说史. 北京：中国经济出版社，2003：5
⑧ 克劳德·小乔治. 管理思想史. 北京：商务印书馆，1985：40

记录得以反映“各种账户之间存在相互联系和相互依存的关系，……所发生的任何错误也必然会核查出来予以更正”[①]。可见,“档案”方式借以维系事物来源联系的特质[②]，已成为这些地区古代管理控制措施的功能认识基础。建立在稳定社会基础之上的先进官僚体制则把档案管理放在更加重要的位置。罗马帝国开发了堪称“全国性”的档案管理系统，罗马人还首创档案登记系统，后经德英传播到世界[③]。

证据之三：韦伯认为，英国的诺曼底国家制度之所以具有统一性和冲击力，“在很大程度上是由于王室的会计制度,”[④]而会计制度在一定程度上和“复式簿记制度”分不开，显然也离不开档案的因素。

可见，档案无论作为组织合理性成分，作为历久的官僚行政管理传统，还是身处较早受惠于档案的德国社会，以及档案的“客观性”和“实证”意义，都或多或少对韦伯的组织理论建构产生了影响。

五、韦伯“档案”观的“双元价值”分析

在文章结束的时候，我想以愚见“档案双元价值观”来说明韦伯在组织理论中强调档案的原因：

由于工具或形式合理性的行动取决于“客观行动”的期望，这些期望被用作理性追求的“条件”或“手段”，如处理事物的“客观性”“公正性”就是这种期望。档案作为一种方式将事物的真相以文字的方式“固定下来”，这恰好符合人们查考事物真相的“客观性”和“实证性”愿望，所以“档案”首先是一种合于理性的“形式”或“工具”。而形式合理性成为事物判断合理性的基础，如档案为事后的认知和判断提供了“凭证”，能够为组织运作建设起“言而有信”的纪律约束和监察纠偏机制。

实质或价值合理性的行为则取决于伦理的、美学的和先入为主的意识，譬如，事物的丑与美，对与错，好与坏都是一种主观预置的价值判断，因而这种实质合理性基于主观，故不具有持续的超越时空的合理性特征。关于“档案”实体信息的度量和价值判断就属于这种情况。

可见，“档案”的出现首先是因为人们需要这样一种方式，它以工具理性的实现为己任，首选的是对事物的外脑存储和凭证性维护功能。所以，将档案作为一种管理方式向社会推广的过程，是现代管理文明以形式合理性、过程合理性压倒实质合理性、价值合理性的一种有效途径，是作为系统化纪律建设的一种方略、

① 马洪，孙尚清．现代管理百科全书．北京：中国发展出版社，1991：8

② 覃兆刿．双元价值观的视野：中国档案事业的传统与现代化．北京：中国档案出版社，2003：242

③ 泽熙．东西一水间——现代管理中的文化碰撞．北京：中信出版社，2001：146

④ 世界著名管理学家管理法则全书（上）．北京：中国致公出版社，1998：256

淡化人情关系或强调非人格化的管理因素而受青睐的。

“档案”——作为组织的记录，它不仅具有鲜明的知识属性，还作为一种以信息（知识）为其用以工具（方式）为其体（即所谓“档案双元价值”）的管理文明的产物，恰能很好地实现组织“在知识的基础上行使控制”的两相结合的管理目标。韦伯组织理论中的所谓“在知识的基础上行使控制”和“技术化倾向”，其实是对知识和技术的并重，“知识”在此可以理解为“信息”，“技术”则可以理解为“工具”，“档案”正是这种“信息”和“工具”的双元价值结合体。

总之，“档案”这一要素是作为组织管理“非人格化倾向”之体现、作为“客观化”或“实证主义”管理风格之载体、作为纯粹理性主义的“工具——目的”的一种“知识”（信息）与“技术”（工具）的结合而被嵌入这一理论的。我们完全可以说，“档案”在韦伯的理论中，是一种形式合理性与实质合理性相结合的管理要素，是“作为行为方式（工具）和作为对象实体（信息）的双元价值结合体”。[①]韦伯在其理想的组织模型中表现出对“档案”的重视，说明他对档案的“工具价值”或“技术优势”，对档案的“知识属性”或“信息价值”已经有了十分深透的认识。

韦伯的组织理论，不仅提示我们在现代组织设计和组织变革中要认真考虑档案因素的恰当应用，也为论述愚见“档案双元价值观”提供了弥足珍贵的理论参照，坚定了笔者在档案价值分析和档案现象解说时所持的这一基本看法。

① 覃兆刿. 双元价值观的视野：中国档案事业的传统与现代化. 北京：中国档案出版社，2003：22

析经典管理理论中的“档案”要素*

——兼及档案作为管理要素的“双元价值”分析

管理思想史家丹尼尔·A·雷恩指出：“管理或行政管理意味着在知识的基础上行使控制。”① 在我看来，这种知识首先表现为关于组织的记录——“档案”，档案便是这样一种以信息为其用以工具为其体（即愚所谓“档案双元价值”）的管理文明的产物，恰能很好地实现“在知识的基础上行使控制”的管理目标。

现代管理思想的精髓很多是基于古代管理实践的规律性认识。

在古代埃及，宰相便集“最高法官、档案大臣”②等职于一身。13世纪的意大利，已经有人注意到副本制的记账法，而这种以记录控制为目的的“账”就是中国古时所谓的“簿书”或“档案”。15世纪，一个叫卢卡·帕西奥利的人强调了复式记账系统，建议“备忘录、日记账和分类账要编上号码并注明日期、所有交易的文件都要详尽完备并永久存档”③，这种“复式记账系统”已类似于现代管理中的信息管理系统。到18世纪，人们有了更具理性的分析，认为这种与实践相对应的文档记录得以反映“各种账户之间存在相互联系和相互依存的关系，……所发生的任何错误也必然会核查出来予以更正”④。可见,“档案”方式借以维系事物来源联系的特质⑤，已成为古代管理控制措施的功能认识基础。

我同意这样的观点，即“档案保存作为职业也许和社会群体具有同样长的历史”，也就是说，档案并非有了阶级和国家也并非有了文字之后的产物。因此，档案也并非只是对于文件的保管，因为“纪念品、委托品、契约和判决书等，都是古代档案管理的对象”⑥。而建立在稳定社会基础之上的先进官僚体制则把档案管理放在更加重要的位置。古希腊人创造了城邦一级的文件制作和保藏系统，亚历山大人从波斯人那里继承了巴比伦的档案管理法，罗马帝国则开发了堪称“全国性”的档案管理系统，成为今天国家档案管理设施的原型。罗马人还首创档案登记系统（当文件在使用时可以跟踪它们的流动），后经德、英传播到世界。所以有的学

---

* 本文为覃兆刿主持的2005年国家社会科学规划基金项目阶段性成果之一，项目名称《价值目标与伦理重构：档案馆社会化服务的功能与效能研究》(05BTQ016)。文章发表于《档案管理》2006年第2期。

① 丹尼尔·A.雷恩．管理思想的演变．北京：中国社会科学出版社，2001

② 郭咸纲．西方管理学说史．北京：中国经济出版社，2003：5

③ 克劳德·小乔治．管理思想史．北京：商务印书馆，1985：40

④ 马洪，孙尚清．现代管理百科全书．北京：中国发展出版社，1991

⑤ 覃兆刿．双元价值观的视野：中国档案事业的传统与现代化．北京：中国档案出版社，2003：242

⑥ 泽熙．东西一水间——现代管理中的文化碰撞．北京：中信出版社，2001：145

者说，“在今天的美国，计算机档案管理软件已经取代了手工登记，但原理上还是来自于罗马人创造的方法”[①]。所以，无论在古代东方还是西方，“档案”都在管理实践中受到了实际的重视。

到了管理被视为科学的时代，“档案”还有被提及吗？那些影响人类管理实践的经典管理思想中对“档案”有过专门的议论或者受益于“档案”吗？如果有，“档案”这一因素对于他们的学说又有着怎样的意义呢？

为此，本文要谈几个在管理思想史中极负盛名的人物，一个是哈灵顿·埃默森（Harrington Emerson，1853～1931），一个是亨利·法约尔（henri Fayol，1841～1925），一个是马克斯·韦伯（Max Weber, 1864～1920），一个是 G. E. 梅奥（George · Elton · Mayo，1880～1949），他们分别代表了效率主义论、一般管理思想、古典组织理论和行为管理思想。为了导出其管理学说与“档案”的关系，我们可能需要耐心地了解其对管理理论的特殊贡献，然后才能发现“档案”这一要素在其学说中的关联和意义。

一、埃默森、法约尔的管理法则：“永久记录”与“管理机器”

哈灵顿·埃默森是美国早期的科学管理研究工作者，从 1903 年起就同泰勒（后来被称为“科学管理之父”）有着紧密的联系，并独立发展了科学管理的许多原理，被管理界和企业界公认为效率研究的鼻祖和传播效率主义的先驱。

1913 年，埃默森出版的《效率的 12 项原则》一书，是管理思想史上一个重要的里程碑，其中强调了企业管理的一条非常重要的原则，那就是企业必须有“永久性的记录”。他在第 8 章第 6 项原则中指出：“准确、及时和永久性的记录”[②]是“作为决策依据的事实资料”。[③]他分析了记录作为一项效率原则的意义以及记录的本质、目的和运用，还分析了记录怎样帮助提高执行效率和质量，认为记录是一种减少浪费的重要工具。[④]当然，与他差不多同时代的泰勒也曾强调，管理人员的“第一责任”就是主动将工人实践积累的传统经验“记录下来”并在生产中加以应用[⑤]。这是我所找到的经典管理大师最早在管理学说中通过“记录”间接地涉及文档的句子。

在埃默森的理论中，我们注意到这种“记录”的几个特征：一是“准确”，二是“及时”，三是“永久”，我们分别可以理解为“原始”“同构”和对信息的“保存”。在“大档案”概念的背景下，他的所谓“记录”是否完全可以作为“档案”

---

① 泽熙．东西一水间——现代管理中的文化碰撞．北京：中信出版社，2001：146
② 杨文士，张雁．管理学原理．北京：中国人民大学出版社，1994：38
③ 克劳德·小乔治．管理思想史．北京：商务印书馆，1985：127
④ 哈灵顿·埃默森．效率的 12 项原则．北京：北京邮电大学出版社，2005
⑤ Taylor. The Principles of Scientific Management. 1911

来理解呢？在我看来，埃默森的理论中，“永久性的记录”（档案）是作为可靠的“事实资料”（信息）的外脑存储手段（工具）受到重视的。

亨利·法约尔是管理思想史中极富影响的人物，在今天的任何一本管理学著作中几乎都能够找到其思想的影子。他的主要贡献在于对管理职能的划分和管理原则的归纳，即所谓“五职能论”（计划、组织、指挥、协调、控制）和“十四项原则”（分工、权责、纪律、统一、公平、士气等）。这些思想集中反映在他1916年发表的《工业管理与一般管理》一书中。他还率先强调了管理教育的重要性，使管理作为一种专业开始受到社会的承认。因此，他获得了“法国的科学管理之父”甚至“现代管理的真正之父”的美誉。就是这样一位享有极高声誉和深远影响的管理大师，在他的晚年，也就在他逝世的那一年公开了以文档信息为核心要素的管理学说——“管理机器”论，并成为后来管理信息系统论的先驱。

所谓“管理机器”，其实强调了文档管理系统和组织记忆在整个组织的内部管理和外部沟通方面的基础和持续价值。1925年初，《法国社会年鉴》刊载了对法约尔的一个采访，中心话题是：一个组织的运作怎样才算成功？或者组织在出现问题时如何进行诊断和改进呢？法约尔说：“最好的方法就是对我所说的管理机器作一研究。如果没有问题，就应该有可能获得关于该项事业目前状况和一般进度的确切的情况资料。”甚至指出“没有这个概念是我们在公共服务上的一个根本性弱点”，所以“管理机器”这一概念的实行是他思考管理改革的起点。

“管理机器”究竟是什么呢？法约尔进一步解释说：管理机器就是“包罗现在、过去和将来的记录系统。在此系统内高级参谋人员所作的贡献，加上外来信息，能使经理拥有尽可能好的手段来评价其决策的可能的结果，它必须包括调查、计划、报告和统计资料、会议记录和统计图表……这就是我要论述的管理机器的组成要素”①。

原来，法约尔是想强调，凡组织应该建立起能够保管自身记忆的逻辑框架（或系统），这个系统能够真正将过去和现在的组织运行和外部联系中产生的原始记录变成有逻辑联系的知识储备。虽然他没有直接使用“档案”一词，但他所举的内容则意在说明文档信息的积累、组织、传递及作为组织记忆系统的建设、管理与功能发挥。他认为，记录必须由能够显现其联系并方便利用的结构来承载，其中会议记录等文档信息被视为管理决策不可或缺的基础资源。

可以说，法约尔的“管理机器”是指构建一种以档案信息为其用，以控制工具为其体的合目的信息系统结构，“记录系统”在此可以理解为作为“工具”对“信息联系”的维护。看看我们今天讨论的“文档一体化管理”“文档管理系统”，与法约尔的这一学说有什么本质的差别吗？因而我们完全可以认为，法约尔是一位真正懂得“档案”重要性的管理大师。他之所以在晚年才提出“管理机器”的

① 喻文益．管理分析学．北京：海潮出版社，1998：211

理论，是因为他对组织管理有了更为宏观的认识，其“一般管理”（指理论的普适性意义）进入更具“一般”或规律性的理性自觉阶段。与泰勒、埃默森关于“记录”的认识相比，法约尔将记录的重要性提升到了一个更高的层面，而且因为注入“系统”和“机器”的概念从而扩张了其作为管理“工具”的结构功能性认识。

诚然，组织内部管理和对外沟通的经验是需要代代相传的，因此需要形成独特的组织记忆和文化。文档记录作为共同的文化背景，对内可以增进员工的集体认同和归属感，对外则能方便关于组织的认知并建立起社会公信，组织的管理成本与交易成本因而大大降低。今天的管理者在讨论组织记忆的同时，已更加明确地将“记录”“记忆”和“档案”放在一起。认为，“组织记忆力不但要包括企业文化的内容”，而且更要“侧重组织经历和事件的记录”，“包括对组织成员个人或组织单元的记录”，总之“组织记忆力犹如个人对组织行为记录的活档案”，而“获取组织记忆材料的方法”，首先是“阅读组织的档案”。[①]

在强调组织的文化和知识管理时，人们往往都会使用“特定的管理文化”“独特的属于自己的知识”这样的用语，虽然这里的“特定”和“独特”不止于档案，但是也绝少不了最具组织个性特征的档案。

二、韦伯理想组织的“合理性”要件：档案工具

关于韦伯对“档案”的理解，倪丽娟教授的文章颇值得我们研读。她讨论官僚体制给档案工作预置了怎样的环境[②]，我则想探究“档案”之所以作为这种官僚组织要素的必然性，即“档案”与其所设计的组织“合理性”之间的逻辑。

马克斯·韦伯是德国著名管理学家，也是现代一位最具生命力和影响力的思想家，是公认的社会学三大“奠基人”之一。主要贡献是提出了“理想的官僚组织”理论，其中许多概念、范畴和分析成为现代西方政治学理论来源，故被称为“古典组织理论之父”。其学说集中反映在他的《社会组织与经济组织》一书中。他设计了一种被认为合理的、高效率的最有效组织形式，其特征是高度结构化的、正式的和非人格化的。就在这种理想的组织模型设计中，韦伯非常明确地强调了“档案”的重要性。

韦伯认为：“根据全部经验，纯粹的官僚体制的行政管理，即官僚体制集权主义的、采用档案制度的行政管理，精确、稳定、有纪律、严肃紧张和可靠，也就是说，对于统治者和有关的人员来说，言而有信，……纯粹从技术上看可以达到最高的完善程度，在所有这些意义上是实施统治形式上最合理的形式。”[③]他进一步

① 喻文益．管理分析学．北京：海潮出版社，1998：100

② 倪丽娟，陈辉．官僚体制下的文档工作审视．档案学通讯，2005（6）

③ 马克斯·韦伯．经济与社会（上）．北京：商务印书馆，1997：248

指出：只有“精确、迅速、明确、熟悉档案、持续、谨慎、统一、严格服从……（才能）达到最理想的状态。”[①]继而我们发现，其“合理性”构建中一个重要的原则就是——“建立行政管理档案原则”，[②]且认为“行政管理档案制度原则，甚至在口头讨论实际上就是规则或规章的地方，也是适用的：至少是预备性讨论、动议和随后的决议以及形形色色的指示和法令，都用文字固定下来。档案和官员的持续运作结合在一起，就产生了办公机关作为任何现代团体行为的核心。”[③]

韦伯在其理想的官僚组织模型中为什么一定要特别强调“档案”的重要性呢？“档案”与其“理想”之间有着怎样的逻辑关系呢？当我在搜寻那些关于韦伯组织理论的研究论文时遗憾地发现，文中“档案”都只出现一至二次，即除了韦伯原著的“档案”二字外，没有人着意分析他为什么要将“档案”这一要素加以强调。这不仅给我留下了一个值得探究的话题，并由此更加坚定了愚见——“档案双元价值观”（工具价值与信息价值）。

通过研读我发现，“档案”二字在韦伯的组织理论中被强调，本是一个非常理性的逻辑必然，也是其官僚组织之所以被称为“理想”的一个重要表征。其合乎理想是通过“合理性”来显现的。从总体上说，“档案”这一要素是作为“现代科层的非人格化倾向”之体现、作为“客观化”或“实证主义”管理风格所要求的行动程序化之载体、作为纯粹理性主义的“工具——目的”的一种“知识”（信息）与“技术”（工具）的结合而被嵌入这一理论的。“档案”在韦伯的理论中，可以认为是一种形式合理性与实质合理性相结合的管理要素[④]（即愚所谓“档案是作为行为方式〈工具〉和作为对象实体〈信息〉的双元价值结合体”）。

首先，在韦伯的理论中，“档案”是作为工具理性的载体，是客观性和实证主义追求的必然选择。

韦伯指出：“官僚体制是‘理性’性质的：规则、目的、手段和‘求实的’非人格性控制着它的行为。”[⑤]

这句话中有几个重要的概念：“理性”“求实”和“非人格化”。“理性”我们在此可以理解为“合理性”（rationality），是韦伯组织理论的重要学理预设。在他看来，合理性并不表现为事实的好坏之分，而在于是否被人们所认可。他在对管理问题的评价中表现出明显的“实证主义”倾向，反对对于权威的盲从而倾向于通过契约、协议产生的法律条文、规章等命令形式，以致他对传统组织管理中那些合理性成分的肯定，也是从这一角度出发，如他肯定“古代地中海和近东地区以及中国和印度的簿记的合理化形式”。可见，“档案”的凭证性价值，应和了韦

① 马克斯·韦伯．支配社会学．桂林：广西师范大学出版社，2004：45

② 范靖宇．韦伯的政治理念及其启示．同济大学学报，2001（12）

③ 世界著名管理学家管理法则全书（上）．北京：中国致公出版社，1998：236

④ 覃兆刿．双元价值观的视野：中国档案事业的传统与现代化．北京：中国档案出版社，2003：22

⑤ 马克斯·韦伯．经济与社会（下）．北京：商务印书馆，1997：324

伯的“实证主义”追求。

更值得分析的是，在韦伯的理论中，“档案”是作为工具理性的载体。

关于“合理性”，韦伯曾使用了“工具合理性”“形式合理性”“价值合理性”等概念来进行分析。他把社会行为分为合理性行为和非合理性行为两大类，其中合理性行为又分为工具（目的）合理性行为和价值（实质）合理性行为两类（在他那里，工具合理性和形式合理性基本一致，价值合理性和实质合理性基本一致），而技术的选择便是形式合理性或工具合理性的运用，且形式是理性的而价值是非理性的。因此，作为过程的理性化——实质上是形式（工具）合理性的扩展过程。这个过程主要表现为形式合理性与实质合理性的分离，以及形式合理性压倒实质合理性，占据社会各领域主导地位的过程。

我想用自己的“档案双元价值观”来说明韦伯的这一看法：

工具（形式）理性的行动取决于客观行动的期望，这些期望被用作理性追求的“条件”或“手段”，如处理事物的客观性、公正性就是这种期望。“档案”作为一种方式恰符合人们查考事物真相的客观性愿望，所以它首先是一种合于理性的“形式”或“工具”，而形式上的合理性成为事物判断合理性的基础，如档案为事后的认知和判断提供了“凭证”。实质（价值）合理性的行动则取决于伦理的、美学的和先入为主的意识，譬如，事物的丑与美，对与错，好与坏都是一种主观预置的价值判断，因而这种实质合理性基于主观，故不具有持续的合理性特征。关于“档案”实体信息的度量和价值判断就属于这种情况。由于“档案”的出现首先是因为人们需要这样一种方式，它以工具理性的实现为己任，首选的是对事物的外脑存储和凭证性维护功能。所以，将档案作为一种管理方式向社会推广的过程，是现代管理文明以形式合理性、过程合理性压倒实质合理性、价值合理性的一种有效途径。韦伯在他的理想组织模型中表现出对“档案”的重视，说明他对“档案”的“工具意义”或“形式价值”已有深透的认识。

第二，韦伯在组织理论中强调“档案”要素，是因为其组织的“合理性”体现为以知识为依据的管理，而档案恰是组织特有的一种元知识。

韦伯认为，“管理就是意味着以知识为依据来进行控制，领导者应在能力上胜任其工作，要依据事实来进行领导……”①，而“官僚体制的行政管理意味着根据知识进行统治，这是它所固有的特别合理的基本性质。”②他还进一步指出：理性化是“这样的知识和信念，只要人们想知道，他任何时候都能知道。从原则上说，再也没有什么神秘莫测、无法计算的力量在起作用，人们可以计算掌握一切。……技术和计算在发挥着这样的功效，而这比任何其他事情更明确地意味着理智化。”③

① 郭咸纲．西方管理学说史．北京：中国经济出版社，2003：170

② 马克斯・韦伯．经济与社会（上）．北京：商务印书馆，1997

③ 马克斯・韦伯．学术与政治．上海：三联出版社，1998

由于“档案”这一方式的运用便能积累和提供原始数据，能为组织决策贡献可供统计分析的事实依据，而这恰能体现韦伯“合理性”的追求。因为，“组织内部的专家通过他们的专门知识再充分利用档案，使得组织有可能通过精确的计算对未来的事件进行可靠预测，从而将组织的行为建立在理性的基础上，使其具有合理性。”①

第三，韦伯组织理论的“合理性”体现出“技术化倾向”，而“精通档案”已被视为一种重要的行政管理技术。

韦伯认为，现代官僚制有所进展的关键“永远是其（较之其他形式的组织）纯粹技术上的优越性。”精确性、可计算和衡量性的优势建立在一种更基础的技术优势——“档案”之上。因为管理的日常工作大部分与信息的收集整理归纳以及方案的提出论证相关，也就是说，不仅组织行为技术化了，过程也技术化、合理化了（对“档案”的强调到管理主义模式或市场化模式时期已扩张为信息、技术与电子化政府）。”②有人甚至认为，掌握“档案”是一种“官场诀窍”，因此可以加强权力，故要“通过负责一个部门的工作获得有关的专业知识并获得档案资料”③从而实现“档案和官员的持续运作结合在一起”。

在我看来，韦伯的所谓技术化倾向，其实是知识和技术的并重，“知识”在此可以理解为“信息”，“技术”则可以理解为“工具”，“档案”正是这种“信息”和“工具”的双元价值结合体。看来，韦伯组织的“合理性”以“档案”作为重要因素实在是一种必然的选择。

韦伯逝世快有一个世纪了，但正如法国社会学家雷蒙阿隆所说：“韦伯，我们同时代的人。”其现代性思想的魅力是不朽的，他在理想的组织模型中置入“档案”的深刻用意，颇值得我们今天的组织设计和组织变革加以重视。

三、梅奥管理学说的忠诚卫士：霍桑档案

G. E. 梅奥是行为管理理论的奠基人，创建了人际关系学派，对今天的企业人力资源管理、工作岗位设计及外部公共关系的影响极为深刻。他 1933 年出版了《工业文明中的人类问题》一书，其中提出了一系列和古典管理理论（即强调人是“经济人”的科学管理理论）大相径庭的思想，一改“胡萝卜加大棒”的思路，强调工人不是只受物质因素制约的“经济人”而是“社会人”，主张以尊重人格、鼓励参与、重视非正式组织和提高职工心理需求的满足度来达到提高工作效率的目的。梅奥的这些理论是在他主持的著名的“霍桑实验”的基础上得出的。梅奥的

① 宇红．论韦伯科层制理论及其在当代管理实践中的运用．社会科学辑刊，2005（3）
② 梁建东．我国公共行政模式：韦伯主义还是管理主义．福建经济管理干部学院学报，2002（3）
③ 王秀中．马克斯·韦伯的公共管理思想及其评价．新疆财经，2002（3）

理论提出后，在西方世界产生了广泛的影响。当他在 1947 年退休离美赴英时，有很多企业家参加和他告别的被称为“梅奥周末”的仪式，可见其影响之盛。

然而，20 世纪 50 年代，由于梅奥多国的经历和在美国的非传统学术生涯，致使其学说一度受到毫不留情的怀疑。50 年代的反对者竟然认为霍桑实验不过是一个“公共关系训练”，这其间也有哈佛商学院的教授为其辩护，甚至提到了“档案”，称没有梅奥关键的创造性劳动和实际的研究，“哈佛的档案只不过是一堆灰尘”（指保存在哈佛的霍桑实验记录），但终因档案没有公开而无济于事。直到 80 年代还有人戏称梅奥的工作为“霍桑闹剧”。

50 年过去了，“随着梅奥的家庭信件和存放在哈佛的霍桑档案逐步公开……而这些公开的资料抵消了那些极端的批评”“原始资料的细节，说明霍桑实验以任何标准衡量都是严谨的，当时的研究是一个由管理者、工人和研究者参与的，包括商业、学术和人类学的多重研究项目，实验是按照严格的设想执行和解释的。”① 从档案中还发现，梅奥为了这一实验及结论的获取，曾与多个不同领域的专家精诚合作。

我们必须承认，是档案证明了霍桑实验的科学性，是档案维护了管理大师梅奥的尊严，更是档案使后来的管理者对行为管理理论恢复了信心。所以我们必须承认，尽管梅奥并没有在其理论中提到“档案”二字，但档案对其学说的贡献却是至关重要的。当然，从某种意义上说，也是梅奥自身的档案意识救了他和他的学说，否则，我们同样无法看到那些完整地再现实验的“哈佛的档案”。因此，在梅奥的学说中，档案作为一种工具对实验文件的积累、管理与研究发挥了重要作用。而作为历史档案，其凭证性和丰富的信息再现，又为梅奥的行为管理理论充当了无声但却有力的辩护。

---

① 泽熙．东西一水间——现代管理中的文化碰撞．北京：中信出版社，2001：43

论兰克史学的档案取向及其在欧美和中国的影响*

事史学者几乎无人不知兰克，事档案者却未必尽知他对现代档案业的影响。

兰克（Leopoldvon Ranke，1795 ～ 1886 年），德国人，他和弟子形成了西方近代史学史上最有势力的一个流派—— “兰克学派”。兰克被誉为“19 世纪世界史学界的泰斗”“近代史学之父”“近代时期最伟大的史学家”，这“不仅因为他创立了研究资料的科学方法，还因为他具有无与伦比的公平品质”①，而这种对待资料的科学态度和公平品质印象的获得，离不开他“如实直书”的治史主张和作为“第一个善于使用档案的人”②。

兰克认为，“历史编纂学的最高法则”是“严谨的事实陈述”③，故大家都称他的史学为“客观主义史学”或“科学史学”。他的大量史书，在编纂方法上就特别注重以“档案”作为证据。可以说，这是兰克史学的一个鲜明特征。由于该学派的崇高地位和广泛影响，收藏与开放档案一度蔚然成风，这大大促进了欧美国家档案馆事业的近代转型。我国近代史学也“深受兰克的影响”，加上“八千麻袋”事件发生，于是引发了知识界对档案作为学术意义之“原料”的空前重视。至此，一方面，档案“方策”为社会秩序和政务效率之基础，一方面，档案“史料”为社会公共文化资源尤其是信史修撰之必需。在档案价值观上开始呈现出“双元价值”两端并重的趋势。这种档案“双元价值观”的确立和广泛传递，在促进史学近代化的同时，也成为推进我国档案事业近代转型和档案学萌芽的最重要的思想基础。

一、兰克的档案观与学术实践

英国著名史学家古奇④所著的《十九世纪历史学与历史学家》两册和美国学者汤普森的《历史著作史》四卷本放在案头已经很久了，其中关于兰克及兰克学派的描述，能集中地让我们感受档案对于成就 19 世纪欧洲史学是多么重要，而其影响达于中国则更值得我们重视。

---

* 本文系覃兆刿发表于《档案学通讯》2006 年第 6 期。

① ［英］乔治·皮博迪·古奇. 十九世纪历史学与历史学家（上）. 北京：商务印书馆，1997：215

② ［英］乔治·皮博迪·古奇. 十九世纪历史学与历史学家（上）. 北京：商务印书馆，1997：215

③ 转引自石荣慧. 兰克史学与史学专业化. 广西社会科学，2003（8）

④ 乔治·皮博迪·古奇（George Peabody，1873 ～ 1968 年）被称为“世界第一流史学家”，《十九世纪历史学与历史学家》1913 年初版，是西方世界享有盛誉、历久不衰的学术名著

1. 兰克为什么要重视档案

兰克有一句名言——编纂历史是一件煞费苦心的事。对这样一件神圣却又扰人心智的事情，他认为最有效的方法是尽可能多地收集和利用“档案”。

首先，档案客观记录历史的特性恰合于兰克“求真”的科学价值观和“如实直书”的治史原则。起初他并不喜欢史学，因为其中“神话太多”，不能给人真实的感受。通过下面这段文字我们可以走进兰克“尚真”的内心世界：

“……在《昆廷·得卫德》这本小说中写的大胆的查理和路易十一的情况而论，就完全和历史记载相反，甚至在细节上也是错的，我看了很气愤。……把历史资料和浪漫小说一对比，我就确信前者更有吸引力，无论如何也更为有趣。于是我完全把小说抛开并下定决心，在我的著作中一定要避免一切虚构和幻想，严格根据事实。”①

继而兰克强调，历史学“最高的原则”必须是“严格陈述事实真相，不管这些事实多么缺乏条件、缺乏美感”②。直到90岁时他还在强调：“我的结论是，在历史中，一切从本质上就离开可信的事实的东西都不应当要”③。

在科学和史学价值观上，兰克首先认为，欲使科学能发生影响：必先“使科学为客观无私者”。④ 因此，“历史著作之最要条件，在于求真”。⑤ 他进一步以客观性为标准对文献进行大的分类，认为史学家不应该只到图书馆寻找材料，而应该到实验室、档案馆寻找材料。

再者，兰克重视档案的思想也是有其学术渊源的。除兰克以外，西方科学史学最为推崇的史学家当属尼布尔（Niebuhr，1776 ～ 1831，以出版《罗马史》著称，是 19 世纪德意志《档案》杂志的主要发起人）。尼氏倡导以科学态度和科学方法研究历史，主张以档案等原始资料为凭证，对此兰克予以高度认同，故在众多的史家中，“只有尼布尔还使他满意”⑥。事实上，兰克也正是读到尼布尔的书，才开始建立起对治史的信念和系统的史料观。譬如，他认为当事人的记录比史家的记录具有更大的价值，强调“依靠目击者的叙述和原始的文献资料”，⑦这其实只是对尼布尔“完全依靠原始史料的证据，不用转手资料”“除了手抄本什么也不想望了”⑧的继承和发挥。

可见，兰克对档案的重视不仅源于他的科学观和史学价值观，源于他求真的

---

① J.W. 汤普森．历史著作史（下卷）第 3 分册．孙秉莹，等译．北京：商务印书馆，1996：231
② J.W. 汤普森．历史著作史（下卷）第 3 分册．孙秉莹，等译．北京：商务印书馆，1996：249
③ J.W. 汤普森．历史著作史（下卷）第 3 分册．孙秉莹，等译．北京：商务印书馆，1996：248
④ 陈韬译．史学方法论．台北：台湾商务印书馆，1975：10
⑤ 陈韬译．史学方法论．台北：台湾商务印书馆，1975：102
⑥ J.W. 汤普森．历史著作史（下卷）第 3 分册．孙秉莹等译．北京：商务印书馆，1996：230
⑦ 张广智等．论题：兰克史学和它的世界影响．历史教学问题，2005（3）
⑧ ［英］乔治·皮博迪·古奇．十九世纪历史学与历史学家（上）．北京：商务印书馆，1997：93

审美取向和内在品格，也很大程度上受到西方科学史学先哲的影响。

2. “档案”成就了兰克史学

史学史家汤普森认为，兰克深信“判定历史真相的最好办法就是利用原始资料，特别是档案材料”①。可以说，兰克的著作对档案的依赖在欧洲史学史上是空前的。他曾经自豪地宣称，其所著《拉丁和条顿民族史》的基本资料来自档案②。其编著的《德意志诸强国和君主同盟》“是根据德、奥、荷的档案”③，《16、17世纪南欧的君主与人民》的主要资料也“来自威尼斯档案”。④而为了那部《诸教皇》，他则“翻遍了意大利的档案库，特别是威尼斯和罗马的那些档案库，这是过去谁都没有办到过的”⑤。由于梵蒂冈档案库不准他进入，他便在多处古老贵族住宅里的家族档案中找到相关资料加以补充。

为撰写欧洲历史，兰克“不仅研究法国的档案，而且研究意大利、德国、比利时、英国和西班牙的档案”，⑥甚至他的兴趣、人际交往和时间支配都以“档案”为焦点。他参观威尼斯档案馆，在维也纳结识档案管理员科皮塔，在维也纳把更多的时间放在档案馆内⑦，在柏林发现16和17世纪档案，旅居回国后又一头扎进档案馆，为撰写《普鲁士史》做准备。可以说，“档案”“档案馆”已成为兰克学术生命中不可或缺的一部分。

丰富的档案，铸成了兰克史著内容的丰富性、生动性、立体感和论点的权威性，因为“他能看到他的主题的各个方面”⑧。史料凭证的可靠性使其研究成果赢得了空前的好评，很多史家因此肯定兰克史著的科学性和贡献的长远意义。如他利用档案写成的《奥斯曼人与16、17世纪的西班牙君主国》一书，对西班牙在欧洲和拉丁美洲的宪法、贸易、财政和行政管理这些过去语焉不详的方面描写得颇为详细。有人还评价其法国史的研究，认为“最有持久价值的是使法国历史从回忆录作者的束缚中解放出来”⑨。

兰克还特别注意发挥档案的证史纠谬作用。为了解析意大利史学家奎昔亚迪和马基雅维利等著作中的疑点，他查访德意志各地及欧洲各国的公私档案馆，因为他相信只有这样才是“如实直书”的必备条件。⑩他据档案揭露史实真相，判定法国史学家达鲁从巴黎手稿中抄录的宗教裁判所条例其实是17世纪时所伪造的。

---

① J.W. 汤普森．历史著作史（下卷）第3分册．孙秉莹等译．北京：商务印书馆，1996：250
② 朱忆天．论兰克的“如实直书原则”．华东理工大学学报，1995（1）
③ ［英］乔治·皮博迪·古奇．十九世纪历史学与历史学家（上）．北京：商务印书馆，1997：205
④ J.W. 汤普森．历史著作史（下卷）第3分册．孙秉莹，等译．北京：商务印书馆，1996：243
⑤ J.W. 汤普森．历史著作史（下卷）第3分册．孙秉莹，等译．北京：商务印书馆，1996：244
⑥ ［英］乔治·皮博迪·古奇．十九世纪历史学与历史学家（上）．北京：商务印书馆，1997：200
⑦ ［英］乔治·皮博迪·古奇．十九世纪历史学与历史学家（上）．北京：商务印书馆，1997：184
⑧ ［英］乔治·皮博迪·古奇．十九世纪历史学与历史学家（上）．北京：商务印书馆，1997：200
⑨ ［英］乔治·皮博迪·古奇．十九世纪历史学与历史学家（上）．北京：商务印书馆，1997：200
⑩ 张广智等．论题：兰克史学和它的世界影响．历史教学问题，2005（3）

由于兰克对档案的收集、研究和运用，他的史著在客观性和科学性上明显超越前人的作品。他不仅借此拓展了研究的领域，研究方法和成果也为众多史学家所推崇，追求“如实直书”和讲求史料的批评方法成为近代史学的重要特征，也成为史学专门化、科学化的重要起点。因此，从一定意义上说，是“档案”成就了兰克史学，是“档案”开启了世界近代史学。

3. 兰克对档案价值的理性态度

对于兰克的治史方法也有不同的评价，有人认为他迷信档案过度，有人认为他利用档案不全，有人认为他只重视档案中的政治史料，有人认为他的客观性追求根本不切实际等。这些批评的意见甚至出于当时颇有影响的史学家。如德国的施洛塞尔对于兰克“客观的历史”之说表示怀疑，认为没有人能获得对于事物内在联系的完全了解，所以他鄙视兰克的研究成果，并轻蔑地谈到了“档案馆里面的尘埃”。老实说，由于兰克史著的民族性特征，由于档案并非完全无限制地可被查阅，这使兰克对档案的掌握和利用其实仍是有限的。但兰克在治史过程中强调档案价值以及在近代史学上能开风气之先，理应受到充分的尊重。

古奇提醒那些批评者，无论怎样，兰克都称得上“是第一个善于使用档案的人”①。虽然他信奉官方的档案材料，但却并不迷信。他发扬了前人鉴别史料的一套方法，并因此在他的史学研究中取得了相当大的成功。他以怀疑的态度看待前人留下的记录，并确立了鉴别史料的内证与外证方法。尤其值得肯定的是，兰克在强调客观描述的同时，并非只将档案进行堆砌和罗列，而是强调“把各种事件有秩序地组织在一起”以便进行“公正地理解”，这使兰克史学在“客观性”之外更显科学史学特征。

二、兰克史学在欧美的影响

兰克的影响首先是奠定了德国史学在世界史学界的地位。徐则陵在《近今西洋史学之发展》中说得好，“朗开（兰克）而后，德国之史学界力矫轻信苟且之弊，一以批评态度为归，嗜冷事实而恶热感情”。后人评价，“正是这位史学界中的歌德，使德国在欧洲赢得了学术上至高无上的地位”②。

兰克学派的影响也颇具世界性，英、法、美都有继承和发扬兰克史学的基地。兰克史学的一些合理思想和方法也融入当代西方史学。如果我们要考察这种影响的发生路径，可以发现：兰克的部分影响是通过弟子或再传弟子实现的，他有30多位学生在史学界获得崇高声誉。兰克曾在柏林大学开办历史研究班，其中出了威次、聚贝尔等著名史家。当时兰克教导学生的原则便是从事史学一定要尽可能

① ［英］乔治·皮博迪·古奇. 十九世纪历史学与历史学家（上）. 北京：商务印书馆，1997：215
② ［英］乔治·皮博迪·古奇. 十九世纪历史学与历史学家（上）. 北京：商务印书馆，1997：215

“弄清史实真相并深钻资料来源”。兰克“重视档案”的治史思想通过威次的再传弟子莫诺德输入法国，通过亚当斯介绍至美国，通过世界知名古代史泰斗托维季耶夫带到俄罗斯，通过利斯传至日本，而英国剑桥学派本身则可以看作兰克学派在英国的代言者。

一个公认的事实是，只是在兰克学派形成之后，史学才真正地成为一门独立的科学，因此人们将19世纪称为历史学的世纪，这些足以说明兰克史学的影响。可以说，档案与史学的结合有力地推进了史学的近代化，兰克史学的成就进一步强化了欧洲各国对公共档案馆馆藏的重视，促进了欧美档案馆事业的专门化和档案学作为独立科学的亮相。此间，1838年，英国在第一个《公共档案法》中明确规定要建立公共性质的档案馆。1831年，普鲁士档案局成立并于1852年由宰相直管。1866年，西班牙成立中央性质的总档案馆。1875年，兰克的学生聚贝尔“被任命为普鲁士档案馆馆长”[①]。之后，美国出现档案委员会并倡议仿欧洲而建国家档案馆。同时，从档案馆新生起谱谍学、古文书学等专门学问，而以档案整理和研究为内容的档案学也开始以独立的身份出现并得到认可。1876年，德国地区《档案杂志》创刊，主要刊登档案学论文和档案汇集介绍。1884年，深受兰克史学影响的法国著名历史学家朗格诺瓦发表《关于档案学的科学》一文，第一次提出了档案学已经成为一门独立学科的观点。

三、兰克史学对中国的影响

在我国，最早在文字中提及兰克的是王国维先生，他称日人《欧罗巴通史》为“模德人兰克氏之作。”[②]后来的文字凡提及兰克时或称其为“开客观主义之一派”，或称其“以根本历史材料创科学历史”[③]，或赞其“指实证谬，功最高焉”[④]，而“重视档案”和“追求真实”则是学者对兰克史学形成的基本印象。如张君励所言，兰克“所恃为史材者，除档案与当事人之记载以外，皆认为不足恃引用，意谓如此乃能去主观而达于真实”[⑤]。

兰克思想对中国的影响，一部分是间接通过其再传弟子伯伦汉所著《史学方法导论》和浮田和民的《史学原论》得以实现的。前者“系得之于兰克氏之实例即启发者，”[⑥]后者则为兰克弟子朗格诺瓦、瑟诺博格司所著，其中贯穿着兰克的治史原则和史料批评思想。

---

① ［英］乔治·皮博迪·古奇．十九世纪历史学与历史学家（上）．北京：商务印书馆，1997：271

② 王国维：《欧罗巴通史序》，东亚译书会1901年印本

③ 梁焕均．西洋历史．东京：日本东京九段印刷所，1906：237

④ 《百年来西洋学术之回顾》，载《学报》，1908年6月26日

⑤ 中德学会编译．五十年的德国学术（第1册）之《张君励序》．北京：商务印书馆，1937

⑥ 陈韬，译．史学方法论．台北：台湾商务印书馆，1975：182

兰克史学与中国史学之交汇是在20世纪初，实质性的影响是在五四之后。朱谦之先生曾指出，抗战以前的史学界均受兰克等影响。可以说，兰克为中国近代史学提供了科学的方法论基础，其中史料价值观和史料批评方法带给中国学界的影响最甚。故在当时，无论是收集时下文献材料，还是考订整理以往的档案材料，兰克的史料考订原则始终是重要的指导思想。下面我们再来看看近代学人所受兰克史学的影响：

梁启超在接触兰克思想和内阁大库档案发现之前，也主张从神话中找地方风俗和社会心理资料，但在游历欧洲并了解到兰克史学后认识有了一些转变[①]。其真正系统的影响来自浮田和民的译作《史学原论》，有人说任公的《中国历史研究法》就本诸《史学原论》[②]。

傅斯年堪称服膺兰克的客观史学风格，以至他本人被称为“中国的兰克”。他提出的著名的“近代的史学只是史料学”的口号，“显然是承受了德国兰克史学的遗风”[③]。他坚信“史的观念之进步，在于由主观的哲学及伦理价值论变做客观的史料学”[④]，认为“新材料的发现与应用”“是史学进步的最要条件”[⑤]。在旅欧回国后，他将对兰克思想的理解付诸实践，除主持殷墟的考古发掘和整理刊行大量汉唐文献外，对清内阁大库和军机处档案的整理并出《明清史料》计40册可谓功莫大焉。并且他公开承认受兰克的影响，并关注到兰克思想的内核在我国治史传统中的表现。

曾在德国游学多年的陈寅恪先生，其治史方法也打上兰克史学的烙印。据其学生回忆，他常在黑板上书写兰克等的名字[⑥]。

在德国更直接地接受兰克史学的还有姚从吾。他对兰克的史料考据方法十分赞赏，认为兰克治史“有比较客观的标准，不为传统所囿”[⑦]，大约由于这种认识的根深蒂固，所以即便是在抗战时期，他也不忘收集汇总当时的文献材料。

胡适的《中国哲学史大纲》（1919年）则是通过《史学原论》接触到兰克思想并在这种影响下贡献的实证史学成果，堪称中国现代史学的开山之作，而胡适本人也因此切身感受到档案对于学术的重要性。

兰克思想在中国更广泛系统的传布则是通过课堂。20世纪20～30年代，姚从吾在北大讲授“历史研究法”，多半时间在介绍兰克到伯伦汉的史学方法。陆懋德在辅仁大学讲史学研究方法时，他本人就十分推崇兰克的实证史学。民国时期

---

① 易兰．兰克史学之东传及其中国回响．学术月刊，2005（2）
② 杜维运．与西方史家论中国史学．台北：东大图书公司，1981．附录
③ 卢毅．“整理国故运动”的西学渊源探析．安徽史学，2005（1）
④ 傅斯年．傅斯年全集（第2册）．台北：台北联经出版事业公司，1980：5
⑤ 傅斯年．傅斯年全集（第2册）．台北：台北联经出版事业公司，1980：40
⑥ 李坚．陈寅恪二三事．民国春秋，1990（5）
⑦ 易兰．兰克史学之东传及其中国回响．学术月刊，2005（2）

但凡开设史料批评课程者，其中多要讲到兰克。而且，这种普遍开设方法论课程的现象，既反映学人方法意识的觉悟，又说明历史学科本身认同感正在得到强化。史学乃“专门家之技术，而非普通人所能为力”、治史者需要“特别的技术及特别的训练”的观念在知识界不胫而走。而所谓“技术训练”，实多以《史学方法论》《史学原论》中提倡的方法为依据，所本在德国兰克的史料批评法。

这里不妨再以一个比对来看看兰克思想对我国学者在档案价值观层面的影响：

兰克之言论或观点	兰克影响下的中国近代史家之言论或观点
“判定历史真相的最好办法就是利用原始资料，特别是档案材料。”	“档案知道一事之最直接的记载。”（蔡元培） “信史是要从档案中考核出来的。”（蔡元培） 只有箱子里的“文件才是真历史。”（胡 适） “档案是原史料，可以报告事实的真相，可以决定历史界的流言。”（姚从吾） “档案是一切史料当中最重要的史料。”（徐中舒） “历史档案是原始资料的原始资料，应该占最高地位。”（郑天挺）
兰克“感到浓厚兴趣的是档案馆”。 兰克“在维也纳时还是把更多的时间花费在档案馆内”。	“档案馆对历史学是供给原料的大本营。”（姚从吾）
“……把历史资料和浪漫小说一对比，我就确信前者更有吸引力，无论如何也更为有趣。于是我完全把小说抛开并下定决心，在我的著作中一定要避免一切虚构和幻想，严格根据事实。” “严格陈述事实真相，不管这些事实多么缺乏条件、缺乏美感。”	“我爱看的是真山真水，……至于假山假水无论做得如何工致，我看了不过尔尔。”（刘 复）
“历史著作之最要条件，在于求真，所叙述者必须与事实相符，科学的贡献，实为其最重要之事。” “我的结论是，在历史中，一切从本质上就离开可信的事实的东西都不应当要。”	“科学所要给我们的就是一个‘真’字，而中国学术界，因为缺乏这种求真的精神而生虚伪。”（梁启超） “史的目的首先在于求得真事实。”（梁启超）
最好的历史证据是由最接近事件的证人提供的——当事人的记录比史家的记录具有更大的价值，即“依靠目击者的叙述和原始的文献资料”。	“史料愈间接愈不可靠。”（蔡元培） “直接的史料最为可信。”（傅斯年） “明清档案则是直接的。”（傅斯年） 档案乃“目击耳食”之记录。（刘 复）

注：中国近代史家的言论或观点见覃兆刿《双元价值观的视野：中国档案事业的传统与现代化》295-331页

通过这些认同兰克思想的学者，我们看到近代档案价值观的转型以及支撑这种认识的哲学根柢和审美取向，也看到兰克思想的深刻影响。同欧洲档案馆从

“政权的武器库”走向“历史的实验室”[①]一样，此时国人的档案观也和“旧档无用”的观点已然划作两个时代，即从偏重档案作为工具的一元价值走向重视档案作为学术资源的信息价值，并出现“政治与学术需要”并重的“双元价值观”的意向，这为档案事业的近代化和档案学兴起准备了价值前提。

总之，兰克史学“如实直书”和“重视档案”的特征，恰好应和了当时中国重视文献的“新考据学派”学者的文化心态，在近代史学的专业化追求中，在档案成为史学创新之本的共识下，档案馆成为史学家一个极其重要的去处，档案史料的收藏和利用成为学者热衷的话题，档案馆的公共特性为越来越多的知识分子所认同，档案馆及其工作的专门性也在“藏”与“用”的关注中显示出必要性和迫切性。因此，在“中国公共收藏机关之缺乏，为学术不能进步之极大原因”“学问之资料，宜于国人共之”[②]的呼声中，学者积极策划起档案馆、图书馆和博物馆“三馆”并存的格局，档案馆（初以“文献部”名）便以公认的档案收藏与管理专门机构的身份应运而生了。也正是由于兰克史学档案取向的影响、旅欧学者对海外档案馆状况的介绍和国内档案整理实践的需要，加上后来的“行政效率运动”，才激起中国学者对国外档案馆馆藏和档案工作的兴趣，欧美档案馆考察才成为一种自觉的专业学习行为，于是傅振伦、蒋廷黻、朱士嘉等怀着对海外档案“如何类比？如何比次？如何纂定？如何保管？”和“心资借镜”[③]的想法，走进海外档案馆所并及时向国内反馈相关信息。在“苟不讲求处理公文与管理档案之方策，则建国大道妨碍必多”[④]的警示中，近代档案学和档案馆学终于以一种中西交汇的形式萌芽并开始生长。因为负载专门的管理职能，档案工作和档案馆事业也在这样的形式下渐显其相对独立的意义，中国档案事业的近代转型以专门化和档案“双元价值观”的确立为特征才得以初步的实现。

---

① 陈子丹．外国档案事业史．昆明：云南大学出版社，1999：135

② 梁启超．中国历史研究法．北京：东方出版社，1996：76

③ 傅振伦：《游英法档案馆小记》，《文献论丛论述二》，故宫博物院文献馆，1936：1

④ 傅振伦．公文档案管理法（自序）．北京：档案出版社，1988

价值目标与伦理重构*

——关于档案馆社会化服务的功能与效能研究

档案馆社会化服务的原理是否合于本然的档案价值目标？是否与档案事业发展规律有内在的一致性？档案馆社会化服务依赖于怎样的环境（含人文环境、伦理和制度环境、技术环境等）？为了增强这种服务与社会需求之间的耦合度，档案馆应作怎样的适应性变革？这里，笔者想先以“价值目标与伦理重构：档案馆社会化服务的功能与效能研究”为目，谈一点粗浅的认识思路，并希望沿着这个思路进行分层的研究。

一、档案馆社会化服务的兴起是档案事业的发展方向

档案馆社会化服务问题早已受到国内外档案学者的关注。

著名档案学家希拉里·詹金逊指出：“档案人员的职业是一项服务性职业。其存在是促使其他人有可能开展工作……其信条是证据的神圣性不可侵犯；其任务是保护好每一个证据；其目标是不带偏见、不加事后思索地满足一切希望了解知识工具的人们的利用需求。”① 米歇尔·迪香则在他的《开放和传播档案信息的障碍的调查报告》中，“把档案利用状况的演变过程与民主思想的萌发、生长，与历史研究重点和方法的变化，与信息处理和复制技术的进步联系在一起，令人信服地论证了档案事业至今远未终止的一个发展趋势：档案馆对公众更加开放。”② 我国著名档案学家吴宝康教授也认为：“档案馆管理是基础，利用是主导（中心），服务是根本和方向”③，冯惠玲教授则暗示档案馆社会化服务必须以“亲民”作为战略上突破的基点，强调：“档案馆亲近民众是政治民主化的生动体现”“是档案馆存在和健康发展的基本理由”“是构建信息化社会档案馆核心竞争力的必然选择”，因而档案馆“要有亲近民众的思想观念”“要从‘国家档案观’转变为‘社会档案观’”“要有亲近

---

* 本文是覃兆刿主持的2005年国家社会科学基金项目阶段性成果之一，项目编号：05BTQ016，项目名称：《价值目标与伦理重构：档案馆社会化服务的功能与效能研究》，文章发表于《档案学研究》2005年第5期。

① 郭红解．论档案馆文化的构成、特性及空间拓展．档案学通讯，2004（5）

② 冯惠玲．对档案著作的评价．见：国家档案局中央档案馆编．第十三届国际档案大会报告集．北京：中国档案出版社，1997：182

③ 吴宝康．论新时期档案学与档案事业．北京：中国档案出版社，1997：318

民众的馆藏档案”“要有亲近民众的档案服务”①……可见，在档案职业和档案馆事业的“社会化服务”方向这一点，中外同行有着非常一致的看法。

在欧美一些国家，档案馆社会化服务早已成为一种稳定的档案职业理念和档案工作促进机制，这与其较高水平的社会档案意识、信息民主意识、体系结构基础是分不开的。在欧洲理事会（Council of Europe）20 世纪 90 年代以来的档案计划中就曾提出：“在一个民主的社会，档案属于人民，由人民产生并为人民服务”②。在英国，其国家档案馆不仅为社会公众提供广泛的服务，还以个性化服务为特色，强调交流与互动的服务模式。在法国，18 世纪末 19 世纪初，便已开始注意档案馆的公共服务，密斯德法令中甚至提出了“每个公民都有权了解在任一档案库保存的档案的内容”这样的条款，因而“档案工作者不再仅仅是孤立机构中的一员，而是广泛社会中的一员。他的服务面大大扩展了。”③ 显然，这一法令对 20 世纪“遍布于全欧洲的新建立的公共档案馆”④ 有过直接的引导作用。在美国，档案馆不仅树立起真正的高度开放形象，还使联邦档案“民治、民有、民用”的观念深入人心。⑤ 总之，到 20 世纪，欧美一些发达的资本主义国家，社会公共档案意识普遍高涨，以至档案理论的思想基础也“从一个国家的理论发展到一种全社会的理论”。

在我国，自《档案法》规定了“向社会开放”档案、公民“可以利用已经开放的档案”以来，档案馆的“公共性”开始成为讨论的话题；关于社会信息化的讨论和整体规划，使得档案馆开始进入信息化专家的视野，档案馆成为不少地方信息化建设的试点部门。档案馆现代化设施的加强、档案馆网站建设、档案信息提供利用、档案专业人员服务社区、服务家庭、服务民营企业等活动，尤其是现行文件向公众开放所带来的公众认可和普遍欢迎，使社会公众的档案意识普遍增强，同时也激发起对档案方式和档案信息的更高热情，提高了档案馆社会化服务的期望值。加之档案部门关于“三个代表”的讨论和“以人为本”科学发展观的引导，也使档案馆内部不得不以服务作为管理创新的思维轴心。这为讨论档案馆社会化服务问题准备了很好的社会土壤。

有些地方已在尝试多种服务方式的同时，思考建设高质高效的公众服务体系和社会发展机制等深层次问题，如调整档案馆内部机构、重新认识档案工作业务重心、建设适应于社会化服务的档案中介机构等。在武汉，开展了“档案宣传进

---

① 冯惠玲．论档案馆的“亲民”战略．档案学研究，2005（1）

② Axel Plathe（联合国教科文组织）．档案领域的国际合作．见：国家档案局中央档案馆编．第十三届国际档案大学文件报告集．北京：中国档案出版社．1997：119

③ ［英］Edward Higgs．从中世纪学说到信息管理：档案专业的演变．见：国家档案局中央档案馆编．第十三届国际档案大学文件报告集．北京：中国档案出版社．1997：59

④ ［英］Edward Higgs．从中世纪学说到信息管理：档案专业的演变．见：国家档案局中央档案馆编．第十三届国际档案大学文件报告集．北京：中国档案出版社．1997：59

⑤ 赵屹．美国的档案工作与信息服务社会化．档案学通讯，2001（2）

万家”“档案业务咨询千家行”“创建家庭档案示范户”等活动。在深圳，关于“文档资料服务中心”的实践尤其是数字化加工服务，取得了很好的效果。在沈阳、青岛、福建等地，也就家庭档案、档案服务承诺、档案信息服务产业化展开了研究。围绕服务所进行的这些思考和实践，实际上从档案馆社会化服务在价值目标定位和操作层面进行了有益的探索。

档案学理论工作者适时介入这一话题。2003 年，上海举办了以“新时期公共档案馆建设”为主题的档案论坛，提出要“关注档案公共服务的国际化趋势”“形成集中的信息档案体系……逐步为各级领导机关和社会各界提供档案信息服务”①。在武汉，召开了家庭档案服务体系与管理模式研讨会、全国民营企业档案管理模式研讨会，提出将“家庭档案”作为“一种贴近民众的先进文化”②服务于社区和家庭，提出将档案管理方式向民营企业渗透并在提高其科学管理水平和“二次创业”中发挥基础平台作用。2004 年，中国人民大学召开了“公共档案馆利用服务社会化”学术研讨会，此时《北京档案》辟有“档案服务创新系列谈”专栏。在上海，《档案资源共建共享与社会化服务方案》获准科研立项。

在此前后，我们可以陆续读到关于档案馆社会化服务的文章。如冯惠玲的《拓展职能——“夹缝时代”档案职业的生存之策》和《论档案馆的“亲民”战略》、谭琤培的《论档案馆的社会化策略》、聂建新的《档案工作者应成为社会工作者》、赵屹等的《美国的档案工作与信息服务社会化——兼谈对我国档案信息服务社会化的启示》等，这些论述对我们在理论上作进一步探讨有一定的启发意义。

但我们也不必讳言因没有系统的理论指导档案馆社会化服务所显出的各自为阵、无序经营、现有组织机构与服务机制建设不相融、旧的档案职业观与服务文化不和谐、服务深度与服务效益十分有限以及因此导致的职业困惑和信息安全隐患等。而且，多数文章的论述也还只是局限于档案馆社会化服务工作的经验性总结，还没有从根本上触及档案馆社会化服务的深层原理、必须的价值目标定位、体系建设和系统的关联性。

二、为什么要以“价值目标与伦理重构：档案馆社会化服务的功能与效能研究”为研究思路?

从价值目标内驱和社会期望两个方面、工具价值和信息价值两个方面、价值目标和伦理重构两个方面、功能定位和效能发挥两个方面来分析问题，或许对我们讨论档案馆社会化服务的原理和方案有一些帮助。这是因为：

---

① 刘国能．“以人为本”在档案馆的落实——上海市公共档案馆建设感议．原载《中国档案报》，转引自 http://www.saac.gov.cn/archive_bureau/663.htm

② 涂文学．家庭档案服务体系与管理模式研究．武汉：武汉出版社，2004：10

1. 档案馆社会化服务的活动要基于正确的档案事业价值观，要合于档案事物的内在规律

以价值认识为起点，意在实现问题研究中的内在逻辑与必要的系统性。因为从一定意义上说，社会科学是关于价值的科学。何况，档案馆为什么要走社会化服务的道路？这是关于档案馆社会化服务之动机研究的核心。

关于价值，我倾向于这样一种观点："价值不是被评价的客体的概念，而是一个客体与人之间关系的概念——它是这种关系客体的一个象征。换句话说，价值是客体与人之间的一种关系，正如一个客体的象征表明客体有其现象的存在一样，就像人的认识把现实存在性赋予客体那样，在人认识人与客体的关系这个事实时，客体和人的关系也是由人赋予的。所谓价值评价就意味着这种'赋予'的活动。"① 正因为这样，我们对档案价值的认识也应体现为价值的终极关怀与现实关注两个向度，体现为档案与人的关系。笔者所提出的所谓"双元价值观"也是基于这样的思考。

从"双元价值"（工具价值与信息价值）②两个方面的结合出发，可以避免只以档案信息利用为其鹄来研究和衡量档案馆社会化服务的片面性。我们不能只以档案实体信息的提供利用作为档案馆社会化服务的全部内容，因为这是对档案工具价值的忽视。

档案馆社会化服务的功能定位必须以档案工具价值和档案信息价值目标的实现为根柢。

首先，档案方式是人类进化和规范意识的产物，其中凝聚着道德（求真）和伦理（秩序）精神，体现为手段价值与目的价值的结合。档案馆在社会化服务中有义务和责任将档案方式推广至更为广泛的社会组织和公众。胡鸿杰先生的下面这段话也与作者的这种看法不谋而合：

"……专门档案及管理活动的确立则可以看作档案文化的基本理念及其模式在广泛的社会领域中的'整体推进'。虽然我国档案学界对专门档案的概念还存在不同的看法，但谁也没有能够阻止这种管理活动的普及。笔者认为，这种现象可以说明一个道理，那就是在社会领域中一种活动的模式有时候比它说明的概念更重要"。③

同时，档案又记录着信息，其结构还会显示系统下具有的新质。信息价值的实现在档案馆社会化服务中表现为与社会需求高度耦合的资源聚合和信息传播。

2. 围绕功能与效能进行思考，可以避免只讲功能不讲效能的偏颇，从而将价值层面与操作层面结合起来

强烈的愿望和拥有相应的获取能力才可能使理想得以实现。因此我们的研究

① ［日］牧口常三郎．价值哲学．北京：中国人民大学出版社，1989：59

② 覃兆刿．双元价值观的视野：中国档案事业的传统与现代化．北京：中国档案出版社，2003

③ 胡鸿杰．档案与文化．档案学通讯，2004（5）

不能只谈目标，只谈功能定位，而没有相应的能力提升措施。所以应在功能定位的同时，就档案馆社会化服务对档案馆机构改革、服务体系建设、资源建设计划、业务流程重组、领域拓展等方面提出的要求进行深入的思考。而制约这些影响效能发挥的诸要素的，首先是能否完成相应的伦理建构和由“行政文化”向“公共服务型文化”的转变。可以说，档案馆伦理重构是其服务效能发挥的前提。

3. 档案馆结构震荡与伦理重构是档案价值目标的内驱与社会需求的外力相互作用所致

以“伦理重构”为核心来表征档案馆必须面对的适应性变革，是为了体现档案馆谋求“有效服务”时必须进行的职业道德修炼和组织文化“再造”。

对于服务理念观照下的档案馆价值目标与伦理重构研究，可以在目标确立、新的档案馆组织“愿景”和职业伦理养成以及制订相关规则方面进行思考。

同时，将“价值目标的实现”作为服务理念下的职业“愿景”，将“伦理重构”作为功能发挥与效能显现所必须的超越和修炼，是基于“以人为本”和“学习型组织”建设的思考。

4. 以关联式的结构表达研究意向，是因为档案馆社会化服务的运行机制取决于多种因素的相互作用与耦合关系，这样可以提示我们关注其服务“社会化”的系统性和过程性

档案馆社会化服务不仅是档案馆新的生存与发展状态，而且是一个影响深广的社会系统工程，我们必须注意并研究这种系统性和过程性。譬如，档案馆社会化服务过程，有可能是一种重要的社会信息民主进程，从而成为一种社会民主政治的推进剂。真正的档案馆社会化服务也有可能成为当代学术中兴的一次重要契机，我在论证这个选题的时候，就得到几个近代史和社会史博士的支持，他们期盼着适宜于推进学术繁荣的档案馆有效服务机制。

三、关于档案馆社会化服务的价值目标与功能定位

没有清晰的价值目标认识，档案馆社会化服务就不可能有正确的功能定位，就只能陷于盲目和被动。

值得注意的是，多数学者在讨论档案馆服务时只考虑到档案的信息价值。在我看来，档案馆社会化服务应体现“双元价值”即工具价值和信息价值的有机结合。

1. 工具价值目标与功能定位

“档案”首先是一种人类行为方式，是一种管理文化的表现形态。通过不断的社会改造，尤其当它可以为社会公众所用的时候，它越来越成为一种先进的人类文化。档案方式对于记录的管理和控制首先体现为一种工具价值。其工具

意义是由其独特的理念、结构、技能以及在人们心目中长期积淀所形成的信赖所构成的。因为档案方式的工具价值具有普遍意义，所以档案馆社会化服务首先可以看成档案馆以其独特的专业优长进行社会渗透和技能推广的功能实现过程。档案寄存服务、追踪社会大事、城市记忆工程等，其实就是档案工具价值实现的过程。档案人员在社会化服务的过程中借助现代高新信息技术，实则也是工具能力的扩张过程。一方面，只有社会更广泛的人群自觉地接受这种行为文化或管理文化，才能记录和保存更多有价值的人类信息并自觉地促使其向社会资源的转化；另一方面，在这种模式推进中也提高了全社会的档案信息意识，培养起更广泛的档案信息消费群体，从而档案信息价值的实现才有更加深厚的社会基础。

档案方式原来多为行政机关所用，且工具意义多局限于消极控制。直到20世纪60年代，人们才对其工具价值有了更积极的认识，并努力将其作为一种管理文化加以推广。如建立科技档案的提倡及相关理论的产生，使这种方式所负载的基本理念及模式推广到其他领域。这种跨领域渗透，说明档案方式的工具价值具有普遍意义。冯惠玲教授提出的给社会以“档案关怀”、胡鸿杰教授指出的“在社会领域中一种活动的模式有时候比它说明的概念更重要”，强调档案工作基本理念及模式在广泛的社会领域中的“整体推进”，以实现这种管理方式的普及等，实则是在强调档案的工具价值。

2. 信息价值目标与功能定位

档案馆社会化服务的另一个价值目标是促使档案信息价值的实现。

档案馆在其中的功能包括资源聚合和资源传播两个方面，即尽可能多地聚合高价值或与社会需求高度耦合的档案信息资源，同时尽可能使更广泛的社会组织和公众能够便利地从中获益。资源聚合包括资源选择、积累、揭示和优化。对原有资源的整合、鉴定、开发以及基于“公共”和“文化”特征并建立在科学的用户分析与研究基础上的后续资源结构规划（或资源计划）与业务流程重组，如档案寄存和代保管、资源数字化、综合性或专业性更强的档案数据库建设、馆际合作等，都是以服务带动的资源聚合形式；资源传播包括档案信息传播中服务方式的对称性选择、传输渠道、传播技术、服务深度、效益评估和安全因素等内容。档案馆社会化服务要求研究多样化、交互式的服务模式，既包括对档案展览等传统服务方式的深入研究，也包括网络环境下档案信息服务的理念、技术以及档案个性化服务等问题。

四、关于档案馆社会化服务引发的伦理重构与效能发挥

米勒曾经指出：“民主社会中的档案工作者要真正履行其社会责任，就必须无

条件地满足并尊重伦理要求：即使每个人都受到自身的主观条件的限制，档案工作者也绝不允许以此为理由怀疑他对客观性的始终不渝的追求，怀疑他的公正精神。”[①]因此不同时期的档案馆工作重心会对组织伦理提出不同的要求。伦理重构是档案馆对服务文化和社会需求心理的必然回应，效能高低又受制于以此为核心的服务文化成熟度。

1. 伦理重构是档案馆社会化服务效能发挥的前提

面对社会化服务，档案馆必须进行职业心理的重新“修炼”。档案馆必须确立以实现公共服务为使命的组织目标，并因此引导一种以职业伦理重构为核心的新的组织文化；“双元价值”的实现必须以高度自觉地“社会关怀”为伦理突破；必须培育与服务相适应的人文主义精神，体现以社会顾客为本的思想，给被服务者以人文关怀，并努力营造档案利用环境的人文氛围（包括档案馆和网络环境）；必须引导档案馆员工确立与档案馆组织目标一致的职业“愿景”，并真正树立主动服务于公众的职业道德，以服务为中心明确新的权利、义务和责任概念。以所谓“第六伦”[②]来思考专业个体与社会公众的关系。可以说，效能发挥是对伦理适应性的检验。

2. 高效能的档案馆社会化服务需要与之相宜的机制建设

研究服务所需要的内外沟通机制、内部竞争机制，研究如何借助市场力量实现服务目标和方式的变革、建立合适的服务中介机构；探讨以服务为中心的业务流程改造，真正确立鉴定、开发、服务的重要地位；研究如何运用高新信息技术来实现服务的技术含量和高效率；研究建立运作状况的反馈机制、建立在用户研究基础上的产出导向和绩效评估机制、以顾客满意度为指标的责任机制、激励机制、社会补偿机制以及相关的安全控制机制。

五、问题研究的重心和难点

档案馆社会化服务的有效展开，堪称一个浩大的系统工程，它呼唤着档案学为其提供值得信赖的理论指导，它期待着档案学者的共同关注。在我看来，档案馆社会化服务目前亟需研究的重点和难点在于：

（1）档案馆社会化服务价值目标的确定、档案馆服务文化影响下的职业伦理重构和新的职业“愿景”认同。

（2）社会化服务的机制建设，包括认识其功能机制、效益评价机制、社会激

---

① ［德］Michael Muller．一个伦理学问题：管理与学术对立？见：国家档案局中央档案馆编．第十三届国际档案大会报告集．北京：中国档案出版社，1997：188

② 韦政通．伦理思想的突破．成都：四川人民出版社，1988：227

励机制和相应的法律控制机制等。

（3）档案馆后续资源的资源选择计划模型指通过尽可能广泛的社会用户需求调查与研究，能够为有限的档案馆藏空间（指综合性档案馆）制订出与社会需求之间具有高耦合度的资源结构模型。

（4）档案馆在服务理念支配下必须的组织机构变革。

（5）网络环境下档案馆社会化服务实现的技术路线。

“文献交流理论”观照下的档案馆社会化服务*

再读《文献交流引论》的时候，正值笔者思考档案馆社会化服务问题。书中的许多思想使笔者在研究困境中找到了方向。在“文献交流理论”的观照下，“档案馆社会化服务”完全可以理解为促进这种“交流”更广泛、更持久地实现的一个过程。

《文献交流引论》是周文骏先生对“文献交流”思想的系统化[①]。在对图书馆文献传递作用的研究[②]之后，这部著作以广义的文献传递职能为基础，以更为开放的视角探测文献工作规律为其鹄，强调“文献交流就是文献及其内容的传递、交换和共享”[③]，并对这种“交流”进行了系统的阐释和策划。创新的思考和大气的架构，昭显先生的研究深度和卓然的预见力，今天的文献工作实践正是朝着先生倡导的方向在努力。笔者尤其关注的是，先生在研究中不但系统地辨识了图书、情报和档案的差别，更注意到它们深层的共性——交流[④]。这种关于文献“交流”共性的论述，激发起很多学者对图书、情报、档案一体化研究的意向。周先生认为，不仅“文献交流是出版发行、图书馆、档案、情报和书目工作的交接点”[⑤]，而且“图书馆学、档案学、情报学和目录学的基础理论和方法，都是从文献交流实践中总结出来的”，因而“文献交流”是“联系图书馆学、档案学、情报学、目录学和传播学等学科的纽带和桥梁。”[⑥]周先生关于图书、情报和档案的通识以及藉此建立的“大文献观”，由此可见一斑。在这种高屋建瓴的构思中，档案馆作为文献机构受到了足够的重视，“文献交流理论”对于档案馆社会化服务的指导意义也根源于此。再者，周先生还认为，“文献服务是一个满足读者需求的工程，同时也是一个文献交流的工作，这是同一过程的两个侧面：寓交流于服务，以服务促交流。”[⑦]可见，文献工作中的“服务”和“交流”实则互为表里，彼此依赖，相互促进。所

---

* 本文系覃兆刿2006年受邀在北京大学出席著名图书馆学家周文骏教授《文献交流引论》出版二十周年座谈会时所宣读论文，后发表于《国家图书馆学刊》2007年第1期。

① 周文骏教授关于“文献交流说”的初步构想是在1982年。1983年他在《概论图书馆学》一文中对“文献是情报交流的工具”有了更具体的阐释。在吴慰慈、刘兹恒先生主编的《图书馆学基础》中，周文骏教授被称为“文献交流说”的代表人物

② 周文骏．图书馆工作的传递作用、体系和发展．图书馆工作与研究，1979(1)

③ 周文骏．文献交流引论．北京：书目文献出版社，1986：24

④ 金明生．周文骏的学术成就与学术思想散论——庆祝周文骏教授从事图书情报事业50周年．图书馆建设，2003(4)

⑤ 周文骏．文献交流引论．北京：书目文献出版社，1986：3

⑥ 周文骏．文献交流引论．北京：书目文献出版社，1986：4

⑦ 周文骏．文献交流引论．北京：书目文献出版社，1986：104

以，从“文献交流”的角度看，档案馆社会化服务问题原本就在这一学说的义理之中。

一、从“文献交流理论”看档案馆社会化服务中的档案馆价值目标

周文骏先生重视图书馆哲学的研究是图情界所共知的[①]，从更广义的范围，我们似乎也可以说他是在提倡一种“文献哲学”。周先生认为，要真正体现文献机构自身的价值，就要立足于本质的认识，立足于规律的研究。他指出，文献收藏机构也许在不同的历史时期可能会呈现出不同的形态特征，但其中却一定有不变的规律。按周庆山博士的理解，“图书馆哲学是一种科学精神、职业理想和学术境界”“图书馆员忽视理念和思想而偏倚于实务和技术，是与他们对图书馆认识上的机构化、实体化及操作具体化有一定关系的。这正是图书馆哲学对于他们的重要意义所在，即它可以让图书馆员充分意识到其工作的意义、目标、原则、合理性和整体价值取向”[②]，我认为这种描述更适用于改进当前的档案馆工作状况。由于漠视整体价值取向，档案馆工作人员只能看到技术变化的表层，即代表这个时代的档案形态特征，因而在现代化过程中必然表现出目标和功能定位的迷失。

“档案馆社会化服务”虽然是档案馆转型时期提出的一个重要口号，但我们却并不能因为强调现代化就认为可以忽视深藏于档案馆发展史中的规律。拙著《双元价值观的视野：中国档案事业的传统与现代化》便是为了能够对此有所提示或贡献。从国家档案局近来开展的“档案馆功能定位”和“全国档案馆拓展社会服务功能”方面的讨论来看，这个问题似乎引起了档案界的重视，而在档案馆社会化服务中档案馆的价值取向和功能定位上，“文献交流理论”则可以为我们提供理论参照。

档案馆社会化服务的宗旨离不开实现档案馆价值。而档案馆的价值取向和功能定位如何认识？在我看来，“文献交流理论”正是以对文献机构的“价值”和“功能”认识为逻辑起点的。

关于文献机构的哲学思考无疑需要以文献价值规律认识为基础。周先生认为，文献是一种工具：“一种认识工具”“一种存储知识的工具”“也是情报交流的一种工具”[③]（笔者在“档案双元价值观”中将“档案”理解为“工具”和“信息”两个方面的价值结合体，现在受周先生的启发，这种认识也许可以扩展为“文献双元价值观”。只是“档案双元价值”中的“工具”还有其独特的内涵）。在“文献交

① 周文骏教授在讨论图书馆学研究领域时曾将图书馆哲学列为三大问题之首。见：周文骏，倪波．图书馆学研究论文集．北京：书目文献出版社，1996

② 周庆山．关于图书馆哲学的思考．图书情报工作，1997(11)

③ 周文骏．文献交流引论．北京：书目文献出版社，1986：18

流理论”中，文献机构以“交流”作为价值实现的途径和表现。从这个角度，我们很好地理解了档案馆文献保存与提供利用之间的关系。保存是为了交流，利用也是为了交流，故只重其一都是违背档案馆作为文献机构的价值目标的。因此，档案馆社会化服务需要更好地体现“藏”“用”结合的方针。

档案馆的文献保存是“交流”的需要。周先生这样认识文献保存的“交流”意义，“文献保存是文献时间距离上传递的体现”“文献保存是为了更好地交流，为开展服务工作创造条件”“文献保存是一个具有多种功能，其中包括服务功能的系统。”[①]这对我们认识档案馆社会化服务中要同时搞好馆藏建设和文献保存具有指导意义。有些人一提起档案馆社会化服务就以为档案馆应该无限制开放，这种提法本身就不符合档案馆价值目标，因为它违背了文献“纵向”交流的需要。而且，由于档案“常常以孤本形式存在”“功用则在于提供文字上的证据”[②]“不收藏就意味着消亡”[③]，所以,“保存”在纵向“交流”中的意义比起图书情报工作中的“保存”就显得更为重要。保存是更具社会化意义的“服务”和更具文化传承意义的“交流”，也正因为如此，档案馆社会化服务的实现并不需要也不应该以轻视档案保存为代价。同时，档案馆“工具”职能的发挥，即文献纵向“交流”的需要，本身也是档案馆社会化服务中大有可为之处。譬如，既然档案馆和出版社、书店、图书馆和情报所的“服务对象都是广大的人民群众”[④]，那么档案馆就不应该只作为政府的文件库，还应该成为人民可以借助的知识储存和情报交流的工具。故提供这种工具性的服务其实是极有意义的。如民众的家族档案、学者的著作手稿都是社会记忆的重要内容，都可以因为需要而接受档案馆的寄存服务或者作为档案馆本身的重要资源。在档案馆社会化服务中，主动跟踪社会实践，变被动接收为主动收集，改变馆藏文本和内容单一的局面，是“工具”意义在优化馆藏和丰富文献资源方面的作用。总之，档案馆保存是为了更好的服务和更持久有效的“文献交流”。

当然，按照胡适先生“流通于世界对于保留于世界”的观点[⑤]，加上传统档案工作“重藏轻用”的模式所带来的认识和行为偏差，我们在档案馆社会化服务中的“交流”也许更应该强调横向的传递，以便有力地促进档案作为“文献”在当代人生活中发挥“信息”的价值。对此，后面还要作相关讨论。但需要提前说明的是，按照文献交流理论，档案馆社会化服务工作的展开，其实是实现“文献交流”的核心措施。周先生指出：“文献交流系统的核心部分是服务领域（交流渠道），客观存在的起始，与文献生产领域的出版编辑过程相衔接；它的终止，和文

① 周文骏．文献交流引论．北京：书目文献出版社，1986：108
② 周文骏．文献交流引论．北京：书目文献出版社，1986：14
③ 周文骏．文献交流引论．北京：书目文献出版社，1986：57
④ 周文骏．文献交流引论．北京：书目文献出版社，1986：58
⑤ 胡颂平．胡适之先生晚年谈话录．北京：中国友谊出版公司，1993：267

献利用领域的阅读过程相联结”[①]。同样，档案馆社会化服务与档案馆馆藏资源的优化（生产）和开发（编纂等）过程直接相关，其终端在于社会用户的检索、阅读和利用。可以说，“服务渠道与服务网络都必须在开展服务工作的基础上建立”[②]，因而档案馆如何构架起有利于“交流”的服务体系和管理模式，是最迫切需要解决的问题。

总之，“档案馆是一种与图书馆具有同样悠久历史的文献交流机构”[③]，“交流”承载着“工具”和“信息”双元价值实现的重要职能，故档案馆社会化服务完全可以理解为促进这种“交流”更广泛更持久地实现的一个过程。

二、从“文献交流理论”看档案馆社会化服务过程中的“交互性”

尽管在英文中“交流”和“传播”都是“communication”，但周文骏先生以“交流”而不以“传播”名其学说，是因为要借助汉语“交流”一词更强的“双向性”和“互动性”含义。[④]可以说，强调过程的“双向性”和“互动性”，正是笔者在档案馆社会化服务问题中引入“文献交流理论”的重要原因。

概观目前的档案馆服务工作，多数地方只是表现为档案馆自身的一种主观意愿。由于对服务对象的认知严重不足，服务工作只能处在一种非常盲目、被动、偶然性和浅表层的状态。甚至在多数档案工作者心里，档案馆的服务工作只能是单向的。这种没有建立在“交流”意义上的服务，自然不可能呈现出鲜活生动的局面，激发起广泛的社会关注，更不可能持续地发挥作用，档案馆服务的“社会化”程度自然会有很大局限。

在具体实践中：一方面，档案馆服务在“工具”意义上行为消极。由于认识不到社会文献资源潜在的“档案化”需求，认识不到散存文献资源的社会化转化需要，认识不到积极主动的收集其实是“交流”的基础，档案馆往往将服务停留在一种对基层文件产生机构的档案“初使化”技术规范上。笔者并不否认这种工作的价值，但档案馆如果想在纵向交流和横向交流方面承担更重要的“社会文献责任”，就该首先将主要精力放到重要档案信息的收集上来。当然，我们在制订档案馆资源战略的时候，对资源的结构规划是对档案“工具”意义的更深层次的实现。另一方面，档案馆服务在“信息”意义上行为单向化。目前，多数档案馆的信息服务还停留在“要什么找什么”的阶段，至于社会潜在的利用者需求，多数档案馆似乎还无心顾及。

---

① 周文骏．文献交流引论．北京：书目文献出版社，1986：30

② 周文骏．文献交流引论．北京：书目文献出版社，1986：36

③ 周文骏．文献交流引论．北京：书目文献出版社，1986：50

④ 许欢．博导系列访谈：周文骏教授．高校图书馆工作，2005(4)

因此，档案馆社会化服务过程，应该特别注意“文献交流”意义上的供需互动和双向性。按照周先生的观点，“档案馆进行的文献传递与服务”，和图书馆、情报所一样，传播者与受播者之间应该表现出“有比较密切的接触，反馈较强，对受播者接受文献的情况比较容易控制”[①]。但今天看来，这在档案馆仍然只是一种愿景，档案馆服务者与服务对象之间的联结相当松散。那些“在文献与消费者和读者之间起桥梁作用的活动，如读者工作、科学会议、文献展销会、讲习班等”，在档案馆服务工作中还没有充分地开展起来。那些“对文献起改造作用的人”[②]，如档案编纂者，多数仍然只是凭着主观的形势判断来做选题计划、文献选择和体例安排。我们很少听说档案馆为了编纂一本史料而组织一次事先的读者座谈和事后的效果跟踪，倒是有时会作为一项体面的成果比较铺张地对外宣传。也就是说，真正面向实际并着眼于利用者的活动还很少见。鉴于这种情况，我们迫切需要建立在互动和双向意义上的、更具人文精神和数字化时代特征的档案馆信息服务模式和“交流”渠道，其中包括对社会利用者的调研与分析、个性化对口服务方式（包括个性化案卷和专门性利用室等）、进行学术交流的学术讲坛和史料信息发布、更加丰富和动态的档案展览等。而且，这些方式完全可以在传统和网络两种空间来开展，在上海、深圳等地也已经开展了卓有成效的尝试。

总之，“文献交流要符合文献利用的需要，这是研究文献交流的重要课题”“文献传递的结果不被利用，也同样应包括在文献交流与利用的研究领域之内”[③]。没有这样的研究，互动就缺乏科学的基础。正如周先生所说的，“只有当广大的读者亲切地感到自己是图书情报机构的被服务者，同时又确实地成为图书情报机构管理的参与者的时候，图书情报机构才可能得到最良好的评价，充分发挥文献交流的作用，使读者的需求得到全面的满足”[④]。档案馆同样需要通过互动的过程，才能使服务贴近社会民众的现实需要，服务的社会化也才能显现出来。甚至有调查显示，目前在城市里有三成市民完全不知道档案馆所藏档案是可供利用的，这至少说明公众对档案馆社会化服务的认知还有一个较为漫长的过程。

三、从“文献交流理论”看档案馆社会化服务的系统性

周文骏先生的“文献交流理论”是在系统观基础上的理论架构，其中关注到文献交流所处的环境整体性和系统性，包括技术环境、制度环境、中间机构、障碍克服和系统均衡性等。这是对文献机构价值取向和功能定位的社会学考察，很

① 周文骏．文献交流引论．北京：书目文献出版社，1986：26
② 周文骏．文献交流引论．北京：书目文献出版社，1986：36
③ 周文骏．文献交流引论．北京：书目文献出版社，1986：31
④ 周文骏．文献交流引论．北京：书目文献出版社，1986：74

值得我们在思考档案馆社会化服务时作为参考。

周先生认为，“文献交流作为一个系统自生产之日起就是一个社会系统，其内容丰富，结构复杂，具有许许多多交流过程和交流渠道……，这个全过程包括了文献的生产领域、服务领域（交流渠道）和利用领域”[①]，从档案工作来说，档案馆（室）基础资源组织工作谓之生产领域，档案开发、寄存和技术服务以及信息提供谓之服务领域，档案查阅谓之利用领域。这三者相互联系，其中“服务”是“交流”发挥作用的核心。周先生还分析了“文献交流系统得以顺利地有效地运行”的一般支持要素，主要包括文献交流政策和相关的规范、文献交流投资、人力资源、标准化与国际协作等[②]，实际也是在讲文献交流机构的环境制约。而从利用者角度，他也列举了影响用户兴趣和效率的环境因素，如读者的时间和交通不便、文献管理不善和网络松散等。档案馆社会化服务同样需要克服这些环境因素的障碍，努力激活“交流”过程，才能通过“交流”达到档案资源的社会共享和价值实现目标。

作为实现“文献交流”的载体，在档案馆社会化服务中，“社会化”程度的高低决定了服务系统的功能发挥，同时也决定着交流系统的功能发挥。反之，也只有档案馆服务系统的合理构建，才能获得应有的“社会化”效应。针对周先生提出的“文献交流渠道拥挤”“传递方向错误”、区域分隔、语言障碍以及制度因素[③]，笔者认为“文献交流渠道拥挤”在档案馆目前还不严重，反而由于地域分隔和利用者信息的沟通受阻，导致大量可以在更大交流系统中实现价值的档案只能待嫁闺中。“传递方向错误”和区域分隔还要求在档案馆服务系统的构建中，实现跨地区的馆际联系、互换和网上用户信息的共享，这样不仅不会导致档案馆对用户的竞争，反而可以因这种资源互补机制和灵活的交流系统而提高档案馆行业的整体吸引力。关于文献分类和结构语言，档案馆可以在利用“来源原则”进行资源实体组织的同时，对利用频率相对较高的档案，注意辅以“事由原则”下的逻辑分析和二次信息开发。至于文献交流的制度环境，国家可以出台更有利于整合档案资源和更有利于文献交流的法规政策。

总之，文献交流理论告诉我们，要想实现真正意义上的档案馆社会化服务，就要努力促成良性的有利于“交流”实现的社会环境、语言环境、馆际环境和内部环境[④]。我们要促进《档案法》向着有利于“交流”的方向完善，要建设“以利用者为本”的利用制度和双向沟通机制，要建立基于互补和共享原则上的副本互换、利用者信息库共建共享等以服务和“交流”为目标的馆际甚至海外协作，要克服档案馆内部的障碍，彻底改变档案信息加工与服务过程中出现的盲目、脱节、

① 周文骏．文献交流引论．北京：书目文献出版社，1986：28

② 周文骏．文献交流引论．北京：书目文献出版社，1986：32

③ 周文骏．文献交流引论．北京：书目文献出版社，1986：132

④ 周文骏．文献交流引论．北京：书目文献出版社，1986：133

滞后、重复、积压和紊乱现象。

四、从“文献交流理论”看档案馆社会化服务和图书情报服务的差异性

“文献交流理论”虽然强调“出版、发行、图书馆、情报、档案和书目工作的各个行业都需要研究文献交流”，[①]但在“大文献观”的视野下却并未忽视它们之间的差别。周先生认为，档案馆和图书馆虽然同属于“文献交流机构”，但它们在“交流”中的内容和方式却有所不同。因为,“交流机构的性质、任务和专业方向”[②]的差异性，决定了结构的差异性和在交流业务中的差异性。因此，在档案馆社会化服务中，试图完全照搬图书情报机构的服务或交流模式是不科学的。

这种观点基于周先生对图书和档案本质的系统和深入的认识。他认为，图书“是由各种不同观点的作者写成的”，档案则是“一种历史的记载，一般不包含主观的任何解释和分辩，理由和意见”。“图书的功用在于广泛地传播情报，档案的功用则在于提供文字上的证据。”[③]“档案馆是一种定向的接受机构。”[④]“图书情报资料都是收藏物，而档案却是接受物。”[⑤]“对档案的评价与选择，不是以单件为对象，而是以全宗或案卷为目标。单件只有在全宗或案卷中才能显示出它的真实的价值。”“档案的分类是从整体开始，进而区分单件，而图书情报的分类，是从单件开始归类，然后形成一个整体。”[⑥]图书情报的分类主要是按逻辑的原则辅之以时代、地区和文献类型等的标准。档案的分类则以“时间”与“来源”为原则。“图书编目基本上是以一种种的图书为对象，而档案的编目主要以全宗和案卷为对象。”[⑦]……在这些论述中，周先生从文献信息特征、文献实体来源、文献逻辑整理和价值判断导向等方面揭示了档案与图书情报的区别，强调了档案的凭证性、副本有限性、整体性、区域性和与实践的同构性特征。正是档案和图书情报的这些差别，决定了档案馆社会化服务有着不同于图书情报服务工作的特点，这主要表现在文献交流实现方式和内涵的差异。

首先，档案的凭证性和“不收藏即意味着消亡”的特质，提示我们在档案馆社会化服务中要有社会文献责任意识，因为如果重要的原生文献没有“档案化”管理，也就意味着档案“交流”过程的中断。因而我们要有一些紧迫感，要变被动接收为积极主动的收集，要积极探测社会公众对于“档案关怀”的需要，通过

---

① 周文骏．文献交流引论．北京：书目文献出版社，1986：4
② 周文骏．文献交流引论．北京：书目文献出版社，1986：60
③ 周文骏．文献交流引论．北京：书目文献出版社，1986：55
④ 周文骏．文献交流引论．北京：书目文献出版社，1986：56
⑤ 周文骏．文献交流引论．北京：书目文献出版社，1986：56
⑥ 周文骏．文献交流引论．北京：书目文献出版社，1986：57
⑦ 周文骏．文献交流引论．北京：书目文献出版社，1986：58

满足这种需要，借以实现文献社会控制的责任。周先生在书中对“档案馆在档案资料的保存与传播中占有独一无二的地位”①的强调，应该是对其独特功能的偏重。同时，由于档案不像图书情报那样，产生时便以“广泛地传播情报”为己任。因而档案的副本有限性决定了档案馆无法像图书馆那样满足利用者的外借需求，而只能靠复制、数字化产品、网站、编纂等加工手段，以及开辟便于原件阅览的“专家工作室”等方式，来弥补档案在“交流”意义上的天然缺陷。

其二，档案信息价值的整体依赖性提示我们，对“档案”应该更多地以集合的概念理解，如戴维·比尔曼教授那样将档案视为“系统”②。整体性要求我们在社会化服务过程中，对所供档案信息的价值要体现出整体判断，要将档案信息的本质视为“真实的来源联系”“联系是来源中的联系”“真实是联系中的真实”③，从而在服务中提供具有集合意义的完整信息。而且，在编纂等涉及鉴定和选择性行为的文献加工环节，尤其要注意保持这种内在的整体联系。当然，这些都必须以档案资源结构的整体性和同构性为基础。这要求我们在馆藏建设方面，一是注重文献资源的多元化结构，要尽可能收集反映社会生态的政治、经济、文化多方面的重要档案资源，以维系社会面貌的整体性和档案信息与实践的同构性；二则应充分注意馆藏档案全宗和案卷的完整性并保持清晰的来源联系。总之，处于“交流”状态的档案信息应该具有相应的整体性，只有这样，“交流”才可能传达真实的信息。

其三，档案文献生产的区域性提示我们，档案馆社会化服务的实现，需要打破区域和馆际隔绝与垄断，革除囿于一馆一舍的“看家”意识。只有实现跨区域的档案信息资源整合或逻辑整合，才有希望一步步走向档案信息资源的共享。

总之，虽然档案馆和图书馆情报所同属于文献交流机构，但由于本质差异而面临不同的交流环境，也因此决定了不尽相同的文献交流模式。

五、从“文献交流理论”看档案馆社会化服务中的组织变革和效益评价

文献交流必须依靠文献工作业务来实现，有效的“交流”对文献机构的内部管理机制创新和员工素质提出了相应的要求。这些被周文骏教授称为“图书馆智慧”④的内容，在档案馆社会化服务中同样重要。周先生认为，从“交流”的角度讲，现有文献机构是有潜力的，应该通过“改革体制和整顿机构，实行岗位责任制等”来“改善文献交流环境”⑤。事实上，从20世纪80年代以来，档案馆也一直

---

① 周文骏．文献交流引论．北京：书目文献出版社，1986：51

② 戴维·比尔曼．电子证据——当代机构文件管理战略．北京：中国人民大学出版社，2000：26

③ 覃兆刿．双元价值观的视野：中国档案事业的传统与现代化．北京：中国档案出版社，2003：245

④ 周文骏．迎接图书馆学发展的新时期．图书馆，1998(1)

⑤ 周文骏．文献交流引论．北京：书目文献出版社，1986：77

致力于这种有利于"交流"的观念和组织变革。

从档案馆组织结构而言，笔者对有利于档案馆社会化服务和"文献交流"的组织形态作了如下设计：一是在整体上体现"藏""用"结合、"工具"与"信息"双元价值实现的结构，可以由一馆三部制和下设工作室的结构来展现，即档案馆下设"事业部""典藏部""流通部"。"典藏部"负责档案的整理、鉴定和保管，"流通部"负责档案的社会采集、档案信息加工和"文献交流"，"事业部"则相对具有综合职能，并在"典藏部"和"流通部"之间起联结作用，同时也负责全馆的事业规划、基础设施建设、人力资源管理和档案技术保障。作这样的职能划分，是为了更有利于保证档案信息实现"纵向"和"横向"的"交流"。三部可下设处室，但必须注意避免职能重叠并建立起有益于文献交流的工作渠道。或许，由于社会化服务和文献交流的推进，同一地区的档案馆有可能因资源优势互补的需要而走向合并的道路。

此外，中间环节在文献交流中有时起关键作用，这些中间环节包括中间性的组织、人及相关活动。周先生认为，"交流渠道是以起中转作用的中间环节构成的"，因为"中间环节的中转作用，使得文献交流得以在时空中无限地进行"，故"中间环节是交流系统中不可缺少的交流网点"①。在档案馆社会化服务中，目前正在尝试的"档案寄存中心"和"档案技术服务中心"，可以看作发挥档案"工具"职能、保证档案信息纵向交流的一种中间环节。也许，在档案馆转型时期，随着档案馆由国家模式向社会模式的进一步演进，兴许能够催生出别的更有利于交流的中间形态来。还有，标志着互动与双向发展水平的档案展览、利用者座谈会、史料开发选题研讨会、档案信息发布会，以及在这些过程中的编研人员和网上信息组织者，都会对文献交流的效果产生重要影响。

周先生还强调并设想了"文献交流"的实效测度。认为"文献的利用，归根结底是一个知识利用的问题"，只有当"知识运用于某一部分计划或直接导致作出某项决定或作为某种行动的方针时，知识才能认为是被利用了的。"②之后，周先生在谈到"文献交流理论"时认为，理想的文献交流学构架应该借助定量分析和数学工具，建立起能够更实际地描述交流的一般模式，这一思路对档案馆社会化服务的效益评价也不无启发。

档案馆强调提供利用已经二十年了，档案利用研究也在1996年出现了颇为系统的成果，这便是刘国能、王湘中和孙钢先生共同完成的《档案利用学》③。其中有很多值得宣传的思想，可惜没有引起足够的重视和在更大的范围展开实践。从多数地方来看，我们对档案馆社会化服务的效益分析，还停留在"一纸档案解决

① 周文骏. 文献交流引论. 北京：书目文献出版社，1986：35

② 周文骏. 文献交流引论. 北京：书目文献出版社，1986：31

③ 刘国能，等. 档案利用学. 北京：中国档案出版社，1996

一起纠纷”“一份档案保住一套房产”这样直观而表层的判断。档案馆社会化服务要想获得持续的效益，就该有一些关于“交流”及效益原理的探讨。如，档案馆所编纂的档案史料有多少人通过引用而实现了再“交流”，我们进行了跟踪统计和分析吗？在实践中借助于档案信息取得的工作成果，其效益发生有内在规律吗？档案馆藏信息有多少在科研成果创新中被直接引用？在大学图书馆和研究机构藏书中，档案编纂出版物的数量和利用情况怎样？还有，按照管理学中“最大最小”原理，我们对馆藏中那些决定档案馆利用“大部分效益”的“极其重要的少部分档案”，是否做到了心中有数并特别做好了便于交流的前期准备工作？同样，对那些决定档案馆价值实现“主要部分”的“极其重要的少数组织或个人”，我们是否有过认真的调研，有过主动、持续和具有个性化的服务项目和跟踪策略呢？……

总之，档案也是一种“情报交流的工具”，只有在广泛持久的“交流”中才能实现其价值。对于长期显得“被动”和“单向”的档案利用工作模式来说，在档案馆社会化服务中，“交流”既是一个过程，更是一种目标。

档案文化建设是一项“社会健脑工程”*

——记忆·档案·文化研究的关系视角

讨论档案与文化的关系，倒使我想起一桩往事。大约在2007年，学院决定每年出版一卷全院教师论文集，可是在这本连续出版物如何命名的问题上出现了小小分歧。当时学院主要有档案、历史和文化交流三个专业，书名自然要顾及各个学科的覆盖。我建议将三个学科名直呈封面，以间隔号区分。可有人指出，这种将“档案”与“历史”和“文化”并列起来的做法，感觉逻辑上过渡不大自然，并建议有条件时单独再出“档案”卷册。我急眼了，一则恐条件合适一语终成遗案，不如就汤下面来得方便踏实；再者，档案与历史和文化放一起逻辑上怎么就不妥了？嫌档案概念小可以用“记忆”来暗指嘛。领导觉得似有道理，出版物最终定名为《记忆·历史·文化》，沿用至今。

我的这种坚持不仅出于对所在学科地位的维护，更是出于档案、历史和文化的内在联系以及表象背后的内在逻辑。冲着这件在文史教授中发生的事情，档案与历史和文化的关系讨论是很值得花些笔墨的。恰《浙江档案》杂志社何力迈总编约写档案与文化方面的稿子，我当成一次试着说明档案与文化关系的好机会。如果从文化论，记忆是一种文化心理，记录是一种“写文化”，档案则是一种文化载体和文化建构的“管理文化”。

一、记忆·记录·档案

档案现象的发生和演变，反映了人类文明的源起与进步。从社会文化视野来看，档案现象的发生是以记忆、记录的产生为前提的，记忆、记录和档案之间存在着一个发展过程。记忆的需要催生了记录行为，记录的控制选择了档案方式，档案的出现延伸了真实记忆。如果说记忆是记录和档案的一种目的和功能，那么记录便是记忆固化和档案行为的对象。

1. 记忆——记录：意识向行为的自觉转化

在我看来，从记忆到记录的过程，是意识向行为的自觉转化。意识即是人类的记忆需求，包括个体记忆与社会记忆两方面；行为表现在记录的能动性和目标性上。

---

* 本文系覃兆刿应《浙江档案》总编何力迈特约，发表于《浙江档案》2011年第1期“年度聚焦”首篇，《中国档案》2011第5期“观点集锦”摘要。

人们对记忆有意识的维护，借助生命外力延伸记忆的档案行为可视是社会“健脑现象”，是一种记忆的社会自觉。个体记忆（微观视角）一般理解为脑的功能。早在远古时期，人们就对记忆现象产生了浓厚的兴趣。古希腊哲学家柏拉图叫它“火在蜡上烧成的景象”，它既是一种生命现象又是一种社会现象。记忆是人脑对过去经验中发生过的事物的反映。识记、回忆和认知都是记忆的过程。人的记忆主要以回忆（再现）和认知（再认）的方式表现出来。以前感知过的事物虽已消逝，把对它的反映重新呈现出来，叫做回忆；客观事物在眼前，感到熟悉，确知是以前感知过的，叫做认知。可见记忆是一种“存入”与“取出”的机制。

个体记忆是反映生命机能的一个基本方面，由于记忆，人类才能保持过往印象，使当前的反映在先前经验的基础上进行，使之更全面、更深入。社会记忆则是社会文明机能的重要方面。有了集体或组织的记忆，人们才能积累经验，扩大经验，共享经验。因此，没有记忆便没有知识，没有一切智慧活动，人类文明就更不用提起。

因此，从记忆的原始机能到社会功能演进的全部历史无非是自然本能向社会文化渐进的过程。这一过程的发生与变化均是在记录行为中完善与发展的。关于记录的理解，暂且借用罗兰·巴特对摄影的一个精辟解释：“摄影的真谛很简单，很平常，没有什么深奥的东西：‘这个存在过’”。[①] 所以，记录就是使外界事物，不论是已经被感知的还是猜想推测的，通过一定媒介表现出来，显示其“存在过”。在原始社会，人脑天然地充当记录工具，随着事物发展与认知扩张，特别是突破个人记忆范畴之时（人与人发生关系时的记忆）选择外界载体作为二者或多者认可的“存在物”便是理所当然的事情了。这个“存在物”正是档案。

2. 记录——档案：管理与功能的实体控制

档案从总体上说是源于管理控制的需要，是个体之间和组织行为中对公信凭证依赖的结果。档案，从静态上看，即是人们有目的、有选择、有秩序地保存下来用以记忆的历史记录；从动态上说，便是人们对记录行为的实体加以维护、保存、利用的管理过程。档案在家族实现了对血缘伦理的维系，在组织则体现了公信秩序的维护。

我不太赞同将文字和阶级看作档案现象发生的必要条件，而是认为，人类延伸记忆的需要推动了记录行为的发生，记录实体的真实性维护与寓意解读的需要催生了将记录集成保管的档案行为。这种档案行为使一般记录物打上了“档案”烙印。“人类在通过声音来相互交流他们的思想的情况下，感觉到有必要设想一些新的符号，以便于把这些思想永久保存下去，并且使不在场的人也能知道这些思想”。[②] 符号我们可以作更宽泛的理解，包括了图画、文字甚至实物记号，如中西

---

① 徐喜先，徐建荣. 百变上海. 上海：上海人民美术出版社，2004

② ［法］孔狄亚克. 人类知识起源论. 北京：商务印书馆，1989：214

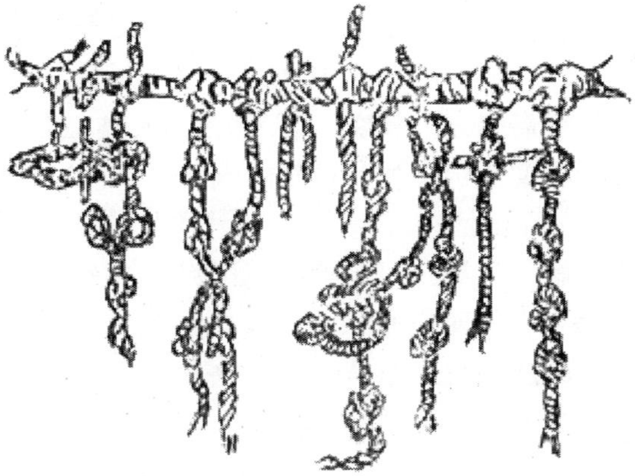

方都经历的“结绳记事”，其实已经反映出清晰的档案意向。中国古人讲“结绳而治”（《易·系辞下》有“上古结绳而治，后世圣人易之以书契。”），就是借助于结绳记录及其证据力来佐助管理公正，可见档案是管理意识萌生的产物。如图所示，上面的粗绳我们可以视作档案柜，每条挂绳则是卷盒，而每个绳结则类似一份文件。那时有专门的结绳官，不同的“结”表达不同的含义，可见已是典型的集中规范保存记录的行为，从本质上说是一种“档案行为”。

如果我们细读一些管理学经典著作便可发现，凡是从根柢上认识管理现象的管理学大师都重视记录的保存，有的还直接将重视记录和保存记录的行为解释为“档案”。如“科学管理之父”泰勒强调记录及其保存。针对参与实验过程的工人，他坚持“对每个工人都设立一个档案，记录其优缺点”①，说管理人员的“第一责任”便是主动将工人们实践积累的传统经验记录下来并在实践中加以应用。②“现代管理的真正之父”法约尔先生则在晚年总结学术时提出了“管理机器论”，指出管理机器就是“包罗现在、过去和将来的记录系统。在此系统内高级参谋人员所作的贡献，加上外来信息，能使经理拥有尽可能好的手段来评价其决策的可能的结果，它必须包括调查、计划、报告和统计资料、会议记录和统计图表……这就是我要论述的管理机器的组成要素。”③

德国著名管理学家马克斯·韦伯在“理想的行政组织体系”理论中，针对“合理性的”（或理想的）组织模型设计，十分明确地论证了“档案”的重要性，提倡“采用档案制度”的行政管理。他强调“熟悉档案”“（才能）达到最理想的状态”，继而提出一个重要的原则——“建立行政管理档案原则”④，把“精通档案”视为一种重要的行政管理技术。他认为，如果一个组织在精确性、可计算和衡量性方面存在优势，那实际上是建立在一种更加基础的技术优势——“档案”之上，他坚信“职务执行建立的基础是档案保存和一个常设的管理班子”⑤。

① 覃兆刿．企业档案的价值与管理规范．北京：世界图书出版公司，2010：30
② Taylor F W. The principles of Scientific Management. New York : Harper Bros, 1911
③ 覃兆刿．企业档案的价值与管理规范．北京：世界图书出版公司，2010：31
④ 范靖宇．韦伯的政治理念及其启示．同济大学学报，2001(12)
⑤ 世界著名管理学家管理法则全书（上）．北京：中国致公出版社，1998：13

二、档案是社会文化现象

梁启超先生曾说："文化者，人类心能所开释出来之有价值的共业也"。[①]我倾向于将文化定义为"自然的人化"，即"人类作用于自然界万事万物（包括人类自身）的全部活动"[②]。既然是"共业"，既然是"全部"，那么"文化"的保存是否可以理解为人类知识的整体记忆呢？档案方式的资源积累、人的实践和同构与对应、自然存在的时空联系、先验知识的代际交流和社会传播等，刚好符合了文化的特质。因此档案工作是一项文化事业，档案工作具有天然的文化属性。

1. 档案生发机理是记忆本能社会化与人化的基本动源

"大档案文化"观逻辑指出档案文化起源于人类对记忆的需求，这是档案起源的根本原因。从档案现象的生发机理来看，档案文化首先内在于单个的自然人需求，随着社会事务和实践领域拓宽，凝结于一定组织结构的规范性档案文化——小档案文化形成。大脑自然记忆的局限在社会条件下日益显露，社会记忆形式的出现，一方面塑造着私人社会的档案行为，另一方面强化了公共组织的档案规范。

"社会记忆"，从纵向看，社会中的人并非与自己的生命活动直接同一，尽管直接地生活在当下现实的时空中，却又保存有过去文化的延续。从横向看，社会中的人不再是一个孤立的个体，社会群体的记忆积累，使个体记忆的涉及范围大大扩展。自然记忆到社会记忆的演进表明：档案作为文化的起源，自在地指示人类活动方式与范围，档案——社会记忆形式既是人类面对世界的产物，也加深了人化了的世界。由自然条件下的单个记忆到社会条件下的单个记忆与公共记忆，是社会记忆形成和发展的基本线索。档案生发机理推动着记忆本能社会化与人化，使文化的生发与传承突破时空界限。

2. 档案既是功能性概念又是文化性行为

目前，我国对档案的通行解释一般都归结为"历史记录"。而档案作为记忆信息和记录实体的客观性和凭证性维护，从管理意义上是一种"可以称为历史的先验知识的东西的作用。"[③]是一种对记忆真实的和记录联系的固化。[④]对"档案是什么"的问答，实际上是对档案本质的解读。从实相领域看，档案的前身在于记录物；从功能上看，档案就是"保存""维护""控制""开发"等对原始物的管理行为。档案文化正是在由内而外不断生发、不断显化的过程中形成的，即档案意识——档案行为——档案实体的认识与实践辩证发展。档案方式是因档案心理的催生，借助一定的凭证实体和信息满足人们记忆和记录控制的文化现象。

---

① 梁启超．什么是文化．时事新报，副刊《学灯》，[1922-12-7]

② 何晓明等．中国文化概论．北京：首都经济贸易大学出版社，2007：1

③ ［法］福柯．知识考古学．谢强，马月译．北京：生活·读书·新知三联书店，2003：141

④ 丁健．档案与档案工作：固化与记忆的固化．档案学研究，2002(5)

在效率主义大师埃默森的理论中，我们注意到这种“记录”的几个特征：一是“准确”，二是“及时”，三是“永久”，我们分别可以理解为“原始”“同构”和对信息的“保存”。《效率的12项原则》一书强调组织必须有“永久性的记录。”其中第6项原则指出“准确、及时和永久性的记录”①是“作为决策依据的事实资料”。②

3. 档案对应历史并参与构筑社会文化传统

“档案是历史的河床”，是刻画民族传统的原始标本，是接近历史、研究历史的最佳材料。档案与历史的关系，表现为档案选择“记录”历史和史学研究“档案”取向两个方面。中国教育界的“大师之问”也应引起历史学家的思考。为什么建国以后没有出现公认的史学大师？原因虽是多方面的，但史学家与档案馆之间的隔膜不能不说是一个原因。

正如开篇所言，档案、历史、文化有着深刻的内在逻辑。档案是一种先验的实证性知识，是一种时间扩散的系统，“脱离不了历史性”“不能在事件之上并在静止的天空中构成超越时间的结构”。③既然我们无法完全复制历史，便只能尽量加大与历史真相的耦合。所以从一定意义上说，档案陈述的事实最接近于历史，而档案作为社会记忆的最好方式，其积累形式，时间和空间的系统架构，总体上符合了文化传承的需要。

三、档案文化建设视阈的“脑部”机能改善

档案是历史的标本，文化是档案的实质，加强档案事业就是加强社会记忆机能，因而档案文化建设堪称一项改善社会记忆功能的“社会健脑工程”。

档案方式可以让历史得到更直观更生动更令人信服的呈现。在我们熟悉的纪念活动、组织历史陈列室，让我们觉得最有印象的往往是档案记录。正如福柯所说：“档案使它们不会与时间同步倒退，而是使他们发出明亮的光芒，就像看上去离我们很近的星星实际上是从远处走来那样，而其他当代的事物已显得惨然失色。”④

1. 档案文化建设者首先要增强“史官”意识

诚然，史学家要有“档案意识”。德国史学家兰克之所以被称为“近代史学之父”，得益于他率先借助于档案查阅和整理，用更具说服力的原始档案开展的研究更让人信服，从而开启了新史学风尚。在他看来，撰史必须掌握第一手资料，只有凭借这些可靠的材料才能写出真正的历史。因而，他笃信原始史料，主张用档

---

① 杨文士，张雁．管理学原理．北京：中国人民大学出版社，1994：38

② 克劳德·小乔治．管理思想史．北京：商务印书馆，1985：127

③ ［法］福柯．知识考古学．谢强，马月，译．北京：生活·读书·新知三联书店，2003：142

④ ［法］福柯．知识考古学．谢强，马月，译．北京：生活·读书·新知三联书店，2003：144

案文献、活动者的记录、来往信件等来编写历史。①

在我国，一批近代大师级学者无不重视档案在修史中的作用。龚自珍、张之洞、罗振玉、蔡元培、孟森、梁启超、沈兼士、胡适、刘复、傅斯年、顾颉刚、姚从吾、徐中舒、傅振伦等从史学出发对档案进行了很多评价，强调档案是历史研究中最应受到珍视的“一事之直接的记载”“最下层史料”“最初未经文人笔所点窜”的资料、“未经过改纂而仍保存一件事真象的文书”“未掺过水的史料”、未经“糟蹋过”的“原料”。它“或本躬历，或根考据，类能剔抉隐闷，道人未道”，可以“补正史之缺”“可以报告事实的真象，可以决定历史界的流言”。因此，只有档案才是“足以流传久远者”，其“弥可宝贵”“重于文绮珍玩为倍万”，理应视作“最为崇高”的史料“瑰宝”成为史家“之所珍”“应该把它放在研究历史的最高地位。”②

但是，史学家研究的依据须得档案机制来保障，所以档案工作者首先要有“历史意识”。如历史的多维度、历史的细节、历史的明暗面、历史的过程性、历史的时间和空间结构，这些意识，对于档案工作更好地实现社会记忆功能显然是有意义的。著名档案学家库克教授的话引人深思，他认为留给后人的历史面貌不决定于历史学家打开卷盒的时候，而是取决于档案工作者将什么文件或记录装入档案盒的时候，取决于那些对说明历史真相有价值的记录因为没有被选择而失落的记忆。③蔡元培先生说，“信史是要从档案中考核出来的”，档案馆应该有更强的历史责任和历史呈现意识。只有这样，档案馆才能在功能上增强主动记录、更理性地架构资源。资源是吸引史学家的基础因素，但是我们也要思考片面的档案资源可能会导致史学家的错误结论。

2. 档案文化建设要有文化“多层”和文化“样本”意识

任何文化的产生、发展和演化都离不开一定的时间和空间，从记忆功能言，档案馆可以对时间和空间作尽可能周全的观照。我们要站在文化的高度来构建档案馆的资源体系。文化的多样性和层次感，要求档案馆藏具有丰富多样和与社会真相对称的立体结构。在两个体系建设中提出加强资源体系建设是档案馆文化自觉的表现。我们现在的馆藏过于重视机构来源和红头文件，而忽视了更广泛的社会时空；过于重视结论信息，而忽视发展过程；过于重视大而全，而忽视典型性和细节……这样的社会记忆无疑只会是残缺不全的、粗线条的、重复冗余的、枯燥无味的。这不光使史学家对档案馆少有信心，民众更是因为与己无关而难增热度。

文化的质感和生动性要靠鲜活的样本来诠释。著名史学家戴逸教授认为，档

---

① 张广智．二十世纪前期西方史学输入中国的历程．史学理论研究，1996(1)

② 覃兆刿．双元价值观的视野：中国档案事业的传统与现代化．中国档案出版社，2003：111-112

③ ［加］T. 库克．铭记未来——档案在建构社会记忆中的作用．档案学通讯，2002(2)

案的优势在于细节和过程。前不久在北京听赵国俊教授发言，他举例质疑我们的档案馆是否原汁原味地保存了一个机构如一所中学的历史真相，我深有同感。档案馆应该起到保存文化样本的功能，若干年后，后人可以最大限度地认知我们今天的一些活动。我们的档案馆资源建设实则是社会记忆选择和文化取样的过程。我们的名品名号名店，我们的名村名镇名社区，我们的各方面代表人物和典型事物，我们的重点工程和特色项目，我们的特色习俗和社会风貌，我们的非物质文化遗产……都是我们构建记忆，实现档案文化储存的关注点。

当然，相对于图书，档案文化的优势在于原真、连续和暗藏其间的联系，在于与社会实践的对应与同构。档案馆记忆功能的改善和文化自觉还体现为主动记录和真实记录的维系。因而档案管理的逻辑架构和安全保障体系的建设是很重要的。

3. 档案文化建设要有“品牌意识”和“宣传意识”

档案的文化属性是档案馆有效履行公共服务职能的价值源泉，重视档案文化建设也是面对新形势新问题做出的必然选择。某种程度上，档案文化建设可以视作档案事业发展与档案观念革新的突破口和推动机制。

档案价值的发挥与档案宣传工作紧密相关，尤其需要在档案文化建设上加强品牌意识和宣传意识。文化品牌，是文化的经济价值与精神价值的双重凝聚。档案具有得天独厚的文化价值，在实体文化产品中是纯“天然”的原始信息，是很多文化产品的“母资源”。档案文化品牌，关键在于坚守与维护档案文化的品牌优势。从一般意义上讲，档案文化建设必须恪守档案原始记录特征，以满足“尚真”的社会价值和审美取向。同时，只有形成了一定的档案文化品牌，档案宣传才能达到事半功倍的效果。档案宣传的效果，又可以反过来刺激社会的档案文化兴趣和支持。

最后再说一点关于档案文化建设实践的想法。在具体实践中，档案文化建设要注意以下几点：一是充分发挥档案文化的人文资源优势，着力建设和挖掘与人物相关的记录，形成不同时期、不同行业、不同阶层的人物档案史料体系架构；二是要充分发挥档案资源的积累性、连续性、注重过程和细节的特征，有意识地进行不同观测点的档案文化项目取样，细化档案文化品牌，这需要制订长期的战略；三是注意与时俱进，在建设和开发中体现档案文化对经济建设、文化教育、社会教化等多方面的社会贡献力；四是在档案文化的建设与社会共享中，充分利用网络、计算机、多媒体等先进通信技术，以更多地占领文化空间甚至引导社会文化关注；五是加大与其他文化事业部门，如图书馆、博物馆、高校、研究院所、出版社的定向合作，在搭车战略中渐至实现档案文化品牌的社会认知和个性价值。

就“档案双元价值论”给任越博士的复信*

任博士：

你好！下面对你所问作答，供你参考：

你问：您认为档案事业的现代化是对档案作为行为方式的社会工具价值和档案作为记录实体的文献信息价值的综合发挥，您是否认为档案实体中存在着工具价值与信息价值失衡的问题，例如，某些档案工具价值极其突出，而信息价值极少？

愚见：“档案事业的现代化是对档案作为行为方式的社会工具价值和档案作为记录实体的文献信息价值的综合发挥”这句话，我意在说明，档案事业现代化是对“档案双元价值”的综合发挥。这首先涉及对“档案”的理解，我将它划成了行为逻辑上的和实体上的两方面。也可以理解为一方面是“形式价值”，一方面是“内容价值”。也可以是“工具价值”和“实质价值”。总之，一者是从外在的、逻辑的、结构的、方式的、形式的、社会的而言，一者是从内在的、实体的、内容的、实质的、自然的而言。我将它们分别称为“工具价值”和“信息价值”。因为我认为这两者是根本的、对称的、关联的，所以合称为“双元价值”（附件中我发了另一作者所写的心得，我认为其理解还挺到位的，也供你参考）。

经过这种价值辨析后，又对古代、近代以至现代档案事业的价值追求加以认知，然后我便有了一个评价：虽然“档案”是“双元价值”的复合构成，但由于其所处社会和内容特征的差异，表现为从古代重工具向近代重信息再到二者并重的过程。因此，这种价值的分别，首先不是针对档案实体信息一方面的。当然，小系统往往会具有大系统的某些特征，所以在档案实体中进行“工具价值”和“信息价值”的分解，也许同样可以说通。因为不同的档案实体所负载的社会背景和自然特性不尽相同，自然会表现出不同的价值偏向。从这一点来说，你已经比我考虑得更加深入了。或许，这正是“双元价值”理论的张力所在，由于注重了价值的本源性和对称性分析，希望这个说法有值得同仁发扬、批判和完善的意义。

你问：您从控制方式和信息实体两个角度给档案下定义，我想这会引起学者的歧义，那么可否有一种兼顾二者的定义？

愚见：你的问题提得很好。是啊，哪有一个定义在一书中有两种说法的？此事还面对过一台湾著名学者的考问。一次，台湾近代史所朱宏源教授问：你对

---

* 任越，中国人民大学信息资源管理学院博士，黑龙江大学副教授。

“档案”的定义怎么用一个抽象的词即“控制”来落脚啊？我答：因为在这里档案被我视为一种工具，这是区别于我们传统的着眼于实体进行的定义。如果您习惯于偏向实体的概念，那么我可以将工具价值的描述作为定语，将落脚放在“信息”。朱先生好像明白了我的意思，不再追问。另一教授又问：你为什么不将“双元”改为“二元”？或者“多元”？我答：因为我认为这两种价值是最基本的，所有价值都可以由此分析得来，所有价值都可由此派生，所以用“双元”而不以“多元”。而且，“双”对于“单”，具有相互关联性，而“二”对应于多个数字，故舍“二”而取“双”。

至于定义，也许我的重心在阐述价值构成，所以在两个不同的表述中都暗藏了“双元价值”取向，以为其中语序的差异只是显示了不同的档案价值偏向罢了。我们是可以思考一个更能均衡地反映价值构成的定义。

你问：目前许多学者频繁提出“大文件观”，在您的著作中，我认为您书中的“文件”是从狭义的角度去理解的，那么可否将“双元价值观”在大文件观下进行验证呢？我目前正在琢磨这样一篇论文，所以特向您请教。

愚见：关于“文件”的理解，我在谈“档案”定义前有一些引述，包括脚注中也有。之所以看起来像狭义“文件”概念，是因为我对有些东西的质问需要建立在对方的认识基点上。有些学者认为文件是这样的那样的，认为档案是属概念，其中自会存在逻辑的乱象。我是想以其矛攻其盾，那些以“文件”为前提的“档案”界说却又经不起自身前提概念的检验。

在“大文件”概念下如何认识档案事物，这当然是一个逻辑起点问题。话说回来，我对很多非“文件”特征的“档案”意义的说明，从一定层面证明我内心藏着“大文件”观的影子。能不能经受得起严格、科学的“大文件观”系统思想的验证，既有“大文件观”本身的合理性，也有“双元价值”的合理性问题。总之，这是很值得讨论的话题，颇有益于理论的深入和拓展。

你问：您从中国古代到近代的角度阐释了档案由工具价值向工具价值和信息价值兼具转变的过程，但是您是否考虑过国外的档案发展史也会存在双元价值的转变过程？

愚见：问题提得真好。这正是我所着力思考和建设的问题。我想，人类档案事业的发展史也反映了人类历史进程的相似和同构特征。我认为完全可以用“双元价值”理论去解析域外档案事业发展的演变历程。这也有利于说明这一理论的普适性。我非常希望看到你在这方面形成系统认识。

你问：“‘合目的’强调了人类借助档案功能的心理需求以及管理技术上的主观能动性。”（P25）对于这句话，学生不太了解其含义，特别是“管理技术上的

主观能动性”指的是什么？

愚见：这是我对“工具价值”在一个层面的解说。“合目的”强调了人类行为的主观性，正如有人认为有了历史意识，才可能会有历史记录。有了控制凭证信息、控制什么、控制到什么程度的清晰“目的”，才可能产生实现这种目的的自觉的“档案行为”。这是一个价值预设的过程。

所谓“管理技术上的主观能动性”则是将“档案方式”视作包括理念与技术的结合体，不同时代背景下的归档范围、资源结构、分类体系、标识系统、物理平台以及今之追求个性化的“综合档案管理系统”（包括不同的分类体现、不同的功能设置和“自定义”）等，以及不同社会制度、不同文化背景、不同现实环境中的档案制度与技术，都会具有相应的“主观能动性”。也可以说，尽管在一些物理意义上的技术环节我们可以步调一致，但由于制度的差异性、文化的差异性以及档案事业传统的差异性，我们永远也不要奢望能够有全人类统一标准的档案制度和档案资源组织与管理方案。这便使标准化、国际化与“个性化追求”成为档案事业中同样永恒的话题。清代的档案可以搞“月折包”，90年代我们可以搞案卷，现在我们可以文件级、装卷盒。保管期限也是这样，等。

你问：对于双元价值理论是否还有更深一步的认识，或是否存在深入研究的可能性，我希望我的博士论文能够涉足这则理论，望覃老师能够赐教。

愚见：这一理论是我认真思考的结果，当然我会特别珍惜。我一直认为，真正有学问之人，认真得出一个结论自会特别钟爱，不会轻易放弃。同时，一个真正有学问之人，也要冷静面对各种质问，能有“今日之我非昨日之我”的勇气。我感到高兴的是，目前已有一些学者的文章开始运用这一理论说明档案问题。我也希望进一步从更理性的层面自我论证和批判这一理论，也希望有更多学者的关注而使之不要成为昙花一现。任博士准备在博士论文中涉及“双元价值”这一说法，我想这是愚见接受考问和检验的荣幸。非常感谢！

附件中有篇文章（作者是我过去的学生，文章尚未发表）供你参考，其中对我的表扬姑且看作礼貌，但我认为其中对拙著的理解还是很不错的，供你参考。另我去年在《档案学研究》发过一篇关于韦伯的文章，题目记不准了，好像叫《论韦伯组织理论的“合理性”与“档案”》，其中也有关于“双元价值”的说明。

祝好！并代问你导师胡鸿杰教授好！

覃兆刿

2007年11月6日

于武昌沙湖之滨

关于“档案双元价值观”给徐辛酉博士的复信*

徐博士好！

谢谢你注意到“档案双元价值观”并有兴趣做进一步的研究，我感到很荣幸。

自愚论提出，承蒙诸多学界大家抬举，也受以任越博士为代表的青年才俊持续关注、辨析和应用。在城建、声像、干部人事及企业档案等方面，也有多位实践领域专家认同并运用这个说法。记得去年一次开会，黄夏基教授和杨毅教授还就愚论多有点赞，因此内心颇受鼓舞的同时，也生起理论反思的责任。我本人希望这种提法能更多地受到辨析和批判。

你信中的很多想法不错，也真正触及“档案双元价值观”的要义。

关于你提出的问题我说下面几点想法供你参考：

第一，讨论档案双元价值，一定要有一点儿哲学上的积累，譬如关于“哲学价值”与“规范价值”。之所以对“档案方式”的论述可以使我们区别于平时关于档案记录、记忆、知识等功能性的讨论，其原因实由于讨论的价值层次和类型不同。档案双元价值进行的是一种关于档案价值的哲学追问，是一种基于存在或本体的价值解读，也是一种基于实践关系的价值解读，这和对规范价值的理解自然是有区别的。同时，要使讨论有一定深度，可以读一些关于“工具性”的经典论述，如韦伯、吉登斯、福柯等在谈及档案时都有相关论述。因为拙著出版之后才读到这些大家的论述，虽有零星文章加以讨论，终究还是有欠系统的。而早前如果在书中能有这些论述的支持，理论上也会更增一些圆融和自信的。

第二，我曾在那本册子中说过，从档案特质来说，工具价值是先于信息价值的，这也是档案区别于图书、文物、资料等相关事物的首要特征。当然，信息价值（有的也称内容价值等），是双元价值中不可分离的价值维度。两者的关系是彼此不分，互为载体，归于一揆。关于这，我和我的同事付正刚、乐庆玲老师及弟子范磊有一篇关于“椭圆现象”的文章，得空可以一读。

工具价值的确是档案作为一种存在首先应该为我们所重视的。你说的“微观领域建档”兴起的问题，事实上是档案工具价值在社会政治文明和文化进程中工具理性回归或者说价值理想诉求的呈现。以前在研究中，我们往往会因为一种新的载体出现或者观念出现，就导致一些同行对档案工作根本价值取向的动摇，甚而削弱档案专业的自信，这是一种很要命的学术幼稚病。譬如，“云计算”还没有搞清楚是咋回事，现在又开始大讲“大数据”了，又主要是从信息角度讲的，不

---

* 徐辛酉，中国人民大学信息资源管理学院在读博士，广西民族大学档案馆副研究馆员。

能不说对档案工作很有启发，但我们绝不能因此认为档案工作又到了本末倒置的时候。事实上，没有档案工具价值的理性自觉，也就不可能有社会记忆的合理聚集，大数据又从何谈起？

在信息时代，档案工具价值往往容易被忽视。苏州地区有一位档案方面的专家，而且他对档案实践是很有体会的，他在网上和我讨论，说他认为“馆藏档案没有被利用也在发挥价值”，大意如此吧，我没有看到他发表的那篇文章，但总体上我是认同这种看法的。不以当前的效益为标准，而以一种合目的控制的工具张力为其鹄，其实就是在强调工具价值。今天是抗战胜利纪念日，最近一段时间，国家档案局不断公开一些抗日档案资料，好几天新闻联播中都有。我们能说没有公开前这些史料就没有价值么？当然这里有一个时机和效果的问题。

就在给你回信的同时，一位华东地区的硕士生通过网络向我提到一个相关的概念——档案化，我也不妨给你说说我的想法。他问：“档案化是一个什么概念？”“是指客体本身不满足档案的构成条件，但是却可以参照档案管理的办法吗？”说实话，我不太明白他的话，但我很看重思考本身。我说：“档案化的关键在于化，状变而实无别者谓之化。”他说：“是不是指归档”？我说：“差不多吧，档案化，指区别于文献或记录存在状态的自在性而进行的合目的性控制。归档强调的是时间的关界和动作，而档案化强调的是转型理念、过程及之后的结构化状态。一年级硕士生能来信询问这样的问题，这对档案理论研究来讲，是一种可喜的现象。

第三，是以“原始文件”作为档案实体对象，还是以“凭证信息”作为档案实体对象，这是一个极为重要的问题，关乎工具价值的实现和档案实体的多样性存在。我上面提到的硕士生在讲“客体本身不满足档案的构成条件”时，“档案的构成条件”是什么？指典型意义的原始文件？这至少说明他心中已有作为存在的“档案”，但这种概念性的把握是否正确，也须得从价值认识层面才能获得答案。

此外还有一点，工具运用的合理性是不能回避的。作为价值理想，档案工具价值的实现，自然有其“合目的性”尺度。大跃进搞的那一套肯定也是不合适的。

网上有我给任越博士的一封回信，你可以看看，有些可能词不达意，供你参考。你要的书随后寄出。

问你导师张斌教授好！

此致

秋祺！

覃兆刿

2014 年 9 月 3 日

谈档案学*

我们常说档案学年轻，这至少可以表明两点：

一是档案学不够成熟，也许还只能说处在前科学阶段的后期或者是科学发展的准常规阶段。因此和其他学科相比，档案学还有大量的基础工作要做，包括基本的学科范式建设、学科独具的理论归约和充满理性自觉的学科发展史认知等，这需要我们平心静气地做忠实的学科建设者，立足于基础的铺垫，立足于一砖一瓦的发现，立足于当代对未来的积累，立足于本土对世界档案学的贡献。所谓集大成和殿堂上的雕饰还远不是我们的任务。

二是档案学尽管显得稚嫩，却因此可以保持极可贵的纯粹，少了些成熟学科的依附定势和注释学风，反而能显出相当的包容性与创新活力。我们不仅可以在其中作拓荒式的创新，也不必囿于一人一派之陈见。我们最希望读到以不同层面、不同角度、不同数据、不同时间断限、不同技术背景、不同文化认知和不同实践体验为逻辑起点的档案学文章，它们以视角别致见新，以考察深广见新，以材料贡献见新。

这一阶段的档案学呼唤深入的个性研究，需要更多的针对“档案”这一事物的不同诠注，哪怕表现出众说纷纭，彼此批评，但我认为这种纷呈和这种也许不够平正的作品恰是贡献的本身。因为，只有丰富多彩的个性探索，才能促使档案学共同范式的形成，才能推进学科的成熟。同时，也只有内在学术个性的彰显，才能保持档案学总体上比肩于相关学科的独立个性。

我的理想是做一名诚实而稍具个性的档案学者。多年来，自己在学术上信奉胡适先生的那句“大胆的假设，小心的求证”，又不敢或忘史家常言的“论从史出”。所以只好老实地在文献中泡过或者到档案馆去过之后才敢发表那些仍然粗浅的文字。在对档案事业传统和现代化进行了反复的痛苦的思考之后，我终于找到“双元价值观”作为串连这些零星认识的一条主线，并怀着检验的心态，沿着这条思路写了一些贴近档案工作实践的文章。

以价值认识入手是因为我同意社会科学主要是关于价值的学说这一看法，而档案学总体上是一门社会科学。所谓“双元价值”和谢伦伯格的双重价值说不同，他认识的是档案作为实体在不同阶段的价值，而在下则想把档案分成“行为方式的”和“实体对象的”两个层面来理解。档案作为人类行为方式和管理文化，体

---

* 本文系覃兆刿2005年受《档案管理》总编蔡千树先生邀请在郑州出席档案学高层论坛时的发言，后成为《8学者视野中的中国档案学》（发表于《档案管理》2005年第6期）之第一部分。

现为凭证的理念、结构和功能；档案作为记录的实体，体现为凭证信息内容。前者赋予工具价值，后者赋予信息价值，档案则是两者的价值结合体。值得庆幸的是，沿着这一逻辑起点去评估档案传统，去考察现代档案追求，去参与一些概念的论争，竟能有较为通透一致之处，这太让人高兴了。那种能够在一种逻辑指引下对档案现象作自圆的诠释，已是很快乐的事情。我知道，这种快乐根源于沉静和研究个性的追求。

当然，个性往往也会与偏颇伴生，“双元价值观”也必然会因我个人负载的刻板印象及知识缺陷留下牵强附会之处。我期望受到学界的严肃批判。

唐人孙过庭在讨论书法时的一段话也许能对我们有所启发：“初学分布，但求平正；既知平正，务追险绝，既能险绝，复归平正。”

最后我还要说，在做有个性的学科建设者方面，王金玉教授是一位颇值得敬仰的前辈，他为我们留下了《宋代档案管理研究》和《王金玉档案学论著》，我们能够为后来的学者留下怎样的具有个性的贡献呢？

缘分·热情·个性*

我和“档案”是有一些缘分的。

小的时候，我便对家里藏在衣柜隔层的那些条据、证件和印章之类物件有着兴趣。做会计的叔叔家中，屋梁上总是悬挂着一摞厚厚的簿册，说是要“六十年不烂账”。父亲热衷于《覃氏族谱》的修纂，总是提示我们在关键时候别忘了祭祖。当然，那时候我连“档案”一词也还不曾听说。可有件事，“档案”留给我太深的印象。她，一个天分极高的同窗，虽有全县女状元的成绩却因档案丢失落榜以至抑郁而终[①]。因此我对“档案”开始变得敏感，次年便以第一志愿填报了四川大学档案专业。虽未如愿，却在湖北大学毕业时成为第一个留校参与创建档案专业的教师。从此，无论看书读报，“档案”二字便会在眼前凸现。

作为档案学者，我们能与“档案”携手，多少都有一些机缘，姑且看作社会的需要和我们个人经历的巧合吧。这种相遇是一种缘分。因为是缘分，我们才无怨无悔，才从心底生发起使命感，档案和档案学也才真正走近我们的生命，成为我们的所爱和追求。

如果我们真正喜欢档案学，就要倾注足够的热情，要悉心的去关注，敏锐的去感知，积极的去践行。要改造社会刻板印象，促进档案意识提高，没有热情不行；关注档案学研究前沿，思考档案学体系重构，没有热情不行；投身档案社会实践，体察档案学理论与实相的落差，没有热情不行；爬梳古籍文献，评估档案传统，没有热情不行；认知新环境，构思现代化，没有热情不行；面对学生，强调档案学、档案事业如何重要，我们自己却没有透出由衷的热情，当然不行！我们的热情不仅可以感染学生，赢得尊重，也让我们自身对档案学充满激情，保持

---

* 本文系覃兆刿受著名档案学者、中国人民大学教授、《档案学通讯》总编胡鸿杰先生之约为《档案学通讯》杂志扉页“学者论学”所写，发表于2005年第2期《档案学通讯》。

① 本文作者中学时期曾就读于湖北省松滋县（今松滋市）街河市中学（二中）文科班，时外语专科班姜安玉同学乃全县闻名的女状元，极聪慧，性温厚活泼，深得师生喜爱。时作者得表姐王金娥任教之便，中途转入该校学习。但因教学资料不全，且中途短期病休离校，作者的学习特别是英语一度受到很大影响。安玉则每每一到上课时便从教室外传入相关资料，还用心为作者收集各科试卷，日日监督打针服药，甚至多次代为上交伙食钱票等。遇学期末则二人一同往返，同窗情谊甚笃。不料，当年获得高分的安玉同学却在欣喜盼望中等来“考生档案丢失，名校无法录取”的通知（其中是否有奸人作伪顶替之事，后来作者一直心存怀疑），后经多方联系才得补录至宜昌师专外语科。众星捧月与勉强补录，落差之大，可想而知。安玉因此抑郁寡欢，终致精神失常。在作者中途前往探视时，其神情已判若两人，后竟在清醒时绝然服毒而去……天才之死，凡同学至今仍无不扼腕痛惜……。当年，作者转入松滋一中补习得中，并在第一志愿填报了四川大学档案学专业，未果，被录取到武汉师范学院（1984年改为湖北大学）历史系。四年后，系主任告知湖北大学将创办档案学专业，并将作者留校任教至今。——覃兆刿特此记注，以志永怀

执着和自信。

对档案学的热情，还在于思考“档案方式”如何化为我们的个性生存优势。讨论家庭档案，我们家里的文件进行了档案化管理吗？熟知这种管理文化，我们显得比他人更有敏锐的信息意识吗？我们在工作中发挥出了这种思维优势吗？

当然，我们对档案学的热情还应体现得更加深沉些，这就是在潜心的研究之后要力图有所贡献。对于转型期的档案学研究而言，这种贡献我想用“个性”来与学者共勉。在学术上，“归约”固然重要，但省去个性的创新和论争，约定就会变成盲从，档案学就不可能攀升到一个新的高度。显然，这里的“个性”并不代表哗众取宠的标新立异，相反倒是需要更加理性、更加沉静和更加科学的态度。

处在科学革命阶段的档案学研究呼唤更多的个性。个性，在于独具的视角和认识体系；个性，在于不去追逐时髦而坚守已经变得僻静的领地；个性，在于来自“原料”的心得；个性，在于对实践的真实感悟。总之，个性是对档案不同层面、不同角度、不同形式的认知和把握。只有涌现更多的深入的个性研究，才能有助于我们更接近档案事物的全貌。其中，档案价值观，是个性确立的逻辑起点。

在档案学科还没有受到足够重视，档案学理论研究期盼繁荣的时刻，让我们珍惜缘分，保持热情，彰显个性。

座客档案界论坛"名家访谈"*

编者按：网络论坛访谈是一种新的访谈形式，它一出现就受到业内人士的普遍欢迎和好评。网络论坛访谈有别于以往面对面的访谈形式，它更轻松、更随意，更能揭示出被访谈专家学者的治学思路与轨迹。因此，本刊转载了河南《档案界》网站论坛对湖北大学历史文化学院覃兆刿教授的访谈《档案事业的"缘"与"情"》。

月光：覃教授您好！我看到您在线了！很高兴您能接受《档案界》的邀请座客档案界论坛的《名家访谈》。

覃兆刿：主持人你好！很荣幸受到蔡总编的邀请，作为首位被访者更是诚惶诚恐。各位专家和档案界的朋友你们好！

月光：月光注意到覃教授的名字，这个"刿"字念（gui 四声）平时用的还真不多，先给网友介绍一下自己好吗？呵呵！像月光这样笔画的名字就不用介绍了。

覃兆刿：呵呵，名字是父亲取的。连我的姓覃（qin）也经常被读错或读别的。大学的时候，英语老师四年都叫错我的名字，我从来没有去纠正过，我想只要她英语讲得好就行。名字怪一点也有好处，可以给人留下较深的印象啊。记得在好几年前，北京市档案局的一位处长看到我的名片后还打趣地赠给我一个简称：什么兆什么老师。

月光：这样的访谈您的英语老师不会看到吧！呵呵！下面月光要开始请问您第一个问题了！在档案专业上，您如此年轻就取得了这么多的成绩，尤其是青年人，非常羡慕您，请问教授您喜欢"档案"专业吗？或者说您喜欢从事档案学的教学和研究工作吗？

覃兆刿：呵呵！月光，我可不年轻了啊。告诉你吧，国内有很多比我优秀的同行教授都比我要小，像傅荣校教授、张斌教授、周毅教授这几位。记得在有一年学校举行的教师节座谈会上，我说的第一句话便是"我作为中老年教师的代表"，虽然当时连校领导都嘲笑了我的说法，但事实上我心里就是那样想的。我在高校已教书 20 多年了。搞了这么多年，实在不敢说有什么成绩。

月光："中老年教师的代表"！呵呵！不是吧！

---

* 网络论坛由某大型央企档案主管"月光"（网名）主持。2009 年 8 月，覃兆刿接受《档案管理》杂志和档案界著名专业网络平台"档案界论坛"邀请座客"名家访谈"，本文根据访谈记录整理而成。内容分别以《档案事业的"缘"与"情"——访湖北大学历史文化学院覃兆刿教授》发表和转载于《档案管理》《档案》2009 年第 6 期。

覃兆刿：本来嘛！

月光：每一个人走上专业的道路，并不一定是自己的初衷，可能仅仅是因为某种机缘，您是怎么就和档案较上“劲”了呢？

覃兆刿：老实说，我还是比较安于档案专业的。既是一种不得已又是一种真心的热爱，就叫做“不得已的热爱”吧。我很喜欢你刚才用的“机缘”两个字。人在世界上是会面对很多机缘的，好的坏的都叫机缘，祸兮福兮啊，坏的事情也可能成为好的起点。记得几年前我在一篇小文章中提到过我和档案是有缘份的。缘份是命，珍惜缘份就叫“知命”。我高考的时候第一志愿就是报的四川大学档案专业（1983 年），所以后来看到黄存勋教授等我会有一种莫名的亲切感，遗憾的是当年四川大学只在湖北招两个人，结果落到第五志愿第二专业才录取了我。

月光：月光奇怪了！为什么您那个时候第一志愿报了档案专业？这在今天都是不多见的啊！

覃兆刿：每个人的经历不一样，所以面对同一件事的心情也不一样吧！

月光：这个怎么讲呢？

覃兆刿：当时之所以报考了档案专业主要是因为我一个“天才”同学的遭遇。那时我们班有一个全县的女状元，每次考试她都是全县第一名。她自信、阳光、乐于助人，学习对于她来说似乎很是轻松。我刚转到这所县重点的时候没有英语课本，每到上课都是她从后排传给我。那时农村学生都要直接交米换饭票，很多次都是她给我偷偷交了粮票。有一次我病了回家一周，返校的时候，她交给我一大摞考试卷，都是她替我整理的。大家都认为她会有一个光明无比的前程，可万万没有想到，高考录取时她那么高的分数竟然落选了。原因是“档案丢了”！如果是今天，一定算得上严重的玩忽职守事件。这个同学的姐姐帮她争取补录到一个地区师专。看着比自己低好几十分的同学都上了北京的名牌大学，这个同学的心情可以想象。在上师专的第一学期，这个同学在看一场电影的时候突然出现精神失常，在休学不久后我便得到她自杀的消息……就是这件事，让我对档案产生了一种特殊的印象。我想大家明白，那时我对档案的重视，是隐藏着一种恨的情绪的。

月光：教授：您说的这个是真实的往事吗？太震惊了！

覃兆刿：唉！我倒真希望这不是真的啊！这么多年了，我的高中同学聚会还时常为她感到惋惜。

月光：很多人都认为档案专业是一个比较“冷”的专业，似乎和“出大名、发大财”扯不上关系！您怎么看待这个问题？

覃兆刿：你说的“出大名、赚大钱”好像离我太遥远，没怎么想过，但我比较享受一种温饱的状态。就整个社会来说，档案专业不可能成为热门专业，因为档案工作永远成不了前台的工作。如果你想出大名、赚大钱那我劝你赶快跳槽。这话不知道是不是太绝对了，但我是这样想的。只是针对具体的一个人情况会有一些变化。我想“热专业”并不等于好专业，不是人人都适合热门专业的。我的意思是说，我们重要的不是在乎专业的“热”与“冷”，而是要选择合适的。如果你学了档案，感觉不合适，可以通过考研等方式来改变。如果你学了档案觉得不错，那就要专心学好一点。我听过一个有趣的故事。据说一个生意很好的铁匠世家，父亲在临终前叫儿子到床前告之以秘法，儿子俯耳聆听，父亲说，“儿子，爷爷告诉我的秘诀就是：铁烧红了是不要用手去碰的。”这个故事告诉我们，太热的东西我们不要去碰，执着地做好当前的事情或许更为重要。其实人的优势只需要一点点。档案专业也不是完全没有优势的。

月光：那档案专业的优势在哪儿呢？

覃兆刿：档案专业的优势体现为档案人的优势。档案人的优势是什么？是细致的品质，是条理的习惯，是安全的意识，是文控的技术。我个人在工作中是很得益于档案意识和档案习惯的。我的书房里有一个专门书架放了不少的档案盒，做了简单的分类，在家庭事务和工作中发挥了非常实在的作用。但我没有在朋友的家里发现同样的做法。我想这可能就算是一点优势吧。我表哥是海工大的教授，曾是中国首批南极考察队员，有一天他发现我居然保存着好多年以前他从南极长城站发出的实寄封，而他自己却基本没有保存什么记录，这很让他体会到了档案意识的重要。我们有一次关于档案的聊天，他告诉我说部队院校因人才流动大，许多科研信息都可能因档案意识缺乏而导致流失。他还对女儿的试卷进行档案管理，收到很好的效果，去年他女儿成为中国地大少有的公派留英学生之一。这种优势是因为一种行为方式的微妙变化引起的，我把它叫做“档案方式”。

月光：“档案方式”！可以为我们解释一下什么叫“档案方式”吗？

覃兆刿：档案方式也可以叫做档案习惯。档案方式是从人类行为和文明化生而言的，区别于记录与文献的消极产生和存在状态，可以理解为对文献的结构化和合目的控制。懂不懂得“档案方式”或者有没有“档案习惯”，其中的差别就是我们的优势。这是一种思想的优势，行为的优势，战略的优势。

月光：哦！是这样！教授所谈的这个档案人的优势对月光很有启发。这种优势是否可以转换为更大的能量呢？

覃兆刿：可以啊。这种更大的能量就是“档案方式”或“档案习惯”的社会效果。如果有更多人具有了档案意识，这种优势就能转化为一种社会文明的进步。档案工作的价值实现和档案工作的社会地位首先取决于档案意识水平。

所以我特别注重宣传档案工作的重要性。我自己觉得这几年做了一件很有意义的事情，就是将“档案与管理”这个话题渗透到了不少党校。台下都是些领导干部，要让他们重视档案工作，你得拿出点让他们信服的理由。很开心的是，在这种班讲座的效果还真不错。正是这些经历，我才意识到档案宣传虽是任重道远但也不是无计可施。有一天，我突发奇想写了个《档案事业三字经》，首先就是在《档案界》论坛上帖出的。前几天我看到田志刚先生的一个视频，说是恨不得编个相声之类的什么去宣传一下知识管理的重要性，我想我编那个“三字经”的时候可能和他的心理非常相似。

月光：《档案事业三字经》我看过的，《档案界》论坛上也有，刚开始看的时候，还有点看不懂呢！

覃兆刿：如果有一些关于中国档案事业史的知识，你就比较好理解了。其实那个“三字经”的正文只花了一天功夫，而做注花了两整天时间哦。

月光：“三字经”的注释很详细呢！仿佛是档案发展史的缩影呢！覃教授，我这有您的一部著作，书名叫《双元价值观的视野——中国档案事业的传统与现代化》，这个“双元价值观”应该就是《档案事业三字经》里面所指的“双元情”吧？一个“情”字可以看出，“双元”和您的学术研究一定有很重要的渊源，可以给我们谈一下这个“双元”吗？

覃兆刿：能有一点意义就好。这个“三字经”还被一个公司制成了小礼品。我用“双元情”是想表达档案工作要体现对社会的两个关怀向度：一是作为社会管理工具；一是作为社会信息资源。也就是那本书的主要思想——“档案双元价值观”。“工具价值”体现的是人类对文献的合目的控制和结构化手段，“信息价值”反映为文献记录的内容或数据。打个不一定恰当的比方吧：正如一个硬币，一面是国徽，一面是数字。国徽说明其形式合理性，数字标示其实质合理性。没有国徽是个伪币，没有数字无法交换。两者都不能少。有了这个提法，对档案工作实践中更好地认识档案既作为凭证又作为数据的属性，更好地理解保密和开放为什么同样重要可能会有一点帮助。在我看来，档案事业的价值目标是档案双元价值的综合发挥。档案事业现代化应以体现档案社会责任感也就是工具价值的实现和档案公众服务意识也就是信息价值的实现为观念要件。

月光：“双元价值”可以理解为“二元价值”吗？

覃兆刿：你问得好！记得2003年在海峡两岸学术交流会上，台湾近代史语所的朱宏源教授等就这样质问过我。当时张照余教授还表扬了我的答辩。我说：双元价值不能表达为二元价值的，否则意义会大相径庭。为什么？因为我强调的是价值的相互关系和企图实现一点本体意义上的价值解读。既为“双”，则两者互不能分，表达的是一种对称性结构和互不可分的关系。也就是说光有工具价值的档案是不存在的，光有信息价值的档案也是不存在的，档案是“工具价值”与“信息价值”的双元价值结合体。这和“双重价值”的分法也是不同的。

月光：苏州大学的张照余教授，有两年没见到他了！张教授是怎么表扬的？月光很想知道啊！

覃兆刿：我也有好长时间没有见到他了。他说还算机智吧！照余老师比我做研究实在，他懂技术，理论又好，可以将档案理论与实践更好地结合研究。我和照余老师曾有好些天住一个房间，那是在四川开会，连台湾的同行都认为我们长得像。其实他和周毅老师才像。有一天在九寨沟，那水清得，有人说有鱼，有人说什么鱼，我说“张照余”，全车人都笑了。

月光：您现在还坚持“双元价值”这个说法吗？

覃兆刿：一直坚持。我不但坚持这种说法而且仍在设法从不同的层面加以证明。我的同事中也有几个支持我这种观点的，包括搞技术的教师。不久我们可能有一篇相关的文章会联名发表。

月光：期待您的大作！

覃兆刿：我很感谢国内不少学者对档案双元价值观的关注。四川大学黄存勋教授、苏州大学张照余教授、蒋卫荣教授、上海大学潘玉民教授、黑龙江大学倪丽娟教授、武汉大学张煜明教授、我的同事任汉中教授、王艳明教授等都从不同的角度对这种说法给予过肯定。冯惠玲教授也鼓励我：“小覃，你对研究还是有些感觉的”。有一次在武汉东湖，中国人民大学胡鸿杰教授对我说：“你的那本书前半部分还有些意思”。陈兆祦教授、何嘉荪教授、刘国能先生等都很热情地鼓励我进行这样的探讨。在湖北，省档案局有关部门还专门让我在全省高校系统的馆长研讨班上就此进行专场报告，武汉市档案局还为我那本小册子的出版组织了专题报告会。现在任越、张会超博士等在他们的研究中直接用到“档案双元价值”这个提法，而且有些思考比我想得更深入，有的同行在人事档案、企业档案的研究中还应用到这个说法。

月光：中国人民大学胡鸿杰教授说你的那本书前半部分还有些意思，是怎么回事？是说后半部分没意思吗？哈哈！

覃兆刿：大约胡老师是这个意思吧。但我认为后面也还是花了气力的。比如那个长编，可花了我不少的时间。读几本原著，才找到一个人物的那么几句话。“档案双元价值观”的论述中一定还有很多需要深入反思的地方，我也希望各位专家能多加批评。

月光：教授很谦虚啊！可惜我提不出意见来，要是能提的话，看您这么诚恳，月光一定给点意见。作为一名档案人，您认为档案学者的个性怎么才能更好地体现出来？您的学术研究的总体方向是什么呢？

覃兆刿：关于这一点我在《档案管理》上有过说明的：我的理想是做一名诚实而稍具个性的档案学者。多年来，自己在学术上信奉胡适先生的那句“大胆的假设，小心的求证”，又不敢或忘史家常言的“论从史出”。所以只好老老实实地在文献中泡过或者到档案馆去过之后才敢发表仍然很是粗浅的想法。在对档案事业传统和现代化进行了反复的痛苦的思考之后，我终于找到“双元价值观”作为串连这些零星认识的一条主线，并怀着检验的心态，尝试着写一点贴近档案工作实践的文章。你说到个性，执着才能产生个性吧。我们提到王金玉教授，大家知道他是搞档案史的，而且写了第一部断代的档案史，我真切地感受过先生的执着精神。我们提到曹喜琛教授，大家就能想到他是搞编纂学的，在他重病期间，我亲眼看到他的桌上还有打开的《文史通义》。个性不是靠张扬和否定别人，个性只在积累和积累到一定程度之后。

月光：个性不是靠张扬和否定别人，个性是积累和积累到一定程度之后的体会和感悟。这句话很耐人寻味呀！

覃兆刿：嗯，你补充得更好！

月光：既传统又现代化，这个我有点困惑，档案事业的传统与现代化，您是怎么看的、这对研究档案学有什么重大意义吗？

覃兆刿：这是我长期关注的一个话题，我可能要多说几句。和上面讲的“档案双元价值观”也是分不开的。

月光：呵呵！好，月光洗耳恭听啊！

覃兆刿：先说传统吧。传统是什么呢？我们先说得学术一点，传统是历史发展过程中的连续因素，是内存于人们行为之中的固定模式，是深藏在人们行为之中的稳定的心理结构。我们还可以说得文学一点。余秋雨先生有一种比喻，他说，传统，不是已逝的梦影，不是风干的遗产。传统是一种时空的交织，是在一定的空间范畴内那种有能力向前流淌，而且正在流淌，将来还要继续流淌的跨时间的文化流程。我特别喜欢他的这种说法。我想我指的档案传统就是指的这种具有“流淌”力量的档案精神和文明内核。因此，所谓档案传统，不应简单地等同于档案工作的历史，更不应简单地作时间上的界划，好象古代的就是传统的，更不能将它作为“落后”的代名词。档案传统是档案史中体现的共性和具有惯性的部分，它包括档案器物技能、档案制度以及档案观念三个层次。

月光：这些话我要慢慢品味一下！那什么是档案事业的现代化？

覃兆刿：“现代化”是相对于传统而言的，是指的建立新的文明秩序。我们要知道，把“现代化”理解为“西方”的，或者认为现代一定就比传统好，或者作纯技术层面的理解，这都不合适。档案事业现代化同样有刚才讲的三个层次，是指在新的技术和观念环境中，档案工作从对象的物态特征到运行模式、社会功能、行业理念和价值目标的创造性、适应性变迁。档案事业现代化可以理解为建构新的档案文明，建立一种关于档案事业的新秩序。我注意的是传统与现代化之间的关系，注意的是档案事业现代化目标。我在这种关系研究中强调的是这种新秩序的建立必须以我们的档案事业传统为基础。传统是我们的土壤，所以现代化必须表现出对传统的足够尊重才行。传统的意识往往通过历史意识来实现。档案界的大家中有不少这样的例子。杜兰蒂博士对古代文书有浓厚的兴趣，英国的迈克尔·库克教授曾致力于近代史学，戴维·比尔曼教授曾是宾夕法尼亚大学的历史与社会学系硕士，日本的安藤正人教授也是同时搞近现代史的。这说明，有点儿传统的思维习惯和知识背景，不但没有成为现代化构思的障碍，反而让他们更具有判断和选择力。有人评价美国的波兹奈尔为档案教育和培训提供了最有影响的规划，说原因就是他对传统与现代的关系理解比较深透。我们的档案传统中特别注重档案工具价值的发挥。今天我们也不应该只强调信息价值一端。在我看来，档案事业现代化的价值目标是档案双元价值的综合发挥。档案事业现代化应以体现档案社会责任感也就是工具价值的实现和档案公众服务意识也就是信息价值的实现为观念要件。

月光：您研究这个问题对档案工作实践或者对档案学有什么好处呢？

覃兆刿：我认为是有好处的。主要是档案宏观意识层面的意义。至少可以提醒我们在实施这“化”那“化”的档案管理方案时，思考过去的档案为什么要那样管，今天的档案究竟该怎样管。可变的是什么，不变的是什么？我们的档案工作是不是体现了档案方式的初衷？ 2002 年前后，档案工作在信息技术环境中有了新的呈现和困惑，引发了学界很多的思考。好像到了电子文件时代，档案工作的传统和档案学的传统就不再具有意义了。我认为对于一项事业和学科来说，这是一种很危险的声音。所以我投入到中国档案事业传统的评估和现代化目标的认识问题上。其中难以避免地考察了中国向西方学习档案管理的问题、近代档案学萌芽的问题，在此过程中，我开始思考人类档案现象的共同基因是什么，档案的本质是什么，中外档案事业的差异是什么，最后落脚到价值观的考察。

月光：但这和您的企业档案与知识管理研究中心好象有一定反差呢！您能不能说下关于这个中心的思路？

覃兆刿：这个中心目前是我工作的重点。我在 QQ 个性签名上长期写着“忠恕”两个字（中心如心），既作为自己处事的信念，又暗示我的研究生要将中心放在重要位置。我希望通过努力和坚持能在企业档案管理方面真正做一些事情，同时将更多同事集中到企业档案管理方面来，以便形成一点学科特色。

月光：妙！“忠恕”这好像是儒家的思想。

覃兆刿：不错呀，月光！

月光：呵呵！碰巧知道而已！没想到教授您这么个用法，看来您为中心真是倾注了心血的。

覃兆刿：看起来中心和我对基础理论的关注是有一些不同，但事实上中心就是希望将“档案方式”的一些想法放到具体的实践中。档案学作为应用学科，脱离实践谈理论是意义不大的。我希望通过中心这个平台能够使研究和实践走得更近。在创办这个中心之前我在企业进行过一些调研，说实话，在不少企业档案管理或者说“档案方式”还很不理想。有的企业名义上进行了档案信息化管理，但他们的理解就是装一套软件，输一些文件，至于为什么要管，不清楚。譬如在 × 企业，说起来有综合管理平台，但一打开网络，文书档案里面管的是图纸，科技档案里面管的是行政，一问，说是软件公司所为。这说明要想实现企业档案的有效管理，人的思想，包括档案意识和专业思想才是首先重要的。在企业档案管理的推进过程中，就是要将该管的管起来（工具价值），将可用的用起来（信息价值）。所以我想到创办这样一个中心，希望作为档案人能对企业有所贡献，同时也是对“档案双元价值”理论的一个实践路向。

月光：人间正道是沧桑！真正要做点事情还真是很不容易呢！

覃兆刿：所以我很感谢支持中心的档案管理部门、高校同行学者和企业界档案人。也包括档案界啊。特别是企业界朋友的支持和信任我尤为感动。就在今天中午我还收到一位企业档案主管专门写给中心的感言，我看了很受感动。做的事情有意义，这是最让人高兴的了。我希望中心能渐渐进入深入实践、踏实研究的状态。

月光：作为硕士生导师，您对档案学子有什么话要讲的吗？

覃兆刿：在这么多资深的硕导、博导面前，这个话我还真不好说。我常对我的学生说起章学诚的四句话：读书养气之功，博古通经之要，亲师近友之益，取材求助之方。我认为求学过程中按这几句话努力到一定程度，做人、知识和能力都不会有问题了。

月光：覃教授，非常感谢您能在百忙之中接受《档案界》的邀请，接受月光的访谈，您的解答太精彩了！今天的访谈，您结合了自己的亲身经历、从档案学的传统和现代化的视野为我们解读了您与兰台之“缘”、您对档案之“情”。月光再一次代表蔡总，也代表所有《档案界》的朋友对您的到来表示衷心地感谢！谢谢！

覃兆刿：也谢谢你！耽搁了《档案界》网友这么长时间。谢谢大家！

附录：相关研究文献索引

作者	论著题名	出版者	发表时间
覃兆刿	双元价值观的视野：中国档案事业的传统与现代化——兼论过渡时期的档案思想	中国档案出版社	2003年6月
覃兆刿	企业档案的价值与管理规范	世界图书出版公司	2010年10月
陈兆祦	双元价值观：档案学研究的新思想——评《中国档案事业的传统与现代化》	《中国档案报》	2003年8月
刘国能	《中国档案事业的传统与现代化——兼论过渡时期的档案思想》序	中国档案出版社	2003年6月
黄存勋/张丽	对中国档案事业的全新双元审视——读覃兆刿著《双元价值观的视野：中国档案事业的传统与现代化——兼论过渡时期的档案思想》札记	《档案学研究》	2004年第2期
陈祖芬	档案双元价值观的张力	科学出版社	2015年6月
杨毅	民族档案与档案双元价值观的结缘之路	科学出版社	2015年6月
杨毅/张会超	东巴文化之档案化探析	《学术探索》	2006年第1期
潘玉民	传统与现代的对话——评《双元价值观的视野：中国档案事业的传统与现代化》	科学出版社	2015年6月
谭必勇/张莹	数字时代档案双元价值观的生命力探讨	科学出版社	2015年6月
蒋卫荣	创新档案学发展的源泉——读覃兆刿《中国档案事业的传统与现代化》	《档案与建设》	2004年第5期
章华明	“覃兆刿现象”对档案学人的启示	《档案时空》	2012年第12期
任越	双重价值论与双元价值论——两个时代档案学基础理论的对话——双重价值论与双元价值论的比较研究	《山西档案》	2009年第2期
吴连书/田惠琴	花有清香蝶自来——读覃兆刿著《双元价值观的视野：中国档案事业的传统与现代化——兼论过渡时期的档案思想》	《陕西档案》	2004年第4期
张会超	档案双元价值观的引领之功	科学出版社	2015年6月
任越	双元价值论对我国档案事业的指导作用	《湖北档案》	2007年第5期
任越	从观念到理论——档案双元价值论的演变轨迹研究	《档案学研究》	2012年第1期
聂云霞	档案价值新论：档案双元价值观的逻辑内涵与实践体认识	《档案与建设》	2010年第6期

续表

作者	论著题名	出版者	发表时间
任越	档案双元价值观的信息哲学依据探寻——从理论信息学中信息产生和本质谈起	《档案学研究》	2009年第2期
伍振华	说说档案“合目的性控制”与“备以查考性说”	科学出版社	2015年6月
蒋冠	从主体视角认识档案本质属性——基于“档案双元价值观”的启示	科学出版社	2015年6月
赵淑娜	双元价值视阈下的档案价值认知转变探究	《兰台世界》	2014年第5期
王运彬/王小云	双元价值观视野下的档案信息资源二元配置研究	科学出版社	2015年6月
任越	新时期中国档案学思想的逻辑起点——谈双元价值观在我国档案事业中的发展	《湖北档案》	2009年第1期
范磊/龚敏	“双元价值”观照下的档案学逻辑起点问题——兼及档案学术史的基本轨迹	科学出版社	2015年6月
徐辛酉	档案工具价值观与专业思维转换——从“建档”谈起	科学出版社	2015年6月
任越	档案双元价值视阈下家庭档案的价值及其文化功能探析	《档案学通讯》	2014年第6期
任汉中	论档案馆社会化服务的理论探讨	《档案管理》	2009年第3期
张艳	档案馆伦理的理论与实践探讨——基于档案双元价值观的哲学思路	科学出版社	2015年6月
丁耀琪/丁启能	档案价值认识的通透与档案管理行动的高效	科学出版社	2015年6月
任越/曹玉	知识管理中档案价值的重新发现	《档案学通讯》	2012年第4期
任越	基于知识图谱的我国档案价值问题研究述评	《档案学研究》	2013年第6期
邸家琴	对档案双元价值论的理性思考	《云南档案》	2012年第10期
张文浩	储备与利用——档案价值两面观	《档案学研究》	2012年第6期
易涛	档案双元价值论视野下高校档案工作发展研究	科学出版社	2015年6月
湖北省委组织部信息管理处（向红欣执笔）	内容、价值、矛盾、模型、途径——再谈干部档案与干部档案工作	科学出版社	2015年6月
黄艳敏	人事档案的价值构成与双元价值观研究	《云南档案》	2007年第1期
聂云霞	新时期人事档案工具价值的实现——兼论公民人事档案的知情权	科学出版社	2015年6月
肖艳	从双元价值的视角看当前人事档案价值的实现	《黑龙江史志》	2014年第11期
聂云霞	浅谈档案的真实性和古代档案工具价值的实现——由窦婴的先帝“密诏”想到的	《台兰内外》	2005年第4期

续表

作者	论著题名	出版者	发表时间
段英求	“双元价值观”视阈的人事档案价值及其实现	科学出版社	2015年6月
李颖	档案双元价值论在企业知识共享中的运用	科学出版社	2015年6月
王丽慧	试论“双元价值观”对水利档案信息化的启示	科学出版社	2015年6月
王尹芹	“双元价值”视阈的企业档案工作	《湖北档案》	2011年第9期
张璟瑜/袁德家	企业档案管理的“双元”应用	科学出版社	2015年6月
殷仕俊	企业档案在企业风险管理中的功能探析——基于档案双元价值观的视角	科学出版社	2015年6月
杨凯	基于“双元价值观”视阈的企业档案管理	湖北大学2009级本科生毕业论文	2013年5月
滕春娥	基于档案双元价值理论的图书馆档案管理研究	《兰台世界》	2013年第17期
Qin Zhaogui composes; Nie Yunxia, Lu Li translate	The Introduction of *The Tradition and Modernization of China's Archival Cause*	科学出版社	2015年6月
覃兆刿 付正刚	与社会的同构和对应关系：广义的来源联系——论“档案信息”的本质	《档案与建设》	2002年第2期
覃兆刿	双元价值观与“档案”的定义	《北京档案》	2003年第9期
覃兆刿	双元价值观：档案传统的评估与现代化构思	《2003年海峡两岸档案暨缩微学术交流会论文集（大陆地区代表部分）》	2003年6月
覃兆刿	从一元价值观到双元价值观——近代档案价值观的形成及其影响	《档案学研究》	2003年第2期
覃兆刿/王艳明	档案学：与社会实践相伴互动的学科——档案学研究的热点与前沿问题分析	《档案与建设》	2004年第1期
覃兆刿	双元价值理念与档案事业的现代化要件	科学出版社	2015年6月
覃兆刿/范磊/付正刚/乐庆玲	椭圆现象：关于档案价值实现的一个发现	《档案学研究》	2009年第5期

续表

作者	论著题名	出版者	发表时间
Qin Zhaogui, Fan Lei, Fu Zhenggang, Yue Qingling compose; Nie Yunxia, Zhang Liwen translate	Elliptic Phenomenon: A Discovery about the Realization of Archival Value	科学出版社	2015年6月
覃兆刿	双元价值，双重责任，双向拓展	科学出版社	2015年6月
覃兆刿/聂云霞/张丽雯	谈《档案法》修订中的“双元价值”取向与复合责任诉求	科学出版社	2015年6月
覃兆刿	论韦伯组织理论建构中的“合理性”与“档案”——兼及韦伯档案观的双元价值分析	《档案学研究》	2006年第2期
覃兆刿	析经典管理理论中的“档案”要素——兼及档案作为管理要素的“双元价值”分析	《档案管理》	2006年第2期
覃兆刿	论兰克史学的档案取向及其在欧美和中国的影响	《档案学通讯》	2006年第6期
覃兆刿	价值目标与伦理重构——关于档案馆社会化服务的功能与效能研究	《档案学研究》	2005年第5期
覃兆刿	“文献交流理论”观照下的档案馆社会化服务	《国家图书馆学刊》	2007年第1期
覃兆刿	档案文化建设是一项“社会健脑工程”——记忆·档案·文化研究的关系视角	《浙江档案》	2011年第1期
覃兆刿	档案文化建设是一项“社会健脑工程”（摘要）	《中国档案》“视点”	2011年第5期
覃兆刿/谢梦/秦荆华	档案“集中统一”原则的历史考察与现实意义	《档案学通讯》	2013年第3期
谢梦/覃兆刿	我国档案“灾备”策略研究——以60年代档案“战备”为鉴	《湖北档案》	2013年第8期
覃兆刿	企业内部控制与企业档案管理的相关性分析——基于《企业内部控制基本规范》的档案话题	《档案学研究》	2012年第2期
覃兆刿	就“档案双元价值论”给任越博士的复信（2007年11月6日）	科学出版社	2015年6月

续表

作者	论著题名	出版者	发表时间
覃兆刿	关于“档案双元价值观”给徐辛酉博士的复信（2014年9月3日）	科学出版社	2015年6月
覃兆刿等	8学者视野中的中国档案学	《档案管理》	2005年第6期
覃兆刿	缘份.热情. 个性	《档案学通讯》	2005年第2期
月光	档案事业的“缘”与“情”——访湖北大学历史文化学院覃兆刿教授	《档案》	2009年第6期
冯惠玲	档案学科“十五”回顾与“十一五”展望	《档案学通讯》	2005年第4期
张煜明	2004年档案学刊 档案学基础理论研究佳作回眸	《档案学研究》	2005年第2期
李明杰	展开历史与现代的双翼：数字时代档案学教育蠡测——第二届中美数字时代图书馆学情报学教育国际研讨会访谈之二（武汉大学《图书情报知识》对覃兆刿等访谈）	《图书情报知识》	2006年第6期
王新才	中外档案事业研究综述（1996～2006）	武汉大学出版社	2007年7月版，66-68页
朱玉媛	近年来档案学基础理论研究述评	武汉大学出版社	2007年7月版，11-12页
丁华东	范式转型与社会变迁——关于档案学理论发展的科学社会分析	上海大学博士学位论文	2008年4月
李锦兰	2000——2005年图书、情报与文献学国家社会科学基金项目产出及科研能力分析	《现代情报》	2008年第6期
陈祖芬	界定与求证： 档案学常规科学时期的范式论考察	《江汉大学学报》	2009年第3期
朱玉媛/曹晖/彭潇敏等	改革开放30年来我国档案学基础理论研究的主要成就	《图书情报知识》	2009年第4期
王协舟	基于学术评价视域的中国档案学阐释与批判	湘潭大学出版社	2009年7月版，第74-75页
陈祖芬	档案学范式的历史演进及未来发展	世界图书出版公司	2010年9月，第59页、146-147页
王新才	档案学研究进展	武汉大学出版社	2010年8月版，第80-81页
张会超	民国时期明清档案整理研究	世界图书出版公司	2011年12月版
蒋国勇	社会认同视野下的乡村档案文化建设类型与特点	《浙江档案》	2012年第8期

续表

作者	论著题名	出版者	发表时间
谢诗艺	档案文化在传统文化传承中的历史地位研究——基于档案双元价值理论视角	安徽大学硕士论文	2014年5月
刘永	面向实际再探档案作用实质	《档案学通讯》	2005年第1期
赵梓彤	论档案价值在不同实践阶段的演变	天津师范大学硕士学位论文	2006年4月
张会超	档案内容管理引论	《山西档案》	2007年第1期
赵梓彤/朱轶婷	对档案价值演变规律的认识	《兰台世界》	2009年第10期
彭志斌	论中国档案学研究的国家意识	《档案与建设》	2010年第12期
彭兰英	档案信息化与图书原生信息源的开发	《档案与建设》	2003年第5期
朱建贞/方嘉昕	档案信息产业化建设构想	《云南档案》	2007年第5期
滕霞	档案信息资源整合对策探寻	黑龙江大学硕士论文	2008年5月
夏晓平	区县档案管理的社会化服务网络研究	上海交通大学硕士论文	2009年5月
程结晶	公共服务管理平台中档案信息传播服务模式的构建	《档案学研究》	2010年第4期
周利斌/周光明	对档案信息资源价值实现的思考	《湖南工程学院学报》（社会科学版）	2011年第1期
郑霞	我国档案公开的管理研究	上海交通大学硕士学位论文	2011年6月
张浩	档案信息资源开发利用中的利益平衡机制研究	安徽大学硕士论文	2011年5月
张衍/丁子涵	档案服务社会化研究述评	图书情报工作网刊	2012年第6期
刘永	档案信息服务工程之服务科学	《档案管理》	2012年第1期
聂云霞	基于内容管理的档案信息服务	《档案管理》	2012年第6期
聂云霞	论面向社会的档案信息服务	《浙江档案》	2012年第9期
张诗敏	科技档案信息资源开发利用研究	吉林大学硕士论文	2012年5月
王尹芹	企业档案工作中的信息不对称现象及其改善	湖北大学硕士论文	2012年5月
王小云	档案价值论嬗变下的档案信息资源市场化配置	《浙江档案》	2013年第2期

续表

作者	论著题名	出版者	发表时间
许智	民营企业档案管理概论	武汉出版社	2003年7月版，第22-23页
陈百艺	全国企业档案信息化推进会	中国航空报	2009年12月4日
朱丹彤	企业电子文件管理走向研究	《档案管理》	2009年第2期
张璟瑜	企业档案管理的绩效评价体系	《山西档案》	2010年第3期
陈哲	火电建设企业信息集成系统中档案管理系统的开发	电子科技大学硕士论文	2010年10月
王丽慧	论企业档案知识管理者的角色意识与实现	湖北大学硕士论文	2011年5月
谭飞菲	企业档案与企业记忆控制的关系及探讨的意义	《群文天地》	2011年第20期
毛巧珍	如何挖掘企业档案价值之浅见	《新西部》（理论版）	2012年第5期
张晓娟/马瑜/左田原/黄兰	知识经济时代的企业档案管理——一种知识资产观	《档案学通讯》	2012年第4期
李颖	面向知识共享的企业文件与档案管理体系研究：理念、框架和对策选择	中国人民大学博士论文	2013年5月
孟晓凤/薛仁强	企业档案归档不全的原因和对策	《四川有色金属》	2013年第2期
赵盈华	试论企业档案管理部门在企业内部控制中的评价监督职能	《机械设计与制造工程》	2013年第6期
张卫东	网络环境下档案馆社会化服务模式研究	吉林大学硕士论文	2005年5月
蔡娜	信息时代我国档案馆的社会定位与精神重塑	四川大学硕士论文	2006年5月
王艳艳	借鉴ERP与CRM理念指导档案馆馆藏建设	《机电兵船档案》	2006年第1期
武文秀	公共档案馆核心能力构建的对策分析	黑龙江大学硕士论文	2009年5月
张会超	试论档案馆学研究的深化问题	《档案学通讯》	2010年第3期
黄振原	公共档案馆公共文化服务研究	南昌大学硕士论文	2010年12月
王向娟	基于多元价值的学校档案馆的管理机制分析	《企业家天地》（理论版）	2010年第6期

续表

作者	论著题名	出版者	发表时间
黄振原/姚红叶	关于公共档案馆公平正义责任的探析	《湖北档案》	2010年第12期
周林兴	论档案馆的文化自觉	《山西档案》	2010年第6期
易涛	高校档案馆：性质、功能、管理体制	《浙江师范大学学报》（社会科学版）	2010年第4期
黄振原/姚红叶	关于公共档案馆保障公民文化权利的思考	《北京档案》	2011年第2期
李灵风	档案馆人文精神内涵及实践路径	《档案与建设》	2011年第5期
宋鸽	数字档案馆知识服务模式研究	山西大学硕士论文	2011年6月
李颖	我国数字档案馆的理性发展之探析——基于数字档案馆与数字图书馆的比较研究	《档案学通讯》	2011年第6期
易涛	高校档案馆参与信息公开的理论基础研究	《学理论》	2012年第9期
梁芙蓉/朱倩	社会记忆视角下档案馆的公共责任与使命研究	《档案》	2012年第6期
吕鸿	建好档案是高校评估工作的根本	《丽水师范专科学校学报》	2003年第1期
吴财宝	2003年海峡两岸档案暨微缩学术交流会会议筹办报告	《档案与微缩》（台北）	第71期，2003年冬季版
陈希亮	档案型图书及其开发利用	《河南图书馆学》	2004年第3期
《武汉档案》	专稿	《武汉档案》	2004年第3期
《武汉档案》	武汉市档案学会举行《中国档案事业的传统与现代化》报告会	《武汉档案》“要闻”	2004年第2期
吴财宝	中华档案微缩暨资讯管理学会来信	书信	2005年10月18日
冯湘君	现代档案学理论的逻辑起点——档案物质实体的双重构成	天津师范大学硕士论文	2005年5月
谭晶	对档案数字技术发展的理性思考	《兰台世界》	2006年第2期
杨朝伟	档案：科学研究的重要基础	《湖北档案》	2006年第11期
蒋冠	对当前我国档案学理论研究的思考	《档案学研究》	2006年第4期
任汉中	试论当代大学生的档案意识	《湖北大学成人教育学院学报》	2006年第6期

续表

作者	论著题名	出版者	发表时间
连文平	现代项目管理在行业档案馆科技档案管理中的应用	《机电兵船档案》	2006年第1期
朱一泓	清代地方刑事诉讼程序浅论	湘潭大学硕士论文	2006年5月
杨树森	古人是怎样进行督查的？	《秘书工作》	2007年第4期
任越	数字时代下政府文档管理策略研究	黑龙江大学硕士学位论文	2007年6月
何振/蒋冠	《电子政务环境下政府核心信息资源整合与共享：以湖南档案信息化建设为例》	湘潭大学出版社有限责任公司	2007年11月版，第11页
农燕玲	和谐社会实践中档案职业的角色意识	《广西师范学院学报》（哲学社会科学版）	2008年第1期
翟瑶	档案历史联系的研究	天津师范大学硕士论文	2008年3月
黄小萍	档案的结构研究	天津师范大学硕士论文	2008年3月
杨毅/张会超	民族档案之旅游人类学建构与扩展研究	《思想战线》	2009年第3期
唐跃进/张玉婷/蒋琴	电子文件取证影响因素及其对策研究	《档案学通讯》	2009年第2期
刘君杰	文书档案工作的工具理性审视	《世纪桥》	2009年第3期
邸家琴	官僚体制视角下的文档管理审视	《兰台世界》	2009年第5期
张潇丹	国际食品安全法律责任问题研究——以WTO食品安全责任制度为视角	西南财经大学硕士论文	2009年12月
周毅/徐拥军	后保管时代的中国档案学科发展及基础理论研究	回顾与展望——中国档案事业发展研究报告	2010年11月
宋小晓	现代档案学二元思维的分析和商榷	《云南档案》	2010年第2期
罗莉亚/杨春梅	也论档案与民生	《湖北档案》	2010年第10期
喻学才	《旅游文化学》	化学工业出版社	2010年2月版，第181页
施景文	蔡元培档案思想及其对我国近代档案学的影响	《档案与建设》	2010年第9期
朱祖延	引用语大辞典（增订本）	武汉出版社	2010年5月版，第469页

续表

作者	论著题名	出版者	发表时间
张金凤	高校教学档案信息化管理研究	广西民族大学硕士论文	2010年4月
刘迪	我国行政公文作用发挥存在的问题及其解决对策	黑龙江大学硕士论文	2011年4月
李萍	何鲁成《档案管理与整理》理论贡献研究	《兰台世界》	2011年第9期
魏慧/范磊/朱建贞	诚信政府建设背景下的档案维系功能述评	《襄樊学院学报》	2011年第6期
魏晓琳	信息时代对档案职业的影响及应对策略	辽宁大学硕士论文	2011年5月
范磊/龚敏	家庭档案：中国档案实践传统的社会意蕴与文化反思	《中国档案》	2011年第3期
吴丹	公共管理视阈下文档管理理论与实践范式研究综述	《北京档案》	2012年第7期
孙昊	档案真伪鉴辨论	湖北大学硕士论文	2012年5月
汪俊	档案在社会记忆建构过程中的作用研究	安徽大学硕士论文	2012年5月
胡玥	中国档案学跨学科研究现象引证分析	辽宁大学硕士论文	2012年5月
田慧	档案传统与档案事业现代化关系探析	《三峡大学学报》（人文社会科学版）	2012年第S1期
陈苗	基于传统以人为本——关于人事档案改革的思路	《湖北档案》	2013年第5期
王志军	提高对人事档案价值的认识做好新时期高校人事档案工作	《教科文汇》（中旬刊）	2013年第2期
王晴	大学科语境下档案学的研究现状及趋势预测——基于多维视角的统计分析	《档案学研究》	2013年第3期
刘佳慧/王云庆	帝王封禅与玉册档案	《山东档案》	2013年第3期
聂云霞	国家层面数字资源长期保存策略研究	武汉大学博士论文	2014年6月

后　记

《档案双元价值论谈》能够按计划的时间出版，这里要特别感谢我的弟子们在其中的贡献。供职浙江师大的易涛，为全书审校进行了把关，在读研究生胡杰负责全面搜集已刊论文和相关文摘，并对这些稿件进行了认真的核读和编排，有英语专业背景的张丽雯和曾在新东方担任英语教员的鲁莉对全书英文进行了全面的校改，马继萍、谢恺璇等对全书文字和注释进行了细心的复核。湖北大学历史专业2011级解婷婷同学、档案学专业2012级本科弟子，也参与了本书文字的校对工作。我知道，即便如此，书中错讹之处仍难避免，但这一过程中大家所表现出来的审慎和投入实值得“点赞”。

感谢湖北大学教育发展基金会、重点学科办公室和国内同行学者对这本书出版的大力支持，希望这本书能对湖北大学档案学科的学术推动和我国档案学基础理论的研究有所贡献。

本书关于“双元”一词的英译颇多纠结。事实上，无论是用“Dual Value”还是用“Dualistic Value”，可能都与我们希望表达的意蕴存在距离。为此，经过认真的查阅、思考和讨论，最后统一为“Dualistic Value”，同时对谢伦伯格的“双重价值”英译进行了区别，因此可能对作者原有英文表述有所改动，特此说明。

本书以“学者评论”——“同行研究和引述”——“本人和团队后续成果”为次序，同时按涉及的档案问题相对集中。由于篇幅所限，原计划收录的文献进行了大量删减。有些文章发表过，但作者认为未经删改的原稿更能反映自己的思想，故在收录时采用了作者发来的原稿并加以说明；有些未刊稿篇幅过长，收录时要求作者进行了适当删节。原刊稿并无英文标题的，因英文目录的需要我们重拟了英文标题。对于文中少数发表稿有明显字符错误的，编辑统稿时我们进行了修改。书中同一作者的职衔和所在机构，可能会出现书中前后不一的情况，这是因为有些按刊发时所署一仍其旧，而未刊稿或原发刊时并无具体注明者，则按当前信息予以添加。

本书的出版，得到了不少同行专家的关注和重视。云南大学张昌山教授和杨毅教授、天津师大刘新安教授、南开大学伍振华教授、黑龙江大学倪丽娟教授、中国老科学家学术成长资料采集工程馆藏基地负责人吕瑞花博士、中石油尚真处长、苏州常熟档案学会丁耀琪秘书长、重庆钢铁集团档案馆温勇耀馆长等在此期间或当面或在电话中讨论书中相关问题，给本书的编辑出版提出了宝贵的建议，这使我们能以更强的责任心对待书的编辑。

感谢湖北大学历史文化学院王扬院长、湛利华副书记、实验中心主任彭益民老师为本书出版给予的关心和支持。感谢科学出版社樊飞编辑为此书出版印刷付出的辛勤劳动。

在此期间，湖北大学档案学专业创始人张锡璇先生在广州逝世，本书出版也借以告慰恩师，向他对湖北大学档案学科的创建和护持之功表示崇高的敬意！

编者

2014 年 12 月 15 日

编后记

2004年，为振兴和发展湖北大学的哲学事业，我们两个人（江畅、戴茂堂）分别从湖北大学政治教育系和《湖北大学学报》编辑部调到湖北大学哲学研究所，当时我们信心满满地想建立中国哲学的“沙湖学派”。从那时到今天，已经整整20年了。20年来，沙湖学派从小到大，从弱到强——从当时的几位老师和几位学生，到今天的几十位老师和几百位毕业生和在校生；从没有一个学位点，到今天拥有本科、硕士、博士学位点，以及博士后流动站；从没有任何重点学科到今天具有省级一级哲学重点学科；从当时单二级学科的西方哲学或伦理学研究到今天的作为一级学科的哲学研究，以及更广范围的文化研究，搭建起了湖北大学基础文科的文化发展研究平台。我们正在组织出版五本集刊（《德国哲学》、《价值论与伦理学研究》、《文化发展论丛》（中国卷、世界卷、湖北卷）和三本蓝皮书（《文化建设蓝皮书：中国文化发展报告》、《世界文化蓝皮书》、《湖北文化蓝皮书》）；正在组织有关中国、世界、湖北文化发展的学术论坛。今天，沙湖学派已经成为中国哲学和文化研究的一支重要力量。我们希望本丛书能以更突出的个性特色为沙湖学派的发展壮大、为我国哲学与文化的繁荣昌盛做出一份贡献！

在2000年开始出版的“价值论与伦理学丛书”的总序中，我们第一次明确宣告了沙湖学派的宗旨，即：“以关注和研究人类（特别是中国）价值与道德问题为宗旨，以个体自主和整体和谐为旗帜，以重反思、重批判、重对话为指针，以出思想、出观点、出理论为使命，力求在哲学和伦理学上有所突破，有所创新，形成独树一帜的‘沙湖学派’，以成为哲学百花园中的一簇充满生机和活力的鲜花。”我们还阐明了出版丛书的基本思路，即：“从广义上理解伦理学，把道德问题作为其中的一部分并放到更广泛的价值问题中去审视和探讨，使伦理学与价值论沟通、统一起来。从哲学的高度研究伦理学，使伦理学成为幸福哲学、价值哲学、人生哲学，成为能为社会和个人观念构建、反思、更新提供一般价值原则和基本行为准则的真正意义的哲学”；“立足中国当代现实，着眼人类未来发展，借鉴现代世界文明，弘扬中国传统文化。不拘一格，广泛吸纳人类已有的一切有价值的思想理论成果，在批判、选择、综合的基础上创新，构建一种理论与应用内在一致的，具有兼容性、开放性、创新性的动态伦理学体系”。在2002年创办的《价值论与伦理学论丛》（后改名为《价值论与伦理学研究》）的发刊词中，我们又强调了这些沙湖学派的基本观念。

上述观念仍然是本丛书的基本观念，我们还会将这些观念进一步运用于文化问题的研究。文化问题的核心是价值问题，价值问题的难题是道德问题。我们将着眼于文化问题研究道德和价值问题，以解决道德问题为突破口破解价值问题和文化问题，以价值问题的研究加强道德问题与文化问题之间的关联，使道德问题、价值问题与文化问题贯通起来，融为一体。我们希望通过我们持续不解的学术探索为我国主流价值观和主流价值体系构建提供理论支持和智库服务。

江　畅
（湖北大学高等人文研究院院长、教育部“长江学者”特聘教授）
戴茂堂
（湖北大学哲学学院院长）
2014 年 10 月